U0541414

2019年度浙江省哲学社会科学规划后期资助课题（19HQZZ09）"中国儿童发展四十年（1978—2017）"成果

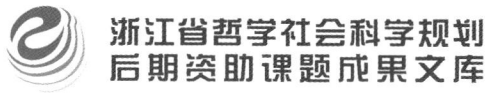
浙江省哲学社会科学规划
后期资助课题成果文库

中国儿童发展40年

王秀萍 著

中国社会科学出版社

图书在版编目(CIP)数据

中国儿童发展40年/王秀萍著.—北京：中国社会科学出版社，2020.5
（浙江省哲学社会科学规划后期资助课题成果文库）
ISBN 978-7-5203-6101-9

Ⅰ.①中… Ⅱ.①王… Ⅲ.①青少年问题—研究—中国 Ⅳ.①D669.5

中国版本图书馆CIP数据核字（2020）第037607号

出 版 人	赵剑英
责任编辑	宫京蕾
责任校对	秦　婵
责任印制	李寡寡

出　　版	中国社会科学出版社
社　　址	北京鼓楼西大街甲158号
邮　　编	100720
网　　址	http://www.csspw.cn
发 行 部	010-84083685
门 市 部	010-84029450
经　　销	新华书店及其他书店

印刷装订	北京君升印刷有限公司
版　　次	2020年5月第1版
印　　次	2020年5月第1次印刷

开　　本	710×1000　1/16
印　　张	32.25
插　　页	2
字　　数	546千字
定　　价	158.00元

凡购买中国社会科学出版社图书，如有质量问题请与本社营销中心联系调换
电话：010-84083683
版权所有　侵权必究

目 录

引言 …………………………………………………………………………（1）
  一 研究背景 ………………………………………………………………（1）
  二 概念界定 ………………………………………………………………（2）
  三 研究设计 ………………………………………………………………（3）
  四 研究框架与内容 ………………………………………………………（6）

第一部分 儿童主体尚未形成时期
（1978—1990年）

第一章 1978—1990年时期儿童发展的社会、经济与文化背景 ……（13）
  第一节 中国儿童发展的社会背景 ……………………………………（13）
    一 改革开放前的社会形态：动荡中摸索前行 ……………………（13）
    二 1978—1990年：认清事实、整顿提高的时期 …………………（14）
  第二节 中国儿童发展的经济背景 ……………………………………（15）
    一 改革开放前的经济状态：经济落后、步伐停滞 ………………（15）
    二 1978—1990年：经济复苏、开启改革开放的时期 ……………（16）
  第三节 中国儿童发展的文化背景 ……………………………………（18）
    一 改革开放前的文化形态：内容单一、保守停滞 ………………（18）
    二 1978—1990年：扭转局面、快速崛起的时期 …………………（19）

第二章 1978—1990年时期儿童的生存与健康 ………………………（21）
  第一节 儿童人口的数量与结构 ………………………………………（21）
    一 分年龄、性别儿童人口情况 ……………………………………（22）
    二 分地域儿童人口数量情况 ………………………………………（23）
  第二节 儿童的生存与健康发展 ………………………………………（24）
    一 国家政策动向：儿童健康发展的弱关注时期 …………………（25）

二　国家数据统计：儿童健康发展的零数据时期 …………………（26）
第三章　1978—1990年时期儿童的教育 ………………………………（27）
　第一节　0—5岁儿童的教育 ………………………………………（28）
　　一　国家政策动向：学前教育体制的恢复、调整与改革启动
　　　　时期 ………………………………………………………………（28）
　　二　国家数据统计：学前教育发展状况 ……………………………（36）
　第二节　6—14岁儿童的教育 ………………………………………（41）
　　一　国家政策动向：义务教育实施与教育体制改革全面启动
　　　　时期 ………………………………………………………………（42）
　　二　国家数据统计：义务教育发展状况 ……………………………（49）
　第三节　15—17岁儿童的教育 ………………………………………（58）
　　一　国家政策动向：由单一结构走向结构调整改革时期 …………（59）
　　二　国家数据统计：高中阶段教育发展状况 ………………………（63）
　第四节　特殊与弱势儿童教育 ………………………………………（69）
　　一　国家政策动向：特殊与弱势儿童教育的启动时期 ……………（70）
　　二　国家数据统计：特殊儿童教育发展状况 ………………………（74）
第四章　1978—1990年时期儿童的福利与法律保护 ………………（78）
　第一节　儿童的福利 …………………………………………………（78）
　　一　国家政策动向：少年工作、妇女工作的恢复与重建时期 ……（79）
　　二　国家数据统计：儿童福利事业的零数据时期 …………………（79）
　第二节　儿童的法律保护 ……………………………………………（80）
　　一　国家政策动向：儿童法律保护意识淡薄时期 …………………（80）
　　二　国家数据统计：儿童法律保护事业发展的零数据时期 ………（82）
第五章　1978—1990年时期儿童发展的自然与社会环境 …………（83）
　第一节　儿童发展的自然环境 ………………………………………（83）
　　一　国家政策动向："控制污染、综合利用"治理时期 ……………（84）
　　二　国家数据统计：国家环境治理零数据时期 ……………………（86）
　第二节　儿童发展的社会文化环境 …………………………………（86）
　　一　国家政策动向：优化儿童社会文化环境的启动 ………………（86）
　　二　儿童文化的建设 …………………………………………………（87）
　　三　国家数据统计：儿童发展的社会文化大环境状况 ……………（94）

第二部分 儿童主体地位确立时期
（1991—2000年）

第六章 1991—2000年时期儿童发展的社会、经济与文化背景 …… （99）
 第一节 中国儿童发展的社会背景：扩大开放、全面改革的
     十年 ……………………………………………………（99）
 第二节 经济背景：深化经济体制改革、扩大开放的十年………（100）
 第三节 文化背景：高歌猛进、成果颇丰的十年…………………（101）

第七章 1991—2000年时期儿童的生存与健康 ……………………（103）
 第一节 儿童人口的数量与结构 ……………………………（103）
  一 分年龄、性别儿童人口情况 …………………………（103）
  二 分地域儿童人口数量情况 ……………………………（105）
 第二节 儿童的生存与健康 ……………………………………（106）
  一 国家政策动向：儿童健康事业快速发展时期 ………（106）
  二 国家数据统计：儿童卫生与健康发展状况 …………（110）

第八章 1991—2000年时期儿童的教育 ……………………………（114）
 第一节 0—5岁儿童的教育 ……………………………………（114）
  一 国家政策动向：学前教育体制改革全面展开但曲折发展
    时期 ……………………………………………………（114）
  二 国家数据统计：学前教育发展状况 …………………（120）
 第二节 6—14岁儿童的教育 …………………………………（126）
  一 国家政策动向：基本普及九年义务教育时期 ………（127）
  二 国家数据统计：义务教育发展状况 …………………（133）
 第三节 15—17岁儿童的教育 …………………………………（146）
  一 国家政策动向：高中教育结构改革与调整时期………（146）
  二 国家数据统计：高中阶段教育发展状况 ……………（153）
 第四节 特殊与弱势儿童的教育 ………………………………（164）
  一 国家政策动向：由单一结构走向结构调整改革时期 ……（164）
  二 国家数据统计：特殊教育发展状况 …………………（167）

第九章 1991—2000年时期儿童的福利与法律保护 ………………（171）
 第一节 儿童的福利 ………………………………………………（171）

一　国家政策动向："补缺型"儿童福利制度建立时期 ……… （171）
　　二　国家数据统计：困境儿童状况 ………………………… （175）
第二节　儿童的法律保护 …………………………………………… （176）
　　一　国家政策动向：儿童法律保护体系建立时期 ……………… （176）
　　二　国家数据统计：儿童司法及援助状况 ……………………… （179）

第十章　1991—2000 年时期儿童发展的自然与社会文化环境 …… （181）
第一节　儿童发展的自然环境 ……………………………………… （181）
　　一　国家政策动向："控制全程、协调发展"的环境治理
　　　　时期 ……………………………………………………… （181）
　　二　国家数据统计：国家环境治理的数据仍未出现时期 ……… （184）
第二节　儿童发展的社会文化环境 ………………………………… （184）
　　一　国家政策动向：优化儿童社会文化环境的政策密集出台
　　　　时期 ……………………………………………………… （184）
　　二　儿童文化的建设 …………………………………………… （186）
　　三　国家数据统计：儿童发展的文化大环境与小环境优化
　　　　状况 ……………………………………………………… （192）

第三部分　确立并执行"儿童优先"原则时期
（2001—2010 年）

第十一章　2001—2010 年时期儿童发展的社会、经济与文化
　　　　　背景 …………………………………………………… （197）
第一节　社会背景：推动科学发展、促进社会和谐的十年 ……… （197）
第二节　经济背景：调整经济结构、加强宏观调控的十年 ……… （198）
第三节　文化背景：推进改革、鼓励创新的十年 ………………… （199）
第十二章　2001—2010 年时期儿童的生存与健康 ………………… （201）
第一节　儿童人口的数量与结构 …………………………………… （201）
　　一　分年龄、性别儿童人口情况 ……………………………… （201）
　　二　分地域儿童人口数量情况 ………………………………… （203）
第二节　儿童的生存与健康发展 …………………………………… （204）
　　一　国家政策动向：儿童健康事业深入发展的时期 …………… （204）
　　二　国家数据统计：儿童生存与健康发展状况 ………………… （209）

第十三章　2001—2010 年时期儿童教育 …………………………… (214)
第一节　0—5 岁儿童的教育 …………………………………………… (214)
　　一　国家政策动向：学前教育管理体制改革的调整时期……… (214)
　　二　国家数据统计：学前教育发展状况 ……………………… (217)
第二节　6—14 岁儿童的教育 ………………………………………… (224)
　　一　国家政策动向：义务教育改革深化与科学化时期………… (224)
　　二　国家数据统计：义务教育发展状况 ……………………… (234)
第三节　15—17 岁儿童的教育 ………………………………………… (248)
　　一　国家政策动向：高中普通与高中职业教育并举时期……… (248)
　　二　国家数据统计：高中阶段教育发展状况 ………………… (253)
第四节　特殊与弱势儿童的教育 ……………………………………… (265)
　　一　国家政策动向：特殊与弱势儿童被全面关注的时期……… (265)
　　二　国家数据统计：特殊教育发展状况 ……………………… (272)

第十四章　2001—2010 年时期儿童的福利与法律保护 ……………… (278)
第一节　儿童的福利 …………………………………………………… (278)
　　一　国家政策动向："补缺型"儿童福利制度快速发展
　　　　时期 …………………………………………………………… (279)
　　二　国家数据统计：困境儿童状况 …………………………… (283)
第二节　儿童的法律保护 ……………………………………………… (285)
　　一　国家政策动向：儿童法律保护体系制度化发展时期……… (285)
　　二　国家数据统计：儿童司法及援助状况 …………………… (288)

第十五章　2001—2010 年时期儿童发展的自然与社会文化环境 …… (289)
第一节　儿童发展的自然环境："有法可依、联防联控"治理
　　　　　时期 ……………………………………………………………… (289)
　　一　政策动向："有法可依、联防联控"治理时期 …………… (289)
　　二　国家数据统计：儿童发展自然环境治理状况 …………… (293)
第二节　儿童发展的社会文化环境 …………………………………… (294)
　　一　国家政策动向：优化儿童社会文化环境的行动密集
　　　　时期 …………………………………………………………… (294)
　　二　儿童文化的建设 …………………………………………… (297)
　　三　国家数据统计：儿童发展的文化大环境与小环境优化
　　　　状况 …………………………………………………………… (302)

第四部分 提出"儿童最大利益"原则时期（2011—2017年）

第十六章 2011—2017年儿童发展的社会、经济与文化背景 …… （307）
 第一节 社会背景：为全面建成小康社会而奋斗时期……………（307）
 第二节 经济背景：转变发展方式、提升发展质量的时期………（309）
 第三节 文化背景：蓬勃发展、彰显文化自信的时期……………（310）

第十七章 2011—2017年时期儿童的生存与健康 ……………（312）
 第一节 儿童人口的数量与结构……………………………………（312）
  一 分年龄、性别儿童人口情况…………………………………（312）
  二 分地域儿童人口数量情况……………………………………（314）
 第二节 儿童的生存与健康发展……………………………………（315）
  一 国家政策动向：儿童健康服务体系内涵发展时期…………（315）
  二 国家数据统计：儿童健康发展状况…………………………（317）

第十八章 2010—2017年时期儿童教育 ……………………………（322）
 第一节 0—5岁儿童的教育…………………………………………（322）
  一 国家政策动向：国家顶层部署、大力推进学前教育发展
   时期 ……………………………………………………………（322）
  二 国家数据统计：学前教育发展状况…………………………（333）
 第二节 6—14岁儿童的教育 ………………………………………（339）
  一 国家政策动向：推进义务教育均衡发展、促进教育公平
   时期 ……………………………………………………………（339）
  二 国家数据统计：义务教育发展状况…………………………（349）
 第三节 15—17岁儿童的教育 ………………………………………（360）
  一 国家政策动向：加快普及高中阶段教育、大力发展高中
   职业教育时期 …………………………………………………（360）
  二 国家数据统计：高中阶段教育发展状况……………………（365）
 第四节 特殊与弱势儿童的教育……………………………………（375）
  一 国家政策动向：质量并重的特殊教育，确保弱势儿童免费、
   公平接受义务教育的时期 ……………………………………（375）
  二 国家数据统计：特殊儿童教育发展状况……………………（380）

第十九章　2010—2017 年时期儿童的福利与法律保护 …………… (385)
　第一节　儿童的福利 ……………………………………………… (385)
　　一　国家政策动向：由补缺型向适度普惠型转变时期………… (385)
　　二　国家数据统计：困境儿童救助状况………………………… (392)
　第二节　儿童的法律保护 ………………………………………… (392)
　　一　国家政策动向：儿童法律保护体系进一步完善并进入国家
　　　　责任的操作时期 ……………………………………………… (392)
　　二　国家数据统计：儿童司法及援助状况……………………… (395)

第二十章　2010—2017 年时期儿童发展的自然与社会环境 ……… (396)
　第一节　儿童发展的自然环境 …………………………………… (396)
　　一　国家政策动向："联防联控、依法治污"环境治理
　　　　时期 ………………………………………………………… (396)
　　二　国家数据统计：儿童发展自然环境治理状况……………… (399)
　第二节　儿童发展的社会环境 …………………………………… (399)
　　一　国家政策动向：承继上个十年的做法，用行动优化儿童社
　　　　会文化环境时期 …………………………………………… (400)
　　二　儿童文化的建设 ……………………………………………… (401)
　　三　国家数据统计：儿童发展的文化大环境与小环境优化
　　　　状况 ………………………………………………………… (407)

第五部分　总结与展望（1978—2017 年）

第二十一章　40 年儿童健康事业发展的讨论与结论 …………… (411)
　第一节　40 年儿童人口数量与结构变化趋势分析结果 ………… (412)
　　一　儿童人口数量呈现缩减型态势 …………………………… (412)
　　二　男女儿童性别比呈现不平衡趋势 ………………………… (413)
　　三　县地域儿童人口有向市、镇地域迁移的明显趋势………… (413)
　　四　乡村地域儿童人口有向市、镇地域迁移的明显趋势……… (414)
　第二节　40 年儿童生存与健康发展的讨论与结论 ……………… (414)
　　一　基于国家政策的讨论与结论 ……………………………… (414)
　　二　国家统计数据分析结果 …………………………………… (415)
　　三　建议与展望 ………………………………………………… (418)

第二十二章 40年儿童教育事业发展的讨论与结论 …………… (421)
第一节 0—5岁儿童教育发展的讨论与结论 ……………… (421)
一 基于学前教育政策的讨论与结论 ……………………… (421)
二 国家统计数据分析结果 ………………………………… (424)
三 建议与展望 ……………………………………………… (428)
第二节 6—14岁儿童教育发展的讨论与结论 …………… (430)
一 基于国家政策的讨论与结论 …………………………… (430)
二 国家统计数据分析结果 ………………………………… (433)
三 建议与展望 ……………………………………………… (441)
第三节 15—17岁儿童教育发展的讨论与结论 ………… (443)
一 基于国家政策的讨论与结论 …………………………… (443)
二 国家统计数据分析结果 ………………………………… (444)
三 建议与展望 ……………………………………………… (449)
第四节 特殊与弱势儿童教育发展的讨论与结论 ………… (450)
一 基于国家政策的讨论与结论 …………………………… (450)
二 国家统计数据分析结果 ………………………………… (450)
三 建议与展望 ……………………………………………… (454)

第二十三章 40年儿童福利与法律保护事业发展的讨论与结论 …… (456)
第一节 儿童福利发展的讨论与结论 ……………………… (456)
一 基于国家政策的讨论与结论 …………………………… (456)
二 国家统计数据分析结果 ………………………………… (458)
三 建议与展望 ……………………………………………… (459)
第二节 儿童法律保护事业发展的讨论与结论 …………… (460)
一 基于国家政策的讨论与结论 …………………………… (460)
二 国家统计数据分析结果 ………………………………… (461)
三 建议与展望 ……………………………………………… (462)

第二十四章 40年儿童发展自然与社会环境优化的讨论与结论 …… (464)
第一节 环境污染治理的讨论与结论 ……………………… (464)
一 基于国家政策的讨论与结论 …………………………… (464)
二 国家统计数据分析结果 ………………………………… (466)
三 建议 ……………………………………………………… (468)
第二节 优化儿童社会文化环境的讨论与结论 …………… (468)

一　基于国家政策的讨论与结论 …………………………（468）
　　二　基于国家数据统计的讨论与结论 ……………………（469）
　　三　建议与展望 ……………………………………………（472）
参考文献 ……………………………………………………（474）
后记 …………………………………………………………（503）

引　言

一　研究背景

1989年11月20日，联合国大会通过了《儿童权利公约》。就文件形式而言，《儿童权利公约》是联合国历史上第一次突破儿童权利法律文件无细节的宣言文本，有了具体翔实的儿童权利以及如何保护的条款。就儿童权利内容而言，继1924年《日内瓦儿童权利宣言》提出儿童具有特殊照顾权、1959年《儿童权利宣言》提出儿童具有被保护权之外，《儿童权利公约》明确提出儿童对影响其本人的一切事项具有知情权、参与权、评论权与自由发表言论权[①]。《儿童权利公约》是世界范围内儿童主体地位发生重大转变的标志：儿童不只是具有保护权的一个群体，它还是对公共社会活动具有参与权、执行权与决策权的一个群体。1995年，联合国教科文组织开展了一次以"儿童心目中好老师"为主题的国际儿童书画大赛。比赛向全世界8—12岁的在校学生发出邀请：凭他们的本能感受，用文字或图画形式描述"他们心目中的一位好老师"。这次活动共有50多个国家和地区的儿童参与，收到参赛作品500多个。2010年，在瑞典哥德堡举行的世界学前教育组织（OMEP）工作年会和学术研讨会上，大会的主题为"儿童——在具有挑战的世界中的公民"。这两次国际性活动，是世界性的儿童主体地位由被动、无能的受保护层面转变到主动、有能力参与社会决策层面的体现，是对《儿童权利公约》精神的贯彻与落实。

在中国历史上，儿童一直处于成人配角、成人书中注释的位置，一

---

①　莫迪：《儿童视角研究：儿童研究的新转向》，硕士学位论文，华东师范大学，2015年。

直被历史有意无意地遗忘。在中国社会里,儿童一直是家庭、妇女的附庸,儿童作为一个群体从来没有脱离家庭、妇女群体独立存在过。这种现象,在当代中国终于发生了变化。改革开放后的中国,向世界敞开大门的中国,终于发现了"经济",发现了"科技",也发现了"儿童"。作为一个群体的当代中国儿童,在改革开放40年的历史里,其社会主体地位勿庸置疑地得到确立,我们需要追问的是当代中国儿童的主体地位是何时确立的、其主体性发挥到什么程度?换言之,当代中国儿童享受生存权、保护权、发展权吗?具有参与权、发表权、决策权吗?

《中国儿童发展40年》探讨改革开放40年来,作为群体的中国儿童的生存与发展状况。而儿童的生存与发展状况与儿童是否具有社会主体地位以及主体性发挥的程度直接相关。全书以"当代中国儿童"为书写主语,以国家政策与国家层面统计数据为历史事实材料,叙述当代中国政府对儿童生存与发展问题的关注与投入,追寻当代中国社会对儿童权利保护的发展踪迹,从而给出当代中国儿童生存与发展的历史面貌。

二 概念界定

(一)"40年"的时间界定

从1978年到2017年的40年。本书把1978年作为中国改革开放的始年,论述时间截至2017年年底。

(二)"儿童"的年龄界定

到2017年为止,中国的人口学、医学等领域仍把"儿童"的年龄界定为0—14岁。2010年的全国人口普查,在统计数据时仍将儿童的年纪范围定在0—14岁。医学界仍以0—14岁的儿童为儿科研究对象[①]。

1989年《儿童权利公约》的第一条规定:未成年人系18岁以下任何人。显然未成年人等于儿童,儿童为18岁以下任何人。1991年9月4日,中国第七届全国人民代表大会常务委员会第二十一次会议通过了《中华人民共和国未成年人保护法》。《保护法》中把未成年人即儿童的年龄界定为0—18岁(不包括18岁)。此后,中国政府出台关于儿童的政策都采用此年龄界定。

---

① 苏尚锋、丁芸:《中国儿童人口结构状况及教育政策建议——基于第六次全国人口普查的数据分析》,《河北师范大学学报》(教育科学版)2015年第1期。

本书把"儿童"的年龄界定为0—17（周）岁。这种界定与国际一致、与中国政府出台的政策文件一致。其中，0—5岁为学前教育阶段儿童、6—14岁为义务教育阶段儿童、15—17岁为高中教育阶段儿童。

（三）"政策"的词意与范围界定

"政策"（Policy）一词是随着近代资本主义国家和政党的出现，从"政治"（Polities）一词中派生出来。"政策"的词意是指政党或政府等组织为了完成特定目标对所要采取的行动的一种表达形式。一方面，政策与政治和策略有关。它是一种政治行为，是政府意志的体现。它表达政府想干什么、怎么干，不想干什么、为什么不想干等内容。另一方面，政策还是一种过程概念。政策的过程性表现在政策是政府为达到某一既定目标而采取的一系列可操作性的活动①。

本书中出现的政策，只指国家政府层面的政策，不包括省、市、地区等各级政府制定与颁布的政策。根据国家政策制定机构的不同，把政策分为三种类型：法律，由中国立法机关，全国人民代表大会及常务委员会颁布实施的政策；法规，由中国最高行政机关，国务院颁布实施的政策；部门规章，由国务院各行政部门制定及颁布实施的政策。本书统筹使用"政策"一词，对三类政策的区分，主要通过政策文件名前面给出的部门名称以及表格中提供"颁布部门"一栏方式完成。偶然也直接使用法律、法规、部门规章三个词，表达政策类型的不同。

三 研究设计

本研究定位于儿童学的研究范围，但是不属于儿童哲学、儿童社会学、儿童教育学、儿童心理学、儿童传播学、儿童文学、儿童艺术学等儿童学研究的任何一个子领域。它是把"儿童"作为大写的"人"的整体来描述的儿童当代史研究，是对当代中国儿童生存与发展问题的现实性与历史性关切。可以说，它是对"儿童学的研究应该落实到对于儿童生存与发展问题的关切上，要能够真正面向本土儿童的生存状态，贴近本土童年

---

① 胡洁：《改革开放以来我国义务教育课程政策发展的研究》，博士研究生论文，西南大学，2011年。

的生存境况"① 愿望的回应。

(一) 研究目的

基于国家政策与统计数据的事实材料,呈现当代中国儿童生存与发展的历史面貌,分析每一历史时期中国儿童生存与发展的现实状况、获得的进步、存在的问题,得出40年中国儿童生存与发展的总体结论。

(二) 研究方法

1. 历史研究法

历史研究法的实质在于探求研究对象本身的发展过程和人类认识该事物的历史发展过程,而不是单纯地描述具体的历史事件或历史人物的活动②。

本研究采用历史研究法,叙述改革开放40年来,在儿童生存与发展各领域,中国中央政府的政策与举措的演变轨迹,分析在国家政策引导下中国儿童在各个发展领域的发展历程,同时,基于对40年来中国儿童发展各领域的国家统计数据收集与分析,验证儿童发展的历程与成果。

2. 定量的解释性研究

定量的解释性研究是指以收集到的数据为事实,基于事实做出价值判断、解释评价,形成研究结论的一种方法。鉴于此,数据的客观、权威、有效对定量解释性研究显得格外重要。

本研究,先是基于国家政策材料对每一历史时期每一领域的儿童发展状况进行历史性描述,并形成每一时期每一领域儿童发展的结论。然后,针对每一历史时期每一领域儿童发展结论,提供与时期、领域相对应的国家统计数据,基于数据事实,给予判断与解释。数据是本研究的核心史料之一,基于定量解释性研究对数据的要求以及历史研究法对史料的要求,本研究的数据全部采集于中国官方发布与出版的大样本数据,官方小样本数据与非官方数据都不在本研究采集的范围。以下为数据来源信息与数据资料内容。

(1) 儿童人口数据,来自中华人民共和国成立以来的6次人口普查中的4次。这4次的人口普查年份分别为:1982年、1990年、2000年与

---

① 方卫平:《〈中国儿童文化研究年度报告〉编撰自述:一个学科建设的"野心"》,《中华读书报》2013年第2期。

② 裴娣娜:《教育研究方法导论》,安徽教育出版社1995年版,第136页。

2010年。这4次人口普查的年份在本书界定的"当代中国"的范围内，即1978年改革开放以来的中国社会，论述时间截至2017年年底。

（2）儿童教育数据，来自1949—1986年中国官方出版的《中国教育年鉴》与1987—2016年中国官方出版的《中国教育统计年鉴》。

（3）儿童生存与健康数据，来自卫生部网站的《中国卫生统计年鉴》（1990—2016年）与《中国卫生事业发展情况统计公报》（1996—2016年）。

（4）儿童生存的自然环境与文化环境数据，来自1997—2016年的《中国出版年鉴》、1990—2016年的《中国文化文物统计年鉴》《〈九十年代中国儿童发展规划纲要〉终期监测评估报告汇编》与《〈中国儿童发展纲要（2001—2010年）〉统计监测报告汇编》。

（5）儿童福利数据，来自1990—2016年的《中国民政统计年鉴》。

（6）儿童法律保护数据，来自1990—2016年的《中国法律年鉴》。

3. 文献法

文献法是指依据文献检索获得资料，从而全面地、系统地查阅、了解所要研究的问题的一种方法。

本研究中所有儿童生存与发展的法律、法规与部门规章等政策文件，采用文献法获取。主要通过中央政府行政部门官网以及有关数据库进行检索，以查到政策文件的原出处并以获得名称、日期、部门及正文与附件等完整内容为标准。

（三）研究思路

直接制约与影响一个国家的儿童发展水平的因素是这个国家政府与政党制定及实施的儿童发展政策。国家政府制定的儿童发展政策是促进儿童发展的方针或行动准则，决定着一个国家儿童发展的方向。联合国在《儿童生存、保护和发展世界宣言》中指出："儿童的幸福需要最高一级的政治行动。"一个国家的政府重视儿童生存、健康与发展，不断完善儿童政策，通过政府和社会的行动，才能构建保护儿童权利的基本制度和行动体系。同时，只要是具有前瞻性的国家政策就推动儿童事业的发展，儿童事业只要是被社会被动地拖着走，就倒退。所以，政策决策者的顶层设计与儿童发展呈正相关。

鉴于此，对当代中国儿童发展的研究，采用以下逻辑。首先，基于国家政策材料对每一历史时期每一领域的儿童发展状况进行历史性描述，并形成每一时期每一领域儿童发展的结论。其次，针对每一历史时期每一领域儿童发展结论，提供与时期、领域相对应的国家统计数据，基于数据事实，验证与诠释结论。

四 研究框架与内容

(一) 研究框架

本研究以历史发展为纵向主线，以儿童生存与发展各领域为横向线索构建研究框架。

历史阶段划分。把1978—2017年的当代中国划分为4个历史时期：1978—1990年为儿童主体尚未形成时期，1991—2000年为儿童主体地位确立时期，2001—2010年为确立并执行儿童优先原则时期，2011—2017年为提出儿童最大利益原则时期。

儿童生存与发展领域划分。在参照儿童学名著《儿童学序说》《儿童的世纪》的章节目录以及《中国儿童发展纲要（2011—2020）》对儿童发展领域划分的基础上，将儿童生存与发展的领域划分为儿童的生存与健康、儿童的教育、儿童的福利与法律保护、儿童发展的自然与文化环境四大领域。

综合纵向历史时期划分与横向儿童生存与发展的领域划分，各历史时期研究框架建构如下：

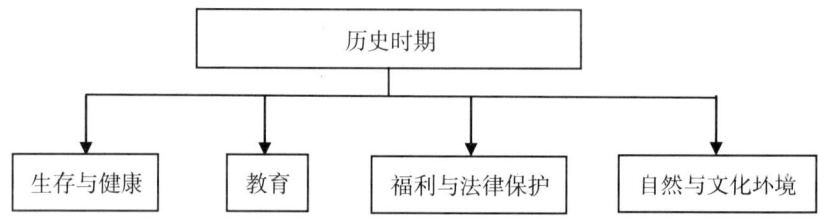

(二) 研究内容

第一部分，儿童主体尚未形成时期（1978—1990年）。

生存与健康领域。这时期中央政府对儿童的生存与健康处于弱关注状态。体现为，其一，这时期不仅没有以儿童为主体的儿童健康发展政策，而且没有直接针对儿童健康发展主题的政策。关于儿童健康发展的内容都嵌在其他政策中或者指向规范管理等目标。其二，这时期没有与儿童生存和健康相关的国家层面的统计数据。

教育领域。这时期中国儿童教育经历了大力恢复与全面启动体制改革两个阶段。学前教育体制改革的启动主要体现在学前教育机构内部管理体制的密集改革上。义务教育体制改革的启动表现在：其一，启动九年制义务教育；其二，建立"地方负责、分级管理"义务教育新管理体制；其三，教育经费投入"双轨制"被国家政策正式授权。高中阶段教育体制改革启动体现在，普通高中教育单一结构解体，进入以"重点扶持中等职业教育"为改革特征的结构调整轨道。特殊与弱势儿童教育的发展是与九年制义务教育的发展休戚相关，这一时期是九年制义务教育启动时期，所以也是特殊儿童教育体系启动与规范时期，是弱势儿童中贫困儿童教育被关注时期。

福利与法律保护领域。这一时期儿童福利事业还未独立，附属于妇女工作。同时，政府对儿童法律保护的意识还比较淡薄，体现为，其一，儿童作为独立主体的法律法规还未出现，关于儿童保护的内容都嵌在非儿童为主体的法律法规中。其二，在儿童保护法律法规条款中作为法律保护对象的儿童，是没有类型、年龄区分的所有儿童。其三，法律法规条款中涉及儿童保护的目标主要立足于儿童基本的生存权。

自然与文化环境领域。这时期中国走向"高消耗、高污染"的工业发展道路，儿童生活的自然环境遭遇破坏。同时，儿童的文化环境得到很好的改善，儿童出版物、儿童图书馆获得空前的发展空间，儿童的文化"食粮"开始充足。

第二部分，儿童主体地位确立时期（1991—2000年）。

生存与健康领域。这一时期，政府开始履行国际承诺，积极介入并逐步解决儿童生存中出生和安全问题，儿童健康照顾中的医疗保健与营养卫生问题。妇幼医疗保健体系开始规范，国家开始介入早期儿童营养问题，5岁以下儿童和孕产妇死亡率有了较大幅度下降。

教育领域。这一时期，政府对教育的精力与财力主要集中在"普及九年制义务教育"这一目标上，义务教育获得了前所未有的发展契机。学前教育、高中教育、特殊与弱势儿童教育，在这一时期都得到大力发展，但与重中之重的义务教育相比，政府的政策扶持力度相对弱一些。这时期学前教育受办园体制社会化改革失败的影响，出现了一个发展下滑阶段。这时期义务教育实现了"基本普及九年制义务教育"的目标。就"地方负责、分级管理"义务教育新体制的实施效果而言，进入"以乡为主"阶段；就教育经费"双轨制"实施效果而言，已经发现"双轨制"的不适切性，发出调整信号；就教师队伍建设而言，中小学教师资格制度在这一时期正式建立并进入试点时期。这时期高中教育改革的政策方针为普通高中分流与中等职业扩大规模并举，但是，实际状况受高等学校大规模扩招影响，普通高中规模扩大、高中职业教育规模萎缩。这时期特殊儿童教育改革表现为：其一，基于区域发展水平差异，对各省各市残疾儿童义务教育入学率提出不同的指标；其二，打破残疾儿童就读特殊学校的单一结构，将随班就读确定为发展与普及残疾儿童义务教育的主要办学形式。这时期是弱势儿童中的贫困失学女童与流动儿童教育被关注时期。

福利与法律保护领域。这时期"补缺型"儿童福利制度得以建立，表现为对中国困境儿童中孤、残、贫困儿童的生活救助与病残儿童的医疗救助政策与举措的密集出台。这时期也是儿童法律保护体系的建立时期，表现为：其一，出现了以儿童为独立主体的法律法规。其二，在专门的儿童保护法律法规中以及在儿童保护的法律法规条款中，作为法律保护对象的儿童，有了类型、年龄的区分。其三，儿童法律保护的领域不再局限于儿童最基本的生存权，开始兼顾生存权、发展权、受保护权，也开始涉及参与权。

自然与文化环境领域。这一时期，一方面，中国处于"边治理、边污染"的环境治理状况，儿童生活的自然环境继续遭遇破坏；另一方面，儿童的文化环境继续得以提升，尤其是儿童出版物达到空前丰富的程度，但是，受市场经济的影响，中国综合性青少年校外活动场馆的运营陷入困境。

第三部分，确立并执行儿童优先原则时期（2001—2010年）。

生存与健康领域。这时期政府继续介入儿童生存中出生和安全问题，儿童健康照顾中的医疗保健与营养卫生问题，但介入的政策类型发生变化。上一时期以法律、法规的制定与出台为主，这一时期密集出台针对法律条款与规划目标的具有操作性的实施办法，政策等举措聚焦法律法规的落实。

教育领域。中国儿童教育总体进入由量的扩张到质的追求的转折过渡时期。学前教育进入办园体制整改时期，在继续推动学前教育社会化发展的方针指引下，中央政策确立了反对市场化立场，制定了"保护国有资产不流失"原则。义务教育实现全面普及。就"地方负责、分级管理"义务教育新管理体制的实施效果而言，进入"以县为主"阶段；就教育经费制度而言，"双轨制"完成历史使命，义务教育经费全面纳入国家财政；就教师队伍建设而言，教师资格制度进入全面实施。高中教育的普通高中与高中职业教育同时进入了量的扩张时期，形成中等职业教育年招生规模与普通高中大体相当的格局。实现全面普及义务教育目标的重中之重是特殊与弱势儿童教育，特殊儿童教育在这时期获得大力发展，弱势儿童教育受到前所未有的关注，尤其是留守儿童成为主要关注对象。

福利与法律保护领域。这时期"补缺型"儿童福利制度得到快速发展，表现为：第一项中国儿童福利津贴制度"孤儿基本生活保障津贴"制度的建立；孤残儿童养护政策的基本规范；其他类型困境儿童救助项目的全面实施。这时期儿童法律保护进入制度化发展轨道，表现为：其一，对上一时期的法律文件进行修订，使儿童法律保护条款在理念、内容等方面更趋合理；其二，制定与法律相对应的法规与部门规章政策，使儿童法律保护的实施获得制度与机制的保障。

自然与文化环境领域。这时期中国环境治理进入"治理力度大，效果仍未显现"僵局，儿童生活的自然环境依然面临严峻挑战。这时期儿童的文化环境优化效果明显：一方面儿童读物、儿童影像依然丰沛，另一方面中央政府启动二期共计70亿"中央专项彩票公益金支持青少年学生校外活动场所建设"项目，极大地促进了青少年校外活动场所的建设与运营工作。而且，儿童的参与权获得社会的关注。

第四部分，提出"儿童最大利益"原则时期（2011—2017年）。

生存与健康领域。儿童的生存与健康领域进入妇幼健康服务体系标准化建设时期，呈现依托儿童健康服务体系实现制度化解决儿童健康发展问题的趋势。

教育领域。学前教育终于迎来了国家顶层直接部署、大力推动的大好发展时期。针对国务院颁布的《关于当前发展学前教育的若干意见》中的十条意见，教育部等部门7年间制定并发布了近50份部门规章，对十条意见进行条条落实。义务教育实现了全面普及目标，进入了推进均衡发展、促进教育公平的质的发展时期，出台了解决城乡差距、校间差距、群体差距的系列政策与举措。在"地方负责、分级管理"新管理体制的实施方面，义务教育进入了"省级统筹"阶段；在教育经费体制方面，义务教育全面纳入国家财政，经费投入机制进入科学化管理阶段；在教师队伍建设方面，义务教育出台了保障教师权益与待遇的政策与举措。这时期高中教育的目标是实现基本普及，为此，确立了普及高中教育关键在于中职教育的基本方针。特殊与弱势儿童教育是巩固义务教育全面普及率的关键，这时期，特殊教育的任务是确保入学巩固率、继续扩大入学率；弱势教育则确保弱势儿童免费、公平接受义务教育。

福利与法律保护领域。这时期儿童福利制度由补缺型向适度普惠型转变，体现为，儿童分类保障与津贴制度的基本建立、执行政府责任的资金保障制度基本建立、全面开展适度普惠型儿童福利制度试点工作、儿童福利服务专业化体系格局初步形成。儿童法律保护体系进入国家责任的操作时期，表现为对困境儿童的支持与保护都是通过国家财政以及各级政府的切实行动去完成。

自然与文化环境领域。这一时期，就儿童发展的自然环境而言，中国环境污染问题依然严峻，但污染治理终于显露一定的成效。儿童文化环境继续繁荣，尤其是儿童的社会文化参与权获得一定的保障。

第五部分，结论与期望（1978—2017年）。

结论。改革开放40年，儿童生存与健康领域经过由弱关注到妇幼医疗保健体系的建立与规范，再到妇幼健康服务体系的建立的发展历程。儿童教育领域，1978—2010年，国家政策主要扶持义务教育，义务教育获得空前发展。从2011年开始，国家政策开始全面扶持儿童教育，学前教育、高中阶段教育、特殊与弱势教育也进入高速发展时期。儿童福利领域走过了由附属妇女工作到成立儿童福利事业独立机构，从补缺型儿童福利制度的建立与发展到适度普惠型儿童福利制度建立的发展历程。儿童法律保护领域经历了儿童为非独立的法律保护主体到儿童法律保护制度建立与完善的发展历程。儿童发展的自然环境，40年来一直面临挑战，直到2011—2017年时期中国环境治理才初见成效，环境质量获得一定提高。儿童发展的文化环境，图书、音像出版经历了持续丰富的发展历程，儿童校外活动场所经历了遭遇运营低潮后重回兴隆的历程，儿童社会文化参与经历了出现、被关注、被重视的历程。

期望。儿童生存与健康领域，健全妇幼健康服务体系，用普惠型福利制度保障儿童生存与健康发展。儿童教育领域，全面走向教育的过程公平。福利与儿童法律保护领域，建立并实施儿童普惠型福利制度。儿童发展的自然环境，实现绿水青山就是金山银山的愿景。儿童发展的文化环境，进一步提升儿童的参与权，给予儿童行使执行权与决策权的机会。

第一部分
儿童主体尚未形成时期
（1978—1990年）

从1978年开始，中国由闭关自守走向改革开放，由计划经济走向社会主义市场经济，经济是这一时期中国社会压倒一切的发展主题。所以，改革开放以来的最初十二年，中国政府把主要精力放在经济建设上，还未把"儿童"视为中国社会的主体，还未制定与出台过以儿童为文本主体的政策文件。这个时期，儿童是一个从属于成人、妇女、家庭的群体。

对1978—1990年时期中国儿童发展状况的历史描述，我们从儿童发展的社会、经济与文化背景，儿童的生存与健康，儿童的教育，儿童的福利与法律保护，儿童的自然与社会文化环境五个维度展开，每个维度构成一章。

第一章

1978—1990年时期儿童发展的社会、经济与文化背景

儿童发展关乎国家与民族的发展,同样,国家与民族的发展状况时刻影响着儿童的发展。正如布朗芬布伦纳提出的人类发展生态学理论所说,个体发展与周围环境之间相互联系、共同构成一个庞大的生态系统,即微观系统、中介系统、外在系统以及宏观系统[1]。宏观系统中的如政治、经济、文化、社会形态等需要经历时间积淀以及社会长期发展所形成的要素,共同凝聚起来构成了儿童发展的大背景,并强有力地作用于儿童群体及个体。

第一节 中国儿童发展的社会背景

一 改革开放前的社会形态:动荡中摸索前行

中华人民共和国成立后,经历长期压迫和剥削的中国坚定地走上了一条独立自主的社会主义发展之路。1954年于北京召开的中华人民共和国第一届全国人民代表大会,制定了中华人民共和国第一部宪法,该法明确了国家性质、共产党领导地位、国家指导思想、社会主义道路、民主集中制等原则,描绘出中国区别于西方国家的政治特征;确立了人民代表大会制度、政治协商制度、民族区域自治制度、行政制度、司法制度、选举制度等政治制度,形成了中国政治制度的基本框架[2],为中国社会此后的持

---

[1] 车广告、丁艳辉、徐明:《论构建学校、家庭、社会教育一体化的德育体系——尤·布朗芬布伦纳发展生态学理论的启示》,《华北师大学报》(哲学社会科学版)2007年第4期。

[2] 熊光清:《当代中国政治发展前后30年之比较分析:制度变迁的视角》,《社会科学研究》2009年第4期。

续发展奠定了坚实的政治基础。

遗憾的是，自1957年起，由于反右派斗争被严重扩大化，大批知识分子、爱国人士、革命干部被错误地划分为右派分子，人民内部的矛盾转变为敌我矛盾，导致全国政治氛围空前紧张，严重挫伤了广大人民参与政治的积极性，相关职能部门及体制也被扭曲或削弱，民主与法制建设开始受挫。自1966年"文化大革命"开始，宪法规定的行政机关几乎被"革命委员会"取代，国家行政缺乏必要的法制保障，党和国家领导机构会议制度受到空前破坏。"文化大革命"片面夸大了政治动员和政治参与的作用，教条化地理解政治理论导致政治思想被禁锢，将理论付诸实践时则变成了僵化地照搬社会主义模式。总的来说，这一阶段的中国政治制度名存实亡、国家权威缺少法制保障、社会决策过程缺乏民主、思想理念教条化，社会大环境的动荡导致这一时期的国家教育事业被搁置、儿童发展受到严重阻碍。好在经历较长一段的"低谷时期"之后，1978年终于迎来了恢复中国社会稳定局面的曙光。

二　1978—1990年：认清事实、整顿提高的时期

20世纪70年代末，刚从"文化大革命"阴影中走出来的中国社会急需一条方向明确且正确的发展道路。1978年于北京召开的第十一届三中全会正是中华人民共和国成立以来历史上的伟大转折点，会议认真讨论了"文化大革命"中发生的一些重大政治事件以及遗留下来的历史问题，恢复党内民主以及党的实事求是、群众路线、批评和自我批评等优良作风，重新确立了马克思主义的思想路线、政治路线和组织路线。更重要的是，全会强调应将全党的工作重点和人们的注意力由阶级斗争转移到改革开放和社会主义现代化建设上来。此外，为了适应工作重心转移的需要，全会还决定在党的生活和国家政治生活中加强民主，加强社会主义法治建设。第十一届三中全会进行了思想路线、政治路线和组织路线等方面的拨乱反正，不仅明确中国共产党作为中国社会主义事业领导核心的地位，确定了今后中国社会的总体努力方向，而且强调人民群众的重要地位，充分调动了人民投身于社会主义现代化建设中的热情，这都在很大程度上为中国社会发展营造了安定团结的良好环境。

在深刻反思曾经出现的错误并快速转移工作重心之后，党立足于中国国情对中国社会发展做出准确的定位，也明确了开创社会主义现代化建设

的各方面目标。1982年党的十二大在北京举行，邓小平在开幕词中首次提出"建设有中国特色的社会主义"的命题。以《全面开创社会主义现代化建设的新局面》为题的中共十二大报告制定了全面开创社会主义现代化建设新局面的纲领，明确了新历史时期的总任务，提出了经济建设的总目标，强调要努力建设高度的社会主义精神文明和高度的社会主义民主，将社会主义民主建设与社会主义法制建设紧密地结合起来。1987年召开的中共第十三大系统阐述了关于社会主义初级阶段的理论和党的社会主义初级阶段的基本路线，制定了政治体制改革和经济体制改革的基本任务和奋斗目标。

在"六五"和"七五"计划范围内的这十年可以说是中国社会打好基础、积蓄力量的十年。在"调整、改革、整顿、提高"方针的指导下，中国社会逐渐从政治困境中挣脱出来，开始走上社会主义快速发展的正轨。具体表现为以下三方面：其一，社会局面开始趋于稳定，社会主义现代化建设的发展大方向成为全国人民的共同努力方向；其二，社会主义民主受到重视，法制建设开始逐渐完善；其三，随着改革开放政策的深入推进，中国社会开放程度有所提高。

第二节 中国儿童发展的经济背景

马克思主义哲学中有句广为人知的话：经济基础决定上层建筑。国民经济发展与否不仅标志着我国社会的发展水平，决定了我国的国际地位，而且影响着我国的社会意识形态以及与它相适应的政治、法律制度和设施。若将目光聚焦到国家经济对儿童的影响来看，国民经济的发展状态可能会直接影响教育以及儿童的发展。

一 改革开放前的经济状态：经济落后、步伐停滞

改革开放前的中国经济水平远远落后于西方发达国家。明末清初开始实行闭关锁国政策，却恰逢欧洲等国进行彻底的工业革命，随之欧洲经济达到全盛阶段。再加上我国近代长期处于被侵略的状态，这一历史因素导致我国经济在新中国成立前就十分落后。中华人民共和国成立后，拥有独立自主权利的中国却依然在很大程度上实行闭关锁国的政策，缺乏有效吸取国外先进经济运行模式及经营管理经验的途径。不仅如此，建国初期我

国在经济建设的指导思想上存在"左"的错误。1958年轻率地发动了"大跃进"运动，忽视了社会主义经济发展规律，这次运动非但没有推动中国经济飞速发展，反而造成了严重的国民经济损失。面对我国国民经济持续陷入困境的状况，党中央决定彻底纠正"大跃进"所犯的错误，1961年中共八届九中全会在1961年1月正式确定对国民经济实行"调整、巩固、充实、提高"的八字方针，这标志着国民经济进入调整阶段。在这一方针的指导下，国民经济开始逐渐好转。正当国民经济的调整基本完成，1966年却又爆发了长达十年的"文化大革命"，这场充满政治意味的运动以阶级斗争为纲，严重阻碍经济建设的发展，给党和人民生活造成了重大灾难。在1981年《政府工作报告》中指出，改革开放前"整个国民经济中的产业结构、产品结构、技术结构、企业结构、组织结构、工业布局和经济布局都不很合理"，经济管理体制中也存在较多问题，种种原因造成了改革开放前的中国经济总体发展水平落后，前进步伐几乎停滞。

二 1978—1990年：经济复苏、开启改革开放的时期

1978年召开的中共十一届三中全会作为我党历史上具有拨乱反正意义的会议，坚决摒弃了"以阶级斗争为纲"的指导方针，将全部工作重心转移到社会主义现代化建设上来，贯彻执行国民经济"调整、改革、整顿、提高"的八字方针。在此指导思想的引领下，国民经济开始复苏，逐步从各个方面调整国民经济，并正式开启对内改革、对外开放的社会主义现代化建设之路。

1982年由第五届全国人民代表大会通过的第六个五年计划，为刚刚走出困境的中国经济指出了明确的发展方向。强调未来五年的基本任务是"进一步解决过去遗留下来的阻碍经济发展的各种问题，取得实现财政经济状况根本好转的决定性胜利，并为第七个五年计划期间的国民经济和社会发展奠定更好的基础，创造更好的条件"。1981—1985年这五年里，我国若干关系国计民生的重要产品的产量大幅度增长，总的经济实力有了明显增强，对外开放的广度和深度都超过历史上的任何时期，"六五"计划中规定的各项指标绝大部分都提前完成或超额完成。"六五"计划的圆满完成为我国继续开展社会主义现代化建设奠定了良好的物质基础。为了抓住有利时机并进一步贯彻改革开放的政策，十二届三中全会通过了《关于经济体制改革的决定》，建立有中国特色的社会主义经济体制的轮廓越来

越明晰。在这一党的文件里明确了社会主义经济是"在公有制基础上的有计划的商品经济",推进计划经济体制改革,肯定了集体经济和个体经济在社会主义经济中的重要价值,促进多种经济形势共同发展,还将改革的重心由农村转向城市,围绕增强企业活力为中心。在此政策的推动下,中国社会大大加快了对内改革、对外开放的步伐。

"六五"计划的顺利完成增强了我国继续推行改革开放的信心,"七五"计划要求"遵循对内搞活经济、对外实行开放的总方针,继续推进经济发展战略和经济管理体制由旧模式向新模式的转变"。一方面,扎实地进行经济建设,努力保持社会总需求和总供给的基本平衡,坚持进一步对外开放,通过学习国外先进经济技术和管理经验加快我国国民经济的增长速度,保证经济的持续稳定增长,以便为经济体制改革创造良好的物质条件;另一方面,积极推行经济体制改革,鼓励发展多种所有制经济,将经济体制由僵化的计划体制转向公有制基础上有计划发展商品经济的新体制,释放市场的活力,通过改革不适宜当前经济发展现状的经济体制,为社会主义经济体制的发展注入生机。

1987年中共十三大,从理论上深刻阐述了我国处在社会主义初级阶段的科学论断,制定了党在社会主义初级阶段的基本路线,即"领导和团结全国各族人民,以经济建设为中心,坚持四项基本原则,坚持改革开放,自力更生,艰苦奋斗,为把我国建设成为富强、民主、文明的社会主义现代化国家而奋斗"。这一基本路线进一步明确了以经济建设为中心任务,在保证国民经济以较快的速度持续发展的基础上,加快并深化经济体制改革,坚持对外开放,扩大在对外经济技术交流和合作方面的深度及广度。20世纪80年代国家出台的一系列政策文件,都具有分析当前现状、指明经济发展走向的特征。在国家政策指引下,我国国民经济走上正轨、实现飞跃。截至1990年国民生产总值、工农业总产值都已超过了原定五年计划的要求,全国逐渐形成对外开放的格局。

80年代的中国经济可以说是"稳中求变"的十年,改革开放政策的实施大大加快了经济增长步伐、提升了经济活力,显著地增强了国家经济实力,为进一步经济建设和改革奠定了坚实的物质基础,同时,全面经济体制改革也在顺利开展,成功实现了现代化建设的第一步战略目标。随着国民经济的持续稳定发展,对经济建设原动力的思考也随之深入,人们越来越意识到发展科学技术和教育事业对经济快速发展的重要价值,依靠科技进步和提高劳动者素质才是保证经济持续稳定发展的根本。总的来说，20世纪80年代国民经济的快速发展，不仅为国家教育以及儿童发展准备了扎实的物质基础，也在思想意识上为之提供了良好的发展空间。

第三节 中国儿童发展的文化背景

在综合国力中，文化是一股隐性却强大的力量。需要明确的是，这里我们所指的"文化"是狭义概念上的精神文化，将教育、科技和文化产业等内容囊括其中，旨在全面地呈现中国社会的精神文化面貌。

一 改革开放前的文化形态：内容单一、保守停滞

曾经闪耀于世界数千年之久的中国文明，却在改革开放之前的那段时间褪去了原有的光芒。由于受到"文化大革命"的重创，不仅中国优秀的历史文化遗产遭到严重摧残，而且中国知识分子的地位被不断贬低，更关键的是科学文化教育事业非但没有得到应有的重视，反而备受摧残，导致文化出现断层，国民素质急剧下降，人们的精神文化生活受到严重制约。

在文化教育领域，由于"文革"期间批判"尊师重道""智育第一"等思想，导致"读书无用"的不良风气势头上升。十年"文化大革命"期间，全国各级各类教育机构在不同程度上受到了破坏性的摧毁，教师、学者等知识分子或备受羞辱或被下放进行体力劳动，教学科研工作被迫全部停止，各级各类学校相继进入停课状态，频繁的知青上山下乡并没有对农村开发建设起到很大的推动作用，反而中断了知识青年接受更深层次的文化教育，阻碍了国民素质的真正提高。在思想信仰方面，由于受到"左"倾错误的影响，中国人民思想信仰自由在那个时代受到严重制约。在中国传统文化领域，1966年一篇名为《横扫一切牛鬼蛇神》的人民日报社论提出"破除几千年来一切剥削阶级所造成的毒害人民的旧思想、旧文化、旧风俗、旧习惯"的口号，一时间，几千年传承下来的优秀文化遗产成了"破四旧"的对象，中国文化遗产也遭受毁灭性的打击。

由于那个时代严重错误的思想路线，导致在没有外敌侵略的情况下却出现了一次文化上的大倒退，失去了优秀的传统文化根基，却又缺乏文化自身发展所需的自由宽松的环境，导致改革开放前的中国文化好似一潭死

水。1978年的改革开放政策，解开了多年束缚于中国文化之上的枷锁，为其注入了一股清流，使中国文化迎来了可以百花齐放的态势。

二 1978—1990年：扭转局面、快速崛起的时期

1978年在北京召开的全国科学大会是在科学文化领域的一次重要拨乱反正会议。会议上邓小平同志提出了"科学技术是生产力"的重要论断，明确了知识分子是工人阶级的一部分，彻底清除了"文化大革命"对科学文化领域所形成的阻碍，以此为分水岭，中国文化从此踏上了复苏而后崛起的征途。

1982年的第六个五年计划，以"统一组织全国的科技力量，进行科技攻关和科技成果的推广应用；努力发展教育、科学和文化事业，促进社会主义物质文明和精神文明的建设"作为基本任务。为了顺利实现该任务目标，"六五"计划相较"五五"计划提高了教育、科学、文化、卫生、体育事业的国家财政支出，教科文事业的经费占国家财政支出总额的15.9%，其中1985年达到16.8%。党的十二大提出"走自己的路，建设有中国特色的社会主义"的科学论断，还明确了在建设高度物质文明的同时，要努力从文化建设和思想建设两方面开展社会主义精神文明建设。"七五"计划继续强调推进物质文明建设的同时，需要大力加强社会主义精神文明建设，将发展科学、教育事业放在重要的战略地位，推动科学技术的快速发展，大力提升人民群众的文化素质。1988年邓小平同志提出"科学技术是第一生产力"的论断，成为推动中国社会科学文化事业发展的重要动力。经过十年的不懈努力，我国教育科学文化事业摆脱了几乎停滞的状态，开始出现繁荣兴旺的局面，大批重要科研成果不断涌现，教育事业已有起色且发展形势迅猛，随着国家对外开放程度的加深，人民的文化生活内容不断丰富，人民科学文化知识水平逐渐提高。

自1978年改革开放之后，中国文化事业逐渐开始由"文化大革命"时期荒废停滞的状态转向蓬勃发展的新状态，20世纪80年代的中国文化各项事业不仅摆脱了"左"倾错误的束缚，而且踏上了欣欣向荣的文化发展道路。在教育领域，积极推行教育体制改革，随着义务教育法的实施，中小学适龄学生入学率不仅大大提升，而且学校的办学条件和办学质量都有所改善，职业技术教育发展迅猛，为中国特色社会主义建设培养一大批具有较高职业技能素养的劳动者，高等教育的改革也在不断推行，不

仅为国家培养了一批掌握科学知识的知识型人才，而且在较大程度上促进了国家教学和科学技术研究的发展。在科学领域，"科学技术是生产力"的理念重塑了人民对科学技术的认识，在一定程度上为科学技术事业的发展扫清了障碍，另外，通过科技体制的改革改变了单一的国家办科研的局面，各种科技型企业和民办科研机构也纷纷进入科研领域，这种竞争性为科研领域的发展增添了活力，重大科技硕果累累。在人民文化领域，文学艺术、电影、电视、广播、新闻等各类精神产品日趋丰富，内容越来越具有知识性、科学性和艺术性的特性。

社会文化背景直接关系着人民如何看待教育的作用以及个体公民的素质，可以说，它最直接地影响儿童的发展。1978—1990 年的 12 年里，不仅彻底扭转了轻视知识分子、忽视科学技术的局面，而且促进了各项文化事业快速发展，为那个年代的儿童发展提供了良好的文化背景。

第二章

1978—1990年时期儿童的生存与健康

一般而言，作为一个国家整体的儿童生存与健康水平，可以用该国家对三类儿童健康问题的介入与解决的状况来衡量。第一类是儿童生存中的出生和安全问题，包括生育、分娩以及免疫接种等问题，第二类是儿童健康照顾（Health Care）中的医疗保健与营养卫生问题，第三类是健康照顾中的保健服务问题。在经济、社会、文化等综合发展水平的基础上，世界各国按照三类儿童健康问题的先后顺序，逐步地介入与解决。改革开放初期，中国政府在儿童的生存与健康领域涉及第一类与第二类问题。

对整个国家儿童群体的健康发展状况的历史研究，势必涉及儿童群体的人口数量与结构问题。儿童人口占全国总人口的比例、儿童人口的性别结构与地域分布状况都无声地表达着儿童群体的生存与健康发展态势。我们认为，对儿童人口数量与结构的研究是儿童生存与健康发展研究中不可或缺的一个部分。

第一节 儿童人口的数量与结构

中华人民共和国成立以来，共进行过6次人口普查。6次人口普查的结果，为准确掌握儿童人口基础数据、描述儿童总人口和不同年龄段与类型人口基本特征及结构状况，提供了丰富的资料。6次人口普查中的后4次是本研究描述的"改革开放40年"时间范畴内进行的，这4次分别于1982年、1990年、2000年及2010年完成的人口普查。本节基于1982年的人口普查数据，对改革开放初期中国儿童人口数量与结构状况进行描述。

一 分年龄、性别儿童人口情况

根据1982年第三次全国人口普查数据①计算出的儿童人口数量与年龄、性别结构，如表2.1所示。从年龄结构来看，1982年7月1日，中国总人口为1031887961人，比1964年增加了312722424人，增长了31.02%。其中，0—17岁儿童人口数量为410106529人，约占总人口的40.68%。学龄前儿童（0—5岁）为114125661人，义务教育阶段儿童（6—14岁）为223125528人，高中教育阶段儿童（15—17岁）为72855340人。从性别结构来看，全国男性人口数为515277505人，占总人口数的51.11%，女性人口数为488636422人，占总人口数的48.89%，人口性别比为105.45（女性=100）。在0—17周岁儿童中，男童人口数为211256571人，占儿童总人数51.51%；女童人口数为198849958人，占儿童总人数48.49%，男童比女童多12406613人，儿童人口性别比为106.24。

表2.1　分年龄、性别儿童人口情况（1982年人口普查结果）

年龄	儿童人口数（人）			占总人口百分比（%）		
	小计	男	女	小计	男	女
0	20809347	10787028	10022319	2.06	1.07	0.99
1	17375778	9015023	8360755	1.72	0.89	0.83
2	18273841	9460846	8812995	1.81	0.94	0.87
3	19625509	10131309	9494200	1.94	1.00	0.94
4	18619886	9589607	9030279	1.85	0.95	0.90
5	19421300	10005985	9415315	1.92	0.99	0.93
6	20432542	10528882	9903660	2.02	1.04	0.98
7	21779429	11215966	10563463	2.16	1.11	1.05
8	24032967	12373188	11659779	2.39	1.23	1.16
9	25069633	12902275	12167358	2.49	1.28	1.21
10	25222513	12990403	12232110	2.50	1.29	1.21
11	27323306	14071874	13251432	2.71	1.40	1.31

---

① 该数据包含现役军人、金门和马祖岛屿人口，不包含台湾省、香港和澳门特别行政区人口。

续表

年龄	儿童人口数（人）			占总人口百分比（%）		
	小计	男	女	小计	男	女
12	26487340	13614655	12872685	2.63	1.35	1.28
13	28239541	14522190	13717351	2.80	1.44	1.36
14	24538257	12638810	11899447	2.43	1.25	1.18
15	22750897	11710874	11040023	2.26	1.16	1.10
16	25686509	13189846	12496663	2.55	1.31	1.24
17	24417934	12507810	11910124	2.42	1.24	1.18
总计	410106529	211256571	198849958	40.66	20.95	19.72

就不同年龄阶段儿童占全国总人口数来看，如表 2.2 所示：0—5 岁儿童占总人口数 11.32%，6—14 岁儿童占总人口数 22.13%，15—17 岁儿童占总人口数 7.23%。

表 2.2　　　　1982 年人口普查儿童人口数及所占百分比情况

年份	年龄	儿童人口数（人）	占总人口百分比（%）
1982 年	0—2 岁	56458966	5.59
	3—5 岁	57666695	5.73
	6—11 岁	143860390	14.27
	12—14 岁	79265138	7.86
	15—17 岁	72855340	7.23
	合计	410106529	40.68

二　分地域儿童人口数量情况

1982 年第三次全国人口普查按市、镇、县划分地域，根据 1982 年人口普查数据[①]计算出的儿童人口地域结构，如表 2.3 所示。城市儿童人口总数（0—17 岁）为 46513307 人，占儿童总人口数的 11.34%，其中 0—5 岁占儿童总人口数的 3.14%，6—14 岁占儿童总人口数的 6.07%，15—

---

① 该数据包含现役军人、金门和马祖岛屿人口，不包含台湾省、香港和澳门特别行政区人口。

17岁占儿童总人口数的2.13%。镇儿童人口总数为21398909人，占儿童总人口数的5.22%，其中0—5岁占儿童总人口数的1.43%，6—14岁占儿童总人口数的2.79%，15—17岁占儿童总人口数的1.00%。县儿童人口总数为342194313人，占儿童总人口数的83.44%，其中0—5岁占儿童总人口数的23.25%，6—14岁占儿童总人口数的45.55%，15—17岁占儿童总人口数的14.63%。各地域人口发展的状况很不一样，说明存在着明显的区域差别。

表2.3　　分市、镇、县儿童人口情况（1982年人口普查结果）

年龄	市 儿童人口数（人）	市 占儿童人口总数百分比（%）	镇 儿童人口数	镇 占儿童人口总数百分比（%）	县 儿童人口数（人）	县 占儿童人口总数百分比（%）
0—2岁	6610650	1.61	2913252	0.71	46935064	11.44
3—5岁	6290483	1.53	2947153	0.72	48429059	11.81
6—11岁	15501747	3.78	7203761	1.76	121154682	29.54
12—14岁	9380301	2.29	4226062	1.03	65658775	16.01
15—17岁	8730126	2.13	4108681	1.00	60016533	14.63
总计	46513307	11.34	21398909	5.22	342194113	83.43

表2.4为更直观的表达：1982年市儿童人口占儿童总人口11.34%，镇儿童人口占儿童总人口5.22%，县儿童人口占儿童总人口83.44%。县儿童人口占儿童总人口的绝大多数。

表2.4　　1982年人口普查儿童人口数地域分布情况

地域	1982年 儿童人口数（人）	1982年 占儿童总人口数的百分比（%）
市	46513307	11.34
镇	21398909	5.22
县	342194313	83.44

第二节　儿童的生存与健康发展

中国儿童健康事业的发展也不可避免地经历了三类儿童健康问题逐层

推进的过程。先介入儿童生存中的出生与安全问题，再介入儿童健康照顾中的医疗保健与营养卫生问题，最后开始关注儿童健康照顾中的保健服务问题。

一 国家政策动向：儿童健康发展的弱关注时期

自1978年开始，中国由闭关自守走向改革开放，由计划经济走向社会主义市场经济，经济是这一时期中国社会压倒一切的发展主题。所以，改革开放后的最初十二年，中国政府在儿童健康事业上没有直接的政策制定与行动投入。这一时期中国政府与社会还未把"儿童"视为主体，就"儿童健康事业"的发展而言，还不具"儿童优先"原则等理念。

这时期儿童健康发展领域的国家政策呈现两个特征。其一，没有以儿童为主体的政策文件。这时期不仅没有以儿童为主体的儿童健康发展政策，而且没有直接针对儿童健康发展主题的政策。关于儿童健康发展的内容是嵌入其他政策中或者指向规范管理等目标。其二，政策内容指向卫生领域。以下为这一时期中国政府发布的与儿童健康发展相关的政策信息与主要内容。

1979年12月6日，卫生部颁布《中、小学卫生工作暂行规定（草案）》。《暂行规定》对"学校卫生工作"与"学校卫生管理"提出具体要求与规范。它是中国社会刚跨入改革开放时期、学校教育需要拨乱反正与规范时期，用于规范中小学教育与管理秩序的一项政策。1986年4月20日，卫生部颁布《妇幼卫生工作条例》。《条例》中涉及儿童健康内容的是第二章"任务"中的第七条，提出了儿童医疗与营养保健的五项任务。（1）做好7岁以下儿童保健工作。对婴幼儿实行保健系统管理，增强儿童体质，降低新生儿、婴儿死亡率。（2）积极防治儿童常见病、多发病，调查分析发病因素，制定防治措施，降低发病率，提高治愈率。（3）做好托儿所、幼儿园卫生保健的业务指导。（4）推广科学育儿，提倡母乳喂养，会同有关部门做好婴幼儿早期教养工作。（5）配合卫生防疫部门，做好预防接种及传染病管理工作。1986年11月14日，卫生部颁布《食品营养强化剂卫生管理办法》。《管理办法》由13项条款构成，其中第8项涉及儿童食品中的婴儿食品管理办法。具体内容：婴儿食品的强化，按卫生部颁布的或许可的婴儿食品营养及卫生标准规定执行。1987年4月1日，国务院颁布《公共场所卫生管理条例》。《管理条例》是为创造良好的公共场所卫生条件，预防疾病，保障人体健康而制定。《管理条例》没有专门提到学校或儿童健康。1990 年 4 月 25 日，国务院批准并颁布《学校卫生工作条例》（以下简称《条例》）。与此同时，分别在 1979 年 12 月 6 日和 1980 年 8 月 26 日，卫生部、教育部联合颁布的《中、小学卫生工作暂行规定（草案）》和卫生部颁布的《高等学校卫生工作暂行规定（草案）》废止。《条例》由总则、学校卫生工作要求、学校卫生工作管理、学校卫生管理监督、奖励与处罚等五章内容构成。《条例》适用于各级各类学校。

表 2.5 为 1978—1990 年，中国政府制定并颁布的与儿童健康事业相关的政策。

表 2.5　　与儿童健康相关的政策（1978—1990 年）

颁布时间	颁布部门	名称
1979.12.6	卫生部	《中、小学卫生工作暂行规定（草案）》
1986.4.20	卫生部	《妇幼卫生工作条例》
1986.11.14	卫生部	《食品营养强化剂卫生管理办法》
1987.4.1	国务院	《公共场所卫生管理条例》
1990.4.25	国务院	《学校卫生工作条例》

二　国家数据统计：儿童健康发展的零数据时期

这一时期儿童的社会主体地位还没出现，儿童作为一个社会群体还未独立出来，还未进入政府关注的视野，所以，国家层面以儿童为统计对象的数据还未出现。

第三章

1978—1990年时期儿童的教育

1978年，刚经历十年"文化大革命"的中国教育，满目疮痍。就是在这个起点上，这一时期的中国教育经历了大力恢复与体制改革两个阶段。1978—1984年的中国教育是恢复教育体系、规范教育实践正常化的阶段；从1985年开始，随着中国经济体制、科技体制改革先后启动，作为教育体系"骨架"的教育体制改革也就势在必行[①]。所以，1985—1990年的中国教育属于教育体制改革全面启动阶段。

从1985年开始的中国教育体制改革，就中小学教育而言，由普及初等教育走向普及九年制义务教育；就高中教育而言，由普通高中单一结构走向普通高中与中等职业多元结构。在1978—1990年，改革开放以来新时期的中国儿童教育体系形成。下面为中国儿童教育体系结构示意图[②]。

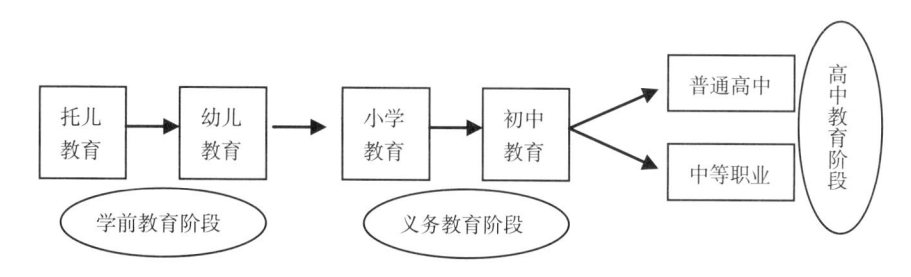

图3.1 中国基础教育体系结构示意

图3.1由学前、义务、高中三阶段构成的儿童教育体系，中国称之为基础教育。从纵向儿童年龄维度来分，儿童教育体系分为学前（0—5

[①] 王炳照、施克灿：《中国教育改革30年》（基础教育卷），北京师范大学出版社2009年版，第15页。

[②] 莫文秀：《中国妇女教育发展报告：改革开放30年》，社会科学文献出版社2008年版，第2页。

岁)、义务(6—14岁)、高中(15—17岁)三个教育阶段;就横向儿童类型维度来分,儿童教育体系除学前教育、义务教育、高中阶段教育外,还包括特殊儿童教育、弱势儿童教育。

第一节 0—5岁儿童的教育

学前教育是指专门的社会托幼机构对0—5岁儿童所施加的教育。中国社会专门的托幼机构有幼儿园、托儿所、学前班、社区亲子活动中心、游戏小组等机构与组织,其中,幼儿园与托儿所是中国城市学前教育的主要机构形式,学前班则是中国农村学前教育的主要组织形式[1]。

一 国家政策动向:学前教育体制的恢复、调整与改革启动时期

教育体制是指教育机构与教育规范的结合体。就学前教育而言,主要包括管理体制、经费投入体制、办园体制以及课程与教师队伍建设等方面。1978—1990年,就纵向而言,学前教育经历了体制的恢复、调整及改革启动三个历史阶段。就横向而言,学前教育在机构管理体制、供给经费制度、课程改革及教师任用资格制度四个领域展示出新时期的变化。下面,分别描述横向四领域中每一领域在这一时期由恢复到调整再到改革启动的三阶段演进。

(一)学前教育机构管理体制的恢复、调整与改革启动

1. 1978—1984年:学前教育管理体制的恢复阶段

1979年7月24日至8月7日,教育部、卫生部、劳动总局、全国总工会和全国妇联联合召开了全国托幼工作会议。会议回顾了托幼事业在"文化大革命"期间遭遇的严重破坏,提出了恢复与规范中国托幼事业的任务使命,讨论了当时托幼工作中迫切需要解决的问题,通过了《全国托幼工作会议纪要》。1979年10月11日国务院转发了《全国托幼工作会议纪要》的通知,文件决定国务院设立托幼工作领导小组,用于专门负责研究和贯彻有关托幼工作的方针、指示,制定托幼事业发展规划等事务。这次会议首次确立了由政府牵头、各部门共同管理的学前教育管理体制。托

---

[1] 涂艳国:《中国儿童教育30年》,湖南师范大学出版社2008年版,第16页。

幼工作领导小组成立后,各有关部门致力于学前教育政策、法规的制定①,展开学前教育的恢复与规范工作。

1979年11月8日,教育部颁布《城市幼儿园工作条例(试行草案)》。它是改革开放以来第一个学前教育政策文件,对我国城市幼儿园性质、任务、目标、课程教学、管理制度等做了详尽规定,使中国城市幼儿园能比较迅速地恢复工作秩序并得到规范。

1980年10月14日,教育部下发《关于印发中等师范学校教学计划试行草案和幼儿师范学校教学计划试行草案的通知》,要求各省市在积极创办幼儿师范学校或幼师班的同时,加强对幼儿师范学校的教学管理与规范工作,提升师范教育质量。

1981年10月31日,教育部制定并颁发《幼儿园教育纲要(试行草案)》(以下简称《纲要》)。《纲要》详细阐述了幼儿园教育目标、内容及各年龄班教育策略与方法。它是中国改革开放以来第一个幼儿园课程标准,是全国幼儿园展开教育工作的依据。在颁布《纲要》的同时,教育部组织编写了幼儿园教材,共7类9册。它是1949年中华人民共和国成立以来第一次全国"统编"的幼儿园教材,为保证《纲要》的实施,提高幼儿园教育质量提供了必要保障②。

1981年6月6日,卫生部颁布了《三岁前小儿教养大纲》。它是中华人民共和国成立后首次就0—3岁儿童的集体教育工作给出明确规范。

1983年9月21日,教育部颁布《关于发展农村幼儿教育的几点意见》(以下简称《几点意见》)。《几点意见》是对教育部在1983年5月颁布的《关于加强和改革农村学校教育若干问题的通知》中提出的"积极发展幼儿教育"这条要求的具体落实。《几点意见》是中华人民共和国成立后首次以政策文件形式明确肯定农村小学"穿靴式"地附设一年制的幼儿班形式,即"学前班"。

至此,中国学前教育从城市幼儿园到农村学前班完成第一轮恢复与规范工作。

表3.1为1978—1984年,学前教育第一轮恢复与规范工作中,中国

---

① 庞丽娟:《中国教育改革30年》(学前教育卷),北京师范大学出版社2009年版,第3页。

② 同上。

政府制定并发布的有关学前教育的政策。

表 3.1　　　　　　　　学前教育政策（1978—1984 年）

颁布时间	颁布部门	名称
1979.10.11	中共中央国务院	转发《全国托幼工作会议纪要》的通知
1979.11.08	教育部	《城市幼儿园工作条例（试行草案）》
1980.10.14	教育部	《关于印发〈幼儿师范学校教学计划〉（试行草案）》的通知》
1981.06.06	卫生部	《三岁前小儿教养大纲》
1981.10.31	教育部	《幼儿园教育纲要（试行草案）》
1983.09.21	教育部	《关于发展农村幼儿教育的几点意见》

2. 1985—1986 年：学前教育管理体制的调整阶段

1985 至 1986 两年间，国务院与几个部委相继颁布了一些与学前教育相关的政策文件，这两年发布的政策总体是对 1978—1984 年所颁布政策的修订与扩展。

1985 年 5 月 6 日，教育部颁布《幼儿师范学校教学计划》的通知，针对 1980 年的《幼儿师范学校教学计划（试行草案）》做出了较大的调整，突出之处是允许有条件、有基础的幼儿师范学校自行拟定教学计划。这是中华人民共和国成立以来，教育部首次对中等幼儿师范学校的课程设置放权[1]。

1985 年 12 月 7 日，卫生部制定并颁布了《托儿所、幼儿园卫生保健制度》，对托幼机构的生活、婴幼儿饮食、体格锻炼、健康检查、卫生消毒与隔离、预防疾病、安全、卫生保健登记与统计八大制度作了详细规定。

1986 年 3 月 7 日，国家教委[2]制定并颁布了《幼儿园教玩具配备目录》，它是根据教育部 1981 年颁发的《幼儿园教育纲要（试行草案）》

---

[1] 庞丽娟：《中国教育改革 30 年》（学前教育卷），北京师范大学出版社 2009 年版，第 3 页。

[2] 1978—2017 年，负责中国教育事业的国家行政机构先后有两个名称。一是教育部，二是国家教育委员会，简称国家教委。国家教育委员会作为国家教育管理行政机构的起止时间为 1985 年 6 月 18 日到 1998 年 3 月 10 日。无论是国家教委还是教育部，其主要职责和任务基本相同，是负责制定教育中长期发展规划，制定教育、教学政策法规，宏观指导、组织的协调教育工作，推进教育体制改革，督导各类学校教育工作等。

和幼儿园统编教材，结合中国实际情况制定的文件，供各地幼儿园配备教具玩具时参考。

1986年6月10日，国家教委颁布《关于进一步办好幼儿学前班的意见》，它是对1983年颁布的《关于发展农村幼儿教育的几点意见》的再次强调与扩充。1983年的《关于发展农村幼儿教育的几点意见》与1986年的《关于进一步办好幼儿学前班的意见》，这两个政策是改革开放以来政府针对中国农村学前教育事业进行的专门规划和部署。

1986年5月，国家教委制定与颁布《中小学教师职务试行条例》（以下简称《条例》）。《条例》明确小学（含幼儿园）教师职务设置为：小学高级教师、小学一级教师、小学二级教师、小学三级教师，实行聘任或任命制。《条例》对各级教师的职责以及任职条件做出了比较详细的规定，对不具备师范学历的教师，要求通过考核取得专业合格证书或教材教法考核合格证书后才能评定职务。同年9月，国家教委颁布《中小学教师考核合格证书试行办法》，对中小学教师合格证书考核办法做出规定。这两个政策极大地调动了幼儿园教师专业发展积极性，从而促进幼儿园教育质量的提升。

表3.2为1985—1986年，政府制定与颁布的有关学前教育的政策。

表3.2　　　　　　　　　学前教育政策（1985—1986年）

颁布时间	颁布部门	名称
1985.05.06	教育部	《幼儿师范学校教学计划》
1985.12.07	卫生部	《托儿所幼儿园卫生保健制度》
1986.03.07	国家教委	《幼儿园教玩具配备目录》
1986.05	国家教委	《中小学教师职务试行条例》
1986.06.10	国家教委	《关于进一步办好幼儿学前班的意见》
1986.09	国家教委	《中小学教师考核合格证书试行办法》

3. 1987—1990年：学前教育机构内部管理体制的密集改革阶段

从1985年开始，以国务院颁布《关于教育体制改革的决定》为标志，中国教育全面启动了教育体制改革。在中国教育体制全面改革的大背景下，学前教育体制改革的序幕也被揭开，就中央政府的政策动向而言，1987—1990年，学前教育机构内部管理体制进入密集改革阶段，制定与出台了一些规范学前教育机构内部管理体制的政策文件。

1987年3月9日，劳动人事部与国家教委颁布《全日制、寄宿制幼儿园编制标准（试行）》（以下简称《标准》）。《标准》对幼儿园班级规模、教职工与幼儿比例、主要教职工配置比例等事项做出具体规定，使幼儿园人事管理有章可循。1987年9月3日，城乡建设环境保护部、国家教委联合颁布《托儿所、幼儿园建筑设计规范》（以下简称《规范》）。《规范》对托幼机构的班级规模、面积、建筑设计等各方面做了规定，要求托儿所、幼儿园的建筑设计能满足安全、卫生和使用功能等方面的基本要求。这两个政策的颁布标志着中国政府已经开始规范学前教育机构内部的管理体制，学前教育体制改革的序幕拉开。

1987年10月12日，国家教委召开中华人民共和国以来的第一次有关幼儿教育的专门会议。会议着重研究了幼教事业的发展方针、改革措施、幼儿教育的指导思想、幼教师资队伍建设和加强领导等问题。会议结束三天后的10月15日，国务院同意并转发国家教委、国家计委、卫生部、劳动人事部、财政部、城乡建设环境保护部、轻工业部、纺织部、商业部等部门联合签发的《〈关于明确幼儿教育事业领导管理职责分工的请示〉的通知》（以下简称《请示》）。《请示》明确规定幼儿教育既是"教育事业"又是"福利事业"的双重性质；强调各地必须在政府的统筹领导下，实行"地方负责、分级管理"和有关部门分工负责的幼儿教育行政管理体制；国家教委作为幼儿教育的职能部门，具体负责幼儿园管理工作并协调与其他部门的关系[①]。此后，国家教委进一步明确"国家教育委员会主管全国的幼儿园管理工作，地方各级人民政府的教育行政部门主管本辖区内的幼儿园管理工作"。

此后，中国政府继续出台了一系列规范学前教育管理制度的政策。

1988年7月14日，国家教委、建设部联合颁布《城市幼儿园建筑面积定额（试行）》，对幼儿园室内用房面积、室外用地面积等事项做出规定。

1989年6月5日，国家教委颁布《幼儿园工作规程（试行）》（以下简称《规程》）。《规程》对提升幼儿园科学管理水平、提高幼儿园保育和教育质量的各项工作做了规定。《规程》的颁布，使得1978年以来的城市幼儿园与农村幼儿园被分开管理的局面得到解决，《规程》统筹了城

---

① 涂艳国：《中国儿童教育30年》，湖南师范大学出版社2008年版，第17页。

乡地域差别，对八项内容的规定适用于城乡各类幼儿园。

1989年8月20日，国务院批准了中华人民共和国成立以来第一个学前教育行政法规《幼儿园管理条例》（以下简称《条例》）。中华人民共和国成立以来《条例》首次以教育法规形式提出"国家实行幼儿园登记注册制度"，"各级教育行政部门应当负责监督、评估和指导幼儿园教育工作"。自此，学前教育的评估工作在全国展开，评估标准则是由各省、自治区、直辖市依据中央颁布的政策与法规制定。各省、自治区、直辖市制定的评估标准基于不同目的类型众多，包括办园标准，园长、教师资格审定标准，分类定级评估标准，"示范园"评估标准等。评估工作使学前教育有了明确而规范的发展方向，调动了主办单位资金投入的积极性，各地各级幼儿园的办园条件普遍得到改善[①]。

1987—1990年，有关学前教育的政策基本围绕着学前教育机构的管理体制展开，对学前教育机构的教学、管理与筹资、师资、环境等方面做出规定，规范了幼儿园管理，并对下一个十年学前教育教学工作的展开具有重要的指导意义与规范作用。

表3.3为1987—1990年，中国政府颁布与实施的规范学前教育机构内部管理制度的政策。

表3.3　　　　　　　　学前教育政策（1987—1990年）

颁布时间	颁布部门	名称
1987.03.09	劳动人事部、国家教委	《全日制、寄宿制幼儿园编制标准（试行）》
1987.09.03	城乡建设环保部、国家教委	《托儿所、幼儿园建筑设计规范》
1987.10.15	国务院	《关于明确幼儿教育事业领导管理职责分工的请示》的通知
1988.07.14	国家教委、建设部	《城市幼儿园建筑面积定额（试行）》
1989.06.05	国家教委	《幼儿园工作规程（试行）》
1989.08.20	国家教委	《幼儿园管理条例》
1989.12.16	国家教委	关于实施《幼儿园管理条例》和《幼儿园工作规程（试行）》的意见

---

① 庞丽娟：《中国教育改革30年》（学前教育卷），北京师范大学出版社2009年版，第7页。

(二) 学前教育供给经费制度的恢复、巩固与打破时期

1. 1978—1984 年：恢复单位供给经费制度阶段

中华人民共和国成立后，学前教育的基本职能倾向于解放妇女劳动力[1]。正是定位于服务妇女就业的学前教育职能，导致了学前教育单位供给经费制度的形成。单位供给经费制度由三条分配渠道构成。一是政府、部队和事业单位提供经费，按照中央规定的人员编制和供给标准开支。二是企业提供经费，企业通过"合理留利"的方式办幼托园，作为职工的福利。三是城镇街道和农村大队提供经费，采用集体办园方式。这三条渠道中第三条渠道一直是不通畅的。

这六年，学前教育是恢复与规范被"文化大革命"破坏的中华人民共和国成立以来建立的单位供给经费制度阶段。主要完成的工作是恢复计划经济体制下形成的单位供给经费制度，即三种办园渠道：政府事业单位办园、企业办园与集体办园。

2. 1985—1986 年：巩固单位供给经费制度阶段

这两年的任务是巩固已经恢复的计划经济体制下形成的单位供给经费制度，把政府事业单位办园、企业办园与集体办园三种办园渠道保持通畅。

3. 1987—1990 年：单位供给经费制度被打破、民办经费渠道被打开阶段

随着中国社会主义市场经济制度的确立，对现代企业制度的尝试和改革使得企业剥离社会福利职能变得非常迫切，动摇了供给制结构中重要的一个投入渠道：企业提供经费的企业幼儿园。同一时期，小作坊形式的街道与村社集体经济也开始瓦解，集体办园也缺乏明确的资金来源，大多数变成依靠收费维持办园。学前教育的政府投入只剩下政府事业单位举办的幼儿园了。企业剥离社会福利职能和集体经济的萎缩，对学前教育体制的影响是深远的[2]，直接导致学前教育办园体制的混乱与学前教育质量的下滑。同时，也形成了国家公共财政对学前教育只承担政府事业单位办园的局面，这种财政投入与中国经济总体发展形势格格不入。

---

[1] 庞丽娟：《中国教育改革 30 年》（学前教育卷），北京师范大学出版社 2009 年版，第 56 页。

[2] 同上书，第 59 页。

企业、集体资金退位,"接棒"的是民办资金,这时期民办幼儿园应运而生。民办幼儿园是指由国家机构以外的社会组织或个人承办,主要利用非国家财政性经费,面向社会招收幼儿的学前教育机构的总称①。民办幼儿园范围很广,包括民营企业、民间团体及个人举办的纯私立幼儿园;也包括国有企事业单位、民主党派、政府机构所属的社会团体组织占有少部分产权,但创办幼儿园费用一半及以上来自民间而不是国家的财政性拨款的幼儿园。1987—1990年,中国政府针对民办教育市场的出现还没给出政策回应,民办学前教育也只是星星之火,还没形成燎原之势。

(三) 学前教育课程改革由民间自发探索到中央政府介入的时期

1. 1978—1984年:民间自发探索课程改革阶段

这一时期,学前教育总体处于学前教育机构的恢复与机构内部管理体制的恢复时期,就政策层面还没有学前课程改革的设计。但是,自1983年起,全国各地自发性地展开了课程改革试验。改革主要针对当时幼儿园课程实践中重知识传授轻能力培养、重上课轻游戏、六大科目相互割裂等弊端展开。

2. 1985—1986年:民间自发探索课程改革出成果阶段

这时期各地针对当时课程实践的弊端展开的改革探索的成果,集中体现在形成了一批不同的课程模式。针对分科教学科目间缺少联系、相互脱节与重复的弊端,形成了"综合教育课程";针对重知识技能的灌输轻幼儿主动学习的弊端,形成了"活动教育课程";针对重知识技能教授轻幼儿能力发展的弊端,形成了"发展能力课程"。虽然各地的课程改革试验各有侧重,但都强调课程的整体性、联系性,重视幼儿的主动学习,强调幼儿主动性和教师主导作用的共同发挥②。

3. 1987—1990年:中央政府借行政法规介入并主导课程改革阶段

为了总结我国学者与一线教师80年代的课程改革经验,给出今后学前教育课程改革的方向与内容,1989年6月5日,国家教委颁布了《幼儿园工作规程(试行)》(以下简称《规程(试行)》)。《规程(试行)》是对幼儿园管理体制全方位的规范。就幼儿园课程而言,《规程

---

① 庞丽娟:《中国教育改革30年》(学前教育卷),北京师范大学出版社2009年版,第241页。

② 同上书,第129—130页。

（试行）》兼具总结与前瞻的双特征：总结我国学者与一线教师80年代课程改革经验，指明今后学前教育课程改革方向。《规程（试行）》的总结特征突出表现为以"教育活动"概念替代"上课"概念。《规程（试行）》的前瞻特征突出表现为，中华人民共和国成立以来，首次提出"游戏是幼儿园基本活动"的教育原则。就此，游戏作为幼儿园课程结构中核心活动内容的理念借学前教育的管理法则向全国推进与普及。

（四）教师任用资格制度的恢复、调整与规范时期

1. 1978—1984年：恢复教师任用资格制度

1979年11月8日，教育部颁布《城市幼儿园工作条例（试行草案）》（以下简称《条例（试行草案）》）。《条例（试行草案）》对幼儿园教师的任用资格做出了明确规定：建立保教人员定期考核制度。通过进修达到幼师、高师毕业程度的保教人员，经考核合格，由省、自治区、直辖市教育局发给证书，承认他们的学历，在使用上同等的对待。品德败坏，或长期患有传染病、精神病及外表有严重缺陷等不宜担任幼教工作的人员，应该坚决调离幼儿园。

2. 1985—1986年：调整教师任用资格制度阶段

1986年10月14日，国家教委颁布《关于幼儿园教师考核的补充意见》（以下简称《补充意见》）。《补充意见》规定：不具备国家规定合格学历的幼儿园教师按照《中小学教师考核合格证书试行办法》的规定参加《教材教法考试合格证书》和《专业合格证书》的考试，原则上按照《中、小学教师考核合格证书试行办法》的规定执行，具体考核与考试要求由各省、自治区、直辖市教育部门决定。

3. 1987—1990年：教师任用资格制度进入规范阶段

1989年6月5日，国家教委颁布《幼儿园工作规程（试行）》，1989年9月11日国家教委颁布《幼儿园管理条例》，1989年12月6日国家教委颁布《关于实施〈幼儿园管理条例〉与〈幼儿园工作规程（试行）〉的意见》。在两个行政法规及一个实施意见中，对幼儿园教师资格审定、进修与考核制度做出了详细规定，这些规定使幼儿园管理层对教师入职有章可依，为幼儿园教师队伍的质量提升提供了比较完善的政策保障和体制环境。

二 国家数据统计：学前教育发展状况

1978—1990年时期的学前教育数据收集从幼儿园园所发展规模、在

园幼儿人数、幼儿教师队伍发展三个方面展开。这一时期,国家财政教育经费投入还未列入国家数据统计的范围。

(一)幼儿园园所发展规模

从表3.4可知,幼儿园园所总数,在始年1978年与终年1990年,除了1981—1983年三年间有一个数量上的下降外,其余年份都在16、17万所左右,12年来的学前教育,就园所数量规模而言,没有得到发展。这一时期,民办幼儿园园所数量没有列入中国官方正规、系统的统计范围。

表3.4　　　　　　　　幼儿园园所数(1978—1990年)

年份	幼儿园园所总数(所)	其中:民办幼儿园数(所)
1978	163952	
1979	165629	
1980	170419	
1981	130296	
1982	122107	
1983	136306	
1984	166526	
1985	172262	
1986	173376	
1987	176775	
1988	171845	
1989	172634	
1990	172322	

图3.2的幼儿园园所总数变化趋势图,直观地呈现了12年的变化。1982年出现一次低点,幼儿园园所下降至约12万所,总体保持平稳。

(二)在园幼儿人数

从表3.5可知,幼儿在园总人数从1978年的787.7万人提升到1990年的1972.23万,总人数提升显著。城市与城镇在园幼儿人数,12年间提升明显,城市由138.45万人提升到447.08万人,城镇由70.26万人提升到307.87万人。农村在园幼儿人数由1978年的579.04万人提升到1990年的1217.28万人,也有较大幅度的提升。

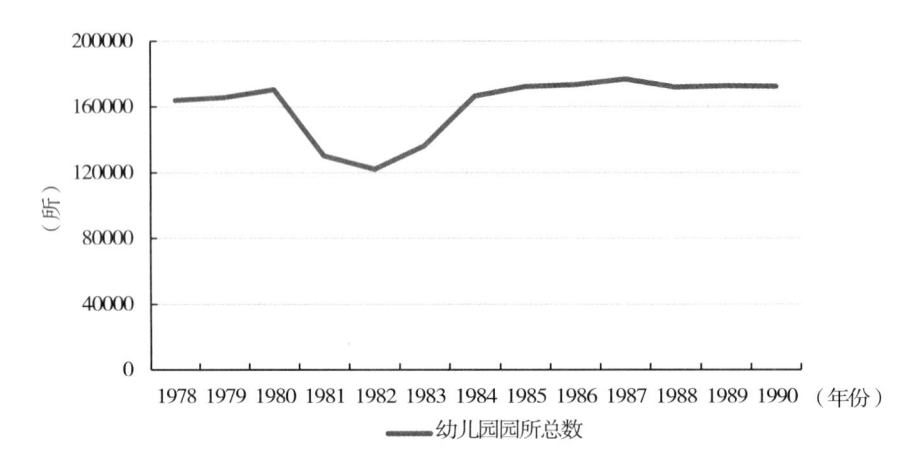

图 3.2　幼儿园园所总数变化趋势

表 3.5　　　　　　　　在园幼儿人数（1978—1990 年）

年份	在园幼儿总人数（万人）	城市在园幼儿人数（万人）	城镇在园幼儿人数（万人）	农村在园幼儿人数（万人）	其中：小学附设学前班幼儿人数（万人）
1978	787.7	138.45	70.26	579.04	
1979	879.23	168.67	82.68	627.88	
1980	1150.77	174.64	97.13	879	
1981	1056.22	202.9	105.42	747.9	
1982	1113.1				
1983	1140.3				
1984	1294.7				
1985	1479.69	332.94	222.77	923.98	
1986	1628.98	361.24	221.26	1046.49	
1987	1797.84	419.81	247.77	1130.26	787.81
1988	1854.5	438.41	265.22	1150.9	856.34
1989	1847.66	453.09	276.23	1118.33	874.72
1990	1972.23	447.08	307.87	1217.28	964.15

从图 3.3 可以看出，1978—1990 年时期，在园幼儿总数呈比较稳定的上升趋势。

（三）幼儿园教师队伍发展情况

1. 幼儿园教师人数规模

从表 3.6 可知，全国幼儿园专任教师总人数由 1978 年的 27.75 万人

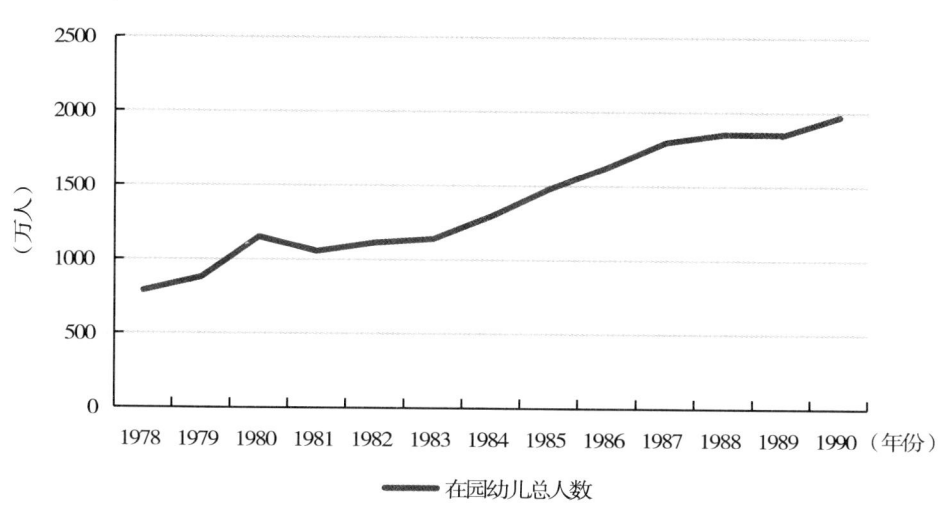

图 3.3　在园幼儿总人数变化趋势

提升到 1990 年的 74.96 万人，数量提升一倍。其中，城市与县镇幼儿园专任教师的人数提升幅度都比较显著，城市幼儿园专任教师由 6.69 万人提升到 22.75 万人，县镇幼儿园专任教师由 3.06 万人提升到 13.31 万人，农村幼儿园专任教师人数由 18 万人提升到 38.89 万人。12 年期间，不同地域幼儿园教师数量都呈现上升态势。

表 3.6　　　　　幼儿园专任教师人数（1978—1990 年）

年份	学前教育专任教师人数（万人）				园长（万人）
	合计	城市	县镇	农村	
1978	27.75	6.69	3.06	18	
1979	29.45	7.12	3.55	18.78	
1980	41.07	8.14	4.08	28.85	
1981	40.11	9.88	4.78	25.45	
1982	41.5				
1983	43.3				
1984	49.1				
1985	54.99	14.92	9.48	30.59	
1986	60.49	16.27	9.86	34.36	4.35
1987	65.14	18.91	10.58	35.65	4.86
1988	67.04	20.25	11.18	35.61	5.01

续表

年份	学前教育专任教师人数（万人）				园长（万人）
	合计	城市	县镇	农村	
1989	70.91	22.76	11.75	36.4	5.39
1990	74.95	22.75	13.31	38.89	5.63

从图 3.4 可知，从 1978—1990 年的 12 年间，幼儿园专任教师总人数呈现显著上升的趋势。

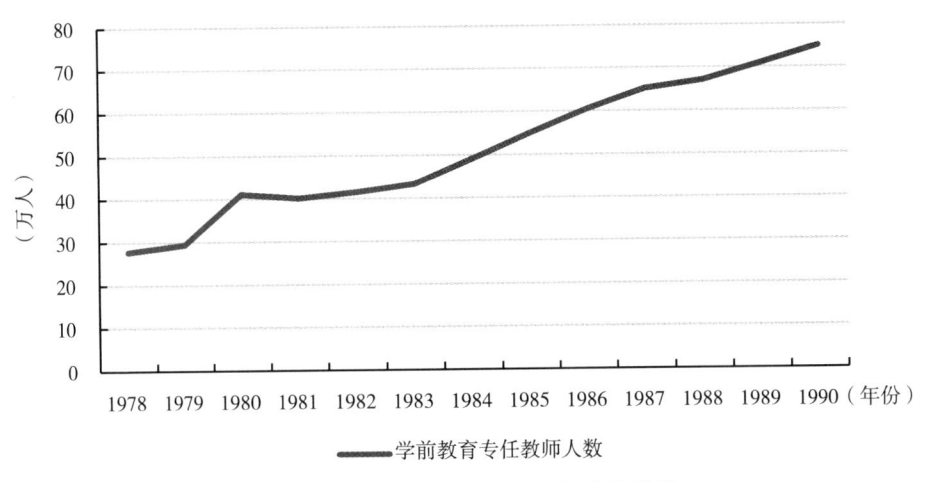

图 3.4　幼儿园专任教师总人数变化趋势

2. 幼儿园教师学历与专业状况

从表 3.7 可见，在 1985 年，幼儿园园长与教师总人数大约为 59 万，其中，高中文凭及以上者约是 25.5 万人，初中文凭约是 25.5 万人，小学文凭约是 8 万，数据显示，幼儿园教师的学历状况不尽如人意。在约 59 万的幼儿园园长与教师总人数中，受过学前教育专业训练的人数约是 10 万，占总数的 1/6，这一数据显示，在 1985 年，幼儿园教师的专业状况也令人担忧。到了 1990 年，幼儿园园长与教师总人数约为 81 万人，其中，高中文凭及以上者为 44 万人，初中文凭约为 31 万人，小学文凭约为 6 万人。与 1985 年相比，教师人数增加，但教师学历结构变化不大。

表 3.7　　　　幼儿园教师学历、专业情况（1985—1990年）

年份		1985	1986	1987	1988	1989	1990
中师高中毕业及以上的	合计	257747	284022	320825	356168	396575	435618
	园长	19223	22053	26305	29367	33275	36712
	教师	238524	261969	294520	326801	363300	398906
中师高中肄业及初师初中毕业的	合计	255418	286989	304374	298496	304632	310352
	园长	13883	15472	16657	16217	16636	15922
	教师	241535	271517	287717	282279	287996	294430
初师初中肄业及以下的	合计	76261	77454	74784	65756	61846	59855
	园长	6451	6007	5629	4468	4023	3622
	教师	69810	71447	69155	61288	57823	56233
受过学前教育专业训练的	合计	100542	120664	142654	165019	197765	221003
	园长	9942	11297	12633	14154	16711	18858
	教师	90600	109367	130021	150865	181054	202145
总计	合计	589426	648465	699983	720420	763053	805825
	园长		43532	48591	50052	53934	56256
	教师		604933	651392	670368	709119	749569

第二节　6—14岁儿童的教育

从本质上讲，义务教育是为每一个人能够在社会生存和继续学习提供的最基本的教育。它是整个教育事业的基础，是人生长的基础，是提高国民素质和培养各级各类人才的基础，是现代社会中每一成员必须接受的最低限度的教育。义务教育的性质是国民教育，是为提高整个民族素质服务，它的对象是全体适龄儿童，不是少数人或者个别人。它以提高全体国民的素质为目标，使所有青少年儿童在身心素质、知识技能素质和思想道德素质等方面的进一步发展打下良好的基础，所以它是整个国民教育的基础，处于教育金字塔的塔基[1]。

《中华人民共和国义务教育法》规定的义务教育年限为九年，即小学教育六年，初中教育三年。本研究所指的义务教育即九年义务教育。

---

[1]　胡洁：《改革开放以来我国义务教育课程政策发展的研究》，博士学位论文，西南大学，2011年。

一 国家政策动向：义务教育实施与教育体制改革全面启动时期

就纵向而言，这一时期可以分为1978—1984年的恢复教育秩序与1985—1990年教育体制改革全面启动两个历史阶段。就横向而言，从教育的总体演进、义务教育管理体制、教育经费投入体制、课程改革及教师资格制度五方面来描述义务教育阶段在这一时期的发展变化。

（一）中小学教育的总体演进

1. 1978—1984年：恢复教育和普及初等教育阶段

1978年2月12日，教育部颁布《全日制十年制中小学教学计划试行草案》（以下简称《教学计划试行草案》）。《教学计划试行草案》规定：全日制中小学学制为十年，中小学各五年。《教学计划试行草案》的出台旨在通过恢复学制恢复因"文化大革命"中断的中小学校正常教育秩序。1978年4月，教育部在北京召开全国教育工作会议，强调教育质量与教学水平提高的问题。改革开放的开始两年，中小学教育主要针对"文化大革命"期间只讲数量放弃质量的办学乱象进行纠正与规范。

1980年12月3日，国务院颁布《中共中央国务院关于普及小学教育若干问题的决定》（以下简称《决定》）。《决定》提出在10年内全国应基本实现普及小学教育的任务，有条件地区普及初中教育。

1982年12月4日，全国五届人大五次会议通过并颁布新修订的《中华人民共和国宪法》（以下简称《宪法》）。《宪法》第十九条规定：国家举办各种学校，普及初等义务教育。

1983年5月6日，国务院颁布《关于加强和改革农村学校教育若干问题的通知》（以下简称《通知》）。《通知》要求：到1990年，在我国除少数山高林深、人口特别稀少的地区外，广大的农村地区普及初等教育。

1983年8月16日，教育部颁布《关于普及初等教育要求的暂行规定的通知》（以下简称《通知》）。《通知》规定了普及初等教育的具体指标：学龄儿童入学率达95%以上；在校生年巩固率达97%以上；毕业率城市达95%以上，条件较好农村达90%左右，其他地区达80%左右。

表3.8为1978—1984年，中国政府颁布的与普及初等教育相关的政策。

表 3.8　　　　　与普及初等教育相关的政策（1978—1984 年）

颁布时间	颁布部门	名称
1980.12.03	国务院	关于普及小学教育若干问题的决定
1982.12.04	全国人大（修订）	中华人民共和国宪法
1983.05.06	国务院	关于加强和改革农村学校教育若干问题的通知
1983.08.16	教育部	关于普及初等教育基本要求的暂行规定的通知

2. 1985—1990 年：九年制义务教育实施启动阶段

1985 年 5 月，中共中央、国务院在北京召开改革开放以来第一次全国教育工作会议。而后，5 月 27 日，中央政治局讨论通过并颁布《中共中央关于教育体制改革的决定》（以下简称《决定》）。《决定》是我国第一次在教育政策文件中使用"改革"两字[1]，是中国教育进入全面体制改革的标志。《决定》指出：动员全党、全社会和全国各族人民，用最大的努力，积极地、有步骤地予以实施九年制义务教育。《决定》为中华人民共和国第一部教育法律《中华人民共和国义务教育法》的颁布起到推动和加速的作用。

1986 年 4 月 12 日，经第六届全国人民代表大会第四次会议审议通过了《中华人民共和国义务教育法》（以下简称《义务教育法》）。《义务教育法》是我国历史上第一部比较完整、成熟的教育法。自 1986 年 7 月 1 日起，全国开始推行九年制义务教育，自此，普及九年义务教育的目标以法律形式制定。

《义务教育法》出台后，国务院各部委相继出台了贯彻与实施《义务教育法》相关的政策。1986 年 9 月 11 日，国家教委、国家计划委员会、财政部和劳动人事部联合制定并颁布《关于实施〈义务教育法〉若干问题的意见》，对九年制义务教育包括收费在内的各项事务做出规定。1987 年，国家教委先颁布《关于制订义务教育办学条件标准、义务教育实施步骤和规划统计指标问题的几点意见》，然后，与司法部联合颁布《关于进一步宣传贯彻〈义务教育法〉的通知》，旨在推动九年制义务教育的贯彻与实施落实。

---

[1]　胡洁：《改革开放以来我国义务教育课程政策发展的研究》，博士学位论文，西南大学，2011 年。

贫困儿童是义务教育实施的最大障碍。为了帮助贫困失学儿童重返校园，1989年，团中央、中国青少年发展基金会发起一项公益事业——希望工程，1989年10月正式启动公益资助。科技部中国科技促进发展研究中心调查评估显示：希望工程是20世纪90年代社会参与最广泛、最富影响的中国民间社会公益事业[①]。

表3.9为1985—1990年，中国政府颁布的义务教育政策。

表3.9　　　　　　　　义务教育政策（1985—1990年）

颁布时间	颁布部门	名称
1985.5.27	国务院	《关于教育体制改革的决定》
1986.4.12	全国人大	《中华人民共和国义务教育法》
1986.9.11	国家教委、计委、财政部、劳动人事部	《关于实施〈义务教育法〉若干问题的意见》
1987	国家教委	《关于制订义务教育办学条件标准、义务教育实施步骤和规划统计指标问题的几点意见》
1987	国家教委司法部	《关于进一步宣传贯彻〈义务教育法〉的通知》

（二）1985—1990年：建立与实行"地方负责、分级管理"的义务教育新的管理体制

中国真正意义上的教育体制改革是以1985年5月27日，中共中央国务院颁布《关于教育体制改革的决定》为标志。

1985年5月27日，国务院颁布的《关于教育体制改革的决定》（以下简称《决定》）是我国教育体制改革中具有里程碑意义的历史事件。它标志着1949年以来高度集中的中国公共教育权力，开启了权力重新配置和运行机制变迁的进程[②]。《决定》指出：基础教育的管理权属于地方。除了大政方针和宏观规划由中央决定外，具体政策、制度、计划的制定和实施，以及对学校的领导、管理和检查，权力和责任都应该交给地方。同时，《决定》首次提出基础教育实行"地方负责、分级管理"的新体制。1986年4月12日，全国人大第四次会议通过了《中华人民共和国义务教育法》。《义务教育法》规定：义务教育事业，在国务院领导下，实行

[①] 涂艳国：《中国儿童教育30年》，湖南师范大学出版社2008年版，第58页。
[②] 顾明远、刘复兴：《改革开放30年中国教育纪实》，人民出版社2008年版，第158页。

"地方负责、分级管理"。这一立法标志着基础教育领域新的管理体制得到法律认可。

（三）教育经费投入体制的发展

1. 1978—1984年：教育经费投入体制沿用"双轨制"阶段

1949年中华人民共和国成立后，中国新政府对旧教育展开了坚决的改造。1952—1956年，中国新政府接管了全部旧中国留下来的私立中小学校，中小学校实现了完全的国有化[①]。但是，在国有化教育行政体制下，教育经费投入体制一直采用城市和农村分离的"双轨制"，即城市中小学教育由政府财政负责，广大农村中小学教育则由财力最薄弱的乡镇和农民自己负担。

1978—1984年，基础教育的经费投入体制继续沿用中华人民共和国成立以来就形成的城市和农村分离的"双轨制"。

2. 1985—1990年：教育经费投入"双轨制"被国家政策正式授权阶段

1985年5月27日，国务院颁布的《关于教育体制改革的决定》中指出：实行基础教育由"地方负责、分级管理"的原则。《决定》提出了教育的"梯度发展"思路：在新的经济和教育体制之下，各地将有充分的潜力发挥自己的经济和文化潜力，加快教育事业的发展。不仅要承认全国各省、区、市之间经济、文化发展的不平衡性，而且要承认在一个省、一个市、一个县范围内的发展也是不平衡的。所以必须鼓励一部分地区优先发展起来。《决定》提出的义务教育管理体制分权化改革，在中央财政教育经费投入捉襟见肘的背景下，其实是对一直以来的"农村教育集体办、城市教育国家办"的教育经费投入"双轨制"的正式授权[②]。即农村义务教育阶段的筹资责任落实到乡镇政府及村级政府，城市义务教育由城市政府拨款。

（四）课程演进

1. 1978—1984年：课程的秩序重建与国家统一阶段

1978年2月12日，教育部颁布并实施全国统一的《全日制十年制中

[①] 王炳照、施克灿：《中国教育改革30年》（基础教育卷），北京师范大学出版社2009年版，第32页。

[②] 樊璐瑶：《改革开放以来中国义务教育经费政策研究》，《赤子》第2014年第9期。

小学教学计划草案》。《教学计划草案》明确了中小学任务与学制（小学 5 年中学 5 年），规定了课时总量、课程设置等。配合《教学计划草案》，教育部颁布了全国统一的《教学大纲》。1980 年，根据《教学计划草案》与《教学大纲》的精神与要求，所有科目的教材全部出齐，这是改革开放以来第一套全国通用的中小学教材。

1980 年 12 月 3 日，国务院颁布《关于普及小学教育若干问题的决定》。《决定》指出：中小学学制，准备逐步改为十二年制；今后一段时期，小学学制可以五年制与六年制并存，城市小学可以先试行六年制，农村小学学制暂时不动；教育部应当尽快提出学制改革方案，确定统一的基本学制。

学制是一个国家教育制度的重要组成部分，1978—1984 年的课程秩序重建的重要内容是学制改革，目标是逐渐把全国各地不同的教育学制统一到十二年学制。

1981 年 3 月 13 日，教育部颁布《全日制五年制小学教学计划（修订草案）》。《教学计划》恢复了小学地理课的开设。

1981 年 4 月 17 日，教育部颁布《全日制六年制重点中学教学计划（试行草案）》与《全日制五年制中学教学计划（试行草案）的修订意见》。这两个政策文件规定：五年制中学的各年级教材修订本，1982 年秋季开始陆续停止供应；六年制重点中学的全国统编教材，自 1983 年开始陆续供应；中学学制统一规定为六年制，五年制的向六年制过渡；争取在 1985 年前，多数地区把中学学制改为六年制。

1984 年 8 月 15 日，教育部颁布《关于全日制六年制小学教学计划的安排意见》。《安排意见》调整了小学课时制度，一节课由原来的 45 分钟改为 40 分钟，也可试行 35 分钟。另外，《安排意见》中指出：为了适应城乡不同需要，照顾农村小学特点，在教学要求基本相同的前提下，城乡实行两种教学计划[1]。

1984 年 5 月 28 日，教育部颁布《关于在小学进行计算机教育试点工作的通知》。《通知》要求：在小学进行计算机教育，主要以开展科技活动的形式进行。

---

[1] 胡洁：《改革开放以来我国义务教育课程政策发展的研究》，博士学位论文，西南大学，2011 年。

这一时期中国政府在寻找适宜中国国情的中小学学制，从科目设置、课时安排、科目之间组织、教材等课程事项全是国家大一统，没有考虑地域、学校之间的差异性。

表3.10为1978—1984年，中国政府出台的与中小学课程相关的政策。

表3.10　　　　　　中小学教育课程政策（1978—1984年）

颁布时间	颁布部门	名称
1978.02.12	教育部	《全日制十年制学校中小学教学计划（试行草案）》
1980.12.03	国务院	《关于普及小学教育若干问题的决定》
1981.03.13	教育部	《全日制五年制小学教学计划（修订草案）》
1981.04.17	教育部	《全日制六年制重点中学教学计划（试行草案）》《全日制五年制中学教学计划（试行草案）》
1984.08.15	教育部	《关于全日制六年制小学教学计划的安排意见》
1984.05.28	教育部	《关于小学进行计算机教育试点工作的通知》

2. 1985—1990年：国家统一课程与地方课程开始结合的阶段

1985年1月11日，教育部颁布《全国中小学教材审定委员会工作条例（试行）》。《工作条例（试行）》指出：今后中小学教材建设，把编写与审查分开，人民教育出版社负责编，省、自治区、直辖市教育部门可以编，有关学校、教师和专家也可以编，教育部成立的全国中小学教材审定委员会审，审定后的教材，由教育部推荐各地选用。

1986年9月，首届全国中小学教材审定委员会和各学科教材审查委员会正式成立。国家教委聘请了专家、教师和教育行政领导干部二十余人任审定委员，二百余人任学科审查委员。全国中小学教材审定委员会和各学科教材审查委员会的成立，标志着我国中小学教材制度由"国定制"改为"审定制"[①]。

1986年10月，国家教委颁布《义务教育全日制小学、初级中学教学计划（试行草案）》中，把中小学学制分为"六三"和"五四"制两种。

1988年5月，国家教委召开义务教育教材规划会议。随后，在1988

[①] 顾明远、刘复兴：《改革开放30年中国教育纪实》，人民出版社2008年版，第445页。

年 8 月 21 日，颁布《九年义务教育教材编写规划方案》。《方案》指出：根据我国地域辽阔，人口众多，经济文化发展不平衡的国情，九年制义务教育的教材，必须在统一要求、统一审定的前提下，逐步实现教材的多样化，以适应各类地区、各类学校的需要。

1989 年开始，根据 1986 年 10 月颁布的《义务教育全日制小学、初级中学教学计划（试行草案）》与 1988 年 8 月颁布的《九年义务教育教材编写规划方案》，各地展开由国家教委审定而非统一编写的义务教育"六三"和"五四"两种学制的教材编写工作，并在新教材实验区展开教材实施实验。

表 3.11 为 1985—1990 年，中国政府出台的与中小学课程相关的政策。

表 3.11　　　　　　中小学教育课程政策（1985—1990 年）

颁布时间	颁布部门	名称
1985.01.11	教育部	《全国中小学教材审定委员会工作条例（试行）》
1986.10	国家教委	《义务教育全日制小学、初级中学教学计划（试行草案）》
1988.08.21	国家教委	《九年义务教育教材编写规划方案》

（五）教师资格制度的发展历史

1. 1978—1984 年：建立新教师任用学历资格制度的阶段

在改革开放的第一年 1978 年，我国基础教育的师资状况：民办、代课、以工代教等不具备国家公职人员身份的教师占教师总数的 57%[①]。改革开放以后，对基础教育而言，教师队伍建设任重道远。

1983 年 8 月 22 日，教育部颁布《关于中小学教师队伍调整、整顿和加强管理的意见》（以下简称《意见》）。《意见》规定：普及教育所需补充的新师资，应尽快地逐步提高到初中教师具有师范专科学校或相当这一级的专科学校毕业程度，小学教师具有中等师范学校毕业程度。未接受过教育专业训练的人员和不合格人员不允许进入教师队伍。《意见》对学校新师资提出了学历资格要求。

2. 1986—1990 年：建立与采用教师任用与考核制度的阶段

1985 年 5 月 27 日，国务院颁布《关于教育体制改革的决定》。《决

---

① 刘瑜：《我国教师资格证书制度研究》，博士学位论文，首都师范大学，2006 年。

定》提出：只有具有合格学历或考核合格证书的，才能担任教师；争取在五年或更长一段时间内使绝大多数教师能够胜任教学工作。

1986年4月12日，全国人大颁布《中华人民共和国义务教育法》。《义务教育法》第三十条规定：教师应当取得国家规定的教师资格。

1986年9月6日，国家教委颁布《中小学教师考核合格证书试行办法》。《办法》规定：对不具备国家规定的学历要求的教师，经过培训后进行相应的考核，给考核合格者发放《教材教法考试合格证书》或《专业合格证书》。考核合格后发放合格证书，这是我国在中小学教师资格问题上取得的一次实质性突破。

表3.12为1978—1990年，中国政府出台的与教师资格相关的政策。

表3.12　　　　中小学教师资格相关政策（1978—1990年）

颁布时间	颁布部门	名称
1983.08.22	教育部	《关于中小学教师队伍调整、整顿和加强管理的意见》
1985.05.27	国务院	《关于教育体制改革的决定》
1986.04.12	全国人大	《中华人民共和国义务教育法》
1986.09.06	国家教委	《中小学教师考核合格证书试行办法》

二　国家数据统计：义务教育发展状况

1978—1990年时期的义务教育数据收集从中小学学生入学率、中小学学校数量规模、中小学学生在校人数规模、中小学教师队伍建设情况四个方面展开。这一时期，国家财政教育经费投入还未列入国家数据统计的范围。

（一）中小学生入学率情况

1. 小学学龄儿童入学率

从表3.13可知，1980年中国小学学龄儿童入学率为93%，到1990年提升到97.8%，达到全面普及水平。

表3.13　　　　　学龄儿童入学率（1980—1990年）

年份	1980	1985	1986	1987	1988	1989	1990
入学率（%）	93	95.9	96.4	97.2	97.2	97.4	97.8

从图 3.5 可知，1980—1990 年，中国小学学龄儿童入学率总体呈现为逐年平稳上升的趋势。

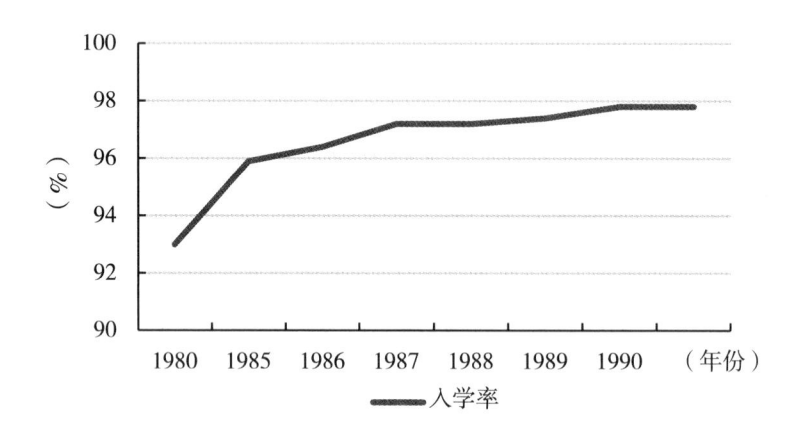

图 3.5　学龄儿童入学率变化趋势

2. 学龄儿童初中入学率

从表 3.14 可知，1980 年小学毕业生升学率为 75.9%，1985 年下降到 68.4%，1990 年再回升到 74.6%，总体在低位运行。

表 3.14　　　　　　普通小学升学率（1980—1990 年）

年份	1980	1985	1986	1987	1988	1989	1990
升学率（%）	75.9	68.4	69.5	69.1	70.4	71.5	74.6

从图 3.6 可知，1980—1990 年，中国小学升学率总体呈现浅 U 型，经历下降再逐渐上升的过程。

（二）中小学学校数量规模

1. 小学学校数量规模

从表 3.15 可知，中国小学学校数量由 1978 年的 94.94 万所下降到 1990 年的 76.61 万所。其中，城市与县镇基数很小，但都有提升。农村小学学校数量基数大，下降幅度也很大，由 1978 年的 91.6 万所下降到 1990 年的 69.72 万所。

第三章 1978—1990年时期儿童的教育

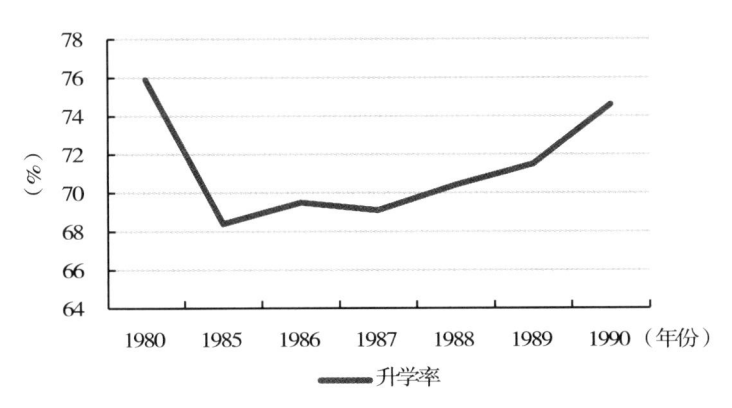

图 3.6 普通小学升学率变化趋势

表 3.15 　　　　　普通小学学校数（1978—1990 年）

年份	普通小学学校总数（万所）	城市普通小学学校数（万所）	县镇普通小学学校数（万所）	农村普通小学学校数（万所）
1978	94.93	1.7	1.6	91.6
1979	92.35	1.8	1.6	89
1980	91.73	1.8	1.6	88.3
1981	89.41	1.9	1.7	85.8
1985	83.23			
1986	82.08	2.48	3.31	76.30
1987	80.74	2.47	3.87	74.40
1988	79.33	2.68	4.11	72.53
1989	77.72	2.87	4.35	70.51
1990	76.61	2.66	4.23	69.72

从图 3.7 可知，1978—1990 年，中国小学学校数量呈逐渐下降趋势。

2. 初中学校数量规模

从表 3.16 可知，中国初中学校数量由 1978 年的 113130 所下降到 1990 年的 71953 所，下降 41177 所。其中，农村初中由 107103 所下降至 57321 所，下降近一半。

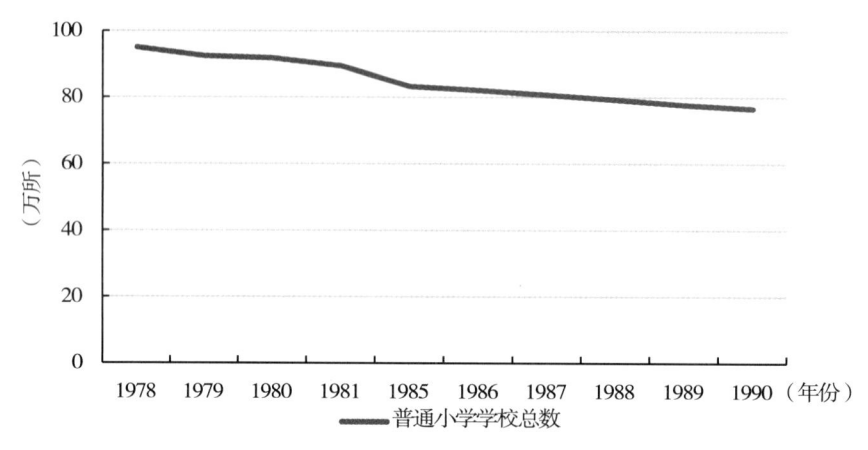

图 3.7 普通小学学校数变化趋势

表 3.16　　　　　普通初中学校数（1978—1990 年）

年份	普通初中学校总数（所）	城市普通初中学校数（所）	县镇普通初中学校数（所）	农村普通初中学校数（所）
1978	113130	2699	3328	107103
1979	103944	2353	3197	98394
1980	87077	2753	3327	80997
1981	82271	3395	3442	75434
1985	75903			
1986	75856	5336	7008	63512
1987	75927	5617	7620	62690
1988	74968	6171	7868	60929
1989	73525	6469	8217	58839
1990	71953	6425	8207	57321

从图 3.8 可知，1978—1990 年，中国初中学校数量呈下降趋势，其中 1978—1980 年呈陡型下降，学校数量呈骤减态势。1980 年以后，呈现缓减态势。

（三）中小学学生在校人数规模

1. 小学生在校人数规模

从表 3.17 可知，1978 年中国小学生在校总人数为 14624 万人，到 1990 年下降到 12241.38 万。1978 年小学生在校总人数的 14624 万人中，农村小学生在校人数为 12878.7 万，约占总人数的 88%，城市为 970.6 万

第三章 1978—1990年时期儿童的教育

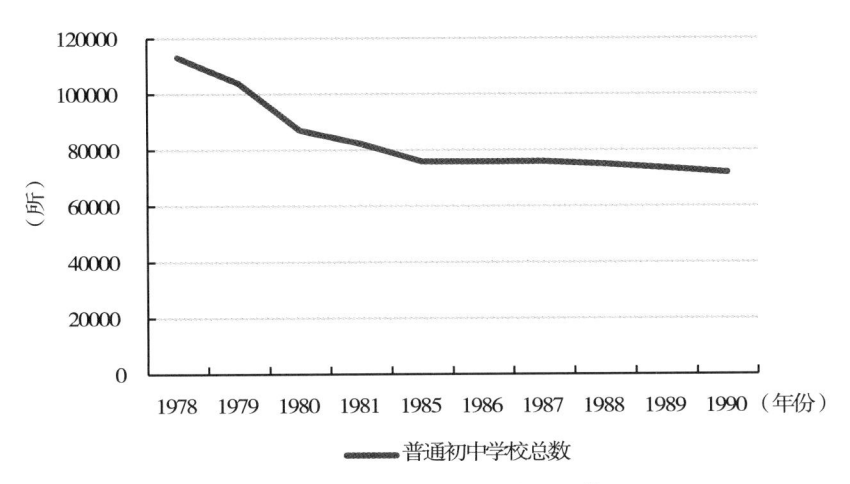

图3.8 普通初中学校数变化趋势

人，县镇为774.7万人，城镇在校人数约占总数的12%。1990年小学生在校总人数中，农村小学生在校人数约占总人数的78%，城镇在校人数约占总数的22%。12年间，农村小学生在校人数减少10%，城镇增加10%。

表3.17　　　普通小学在校学生总人数（1978—1990年）

年份	普通小学在校学生总人数（万人）	城市普通小学在校学生数（万人）	县镇普通小学在校学生数（万人）	农村普通小学在校学生数（万人）
1978	14624	970.6	774.7	12878.7
1979	14662.9	1009.5	808.4	12845
1980	14627	1027.7	831.8	12767.5
1981	14332.8	1013.2	852.2	12467.4
1982	13972			
1983	13578			
1984	13557.1			
1985	13370.2			
1986	13182.5			
1987	12835.85	1147.97	1224.43	10463.45
1988	12535.78	1245.61	1246.43	10043.7
1989	12373.1	1333.36	1310.55	9729.19
1990	12241.38	1341.18	1304.57	9595.63

从图 3.9 可知，1978—1990 年，中国小学在校学生数量呈明显下降趋势。

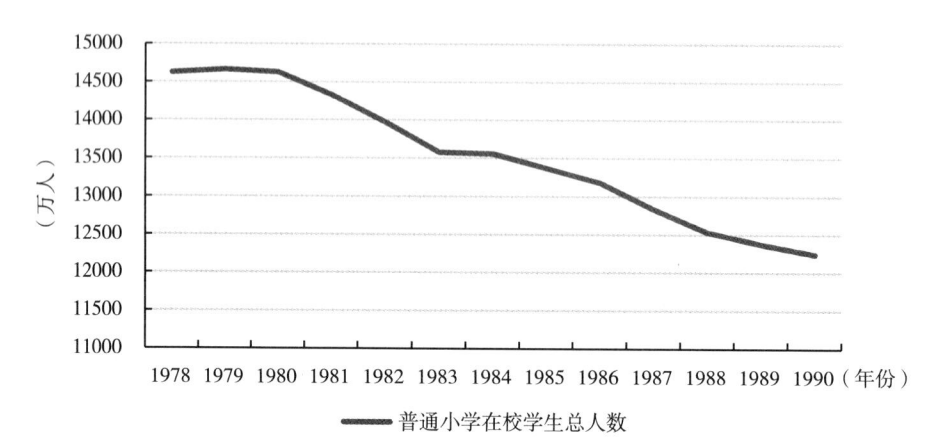

图 3.9　普通小学在校学生数变化趋势

2. 中学生在校人数规模

从表 3.18 可知，1978 年中国初中生在校总人数为 4995.17 万人，到 1990 年下降到 3868.65 万人，下降 1126.52 万人。1978 年初中生在校总人数的 4995.17 万人中，农村初中生在校人数为 3871.6 万人，约占总人数的 77.5%，城市为 675.6 万人，县镇为 448 万人，城镇在校人数约占总数的 22.5%。1990 年农村初中生约占总人数 66.3%，城镇占 34.7%。农村初中生人数在明显减少。

表 3.18　　　　普通初中在校生人数（1978—1990 年）

年份	普通初中在校学生总人数（万人）	城市普通初中在校学生数（万人）	县镇普通初中在校学生数（万人）	农村普通初中在校学生数（万人）
1978	4995.17	675.6	448	3871.6
1979	4613	580.9	443.2	3588.9
1980	4538.29	556.4	463.3	3518.6
1981	4144.6	557.8	463.3	3123.5
1985	3964.83			
1986	4116.56			
1987	4174.38	606.44	712.89	2855.04
1988	4015.54	612.35	693.16	2710.04
1989	3837.89	605.04	684.76	2548.09
1990	3868.65	600.94	701.42	2566.18

第三章　1978—1990年时期儿童的教育

从图 3.10 可知，1978—1990 年，中国初中在校学生数量呈逐渐下降趋势。

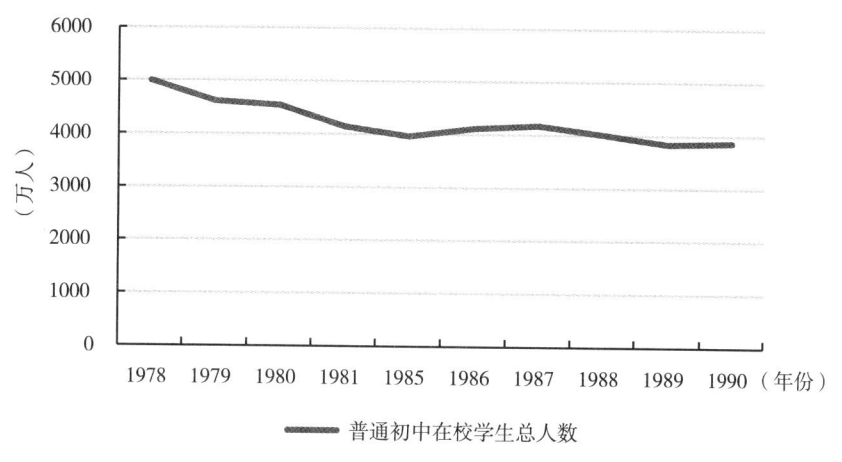

图 3.10　普通初中在校学生人数变化趋势

（四）中小学教师队伍建设情况

1. 小学教师队伍建设情况

（1）小学专任教师数量状况

从表 3.19 可知，1978 年中国小学专任教师总数为 522.55 万人，到 1990 年总数为 558.18 万人，数量有所提升。1978 年，总数为 522.55 万人的小学专任教师中，农村教师为 453.5 万人，约占总数的 87%，城市教师为 41.9 万人，县镇教师为 27.2 万人，城镇约占总数的 13%。1990 年，农村教师约占总数的 76.4%，城镇教师约占 23.6%。

表 3.19　　普通小学专任教师人数（1978—1990 年）

年份	普通小学专任教师总人数（万人）	城市普通小学专任教师数（万人）	县镇普通小学专任教师数（万人）	农村普通小学专任教师数（万人）
1978	522.55	41.9	27.2	453.5
1979	538.2	43.7	29.2	465.3
1980	549.94	46.1	31.2	472.6
1981	558	48	33.6	476.4
1982	550.5			
1983	542.5			

续表

年份	普通小学专任教师总人数（万人）	城市普通小学专任教师数（万人）	县镇普通小学专任教师数（万人）	农村普通小学专任教师数（万人）
1984	537			
1985	537.68			
1986	541.36	57.43	51.31	432.63
1987	543.38	59.52	55.79	428.07
1988	550.13	65.44	58.41	427.19
1989	554.38	67.92	62.45	424.01
1990	558.18	68.55	63.30	426.33

从图 3.11 可知，1978—1990 年，中国小学专任教师数量变化总体呈现出曲折的波浪形，1978 年为最低点，1982 年与 1990 为两个高点。

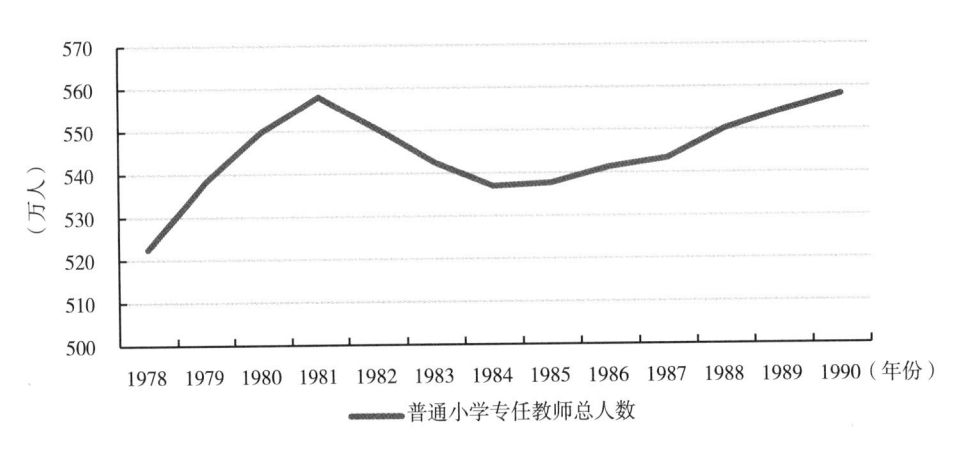

图 3.11 普通小学专任教师总人数变化趋势

(2) 小学专任教师学历情况

从表 3.20 可知，自 1986 年以来，小学教师的资格合格率一直维持 100%。1986 年，小学专任教师高中学历及以上者约为 340 万人，占总人数的 62.8%，高中学历以下者约为 201 万人，占总人数 37.2%。到 1990 年，高中学历及以上者占总人数的 74%，高中学历以下者占总人数的 26%。总体而言，这一时期小学专任教师学历偏低。

表 3.20　　　　　　小学专任教师学历情况（1986—1990 年）

年份	合计 人数	%	中师高中毕业及以上的 人数	%	中师高中肄业及初师初中毕业的 人数	%	初师初中肄业及以下 人数	%
1986	5413618	100	3401111	62.80	1721609	31.80	290898	5.40
1987	5433830	100	3563497	65.58	1610004	29.63	260329	4.79
1988	5501300	100	3748278	68.13	1520307	27.64	232715	4.23
1989	5543818	100	3955785	71.00	1376580	25.00	211453	4.00
1990	5581810	100	4122790	74.00	1271892	23.00	187128	3.00

2. 初中教师队伍建设情况

（1）初中专任教师数量状况

从表 3.21 可知，1978 年中国初中专任教师总数为 244.07 万人，到 1990 年总数上升到 247.04 万人，总的数量没有变化。1978 年，总数为 244.07 万人的初中专任教师中，农村教师为 192.18 万人，约占总人数的 79%，城镇教师约占总人数的 21%。1990 年，农村教师下降到占总人数的 62.7%。

表 3.21　　　　　　普通初中专任教师数（1978—1990 年）

年份	普通初中专任教师总人数（万人）	城市普通初中专任教师数（万人）	县镇普通初中专任教师数（万人）	农村普通初中专任教师数（万人）
1978	244.07	32.306	19.58	192.18
1979	241.02	32.1	20.88	188.04
1980	244.9	34.43	23.0094	187.46
1981	234.95	37.29	24.94	172.72
1982	221.5			
1983	214.6			
1984	209.7			
1985	215.99			
1986	223.93	40.84	38.17	144.92
1987	232.65	42.77	39.58	150.30
1988	240.27	45.74	41.57	152.97
1989	242.66	47.12	43.17	152.37
1990	247.04	47.39	44.67	154.97

从图 3.12 可知，1978—1990 年，中国初中专任教师数量变化总体呈现 U 型，12 年间出现下降又回升的态势。

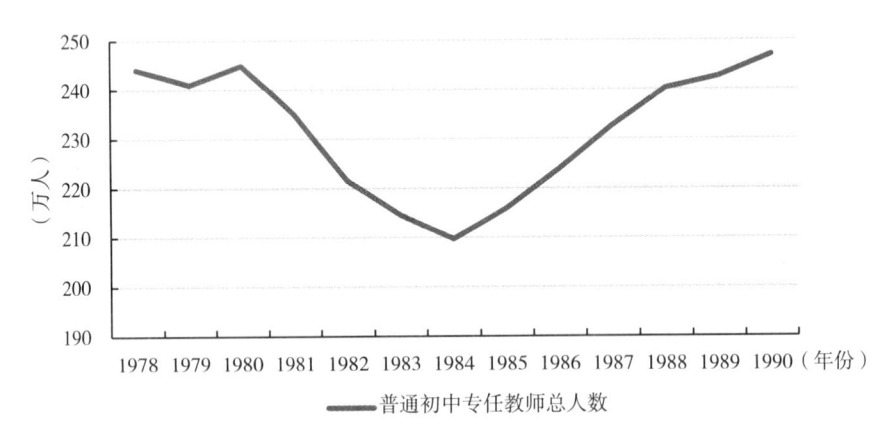

图 3.12　普通初中专任教师总人数变化趋势

（2）中学专任教师学历情况

从表 3.22 可知，1986 年，初中专任教师高中学历及以上者约为 210 万人，约占总人数的 94%，高中学历以下者约为 13.7 万人，约占总人数 6%，其中本科学历及以上者约为 11.4 万人，约占总人数的 5.1%，专科学历约为 49 万人，约占总人数的 22%。到 1990 年，所有教师几乎达到高中学历及以上，高中学历以下者约占总数的 0.03%。

表 3.22　　　　　初中专任教师学历情况（1986—1990 年）

年份	合计	高等学校本科毕业及以上	高等学校专科毕业和本专科肄业两年以上	高等学校本专科肄业未满两年	中专、高中毕业	中专、高中肄业及以下
1986	2239318	114326	491521	48950	1447126	137395
1987	2326527	122782	591660	47085	1440486	124514
1988	2402742	136722	718905	53556	1382147	111412
1989	2426580	152662	849142	52303	1279189	93284
1990	2470355	169268	979702	49725	1192233	79427

第三节　15—17 岁儿童的教育

15—17 岁儿童的教育是基础教育中高中阶段教育（简称高中教育），

包括普通高中教育和中等职业教育。改革开放以前，包括高中教育在内的基础教育处于非常不堪的状况，表现为管理体制过于集中、教育经费短缺、办学体制单一、教育质量与效益差。就高中教育而言，最突出的特征是教育结构单一，即高中教育就是普通高中教育，没有职业教育。改革开放以后，单一结构的高中教育还是持续了一段时间。

一 国家政策动向：由单一结构走向结构调整改革时期

1978—1990年，高中教育是由单一结构走向结构调整的时期。高中教育的结构调整经历了重点扶持中等职业教育、普通高中分流与中等职业扩大规模并举的两个阶段。1990年之前的结构调整处于"重点扶持中等职业教育"的第一阶段。

（一）高中教育的总体演进

1. 1978—1984年：高中教育即普通高中教育的单一结构阶段

1978—1984年，中共中央政府的精力主要投放在恢复普通高中教育与扶持重点高中上面，职业高中教育还没有精力与财力来顾及。

1978年2月12日，教育部颁布《全日制十年制中小学教学计划（试行草案）》，当时的中学包括初中与高中。1978年9月22日，教育部发布包括初中与高中的《全日制中学暂行工作条例（试行草案）》。1980年10月，教育部颁发《关于分批分期办好重点中学的决定》。1981年4月17日，教育部同时颁布《全日制六年制重点中学教学计划（试行草案）》与《全日制五年制中学教学计划（试行草案）》两个文件。这些政策旨在恢复经历"文化大革命"浩劫后普通高中教育的正常教育秩序以及扶持少数重点中学。

1983年12月31日，教育部颁布《关于全日制普通中学全面贯彻党的教育方针、纠正片面追求升学率倾向的十项规定（试行草案）》。在涉及高中教育的规定中提到"既要为高一级学校输送合格的新生，还要着重注意培养大批优良的劳动后备力量"的"双重任务"。显然，在1983年，政策制定者已经有了高中教育"双重任务"的意识，在文件中也提到了"双重任务"，但是，在当时片面追求升学率的现实条件下，这一"双重任务"定位没有引起关注。

表3.23为1978—1984年，中国政府制定与出台的与高中教育相关的政策。

表 3.23　　　　　　　与高中教育相关的政策（1978—1984 年）

颁布时间	颁布部门	名称
1978.02.12	教育部	《全日制十年制学校中小学教学计划（试行草案）》
1978.09.22	教育部	《全日制中学暂行工作条例（试行草案）》
1980.10	教育部	《关于分批分期办好重点中学的决定》
1981.04.17	教育部	《全日制六年制重点中学教学计划（试行草案）》《全日制五年制中学教学计划（试行草案）》
1983.12.31	教育部	《关于全日制普通中学全面贯彻党的教育方针、纠正片面追求升学率倾向的十项规定（试行草案）》

2. 1985—1990 年：进入结构调整"重点扶持中等职业教育"的阶段

这一阶段，中等职业教育成为国家政策扶持的重点，办学规模开始扩大。与中等职业教育相比，普通高中教育的发展仍没有受到足够的关注与重视，普通高中的规模有所下降。

1985 年 5 月 27 日，国务院颁布《关于教育体制改革的决定》（以下简称《决定》）。自此，中国进入了全面改革教育体制的新时期。《决定》明确提出：调整中等教育结构，大力发展职业技术教育。《决定》要求：从高中教育阶段开始对普通教育与职业教育进行分流，即初中毕业生一部分升入普通高中，一部分接受高中阶段的职业技术教育。《决定》掀开了高中阶段教育改革的序幕。

1988 年 4 月 11 日，农牧渔业部、国家教委等八部委联合颁布《关于农业中等专业学校招收农村青年不包分配班的若干规定》（以下简称《若干规定》）。《若干规定》要求：通过扩大学校自主权等措施，提高农村学生就读农业、林业中等职业学校的比重。《若干规定》改革了农业、林业中等专业学校的招生分配制度。

（二）高中普通教育关注"重点高中"时期

在"文化大革命"期间，高中教育遭遇破坏，改革开放后处于百废待兴局面，教育资源十分匮乏，这种现状导致政府对优质教育资源进行集中分配，因此"重点高中"的出现也是一种迫于现实无奈的选择。

1978 年 1 月，教育部颁布《关于办好一批重点中小学的试行方案》。《方案》要求：切实办好一批重点中小学，在经费投入、办学条件、师资队伍、学生来源等方向向重点学校倾斜。

1980 年 10 月，教育部颁布《关于分期分批办好重点中学的决定》。

《决定》要求：必须首先集中力量办好一批条件较好的重点中学。

1983年8月10日，教育部颁布《关于进一步提高普通中学教育质量的几点意见》。《意见》提出：在人、财、物的使用上，应全面安排，逐步加强和充实一般中学。要分期分批地改善一般中学的校舍、教学设备、体育器材、图书资料等条件。

1985年5月27日，在国务院颁布的《关于教育体制改革的决定》中提出：有计划地建设一批重点学校；我国广大青少年一般应从中学阶段开始分流。

1990年8月20日，国家教委颁布《关于在普通高中实行毕业会考制度的意见》。《意见》旨在抵制高中教学片面追求升学率的现象。

1978—1990年，国家没有发布过专门、直接指导普通高中教育发展的法律法规和政策文件，大多只是涉及普通高中的教育，往往也只有只言片语的论述。表明这一时期高中阶段教育的重要性还未真正得到关注，普通高中发展问题还游离在政策核心圈外。

表3.24为1978—1990年，中国政府制定与出台的与普通高中教育相关的政策。

表3.24　　　　与普通高中教育相关的政策（1978—1990年）

颁布时间	颁布部门	名称
1978.01	教育部	《关于办好一批重点中小学的试行方案》
1980.08	教育部	《关于分期分批办好重点中学的决定》
1983.08.10	教育部	《关于进一步提高普通中学教育质量的几点意见》
1985.05.27	国务院	《关于教育体制改革的决定》
1990.08.20	国家教委	《关于在普通高中实行毕业会考制度的意见》

（三）中等职业教育改革启动与快速发展阶段

"文化大革命"期间，职业教育被看作西方资产阶级"双轨制"教育体制的翻版，被停办或改为普通中学[1]，造成了中等教育结构的严重失调。

1. 1978—1984年：中等职业教育改革的启动阶段

1978年4月22日，邓小平在全面教育工作会议上强调"整个教育事

---

[1] 顾明远、刘复兴：《改革开放30年中国教育纪实》，人民出版社2008年版，第628页。

业必须同国民经济发展的要求相适应","应该考虑各级各类学校发展的比例,特别是扩大农业中学、各种中等专业学校、技工学校的比例"①。邓小平率先提出了改革中等教育结构的问题。

1980年10月7日,国务院批转教育部、国家劳动总局《关于中等教育结构改革的报告》(以下简称《报告》)。《报告》提出:目前中等教育结构单一化,与国民经济发展需要严重脱节,改革势在必行。《报告》强调:改革中等教育结构、发展职业技术教育是当前亟待解决的问题。《报告》明确指出:中等教育结构改革主要是改革高中阶段的教育。根据《报告》精神,当时中等教育结构改革的主要措施:一是将部分普通高中改建为职业高中,二是新建一些职业学校。

2. 1985—1990年:中等职业教育快速发展阶段

1985年5月27日,国务院颁布《关于教育体制改革的决定》(以下简称《决定》)。《决定》明确提出:调整中等教育结构,大力发展职业技术教育。《决定》要求:从高中教育阶段开始对普通教育与职业教育进行分流,初中毕业生一部分升入普通高中,一部分接受高中阶段的职业技术教育。《决定》提出了发展职业教育的主要措施:改革教育体制的同时改革有关的劳动人事制度,实行"先培训、后就业"的原则和持证上岗制度。《决定》规定:今后各单位招工,必须首先从各种职业技术学校毕业生中优先录取。一切从业人员,首先是专业技术性较强待业的从业人员,都要像汽车司机经过考试合格取得驾驶证才许开车那样,必须取得考核合格证书才能走上工作岗位。这些规定开辟了教育与就业良好对接的新局面,而且抓住了职业教育得以开展的关键性配套措施②。另外,《决定》第一次将"职普比"③作为高中教育的工作目标,要求:五年以后,使中等职业学校的招生数相当于普通高中招生数。国务院《关于教育体制改革的决定》是中国全面实施教育体制改革的标志。在《关于教育体制改革的决定》的部署中,"大力发展职业技术教育"是教育体制改革的重点。在政策的重点扶持下,从1985年开始,中等职业教育进入快速发展时期。

1988年4月11日,农牧渔业部、国家教委等八部委联合颁布《关于

---

① 顾明远、刘复兴:《改革开放30年中国教育纪实》,人民出版社2008年版,第628页。

② 同上书,第631页。

③ "职普比"是指职业学校与普通高中的招生数或在校生数的比值。

农业中等专业学校招收农村青年不包分配班的若干规定》。《若干规定》要求：通过扩大学校自主权等措施，提高农村学生就读农业、林业中等职业学校的比重。《若干规定》改革了农业和林业中等专业学校的招生分配制度。

二　国家数据统计：高中阶段教育发展状况

（一）高中阶段毛入学率、初中毕业生升高中率、高中毕业生升大学率状况

1. 高中阶段毛入学率

从表3.25可知，1980—1990年，我国高中阶段毛入学率十年持续在26%，维持不动。

表3.25　　　　　高中阶段毛入学率（1980—1990年）

年份	1980	1985	1990
毛入学率（%）	26.0	26.0	26.0

2. 初中毕业生升高中率

从表3.26可知，1980—1990年，我国初中毕业生升学率总体处于下降态势。

表3.26　　　　　普通初中升学率（1980—1990年）

年份	1980	1985	1986	1987	1988	1989	1990
升学率（%）	45.9	41.7	40.6	39.1	38	38.3	40.6

图3.13显示了1980—1990年，我国初中毕业生升高中率总体呈现下降的趋势。1988年止降，1988—1990年，出现上升态势。

3. 普通高中毕业生升大学率

1990年之前，中国政府没有统计普通高中毕业生升大学率的数据。

（二）高中教育阶段学校数量规模

从表3.27可知，1978—1990年，我国高中教育阶段学校总数由1978年的51975所下降到1990年的27315所，下降24660所，十二年减少一半。这一时期，中等专业学校与职业高中学校的数量总体差距不大，但职业高中学校数量逐年上升的态势明显。

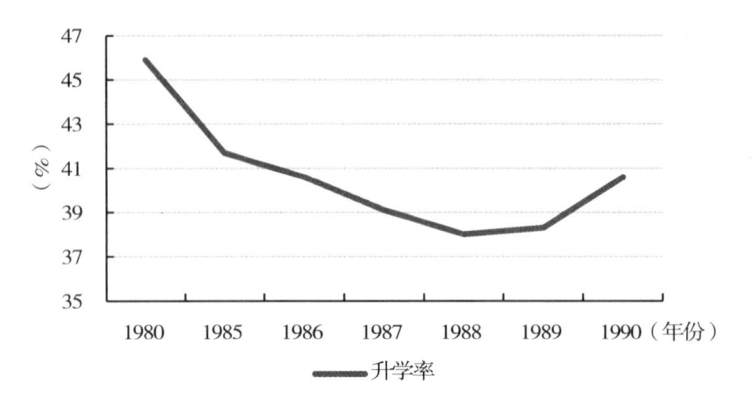

第一部分　儿童主体尚未形成时期（1978—1990年）

图 3.13　初中毕业生升高中率变化趋势（1980—1990年）

表 3.27　　　　　　高中阶段学校数（1978—1990年）

年份	高中阶段学校总数（所）	普通高中学校数（所）	民办普通高中学校数（所）	中等专业学校数（所）	职业高中学校数（所）
1978	51975	49215		2760	
1979	43322	40289		3033	
1980	37683	31300		3069	3314
1981	30234	24447		3132	2655
1982					
1983					
1984					
1985	27319	17318		3557	6444
1986	27684	17111		3782	6791
1987	27914	16930		3913	7071
1988	28084	16524		4022	7538
1989	27707	16050		3984	7673
1990	27315	15678		3982	7655

图 3.14 显示了1978—1990年，我国高中阶段学校数量总体呈下降的趋势。其中，1978—1981年下降极其明显，1985—1990年，呈现维持、比较稳定的态势。

（三）高中教育阶段学生人数规模

从表3.28可知，1978—1990年，我国高中教育阶段在校学生人数总

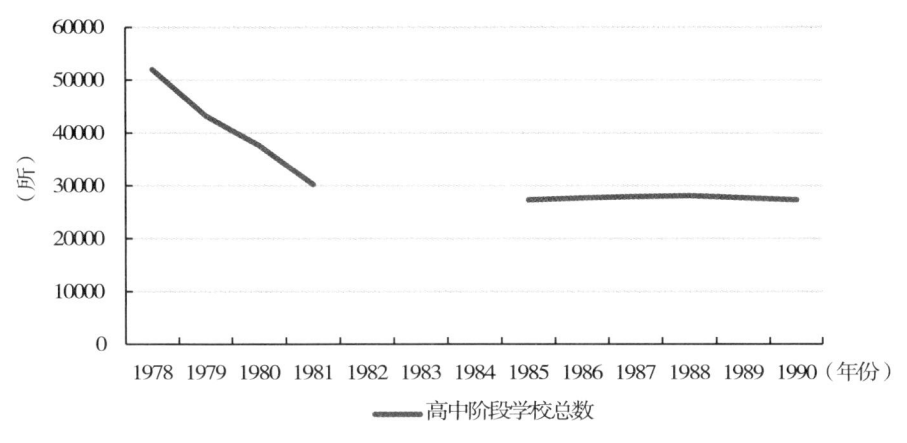

图 3.14　高中阶段学校总数变化趋势（1978—1990 年）

体呈下降态势，由 1978 年的 1642 万人下降到 1990 年的 1188.88 万人，下降 453.12 万人。其中，普通高中在校生人数下降，中等专业与职业高中在校生人数上升。

表 3.28　　　　高中阶段在校学生人数（1978—1990 年）

年份	高中阶段在校学生总人数（万人）	普通高中在校学生数（万人）	民办普通高中在校学生数（万人）	中等专业学校在校学生数（万人）	职业高中在校学生数（万人）
1978	1642	1553.08		88.92	
1979	1411.84	1291.97		119.87	
1980	1139.5	969.79		124.34	45.37
1981	869.97	714.98		106.9	48.09
1982		640.5			
1983		629			
1984		689.8			
1985	1082.64	741.13		157.11	184.4
1986	1163.37	773.37		175.72	214.28
1987	1186.11	773.73		187.39	224.99
1988	1185.24	745.98		205.17	234.09
1989	1170.15	716.12		217.75	236.28
1990	1188.88	717.31		224.44	247.13

(四) 高中阶段教师队伍的数量与学历情况

1. 高中阶段专任教师总数量

从表 3.29 可知，1978—1990 年，我国高中教育阶段专任教师人数总体呈上升态势，由 1978 年的 84.09 万人上升到 1990 年的 99.21 万人，上升 15.12 万人。12 年间，普通高中专任教师人数下降了 17.9 万人，中等专业学校教师人数上升 13.49 万人，职业高中学校教师人数上升 17.22 万人。

表 3.29　　　　高中阶段专任教师数（1978—1990 年）

年份	高中阶段专任教师总人数（万人）	普通高中专任教师数（万人）	中等专业学校专任教师数（万人）	职业高中专任教师数（万人）
1978	84.09	74.13	9.96	
1979	78.03	66.74	11.29	
1980	72.25	57.07	12.86	2.32
1981	65.92	49.44	13.59	2.89
1982	46.6	46.6		
1983	45.1	45.1		
1984	45.9	45.9		
1985	78.15	49.17	17.4	11.58
1986	85.24	51.83	19.32	14.09
1987	91.50	54.39	20.98	16.13
1988	95.94	55.69	22.53	17.72
1989	96.88	55.39	22.85	18.64
1990	99.21	56.23	23.45	19.54

图 3.15 显示了 1978—1990 年，我国高中阶段专任教师数量总体呈现由降到升的趋势。其中，1978—1983 年为下降波段，1984—1990 年为上升波段。

2. 高中教育阶段教师学历情况

(1) 普通高中教师学历情况

从表 3.30 可知，1986—1990 年，我国普通高中教师本科学历及以上

第三章 1978—1990年时期儿童的教育

图 3.15 高中阶段专任教师总数变化趋势（1978—1990年）

增加了5.2万人，专科学历增加了2.9万人，到1990年，专科与本科学历以上者在总数56万人中占51万人。

表 3.30　　　　　　　普通高中教师学历（1986—1990年）

年份	合计（人）	高等学校本科毕业及以上	高等学校专科毕业和本专科肄业两年以上	高等学校本专科肄业未满两年	中专、高中毕业及以下
1986	518339	203726	227099	9653	77861
1987	543897	217987	247280	8749	69890
1988	556886	230215	258564	7758	60349
1989	553858	240895	254727	7979	50257
1990	562266	255970	256412	6164	43720

图3.16显示了1986—1990年，我国普通高中教师主要由本科与专科毕业生构成，高中学历及以下者呈逐年明显下降趋势。

（2）中等专业学校专任教师学历情况

从表3.31可知，1986—1990年，我国中等专业学校教师主要由本科毕业生构成。到1990年，总数为23.4万人的教师队伍中，本科毕业及以上者占12.4万人，专科生占7万人，中专及高中生占3万人。

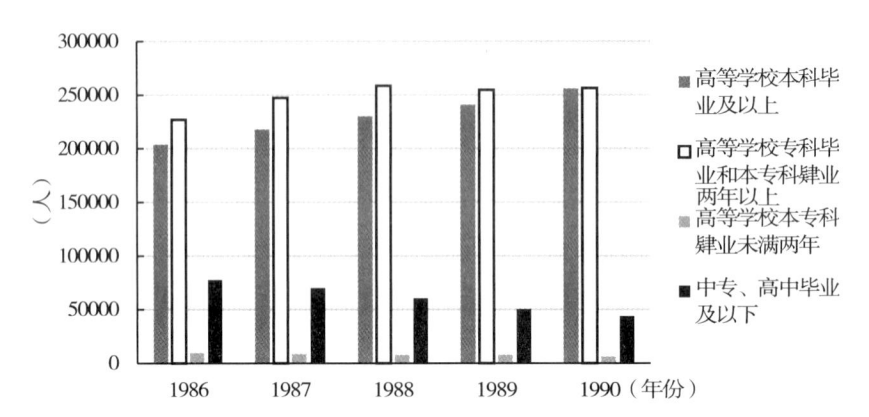

图 3.16　普通高中阶段专任教师各类学历数比较（1986—1990 年）

表 3.31　　　　　　中等专业学校教师学历（1986—1990 年）

年份	合计（人）	高等学校本科毕业及以上	高等学校专科毕业及本科肄业两年以上	高等学校本专科肄业未满两年	中专、高中毕业及以下
1986	193242	95657	56006	1685	39894
1987	209775	108082	62713	1866	37114
1988	225336	118522	69368	1688	35758
1989	228536	123608	70305	1470	33153
1990	234476	130061	72653	1340	30422

从图 3.17 可见，1986—1990 年，中等专业学校教师中，本科及以上学历呈现逐年增长趋势，专科学历呈先升后降趋势，中专及高中学历呈明显下降趋势。

（3）职业高中专任教师学历情况

从表 3.32 可知，1986—1990 年，我国职业高中学校教师主要由专科毕业生、本科毕业生与中专及高中毕业生构成。到 1990 年，总数为 19.5 万人的教师队伍中，专科生占 10.6 万人，本科毕业及以上者占 4.4 万人，中专及高中毕业生占 4 万人。

第三章 1978—1990年时期儿童的教育

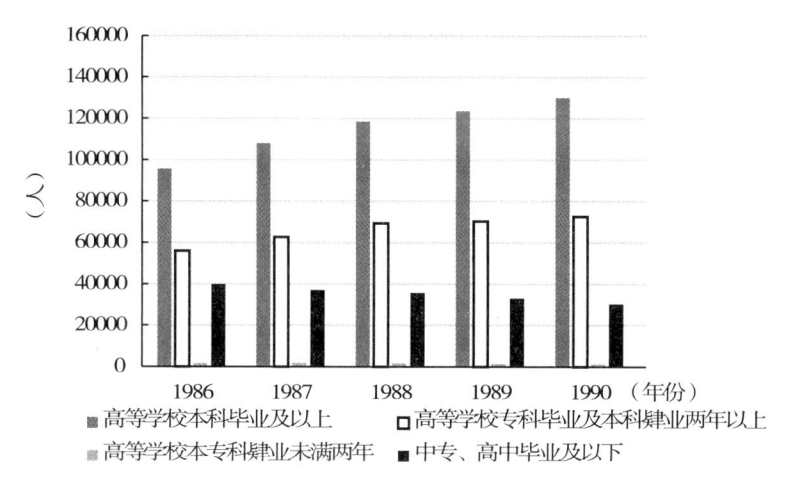

图 3.17 中等专业学校各类学历教师数比较（1986—1990年）

表 3.32　　　　　　职业高中教师学历（1986—1990年）

年份	合计（人）	高等学校本科毕业及以上	高等学校专科毕业及本科肄业两年以上	高等学校本专科肄业未满两年	中专、高中毕业及以下
1986	140899	27039	62208	4862	46790
1987	161347	32102	77020	5401	46824
1988	177181	35827	90475	5056	45823
1989	186439	40342	99622	4961	41514
1990	195357	44305	106975	4178	39899

从图 3.18 可见，1986—1990 年，职业高中学校教师中，专科学历呈明显上升趋势，数量约占总数的一半；本科及以上学历呈现逐年增长趋势，数量约占总数的 1/4；中专及高中学历呈下降趋势，数量也约占总数的 1/4。

第四节　特殊与弱势儿童教育

特殊儿童与弱势儿童在外延上有很多重叠。传统意义上的特殊儿童是指与正常儿童在各方面有显著差异的各类儿童。这些差异表现为智力、感

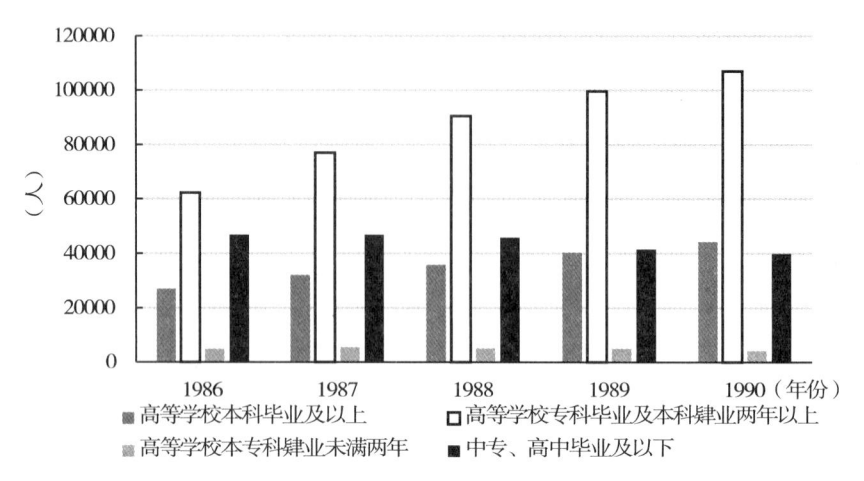

图 3.18 职业高中学校各类学历教师数比较（1986—1990 年）

官、情绪、肢体、行为或言语等[1]。弱势儿童概念是随着弱势群体这一概念的出现而出现的。弱势群体是政治经济学新名词，指在社会生产生活中由于群体的力量、权力相对较弱，因而在分配、获取社会财富时较少较难的一种社会群体。弱势儿童是指社会地位较低、生存状况困难的儿童。一方面，弱势儿童属于特殊儿童；另一方面，特殊儿童中除掉超常儿童，其心理与生理发展低于正常儿童、轻微违法犯罪儿童等都属于弱势儿童。本研究中，我们把特殊儿童与弱势儿童的概念做出区分。特殊儿童专指狭义的残疾儿童，特殊儿童教育特指残疾儿童教育；弱势儿童则是指除去残疾，因其他原因导致社会地位较低、生存状况困难的儿童。

残疾儿童与弱势儿童中的贫困儿童是人类共性的问题，是每个国家每个历史发展阶段都必须面临的问题。1978—1990 年，中国政府关注的也是每个国家每个历史时期无法回避的两类儿童：残疾儿童与贫困儿童。

一 国家政策动向：特殊与弱势儿童教育的启动时期

1978—1990 年，特殊儿童教育经历了特殊儿童教育体系启动与规范初期两个历史发展阶段；弱势儿童教育则经历了主要关注弱势儿童中"贫困儿童"的时期。

---

[1] 百度词条. https://baike.baidu.com/item/%E7%89%B9%E6%AE%8A%E5%84%BF%E7%AB%A5/6959619?fr=aladdin。

(一) 特殊儿童教育体系的启动与规范初期

1953年，中国教育部设立盲聋哑教育处，它是中国主管残疾儿童教育的职能部门。盲聋哑教育处的名称显示，当时中国社会对残疾儿童的关注停留在盲聋哑儿童范畴。

1. 1978—1987年：特殊儿童教育体系的启动阶段

从1979年9月起，中国试验开办弱智儿童教育，把弱智儿童列入残疾儿童的范畴。这样，残疾儿童教育类别由传统的盲聋哑儿童教育外，增加了弱智儿童教育。1980年，教育部盲聋哑教育处更名为特殊教育处，开始关注盲聋哑以外的残疾儿童，特殊教育体系开始启动。从1981年开始，师范学校中的特殊教育部与特殊教育的师范学校逐渐成立。1982年，中国教育学会特殊教育研究会、北京师范大学特殊教育研究中心、中央教育科学研究所特殊教育研究室等研究机构纷纷成立，意味着特殊教育的科学研究工作开始启动[①]。

1984年7月27日，教育部颁布《全日制八年制聋哑学校教学计划（征求意见稿）》与《全日制六年制聋哑学校教学计划（征求意见稿）》，分别确定了两种学制聋哑学校的培养目标及课程设置。

1985年5月27日，国务院颁布的《关于教育体制改革的决定》中提出：在实行九年制义务教育的同时，还要努力发展幼儿教育，发展盲、聋、哑、残疾人和弱智儿童的特殊教育。

1986年4月12日，全国人大通过并颁布《中华人民共和国义务教育法》。《义务教育法》第九条法规指出：地方各级人民政府为盲、聋哑、弱智儿童举办特殊教育学校（班）。

1986年9月11日，国家教委、财政部、劳动人事部联合颁布《关于实施〈义务教育法〉若干问题的意见》。《意见》第31—33条是实施特殊儿童义务教育的具体部署。第31条强调各地要从实际出发，分步骤地实施残疾儿童的入学规划与计划；第32条强调各级政府因地制宜、形式多样地办学，保障残疾儿童的义务教育权利；第33条部署特殊教育教师的培养工作。

1987年1月15日，国家教委制定并颁布《全日制盲校小学教学计划（草案）》，确定了盲童学校的培养目标、学制及课程设置。

[①] 涂艳国：《中国儿童教育30年》，湖南师范大学出版社2008年版，第143页。

1987年4月,民政部、国家教委、卫生部等十多个部门联合组织了一次全国残疾人抽样调查,调查在29个省、自治区、直辖市进行,共抽查了占全国人口1.5%的158万人。调查结果显示:至1987年年底,全国盲、聋学龄儿童入学率低于6%[①]。

1987年12月30日,国家教委颁布《全日制弱智学校(班)教学计划(征求意见稿)》,确定了弱智学校的培养目标及课程设置。

2. 1988—1990年:特殊儿童教育体系进入规范的初期

1988年3月,中国残疾人联合会(以下简称中国残联)成立。中国残联的成立在中国特殊教育发展史上具有里程碑式的意义,从此,它成为推动中国特殊教育发展的骨干力量。

1988年9月3日,国务院批准并实施由国家教委、中国残疾人联合会等七个部门共同制定的《中国残疾人事业五年工作纲要(1988—1992年)》。《工作纲要》针对特殊儿童教育制定了五年目标:今后五年,采取各种措施使盲童、聋童入学率由现在不足6%,分别提高到10%和15%,弱智儿童入学率要有大幅度提高;发达地区的残疾儿童入学率应有更大提高。

1988年11月,由国家教委、民政部、中国残疾人联合会共同主持,召开了全国第一次特殊教育工作会议。会议的任务是研究和部署全国特殊教育的发展问题,着重解决在残疾儿童中实施义务教育的指导方针、发展规划以及采取的政策措施。这是中华人民共和国成立后首次专门研究残疾人教育问题的全国性会议,会议后直接产生《特殊教育补助费使用办法》《关于发展特殊教育的若干意见》等政策文件,宣布从1989年起国家设立残疾人教育专项补助费,扶持各地发展特殊教育事业[②]。随后的1989年2月3日,国家教委、民政部、中国残疾人联合会联合颁布了《特殊教育补助费使用办法》,1989年5月4日又联合颁布了《关于发展特殊教育的若干意见》。《特殊教育补助费使用办法》对全国范围内特殊教育补助费的使用做出具体规定;《关于发展特殊教育的若干意见》明确特殊儿童义务教育的问题,要求把残疾儿童教育切实纳入普及义务教育工作的轨道。

1990年2月,国家教委、民政部和中国残疾人联合会联合主持,召

---

① 涂艳国:《中国儿童教育30年》,湖南师范大学出版社2008年版,第144页。

② 同上书,第144—145页。

开了第二次全国特殊教育工作会议。会议一方面总结交流各地贯彻第一次全国特殊教育工作会议和会后发布的政策文件情况和经验，另一方面讨论进一步推动特殊教育发展的措施、部署今后几年的工作。

1990年12月28日，全国人大通过并颁布《中华人民共和国残疾人保障法》（以下简称《残疾人保障法》）。"特殊教育"在《残疾人保障法》中单列一章。核心条款包括：国家、社会、学校和家庭对残疾儿童实施义务教育；国家对接受义务教育的残疾学生免收学费，并根据实际情况减免杂费；国家设立助学金，帮助贫困残疾学生就学。以《残疾人保障法》为标志，特殊教育事业开始进入法治阶段。

表3.33为1978—1990年，中国政府制定出台与特殊儿童教育相关的政策。

表3.33　　　　特殊儿童教育相关的政策（1978—1990年）

颁布时间	颁布部门	名称
1984.07.27	国家教委	《全日制八年制聋哑学校教学计划（征求意见稿）》
1984.07.27	国家教委	《全日制六年制聋哑学校教学计划（征求意见稿）》
1985.05.27	国务院	《关于教育体制改革的决定》
1986.04.12	全国人大	《中华人民共和国义务教育法》
1986.09.11	国家教委、计委、财政部、劳动人事部	《关于实施〈义务教育活动〉若干问题的意见》
1987.01.15	国家教委	《全日制盲校小学教学计划（草案）》
1987.12.30	国家教委	《全日制弱智学校（班）教学计划（征求意见稿）》
1988.09.03	国务院	《中国残疾人事业五年工作纲要（1988—1992年）》
1989.02.03	国家教委、民政部、中国残疾人联合会	《特殊教育补助费使用办法》
1989.05.04	国家教委、民政部、中国残疾人联合会	《关于发展特殊教育的若干意见》
1990.12.28	全国人大	《中华人民共和国残疾人保障法》

（二）弱势儿童教育：关注贫困儿童教育时期

1978年改革开放后的中国社会是急剧转型与深入改革的社会，社会的急剧变革给中国的发展带来勃勃生机，同时不可避免地产生了众多社会问题。弱势群体是当代中国社会的其中一个问题，在教育领域表现为涌现出包括贫困儿童、流动儿童、留守儿童、女童、流浪儿童等众多弱势儿童群体。

1978—1990年，中国各行各业百废待兴、举国上下忙于发展经济。中国教育则忙于恢复被"文化大革命"破坏的教育秩序，并致力于普及初等与义务教育。"弱势儿童教育"作为一个专门概念还没有进入政府的议事日程，对弱势儿童教育的总体关注度较低。

但是，贫困是中国由来已久的问题，"贫困儿童"群体一直存在，也是政府最早关注到的一个弱势群体。改革开放后政府的首要教育目标是实现初等教育普及，但是，大量儿童因贫困而失学，不少贫困地区因贫困办不起学校，所以，实现中国初等教育与义务教育的普及目标，解决贫困儿童入学问题成为关键。

1980年12月3日，国务院颁布的《关于普及小学教育若干问题的决定》中指出：国家对少数民族地区的教育事业应给以大力扶植。对文化教育十分落后的一些少数民族更须采取一些特殊措施，最贫困的地区要由国家包下来，实行免费教育。

1985年5月27日，国务院颁布的《关于教育体制改革的决定》中指出：对约占全国人口1/4的经济落后地区的教育，国家尽力支援。国家还要帮助少数民族地区加速发展教育事业。

1986年4月12日，全国人大通过的《中华人民共和国义务教育法》中提出：国家设立助学金，帮助贫困学生就学。国家在师资、财政等方面，帮助少数民族地区实施义务教育。地方各级人民政府必须创造条件，使适龄儿童、少年入学接受义务教育。

1989年，团中央、中国青少年发展基金会发起一项公益事业——希望工程，1989年10月正式启动公益支助。它是中国建立的第一个救助贫困地区失学儿童的基金会，旨在让千千万万因家庭贫困而失学的儿童重返校园。希望工程拉开了我国对贫困失学儿童进行社会救助的序幕，这项社会公益事业的启动与宣传，在中国社会引起了巨大反响，唤醒了全社会对以"贫困儿童"为突出代表的弱势儿童教育救助的关注。

二 国家数据统计：特殊儿童教育发展状况

(一) 特殊教育学校数量发展规模

从表3.34可见，1978年中国特殊教育学校数为292所，到1990年增加到746所，增加了454所。

表 3.34　　　　　　特殊教育学校数（1978—1990 年）

年份	特殊教育学校总数（所）	盲校（所）	聋哑校（所）	盲聋哑校（所）	弱智儿童辅读学校（所）
1978	292	9	243	40	0
1979	289	9	217	63	0
1980	292	9	242	41	0
1981	302	9	251	42	0
1982	312				
1983	319				
1984	330				
1985	375				
1986	423	15	328	44	36
1987	504	18	350	46	90
1988	577	21	382	43	131
1989	662	24	418	41	179
1990	746	25	480	50	191

（二）特殊教育学校在校学生数量发展规模

从表 3.35 可见，1978 年中国特殊教育在校生人数为 3.09 万人，到 1990 年增加到 7.20 万人，增加了 4.11 万人。

表 3.35　　　　　　特殊教育在校学生数（1978—1990 年）

年份	总计（万人）	盲生（人）	聋哑生（人）	弱智生（人）
1978	3.09			
1979	3.23			
1980	3.31	1701	31354	
1981	3.35	1611	31866	
1982	3.40			
1983	3.60			
1984	4.00			
1985	4.17	2089	35900	3717
1986	4.72	2321	38340	6514
1987	5.29	2677	40262	9937
1988	5.76	2899	42432	12286

续表

年份	总计（万人）	盲生（人）	聋哑生（人）	弱智生（人）
1989	6.40	2905	44325	16744
1990	7.20	2689	48151	21129

从图 3.19 可见，1985 年聋哑儿童占中国特殊教育学校在校人数的绝对数量，1985—1990 年，聋哑儿童在校数量呈明显上升趋势。1985 年弱智儿童在特殊教育学校在校人数中占比很低，但 6 年间数量增加极其明显，到 1990 年达到聋哑儿童的一半。1985—1990 年，盲童在特殊教育学校在校人数中一直处于弱势地位，数量基数小且增量很小。

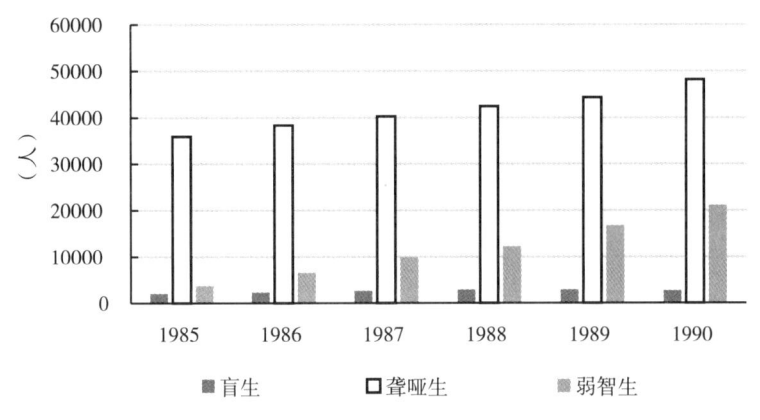

图 3.19　不同类型特殊儿童在校人数比较（1985—1990 年）

（三）特殊教育教师队伍数量情况

从表 3.36 可见，1978 年中国特殊教育学校教职工总数为 0.69 万人，其中专任教师数量到 0.42 万人。到 1990 年教职工总数增加到 2.03 万人，教职工总数增加了 1.34 万人，其中专任教师数量 1.38 万人，专任教师增加了 0.96 万人。

表 3.36　　教职工与专任教师人数（1978—1990 年）

年份	教职工数（万人）	专任教师数			
		聋（人）	盲（人）	弱智（人）	合计（万人）
1978	0.69				0.42
1979	0.74				0.46

续表

年份	教职工数（万人）	专任教师数 聋（人）	专任教师数 盲（人）	专任教师数 弱智（人）	合计（万人）
1980	0.8				0.48
1981	0.86				0.51
1982	0.92				0.54
1983	0.96				0.56
1984	1				0.6
1985	1.15	6162	524	564	0.73
1986	1.3	6535	599	1027	0.81
1987	1.45	7179	697	1604	0.95
1988	1.61	7937	728	2112	1.08
1989	1.79	13565	1248	3119	1.22
1990	2.03	9726	849	3221	1.38

第四章

1978—1990 年时期儿童的福利与法律保护

儿童福利制度是指社会保障儿童成长发展的一切政策和措施的总和,主要由与儿童福利相关的政策与服务体系构成。中国儿童福利政策制定的总体特征是以儿童分类为基本视角,以处境不利儿童为切入点①,所以,中国儿童福利政策总体围绕解决各类处境不利儿童问题的轴心展开。儿童的法律保护体系则是指国家制定与实施的用于保障儿童生存与发展权利的法律法规与保护儿童犯罪的司法制度。一般而言,儿童保护的法律框架包括司法保护、义务教育与职业教育、婚姻家庭与财产继承、预防未成年人犯罪、儿童生存发展与生活福利等领域。

这一时期,中国儿童还不具有社会福利的主体地位,无论是处理儿童事务的职能机构还是与儿童福利内容相关的国家法律,与儿童相关的内容都附属于妇女或家庭范畴。这一时期,中国还没有出现直接针对儿童保护的法律法规,与儿童保护相关的法律条款都嵌在成人的法律文件中,儿童以成人的附属身份出现在法律文本内。

第一节 儿童的福利

这一时期,就整个中国的社会福利而言,处于社会福利与社会救济还没分野的时期,"济困"是社会福利的主要工作②。就中国儿童福利而言,恢复儿童福利工作先从恢复与重建工作展开的组织体系开始。

---

① 《2010 中国儿童福利政策报告》,《中华人民共和国民政部》2016 年第 6 期。
② 张世峰:《变革中的中国儿童福利政策》,《社会福利》2008 年第 11 期。

一 国家政策动向：少年工作、妇女工作的恢复与重建时期

1949年中华人民共和国刚成立时，儿童福利、婚姻家庭、妇女福利与妇幼保健获得发展，取得过不错的成就。但是，随着"反右""大跃进""文化大革命"等左倾路线与意识形态的盛行，儿童福利逐渐蜕变为"青少年工作"，儿童福利服务模式变成了青少年工作模式。青少年工作模式主要特征是意识形态宣传，注重学校政治思想与伦理道德教育，社会福利服务变成了政治思想教育。即便这样，"文化大革命"十年，因为政治运动，"青少年工作"这样的行政管理组织体系也处于瓦解状态。所以改革开放后的前十年，恢复与重建儿童福利工作先从恢复与重建工作展开的组织体系开始。这一时期，儿童福利议题尚未成为国家改革开放发展政策的优先领域，与儿童福利相关的工作主要包含在"少年儿童"与"妇女"工作范畴内。

（一）少年儿童工作的恢复与展开

1979年8月，成立中国少先队工作学会，恢复全国范围内的儿童少年组织和有关工作。另外，由团中央牵头，开始开展少年儿童活动，成立少年儿童工作体系、服务体系与组织网络。在团中央的领导和推动下，政府的少年儿童方针政策形成了以少年儿童组织为基础的社会活动的工作方针，为后阶段儿童福利的形成奠定基础。另外，1981年建立了上海社会科学院青少年研究所，1982年成立了中国儿童中心，对少年儿童的科学研究也开始启动。

（二）妇女工作中的儿童福利内容

这一时期中国与儿童福利相关的机构是妇联牵头的"全国儿童少年工作协调委员会"，儿童工作附属于妇女工作，是妇女工作中的一部分。1980年颁布的《中华人民共和国婚姻法》与1985年颁布的《中华人民共和国继承法》都有关于儿童福利的内容，但局限于儿童在家庭环境中的相关福利。这一时期，无论是处理儿童事务的职能机构还是与儿童福利内容相关的国家法律，儿童都附属于妇女或家庭。

1990年2月22日，"国务院妇女儿童工作协调委员会"正式成立，儿童工作不再是妇女工作的附属，两者成为唇齿相依、互为主体的关系。换言之，儿童作为社会主体的时代，预示着到来。

二 国家数据统计：儿童福利事业的零数据时期

这一时期儿童的社会主体地位还没出现，儿童作为一个社会群体还未

独立出来，还未落入政府关注的视野，所以，国家层面以儿童为统计对象的数据还未出现。

第二节　儿童的法律保护

一个国家对儿童的保护体现在儿童法律保护体系的建立与完善上，儿童法律保护体系是指与儿童保护相关的法律法规以及涉及预防与保护儿童犯罪的司法制度。

一　国家政策动向：儿童法律保护意识淡薄时期

一个国家的政府对儿童法律保护行动体现在儿童保护的法律法规体系及预防与保护儿童犯罪的司法制度的建立、发展与完善上，所以，儿童法律保护的内容也从儿童保护的法律法规体系建立与儿童司法制度建立这两个维度展开。

这一时期，直接针对儿童保护的法律法规还没有落入政府优先原则中，儿童保护问题没有成为独立的政策议题，国家基本没有出台儿童保护方面的专门法律，关于儿童保护性规定基本嵌在成人的法律法规中。但是，受这时期早期颁布的《中华人民共和国刑法》《中华人民共和国刑事诉讼法》《中华人民共和国宪法》的影响与推动，独立于成年人的少年司法制度在这一阶段开始建立。

（一）涉及儿童保护的法律法规

表 4.1 为 1978—1990 年，全国人大及其常委会颁布实施的涉及儿童保护部分的法律。

表 4.1　　　　　　　1978—1990 年涉及儿童保护的法律

保护权利	保护领域	颁布部门	颁布时间	名称	涉及内容
	一般性保护	全国人大	1982	《中华人民共和国宪法》	儿童受国家的保护
		全国人大	1980.9	《中华人民共和国婚姻法》	保护儿童的合法权益
		全国人大	1984.5	《中华人民共和国民族区域自治法》	保护少数民族儿童的合法权益
		全国人大	1985.4	《中华人民共和国继承法》	保障儿童财产继承的权益

续表

保护权利	保护领域	颁布部门	颁布时间	名称	涉及内容
生存权	出生与健康	全国人大	1989.2	《中华人民共和国传染病防治法》	国家对儿童实行预防接种证制度
受保护权	司法	全国人大	1986.4	《中华人民共和国民法通则》	对未成年人实行监护制度
	司法	全国人大	1979.3	《中华人民共和国刑法》	不满十八周岁的人犯罪,应该从轻或减轻处罚
	司法		1979.7	《中华人民共和国刑事诉讼法》	在审讯时可以通知被告人法定代理人到场
发展权	残疾儿童教育	全国人大常委会	1990	《中华人民共和国残疾人保障法》	对残疾儿童、少年实施义务教育,免收学费,减免杂费
	儿童教育	全国人大	1986	《中华人民共和国义务教育法》	保障适龄儿童、少年接受义务教育的权利

表 4.2 为 1978—1990 年,国务院制定、颁布实施的涉及儿童保护部分的行政法规。

表 4.2　　　　涉及儿童保护的法规（1978—1990 年）

保护权利	保护领域	颁布部门	颁布时间	名称	涉及内容
生存权	健康	国务院	1987.4	《公共场所卫生管理条例》	公共场所保护儿童健康
	健康	国家教委	1990.4	《学校卫生工作条例》	学校卫生工作的主要任务是监测学生健康状况
受保护权			1988.7	《军人抚恤优待条例》	对军人子女优待
			1988.9	《基金会管理办法》	

从表 4.1 与 4.2 可以看出,儿童法律保护意识淡薄时期,关于儿童的法律保护呈现以下特征。其一,儿童作为独立主体的法律法规还未出现,关于儿童保护的内容都嵌在非儿童为主体的法律法规中。表 4.1 中的法律只有《中华人民共和国义务教育法》直接针对儿童,表 4.2 的行政法规中只有《学校卫生工作条例》直接针对儿童,也不是以儿童为主体出现,其他的法律法规都只是涉及儿童保护的条款。其二,在儿童保护法律法规条款中作为法律保护对象的儿童,是没有类型、年龄区分的所有儿童。其三,法律法规条款中涉及儿童保护的目标主要立足于儿童基本的生存权,

除《中华人民共和国义务教育法》归属儿童发展权外,主要解决儿童最基本的生存问题,涉及儿童最基本的衣、食、住、行和人身安全、生活稳定以及免遭痛苦、威胁或疾病等[①]。

(二) 儿童保护司法制度建立的启动

这一时期,直接针对儿童保护的法律法规还没有落入政府优先原则中。但是,独立于成年人的少年司法制度在这一阶段开始建立。1984年11月,上海市长宁区人民法院建立全国第一个少年法庭。这一革命性改革得到最高人民法院的充分肯定,从1986年开始少年法庭在全国推广,开始进入建立独立于成年人的少年司法制度,为儿童提供特殊保护,尤其是立法和司法制度保护[②]。少年法庭中的"少年"主要指年龄介于12—17岁的青春期儿童。少年法庭使少年司法独立于普通刑事司法,这是基于对儿童在身体、心理、情感、社会等方面特点和需求均有别于成年人的考量,是基于儿童最大利益的考量。

二 国家数据统计:儿童法律保护事业发展的零数据时期

就国家官方数据而言,这一时期没有儿童司法及援助情况的数据统计。

[①] 裘指挥、张丽、刘焱:《从救助走向福利:我国儿童权利保护法律与政策的价值变迁》,《学前教育研究》2015年第9期。

[②] 刘继同、郭岩:《整合儿童健康与儿童福利:重构中国现代儿童福利政策框架》,《学习与实践》2007年第2期。

第五章

1978—1990年时期儿童发展的自然与社会环境

广义上说,儿童生存与发展的环境是指儿童生活于其中,并受其影响的一切外部社会物质和精神生活条件,包括自然与社会环境,其中社会环境又可细分为经济、法律、文化、教育、卫生、家庭等方面[1]。在这里我们讨论狭义的环境,特指影响儿童生存与发展的自然与社会文化环境,其中社会文化环境又细分为儿童作为附属的社会文化环境和儿童作为主体的社会文化环境。

第一节 儿童发展的自然环境

1973年8月,第一次全国环境保护会议在北京召开,标志着中国现代环境保护事业的开始。当时政府认为环境问题主要是工业污染问题,所以中国环境保护着力于工业"三废"(废水、废气、废渣)等方面的治理[2]。改革开放以来,中国的经济一直处于高位运行、举世瞩目,与此同时,中国的生态环境破坏也异常突出:一些大中城市污染加剧,垃圾、农药、化肥等污染严重,水土流失、荒漠化、森林和草地功能衰退严重等,破坏程度令人担忧。中国走上了一条漫漫的环境治理的征途。

---

[1] 中国儿童中心:《中国儿童的生存与发展:数据和分析》,中国妇女出版社2006年版,第22页。

[2] 俞海滨:《改革开放以来我国环境治理历程与展望》,《毛泽东邓小平理论研究》2010年第12期。

一 国家政策动向:"控制污染、综合利用"①治理时期

改革开放初期,面临经济发展与环境保护两难选择时,中国不可避免地重复了西方国家已经走过的"高消耗、高污染"工业发展老路。工业化进程速度加快、乡镇企事业迅速发展,无疑给中国带来了经济腾飞,但同时,生态环境也急剧恶化。

1979年《中华人民共和国环境保护法(试行)》的颁布,标志着中国环境保护开始迈向法制化的轨道。这一时期,有关环境保护的法律法规、部门规章密集颁布,环境污染防治进入中央政策议程。这一时期中国环境保护政策与举措总体呈现三个特征。其一,把资源的综合利用和企业生产技术升级相统一,防止和治理工业带来的污染。其二,出台的政策以污染控制为主,预防和治理方面的政策仍较少。其三,环境保护投资严重不足,污染治理水平总体较低②。

表5.1为1978—1990年中央政府颁布的环境治理领域的主要政策。

表5.1　中央政府颁布的环境治理领域的主要政策(1978—1990年)

颁布时间	颁布部门	名称	主要内容
1979.9.13	全国人大	《中华人民共和国环境保护法(试行)》	提出:"谁污染、谁治理"原则,确定了环境影响评价、"三同时"③、排污收费、限期治理、环境标准、环境监测等制度
1979.11.11	卫生部等5部门	《工业企业设计卫生标准》	规定居住区大气中34种有害物质和车间空气中120种有害物质的最高允许的浓度
1981.2.24	国务院	《关于在国民经济调整时期加强环境保护工作的决定》	确认:当前我国环境污染和自然资源、生态平衡的破坏已相当严重,影响人们生活,妨碍生产建设,成为国民经济发展中的一个突出问题。强调:管理好我国的环境,合理地开发和利用自然资源,是现代化建设的一项基本任务

---

① 俞海滨:《改革开放以来我国环境治理历程与展望》,《毛泽东邓小平理论研究》2010年第12期。
② 冯贵霞:《中国大气污染防治政策变迁的逻辑》,博士学位论文,山东大学,2016年。
③ "三同时"制度是指一切新建、扩建和改建的企业,防治污染项目必须和主体工程同时设计、同时施工、同时投产。

续表

颁布时间	颁布部门	名称	主要内容
1982.2.5	国务院	《征收排污费暂行办法》	规定了收费的对象，收费程序，收费标准，停收、减收和加倍收费的条件，排污费的列支，收费的管理和使用等，并附有排污费征收标准
1982.4.6	国务院	《大气环境质量标准》	将大气环境质量进行分级、分区管理，分别给出质量标准
1983.10.11	城乡建设环境保护部	《中华人民共和国环境保护标准管理办法》	将标准分为环境质量标准、污染物排放标准、环境保护基础标准和环境保护方法标准等4种。前两种标准分别为国家标准和地方标准两级，后两种标准只有国家标准。明确规定，环境保护标准一经批准发布，各有关单位必须严格贯彻执行，不得擅自更改或降低标准
1984.5.8	国务院	《关于环境保护工作的决定》	确立："保护环境"为中国的一项基本国策。落实：环境保护的"三同步、三统一"战略方针，即经济建设、城乡建设和环境建设同步规划、同步实施、同步发展，实现经济效益、社会效益、环境效益的统一
1984.9.27	国务院	《关于加强乡镇、街道企业环境管理的规定》	提出：调整企业发展方向、合理安排企业布局、严格控制新的污染源、坚决制止污染转嫁等四方面举措
1987.9.5	全国人大常务委员会	《大气污染防治法》	对防治大气污染的一般原则，监督管理，防治烟尘污染，防治废气，粉尘和恶臭污染以及法律责任等方面做出了规定
1987.7.12	环保委、国家计委等6部委	《关于发展民用型煤的暂行办法》	要求使用国家规定的推广和发展型煤
1987.7.21	国家环保委员会	《城市烟尘控制区管理办法》	确定建设城市烟尘控制区的基本标准、基本原则等
1989.12.26	全国人大	《中华人民共和国环境保护法》	明确责任主体，进一步规定了污染防治的具体政策措施和法律责任。提出制定环境质量标准、污染物排放标准、环评等方面的环境监督管理要求
1990.8.15	国家环境保护局、公安部等6部门	《汽车排气污染监督管理办法》	用汽车生产、改装、使用、维修等方面的污染监督管理做出具体规定
1990.12.5	国务院	《关于进一步加强环境保护工作的决定》	重申：环境保护是一项基本国策。明确：环境质量逐步恶化，防治环境污染和生态破坏已成为十分紧迫的任务

这一时期，我国制定并颁布了一系列的环境保护法律，包括环境保护法、海洋环境保护法、水污染防治法、森林法、草原法、矿产资源法、大气污染防治法、水法、野生动物保护法、水土保护法等，环境保护的法规与部门规章更是不胜枚举，标志着中国环境保护事业正逐步走向法制化的道路。

二　国家数据统计：国家环境治理零数据时期

这时期没有出现国家环境污染与治理成效的数据统计。

第二节　儿童发展的社会文化环境

社会文化环境对儿童社会性发展、身心健康有着重大影响。社会文化环境的核心是保护儿童的娱乐权益，即借助多种多样的传媒、提供专门的活动场所，让儿童参与各类文化活动，促进儿童身心愉悦、健康成长。

一　国家政策动向：优化儿童社会文化环境的启动

1981年5月12—20日，文化部、教育部和共青团中央联合组织，在北京召开了全国少年儿童图书馆工作座谈会。出席会议的有各省、自治区、直辖市文化局、部分省、自治区、直辖市教育厅（局）、团委的有关负责同志，部分少年儿童图书馆、公共图书馆、中小学校图书馆（室）和少年宫、少年之家图书馆（室）的代表，共一百二十人。这次会议的最直接成果就是文化部、教育部、共青团中央联合撰写的《关于全国少年儿童图书馆工作座谈会的情况报告》（以下简称《报告》）。1981年7月24日，国务院批转了《报告》。《报告》指出：中国少年儿童图书馆事业的现状还远远不能适应广大少年儿童渴求知识的需要，全国范围内需要加速儿童图书馆的建设。《报告》要求：各级公共图书馆要积极创造条件，向少年儿童开放；要办好中、小学图书馆（室），解决中、小学生课外图书阅读；图书阅读活动要成为少年宫、少年之家活动的必要组成部分；城市街道民办图书馆，要把青少年和儿童作为主要服务对象。全国少年儿童图书馆工作座谈会及《报告》，标志着改革开放新时期，中国政府优化儿童社会文化环境工作正式启动。

1988年8月25日，国家教委颁布《中学生日常行为规范》《小学生日常行为规范》。《规范》的核心内容是教育中小学生懂得如何做人,懂得在漫长的人生旅途和纷繁复杂的社会中怎样立足、怎样生活、怎样交往,如何珍爱自己又尊重别人。1990年2月15日,国家教委颁布《关于重申贯彻〈减轻小学生课业负担过重问题的若干规定〉的通知》,强调课业负担过重不利于小学生德、智、体全面发展。1990年,《中国教育报》联合《中国少年报》举办"让精神世界更美好"读书活动,全国20多个省、自治区、直辖市1000多万名中小学生参加了活动。

二 儿童文化的建设

儿童是正处于身心发展特殊阶段的群体,这一群体充满生机、不断生长的特性,形成了独特的内部精神和外在表现,我们将其总称为儿童文化。儿童文化的形成并非脱离周围环境而独立产生,而是基于所处的社会大环境并经历时间的沉淀而形成的一种儿童特有的文化系统。从狭义范畴来看,儿童文化主要包括儿童创造的文化和为儿童创造的文化。儿童创造的文化是指儿童以周围社会环境为依托,在身心发展过程中通过长期积累沉淀所形成的文化;为儿童创造的文化是指成人作为儿童文化产品的创造者,创造出具有儿童趣味、符合儿童喜好、旨在促进儿童发展的文化。

(一)儿童创造的文化

儿童创造的文化是指儿童作为创造主体所形成的文化。儿童在与成人、同伴以及社会环境互动的过程中,自然而然地形成了一种区别于成人文化的文化形态,即儿童文化。它主要包括儿童游戏、儿童情感、儿童语言等内容形式,他们常见于儿童的日常生活中,由儿童自发地创造产生,但也无法脱离时代文化和成人文化对其产生的影响。

1. 生活化、户外化、同伴化、竞争性特征的儿童游戏

"在一定程度上,儿童文化的核心就是一种游戏精神。"[1] 儿童游戏是儿童早期适应文化的基本途径,也是儿童个体主动创造儿童文化的重要方式,可以说,每个时代的文化特征都会作用于处于该时代的儿童游戏,并通过儿童游戏反映出来。

这一时期的儿童游戏,一方面开始出现新时代的鲜明特征,另一方面也延续着传统民间游戏的特性。根据出生于80年代或70年代末的成人回

---

[1] 边霞:《儿童的艺术与艺术教育》,博士学位论文,南京师范大学,2000年。

忆，20世纪80年代的儿童游戏有打弹珠、拍洋画、滚铁圈、丢沙包、跳房子、跳皮筋、抓棋子、撞拐子、抽陀螺、踢毽子等。这些游戏大多为具有竞技意味的游戏，需要多个玩伴同时参与才能开展的游戏，相关调查研究还显示（见表5.2），这些玩伴大多来自生活在附近的小朋友。从游戏空间来看，这些游戏的活动范围比较大，需要在开阔且平坦的空地上进行，因此，游戏场所基本以户外场地为主。从游戏所需材料来看，都是生活中比较常见、随手可得的材料，而且制作工艺简单易学，儿童基本上都能自己动手制作所需的游戏材料。从游戏时间来看，虽然相比改革开放前儿童游戏的时间已有所缩减，但仍有一定的自由游戏时间。

表5.2为20世纪80年代儿童游戏玩伴状况的研究。

表5.2　　　　　　　　80年代儿童游戏玩伴状况[①]

时期	人数比例			
	单独玩	和父母玩	和兄弟姐妹玩	和附近小朋友玩
80年代末	19.2%	13.5%	33.9%	74.7%

综上所述，这一时期的儿童游戏大致具有以下几个特征。其一，游戏时间开始出现缩水的迹象。儿童课余时间被阅读各种类型的课外书、完成课后功课、看电视等活动分解，儿童的游戏时间也因此出现了逐渐减少的趋势。其二，游戏材料生活化。儿童游戏所需的材料往往无须购买，只要将生活中常见的材料稍作加工就能够成为好玩的游戏材料，甚至有一些无须游戏材料的儿童游戏，只要跟玩伴协商好游戏规则，便可开始游戏。其三，游戏空间以户外为主。儿童游戏包括了大肌肉技能型的游戏，儿童在游戏中或跑或跳，因而需要空旷的场地，但即便是手部小肌肉技能型的游戏，也同样需要相对宽敞和平坦的空间供游戏材料的放置或滚动。其四，游戏同伴以邻居为主。

1978—1990年，正处于新时代与旧时代、新事物与旧事物更迭的时代，这也决定了这一时代的儿童游戏既延续了中国传统游戏的特色，也融入了更多的新时代特性。因此，从宏观角度来看，这时期儿童游戏之所以形成以上特征，主要受到这个时期的政策、社会文化和历史传统三方面因

[①] 刘焱：《建国以后儿童游戏发展变化的特点、趋势既原因分析》，《学前教育研究》1999年第4期。

素的影响。

重大国家政策的导向是影响因素之一。改革开放后，越来越严峻的人口形势在一定程度上束缚了中国经济和社会发展的步伐，党和国家在进行充分社会调研和研究探讨之后，决定逐步推进计划生育政策。1980年9月，第五届全国人民代表大会第三次会议通过了新的《中华人民共和国婚姻法》，第十二条规定，"夫妻双方都有实行计划生育的义务。"1982年12月，在第五届全国人大五次会议通过的《中华人民共和国宪法》中规定："国家推行计划生育，使人口的增长同经济和社会发展计划相适应"，计划生育成为了一项基本国策。这一重大国家政策推行最明显的成效就在于独生子女家庭的数量增多，儿童游戏缺少兄弟姐妹等家族内的玩伴，促使儿童开始去家族外寻觅与自己年龄相仿且随叫随到的玩伴，同龄的邻居便成了最好的选择，而有些性格腼腆的孩子不愿意出去寻找玩伴或找不到附近年龄相仿的玩伴时，则会出现没有玩伴、在家独自玩耍的情况。总之，计划生育这一重大国家政策直接影响儿童游戏玩伴的构成结构。

这个时期社会文化观念是影响因素之二。在"文化大革命"的冲击下，中国高考制度中断了十年之久，1977年教育部在北京召开了全国高等学校招生工作会议之后，才正式决定恢复高考，从此，中国重新迎来了尊重知识、尊重人才的春天，但同时却也慢慢地将高考的重要性导向了另一个极端。高考被视为改变自己命运乃至家族命运的重要途径，社会普遍认为有了高文凭自然就会有好工作、好前途，这种重视学历的社会文化观念在很大程度上影响整个社会对儿童以及儿童游戏所持有的态度，认为儿童现在的所有努力是在为今后的幸福生活做铺垫，觉得儿童游戏是在浪费学习时间，是不务正业的表现，正是这种社会文化观念影响了儿童游戏时间出现了缩水。但是，当前正处于改革开放后社会主义现代化经济建设的初期，成年人都积极地投身于各个领域的建设事业上，他们大多忙于工作，除了督促儿童按时完成家庭作业之外，无暇顾及儿童的其他课余时间，虽认同"高考改变命运"的观点，却也没有很严格地束缚儿童的游戏时间。因此，80年代儿童的游戏时间相比改革开放以前来说，虽然有所缩水，但还是有相对充裕的游戏时间量。

中国传统文化的传承是影响因素之三。改革开放仿佛一扇敞开的大门，一瞬间国外各种新鲜的文化内容及文化形式涌入中国，然而新旧文化的相遇必然存在传承与发展的问题，儿童游戏也是如此。一方面儿童游戏继续延续经过不断实践沉淀下来的经典游戏；另一方面也积极引进国外文化中的一些新兴内容，儿童游戏中出现了一些小型电子类游戏。然而，80年代的改革开放进程正处于初期状态，开放的程度还不是很高，人们的思想观点也尚未达到完全开放的程度，这一社会文化反映到儿童游戏中，则表现在80年代的儿童对那些继承下来的经典游戏依旧热度不减，儿童游戏继续保存着游戏材料生活化、充分使用自然材料、就地取材的特色。

2. 丰富、积极特征的儿童情感

如果说儿童游戏是一种外化的、可视的儿童文化，那么儿童情感及态度就是一种内化的、隐藏的儿童文化。正如杜威所说，"儿童世界的主要特征不是什么与外界事物相符合这个意义的世界，而是感情和同情"[①]，这足以见得情感及态度在儿童生活中的重要作用。儿童情感及态度是儿童文化中生动丰富、极具活力的一部分，他们的情感及态度无时无刻不在影响着他们的行为。儿童情感及态度的生成一方面取决于儿童年龄阶段的独特性，另一方面来自家庭教育、社会环境以及时代特征的影响。因此，儿童情感及态度既呈现出跨时代的共性，也具有时代的个性。

1978—1990年，刚刚从"文化大革命"创伤中恢复过来的中国，全社会都铆足了劲儿集中力量进行社会主义现代化建设，重视集体、团结一致的价值观得到了家庭、学校和社会的推崇，在这种价值观的教育与引导下，与朋友团结友好、与兄弟姐妹相亲相爱、与身边的人保持良好的人际关系成为了这一时期最具有代表性、最核心的儿童情感。依据美国心理学家斯登伯格和沙洛维的理论研究，这种人际关系管理能力属于高级情感，是成熟个体的特征。80年代儿童情感中呈现这一特点要归功于家庭、学校和社会等外部环境的教育和引导。

（二）为儿童创造的文化

为儿童创造的文化，是指除儿童以外的主体，为了达到愉悦儿童、发展儿童等目的而创造出各种形式的儿童文化产品。通常情况下，成人是这类文化的创造主体。随着社会科技手段的提升、对儿童发展及教育的重视

---

① [美]杜威：《学校与生活：明日之学校》，赵祥麟等译，人民教育出版社1994年版，第116页。

以及社会文化生活日趋丰富的发展趋势，各种为儿童创造的文化产品也更加丰富。成人为儿童创造的文化内容主要包括儿童音乐、儿童动画、儿童文学等，这些文化内容既是凸显了儿童文化的特性，也是映射了总体社会文化生活的形态。

1. "听"的儿童文化——儿童歌曲本土创作丰饶时期

"听"的儿童文化是指儿童音乐。在"文化大革命"的重创下，文艺作品包括儿童文艺作品在内都经历了一场大萧条。"文化大革命"期间的儿童音乐作品具有明显的政治倾向[1]，不再是以愉悦儿童为目的，不论音乐内容还是音乐旋律和节奏都在一定程度上受到束缚。改革开放之后，宽松自由的氛围犹如阵阵清风吹散了笼罩在文艺创作之上的迷雾，大量新创作的儿童音乐作品纷纷涌现，如《种太阳》《七色光之歌》《小白船》《小螺号》《歌声与微笑》《采蘑菇的小姑娘》《童年的小摇车》等。这些歌曲的内容充满童趣、贴近儿童生活，歌曲风格轻松愉悦、具有童真。当然，80年代的儿童音乐也继承了一些改革开放之前流传下来的优秀儿童歌曲，如《让我们荡起双桨》《我爱北京天安门》《小燕子》《劳动最光荣》《少年少年祖国的春天》等，这些儿童歌曲的内容题材积极向上，而且通常会将个体与国家、家庭、社会、民族紧密地联系起来[2]。

1978—1990年，儿童歌曲本土创作出现了一个高潮，其成因有三。其一，宽松自由的社会环境。自从1978年中国开始实现对内改革、对外开放的政策之后，中国的社会面貌得到了很好的改变，从封闭到开放、从停滞不前到大步向前，不仅社会经济实现飞速发展，而且社会文化环境也在悄然发生改变，自由宽松的社会氛围为各种文艺作品的诞生提供了更优越的文化土壤，儿童音乐的创造者不再被束缚于内容和形式的固定框架中，而是将创作的服务对象重新转向儿童，努力为儿童创造尽可能丰富的艺术文化产品，创作者使用多元的表现形式和选择丰富的内容题材，一时间，中国涌现一大批优秀的儿童音乐作品。其二，主旋律的引领。改革开放初期，经济建设急需稳定的社会政治环境作为支撑，因此，以一支主旋律引领社会各界集中力量进行社会主义现代化建设至关重要。80年代的中国始终坚持走社会主义道路、坚持中国共产党的领导，这一主旋律不仅

---

[1] 金晓霞：《中国儿童歌曲百年发展历程回顾》，《音乐时空》2014年第6期。
[2] 白芳：《儿童歌曲创作历程研究》，博士学位论文，河北师范大学，2013年。

在社会政治上凸显,也同样反映在文化作品中,儿童一直被视为"祖国的未来",认为应从小进行一些爱国主义等主旋律的熏陶及教育,儿童歌曲这种生动的文化形态也自然而然地加入了一些主旋律的意味。那些在60、70年代创作的具有一定政治色彩的儿歌歌曲,依旧在儿童群体中被广泛传唱,同时,一些充满正能量、积极向上且符合社会主旋律的儿童音乐也被相继创作出来。其三,对音乐价值的重视。20世纪80年代改革开放进程的不断深入,不仅使得国外先进的教育理念慢慢进入人们的视野,而且促进了我国已有的优秀教育思想得到传播和推广。受到加德纳多元智能理论以及相关国外科研成果的影响,社会对教育的认识不再局限于文化知识的学习,开始越来越重视儿童多元能力的发展,对儿童音乐的看法也不再认为只是唱一唱、跳一跳那么简单,而开始将音乐与儿童潜能发展及情绪疏导等方面建立起了联系,引用陈鹤琴先生关于儿童音乐教育思想的话来说,"使儿童的性情通过音乐的洗练,而达到至精至纯的陶冶,以至于引导儿童以快乐的精神来创造自己的生活"[①],儿童音乐对儿童精神愉悦、陶冶情操、激发创造力等的重要价值逐渐受到重视。教育观念的转变和对音乐重要价值的重视都在一定程度上推动了儿童音乐在80年代的发展,也是这一时代儿童歌曲出现创作高产的重要原因之一。

2. "看"的儿童文化:中国原创儿童动画创作繁荣时期

"看"的儿童文化主要指动画。"动画"两字的关键在于"动"。它区别于连环画、图画书等以纸质媒体为载体的内容形式,而是通过现代电子传媒将故事情节以动态影像的方式呈现出来,使得内容表现得更直观、更形象生动。动画本身的特性就很容易引起儿童的兴趣,再加上电视、互联网等新兴媒体的推广和传播更是推动了动画的快速流行,进而成为儿童文化中的重要组成部分。自1926年万氏兄弟推出我国历史上第一部真正意义的动画片《大闹画室》至今,中国儿童动画已经走过九十载,随着社会大环境的不断变化,中国动画的发展也随之兴衰起伏。

中国动画前辈们在60年代创建的"中国学派"曾在世界动画界一度声名显赫,创作出一大批优秀的、具有浓郁民族特色的儿童动画作品,在经历"文化大革命"的洗劫之后,改革开放后这种儿童动画创作风格再次崛起,引领着80年代的儿童动画走向繁荣。80年代的儿童动画以民族

---

① 陈秀云、陈一飞:《陈鹤琴全集》(第三卷),江苏教育出版社2008年版,第401页。

特色为基石，在动画中加入了剪纸、水墨画、传统木偶等素材创作出一大批儿童喜欢的动画，如《三个和尚》《雪孩子》《回声》《不怕冷的大衣》《补票》《猴子捞月》、木偶片《曹冲称象》、水墨动画《山水情》等，还加强了动画的情节性和连续性创作出如《阿凡提的故事》《黑猫警长》《葫芦兄弟》等系列动画片，深受儿童喜爱，这些动画片以儿童为服务对象，旨在愉悦儿童的同时，也能起到一定的教育意义。这一时期，中国原创动画进入繁荣期的同时，外国动画也开始在中国大陆生根发芽，80年代外国动画的引进数量激增，《海底两万里》《聪明的一休》《花仙子》《三千里寻母》等十多部外国经典动画长片和系列片被引进中国，也同样是儿童心目中喜爱的动画片。

　　1978—1990年，中国儿童动画创作进入一个繁荣期的原因，大概有二。其一，中国传统精神的传承。动画，顾名思义是会"动"的"画"，"动"即为其呈现形式，"画"即为其具体内容，自中国动画创建以来，动画中"画"的重要性更受重视，动画创作者不仅重视"画"本身的表现形式，还关注从"画"中传达出来的教育意义，这些特点与中国传统精神密不可分。一方面，中国传统美术中丰富多样的素材以及在色彩和线条的实践经验都为中国动画的创作奠定了坚实的基础。中国传统美术已有几百年的发展历史，不仅出现了如水墨、剪纸、折纸等美术表现形式，还形成了对线条和色彩较好的理解和把握，这都为以"画"为主的中国动画提供了有利的素材，将传统绘画色彩及中国水墨与中国动画相结合，创造出如水墨动画、剪纸动画和折纸动画等极具民族特色、独一无二的动画[1]。另一方面，中国"寓教于乐"的传统精神在中国动画中得以延续。动画一开始就以为儿童服务的姿态出现，既强调重视动画片的娱乐性，也重视它的教育性，1949年当时的文化部部长沈雁冰更是明确指示：动画片"主要是以少年儿童为服务对象，用社会主义思想教育他们"[2]，在此思想的引导下，所有的国产动画片的背后隐藏着一个人生小哲理，体现强烈的"寓教于乐"的精神。其二，国家政策的助推。80年代能够出现国产动画和外国动画共同繁荣的局面得益于当时的国家文化政策。就国产动画而言，在1979年第四届全国文

---

[1] 丁薇：《传统绘画的艺术魅力对现代动画设计的影响》，《文艺研究》2007年第9期。
[2] 胡畅平：《概述寓教于乐在我国各时期动画中的变化》，《文艺生活》2014年第12期。

艺工作者代表大会中重申的"百花齐放，百家争鸣"文学艺术创作方针，为国产动画的创作提供了宽松自由的文化环境，动画创作者愿意发挥自己的才能，敢于结合我国独特的民族特色创作出优秀的国产动画作品，同时秉承着"为儿童服务"的传统精神，创作出符合儿童趣味的动画作品；就外国动画而言，1978 年的"改革开放"政策放低了外国文化进入中国的门槛，各种内容丰富、形式多样的外国文化开始涌入国内，国外动画片的引入也为我国动画市场注入生机。

三 国家数据统计：儿童发展的社会文化大环境状况

1978—1990 年，直接作用于儿童发展的儿童文化数据还未出现。但是，从中国出版年鉴、中国文化文物统计年鉴中查到影响儿童发展的社会文化大环境的数据，具体如表 5.3 所示。

文化环境和文化资源对于儿童健康成长有着不可忽视的促进作用。丰富的文化设施和场所资源，优秀的图书与文艺表演，满足儿童的休闲娱乐需要从而获得身心全面发展。从表 5.3 可知，文化馆由 1978 年的 2700 个提升到 1990 年的 3000 个；公共图书馆由 1978 年的 1256 个提升到 1990 年的 2527 个，提升幅度显著；博物馆由 1978 年的 349 个提升到 1990 年的 1012 个，提升幅度非常显著；档案馆由 1983 年的 2830 个提升到 1990 年的 3630 个，提升幅度较大。

表 5.3　文化场馆、图书出版、艺术表演情况（1978—1990 年）

年份	文化馆（个）	公共图书馆（个）	博物馆（个）	档案馆（个）	报纸（亿份）	期刊（亿册）	图书（亿册）	艺术表演团体机构数（个）	艺术表演场馆数（个）
1978	2700	1256	349		109.4	7.6	42.6		
1979	2892	1651			130.8	11.8	40.7		
1980	2912	1732	365		140.4	11.2	45.9		
1981	2893	1787	383		140.7	14.6	55.8		
1982	2925	1889	409		140	15.1	58.8		
1983	2946	2038	467	2830	155.1	17.7	58		
1984	3016	2217	618	2924	180.6	21.8	62.7		
1985	3029	2356	719	3006	186.9	25	66.5	3317	1377
1986	2992	2406	777	3138	196	23.8	52.8	3195	2058
1987	2980	2432	826	3238	206	26.4	62.5	3094	2148

续表

年份	文化馆（个）	公共图书馆（个）	博物馆（个）	档案馆（个）	报纸（亿份）	期刊（亿册）	图书（亿册）	艺术表演团体机构数（个）	艺术表演场馆数（个）
1988	2975	2479	893	3356	206.4	26.6	62.8	2985	2081
1989	3002	2507	958	3421	155	19	58.2	2850	2050
1990	3000	2527	1012	3630	158.7	19.1	55.8	2805	1955

第二部分
儿童主体地位确立时期
（1991—2000年）

在1989—1991年的年代交界点，联合国有关儿童权利保护的法律文件有了一个重大突破，对包括中国在内的世界各国，展开儿童权利保护起了重大的影响。那就是联合国1989年通过的《儿童权利公约》（以下简称《公约》）。《公约》是继1924年《儿童权利日内瓦宣言》、1924年《世界人权宣言》（包含儿童权利内容）、1959年《儿童权利宣言》以来，第一次突破儿童权利法律文件无细节的宣言文本，有了具体翔实的儿童权利以及如何保护的条款。就世界范围而言，《公约》是儿童作为权利主体地位确立的标志。已经改革开放了十年的中国，积极参与了联合国制定《公约》的工作，并于1990年签署了《公约》[1]。1991年3月，中国政府签署了《儿童生存、保护和发展世界宣言》和《执行九十年代儿童生存、保护和发展世界宣言行动计划》。这三个儿童保护与发展的国际纲领性文件的签署，标志着中国政府正式接受国际社会普遍认同的儿童发展与儿童权利保障理念，也标志着中国儿童发展事业正式与世界接轨[2]。自1992年开始，中国政府密集出台了一系列以儿童为文件主体的法律法规与部门章程，儿童作为中国社会主体的地位被确立。但是，1991—2000年，中国政府对儿童权利的保护还局限在生存权与教育权上，还没有明确提出"儿童优先"的原则[3]。

---

[1] 《九十年代中期中国儿童发展状况报告》，国务院妇女儿童工作委员会1996出版，第4页。
[2] 李洪波：《实现中的权利：困境儿童社会保障政策研究》，《求是学刊》2017年第3期。
[3] 同上。

第六章

1991—2000年时期儿童发展的社会、经济与文化背景

第一节 中国儿童发展的社会背景：扩大开放、全面改革的十年

80年代的"六五"计划和"七五"计划的圆满完成为中国社会此后的发展积蓄了巨大的力量，更为进一步改革开放奠定了比较坚实的基础。1992年邓小平视察南方并发表重要谈话，强调改革就是解放生产力，要加快改革开放的步伐，提出三个"是否有利于"的改革开放判断标准，并要求坚持党的"一个中心、两个基本点"基本路线一百年不动摇，坚持社会主义信念。谈话进一步阐明了改革开放的重大意义，增强了人们对开展改革开放的信心，为进一步改革开放创造了稳定的社会局面。同年召开的中共十四大，决定将建设有中国特色社会主义理论和党的社会主义初级阶段的基本路线写入党章。至此，以1992年邓小平南方谈话和党的十四大为标志，中国社会主义改革开放和现代化建设进入新阶段，中国社会的发展大局也由此跨上新台阶。

党的十四大向全社会呈现了新阶段的基本理论和基本路线，为了贯彻落实党的十四大所提出的任务，应对新时期、新任务和新挑战对党的自身建设提出的挑战，中共十四届四中全会集中讨论党的建设问题，并通过了《中共中央关于加强党的建设几个重大问题的决定》，要求坚持和健全民主集中制，加强和改进党的基层组织建设。可以说，在很大程度上领导核心的先进性是保证社会政治长期稳定的重要因素，党的正确领导使得中国社会大局面方向正确、步伐稳健。

在改革开放近20年的前进道路上难免遇到阻碍，迫切地需要党和国

家对建设中国特色社会主义经济、政治、文化和党的建设等各项工作做出全面部署，为中国社会以及人民指明前方的道路。1997年中共十五大将邓小平理论确立为党的指导思想，提出并论述了党在社会主义初级阶段的基本纲领，概括了建设有中国特色社会主义的经济、政治、文化的基本目标和基本政策。单从其对中国社会方面的影响来看，基本纲领的确定以及政治基本目标和政策的确定都使得我国民族团结和社会稳定的局面进一步巩固，社会主义民主和法制建设得到加强。

这十年是中国社会努力权衡改革、发展、稳定三者关系的十年，大刀阔斧的改革是为了更好的发展，然而改革也难免造成部分矛盾的激化，稳定便成了改革和发展的前提和保证。90年代的中国社会加快了全面改革开放的步伐，在中国共产党的正确领导下，非但没有造成社会动荡，反而使社会在"变"中奋勇前进，社会稳定的局面根基更稳，社会的开放程度不断提高，社会法制随着社会主义民主和法制建设的推进不断完善，这为我国奠定了继续深入改革的稳定发展大局，也为那个年代的儿童提供了不错的发展沃土。

第二节 经济背景：深化经济体制改革、扩大开放的十年

针对80年代后半期国民经济处于过热状态的问题，党的十三届五中全会通过《中共中央关于进一步治理整顿和深化改革的决定》，提出逐步降低通货膨胀率、努力实现国家财政收支平衡、改善不合理的产业结构、深化和完善各项改革措施等目标，截至1991年治理整顿的主要任务已基本完成，国民经济开始重新走上正轨，这为实现"八五"计划创造了一个良好的开端。

1991年"八五"计划以治理整顿和深化改革决定为指导原则，指出我国未来十年的奋斗目标是实现我国社会主义现代化建设的第一步战略目标，把国民经济整体素质提高到一个新的水平，强调未来五年必须正确处理治理整顿、深化改革和经济发展的关系，明确在控制通货膨胀的前提下，保持经济增长的速度；进行产业结构的调整；改善财政收支不平衡状况等基本任务，这一计划成为90年代的中国继续着力发展国民经济、推动经济体制改革的"灯塔"。1992年邓小平南方谈话再次讨论关于计划与

市场的问题，强调发展是硬道理，计划多一点还是市场多一点，不是社会主义与资本主义的本质区别。同年，党的十四大做出两个重要决定：其一，确定了中国共产党在社会主义初级阶段的基本路线不动摇，抓住机遇，加快发展；其二，明确了我国经济体制改革的目标是建立社会主义市场经济体制。1992年的"南方谈话"和党的十四大强调了建立社会主义市场经济体制的决心，明确今后中国经济体制改革的目标是建立社会主义市场经济体制。自此，建立市场经济体系和引入市场调节机制成为我国经济改革的重点。为了最终切实地落实我国经济体制改革的目标，1993年中共召开第十四届三中全会并通过了《关于建立社会主义市场经济体制若干问题的决定》，文本将经济体制改革的目标具体化，提出了包括建立现代企业制度、建立健全宏观经济调控、培育和发展市场体系、建立合理的个人收入分配和社会保障体系、深化农村经济体制改革等一系列具体举措。整个"八五"计划期间，经济年均增长速度达11%左右，国民经济持续快速增长，建立社会主义市场经济体制取得突破性进展，对外开放总体格局基本形成，城乡人们生活水平继续改善。

1996年"九五"计划坚持"抓住机遇、深化改革、扩大开放、促进发展、保持稳定"的大局，在未来五年里，要求保持国民经济持续、快速、健康发展；推进经济增长方式转变，以提高经济效益作为经济工作的中心；把加强农业放在国民经济的首位；把国有企业改革作为经济体制改革的中心环节；坚定不移地实行改革开放，为将建设有中国特色的社会主义事业推向21世纪做好准备。1997年党的十五大进一步明确建设有中国特色社会主义经济的主要任务。在党和国家对国民经济的高度重视及不懈努力下，世纪之交时，我国胜利实现了社会主义现代化建设的前两步战略目标。

90年代的国民经济不仅在经济体制上继续开展深入的改革，还时刻关注并努力解决在改革开放过程中出现一系列问题，努力权衡改革、发展、稳定三者之间的平衡关系。尤其是这一时期科教兴国战略的提出，对经济与科技、教育的关系的认识，大大推动了教育及儿童个体的发展。

第三节　文化背景：高歌猛进、成果颇丰的十年

以1978年改革开放十年的努力成果为基础，中国文化事业在20世纪

的最后十年里进入了飞速发展的阶段。90年代初制定的"八五"计划,以"继续把发展科学技术和教育事业放在重要战略地位,使我国经济成长逐步转到主要依靠科技进步和提高劳动者素质的轨道"为主要任务,继续推进"火炬计划"和"863计划"的实施,促进高新技术产业的高速发展,"八五"计划对科学技术和教育事业的高度重视,在很大程度上加快了中国科学教育等文化事业的发展进程。为了全面有效地落实科学技术是第一生产力的思想,1995年《中共中央国务院关于加速科学技术进步的决定》中首次提出了在全国实施科教兴国的战略,要求坚持以教育为本,把科技和教育摆在经济、社会发展的重要位置,提高全民族的科技文化素质。"九五"计划继续延续对科学技术和教育事业的重视,指出优先发展教育,提高国民素质,是我国现代化事业的百年大计。除了对科学技术和教育的重视,党和国家还十分重视丰富人民群众在新时期的精神文化生活,在文化事业发展"九五"计划中强调要坚持"为人民服务,为社会主义服务"的方向和"百花齐放、百家争鸣"的方针,文化产品既要弘扬主旋律,也应提倡多样化,贴近人民生活,促进社会主义文化事业的繁荣发展。

沿着党和国家"推进物质文明建设的同时,大力加强精神文明建设"的发展路线,20世纪90年代不仅物质文明建设实现高速发展,而且精神文明建设有了长足的进步。在科学技术领域,高等教育的快速发展为科学技术领域培养了一批高精尖人才,他们在航空航天、信息技术、新材料和生物工作等高科技领域取得丰硕的成果,不断涌现的科学技术成果被应用于实际生产中,推动经济的进一步发展;在教育领域,随着教育改革的不断深入,各级各类教育全面发展,基本普及九年义务教育目标初步实现,高校扩大招生吸引了更多的学生进入大学接受高等教育,教育的全面发展大大提高了人民的文化素质,青壮年文盲基本扫除;在人民文化领域,随着对外开放政策的推进,人民的思想逐渐开放,呈现自由活跃的状态,同时,不断丰富的大众传媒途径促进了文化产品的类型和内容愈加多样,文化产品的创作不仅吸收了传统文化中的精髓,而且吸纳国外先进文化的优秀部分,人民文化逐渐出现"百花齐放、百家争鸣"的局面。

第七章

1991—2000年时期儿童的生存与健康

进入90年代，中国的计划生育一孩政策已经实施了11年，儿童人口出生率出现下降趋势，同时儿童健康事业与世界接轨。中国政府制定了第一个以儿童为主体、以儿童发展为鹄的的国家行动计划，提出了保障儿童生存与健康、促进儿童发展的具体目标。为了实现目标，密集制定并出台一系列解决儿童生存与健康问题的政策与举措，儿童的生存与健康质量获得前所未有的提升。

第一节 儿童人口的数量与结构

基于1990年的人口普查数据，对进入改革开放第二个十年时间节点的中国儿童人口数量与结构状况进行描述。

一 分年龄、性别儿童人口情况

根据1990年第四次全国人口普查数据[①]计算出的儿童人口数量与年龄、性别结构，如表7.1所示。1990年中国的总人口规模为1133709738人，比1982年增加了125529189人，增长了12.45%。其中，0—17岁儿童人口数量为382769811人，约占总人口的33.76%。学龄前儿童（0—5岁）为136420709人，义务教育阶段儿童（6—14岁）为176592145人，高中教育阶段儿童（15—17岁）为69767957人。全国男性人口数为581820407人，占总人口数的51.32%，女性人口数为548690231人，占

---

① 该数据包含现役军人人口，不包含金门和马祖岛屿、台湾省、香港和澳门特别行政区人口。

总人口数的48.68%，人口性别比为106.04（女性=100），其中0—17周岁儿童中，男童人口数为198612446人，占儿童总人数51.89%；女童人口数为184057365人，占儿童总人数48.11%，男童比女童多14555081人，儿童人口性别比为107.91。

表7.1　分年龄、性别儿童人口情况（1990年人口普查结果）

年龄	儿童人口数（人）			占总人口百分比（%）		
	小计	男	女	小计	男	女
0	13793799	7460206	6333593	1.09	0.59	0.50
1	11495247	6332425	5162822	0.91	0.50	0.41
2	14010711	7701684	6309027	1.11	0.61	0.50
3	14454335	7897234	6557101	1.14	0.62	0.52
4	15224282	8257145	6967137	1.20	0.65	0.55
5	16933559	9157597	7775962	1.33	0.72	0.61
6	16470140	8866012	7604128	1.30	0.70	0.60
7	17914756	9590414	8324342	1.42	0.76	0.66
8	18752106	10014222	8737884	1.48	0.79	0.69
9	20082026	10674963	9407063	1.58	0.84	0.74
10	26210044	13811030	12399014	2.07	1.09	0.98
11	25137678	13110848	12026830	1.99	1.04	0.95
12	24576191	12779621	11796570	1.94	1.01	0.93
13	26282644	13619530	12663114	2.08	1.08	1.00
14	23190076	12023710	11166366	1.83	0.95	0.88
15	20429326	10598460	9830866	1.62	0.84	0.78
16	20313426	10468201	9845225	1.61	0.83	0.78
17	20065048	10275677	9789371	1.58	0.81	0.77
总计	345335394	182638979	162696415	27.27	14.43	12.85

儿童占总人口数由1982年的40.68%下降到1990年的33.76%，占比下降6.92%。不同年龄阶段儿童占全国总人口数，如表7.2所示：0—5岁占总人口数12.03%，6—14岁占总人口数15.57%，15—17岁占总人口数6.14%。与1982年结果相比，儿童人数下降显著的是6—14岁占比由22.13%下降到15.57%，15—17岁也由7.23%下降到6.14%。

表 7.2　　　　1990 年人口普查儿童人口数及所占百分比情况

年份	年龄	儿童人口数（人）	占总人口百分比（%）
1990 年	0—2 岁	70733323	6.24
	3—5 岁	65687386	5.79
	6—11 岁	117899606	10.40
	12—14 岁	58692539	5.17
	15—17 岁	69667957	6.14
	合计	382769811	33.76

二　分地域儿童人口数量情况

1990 年第四次全国人口普查按市、镇、县划分地域，根据 1990 年人口普查数据[①]计算的儿童人口地域结构，如表 7.3 所示。城市儿童人口总数为 98285580 人，占儿童总人口数的 25.68%，镇儿童人口总数为 92568118 人，占儿童总人口数的 24.19%，县儿童人口总数为 191816113 人，占儿童总人口数的 50.11%。同样各地域人口发展的状况很不一样，存在着明显的区域差别，与 1982 年相对比较，地域差异降低。

表 7.3　　　　分市、镇、县儿童人口情况（1990 年人口普查结果）

年龄	市 儿童人口数（人）	市 占儿童人口总数百分比（%）	镇 儿童人口数（人）	镇 占儿童人口总数百分比（%）	县 儿童人口数（人）	县 占儿童人口总数百分比（%）
0—2 岁	18075435	4.72	17288026	4.52	35369862	9.24
3—5 岁	16585553	4.33	16299144	4.26	32802689	8.57
6—11 岁	30640591	8.00	28979428	7.57	58271587	15.22
12—14 岁	14894185	3.89	13828425	3.61	29969929	7.83
15—17 岁	18092816	4.75	16173095	4.23	35402046	9.25
总计	98288580	25.69	92568118	24.19	191816113	50.11

表 7.4 显示：1990 年市儿童人口占儿童总人口的 25.68%，镇儿童人

---

① 该数据包含现役军人人口，不包含金门和马祖岛屿、台湾省、香港和澳门特别行政区人口。

口占儿童总人口的 24.19%，县儿童人口占儿童总人口的 50.11%。与 1982 年相比，区域差异降低。

表 7.4　　　　　　1990 年人口普查儿童人口数地域分布情况

地域	1990 年	
	儿童人口数（人）	占儿童总人口数的百分比（%）
市	98285580	25.68
镇	92568118	24.18
县	191816113	50.11

第二节　儿童的生存与健康

1989 年联合国通过了《儿童权利公约》，1990 年中国政府签署了《公约》，1991 年 12 月 29 日由全国人民代表大会常务委员会批准履行《公约》[1]。自此，中国儿童健康事业与世界接轨，纳入了儿童权益保障系统，与儿童权益相关的法律法规密集出台，儿童健康事业进入快速发展的时期。

一　国家政策动向：儿童健康事业快速发展时期

1990 年，中国政府在签署了《儿童权利公约》之后，立即制定颁布了保障儿童生存与发展权益的法律《中华人民共和国未成年人保护法》与以儿童为主体的法规《九十年代中国儿童发展规划纲要》。这两部内容直接针对儿童的法律文件，在中国具有划时代的历史意义。《中华人民共和国未成年人保护法》（以下简称《保护法》），于 1991 年 9 月 4 日经全国人大通过并颁布实施。《保护法》首次以国家法律的形式，提出未成年人社会保护的基本类型和社会保护制度框架。它将未成年人的社会保护分为家庭保护、学校保护、社会保护与司法保护四种基本类型，规定"对违法犯罪的未成年人实行教育、感化、挽救的方针，坚持以教育为主、惩罚为辅的原则"，确定了保障未成年人合法权益，尊重未成年人的人格尊

---

[1]《九十年代中期中国儿童发展状况报告》，国务院妇女儿童工作委员会 1996 年出版，第 4 页。

严，教育与保护相结合的原则①。这一法律是对中国儿童生存、健康与发展权的有力保障。《九十年代中国儿童发展规划纲要》（以下简称《纲要》），于1992年2月16日经国务院批准并颁布。《纲要》规划了20世纪90年代中国儿童生存、保护和发展的主要目标、战略意义和规划原则、发展策略和政策措施，将儿童发展置于社会发展的优先领域。这是中国第一部以儿童为主体、关注到"儿童优先"原则、促进儿童发展的国家级行动计划②。《纲要》标志着"儿童"作为中国社会主体的地位被国家政府的顶层认可。就中国儿童的健康与发展而言，它预示着儿童作为中国社会主体的发展时代的来临。在儿童生存与健康问题上，《纲要》提出了婴儿死亡率和五岁以下儿童死亡率分别降低三分之一、孕产妇死亡率降低一半、五岁以下中重度儿童营养不良患病率降低一半的目标。

就儿童健康事业的三类问题而言，这三类问题为儿童生存中的出生和安全问题，儿童健康照顾中的医疗保健与营养卫生问题，儿童健康照顾中的保健服务问题，这一时期，中国政府开始履行国际承诺，积极介入并逐步解决第一类与第二类的儿童健康问题。下面是1991—2000年，中国政府为解决儿童生存中出生与安全问题和儿童健康照顾中医疗保健问题而颁布的政策和采取的举措。

为了降低婴幼儿肺炎和腹泻死亡率，卫生部颁布了《全国儿童呼吸道感染控制规划（1992—1995年）》和《腹泻病控制规划（1990—1994年）》，通过推广适宜技术、逐级培训、健康教育、管理监测系统等措施，促使婴幼儿尤其是农村婴幼儿肺炎和腹泻的死亡率下降。

为了实现《九十年代中国儿童发展规划纲要》中提出的2000年母乳喂养率达到80%的目标，1992年中国响应世界卫生组织和联合国儿童基金会的倡议，大力开展促进母乳喂养、创建爱婴医院的活动，并承诺到1995年创建1000所爱婴医院（实际达到了3000所③）。为此，1992年5月，卫生部颁布了《关于加强母乳喂养工作的通知》，倡导各省各地创建爱婴医院、促进母乳喂养。在卫生部的倡导与推动下，1992—1993年，

---

① 刘继同、郭岩：《整合儿童健康与儿童福利：重构中国现代儿童福利政策框架》，《学习与实践》2007年第2期。

② 同上。

③ 孙云晓：《中国未成年人权益状况报告》，《中国青年研究》2008年第11期。

我国开展了大规模促进母乳喂养、创建爱婴医院的工作，取得了很大的成绩。1994年4月9日，为了更好地执行中国与联合国儿童基金会"1994—1995年促进母乳喂养、创建爱婴医院"的项目，卫生部又颁布了《关于继续作好促进母乳喂养、创建爱婴医院的通知》，继续促进以创建爱婴医院为主的爱婴行动，这些社会爱婴行动是《中华人民共和国母婴保健法》出台的基础与前奏。

1994年10月27日，全国人大通过并颁布了《中华人民共和国母婴保健法》（以下简称《保健法》）。《保健法》由总则、婚前保健、孕产期保健、技术鉴定、行政管理、法律责任与附则共7章内容构成。为了落实这一法律的切实执行，1995年6月，卫生部连续颁布多个与此法律配套的实施规章：《母婴保健监督员管理办法》《母婴保健专项技术服务许可及人员资格管理办法》《母婴保健医学技术鉴定管理办法》《母婴保健机构管理办法》，其中与《母婴保健机构管理办法》相配套，建立了三级妇幼保健网络（妇幼保健院、妇幼保健所、妇幼保健站）与5岁以下儿童死亡、孕产妇死亡、出生缺陷监测系统。三级妇幼保健网络为中国儿童生存与健康权的实现提供了有力的保障。

从2000年开始，国家在中西部地区实施"降低孕产妇死亡率和消除新生儿破伤风"项目，项目覆盖22省1000个县，受益人口3亿多，有效降低了中国西部贫困地区的孕产妇和儿童死亡率。

这一时期中国政府也出台了一系列旨在解决儿童健康照顾中营养卫生与卫生保健等问题的政策与举措。

1994年12月1日，卫生部、国家教委联合颁布了《托儿所幼儿园卫生保健管理办法》。《管理办法》由19条内容构成，旨在提高托儿所、幼儿园卫生保健工作质量，保证儿童的身心健康。

1995年10月30日，通过并颁布《中华人民共和国食品卫生法（试行）》。《卫生法》旨在保证食品卫生，防止食品污染和有害因素对人体的危害，保障人民身体健康，增强人民体质。此法令由10章内容构成，没有专门针对儿童食品安全的条款。

1996年7月9日，建设部与教育部联合颁布《生活饮用水卫生监督管理办法》。《管理办法》没有直接针对儿童卫生健康的内容，但涉及学校、社区、家庭中的儿童卫生健康的内容。

1996年8月27日，卫生部颁布并实施《学生集体用餐卫生监督办法》。《监督办法》由 13 项条款构成，旨在加强对学生集体用餐的管理，保证学生集体用餐中的饮食卫生，改善学生营养状况，保障学生的健康成长。

1999 年 9 月 28 日，国务院颁布《城市居民最低生活保障条例》。《保障条例》旨在有效发挥城市居民最低生活保障制度在保障困难居民生活方面的积极作用。《保障条例》的实施极大推动了城市居民最低生活保障工作的开展，将城市居民最低生活保障制度纳入了法制化发展轨道。就儿童健康发展而言，它给予贫困家庭儿童基本的生活保障，有利于贫困儿童的健康生长。

在这一时期末的 1998 年，中国社会出现了儿童保健服务中生殖健康教育的萌芽，但是，包括儿童生殖健康教育在内的儿童保健服务的项目仍是社会行为，还没有成为政府制定政策的议题。

在全球化背景与全球性处境中，联合国机构、国际 NGO（Non-Governmental Organization）和其他国际组织通过各种方式影响全球的儿童生存与发展。中国在儿童发展与保护领域与国际接轨趋势比较明显。1998 年中国计划生育协会在联合国人口基金的资助下进行青少年生殖健康教育项目试点，2000 年中国计划生育协会又与帕斯适宜卫生技术组织合作开展了促进中国青少年生殖健康的项目。这是中国儿童健康事业中最早介入儿童性教育项目，标志着中国社会开始介入儿童健康问题中与保健服务相关的内容。

表 7.5 为 1991—2000 年，全国人大、国务院及卫生部制定与颁布实施的与儿童健康相关的政策。

表 7.5 儿童健康政策（1991—2000 年）

颁布时间	颁布部门	名称
1991.09.04	全国人大	《中华人民共和国未成年人保护法》
1992.05	卫生部	《关于加强母乳喂养工作的通知》
1994.04.09	卫生部	《关于继续做好促进母乳喂养、创建爱婴医院的通知》
1994.10.27	全国人大	《中华人民共和国母婴保健法》
1994.12.01	卫生部	《托儿所、幼儿园卫生保健管理办法》
1995.06	卫生部	《母婴保健监督员管理办法》 《母婴保健专项技术服务许可及人员资格管理办法》 《母婴保健医学技术鉴定管理办法》 《母婴保健机构管理办法》

续表

颁布时间	颁布部门	名称
1995.10.30	全国人大	《中华人民共和国食品卫生法》
1996.07.09	卫生部	《生活饮用水卫生监督管理办法》
1996.08.27	卫生部	《学生集体用餐卫生监督办法》
1999.09.28	国务院	《城市居民最低生活保障条例》

二 国家数据统计：儿童卫生与健康发展状况

(一) 5岁以下儿童和孕产妇死亡率状况

降低儿童与孕产妇死亡率是儿童权利中最基本类型，是现代主权国家必须完成的事业。从1991年开始，中国官方对5岁以下儿童和孕产妇死亡率提供了翔实的数据。从表7.6可知，从全国范围看，新生儿死亡率由1991年的33.1‰降低到2000年的22.8‰，婴儿死亡率由1991年的50.2‰降低到2000年的32.2‰，5岁以下儿童死亡率由1991年的61.0‰降低到2000年的39.7‰，孕产妇死亡率由1991年的80/10万降低到2000年的53/10万，下降率都非常明显。从城市与农村的死亡率比较来看，四种死亡率农村都几倍于城市，降低农村儿童和孕产妇死亡率是中国儿童健康事业未来工作的重点。

表7.6　　　　5岁以下儿童和孕产妇死亡率[①]（1991—2000年）

年份	新生儿死亡率（‰）			婴儿死亡率（‰）			5岁以下儿童死亡率（‰）			孕产妇死亡率（1/10万）		
	合计	城市	农村	合计	城市	农村	合计	城市	农村	合计	城市	农村
1991	33.1	12.5	37.9	50.2	17.3	58.0	61.0	20.9	71.1	80.0	46.3	100.0
1992	32.5	13.9	36.8	46.7	18.4	53.2	57.4	20.7	65.6	76.5	42.7	97.9
1993	31.2	12.9	35.4	43.6	15.9	50.0	53.1	18.3	61.6	67.3	38.5	85.1
1994	28.5	12.2	32.3	39.9	15.5	45.6	49.6	18.0	56.9	64.8	44.1	77.5
1995	27.3	10.6	31.1	36.4	14.2	41.6	44.5	16.4	51.1	61.9	39.2	76.0
1996	24.0	12.2	26.7	36.0	14.8	40.9	45.0	16.9	51.4	63.9	29.2	86.4
1997	24.2	10.3	27.5	33.1	13.1	37.7	42.3	15.5	48.5	63.6	38.3	80.4

---

① 数据来源：卫生部网站：《中国卫生统计年鉴2010》。

续表

年份	新生儿死亡率（‰）			婴儿死亡率（‰）			5岁以下儿童死亡率（‰）			孕产妇死亡率（1/10万）		
	合计	城市	农村	合计	城市	农村	合计	城市	农村	合计	城市	农村
1998	22.3	10.0	25.1	33.2	13.5	37.7	42.0	16.2	47.9	56.2	28.6	74.1
1999	22.2	9.5	25.1	33.3	11.9	38.2	41.4	14.3	47.7	58.7	26.2	79.7
2000	22.8	9.5	25.8	32.2	11.8	37.0	39.7	13.8	45.7	53.0	29.3	69.6

（二）儿童医疗保健状况

降低儿童死亡率和预防新生儿破伤风发病率、营养不良率，新生儿访视率、儿童保健管理率等儿童医疗保健情况相辅相成。消除新生儿破伤风，提升新生儿访视率、儿童保健管理率等项目，都是儿童生存权、生命权保护的基本指标。从1997年开始，中国官方提供7岁以下儿童医疗保健情况的数据。

从表7.7可知，出生体重<2500克的婴儿比重1997—2000年基本保持一致，没有大的变化。围产儿死亡率由1997年的15.14‰下降到2000年的13.99‰，下降幅度不显著。新生儿破伤风发病率由1997年的4.16万下降到2000年的1.88万，下降幅度显著；新生儿破伤风死亡率由1997年的2.97万下降到2000年的1.16万。5岁以下儿童中重度营养不良比重由1997年的3.51%下降到2000年的3.09%，减少0.42%。新生儿访视率由1997年的82.4%上升到2000年的85.8%，上升3.4%。3岁以下儿童系统管理率，由1997年的65.7%上升到2000年的73.8%，还有较大的上升空间。7岁以下儿童保健管理率，由1997年的65.8%上升到2000年的73.4%，还有较大的上升空间。

表7.7　　　　　　7岁以下儿童医疗保健情况[①]（1997—2000年）

年份	出生体重<2500克婴儿比重（%）	出生体重<2500克婴儿比重（%）	新生儿破伤风		5岁以下儿童中、重度营养不良比重（%）	新生儿访视率（%）	3岁以下儿童保健管理率（%）	7岁以下儿童保健管理率（%）
			发病率（1/万）	死亡率（1/万）				
1997	2.31	15.14	4.16	2.97	3.51	82.4	65.7	65.8

---

① 数据来源：卫生部网站；《中国卫生统计年鉴2010》。

续表

年份	出生体重<2500克婴儿比重（%）	出生体重<2500克婴儿比重（%）	新生儿破伤风 发病率（1/万）	新生儿破伤风 死亡率（1/万）	5岁以下儿童中、重度营养不良比重（%）	新生儿访视率（%）	3岁以下儿童保健管理率（%）	7岁以下儿童保健管理率（%）
1998	2.58	14.94	2.74	1.86	3.41	83.7	69.1	68.9
1999	2.39	14.22	2.24	1.48	3.29	85.4	72.3	71.8
2000	2.40	13.99	1.88	1.16	3.09	85.8	73.8	73.4

免疫"四苗"覆盖率是中国传统的儿童健康保健项目，一直以来具有较高的覆盖率。从表7.8可知，在1990—1995年五年期间，"四苗"覆盖率呈明显下降趋势，在1995—2000年五年里，"四苗"覆盖率重新回到上升趋势，到2000年，"四苗"覆盖率平均达到97.4%，还有上升空间。

表7.8　　　　　　　　免疫"四苗"覆盖率[1]　　　　　　　（单位：%）

	1990	1995	2000
卡介苗	99	92	97.8
脊灰疫苗	98	94	98
百白破三联制剂	97	92	97.9
麻疹疫苗	98	93	97.4

（三）孕产妇保健状况

孕产妇保健水平的提升将大大降低儿童死亡率，有效预防儿童出生残疾率。从表7.9可知，孕产妇总住院分娩率由1991年的50.6%上升到2000年的72.9%，上升22.3%。其中，市区由72.8%上升到84.9%，县区由45.5%上升到65.2%，市、县两种区域都有平稳的上升态势。

表7.9　　　　　　孕产妇总体保健情况（1991—2000年）

年份	活产数	高危产妇比重（%）	建卡率（%）	系统管理率（%）	产前检查率（%）	产后访视率（%）	住院分娩率（%） 合计	住院分娩率（%） 市	住院分娩率（%） 县	新法接生率（%） 合计	新法接生率（%） 市	新法接生率（%） 县
1991	15293237	…	…	…	…	…	50.6	72.8	45.5	93.7	98.1	93.2

---

[1] 数据来源：国家统计局：《九十年代中国儿童发展规划纲要》终期监测评估报告汇编，2001年。《中国儿童发展纲要（2001—2010年）》统计监测报告汇编，2012年1月。

续表

年份	活产数	高危产妇比重(%)	建卡率(%)	系统管理率(%)	产前检查率(%)	产后访视率(%)	住院分娩率(%) 合计	住院分娩率(%) 市	住院分娩率(%) 县	新法接生率(%) 合计	新法接生率(%) 市	新法接生率(%) 县
1992	11746275	…	76.6	…	69.7	69.7	52.7	71.7	41.2	84.1	91.2	82.0
1993	10170690	…	75.7	…	72.2	71.0	56.5	68.3	51.0	83.6	81.1	84.7
1994	11044607	…	79.1	…	76.3	74.5	65.6	76.4	50.4	…	…	87.4
1995	11539613	…	81.4	…	78.7	78.8	58.0	70.7	50.2	…	…	87.6
1996	11412028	7.3	82.4	65.5	83.7	80.1	60.7	76.5	51.7	…	…	95.5
1997	11286021	8.1	84.5	68.3	85.9	82.3	61.7	76.4	53.0	…	…	91.8
1998	10961516	8.6	86.2	72.3	87.1	83.9	66.2	79.0	58.1	…	…	92.6
1999	10698467	9.2	87.9	75.4	89.3	85.9	70.0	83.3	61.5	96.8	98.9	95.4
2000	10987691	10.0	88.6	77.2	89.4	86.2	72.9	84.9	65.2	96.6	98.8	95.2

（四）儿童营养状况

提升纯母乳喂养率与合格碘盐食用率是改善儿童营养状况的两个基本指标。据中国官方统计[1]，1994年中国纯母乳喂养率为64%，1998年提升到67%，提升不显著。

通过实施食用盐加碘，儿童碘缺乏病得到有效控制。据中国官方统计[2]，1995年中国合格碘盐食用率为60%，1997年为85%，这两年呈现快速提升的态势。2000年中国合格碘盐食用率为88.9%，1997—2000年呈现为平稳上升态势。

---

[1] 数据来源：国家统计局：《九十年代中国儿童发展规划纲要》终期监测评估报告汇编，2001年；《中国儿童发展纲要（2001—2010年）》统计监测报告汇编，2012年1月。

[2] 同上。

第八章

1991—2000年时期儿童的教育

1991—2000年的儿童教育，总体而言，进入在全面体制改革带动下的快速发展时期。但是，各年龄阶段教育与不同类型教育还是呈现发展不一致现象。90年代的"八五"与"九五"计划期间，中国政府对教育的精力与财力主要集中在"普及九年制义务教育"这一目标上。鉴于此，义务教育获得了前所未有的发展契机，可以说是跑着步前进。学前教育、高中教育、特殊与弱势儿童教育，在这一时期都得到大力发展，但与重中之重的义务教育相比，国家政府的政策扶持力度就会弱一些。

第一节 0—5岁儿童的教育

进入90年代，随着我国经济体制改革与社会主义市场经济体制的建立，中国的集体承办制幼儿园受到强烈冲击，私立幼儿园得到蓬勃发展。0—5岁年龄阶段的学前儿童教育经历了办园体制社会化改革的曲折历程。

一 国家政策动向：学前教育体制改革全面展开但曲折发展时期

教育体制是指教育机构与教育规范的结合体。就学前教育而言，主要包括管理体制、经费投入体制、办园体制以及课程与教师队伍建设等方面。1991—2000年，学前教育体制改革经历了曲折的发展阶段。

（一）学前教育机构内部管理与办园体制改革冰火两重天

1. 1991—1996年：学前教育机构内部管理体制改革进一步科学化阶段

从1987年开始，在国家政策的引导下，学前教育机构内部管理体制的改革已经启动。1987—1990年，中央政策出台了一批规范学前教育机构内部管理的政策文件，对学前教育机构的教学、管理与筹资、师资、环境等方面做出规定，为1991年开始学前教育机构内部管理工作的规范化建立了很好的基础。进入改革开放后的第二个十年，学前教育政策的出台呈现问题解决的针对性加强、政策制定的理念与内容开始与国际接轨等特征，对城市与农村学前教育管理体制的规范性提出更高标准。

1991年6月17日，针对当时农村学前班归属不明确、办班条件差、教师专业素质低，教育内容、形式和方法不符合幼儿身心发展特点和规律，比较普遍地存在"小学化"倾向等问题，国家教委制定并颁布了《关于改进和加强学前班管理的意见》（以下简称《意见》）。《意见》就学前班的性质、开办原则、领导和管理、保育和教育要求、改善办班条件的要求以及教师的管理和培训等问题做出相应的说明和规定。要求端正办班思想，规范教育内容和时间，加强教师培训，改善办班条件，强化领导和管理等。

1994年12月1日，卫生部、教育部联合颁布《托儿所幼儿园卫生保健管理办法》，对1985年12月7日颁布的《托儿所幼儿园卫生保健制度》作了修订，给出新时期所需的新的卫生保健规范。

随着我国经济体制改革与社会主义市场经济体制的建立，到了90年代，私立幼儿园得到蓬勃发展。在城市，不少个体企业家投资兴办了一批设备精良的幼儿园；在农村，随着体制的转换，也开始涌现一批私人开办的幼儿园。但是，与私立幼儿园蓬勃发展形成鲜明对照的是企事业幼儿园的生存面临困境。随着国有企业改革的深化，特别是在企业转换经营机制过程中，企业办园的体制已难以为继。针对私立幼儿园与企事业幼儿园冰火两重天处境，1994年8月，国家教委基础教育司在青岛召开了九城市企业体制改革研讨会，研讨会的主要成果是确立"承办制"模式。为了减轻国有企业改革的负担，减缓社会办园压力，会后国家教委向社会推出了"承办制"主导模式。在1995年9月19日，针对企业幼儿园面临的"生存"困难，国家教委、计委、民政部、建设部、经贸委、总工会、妇联联合颁布《关于企业办幼儿园的若干意见》（以下简称《若干意见》）。《若干意见》要求中国社会，在企业转换经营机制的过程中，在政府统筹下，因地制宜地采取积极稳妥措施，多种形式办园，探索新形势下发展幼教事业的有效途径。

1996年3月9日，国家教委颁布《幼儿园工作规程》，同时宣布1989

年 6 月 5 日颁布《幼儿园工作规程（试行）》予以废止。《幼儿园工作规程》是 1989 年《幼儿园工作规程（试行）》经过七年实施及修订后，正式颁布的我国第一个关于幼儿园管理的法规。最为重要的是，在 1996 年《幼儿园工作规程》中，中国政府将幼儿教育正式列入基础教育的行列。

表 8.1 为 1991—1996 年，中国政府颁布与实施的有关学前教育的政策。

表 8.1　　　　　　学前教育政策（1991—1996 年）

颁布时间	颁布部门	名称
1991.06.17	国家教委	《关于改进和加强学前班管理的意见》
1992.02.16	国务院	《九十年代中国儿童发展规划纲要》
1994.12.01	卫生部、教育部	《托儿所幼儿园卫生保健管理办法》
1995.09.19	国家教委、妇联等	《关于企业办幼儿园的若干意见》
1996.03.09	国家教委	《幼儿园工作规程》

2. 1997—2000 年：办园体制社会化改革失败及学前教育发展下滑阶段

自 1992 年党的十四大明确要求"改变国家包办教育的局面，支持和鼓励民间办学"开始，我国民办学前教育迅速发展起来。企业走向市场经济以后，企业幼儿园开始关、停，没有关、停的那部分企业幼儿园基本并、转成民办幼儿园，另外，私人团体及个人办园、股份制园、外资办园等大量出现，民办学前教育遍地开花但良莠不齐。自 1992 年党的十四大明确要求"改变国家包办教育的局面，支持和鼓励民间办学"开始，我国民办学前教育迅速发展起来。没有关、停的企业幼儿园基本并、转成民办幼儿园，另外，私人团体及个人办园、股份制园、外资办园等大量出现，民办学前教育遍地开花但良莠不齐。虽然民办幼儿园如雨后春笋般铺开，但是它是社会需要的产物，它并非来自学前教育制度的内部要求，而是被社会经济、福利大环境裹挟着产生的。

1997 年 7 月 17 日，国家教委颁布《全国幼儿教育事业"九五"发展目标实施意见》（以下简称《实施意见》）。在幼儿园办园体制改革部分，《实施意见》明确提出：随着经济体制改革的深化，应积极稳妥地推进幼儿园办园体制改革，进一步明确各级政府的责任，探索适应社会主义经济的模式和内部管理体制，逐步推进幼儿教育社会化。自此，"社会化"成为学前教育体制改革中政府以政策文件方式正式使用的一个术语[1]。但是，在中国经济全面走向市场经济的社会大背景下，当时的中国社会把学前教育办园体制的"社会化"理解成为"市场化"和"私营化"。中国社会在实施《实施意见》的过程中，把幼儿园办成了企业，让幼儿园像企业一样运作，以办园者经济上的收益状况作为衡量办园成败的指标，不顾教育的社会效益和对幼儿个人发展的意义。甚至认为幼儿园以社会为依托就再也不要政府的投资和扶持了；以市场为导向，就再也不需要政府的管理和引导了。有的地方政府以此为由，推脱和转嫁自身应负的责任[2]。也在80年代末到90年代这个时期，中国城区改造工作推进步伐加快，而很多地方政府在改造过程中没能把幼儿园的发展纳入当地规划中，新建小区配套幼儿园大多数为收费较高的民办园，给下岗职工子女、广大低收入家庭子女和外来务工人员子女的入园带来困难。在这种局面下，一些不具备资质、未经教育部门审批的"黑园"应运而生，靠低廉的收费吸引生源，给学前教育质量和幼儿园安全带来了很多隐患[3]。自《实施意见》颁布后，1997—2000年，学前教育政策就学前教育社会化改革问题出现"失语"现象。针对学前教育办园体制社会化改革在实际操作中的方向偏离与失误，面对社会转型带给学前教育发展格局的变化与幼儿园质量的下降，政府没有及时制定和出台相应的政策措施。

（二）单位供给经费制度被打破、民办经费渠道得到发展的时期

随着中国社会主义市场经济制度的确立，对现代企业制度的尝试和改革使得企业剥离社会福利职能变得非常迫切，动摇了供给制结构中重要的一个投入渠道：企业提供经费的企业幼儿园。同一时期，小作坊形式的街道与村社集体经济也开始瓦解，集体办园也缺乏明确的资金来源，大多数变成依靠收费维持办园。学前教育的政府投入只剩下政府事业单位举办的幼儿园了。企业剥离社会福利职能和集体经济的萎缩，对学前教育体制的影响是深远的[4]，直接导致学前教育办园体制的混乱与学前教育质量的下滑。同时，也形成了国家公共财政对学前教育只承担政府事业单位办园的

---

[1] 涂艳国：《中国儿童教育30年》，湖南师范大学出版社2008年版，第19页。

[2] 同上。

[3] 庞丽娟：《中国教育改革30年》（学前教育卷），北京师范大学出版社2009年版，第12页。

[4] 同上书，第59页。

局面，这种财政投入与中国经济总体发展形势格格不入。

企业、集体资金退位，"接棒"的是民办资金，这时期民办幼儿园应运而生。民办幼儿园是指由国家机构以外的社会组织或个人承办，主要利用非国家财政性经费，面向社会招收幼儿的学前教育机构的总称①。民办幼儿园范围很广，包括民营企业、民间团体及个人举办的纯私立幼儿园；也包括国有企事业单位、民主党派、政府机构所属的社会团体组织占有少部分产权，但创办幼儿园费用一半及以上来自民间而不是国家的财政性拨款的幼儿园。自1992年党的十四大明确要求"改变国家包办教育的局面，支持和鼓励民间办学"开始，我国民办学前教育迅速发展起来。1997年7月17日，国家教委颁布《全国幼儿教育事业"九五"发展目标实施意见》以后，我国民办学前教育更是星火燎原。

(三) 政府借行政法规介入并主导课程改革时期

为了总结我国学者与一线教师80年代的课程改革经验，给出今后学前教育课程改革的方向与内容，1989年6月5日，国家教委颁布了《幼儿园工作规程（试行）》（以下简称《规程（试行）》）。《规程（试行）》是对幼儿园管理体制全方位的规范。就幼儿园课程而言，《规程（试行）》兼具总结与前瞻的双特征：总结我国学者与一线教师80年代课程改革经验，指明今后学前教育课程改革方向。《规程（试行）》的总结特征突出表现为以"教育活动"概念替代"上课"概念。《规程（试行）》的前瞻特征突出表现为，中华人民共和国成立以来，首次提出"游戏是幼儿园基本活动"的教育原则。就此，游戏作为幼儿园课程结构中核心活动内容的理念借学前教育的管理法则向全国推进与普及。1996年3月9日，《规程（试行）》实施七年后，国家教委正式颁布《幼儿园工作规程》，以法规的形式正式确认"教育活动"课程模式与以"游戏为幼儿园基本活动"教育原则是我国学前教育的必要性与适切性。

(四) 国家政策弱关注学前教育教师队伍建设时期

1. 1991—1995年：教师资格制度建立但未在学前教育实施阶段

1995年12月12日，国务院颁布《教师资格条例》（以下简称《条例》）。《条例》规定：中国公民在各级各类学校和其他教育机构中专门

---

① 庞丽娟：《中国教育改革30年》（学前教育卷），北京师范大学出版社2009年版，第241页。

从事教育教学工作，应当依法取得教师资格。《条例》是我国教师资格制度确立的标志。但是，由于教师资格制度确立后，还要经过试用、实验等探索阶段，教师资格制度的全面实施是2000年以后的事。在教师资格制度的试用、实验时期，教师资格制度主要在中小学教育阶段展开，学前教育还没有实施教师资格制度。

2.1996—2000年：政府对非公办教师政策缺位，教师队伍质量下降阶段

以1996年为标识，我国幼儿园教师结构单一性特征（只有公办教师）瓦解，教师结构的单一性特征很快被多元性特征替代。1996年之前的教师结构单一性是指中国政府政策管辖范围内的公办教师，他们优于各类重点高中、普高生被招收到中等幼儿师范学校就读，毕业后被国家统一分配到幼儿园工作。其实，早在1996年之前，中国社会已经进入全方位的转型，这些转型对学前教育教师队伍质量形成巨大的冲击，但是，这种冲击在1996年形成全面爆发的标志，即从1996年开始，师范教育免费与优先招生政策取消，幼儿师范专业的招生生源由最高端落到最低端，幼儿师范专业招生进入"低门槛"或"无门槛"阶段①。同时，中国经济体制转型后，民办幼儿园如雨后春笋生长出来，民办幼儿园教师的增量很大，但这些增量出来的教师基本不是幼儿师范院校的毕业生。大量的民办幼儿园教师不能达到专业合格标准，学历合格也堪忧，高中以下学历人员大批进入幼儿园教师队伍。

1996年，中国幼儿园教师已经形成数量相当的两大阵营：公办教师与非公办教师。其中，非公办教师包括民办园教师、企事业单位转制园教师、街道集体制教师、公办园合同制教师、广大的农村幼儿园教师。就教师队伍质量而言，进入公办幼儿园的原来高质量的中等与高等幼儿师范毕业生，从1996年开始受差生源制约，师范毕业生的质量开始大幅度下降，公办幼儿园1996年后新分配的教师质量与1996年之前相比是有很大差距的。而关于非公办教师的任用与考核，这一时期，教师资格制度还未覆盖到学前教育领域，针对民办幼儿园教师的任用与考核，政府政策则一直缺位。这一时期是包括幼儿园教师质量在内的学前教育总体质量滑坡阶段。

---

① 庞丽娟：《中国教育改革30年》（学前教育卷），北京师范大学出版社2009年版，第223页。

二　国家数据统计：学前教育发展状况

1991—2000年时期的学前教育数据收集从幼儿园园所发展规模、在园幼儿人数、幼儿教师队伍发展、国家财政教育经费投入四个方面展开。其中，国家财政教育经费投入数据，1997年列入中国官方教育数据的统计范围，所以，这部分只有四年数据。

(一) 幼儿园园所发展规模

从表8.2可知，1991—2000年时期，幼儿园园所总数在16万所与18万所之间波动，总体保持平稳。从1994年起，民办幼儿园园所数量被中国官方正规、系统统计。表8.2统计数据显示：从1994年起，民办幼儿园园所数量呈现稳定持续发展的态势。

表8.2　　　　　　　　幼儿园园所数（1991—2000年）

年份	幼儿园园所总数（所）	其中：民办幼儿园数（所）
1991	164465	
1992	172506	
1993	165197	
1994	174657	18284
1995	180438	10780
1996	187324	24466
1997	182485	24643
1998	181368	30824
1999	181136	37020
2000	175836	44317

图8.1的幼儿园园所总数变化趋势图，直观地呈现了10年的变化。1982年出现一次低点，幼儿园园所下降至约12万所，总体保持平稳。1991年与1993年为两个低点，幼儿园园所数约为16.5万所，1996年为高点，幼儿园园所数约达18.7万所。总体以约17.5万所为轴心波动。

(二) 在园幼儿人数

从表8.3可知，幼儿在园总人数从1991年的2209.29万人提升到2000年的2244.18万人，总人数几乎没有变化。城市在园幼儿人数没有显著变化，城镇在园幼儿人数10年间上升约200万人。农村在园幼儿人

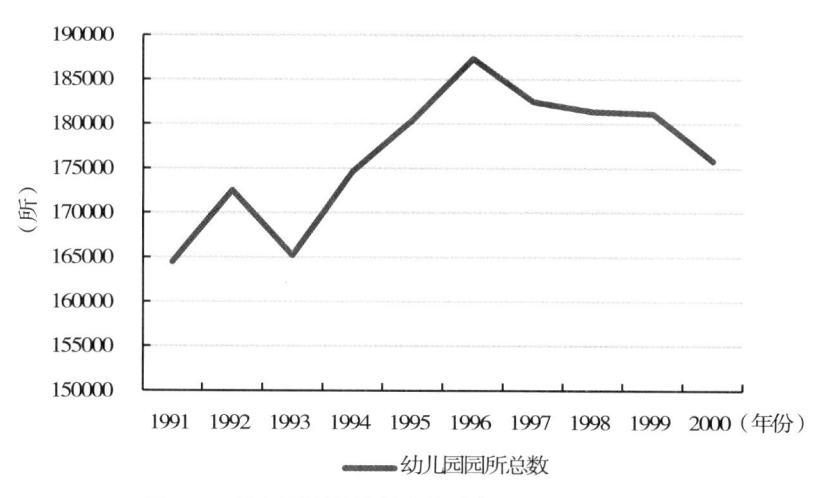

图 8.1　幼儿园园所总数变化趋势（1991—2000 年）

数由 1991 年的 1356.97 万人下降到 2000 年的 1162.88 万人，10 年间约下降 200 万人，与城镇上升人数齐平。

表 8.3　　　　　　　　在园幼儿人数（1991—2000 年）

年份	在园幼儿总人数（万人）	城市在园幼儿人数（万人）	城镇在园幼儿人数（万人）	农村在园幼儿人数（万人）	其中：小学附设学前班幼儿人数（万人）
1991	2209.29	478.5	373.81	1356.97	1158.89
1992	2428.21	377.69	259.86	508.88	1308.01
1993	2552.54	527.51	490.07	1534.95	1435.57
1994	2630.27	523.23	531.87	1575.18	1521.49
1995	2711.23	536.45	549.89	1624.9	1606.6
1996	2666.33	520.86	568.42	1577.05	1572.33
1997	2518.96	503.38	562.57	1453.01	1435.99
1998	2403.03	502	560.88	1340.16	1312.06
1999	2326.26	510.48	556.63	1259.15	1191.19
2000	2244.18	503.07	578.24	1162.88	963.74

从图 8.2 可以看出，1991—2000 年时期，在园幼儿总数呈低平拱形趋势，头尾保持一致，中间呈现小幅度的上升态势。

从图 8.3 可以看出，1991—2000 年时期，城镇（包括城市与县镇）在园幼儿人数与农村在园幼儿人数呈现出农村人数多于城镇人数的态势。

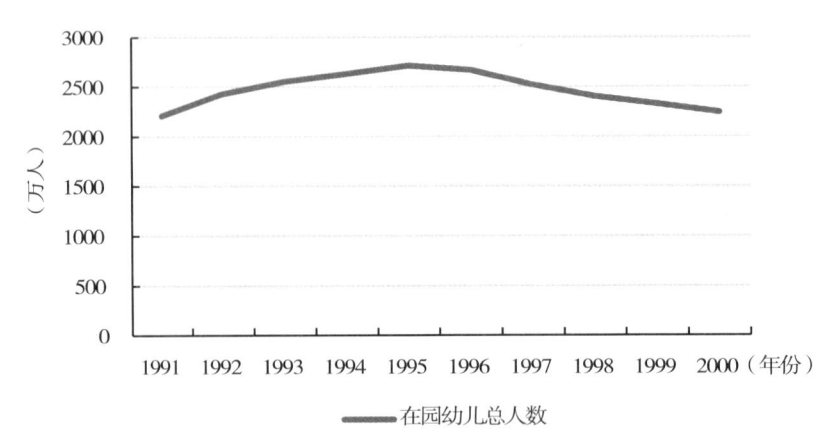

图 8.2 在园幼儿总人数变化趋势（1991—2000 年）

农村在园幼儿人数，在 1991—1995 年呈现递增趋势，从 1995—2000 年，呈现明显的递减趋势。城镇在园幼儿人数，十年间总体处于保持状态。

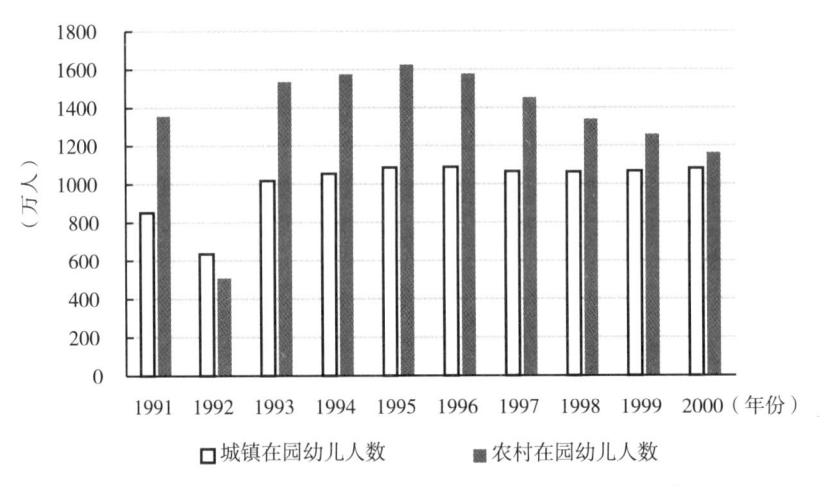

图 8.3 城镇与农村在园幼儿人数比较（1991—2000 年）

(三) 幼儿园教师队伍发展情况

1. 幼儿园教师人数规模

从表 8.4 可知，全国幼儿园专任教师总人数由 1991 年的 76.89 万人提升到 2000 年的 85.65 万人，数量提升近 9 万人，增量不显著。其中，城市幼儿园专任教师增加约 3.5 万人，县镇幼儿园专任教师增加约 10 万人，农村幼儿园专任教师人数下降约 4.5 万人。

第八章　1991—2000年时期儿童的教育

表 8.4　　　　幼儿园专任教师人数（1991—2000年）

年份	学前教育专任教师人数（万人）				园长（万人）
	合计	城市	县镇	农村	
1991	76.89	23.24	14.82	38.83	5.8
1992	53.43	22.59	12.85	17.99	5.98
1993	83.6	24.73	18.2	40.67	6.17
1994	86.17	25.46	19.78	40.93	6.84
1995	87.51	25.98	20.18	41.35	7.03
1996	88.86	26.32	21.26	41.28	7.3
1997	88.44	26.28	22.11	40.05	7.74
1998	87.54	26.18	22.57	38.79	8.03
1999	87.24	27.27	22.87	37.1	8.545
2000	85.65	26.98	24.12	34.55	9.00

从图8.4可知，1991—2000年的10年间，幼儿园专任教师总人数的发展在1991—1992年出现一个急剧下降态势，1992—1993年又出现一个急剧上升态势，1994年以后保持平稳趋势。

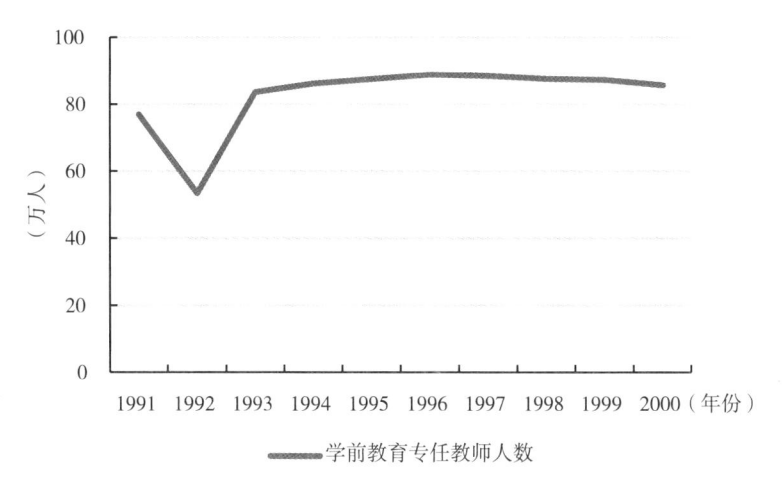

图 8.4　幼儿园专任教师总人数变化趋势（1991—2000年）

从图8.5可以看出，1991—2000年时期，城镇（包括城市与县镇）与农村幼儿园专任教师人数呈现城镇多于农村的态势。从1993年开始，城镇幼儿园专任教师人数呈逐年增加趋势,农村幼儿园专任教师人数则逐年下降,从 1997 年开始呈明显下降趋势。

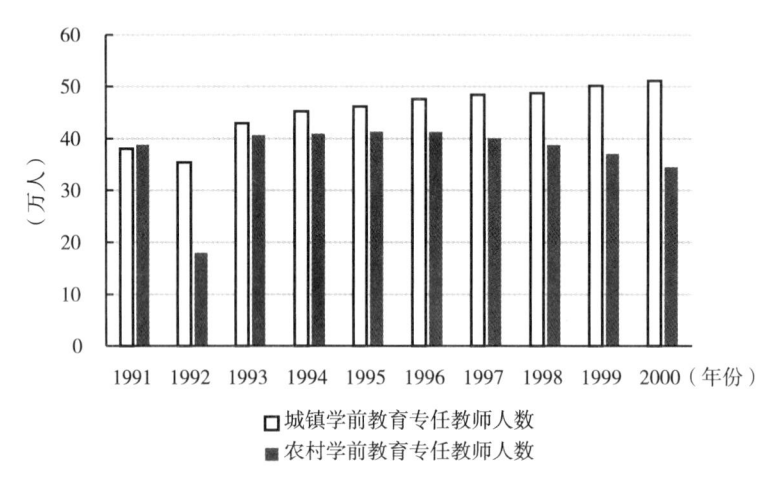

图 8.5　城镇与农村幼儿园专任教师人数比较（1991—2000 年）

2. 幼儿园教师学历与专业状况

从表 8.5 可见,在 1991 年,幼儿园园长与教师总人数约为 71 万人,其中,高中文凭及以上者约是 21.7 万人,中师文凭约是 21.8 万人,职高文凭约是 7 万人,初中及以下文凭约 20 万人。71 万人中,取得专业合格证书的只占 7.3 万人。1991 年的数据显示,幼儿园教师不仅人数少,而且学历低,专业合格者为极少数。提升这样一群低起点的教师队伍,确实是任重道远。到了 1997 年,幼儿园园长与教师总人数提升到 96 万人,增加 25 万人。其中,高中文凭及以上者约 5 万人,中师文凭约是 37.2 万人,职高文凭约 13 万人,初中及以下文凭约 17 万人。96 万人中,取得专业合格证书的为 12 万人。

表 8.5　　　　幼儿园教师学历、专业情况（1991—1997 年）

	年份	1991	1992	1993	1994	1995	1996	1997
	总计	709092	874799	897659	930183	945330	961553	961811
合计	园长	57657	59785	61683	68427	70267	72957	77382
	教师	651435	815014	835976	861756	875063	888596	884429

续表

年份		1991	1992	1993	1994	1995	1996	1997
高中毕业及以上	总计	21786	21640	25111	29185	26943	37633	50754
	园长	4092	4594	5397	5810	6812	8620	10643
	教师	17694	17046	19714	23375	20131	29013	40111
中师毕业	总计	218141	242038	259478	284452	313022	348467	372627
	园长	23775	26041	27054	29636	31710	33950	36167
	教师	194366	215997	232424	254816	281312	314517	336460
职业高中幼教专业毕业	总计	71260	90835	100944	114217	123608	131527	139536
	园长	2873	3610	4585	6416	6644	7640	8837
	教师	68387	87225	96359	107801	116964	123887	130699
非师范专业毕业	高中毕业及以上 总计	198490	258385	259811	264666	256971	242046	229574
	高中毕业及以上 园长	14241	14221	14730	16303	15950	15030	15258
	高中毕业及以上 教师	184249	244164	245081	248363	241021	227016	214316
	初中毕业及以下 总计	199415	261901	252315	237663	224786	201880	169320
	初中毕业及以下 园长	12676	11319	9917	10262	9151	7717	6477
	初中毕业及以下 教师	186739	250582	242398	227401	215635	194163	162843
合计中取得专业合格证书的	总计	73420	87817	100028	109658	129906	130352	120865
	园长	5055	4372	4378	4786	6485	7010	7345
	教师	68365	83445	95650	104872	123421	123342	113520

从表 8.5（续）可见，1998—2000 年三年间，幼儿园园长与教师总人数保持在 95 万人左右，其中，取得专业合格证书的人数保持在 10 万人左右。从 1993 年开始，中国的幼儿师范学校开始升格为师范专科学校或师范学院，所以，表 8.5（续）与表 8.5 的最大区别是出现了师范院校本专科毕业生。

表 8.5（续） 幼儿园教师学历、专业情况（1998—2000 年）

年份		1998	1999	2000
合计	总计	955744	957901	946448
	园长	80317	85479	89993
	教师	875427	872422	856455

续表

年份		1998	1999	2000
师范院校本专科毕业	总计	67253	87752	111720
	园长	13584	17163	20371
	教师	53669	70589	91349
中师毕业	总计	394427	419228	426159
	园长	37368	39312	39888
	教师	357059	379916	386271
职业高中幼教专业毕业	总计	146309	149695	152933
	园长	9618	10306	11931
	教师	136691	139389	141002
非师范专业毕业 高中毕业及以上	总计	207000	187700	164660
	园长	14167	13999	13891
	教师	192833	173701	150769
非师范专业毕业 初中毕业及以下	总计	140755	113526	90976
	园长	5580	4699	3912
	教师	135175	108827	87064
合计中取得专业合格证书的	总计	111302	108241	95444
	园长	7057	7692	8173
	教师	104245	100549	87271

（四）国家财政教育经费投入无数据统计时期

从1997年开始，国家官方提供学前教育的国家财政教育经费投入数据。由表8.6可见，国家财政投入学前教育的经费由1997年的22亿元增加到2000年的31亿元。4年间，学前教育的国家财政教育经费投入每年有所增加，一年平均增加2亿元。

表8.6　　国家财政教育经费投入状况（1997—2000年）

年份	1997	1998	1999	2000
教育经费（万元）	220813	242177	275445.9	309974.8

第二节　6—14岁儿童的教育

1991—2000年时期，是中国完成基本普及九年制义务教育目标的时期。从本质上讲，义务教育是为每一个人能够在社会生存和继续学习提供的最基本的教育。它是整个教育事业的基础，是人生长的基础，是提高国民素质和培养各级各类人才的基础，是现代社会中每一成员必须接受的最低限度的教育。义务教育的性质是国民教育，是为提高整个民族素质服务，它的对象是全体适龄儿童，不是少数人或者个别人。它以提高全体国民的素质为目标，使所有青少年儿童在身心素质、知识技能素质和思想道德素质等方面的进一步发展打下良好的基础，所以它是整个国民教育的基础，处于教育金字塔的塔基[①]。《中华人民共和国义务教育法》规定的义务教育年限为九年，即小学教育六年，初中教育三年。九年义务教育阶段即6—14岁儿童教育阶段。

一 国家政策动向：基本普及九年义务教育时期

（一）基本普及九年义务教育时期

1991—2000年的十年间，中国政府密集式颁布了一系列有关普及九年制义务教育的政策，采取了大量措施，下大决心大力气要把普及九年义务教育的目标实现。

1992年3月14日，国家教委颁布了《中华人民共和国义务教育法实施细则》（以下简称《细则》）。《细则》对《义务教育法》中的各条款作了详细说明和一些补充，同时规定：实施义务教育的学校不收学费，可收取杂费。至此，中国九年义务教育进入了不收学费只收杂费的阶段。

1993年2月13日，国务院颁布《中国教育改革和发展纲要》（以下简称《发展纲要》）。《发展纲要》提出了20世纪90年代义务教育的具体目标：全国基本普及九年义务教育，大城市和沿海经济发达地区普及高中阶段教育。

1993年3月8日，国家教委颁布《普及九年制义务教育评估验收办法（试行）》（以下简称《验收办法（试行）》）。《验收办法（试行）》对九年制义务教育评估、验收的范围和单位，评估项目与指标要求，评估与验收程序，表彰办法等作了明确规定。

1994年7月3日，国务院颁布《关于〈中国教育改革和发展纲要〉

---

① 胡洁：《改革开放以来我国义务教育课程政策发展的研究》，博士学位论文，西南大学，2011年。

实施意见》。《实施意见》指出2000年全国基本普及九年制义务教育的具体标准：占全国总人口85%的地区普及九年制义务教育，初中入学率达85%左右，小学入学率达99%以上。

自1995年起，教育部、财政部共同组织实施了"贫困地区义务教育工程（1995—2000）"，这是新中国成立以来中央财政教育专项资金投入规模最大的全国性教育工程。

1997年10月29日，国家教委颁布《关于当前积极推进中小学实施素质教育的若干意见》。《若干意见》对义务教育的质量提出新的要求，强调要加强薄弱学校的建设，要求办好义务教育阶段的每一所学校，逐步达到规范化。1998年11月2日，教育部颁布《关于加强大中城市薄弱学校建设办好义务教育阶段每一所学校的若干意见》，它是对《关于当前积极推进中小学实施素质教育的若干意见》中提出的"办好义务教育阶段的每一所学校，逐步达到规范化"目标的具体落实。

1999年1月13日，国务院批转教育部《面向21世纪教育振兴行动计划》。《行动计划》指出：2000年如期实现基本普及九年制义务教育、基本扫除青壮年文盲的目标，是全国教育工作的"重中之重"；"两基"[①]已进入攻坚阶段，要确保全国目标的实现。

1999年6月13日，国务院颁布《关于深化教育改革全面推进素质教育的决定》。《决定》重申"两基"是地方各级政府展开教育工作的"重中之重"，是全面推进素质教育的基础。

表8.7为1991—2000年，中国政府颁布的义务教育政策。

表8.7　　　　　　　　义务教育政策（1991—2000年）

颁布时间	颁布部门	名称
1992.03.14	国家教委	《中华人民共和国义务教育法实施细则》
1993.02.13	国务院	《中国教育改革和发展纲要》
1993.03.08	国家教委	《普及九年制义务教育评估验收办法》
1994.07.03	国务院	《关于〈中国教育改革和发展纲要〉的实施意见》
1994.09.01	教育部	《关于在九十年代普及九年制义务教育和基本扫除青壮年文盲的实施意见》
1995.03.18	全国人大	《中华人民共和国教育法》

---

① "两基"是指基本普及九年义务教育、基本扫除青壮年文盲。

续表

颁布时间	颁布部门	名称
1997.10.29	国家教委	《关于当前积极推进中小学实施素质教育的若干意见》
1998.11.02	教育部	《关于加强大中城市薄弱学校建设办好义务教育阶段每一所学校的若干意见》
1999.01.13	教育部	《面向21世纪教育振兴行动计划》
1999.06.13	国务院	《关于深化教育改革全面推进素质教育的决定》

(二) 实行"地方负责、分级管理"新体制——"以乡为主"阶段

1985年5月27日,国务院颁布的《关于教育体制改革的决定》首次提出了基础教育实行"地方负责、分级管理"的新体制。1986年4月12日,全国人大第四次会议通过的《中华人民共和国义务教育法》标志"地方负责、分级管理"的义务教育体制得到法律认可。

1993年2月13日,国务院颁布《中国教育改革和发展纲要》(以下简称《纲要》)。《纲要》提出:中等及中等以下各类学校实行校长负责制。校长要全面贯彻国家的教育方针和政策,依靠教职员工办好学校。《纲要》明确了中小学校长及广大教职员工作为办学者的地位,中小学主要管理权力由校长行使。

但是,这一时期,义务教育领域在实施"地方负责、分组管理"新体制的过程中,省以下各级政府把义务教育管理权力逐级下放,一直放到了乡(镇)政府一级,实际形成了"以乡为主"的管理体制。导致义务教育的两个问题:农民负担过重;城乡不均衡。

(三) 教育经费投入继续运行"双轨制"与发出调整"双轨制"信号时期

1992年3月14日,国家教委颁布的《〈中华人民共和国义务教育法〉实施细则》中进一步明确与细化了"农村义务教育阶段的筹资责任落实到乡镇政府及村级政府,城市义务教育由城市政府拨款"的城乡义务教育双轨财政体制。同时规定:实施义务教育的学校可收取杂费。自此,义务教育杂费成为我国城乡居民的主要教育开支之一。

1993年2月13日,国务院颁布的《中国教育改革和发展纲要》中规定:除了在既有分级办学、分级管理框架下义务教育阶段可向学生收取杂费作为教育筹资以外,还明确提出乡(镇)财政收入主要用于发展教育,进一步完善城乡教育费附加征收办法。事实上,乡、村两级政府的资金运

转基本靠农民缴纳的各种税费维持,义务教育的成本最终由广大农民通过其缴纳的杂费、教育附加费、教育集资等负担。20世纪90年代初的中国,农村地区人口占全国总人口的80%[①],所以,这个时期中国农村义务教育的负担全部落在农民身上。

1994年中国实行国税和地税两套税收体制的分税制改革,国家取消了向农民征收教育附加费和教育集资。至此,乡镇政府收不到税费无力再为农村义务教育提供经费保障,农村义务教育经费缺口急剧加大。农村教师工资拖欠、农村中小学校危房迟迟无法改造,贫困学生辍学率加剧。农村义务教育到了最艰难的时期。

1999年6月13日,国务院颁布《关于深化教育改革全面推进素质教育的决定》(以下简称《决定》)。《决定》明确提出:县级政府对义务教育负主要责任。《决定》是中国政府着手调整与解决义务教育经费投入"双轨制"的标志。

（四）国家课程与地方课程结合阶段

从教育体制全面改革启动的1985年开始,国家课程就进入与地方课程相结合的时期。整个90年代国家课程继续放权,坚持国家课程与地方课程相结合的基本方针。

1992年8月6日,国家教委颁布《九年义务教育全日制小学、初级中学课程计划（试行）》(以下简称《课程计划（试行）》)。《课程计划（试行）》是国家教委针对新教材在实验区实验3年的经验,对1986年10月颁布的《义务教育全日制小学、初级中学教学计划（试行草案）》进行修订的成果。《课程计划（试行）》对小学9科、初中15科（共24科）科目、课时做出规定,同时颁布了24科的《教学大纲（试用）》。与1986年《教学计划（试行草案）》和以往教学计划文件相比,1992年《课程计划（试行）》具有许多新特点。第一,把"教学计划"更名为"课程计划"。第二,提出"以分科课程为主,适当增设综合课程"的思想。第三,把课程分为学科与活动两部分,中华人民共和国成立以来第一次正式将学校固有的课外活动正式纳入课程计划当中。第四,中华人民共和国成立以来第一次设置了地方课程。同年11月16日,国家教委下发《关于组织实施〈九年义务教育全日制小学、初级中学课程计划

---

① 顾明远、刘复兴:《改革开放30年中国教育纪实》,人民出版社2008年版,第347页。

(试行)〉的意见》,旨在落实新的课程计划的实施工作。

1994年7月,为了实行国务院颁布的"新工时制"①,国家教委制定并颁布了《实行新工时制对全日制小学、初级中学课程(教学)计划进行调整的意见》,对1992年24科的课时安排做了调整,同时颁布了对中小学语文等学科教学大纲的调整意见。

1995年4月,国家教委颁布了《关于实行每周40小时工作制后调整全日制中小学课程(教学)计划的意见》,对小学、初中课时再次进行了调整。

这一时期中央政府已经打破大一统的国家课程结构体系,已经考虑课程的地域差异,把课外活动正式纳入课程计划。

表8.8为1991—2000年,中国政府制定与颁布的义务教育课程政策。

表8.8　　　　　　义务教育课程政策(1991—2000年)

颁布时间	颁布部门	名称
1992.08.06	国家教委	关于印发《九年义务教育全日制小学、初级中学课程计划(试行)》和24学科《教学大纲(试用)》的通知
1992.11.16	国家教委	《关于组织实施〈九年义务教育全日制小学、初级中学课程方案(试行)〉的意见》
1994.07	国家教委	《实行新工时制对全日制小学、初级中学课程(教学)计划进行调整的意见》
1995.04	国家教委	《关于实行每周40小时工作制后调整全日制中小学课程(教学)计划的意见》

(五)教师资格制度提出、确立、过渡与试点时期

1993年10月31日,全国人大通过并颁布《中华人民共和国教师法》(以下简称《教师法》)。《教师法》第十条规定:国家实行中小学教师资格制度。《教师法》对申请教师资格人员的考核、认定程序、在职教师资格过渡等问题做了具体的规定。它标志着教师资格制度的提出。

1995年3月18日,全国人大通过并颁布《中华人民共和国教育法》。《教育法》第三十三条规定:国家实行教师资格、职务、聘任制度。

1995年12月12日,国务院颁布《教师资格条例》(以下简称《条

---

① "新工时制"是指一周工作44小时制。中国从1995年5月1日起,工时制又改为一周40小时制。

例》）。《条例》规定：中国公民在各级各类学校和其他教育机构中专门从事教育教学工作，应当依法取得教师资格。《条例》主要由教师资格分类与适用、教师资格条件、教师资格考试和教师资格认定等内容构成，对以上事项做出具体规定。《条例》在教师资格认定这一章中规定：教师资格证书在全国范围内适用；教师资格证书由国务院教育行政部门统一印制。《条例》是我国中小学教师资格制度正式确立的标志。中小学教师资格制度的确立，给教师队伍建设注入了竞争机制，为非师范院校毕业生及社会人员进入教师行列提供了制度支持。

1995年12月28日，国家教委颁布《〈教师资格认定的过渡办法〉的通知》。《通知》要求：在《中华人民共和国教师法》施行之日前在各级各类学校和其他教育机构中从事教育教学工作的教师，在教师资格过渡中，由本人提出申报教师资格认定，经认定合格者，由认定机关颁发教师资格证书，认定不合格者则暂缓认定教师资格。从1996年1月到1997年年底，全国基本完成各级各类学校从事教育教学工作人员的教师资格过渡工作，为教师资格制度的全面实施打好基础。

1998年4月，教育部颁布《关于在部分地区开展教师资格认定试点工作的通知》。《通知》规定：自1998年4月至1998年年底，分别在上海、广西、云南、江苏、湖北和四川六个省的部分地区进行教师资格认定的试点工作。1998年12月，教育部在广西召开试点工作展开的总结研讨会。基于教师资格过渡期与六省试点工作的经验，2000年9月23日，教育部颁布《〈教师资格条例〉实施办法》。《实施办法》对教师资格认定工作做出具体、可操作规定。同时规定：自1994年1月1日起进入教师行列的人员，以及社会上符合教师资格认定条件的人员，都可以依照《〈教师资格条例〉实施办法》制定的认定程序进行资格认证，《教师资格认定的过渡办法》不再适用于中小学教师资格制度的实施工作。

2000年9月23日，教育部颁布《〈教师资格条例〉实施办法》的正式实行与《教师资格认定的过渡办法》的废止，是我国中小学教师资格制度正式全面实施的标志。

表8.9为1991—2000年，中国政府制定与发布教师资格制度政策。

表 8.9　　　　　　　教师资格制度政策（1991—2000 年）

颁布时间	颁布部门	名称
1993.10.31	全国人大	《中华人民共和国教师法》
1995.03.18	国家教委	《中华人民共和国教育法》
1995.12.12	国务院	《教师资格条例》
1995.12.28	国家教委	《教师资格认定的过渡办法》
1998.04	教育部	《关于在部分地区开展教师资格认定试点工作的通知》
2000.09.23	教育部	《〈教师资格条例〉实施办法》
2000.09.23	教育部	《〈教师资格认定的过渡办法〉作废》

二　国家数据统计：义务教育发展状况

1991—2000 年时期的义务教育数据收集从中小学学生入学率、中小学学校数量规模、中小学学生在校人数规模、中小学教师队伍建设情况、国家财政教育经费投入五个方面展开。其中，国家财政教育经费投入数据，1997 年列入中国官方教育数据的统计范围，所以，这部分只有四年数据。

（一）中小学生入学率情况

1. 小学学龄儿童入学率

从表 8.10 可知，1991 年中国小学学龄儿童入学率为 97.8%，到 2000 年提升到 99.1%，达到完全普及水平。

表 8.10　　　　　　　学龄儿童入学率（1991—2000 年）

年份	1991	1992	1993	1994	1995	1996	1997	1998	1999	2000
入学率（%）	97.8	97.2	97.7	98.4	98.5	98.8	98.9	98.9	99.1	99.1

从图 8.6 可知，1991—2000 年，中国小学学龄儿童入学率总体呈现为持续上升的趋势。

2. 学龄儿童初中入学率

从表 8.11 可知，1991 年小学升学率为 77.7%，到 2000 年提升到 94.9%，提升显著。

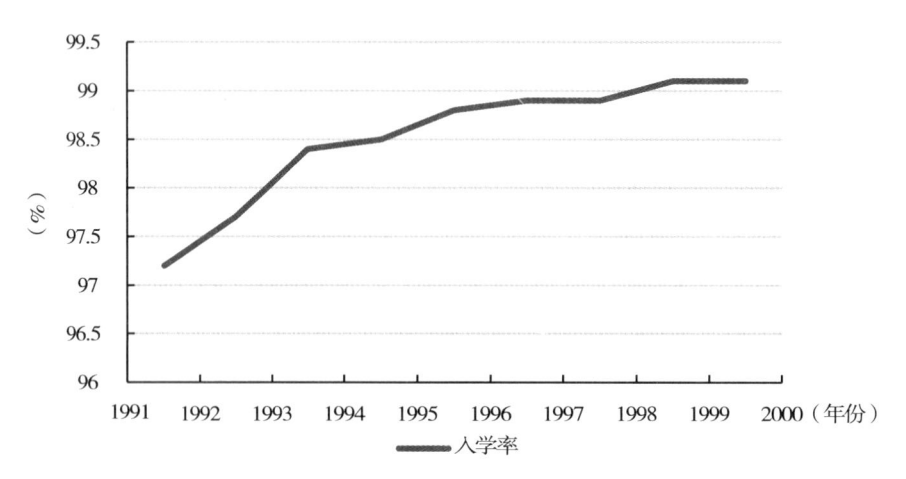

图 8.6　学龄儿童入学率变化趋势（1991—2000 年）

表 8.11（续）　　　　普通小学升学率（1991—2000 年）

年份	1991	1992	1993	1994	1995	1996	1997	1998	1999	2000
升学率（%）	77.7	79.7	81.8	86.6	90.8	92.6	93.7	94.3	94.4	94.9

从图 8.7 可知，1991—2000 年，中国小学毕业生升学率呈现持续上升的态势，其中 1991—1997 年，上升趋势明显。

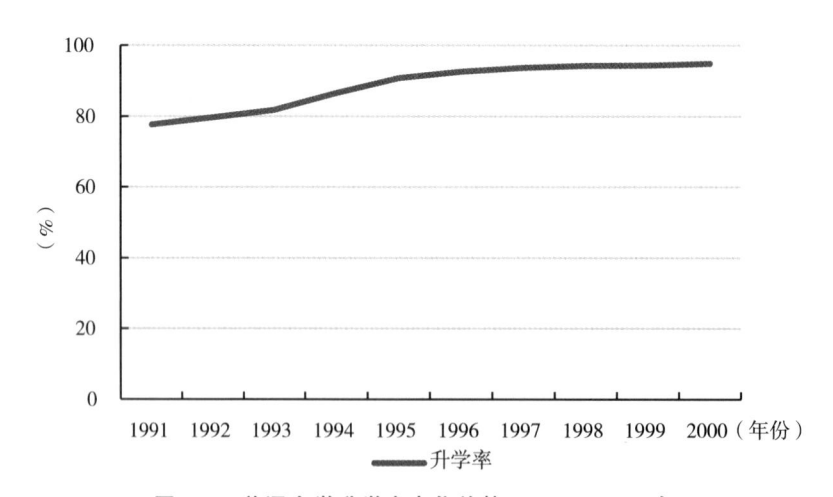

图 8.7　普通小学升学率变化趋势（1991—2000 年）

(二) 中小学学校数量规模

1. 小学学校数量规模

从表 8.12 可知，中国小学学校数量由 1991 年的 72.92 万所下降到 2000 年的 55.36 万所。其中，城市与县镇基数很小，但都有提升。农村小学学校数量基数大，下降幅度也很大，10 年间下降 20 万所。

表 8.12　　　　　普通小学学校数（1991—2000 年）

年份	普通小学学校总数（万所）	城市普通小学学校数（万所）	县镇普通小学学校数（万所）	农村普通小学学校数（万所）
1991	72.92	2.81	6.03	64.07
1992	71.3	2.78	7.25	61.27
1993	69.67	2.92	8.30	58.45
1994	68.26	3.02	8.07	57.17
1995	66.87	3.24	7.77	55.86
1996	64.6	3.16	7.91	53.53
1997	62.88	3.15	8.43	51.30
1998	60.96	3.26	8.38	49.32
1999	58.23	3.26	8.12	46.85
2000	55.36	3.22	8.12	44.03

从图 8.8 可知，1991—2000 年，中国小学学校数量呈逐渐下降趋势。

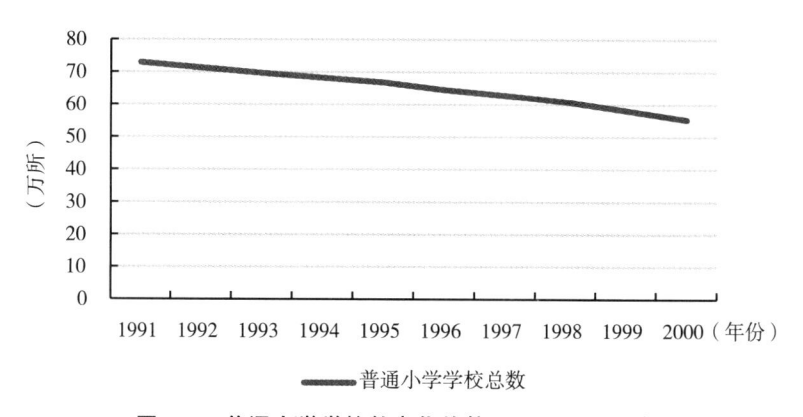

图 8.8　普通小学学校数变化趋势（1991—2000 年）

从图 8.9 可知，1991—2000 年，城镇小学学校数量呈微上升趋势，农村小学学校数量呈明显的下降趋势。

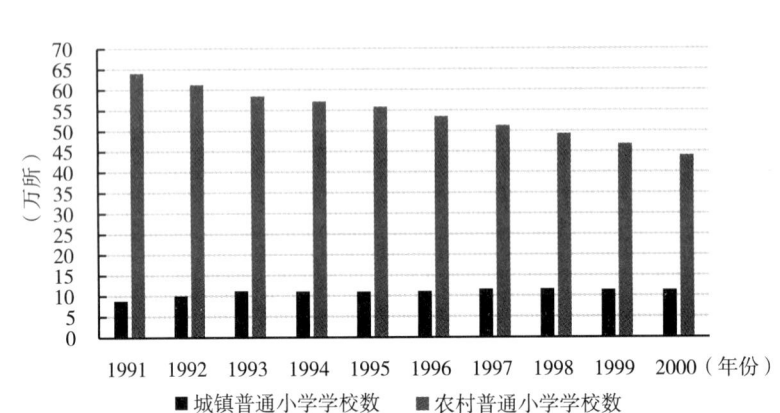

图 8.9　城镇与农村普通小学学校数变化比较（1991—2000 年）

2. 初中学校数量规模

从表 8.13 可知，中国初中学校数量由 1991 年的 70608 所下降到 2000 年的 62704 所，下降 7904 所。与上一时期相比，下降幅度平缓了许多。10 年间，城镇初中学校数量呈上升态势，农村呈下降态势。

表 8.13　　　　　　　　普通初中学校数（1991—2000 年）

年份	普通初中学校总数（所）	城市普通初中学校数（所）	县镇普通初中学校数（所）	农村普通初中学校数（所）
1991	70608	6701	9308	54599
1992	69171	6885	10783	51503
1993	68415	7384	11723	49308
1994	68116	7771	12566	47779
1995	67029	8283	13120	45626
1996	66092	8390	13604	44098
1997	64762	8465	14067	42230
1998	63940	8609	14002	41329
1999	63086	8702	13963	40421
2000	62704	8713	14678	39313

从图 8.10 可知，1991—2000 年，中国初中学校数量呈连续下降趋势。

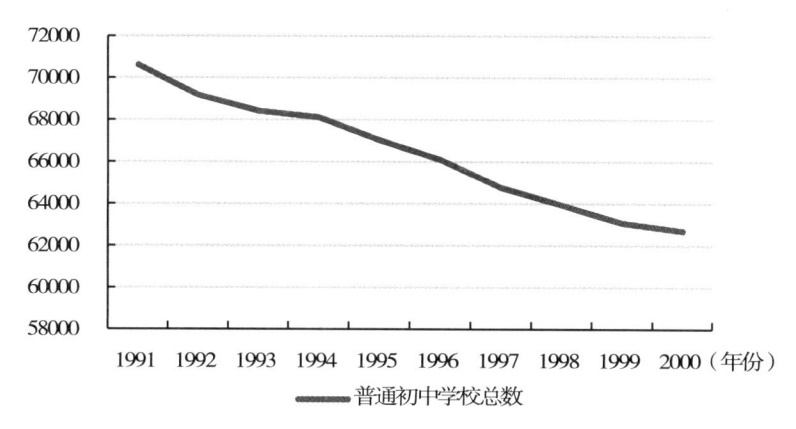

图 8.10 普通初中学校数变化趋势（1991—2000 年）

从图 8.11 可知，1991—2000 年，城镇初中学校数量呈逐年上升趋势，农村初中学校数量呈逐年下降趋势，1997—2000 年下降趋势减缓。

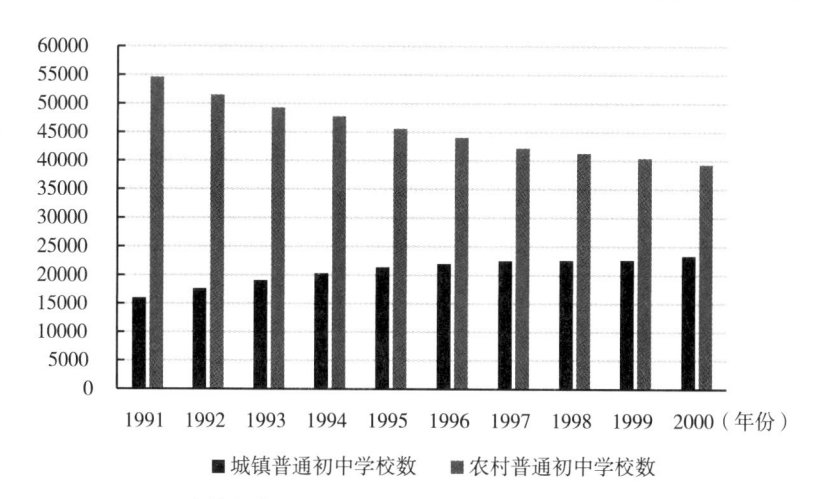

图 8.11 城镇与农村普通初中学校数变化比较（1991—2000 年）

(三) 中小学学生在校人数规模

1. 小学生在校人数规模

从表 8.14 可知，1991 年中国小学生在校总人数为 12164.15 万人，到 2000 年上升到 13013.25 万人。1991 年小学生在校总人数中，农村小学生在校人数约占总人数的 76%，城镇在校人数约占总数的 24%。到 2000 年，农村小学生在校人数约占总人数的 65%，城镇在校人数约占总数的 35%。10 年间，农村小学生在校人数减少 11%，城镇增加 11%。

表 8.14　　普通小学在校学生总人数（1991—2000 年）

年份	普通小学在校学生总人数（万人）	城市普通小学在校学生数（万人）	县镇普通小学在校学生数（万人）	农村普通小学在校学生数（万人）
1991	12164.15	1380.01	1533.05	9251.10
1992	12201.28	1423.07	1718.21	9060.00
1993	12421.24	1519.25	1932.46	8969.52
1994	12822.62	1612.59	2075.58	9134.45
1995	13195.15	1710.89	2178.07	9306.19
1996	13615	1768.41	2359.68	9486.91
1997	13995.37	1831.40	2603.53	9560.44
1998	13953.8	1850.58	2663.72	9439.50
1999	13547.96	1837.76	2636.08	9074.13
2000	13013.25	1816.65	2692.89	8503.71

从图 8.12 可知，1991—2000 年，中国小学在校学生数量呈先逐渐上升后逐渐下降的波浪趋势。

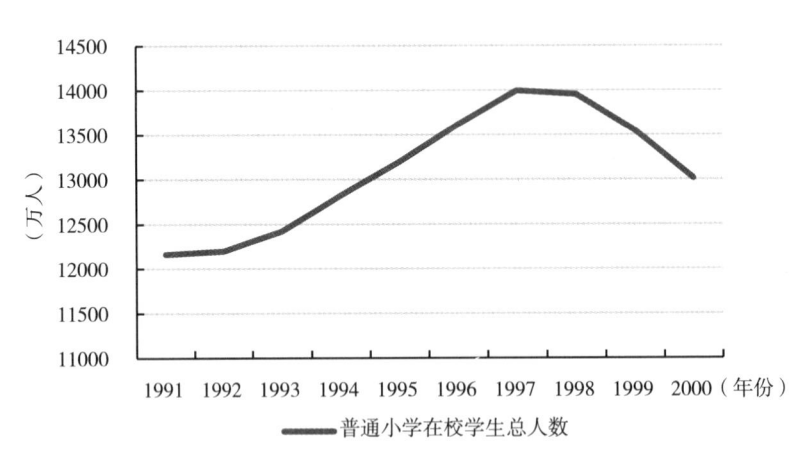

图 8.12　普通小学在校学生数变化趋势（1991—2000 年）

从图 8.13 可知，1991—2000 年，城镇小学在校学生数量呈逐年略微上升趋势，农村小学在校学生数量呈波动状态，从 1998 年开始呈明显下降趋势。到 2000 年，城镇与农村小学在校学生数量呈 1∶2 态势，农村是城镇的一倍。

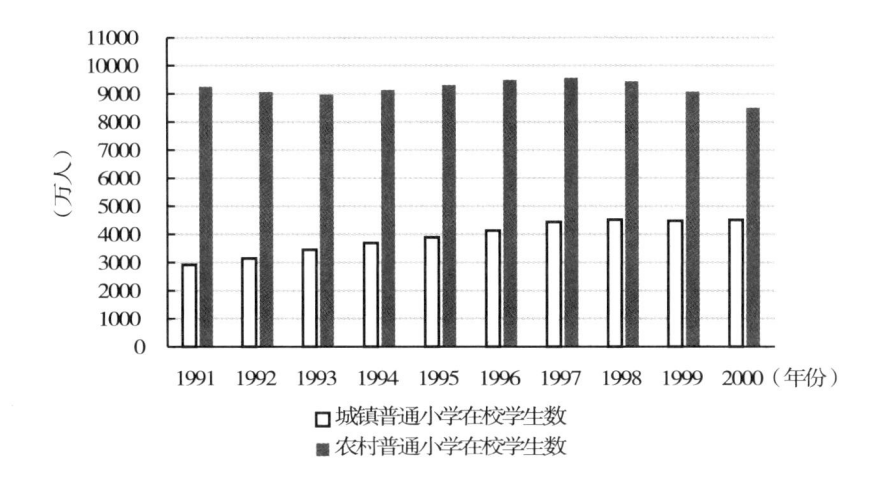

图 8.13　城镇与农村普通小学在校学生数变化比较（1991—2000 年）

2. 中学生在校人数规模

从表 8.15 可知，1991 年中国初中生在校总人数为 3960.65 万人，到 2000 年上升到 6167.65 万人，上升 2207 万人。1991 年，农村初中生在校人数约占总人数的 64.1%，城镇在校人数约占总数的 35.9%。到 2000 年农村初中生约占总人数的 55.6%，城镇占 44.4%。农村初中生人数在明显减少。

表 8.15　　　　　　　普通初中在校生人数（1991—2000 年）

年份	普通初中在校学生总人数（万人）	城市普通初中在校学生数（万人）	县镇普通初中在校学生数（万人）	农村普通初中在校学生数（万人）
1991	3960.65	631.15	790.70	2538.79
1992	4065.91	663.50	899.65	2502.76
1993	4082.21	689.48	955.70	2437.02
1994	4316.86	750.30	1046.08	2520.49
1995	4657.82	830.21	1167.80	2659.81
1996	4970.43	875.24	1276.33	2818.85
1997	5167.79	878.25	1351.89	2937.65
1998	5363.02	884.39	1403.36	3075.28
1999	5721.57	939.48	1512.31	3269.77
2000	6167.65	1034.64	1704.54	3428.47

图 8.14 显示：1991—2000 年，中国初中在校学生数量呈稳步上升趋势。

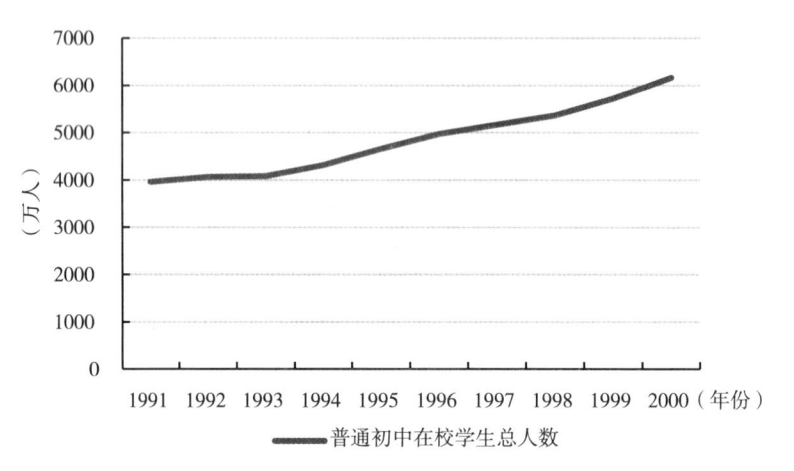

图 8.14 普通初中在校学生数变化趋势（1991—2000 年）

从图 8.15 可知，1991—2000 年，城镇初中在校学生数量呈逐年稳定上升趋势，农村初中在校学生数量在 1991—1993 年微降，从 1993 年开始呈上升趋势，但是，上升力度比城镇弱。总体而言，1991 年城镇与农村初中在校学生数量比约为 1∶2，到 2000 年，学生数量比有齐平的趋势。

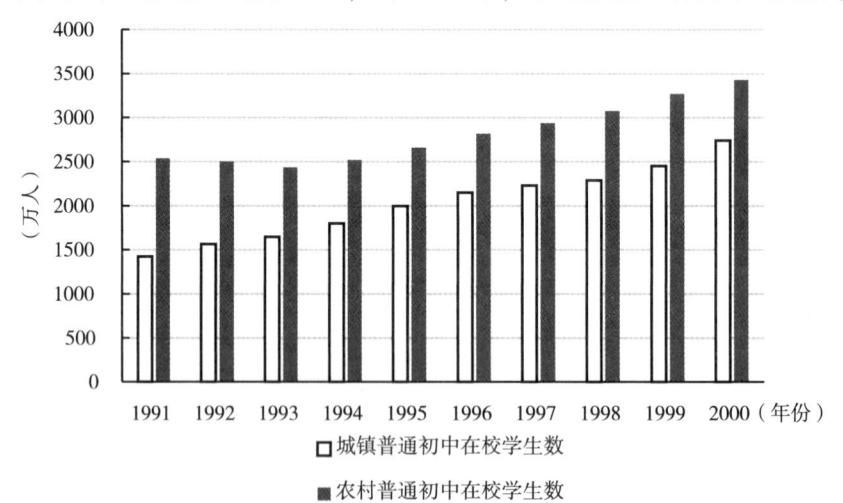

图 8.15 城镇与农村普通初中在校学生数变化比较（1991—2000 年）

(四) 中小学教师队伍建设情况

1. 小学教师队伍建设情况

(1) 小学专任教师数量状况

从表 8.16 可知，1991 年中国小学专任教师总数为 553.23 万人，到 2000 年总数为 586.03 万人，数量有所提升。1991 年，总数为 553.23 万人的小学专任教师中，农村教师约占总数的 73.6%，城镇约占总数的 26.4%。到 2000 年，农村教师约占总数的 62.8%，城镇教师约占总数的 37.2%。

表 8.16　　　　普通小学专任教师人数（1991—2000 年）

年份	普通小学专任教师总人数（万人）	城市普通小学专任教师数（万人）	县镇普通小学专任教师数（万人）	农村普通小学专任教师数（万人）
1991	553.23	71.21	74.84	407.17
1992	552.65	73.35	82.46	396.85
1993	555.16	76.60	90.93	387.63
1994	561.13	80.42	95.35	385.36
1995	566.41	84.90	98.79	382.72
1996	573.58	87.11	105.45	381.01
1997	579.36	89.29	113.51	376.56
1998	581.94	90.23	116.55	375.16
1999	586.05	91.87	119.43	374.74
2000	586.03	92.72	125.51	367.80

从图 8.16 可知，1991—2000 年，中国小学专任教师数量变化总体呈现上升趋势。

从图 8.17 可知，1991—2000 年，城镇小学专任教师数量呈微上升趋势，农村小学专任教师呈微下降趋势。1991 年城镇小学专任教师数量约是农村数的 1/3，到 2000 年，城镇小学专任教师数量已经超过农村小学专任教师数量的一半。

(2) 小学专任教师学历情况

从表 8.17 可知，10 年来，小学教师的资格合格率一直维持 100%。1991 年，小学专任教师的主力军为中专毕业生，占总数的 53.8%，高中学历以下者仍占总数的 19.3%。到 2000 年，作为主力军的中专毕业生，

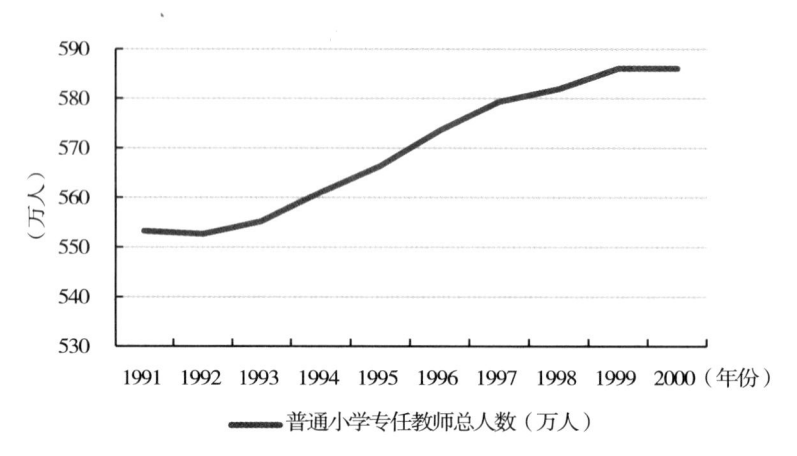

图 8.16　普通小学专任教师总人数变化趋势（1991—2000 年）

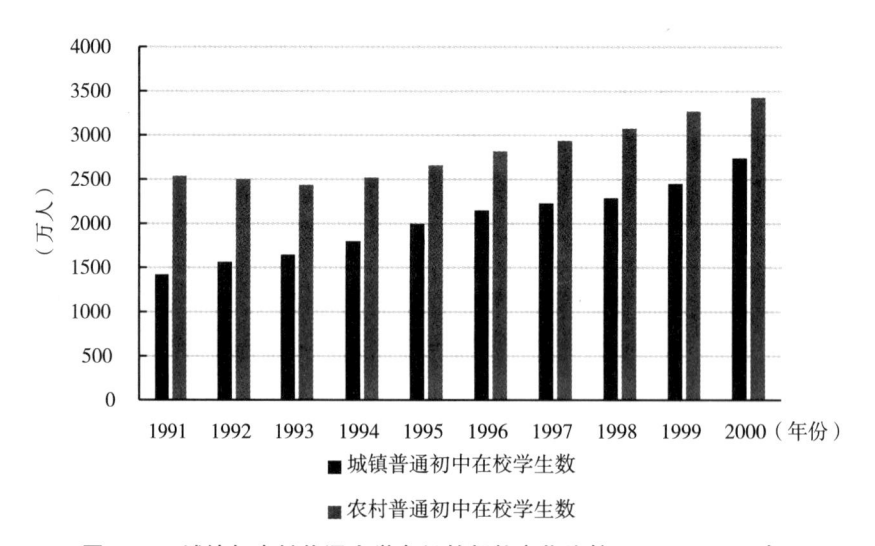

图 8.17　城镇与农村普通小学专任教师数变化比较（1991—2000 年）

已占总数的 71.26%，高中学历以下者基本消失，占总数 3.14%，专科毕业生作为新生力量占比逐渐攀升，到 2000 年占总数的 19.04%。

表 8.17　小学专任教师学历情况（1991—2000 年）

年份	合计		大学本科毕业及以上		大学专科毕业		中专毕业		高中毕业		高中毕业以下的	
	人数	%	人数	%	人数	%	人数	%	人数	%	人数	%
1991	5532252	100	7756	0.1	139664	2.5	297008	53.8	1338598	24.2	1067226	19.3

续表

年份	合计		大学本科毕业及以上		大学专科毕业		中专毕业		高中毕业		高中毕业以下的	
	人数	%	人数	%	人数	%	人数	%	人数	%	人数	%
1992	5526491	100	8641	0.15	164525	2.98	3172746	57.41	1223872	22.15	956707	17.31
1993	5551597	100	10162	0.18	198201	3.57	3370683	60.72	1124566	20.26	847985	15.27
1994	5611324	100	12320	0.22	242322	4.32	3598046	64.12	1006091	17.93	752545	13.41
1995	5664057	100	15373	0.27	302912	5.35	3842470	67.84	871719	15.39	631583	11.15
1996	5735790	100	18350	0.32	412943	7.2	4052779	70.66	730318	12.73	521400	9.09
1997	5793561	100	23487	0.41	559941	9.66	4211816	72.7	596508	10.3	401809	6.93
1998	5819390	100	31380	0.54	715514	12.3	4273176	73.43	484333	8.32	314987	5.41
1999	5860455	100	43110	0.74	909654	15.52	4271889	72.89	395324	6.75	240478	4.1
2000	5860316	100	58765	1	1116057	19.04	4175722	71.26	325659	5.56	184113	3.14

2. 初中教师队伍建设情况

（1）初中专任教师数量状况

从表8.18可知，1991年中国初中专任教师总数为251.67万人，到2000年总数上升到324.86万人，上升73.19万人。1991年，总数为251.67万人的初中专任教师中，农村教师约占总数的61%，城镇教师约占总数的39%。到2000年，农村教师数量总体保持平稳，但城镇教师数量上升显著，农村教师占总数比下降到52%。

表8.18　　　　普通初中专任教师数（1991—2000年）

年份	普通初中专任教师总人数（万人）	城市普通初中专任教师数（万人）	县镇普通初中专任教师数（万人）	农村普通初中专任教师数（万人）
1991	251.67	49.22	49.83	152.61
1992	256.50	50.75	55.45	150.30
1993	260.79	52.88	60.73	147.17
1994	268.69	55.52	64.80	148.36
1995	278.37	58.66	69.84	149.88
1996	289.27	60.59	74.73	153.94
1997	298.16	61.78	79.78	156.60
1998	305.47	61.87	82.15	161.45

续表

年份	普通初中专任教师总人数（万人）	城市普通初中专任教师数（万人）	县镇普通初中专任教师数（万人）	农村普通初中专任教师数（万人）
1999	314.81	62.90	85.63	166.28
2000	324.86	64.74	91.89	168.23

从图8.18可知，1991—2000年，中国初中专任教师数量变化总体呈逐年上升态势。

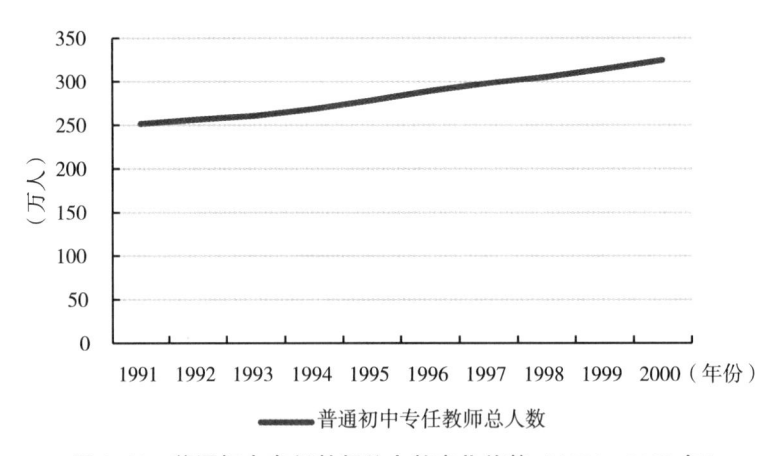

图8.18 普通初中专任教师总人数变化趋势（1991—2000年）

从图8.19可知，1991—2000年，城镇初中专任教师数量呈逐年上升趋势，农村初中专任教师数量在小波动中微微上升。1991年城镇与农村小学专任教师数量在总数中的占比为4∶6，到2000年，城镇与农村小学专任教师数量基本齐平，占比约5∶5。

（2）中学专任教师学历情况

从表8.19可知，在这一时期初中专任教师学历统计中，把高中毕业及以下者统计在一起，高中毕业学历已经成为这个时期的最低学历。1994年，初中专任教师中高中毕业及以下者约为25万人，约占总人数的9.4%，中专毕业及以上者约占总人数的90.6%。到2000年，初中专任教师中高中毕业及以下者约为6.3万人，约占总人数的1.9%。这一时期的专科毕业生是初中专任教师的主力军，到2000年，约占总数的73%；这一时期的本科毕业生呈快速上升趋势，1994—2000年，数量翻了一番。

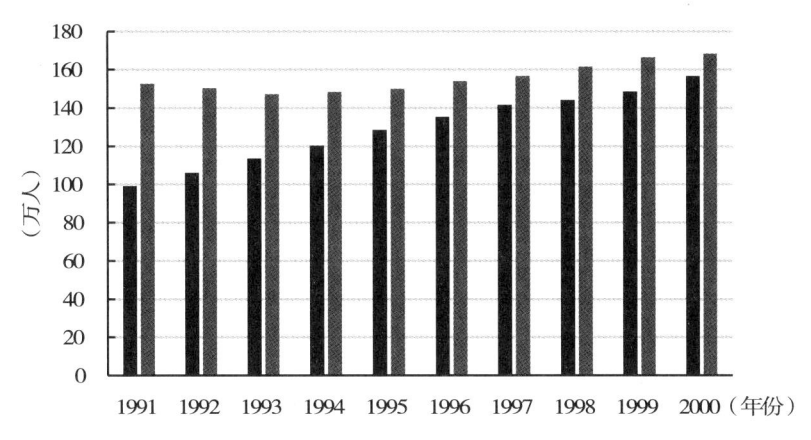

图 8.19 城镇与农村普通初中专任教师数变化比较（1991—2000 年）

表 8.19　　　　　　　　初中专任教师学历情况（1991—2000 年）

年份	合计（人）	大学本科毕业及以上	大学专科毕业	中专毕业	高中毕业及以下的
1991					
1992					
1993					
1994	2686868	240501	1474898	719213	252256
1995	2783721	262511	1661851	650031	209328
1996	2892688	288415	1896488	545787	161998
1997	2981630	316335	2083604	456276	125415
1998	3054658	347503	2200943	409441	96771
1999	3148117	391751	2304064	373534	78768
2000	3248608	460527	2368424	356705	62952

（五）国家财政教育经费投入情况

1. 小学教育国家财政经费投入情况

从表 8.20 可知，1997 年国家财政投入小学教育的经费约为 638.7 亿元，到 2000 年提升到 848.7 亿元，4 年提升了 210 亿元。

表 8.20　　　　　普通小学国家财政教育经费（1997—2000 年）

年份	1997	1998	1999	2000
教育经费（万元）	6387064	6999920	7704708.3	8487543.7

2. 初中教育国家财政经费投入情况

从表 8.21 可知，1997 年国家财政投入中学教育的经费约为 416.7 亿元，到 2000 年提升到 459.2 亿元，4 年提升了 42.5 亿元。

表 8.21　　　　普通初中国家财政教育经费（1997—2000 年）

年份	1997	1998	1999	2000
教育经费（万元）	4166759	3762476	4125035.5	4592193.7

第三节　15—17 岁儿童的教育

1978 年改革开放以后，中国开始了法制建设。经过 12 年的努力，中国将教育领域的诸多方面纳入了法律规范的范畴，但是，还很不够，接下去的十年，中国的教育继续展开教育法律秩序改革的建设工作。到 20 世纪末，中国初步建立起了教育法律秩序。但是，在这十年中国建立的教育法律法规体系中，尚没有对高中阶段教育的实施与发展加以规范的专门法律，专门指导高中阶段教育的法规与部门章程也很少，高中教育的政策往往作为基础教育的一个阶段散落在相关法律、法规与部门章程中[①]。

一　国家政策动向：高中教育结构改革与调整时期

1991—2000 年，高中教育是由单一结构走向结构调整的时期。高中教育的结构调整经历了重点扶持中等职业教育、普通高中分流与中等职业扩大规模并举的两个阶段。1990 年之前的结构调整处于"重点扶持中等职业教育"的第一阶段。

(一) 高中教育的总体演进

1. 1991—1992 年：继续维持"重点扶持中等职业教育"的结构调整阶段

进入 20 世纪 90 年代，中国经济的迅速发展加大了中国社会对专业技术人才的需求。针对这一局势，1991 年 10 月 17 日，国务院颁布《关于大力发展职业技术教育的决定》。《决定》提出了将高中阶段的职业教育

---

① 王姣娜：《普通教育还是职业教育——经济转型期中国高中阶段教育选择》，博士学位论文，中国社会科学院研究生院，2015 年。

入学率提高到50%以上的目标。这两年高中教育的重心还在扶持中等职业教育上面。

2. 1993—2000年：普通高中分流与中等职业扩大规模的并举阶段

这一阶段是普通高中教育进入分流、多样化发展时期，中等职业教育进入扩大规模的发展时期。

1993年2月13日，国务院颁布《中国教育改革和发展纲要》（以下简称《发展纲要》）。《发展纲要》提出：在大城市市区和沿海经济发达地区普及高中阶段教育的目标。在国家政策文件中，第一次出现"普及高中阶段教育"的目标。《发展纲要》要求：加大职业教育发展力度，使高中阶段职业技术学校在校学生人数有较大幅度的增加；在基本普及九年义务教育地区，应以发展初中后职业技术教育为重点。

1994年7月，国务院颁布《关于〈中国教育改革与发展纲要〉的实施意见》（以下简称"意见"）。"意见"提出：大部分地区以初中后分流为主，大力发展中等职业教育，逐步做到50%—70%的初中毕业生进入中等职业学校或职业培训中心。"意见"规定：到2000年，各类中等职业学校年招生数和在校生数占高中阶段总招生数和总在校生数的比例，全国平均保持在60%左右，普及高中阶段教育的城市可以达到70%。

1995年6月8日，国家教委颁布《关于大力办好普通高级中学的若干意见》（以下简称《意见》）。《意见》是改革开放以来国家针对普通高中颁布的第一份专项政策。《意见》提出：改革普通高中单一办学模式，向多元化办学模式发展。《意见》规划：一部分普通高中可以升学预备教育为主；大部分普通高中可以通过分流，办成兼有升学预备教育和就业预备教育的学校；少部分普通高中可试办成以就业预备教育为主的学校。显然，高中阶段教育的分流理念与举措，政府开始通过专门、针对性政策来影响与推进。

1995年7月3日，国家教委颁布《关于评估验收1000所左右示范性普通高级中学的通知》（以下简称《通知》）。《通知》是改革开放以来国家针对普通高中颁布的第二份专项政策。《通知》提出了均衡示范性高中、一般高中与薄弱高中的举措。《通知》要求：各级政府、教育行政部门和社会各界要进一步重视和加强示范性高中的建设；采取选派干部和骨干教师、提供设备和场地、联合办学和办分校等多种形式帮助一般高中，尤其是薄弱高中。

1996年5月15日，全国人大通过并颁布《中华人民共和国职业教育法》（以下简称《职业教育法》）。《职业教育法》提出：国家根据不同地区的经济发展水平和教育普及程度，实施以初中后为重点的不同阶段的教育分流，建立健全职业学校教育和职业培训并举，并与其他教育相互沟通、协调发展的职业教育体系。《职业教育法》特别指出：各级人民政府、国务院有关部门用于举办职业学校和职业培训机构的财政性经费应当逐步增长。《职业教育法》的实施为中国职业教育提供了法律保障，极大推动了中国职业教育的发展。

1996年12月16日，国家教委、国家计委和财政部联合颁布《中等职业学校收费管理暂行办法》（以下简称《办法》）。《办法》对中等职业学校的收费行为进行规范。《办法》提出：中等职业教育属于非义务教育阶段，学校可依据国家有关规定，向学生收取学费。对少数特殊专业，对家庭经济困难的学生，应酌情减免学费。

1999年6月13日，国务院颁布《关于深化教育改革全面推进素质教育的决定》。《决定》提出：调整现有教育体系结构，扩大高中阶段教育和高等教育规模，拓宽人才成长的道路，减缓升学压力；在确保"两基"的前提下，积极发展包括普通教育和职业教育在内的高中阶段教育，为初中毕业生提供多种形式的学习机会；鼓励社会力量以各种方式举办高中阶段和高等职业教育；在城市和经济发达地区要有步骤地普及高中阶段教育。

1999年8月12日，教育部根据《关于深化教育改革全面推进素质教育的决定》的指导精神，出台《关于积极推进高中阶段教育事业发展的若干意见》。《意见》提出：发展高中阶段教育要以改革为先导，处理好普通高中与中等职业教育的关系，处理好当前扩大招生规模与长远发展的关系。高中阶段教育的发展要充分利用现有教育资源，通过学校布局调整、高初中分离、重点学校与薄弱学校联合办学等形式，扩大公办普通高中的招生规模，扩大示范性高中的招生规模；鼓励重点职业学校和部分特色专业扩大招生规模，重点职业学校可以自主确定招生规模，农村职业学校可以免试招收农村应届初中毕业生。

表8.22为1991—2000年，中国政府制定出台的与高中教育相关的政策。

表 8.22　　　　　　　与高中教育相关的政策（1991—2000 年）

颁布时间	颁布部门	名称
1991.10.17	国务院	《关于大力发展职业技术教育的决定》
1993.02.13	国务院	《中国教育改革和发展纲要》
1994.07	国务院	《关于〈中国教育改革和发展纲要〉的实施意见》
1995.06.08	国家教委	《关于大力办好普通高级中学的若干意见》
1995.07.03	国家教委	《关于评估验收 1000 所左右示范性普通高级中学的通知》
1996.05.15	全国人大	《中华人民共和国职业教育法》
1996.12.16	国家教委等	《中等职业学校收费管理暂行办法》
1999.06.13	国务院	《关于深化教育改革全面推进素质教育的决定》
1999.08.12	教育部	《关于积极推进高中阶段教育事业发展的若干意见》

（二）高中普通教育关注"重点高中"时期

从 20 世纪 80 年代中期开始，中国实施普及九年义务教育政策，义务教育先后经历了从基本普及到全面普及再到巩固提高的发展阶段，一直处于基础教育乃至整个教育工作重中之重的位置。普通高中则是教育政策中基础教育部分的附属内容，往往被一带而过。当"基本普及高中阶段教育"的目标提出后，发展基础相对薄弱的中等职业教育又一跃成为政策关注的重点内容，被看作高中阶段教育发展的战略重点，普通高中仍然未能够得到足够重视。应该说，1985 年教育体制进入全面改革以来教育政策的战略主线为"普及（巩固、提高）九年义务教育，大力发展职业教育，提高高等教育质量"[1]。1991—2000 年，国家出台的相关教育政策把普通高中教育定位于非重点的位置，直接针对普通高中教育的政策文件很少。

1. 1991—1993 年：继续关注"重点高中"阶段

开放改革以来直到 1993 年，中央政府对普通高中教育的关注点一直聚焦于"重点高中"，到了 1993 年开始，这种状况终于有了改善。1993 年 2 月 13 日，国务院颁布《中国教育改革和发展纲要》。《纲要》提出：中小学要由"应试教育"转向全面提高国民素质的轨道；普通高中的办

---

[1] 杨润勇、杨依菲：《我国普通高中发展二十年政策回顾与分析》，《教育理论与实践》2010 年第 7 期。

学体制和办学模式要多样化。

2. 1994—2000 年：强调"示范性高中"和关注"多样化"办学阶段

1994 年 7 月 3 日，国务院颁布《关于〈中国教育改革和发展纲要〉的实施意见》（以下简称《实施意见》）。《实施意见》提出：每个县要面向全县重点办好一二所中学，全国重点建设约 1000 所实验性、示范性的高中。以《实施意见》为标志，国家政策文件正式用"示范性高中"替代了"重点高中"。也从《实施意见》颁布起，国家教育政策文件中涉及高中阶段教育时，开始高频率地使用"多样化"这个词，开始强调办学体制多样化、办学模式多样化。

1995 年 6 月 8 日，国家教委颁布《关于大力办好普通高级中学的若干意见》（以下简称《意见》）。《意见》是改革开放以来国家针对普通高中颁布的第一份专项政策，它对普通高中的改革与发展有重要指导意义，对促进地方政府重视和积极发展普通高中教育产生了重要影响。《意见》提出：改革普通高中办学模式，向多元化办学模式发展的目标。《意见》也给出了具体举措：拓宽办学渠道，改变政府办学的单一体制，逐步建立以地方政府办学为主，社会各界共同办学的体制；加强示范性高中的建设，扩大示范性高中的招生规模。

1995 年 7 月 3 日，国家教委颁布改革开放以来第二份针对普通高中的专项政策《关于评估验收 1000 所左右示范性普通高级中学的通知》。《通知》要求：各级政府、教育行政部门和社会各界要进一步重视和加强示范性高中的建设；采取选派干部和骨干教师、提供设备和场地、联合办学和办分校等多种形式帮助一般高中，尤其是薄弱高中。

1996 年，教育部在颁布的《1996 年工作要点》上提出：拟定建设示范性普通高中的实施意见和推进办学模式多样化改革。

1999 年 8 月 12 日，教育部出台《关于积极推进高中阶段教育事业发展的若干意见》。针对普通高中教育，《意见》提出：要充分利用现有教育资源，通过学校布局调整、高初中分离、重点学校和薄弱学校联合办学等形式，扩大公办普通高中的招生规模，扩大示范性高中的招生规模。

表 8.23 为 1994—2000 年，中国政府制定与出台的与普通高中教育相关的政策。

表 8.23　　　　与普通高中教育相关的政策（1994—2000 年）

颁布时间	颁布部门	名称
1994.07.03	国务院	《关于〈中国教育改革和发展纲要〉的实施意见》
1995.06.08	国家教委	《关于大力办好普通高级中学的若干意见》
1995.07.03	国家教委	《关于评估验收 1000 所左右示范性普通高级中学的通知》
1999.08.12	教育部	《关于积极推进高中阶段教育事业发展的若干意见》

（三）中等职业教育改革启动与快速发展时期

"文化大革命"期间，职业教育被看作西方资产阶级"双轨制"教育体制的翻版，被停办或改为普通中学①，造成了中等教育结构的严重失调。

1.1991—1997 年：中等职业教育发展的高潮阶段

这一阶段，借着 1985 年教育体制改革以来的发展势头，中等职业教育由快速发展冲向高潮。

1991 年 1 月 11 日，国家教委颁布《关于开展普通中等专业学校教育评估工作的通知》。《通知》规定：中等专业学校评估形式包括合格评估、专项水平评估、综合水平评估和选优评估四种类型，操作程序由"合格评估—综合水平评估—选优评估"逐级进行，评选出的优秀学校分为省（部）级重点和国家级重点②。与此同时，职业高中和技工学校也陆续确定了规范化的评估标准。评估标准出台说明当时中等职业教育改革与发展已经完成了数量与规模的扩张，政府开始关注中等职业教育的内涵建设。

1991 年 10 月 17 日，国务院颁布《关于大力发展职业技术教育的决定》（以下简称《决定》）。《决定》是中华人民共和国成立以来，中央政府首次专门针对职业教育颁布的总的指导文件。《决定》提出了中等职业教育发展的数量与规模目标，即中等职业教育入学率提高到 50% 以上。《决定》也对中等职业教育的内涵发展提出了要求：对现有各类职业技术学校加强规范化建设，并集中力量办好一批起示范和骨干作用的学校。《决定》颁布以后，国家教委启动中等职业学校教育评估制度，评定省级及国家级重点学校。

---

① 顾明远、刘复兴：《改革开放 30 年中国教育纪实》，人民出版社 2008 年版，第 628 页。
② 同上。

1993年2月13日，国务院颁布《中国教育改革和发展纲要》。《发展纲要》提出：在大城市市区和沿海经济发达地区普及高中阶段教育的目标。《发展纲要》要求：加大职业教育发展力度，使高中阶段职业技术学校在校学生人数有较大幅度的增加；在基本普及九年义务教育地区，应以发展初中后职业技术教育为重点。

1996年5月15日，全国人大通过并颁布了《中华人民共和国职业教育法》。《职业教育法》由五章40条构成，具体为"总则"（11条）、"职业教育体系"（5条）、"职业教育的实施"（9条）、"职业教育的保障条件"（13条）和"附则"（2条）。《职业教育法》的诞生标志着我国职业教育进入了有法可依、依法治教的新时期。

1996年12月16日，国家教委、国家计委和财政部联合颁布《中等职业学校收费管理暂行办法》。《办法》对中等职业学校的收费行为进行规范。《办法》提出：中等职业教育属于非义务教育阶段，学校可依据国家有关规定，向学生收取学费。对少数特殊专业，对家庭经济困难的学生，应酌情减免学费。

2. 1998—2000年：中等职业教育发展的滑坡阶段

中等职业教育经过十几年的高速发展，进入世纪之交时，受内外因素冲击，进入滑坡阶段。

从1997年开始的"东南亚金融危机"，波及中国经济。中国经济增长减速，企业用人需求减弱，导致一些企业办的技工学校被取消或改制，仅从技校招生数来看，1998年技校招生总数比1997年减少20%[①]。但是，这种外来影响对中等职业教育的冲击并不是主要的，更为强大的冲击来自中国教育体系内部。中国高等教育体制改革步伐加快，促使精英教育转向大众教育。由精英教育向大众教育转型过程中，高等学校招生制度不可避免地成为制度改革中最为活跃的区域。从1999年开始，中国高等学校大幅度扩大招生规模，普通高校1998年招生数为108万人，到2001年增至268万人，三年间扩大2.5倍。高校扩招，普通高中必然随之扩招。1998年普通高中招生数359.2万人，到2001年增至557.9万人，三年增加了55.2%。就是这样，普通高中的扩招还是赶不上高校扩招的速度，结果导致普通高中的升学率大幅度上升，使更多的初中毕业生选择上普通高中。

[①] 顾明远、刘复兴：《改革开放30年中国教育纪实》，人民出版社2008年版，第645页。

中等职业学生数量滑坡的同时，质量也大幅度下降。质量下降有两个原因。其一，普通高中扩招，挖去的正是那部分较好的生源。中职只能降格以求，招生变成"注册"，无录取分数线可言，有一个算一个[①]。其二，1996年以来，老的中等专业学校、中等技术学校纷纷升格或并入高校，高中阶段职业教育的核心力量实际上就是职业高中。好生源的中等专业学校、中等技术学校已经步入高校范畴，中等职业教育学生主要就是职业高中生。

表 8.24 为 1991—2000 年，中国政府制定与出台的与职业高中教育相关的政策。

表 8.24　　　　与职业高中教育相关的政策（1991—2000 年）

颁布时间	颁布部门	名称
1991.01.11	国家教委	《关于开展普通中等专业学校教育评估工作的通知》
1991.10.17	国务院	《关于大力发展职业技术教育的决定》
1993.02.13	国务院	《中国教育改革和发展纲要》
1996.05.15	全国人大	《中华人民共和国职业教育法》
1996.12.16	国家教委等	《中等职业学校收费管理暂行办法》

二　国家数据统计：高中阶段教育发展状况

（一）高中阶段毛入学率、初中毕业生升高中率、高中毕业生升大学率

1. 高中阶段毛入学率

从表 8.25 可知，长久维持在 26% 的我国高中阶段毛入学率，到了 1993 年终于开始变动，由 1993 年的 28.3% 开始逐年上升到 2000 年的 42.8%。

表 8.25　　　　　　高中阶段毛入学率（1991—2000 年）

年份	1991	1992	1993	1994	1995	1996	1997	1998	1999	2000
毛入学率（%）	26.0	26.0	28.3	30.7	33.6	38.0	40.6	40.7	41.0	42.8

---

① 顾明远、刘复兴：《改革开放30年中国教育纪实》，人民出版社2008年版，第646页。

图 8.20 显示了从 1993 年开始我国高中阶段毛入学率逐年提升的趋势。

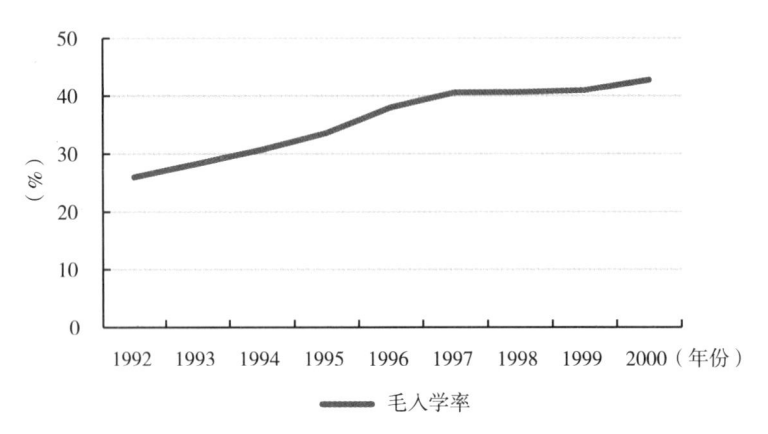

图 8.20 高中阶段毛入学率变化趋势（1992—2000 年）

2. 初中毕业生升高中率

从表 8.26 可知，1991—2000 年，我国初中毕业生升高中率总体处于上升态势，由 1991 年的 42.6% 上升到 2000 年的 51.2%。

表 8.26　　　　　普通初中升学率（1991—2000 年）

年份	1991	1992	1993	1994	1995	1996	1997	1998	1999	2000
升学率（%）	42.6	43.4	44.1	47.8	48.3	48.8	57.5	50.7	50	51.2

从图 8.21 可知，1991—1996 年，开始我国初中毕业生升高中率呈

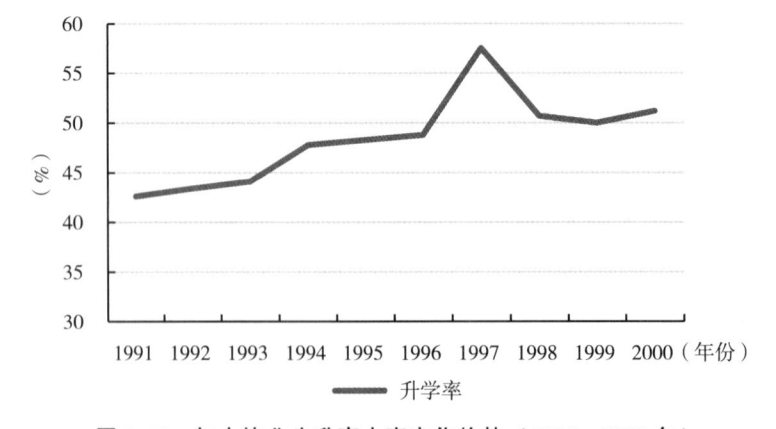

图 8.21 初中毕业生升高中率变化趋势（1991—2000 年）

现逐渐小步子上升的趋势。1996—1997年出现一次急剧上升，1997—1998年又出现一次急剧下降。1998—2000年，重回逐渐小步子上升的趋势。

3. 普通高中毕业生升大学率

从表8.27可知，1990—2000年，我国普通高中毕业生升大学率由1990年的27.3%上升到2000年的73.2%，上升趋势显著。

表8.27　　　　　　普通高中升学率（1990—2000年）

年份	1990	1991	1992	1993	1994	1995	1996	1997	1998	1999	2000
升学率（%）	27.3	28.7	34.9	43.3	46.7	49.9	51	48.6	46.1	63.8	73.2

从图8.22可知，1990—1998年，我国普通高中毕业生升大学率呈现逐渐小步子上升的趋势。1998—2000年，呈现急剧上升趋势。

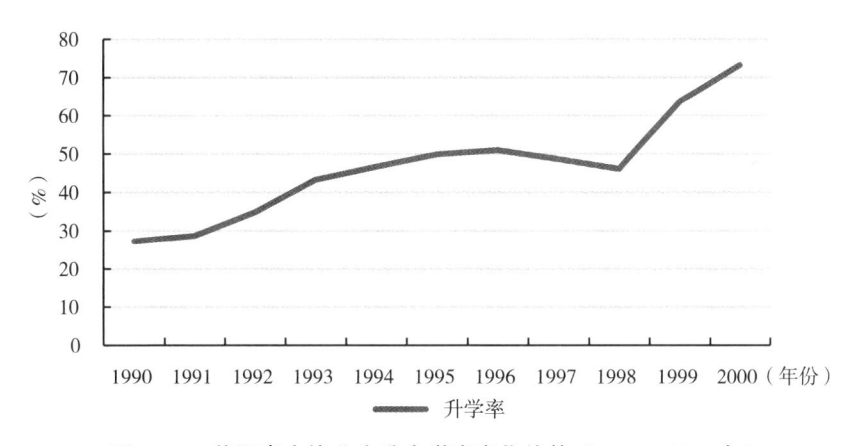

图8.22　普通高中毕业生升大学率变化趋势（1990—2000年）

(二) 高中教育阶段学校数量规模

从表8.28可知，1991—2000年，我国高中教育阶段学校数量总体呈现下降态势，由1991年的27184所下降到2000年的25865所，下降1319所。这一时期，民办高中以新生力量的姿态出场，中等专业学校总体维持原样，职业高中学校的数量较上个十年又有所发展。

表 8.28　　　　　　　高中阶段学校数（1991—2000 年）

年份	高中阶段学校总数（所）	普通高中学校数（所）	民办普通高中学校数（所）	中等专业学校数（所）	职业高中学校数（所）
1991	27184	15243		3925	8016
1992	25390	14850		3903	6637
1993	26747	14380		3964	8403
1994	26908	14242	284	3987	8679
1995	26652	13991	375	4049	8612
1996	26489	13875	483	4099	8515
1997	26601	13880	637	4143	8578
1998	26659	13948	874	4109	8602
1999	26406	14127	1177	3962	8317
2000	25865	14564	1517	3646	7655

注：普通高中学校数包括民办普通高中。

图 8.23 显示了从 1991—2000 年，我国高中阶段学校数量总体呈下降的趋势。其中，1991—1992 年成断崖式下降，1992—1993 年急剧上升，从 1994 年开始呈现逐年下降的趋势。

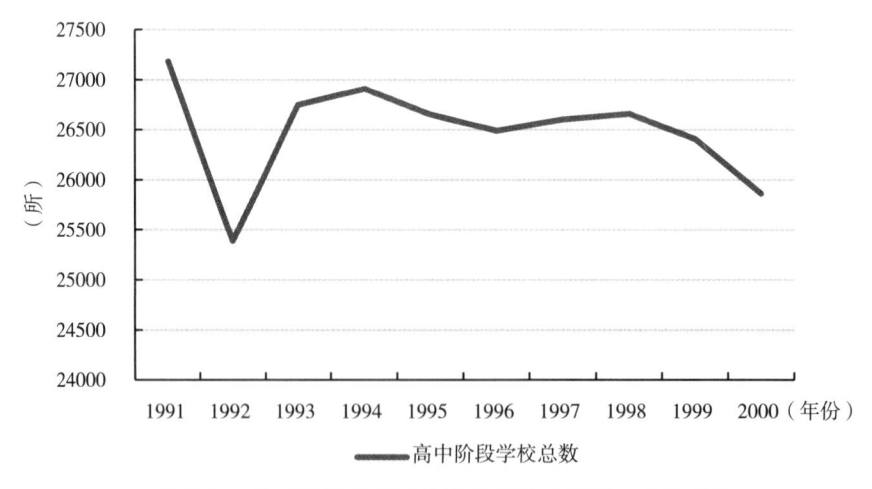

图 8.23　高中阶段学校总数变化趋势（1991—2000 年）

（三）高中教育阶段学生人数规模

从表 8.29 可知，1991—2000 年，我国高中教育阶段在校学生人数总体呈上升态势，由 1991 年的 1213.81 万人上升到 2000 年的 2105.34 万人，上升891.53万人。10年期间，普通高中在校生人数上升326.85万人，中等专业学校在校生上升261.74万人，职业高中学校在校生上升151.34万人。

表8.29　　　　　高中阶段在校学生人数（1991—2000年）

年份	高中阶段在校学生总人数（万人）	普通高中在校学生数（万人）	民办普通高中在校学生数（万人）	中等专业学校在校学生数（万人）	职业高中在校学生数（万人）
1991	1213.81	722.85		227.74	263.22
1992	1232.11	704.89		240.84	286.38
1993	1245.29	656.91		282.03	306.35
1994	1327.15	664.80	4.61	319.79	342.56
1995	1463.94	713.16	6.67	372.15	378.63
1996	1587.79	769.25	9.23	422.79	395.75
1997	1746.48	850.07	14.83	465.42	431.00
1998	1890.99	938.00	24.16	498.08	454.92
1999	2009.05	1049.71	36.32	515.50	443.84
2000	2105.34	1201.26	51.48	489.52	414.56

从图8.24可见，1994—2000年，民办普通高中在校生数量微小。公办普通高中在校生数量成逐年明显上升趋势。

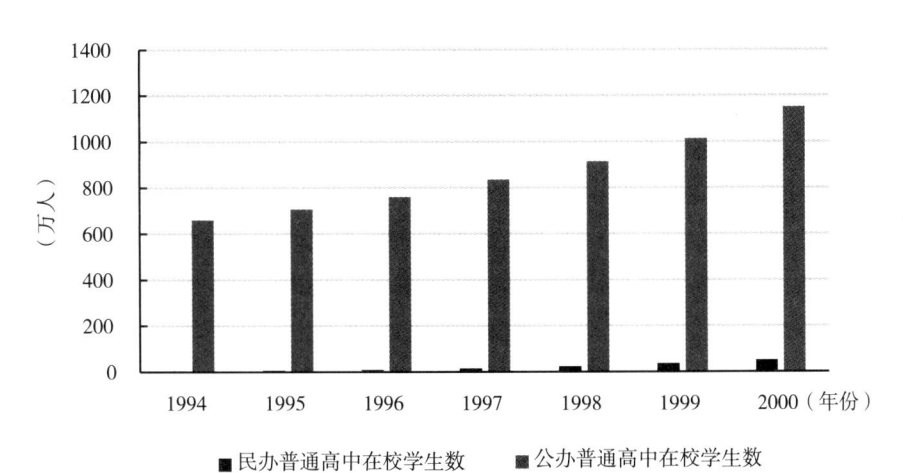

图8.24　民办与公办普通高中在校学生数比较（1994—2000年）

从图8.25可见，1991—1997年，中等专业学校与职业高中在校生数量都呈先升后降趋势，职业高中在校生由多于中等专业学校在校生转向少于中等专业学校学生数，并且少的趋势越来越明显。

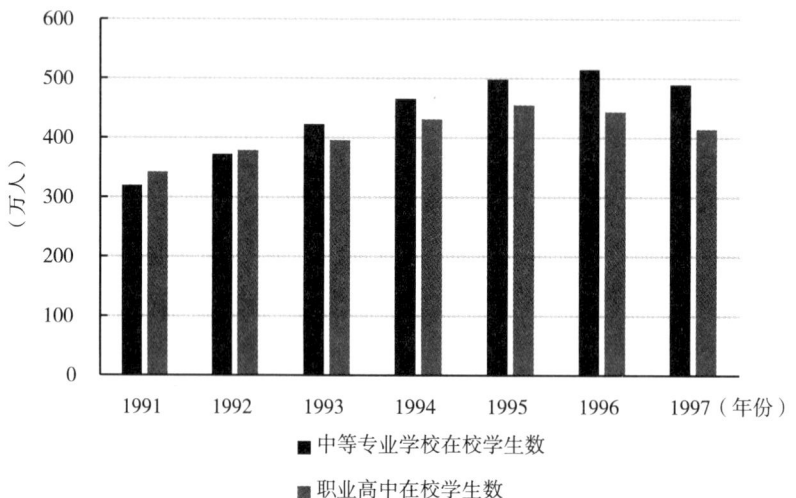

图 8.25 中等专业学校与职业高中学校在校生数量比较（1991—2000 年）

（四）高中阶段教师队伍的数量与学历情况

1. 高中阶段专任教师总数量

从表 8.30 可知，1991—2000 年，我国高中教育阶段专任教师人数总体呈上升态势，由 1991 年的 101.01 万人上升到 2000 年的 129.51 万人，上升 28.5 万人。10 年间，普通高中专任教师人数上升了 18.36 万人，中等专业学校教师人数上升 2.41 万人，职业高中学校教师人数上升 7.72 万人。

表 8.30　　　　　高中阶段专任教师数（1991—2000 年）

年份	高中阶段专任教师总人数（万人）	普通高中专任教师数（万人）	中等专业学校专任教师数（万人）	职业高中专任教师数（万人）
1991	101.01	57.33	23.23	20.46
1992	102.72	57.61	23.51	21.60
1993	102.69	55.90	23.93	22.86
1994	103.51	54.68	24.7	24.13
1995	106.22	55.05	25.68	25.49
1996	110.80	57.21	26.74	26.85

续表

年份	高中阶段专任教师总人数（万人）	普通高中专任教师数（万人）	中等专业学校专任教师数（万人）	职业高中专任教师数（万人）
1997	116.39	60.51	27.64	28.23
1998	121.71	64.24	27.85	29.61
1999	126.21	69.24	27.36	29.61
2000	129.51	75.69	25.64	28.18

从图8.26可见，1991—2000年，我国普通高中专任教师数量呈现先降后升的趋势，上升波段上升趋势显著。中等专业与职业学校均呈现先升后降的趋势，但趋势不明显。就普通高中与职业高中的均衡度来看，这一时期普通高中与职业高中教师数量基本均衡。

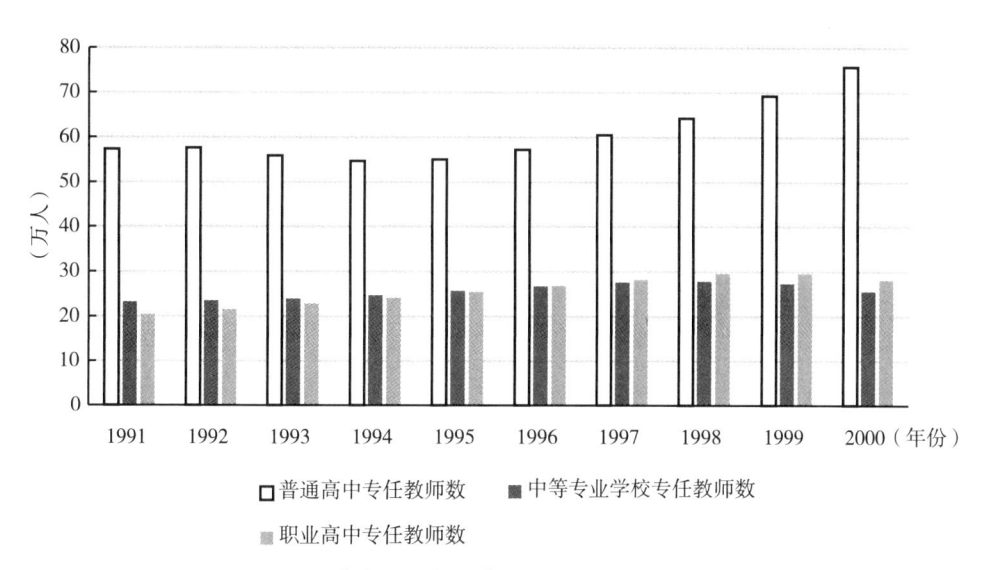

图8.26 高中阶段普通高中、中等专业、职业高中专任教师数量比较（1991—2000年）

2. 高中教育阶段教师学历情况

（1）普通高中教师学历情况

从表8.31可知，1994—2000年，我国普通高中教师本科毕业及以上的人数增加明显，由29.2万人上升到51.8万人，增加22万人；专科毕业生基数大，这一时期基本稳定在22万人；中专毕业生由1.9万人下降到 0.77 万人；高中及以下学历由 0.69 万人下降到 0.35 万人。

表 8.31　　　　　　　普通高中教师学历（1994—2000 年）

年份	合计（人）	大学本科毕业及以上	大学专科毕业	中专毕业	高中毕业及以下的
1994	546839	291879	228741	19263	6956
1995	550521	303941	223951	16618	6011
1996	572071	331541	221433	14154	4943
1997	605132	367467	221295	12049	4321
1998	642442	407860	220967	10168	3447
1999	692439	455989	224768	8749	2933
2000	756850	517888	228775	7782	2405

注：1991—1993 年与 1994 年以后政府对教师学历统计口径不同，这一时期只呈现 1994 年以后的统计数据。

从图 8.27 可见，1994—2000 年，我国普通高中专任教师中本科毕业生呈持续快速上升趋势，专科生保持稳定，中专生基数小且呈下降趋势，高中毕业及以下者基本消失。

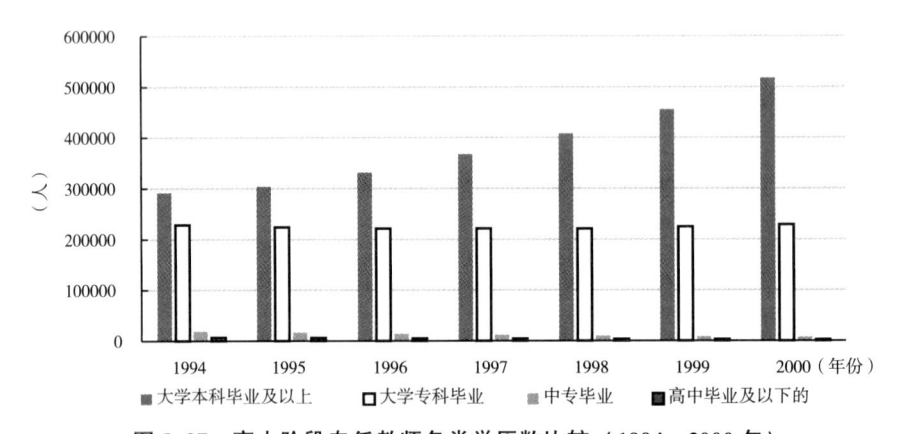

图 8.27　高中阶段专任教师各类学历数比较（1994—2000 年）

（2）中等专业学校专任教师学历情况

从表 8.32 可知，1993—2000 年，我国中等专业学校教师主要由本科毕业生构成。到 2000 年，总数为 25.6 万人的教师队伍中，本科毕业及以上者占 18.7 万人，专科生占 5.6 万人，中专及高中生占 1.2 万人。

第八章 1991—2000年时期儿童的教育

表 8.32　　　　中等专业学校教师学历（1993—2000 年）

年份	合计（人）	高等学校本科毕业及以上	高等学校专科毕业及本科肄业两年以上	高等学校本专科肄业未满两年	中专、高中毕业及以下
1993	239326	146238	68938	1676	22474
1994	247048	153451	69957	1978	21662
1995	256777	161827	71886	2178	20886
1996	267354	173085	72421	2260	19588
1997	276422	184572	71020	2153	18677
1998	278475	193517	67178	1630	16150
1999	273645	195626	62412	1666	13941
2000	256419	186816	55961	1724	11918

从图 8.28 可见，1993—2000 年，中等专业学校教师中，各类学历教师数都呈先升后降趋势。

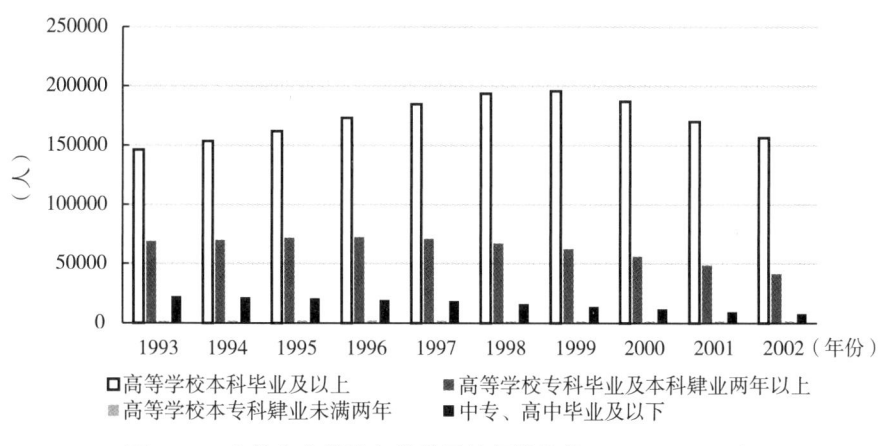

图 8.28　中等专业学校各类学历教师数比较（1993—2000 年）

（3）职业高中专任教师学历情况

从表 8.33 可知，1991—2000 年，我国职业高中学校教师中，本科学历人数呈快速增长态势，10 年增加 7.7 万人，专科学历继续是主力军，中专学历还占据一定的数量。到 2000 年，职业高中学校教师主要由本科与专科两种学历构成，并各占半壁江山。

表 8.33　　　　　职业高中教师学历（1991—2000 年）

年份	合计（人）	大学本科毕业及以上	大学专科毕业	中专毕业	高中毕业及以下
1991	204553	47768	114345	30066	12374
1992	215955	53180	121575	29880	11320
1993	228636	59430	128508	29918	10780
1994	241263	66314	134654	30047	10248
1995	254858	73874	142085	29575	9324
1996	268483	83780	149398	27190	8115
1997	282335	95598	154882	24920	6935
1998	296117	110788	156178	23182	5969
1999	296081	119994	150515	20428	5144
2000	281764	124911	136267	16782	3804

从图 8.29 可见，1991—2000 年，职业高中学校教师中，专科学历呈先升后降趋势，数量由占总数的绝对优势下降到与本科及以上学历者基本持平；本科及以上学历呈现逐年增长趋势，数量由约占总数的 1/4 上升到约占总数的一半；中专学历呈下降趋势。

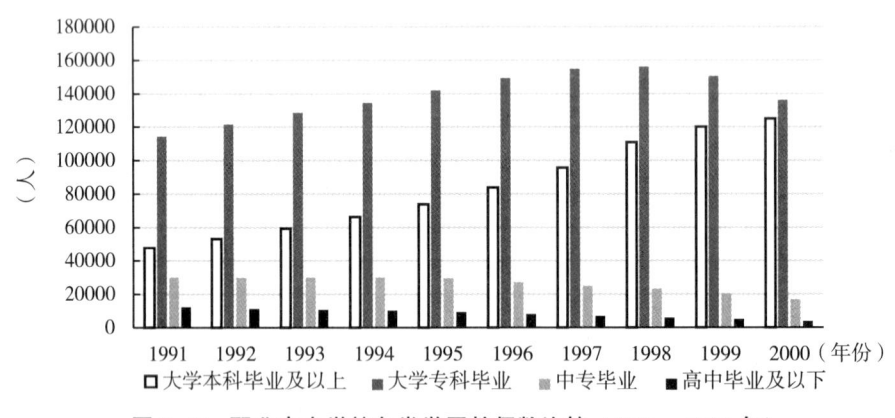

图 8.29　职业高中学校各类学历教师数比较（1991—2000 年）

（五）国家财政教育经费投入情况

1. 普通高中国家财政经费投入情况

从表 8.34 可知，1997 年普通高中国家财政经费投入额为 139.75 亿元，到 2000 年增加到 289.7 亿元，约增加 150 亿元。

表 8.34　普通高中国家财政教育经费投入（1997—2000 年）

年份	1997	1998	1999	2000
教育经费（万元）	1397521	2230117	2533766.1	2896958.9

2. 高中职业教育国家财政经费投入情况

从表 8.35 可知，1997 年普通高中职业教育国家财政经费投入额为 167.9 亿元，到 2000 年增加到 190.1 亿元，约增加 22.2 亿元，增量不明显。

表 8.35　高中职业教育国家财政教育经费投入（1997—2000 年）

年份		1997	1998	1999	2000
教育经费（万元）	中等专业学校	1088659	1060807	1148515.4	1170963
	职业高中	590755	624816	700239.8	731363.1

从图 8.30 可见 1997—2000 年，职业高中阶段国家财政教育经费投入总体呈微弱上升趋势，变化不明显。1997 年，中等职业学校与职业高中学校的经费比为 1.85∶1，到 2000 年，两者经费比为 1.6∶1，经费投入差距在逐渐缩小。

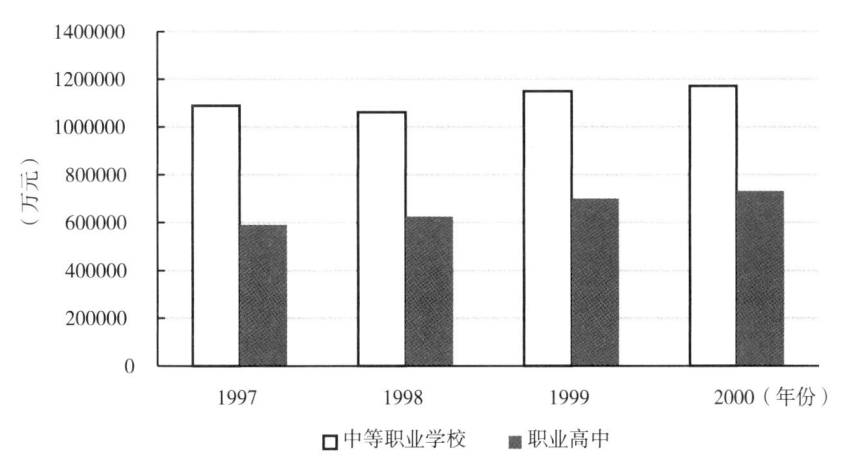

图 8.30　中等职业学校与职业高中国家财政经费投入额比较（1997—2000 年）

第四节　特殊与弱势儿童的教育

1991—2000年，中国九年制义务教育的目标是基本普及。在这种局势下，特殊儿童教育的目标是在城市与发达地区基本普及初等教育；弱势儿童类型中失学率偏高的贫困女童与流动儿童也进入了国家政策制定者的视线。

一　国家政策动向：由单一结构走向结构调整改革时期

这一时期，特殊儿童教育打破残疾儿童就读特殊学校的单一结构，将随班就读确定为发展与普及残疾儿童义务教育的主要办学形式。弱势儿童教育打破只关注传统的贫困儿童问题的单一性，开始关注新形势新时期出现的新的弱势儿童类型：流动儿童。

（一）特殊儿童教育体系规范与结构调整时期

这一时期，特殊儿童教育改革的政策呈现以下几方面特征：其一，对各省各市的残疾儿童入学率目标，基于区域发展水平差异提出不同指标；其二，打破残疾儿童就读特殊学校的单一结构，将随班就读确定为发展与普及残疾儿童义务教育的主要办学形式。

1991年12月29日，国家计委、国家教委、中国残疾人联合会等16个部门共同制定并颁布了《中国残疾人事业"八五"计划纲要（1991—1995年）》。针对残疾儿童教育方面，《计划纲要》制定的目标：使需要接受特殊教育儿童的初等义务教育率，在城市和发达与比较发达地区达到60%左右，中等发展地区达到30%左右，困难地区有较大提高。

为了贯彻实现《中国残疾人事业"八五"计划纲要（1991—1995年）》中的目标，1992年5月12日，国家教委和中国残疾人联合会制定并颁布了《残疾儿童少年义务教育"八五"实施方案》。《实施方案》对各省市的残疾儿童入学率给出明确的任务指标：北京、天津、上海和计划市为80%；江苏、山东等7省和其他经济比较发达地区及所有城市（地级市）为60%左右；河北、湖北、江西、陕西等11省为30%；广西壮族自治区、青海省、西藏自治区等9省、自治区制定各自的指标，在现有的基础上有较大的提高。

1993年10月12日，国家教委颁布《全日制盲校课程计划（试行）》

和《全日制聋校课程计划》，分别对 1984 年与 1987 年制定的教学计划进行修订，并将"教学计划"更名为"课程计划"。

1994 年 7 月 21 日，国家教委颁布《关于开展残疾儿童少年随班就读工作的试行办法》。《办法》对残疾儿童就读问题给出七个方面 36 条指示，基本原则是将随班就读确定为发展与普及残疾儿童少年义务教育的主要办学形式，残疾儿童主要依托普通学校附设特教班和随班就读两种方式接受义务教育。

1994 年 8 月 23 日，国务院批准并颁布实施《残疾人教育条例》。《条例》由九章 52 条规定构成，它是中国第一部有关残疾人教育的专项法规，为保障残疾儿童受教育权利提供了法律依据。

1994 年 10 月，国家教委颁布《全日制弱智学校（班）课程计划（征求意见稿）》，它是对 1987 年颁布的《全日制弱智学校（班）教学计划（征求意见稿）》的调整与修改。

1996 年 4 月 26 日，国务院残疾人工作协调委员会制定并颁布《中国残疾人事业"九五"计划纲要（1996—2000 年）》及其配套实施方案。针对残疾儿童教育，《计划纲要》提出到 2000 年的任务：可以接受普通教育的残疾儿童少年入学率达到与当地其他儿童少年同等水平，视力、听力、言语、智力残疾儿童少年义务教育入学率达 80% 左右。

1998 年 12 月 2 日，教育部颁布《特殊教育学校暂行规程》。《规程》对特殊教育学校的招生、教育教学、人事、内部管理与安全、设备与校舍、与社会联系等八方面做出 68 条规定，旨在规范特殊教育学校的管理与教学，全面提高特殊教育的质量。

表 8.36 为 1991—2000 年，中国政府制定与出台的关于特殊儿童教育的政策。

表 8.36　　　关于特殊儿童教育的政策（1991—2000 年）

颁布时间	颁布部门	名称
1991.12.29	国家计委、国家教委、中国残疾人联合会等 16 个部门	《中国残疾人事业"八五"计划纲要（1991—1995 年）》
1992.05.12	国家教委、中国残疾人联合会	《残疾儿童少年义务教育"八五"实施方案》
1993.10.12	国家教委	《全日制盲校课程计划（试行）》
1993.10.12	国家教委	《全日制聋校课程计划（试行）》

续表

颁布时间	颁布部门	名称
1994.07.21	国家教委	《关于开展残疾儿童少年随班就读工作的试行办法》
1994.08.23	国务院	《残疾人教育条例》
1994.10	国家教委	《全日制弱智学校（班）课程计划（征求意见稿）》
1996.04.26	国务院残疾人工作协调委员会	《中国残疾人事业"九五"计划纲要（1996—2000年）》
1998.12.12	教育部	《特殊教育学校暂行规程》

（二）1991—2000年：弱势儿童教育关注贫困失学女童与流动儿童义务教育时期

这一阶段政府的核心任务还是普及义务教育，所以，"贫困失学儿童"群体仍然是政府与社会的主要关注重点。

1993年2月13日，国务院颁布的《中国教育改革和发展纲要》中明确指出：积极支持贫困地区和民族地区发展教育。

《中华人民共和国国民经济和社会发展"九五"计划和2010年远景目标纲要》中提出："九五"期间，在占总人口85%的地区普及九年义务教育，重点加强农村特别是贫困地区的义务教育。在经费、师资和教学手段上加强对贫困地区的支持。

从1995年起，中央政府实施贫困地区义务教育工程：1995—2000年，由中央财政拨出39亿元作为资助贫困地区义务教育专款，分配到21个省、自治区、直辖市的852个县，主要用于农村小学和初中的危房改造、购置课桌椅、仪器设施、图书及开展师资培训的支出等。除中央拨款外，要求各级地方政府按2∶1的比例投入配套资金。义务教育工程共动员资金126亿元，每个贫困县得到中央拨款平均为460万元左右。

2000年4月国家启动"东部地区学校对口支援西部贫困地区学校工程"和"大中城市对口支援本省贫困地区学校工程"，通过政策倾斜的方式实现经济发展地区对贫困地区、城市对农村边远地区的教育支助。

这一时期，贫困失学女童引起了中国社会以及政府的关注。

1990年中华人民共和国第四次人口普查的数据结果显示：全国1.8亿文盲，女性占2/3。1993年统计数据显示：全国261万未入学小学适龄儿童中，女童173.4万，占失学儿童总数的66.4%。这些数据使女童失学问题引起社会关注，弱势儿童也就分化出贫困失学女童这一类别。

1996年7月15日，国家教委颁布《关于进一步加强贫困地区、民族地区女童教育工作的十条意见》。《意见》要求：各级政府必须提高对女童教育重要性的认识，把女童教育列入普及义务教育重要议事日程；政府必须依法办学，提供必要办学条件，社会必须保障女童受教育的权利不受侵犯，学校必须依法为女童入学提供良好的受教育环境。

90年代中末期，随着中国经济与社会改革的深入，尤其社会主义市场经济的确立，推动了中国社会工业化、城市化进程，城市出现了大量劳动力需求，农村剩余劳动力开始向城市转移，随之出现了流动儿童和留守儿童群体。这一时期，中国出台了专门针对流动儿童的国家政策，但还没有政策提到流守儿童。

1998年3月2日，国家教委颁布《流动儿童少年就学暂行办法》。《办法》由19条规定构成，是中国政府首次出台的专门针对流动儿童问题的政策文件。《办法》的核心内容：要求各地各级流入地政府，为流动儿童创造条件，提供接受义务教育的机会。

表8.37为1991—2000年，中国政府制定与出台的关于弱势儿童教育的政策。

表8.37　　　　　　关于弱势儿童教育的政策（1991—2000年）

颁布时间	颁布部门	名称
1996.7.15	国家教委	《关于进一步加强贫困地区、民族地区女童教育工作的十条意见》
1998.3.22	国家教委	《流动儿童少年就学暂行办法》

二　国家数据统计：特殊教育发展状况

（一）特殊教育学校数量发展规模

从表8.38可见，1991年中国特殊教育学校数为886所，到2000年增加到1539所，增加了653所。

表8.38　　　　　　特殊教育学校数（1991—2000年）

年份	特殊教育学校总数（所）	盲校（所）	聋哑校（所）	盲聋哑校（所）	弱智儿童辅读学校（所）
1991	886	24	550	77	235
1992	1027	26	642	86	273

续表

年份	特殊教育学校总数（所）	盲校（所）	聋哑校（所）	盲聋哑校（所）	弱智儿童辅读学校（所）
1993	1123	26	714	84	299
1994	1241	22	729	120	370
1995	1379	28	786	119	446
1996	1428	27	808	145	448
1997	1440	27	845	143	425
1998	1535	28	871	163	473
1999	1520	29	888	185	418
2000	1539	31	900	177	431

（二）特殊教育学校在校学生数量发展规模

从表8.39可见，1991年中国特殊教育在校生人数为8.50万人，到2000年增加到37.76万人，增加了29.26万人。

表8.39　　　　特殊教育在校学生数（1991—2000年）

年份	总计（万人）	盲生（人）	聋哑生（人）	弱智生（人）
1991	8.50	3068	52559	29381
1992	12.63	3499	57281	65476
1993	16.86	3214	60460	98815
1994	21.14	4121	68060	139223
1995	29.56	6120	77040	212439
1996	32.11	7535	82614	230914
1997	34.06	8151	87274	245196
1998	35.84	9078	88571	260723
1999	37.16	9870	91238	270517
2000	37.76	9653	93471	274475

1978—1990年时期，中国特殊教育学校在校人数主要由聋哑儿童构成。从图8.31可见，弱智儿童在校人数呈急剧增长趋势，由2.9万人增加到27.4万人，增加了24.5万人，到1994年弱智儿童在校人数已经超过了聋哑儿童与盲童之和。1991—2000年，聋哑儿童在校人数呈持续微微上升态势，盲童仍处于弱势地位，数量基数小增量也小。

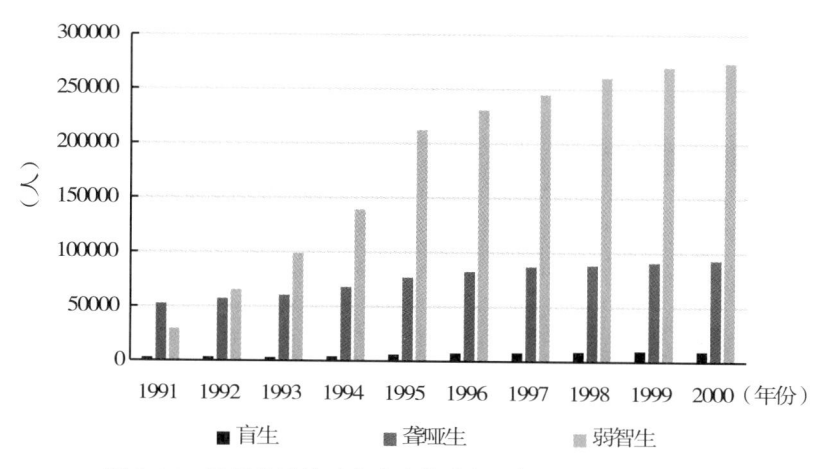

图 8.31 不同类型特殊儿童在校人数比较（1991—2000 年）

（三）特殊教育教师队伍数量情况

从表 8.40 可见，1991 年中国特殊教育学校教职工总数为 2.34 万人，其中专任教师数量达到 1.6 万人。到 2000 年教职工总数增加到 4.37 万人，10 年教职工总数增加了 2.03 万人，其中专任教师数量为 3.2 万人，专任教师增加了 1.6 万人。

表 8.40　　　　　　　　教职工与专任教师数（1991—2000 年）

年份	教职工数（万人）	聋（人）	盲（人）	弱智（人）	合计（万人）
1991	2.34	10908	960	4143	1.6
1992	2.7	12344	1036	4942	1.83
1993	2.96	13428	1133	5522	2.04
1994	3.32	15025	1186	6502	2.27
1995	3.68	16478	1352	7362	2.52
1996	3.97	17626	1434	7956	2.7
1997	4.33	18581	1577	8362	2.85
1998	4.16	19653	1762	8478	2.99
1999	4.51	20270	1827	9280	3.14
2000	4.37	20877	1806	9300	3.2

（四）国家财政教育经费投入情况

从表 8.41 可知，1997 年中国国家财政对特殊教育的经费投入为 6.77

亿元,到 2000 年提升到 9.57 亿元,4 年提升了 2.8 亿元。

表 8.41　　特殊教育国家财政教育经费（1997—2000 年）

年份	1997	1998	1999	2000
教育经费（万元）	67692	74100	81966.6	95716.5

第九章

1991—2000年时期儿童的福利与法律保护

儿童福利概念分为广义与狭义。广义的儿童福利是面向社会全体家庭和儿童,社会对每一儿童都负有责任,是发展性、制度性的福利,是"普惠型"福利。狭义儿童福利是面向处境不利儿童群体提供的特定服务,是"补缺型"社会福利,服务对象是困境儿童。1991—2000年的中国社会,就儿童福利事业发展而言,属于"补缺型"社会福利制度的建立时期,受社会经济发展水平与制度的制约,有限的社会资源只能满足少数处境不利儿童的需要。就儿童法律保护事业的发展而言,在包括司法保护、义务教育与职业教育、婚姻家庭与财产继承、预防未成年人犯罪、儿童生存发展与生活福利等领域的儿童保护法律框架内,中国已经涉及司法保护、义务教育与职业教育、婚姻家庭与财产继承、预防未成年人犯罪等领域,建立了基本的儿童法律保护体系。

第一节 儿童的福利

1990年8月中国政府签署了《儿童权利公约》以后,1991年3月紧接着又签署了《儿童生存、保护和发展世界宣言》和《执行九十年代儿童生存、保护和发展世界宣言行动计划》两个国际文件。这三个国际纲领性文件的签署,标志着中国儿童福利事业与国际接轨,儿童福利逐渐成为公共政策议题,中国儿童福利的制度化建设拉开序幕。

一 国家政策动向:"补缺型"儿童福利制度建立时期

这一时期中国政府对处境不利儿童的保护重点集中在孤、残、贫困的生活救助与病残儿童的医疗救助上,这些救助政策与举措的出台,标志着以处境不利儿童为轴心的"补缺型"儿童福利制度开始建立起来。

(一)儿童福利政策的制定与实施

1990年2月22日,在中国政府准备签署《儿童权利公约》时期,成立了"国务院妇女儿童工作协调委员会"。它是中国政府专门负责妇女儿童工作的机构,负责协调政府各有关部门和非政府组织做好妇女儿童工作,推动儿童事业发展,维护儿童权利,监督有关保护儿童权益的法律法规及《儿童纲要》的实施。中央成立妇女儿童工作协调委员会以后,全国省(区、市)、地(市、区)、县(市、区)各级政府也逐步成立了妇女儿童工作委员会,负责本地区儿童发展规划的制定和监测评估。1993年8月4日,"国务院妇女儿童工作协调委员会"更名为"国务院妇女儿童工作委员会",职能不变。

作为世界儿童问题首脑会议两个国际文件和《儿童权利公约》的签署国,中国依据国民经济和社会发展规划的总目标,结合中国儿童生存、保护、发展的现状,参照上述三个国际文件,制定了《九十年代中国儿童发展规划纲要》,并在1992年2月16日正式颁布。这是中国历史上第一个儿童发展的政府规划,标志着中国政府落实《儿童权利公约》与世界儿童问题首脑会议签署文件的后续行动的正式启动。

这一时期中国政府对处境不利儿童的保护重点集中在孤、残、贫困的生活救助与病残儿童的医疗救助上。

1. 孤残儿童养护的政策与举措

中国的孤残儿童包括:其父母死亡或人民法院宣告其父母死亡的不满14周岁的孤儿;因天灾或不可预测事故失去双亲的儿童,因身患难以完全康复的智残或肢残等重残的残疾儿童,因严重疾病、非婚生或其他因素而被父母遗弃后查找不到生父母的弃婴[1]。为孤残儿童提供福利项目,是中国儿童福利事业的主要任务。

1991年12月29日,全国人大通过《中华人民共和国收养法》。1998年11月4日通过了对《收养法》的修改。修改后的《收养法》对收养关系成立、送养与收养人条件、收养登记与收养关系的成立、收养协议的订立、收养公证与户口登记办理、收养效力与关系的解除、法律责任等做了

---

[1] 陆士桢、魏兆鹏、胡伟:《中国儿童政策概论》,社会科学文献出版社2005年版,第293—294页。

详细规定，收养条件更加合理，收养程序更加科学。

1992年10月7日，民政部颁布《关于外国人收养我国社会福利院抚养的儿童若干问题的补充通知》；1999年5月25日，民政部颁布《外国人在中华人民共和国收养子女登记办法》。这两项政策，对相关外国人（或收养人夫妻一方为外国人）在中国收养子女的原则、程序、材料、出境手续等事项做了规定。

1996年7月17日，公安部颁布《关于加强涉外收养儿童出国管理工作的通知》。《通知》旨在加强涉外收养工作的管理，严格依法审批核发被收养儿童的出国护照。

1999年5月12日，民政部颁布《中国公民收养子女登记办法》。《办法》对中国境内的收养登记行为进行规范，确保收养信息完整可查，保护被收养儿童的权益。

1999年12月30日，民政部颁布《社会福利机构管理暂行办法》。《办法》由总则、审批、管理、法律责任、附则等5章29条内容构成，规范社会福利机构的管理，促进社会福利事业的健康发展。

2000年9月25日，中国收养中心颁布《中国收养中心委托收养组织为病残儿童和大龄儿童寻找收养家庭的实施办法》。《办法》对受委托收养组织的条件、办理程序、注意事项等方面做了规定。

2. 残疾与贫困儿童救助的政策与举措

1990年12月28日，全国人大通过《中华人民共和国残疾人保障法》。《保障法》使中国社会对残疾儿童的保护有法可依。

1994年8月23日，国务院颁布实施《中华人民共和国残疾人教育条例》。《条例》是我国第一部有关残疾人教育的专项法规，它的颁布实施，从法律上保障我国残疾人平等的受教育权利。在贯彻执行基本普及残疾儿童义务教育的国家目标时，有了法律依据。

1998年3月2日，国家教委与公安部联合颁布《流动儿童少年就学暂行办法》。《办法》明确要求各地政府给予流动儿童平等的受教育权利。

1999年9月28日，国务院颁布《城市居民最低生活保障条例》。城市散居的孤儿、贫困儿童也被安排在这项制度保障范围内。

3. 病残儿童医疗与康复保障的政策与举措

1998年3月31日，卫生部颁布《特殊人群计划免疫工作管理方案》。

《方案》的制定与颁布旨在提高特殊人群中儿童免疫接种率和免疫服务质量，消除免疫空白，减少易感人群，降低计划免疫针对传染病发病率，保护儿童健康。

表 9.1 为 1991—2000 年，中国政府为各类困境儿童制定的政策。

表 9.1　　　为各类困境儿童制定的政策（1991—2000 年）

颁布时间	颁布部门	名称
1990.12.28	全国人大	《中华人民共和国残疾人保障法》
1991.12.29/ 1998.11.4 修改	全国人大	《中华人民共和国收养法》
1992.10.07	民政部	《关于外国人收养我国社会福利院抚养的儿童若干问题的补充通知》
1994.08.23	国务院	《中华人民共和国残疾人教育条例》
1996.07.17	公安部	《关于加强涉外收养儿童出国管理工作的通知》
1998.03.02	国家教委 公安部	《流动儿童少年就学暂行办法》
1998.03.21	卫生部	《特殊人群计划免疫工作管理方案》
1999.05.12	民政部	《中国公民收养子女登记办法》
1999.05.25	民政部	《外国人在中华人民共和国收养子女登记办法》
1999.09.28	国务院	《城市居民最低生活保障条例》
1999.12.30	民政部	《社会福利机构管理暂行办法》
2000.09.25	中国收养中心	《中国收养中心委托收养组织为病残儿童和大龄儿童寻找收养家庭的实施办法》

（二）儿童福利服务体系的建构

1990 年 2 月 22 日，中国政府专门成立了"国务院妇女儿童工作协调委员会"，1993 年 8 月 4 日，更名为"国务院妇女儿童工作委员会"，它是儿童福利工作展开的专门的职能部门。与此同时，全国从省到地区到县，各级政府均成立妇女儿童工作委员会，使儿童事业工作的展开有了规范的政府机构体系。

1991 年中国成立两个专门从事妇女儿童工作的研究性机构：全国妇联妇女研究所与中国青少年发展中心。1996 年中国成立"中国收养中心"，其专门负责涉外收养具体事务，承担社会福利机构儿童养育和国内收养部分具体工作。1998 年 8 月成立了中国青少年发展服务中心，它是共青团中央的直属单位，专门研究探索服务青少年健康成长的策略与措施。这些儿童研究与福利机构,研究范围广泛,研究的议题多样化,研究成果从不同角度反映我国儿童问题的演变趋势。

由于社会的全面发展和国家经济实力的不断增强,我国儿童福利服务事业的发展逐步走向社会化。1999年2月27日,国务院批转民政部等部门制定的《关于加快实现社会福利社会化的意见的通知》。《通知》明确指出:在儿童福利机构的管理和规划的问题上,政府管理仍然是未来我国儿童福利机构的主要管理方式。有时,也因地制宜地采用其他方式辅助,如吸纳社会资金合办儿童福利机构,同时也同意通过收养、助养、寄养和社会捐赠等多种渠道,走社会化、制度化发展的道路。

二 国家数据统计:困境儿童状况

(一)困境儿童救助情况

自1998年开始,中国政府对社会弃婴数量、社会福利机构抚养的孤儿数与弃婴数公布与出版统计数据。

从表9.2可见,1998年社会弃婴数为1.7万人,到2000年增加到3.71万人,3年增加了2.01万人,增量明显。社会福利机构抚养的儿童占社会弃婴数的一半左右。

表9.2　　　　　　　　困境儿童救助情况(1998—2000年)

年份	社会弃婴数	社会福利机构抚养的孤儿数	社会福利机构抚养的弃婴数	儿童福利院全年在院人次	救助管理站救助儿童人次	流浪儿童救助保护中心救助儿童人次
1998	17047	722	8316			
1999	24431	1670	11050	14109		
2000	37076	1847	15550	18039		

(二)艾滋病病毒年度感染例数情况

从图9.1可知,1990—2000年,我国艾滋病病毒年度感染例数呈现缓缓提升的趋势,每年感染艾滋病病毒的新增例数控制在1000例以内。感染艾滋病病毒例数的逐年增加,意味着受艾滋病影响的儿童也相应增加,预防与救助受艾滋病影响的儿童将是中国面临的严峻问题。

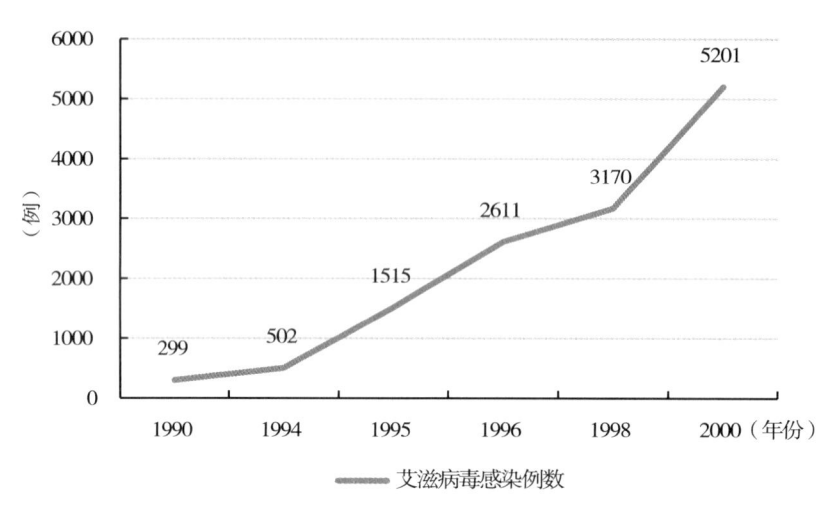

图 9.1　艾滋病病毒年度感染例数变化趋势（1990—2000 年）

第二节　儿童的法律保护

一个国家对儿童的保护体现在儿童法律保护体系的建立与完善上，而儿童法律保护体系主要指与儿童保护相关的法律法规及涉及预防与保护儿童犯罪的司法制度。1991—2000 年是中国儿童法律保护体系的建立时期。

一　国家政策动向：儿童法律保护体系建立时期

（一）儿童保护的法律法规体系建立时期

这十年是中国儿童保护与世界接轨后的十年，儿童的社会主体地位被确立。表 9.3 为 1991—2000 年，全国人大及其常委会颁布实施的涉及儿童保护部分的法律。

表 9.3　　　　　涉及儿童保护的法律（1991—2000 年）

保护权利	保护领域	颁布部门	颁布时间	名称	主要内容
生存权	专门性保护	全国人大常委会	1991.09	《中华人民共和国未成年人保护法》	保障未成年人合法性权益，促进其全面发展
		全国人大	1992.04	《中华人民共和国妇女权益保障法》	禁止招收未满十六周岁女工，禁止溺、弃、残害女婴
		全国人大	1991.12	《中华人民共和国收养法》	

续表

保护权利	保护领域	颁布部门	颁布时间	名称	主要内容
生存权	出生与健康	全国人大常委会	1994.10	《中华人民共和国母婴保健法》	保障母亲和婴儿健康，提高出生人口素质
			1994.07	《中华人民共和国劳动法》	禁止招收十六周岁以下儿童
	安全	全国人大	1995.10	《中华人民共和国食品卫生法》	幼儿食品必须符合营养、卫生标准
受保护权	司法		1991.04	《中华人民共和国民事诉讼法》	
		全国人大常委会	1999.06	《中华人民共和国预防未成年人犯罪法》	保障未成年人身心健康，有效预防未成年人犯罪
	特殊儿童支持		1993.10	《中华人民共和国红十字会法》	对遭遇特殊境遇儿童进行人道救助
			1994.05	《中华人民共和国国籍法》	对儿童入中国国籍事项做出规定
			1999.06	《中华人民共和国公益事业捐赠法》	对特殊儿童机构捐赠事项规定
发展权	教育	全国人大	1995.3	《中华人民共和国教育法》	各级政府采取各种措施保障适龄儿童就学

在以上十二部涉及儿童保护的法律文件中，与儿童保护直接相关的法律有《中华人民共和国未成年人保护法》《中华人民共和国收养法》《中华人民共和国母婴保健法》《中华人民共和国预防未成年人犯罪法》四部。尤其是《中华人民共和国未成年人保护法》与《中华人民共和国预防未成年人犯罪法》这两部法律，对儿童法律保护具有奠基性的意义。1991年9月颁布的《中华人民共和国未成年人保护法》，首次以国家基本法律的形式，提出未成年人的社会保护基本类型和社会保护制度框架，将未成年人的社会保护分为家庭保护、学校保护、社会保护与司法保护四种最基本类型，规定"对违法犯罪的未成年人实行教育、感化、挽救的方针，坚持教育为主、惩罚为辅的原则"，确定了保障未成年人的合法权益，尊重未成年人的人格尊严，教育与保护相结合的原则[1]。1996年6月颁布的《中华人民共和国预防未成年犯罪法》，则强调预防未成年人犯罪的重要性，巩固少年司法制度，完善未成年人司法保护体系，标志着儿童

---

[1] 刘继同、郭岩：《整合儿童健康与儿童福利：重构中国现代儿童福利政策框架》，《学习与实践》2007年第2期。

社会保护特别是司法保护制度框架的形成，预防犯罪和教育感化挽救是制度重点①。

除了法律文件，这十年涉及儿童保护的行政法规也大有改观。表9.4为1991—2000年，国务院制定、颁布实施的涉及儿童保护部分的行政法规。

表9.4　　　　　　涉及儿童保护的法规（1991—2000年）

保护权利	保护领域	颁布部门	颁布时间	名称	主要内容
生存权	专门性保护	国务院	1992.2	《九十年代中国儿童发展规划纲要》	保障新一代儿童身心健康成长
	出生与健康		1999.9	《城市居民最低生活保障条例》	保护儿童最低生活保障
	安全		1994.8	《食盐加碘消除碘缺乏危害管理条例》	保障儿童食盐安全与健康
受保护权	特殊儿童支持		1998.8	《流动人口计划生育工作管理办法》	保障流动人口家庭的儿童健康
		国务院	1994.8	《残疾人教育条例》	各级各类教育机构应当依照国家有关法律、法规规定，实施残疾人教育

1992年2月，《九十年代中国儿童发展规划纲要》颁布，是中国历史上儿童终于有了独立的社会主体地位的标志。对儿童的法律保护而言，则强调立法与法律法规的有效执行。

除以上的法律法规外，表9.5由中央各部门制定的部门章程，这些司法保护性质的政策，对儿童法律保护也具有特殊意义。

表9.5　　　　　儿童法律保护的部门章程（1991—2000年）

保护权利	保护领域	颁布部门	颁布时间	名称	主要内容
受保护权	司法	全国人大常委会	1991	《关于严惩拐卖绑架妇女儿童的犯罪分子的决定》	严厉打击拐卖绑架妇女儿童等犯罪活动。
		最高人民法院	1992	《关于办理少年刑事案件的若干规定》	人民法院应当在刑事审判庭内设立少年法庭
		公安部	1995	《公安机关办理未成年人违法犯罪案件的规定》	保护未成年人的合法权益，教育、挽救违法犯罪的未成年人

---

① 刘继同、郭岩：《整合儿童健康与儿童福利：重构中国现代儿童福利政策框架》，《学习与实践》2007年第2期。

续表

保护权利	保护领域	颁布部门	颁布时间	名称	主要内容
受保护权	司法	司法部	1999.5	《未成年犯管教所管理规定》	加强对未成年犯管教所的管理
		公安部	2000	《关于打击拐卖妇女儿童犯罪适用法律和政策有关问题的意见》	严厉打击拐卖妇女儿童犯罪

从表9.3与9.4可以看出，这一时期儿童法律保护意识明显加强，关于儿童的法律保护呈现以下特征。其一，出现了以儿童为独立主体的法律法规，包括《中华人民共和国未成年人保护法》与《中华人民共和国预防未成年人犯罪法》《九十年代中国儿童发展规划纲要》。另外，还有两部与儿童保护直接相关的法律《中华人民共和国收养法》《中华人民共和国母婴保健法》。其二，在专门的儿童保护法律法规中以及在儿童保护的法律法规条款中，作为法律保护对象的儿童，有了类型、年龄的区分。出台了不少有关特殊儿童、弱势儿童保护的法律法规及条款，对儿童的法律保护在保护对象上有了相对明确的界定。其三，儿童法律保护的领域不再局限于儿童最基本的生存权，开始兼顾生存权、发展权、受保护权，也开始涉及参与权。

（二）儿童保护司法制度的发展

1991—2000年，中国少年司法制度得到长足发展。中国已建立少年刑事案件合议庭、少年刑事案件审判庭、少年综合案件审判庭、少年案件指定管辖以及青少年刑庭并存的多元少年法庭体系[1]或多种少年审判机构。

二 国家数据统计：儿童司法及援助状况

从表9.6可见，1991—2000年，中国未成年人罪犯数量每年在3.3—4.2万人，未成年人罪犯占全体罪犯比率每年在6%—7.2%。

---

[1] 刘继同、郭岩：《整合儿童健康与儿童福利：重构中国现代儿童福利政策框架》，《学习与实践》2007年第2期。

表 9.6　　　　　　　　儿童司法及援助（1991—2000 年）

年份	法院审理刑事犯罪总数（人）	未成年人罪犯（人）	未成年人罪犯占全体罪犯比率（％）	法律援助机构援助未成年人人次	拐卖妇女儿童数（人）
1991	507238	33392	6.58		26507
1992	492817	33399	6.78		17168
1993	449920	32408	7.20		15629
1994	545282	38388	7.04		11367
1995	543276	35832	6.60		10670
1996	665556	40220	6.04		8290
1997	526312	30446	5.78		6425
1998	528301	33612	6.36		6513
1999	602380	40014	6.64	15642	7257
2000	639814	41709	6.52	27439	23163

第十章

1991—2000年时期儿童发展的自然与社会文化环境

1991—2000年，就儿童生存与发展的自然环境而言，中国环境治理走向"控制全程、协调发展"的时期；就儿童生存与发展的社会文化环境而言，中国政府与社会采取了一些优化儿童社会文化环境的举措。

第一节 儿童发展的自然环境

一 国家政策动向："控制全程、协调发展"的环境治理时期

1992年，联合国召开环境与发展会议，通过了《二十一世纪议程》。《议程》正式否定了工业革命以来那种"高生产、高消费、高污染"传统发展模式，主张与推广"可持续发展"理念[①]。中国政府做出履行《二十世纪议程》的承诺，并于1992年7月着手编制《中国二十世纪议程》。1993年，在第二次全国工业污染防治会议上，国家环保局与国家经贸委联合主张并推行：转变传统发展战略，实施"三个转变"，即从"末端治理"向全过程控制转变，从单纯浓度控制向浓度与总量控制相结合转变，从分散治理向分散与集中治理相结合转变[②]。1994年3月25日，国务院颁布《中国二十世纪议程》，提出了中国可持续发展的战略目标、重点以及重大行动。

---

① 俞海滨：《改革开放以来我国环境治理历程与展望》，《毛泽东邓小平理论研究》2010年第12期。
② 同上。

1996年7月,国务院组织召开第四次全国环境保护会议,随后的1996年8月3日,颁布《关于环境保护若干问题的决定》。《决定》要求:排放污染物的企业限期达到国家标准,在全国实施"总量控制"和"绿色工程"两项举措。"总量控制"是指《"九五"期间全国主要污染物排放总量控制计划》,"绿色工程"是指《中国跨世纪绿色工程规划》,这两个政策文件实际上是中国《国家环境保护"九五"计划和2010年远景目标》的附件[1]。1996年12月1日,国家环境保护局、计划委员会、经济发展委员会联合颁布了《中国跨世纪绿色规划第一期(1996—2000年)》(以下简称《绿色规划》)。《绿色规划》针对中国环境保护的重点地区、重点问题和国际环境履约行动,提出了近1600个项目,是一部具有较强操作性的环境保护工程行动计划。1997年6月10日,国家环境保护总局颁布了《"九五"期间全国主要污染物排放总量控制实施方案(试行)》。《实施方案》旨在落实1996年国务院《关于环境保护若干问题的决定》中提出的污染物排放总量控制这一重大举措。1998年6月,国家环境保护局升格为国家环境保护总局(正部级),是国务院主管环境保护工作的直属机构。撤销国务院环境保护委员会。

20世纪90年代,有关环境治理的法律法规、部门规章继续密集颁布,一批法律法规被密集修订,环境污染防治处于中央政策议程的重心地位。这一时期,中国政府对环境保护与污染治理,秉持1993年第二次全国工业污染防治会议上提出的"转变传统发展战略,实施'三个转变'"的基本思路。环境污染防治政策与举措具有全过程控制、集中治理、浓度与总量相结合,治理重心指向区域性污染控制等特征,政策绩效显著提高[2]。表10.1为1991—2000年中央政府颁布在环境治理领域的主要政策,大概可以分为:运用市场机制、健全污染防治法制化管理、完善行政配套三类政策。

---

[1] 李春娟:《改革开放以来中国环境政策及其实践走向》,博士学位论文,内蒙古大学,2010年。

[2] 冯贵霞:《中国大气污染防治政策变迁的逻辑》,博士学位论文,山东大学,2016年。

表 10.1　中央政府颁布的环境治理领域的主要政策（1991—2000 年）

类型	颁布时间	颁布部门	名称	主要内容
环境污染法制化管理	1991.05.08	国务院	《中华人民共和国大气污染防治法实施细则》	规定同时控制大气污染物排放浓度与排放总量
	1992.09.14	物价局、财政部、国务院经济贸易委员会、环境保护局	《关于开展征收工业燃煤二氧化硫排污费试点工作的通知》	在贵州、广东两省和柳州、南宁、桂林、杭州、青岛、重庆、长沙、宜昌和宜宾等九市开展征收工业燃煤二氧化硫排污费试点工作
	1995.08.29	全国人大常委会	《中华人民共和国大气污染防治法》修订	增加酸雨控制、二氧化硫污染、饮食服务业环保管理、防治油烟对居住环境的污染等方面的规定，强化企业清洁生产工艺、落后工艺及设备淘汰制、燃煤型大气污染控制等方面的要求
	1996.04.12	国家环境保护局	《大气污染物综合排放标准》	规定排放限值和标准制定的技术方法，纳入规定的污染物种类超过 33 种
	1996.09.03	国务院	《国家环境保护"九五"计划和 2010 年远景目标》	推行主要污染物总量控制和定期公布制度，为各省市已经开始的排污权交易的实施提供行政决策支持
	2000.04.29	全国人大常委会	《大气污染防治法》修订	增加"植树绿化、防治沙尘污染，控制建筑施工场粉尘污染"的规定；新确立了大气污染防治重点城市和区域管理制度、城市扬尘控制制度、电厂排放控制制度、臭氧层保护制度等
完善行政配套政策	1996.08.03	国务院	《关于环境保护若干问题》	对国家开始大力推进"一控双达标"工作和"33211"工程内容及范围作具体部署
	1996.12.01	环境保护局、计划委员会、经济发展委员会	《中国跨世纪绿色规划第一期（1996—2000 年）》	针对中国环境保护的重点地区、重点问题和国际环境履约行动，提出了近 1600 个项目
	1997.06.10	环境保护局	《"九五"期间全国主要污染物排放总量控制实施方案（试行）》	具体落实 1996 年国务院《关于环境保护若干问题的决定》中提出的污染物排放总量控制这一重大举措

续表

类型	颁布时间	颁布部门	名称	主要内容
完善行政配套政策	1998.01.12	国家环境保护局	《关于印发〈酸雨控制区和二氧化硫污染控制区划分方案〉的通知》	提出2000年实行二氧化硫排放总量控制的目标
	1998.09.02	国务院	《关于限期停止生产销售使用车用含铅汽油的通知》	自2000年7月1日起，全国所有汽车一律停止销售和使用含铅汽油，改用无铅汽油，提出用两年左右的时间实现全部城市淘汰含铅汽油的目标

这一时期，中国政府制定并颁布了一批污染防治的法律，包括固体废物污染环境防治法、环境噪声污染防治法、节约能源法、防洪法、防沙治沙法等。同时，修订了一批法律，包括环境保护法、水污染防治法、矿产资源法、森林法、海洋环境保护法、大气污染防治法等。

二 国家数据统计：国家环境治理的数据仍未出现时期

这时期仍然没有出现国家环境污染与治理成效的数据统计。

第二节 儿童发展的社会文化环境

这一时期，就儿童生存与发展的社会大文化环境而言，第一，国家加强学校图书馆与儿童出版物建设；第二，受社会经济转型的影响，儿童校外活动场馆的运营出现了困难；第三，受《九十年代儿童纲要》的影响，中国社会已经对儿童参与权有了一定的意识。

一 国家政策动向：优化儿童社会文化环境的政策密集出台时期

1991年8月29日，国家教委颁布《中小学图书馆（室）规程》。《规程》对学校图书馆的性质、任务、藏书、读者服务、设备等问题做了明确规定。1994年11月15日，新闻出版署颁布了《关于出版少年儿童读物的若干规定》，旨在加强少年儿童读物出版工作，提高少年儿童读物出版质量。1995年8月17日，新闻出版署与国家版权局联合颁布《关于出版少年儿童期刊的若干规定》。《规定》要求：出版少年儿童期刊必须遵守国家的法律法规，符合新闻出版行政管理规定及其他行政纪律，不得损害少年儿童的利益和身心健康。1995年8月28日，在全国实行五天学习日前夕，国务院颁布《关于安排好中小学生节假日休息和活动的通知》。《通知》要求：各地区、各部门应充分利用当地图书馆、博物馆、纪念馆、科技馆、文化馆、体育馆、影剧院、游乐场、公园、游览景点等活动场所，认真研究和制定具体措施，在节假日期间优惠向中小学学生开放。《通知》规定了教育部门及中小学校，工会、妇联等部门，文化、公安及工商管理部门，组织和接纳中小学生进行活动的单位的相关和注意事项。

1991—2000年，我国建成的综合性青少年校外活动场馆数量有1000余座，专职性青少年校外科技活动场馆有100余座[1]。90年代中后期，面临日趋激烈的市场竞争，全国大部分青少年校外活动场馆运营出现了较大困难。部分综合性场馆开始自筹经费，通过开设收费性培训班、出租场地和其他经营性活动来维持运转。部分专职性科技场馆由于经济效益、地位和社会认可度不高，导致大量专业人才流失，场馆发展缓慢甚至萎缩。这些现象对儿童校外娱乐与参与带来消极影响。2000年6月3日，国务院颁布《关于加强青少年学生活动场所建设和管理工作的通知》（以下简称《通知》）。《通知》指出：在青少年学生校外活动场所建设和管理方面，无论在数量、布局还是规模上，都难以满足2.4亿青少年学生健康成长的需要。《通知》要求：凡挤占、出租青少年学生活动场所的，必须在规定时限内予以腾退；凡挪用青少年学生活动场所的，要予以改正；各级财政部门要对需进行维修和更新设施的青少年学生活动场所给予经费支持，重点保障。《通知》要求：力争"十五"末期，全国90%以上的县（市）至少有一所青少年宫或活动中心等青少年学生校外活动场所。

1996年，广东省举办第一届"羊城小市长"评选活动，以后每两年举办一次。目的是让广大中小学生以小主人翁的精神，参政议政、关注环保、身边人、关心社会事。这个活动在体现儿童参与权方面具有突出的价值。2000年1月，中国少年先锋队全国工作委员会办公室和中国青少年研究中心出版颁布《新发现——当代中国少年儿童报告》，它开启了当代中国儿童发展报告的先河。

---

[1] 刘玉花、龙金晶：《全国青少年校外科技活动场馆发展现状及对策研究》，《科普资源建设理论与实践》，第166页。

表10.2 为1991—2000年，中国政府颁布的与优化儿童社会文化环境相关的政策。

表10.2 与优化儿童社会文化环境相关的政策（1991—2000年）

颁布时间	颁布部门	名称
1991.08.29	国家教委	《中小学图书馆（室）规程》
1994.11.15	新闻出版署	《关于出版少年儿童读物的若干规定》
1995.08.17	新闻出版署与国家版权局	《关于出版少年儿童期刊的若干规定》
1995.08.28	国务院	《关于安排好中小学生节假日休息和活动的通知》
1998.03.02	国家教委、公安部	《流动儿童少年就学暂行办法》
1998.03.21	卫生部	《特殊人群计划免疫工作管理方案》
1999.05.12	民政部	《中国公民收养子女登记办法》
1999.05.25	民政部	《外国人在中华人民共和国收养子女登记办法》
1999.09.28	国务院	《城市居民最低生活保障条例》
2000.06.03	国务院	《关于加强青少年学生活动场所建设和管理工作的通知》

二 儿童文化的建设

（一）儿童创造的文化

1. 电子化、虚拟化、小肌肉化为特征的儿童游戏时期

1991—2000年，中国改革开放的步伐加快，国外文化快速涌入中国，随着电视机的出现等现代信息传播渠道的逐步拓宽，大大加快了文化的传播速度，促使中外文化、新旧文化的快速交融，进而推动中国社会面貌出现翻天覆地的变化。儿童游戏的变化深受社会变迁、社会经济发展等的影响，以20世纪90年代为界限，儿童游戏也出现了明显区别于传统儿童游戏的一道分水岭。90年代的儿童游戏包括小霸王等电子游戏机、飞行棋、芭比娃娃换装、小猫钓鱼等发条玩具、玩滑板车、电动遥控汽车竞赛等。这些儿童游戏基本是以游戏材料的多样性为依托，儿童一旦脱离那些游戏材料（玩具）则无法开展游戏，但这些游戏材料（玩具）存在一定技术含量，个人无法完成游戏材料（玩具）的制作，大多数游戏材料（玩具）需要购买才能得到。从游戏空间上看，由于开展的游戏基本上不需要做出跑、跳等动作，只需动动手指即可，所涉及的身体部分大多为小肌肉群，

而非大肌肉群,因此游戏场地大多在室内进行。从游戏时间上看,据相关调查显示,90年代在游戏时间、做功课时间和看电视时间三者中,做功课时间占据最高比例,而游戏时间比例最低,这也反映出在儿童课余时间里真正属于儿童的游戏时间越来越少。从游戏同伴来看,基本以邻居或儿童独自玩耍为主,但随着电子类游戏的出现,儿童游戏中出现了一个新的同伴角色——虚拟玩伴,儿童无须寻找真实玩伴,只要打开游戏机,便能与游戏机内置的程序进行对抗。

综上所述,90年代的儿童游戏大致具有以下几个特征。第一,游戏空间从室外转入室内。游戏性质从大肌肉运动型转向小肌肉运动型、从热闹趋向安静,儿童游戏时的动作幅度越来越小,因此对游戏空间是否足够平坦或足够宽敞没有要求,舒适且不受天气影响的室内环境完全能满足儿童对游戏空间的要求。第二,游戏时间大幅度缩水,由于改革开放后,学校教育开始转向"应试教育",儿童课余时间便逐渐被繁重的课业任务占据,当完成课业任务时,属于儿童的游戏时间便所剩无几。第三,游戏材料多样性、商品化。进入90年代,儿童的玩具越来越丰富多样、越来越精致新颖,儿童渐渐地已经不再自己制作玩具,开始购买各种电子类、电动类或者卡通玩偶类的玩具。第四,游戏同伴以附近邻居或独自玩耍为主。

这一时期,儿童游戏形成以上四种特征具有以下原因。

第一,科技水平的提高。随着改革开放程度的不断加深,国外先进的科技水平"走进来"的同时,带动了我国相关科技技术以及生产制造业的成熟,我国产品制造水准的提升在很大程度上推动了儿童游戏材料的发展,儿童玩具不仅外形变得更加精致精美,而且种类也更加丰富多样,电子游戏机、电动小汽车等电子类玩具开始亮相,各种新颖精美的玩具刺激着儿童的感官,慢慢地他们逐渐抛弃那些原生态的自制玩具,更愿意选择购买精美好玩的玩具。另外,90年代电视机在中国大陆的普及,动态的图像配上生动的声音紧紧地抓住儿童的眼球,幼儿宁愿牺牲自己的游戏时间静坐在电视机前看电视。可见,科技水平的快速进步一方面为儿童提供了丰富多样的玩具,拓宽了儿童游戏的领域;另一方面,也分割了儿童课余游戏时间,压缩了真正属于儿童游戏玩耍的时间,传统儿童游戏逐渐在科技发展的步伐中被淹没。

第二,课业负担的加重。改革开放之后,我国社会逐渐开始进入学历化社会，越是名校毕业越是高学历者的求职者，就越受到求职单位的青睐，也越是拥有较高的社会地位，他们因此改变个人命运或家庭经济状况的机会就越大。随着高考制度的恢复，不仅学校教育中的应试意味越来越浓重，同时家长对孩子成绩以及高考的重视程度不断加深，某电视剧中的经典台词很好地诠释家长对学习成绩和高考的态度，母亲对孩子说："你今天进不了前100，就进不了重点高中，进不了重点高中就进不了重点大学，进不了重点大学，你这一辈子就完啦！"此外，社会发展推动了义务教育的普及，基础教育的就读基数极具扩大，虽然高校在数量、规模和招生人数都在不断发展，却无法满足所有人上大学的需求，便出现了"千军万马过独木桥"的现象。因此，在大学招生名额有限的现实因素和"知识改变命运"的社会观念的共同作用下，形成了高度重视学业的社会文化观念，家长深知为了孩子能够考上好大学，必须走好每一步，成绩就要从娃娃抓起，在这种观念的影响下，各种类型的课后补习班开始兴起，课后作业越来越多，占据了儿童大部分的游戏时间。

第三，城市化进程的加速。随着中国经济由计划经济向市场经济的逐步转轨，在市场机制和政府推动的双重作用下，中国城市化于90年代开始进入快速发展时期，有统计数据显示，1992—2000年，中国城市化率由27.63%提高到30.42%，城市建设和规划的步伐加快，原先破旧的街头巷尾和低矮的民房都被一幢幢错落有致的住宅和大楼取代，之前凹凸不平的黄泥地变成了宽敞平坦的水泥路，然而，儿童渐渐地失去了往常可以自由奔跑追逐的小巷，那些建好的水泥路更多的是作为交通要道而非游戏场地，曾经一呼百应的玩伴们从平房里搬进了高楼里，加之独立子女不断增多的现状，寻找玩伴并非易事，更多时候儿童会找附近邻居三三两两地玩耍，而不像往常那样成群结队地玩耍。可见，我国城市化进程的推进，在一定程度上改变了儿童游戏的具体表现形式，他们失去了开阔且贴近大自然的玩耍场地，此前的户外游戏慢慢走进室内进行游戏，从前三五成群的集体游戏变成了三三两两的小集体游戏甚至变成了独自游戏。

2. 儿童情感发展受社会消极影响时期

1991—2000年，城市化进程加快的同时带来了诸多影响，儿童情感也受到波及。对于城市儿童而言，他们告别了曾经一呼百应的小伙伴，从胡同大院搬进了高楼住宅，有限的游戏空间、紧闭的大门、少得可怜的同龄玩伴都变成城市儿童交友嬉戏的阻碍，再加之课业负担加重，游戏时间减少，儿童时常备感压力、孤独寂寞，对于农村儿童而言，城市化建设的需要吸引了一大批农村父母进城务工，导致出现大量留守儿童或流动儿童，由于缺少父母必要的陪伴以及隔代抚养等问题，流动儿童和留守儿童中存在人际情感失调的问题①。

（二）为儿童创造的文化

1. "听"的儿童文化——动画片主题曲占主导的时期

进入90年代后，跟随着社会快速发展的步伐，儿童音乐也呈现新特点。一方面，相比80年代儿童音乐的风格和内容更加新颖，音乐更贴近儿童的生活、更符合儿童的审美趣味，总体来看，儿童歌曲的流行度和传唱度都变得更高。另一方面，电视媒体的流行彻底改变了儿童的文化生活，电视内容的形象性和直观性吸引儿童花费大量课余时间在观看动画片上，动画片主题曲也渐渐成为儿童歌曲的主力军，如《黑猫警长》《蓝精灵》《葫芦娃》《一休哥》《大头儿子和小头爸爸》《铁壁阿童木》等动画主题曲深受儿童喜爱。也正是由于电视、广播等传播媒介的出现以及90年代我国开放程度的不断加深，新旧内容的相遇、中西方文化的碰撞导致中国儿童音乐开始出现一些时代发展的"不适"，在不断更新变化的社会环境中，中国儿童音乐创作出现了些许停滞，儿童音乐创作者在艰难地摸索着，思考怎样的儿童音乐更符合新时代儿童的诉求。这一期间，成人音乐、港台音乐以及国外动画音乐开始乘势慢慢地侵蚀中国儿童音乐，尤其是本土化的儿童音乐作品受到巨大的挑战。

原因分析如下。

第一，国外文化的冲击。不得不说，改革开放大门的敞开既是机遇也是挑战，中国社会因此获得了大量资金和先进技术，也迎来了一波国外文化包括港台文化所形成的冲击波。两股完全不同的文化相遇，起初必然会出现较量，在90年代的中西方文化较量中，国外文化明显占上风，这轮较量同样波及儿童文化领域，国外动画被引进后，它以其有趣生动的情节内容深受儿童喜爱，许多儿童就连动画片中的插曲都能一字不差地哼唱，还有那些内容通俗、节奏鲜明、注重情绪宣泄的流行音乐一下子将长期处于中国传统文化中、习惯被制约的儿童带进了一个全新的世界。国外文化

---

① 陈陈、张心玮：《家庭教养方式与同伴友谊对流动儿童外显和内隐群际态度的影响》，全国心理学学术会议2013年，第885—887页。

作为新鲜事物在较量中占据上风不足为奇，但这也在提醒我们思考，我们为儿童创造的文化作品是否已经开始与儿童的需求和兴趣产生脱节。

第二，现代传播媒介的发展。90年代电视、广播等传播媒介开始出现并流行，在很大程度上加速了儿童歌曲的流行和传唱速度，可以说，这些传播媒介是儿童歌曲发展与传播的加速器。同时电视的出现也催生了一大批动画音乐的流行，声音与图像的同时出现使得音乐表现形式变得可视化，也加深了儿童对动画音乐的印象。有统计显示，儿童歌曲的载体形式发展巨大变化，从80年代只有4%的儿童歌曲为音频形式呈现，大部分歌曲仍以书面乐谱形式为主，发展到90年代末时，72%的儿童歌曲是以音频为记录形式，音频和视频的音乐记载手段在很大程度上拉近了儿童与儿童音乐之间的距离[1]，儿童可以随时聆听磁带、CD等中播放出的音乐，增加了儿童接近这些音乐的时间和机会，也促进了各类音乐的快速传播。

第三，儿童歌曲创作陷入困境。在市场经济的冲击下，商业化的流行音乐慢慢地蚕食儿童音乐的领地，儿童歌曲的发展深陷困境。综合分析90年代的社会整体情况，儿童音乐的发展势头有所停滞主要来自以下三方面的原因。其一，儿童歌曲创作群体的素质有待提高。儿童作曲者对儿童群体的特征认识不足，有时过于重视作曲技法，而忽视了儿童的心理发展规律，创作的作品缺乏新鲜感、脱离儿童的兴趣点，另外，作曲家本身的创作思路跟不上社会发展步伐、做不到与时俱进，当流行文化渐渐进入社会主流文化时，他们更多的是从批判的角度批评流行文化对儿童的不利影响，却没有思考流行文化之所以流行其背后的原因，无法用辩证的观点对待流行文化[2]。其二，儿童歌曲的商业利润低。在市场经济背景下，商业利润的多少直接决定了某一产业在市场中的能否存活，儿童歌曲往往商业利润低、投入与回报不成比例，无法吸引更优秀的儿童歌曲作曲家进行到创作群体中，没有好的作曲家导致儿童歌曲的质量得不到保证，整个儿童歌曲产业便越来越萧条，这种恶性循环直接制约了儿童歌曲的发展。

2."看"的儿童文化：中国原创儿童动画市场繁荣时期

进入90年代后的中国动画延续了80年代的繁荣走向，继续扩大动画产业的规模，实现了在动画的数量和质量上质的飞跃。从动画质量上来

---

[1] 丁洁：《改革开放后儿童歌曲创作研究》，博士学位论文，曲阜师范学院，2013年。
[2] 同上。

看，从原先人工手绘的动画生产模式转向运用电脑绘制的动画生产模式，引入的二维和三维电脑动画技术使得儿童动画片的画质更清晰、呈现效果更好。从动画的数量上来看，由于数字生产手段的引入改变了以往耗时长、效率低的动画生产状况，大大提高了动画产业的效率，创作出一大批优秀的动画作品，如《宝莲灯》《熊猫小贝》等动画长片，《大盗贼》《舒克和贝塔》《葫芦小金刚》《蓝皮书和大脸猫》《大头儿子和小头爸爸》《海尔兄弟》等优秀系列动画片[1]。再从动画的传播来看，电视和互联网的普及加速了动画的传播速度，提高了动画在儿童中的流行程度，儿童花在观看动画片上的时间更长。中国动画的数量和质量快速提高的背后却也暗藏危机，在90年代中期，中国动画开始真正意义上加入了市场中，正式与《哆啦A梦》《樱桃小丸子》《猫和老鼠》等进入中国市场的日、美动漫进行竞争，进入市场后的中国动画面临多方面的严峻挑战。

成因分析如下。

第一，信息科技的快速进步。改革开放大量引进了外国先进的科学技术，加速了我国信息技术的发展进程，技术上的进步也彻底改变了中国动画产业的传播方式和生产模式。一方面，信息技术的进步促进了中国动画片的推广和传播。以往由于受电视频道资源和播出时间的限制，动画片基本上以周为播出单位[2]，传播推广的力度有限，随着电视在千家万户的普及，儿童有更多的机会接触电视节目，对动画片的消费需求增大，尤其是从90年代中后期开始，电视成为动画片传播和推广的主要传播平台，同时，发达的互联网也为儿童随时观看自己喜欢的动画片提供便利。另一方面，信息技术的进步提升了中国动画制作的效率和质量。电脑信息时代的到来促使动画制作从传统的手绘动画制作方法向电脑制作动画方向发展，电脑绘制背景技术的普及以及二维和三维电脑动画的快速发展，增加了动画片画面的立体感和真实感，减轻了传统动画制作中人工手绘的工作强度，也因此提高了动画片的产量。

第二，市场竞争机制的引入。自1993年党和国家通过《关于建立社

---

[1] 麻楠楠：《市场经济体制下中国动画产业的发展现状研究》，博士学位论文，东北师范大学2006年。

[2] 高薇华、赵冰：《1993—2006：中国原创动画产业发展报告》，《现代传播·中国传媒大学学报》2007年第3期。

会主义市场经济体制若干问题的决定》之后,"社会主义市场经济体制"开始逐渐取代"计划经济体制",在这种大趋势下,中国电影放映公司于1995年对动画片不再实行计划经济模式下统购统销的生产和经营方式①,中国动画被推向市场,一时间,动画制作的准入门槛放低,制作动画的单元多元化促进了动画作品的多样化,却也面临来自市场更研究的挑战,外国动画由于其播映版权费较低而被大量引进,外国动画的内容新颖幽默、极具娱乐性,受到了广大儿童的追捧,投资环境良好的中国动画市场吸引了大批国外动画制作公司蜂拥而至,而中国动画却由于瞬间被抛向竞争激烈的市场,对市场的需求无所适从,开始陷入了低迷状况,可以说,市场竞争机制的引入对中国动画既是机遇,也充满了挑战。

三 国家数据统计:儿童发展的文化大环境与小环境优化状况

(一) 儿童发展的社会文化大环境

从表10.2可知,1991—2000年,文化馆数量一直保持在3200多个;公共图书馆一直保持在2500—2700个;博物馆由1991年的1075个提升到2000年的1392个,增加了317个;档案馆由1991年的3579个提升到2000年的3816个,增加了237个。

表10.2 文化场馆、图书出版、艺术表演情况(1991—2000年)

年份	文化馆(个)	公共图书馆(个)	博物馆(个)	档案馆(个)	报纸(亿份)	期刊(亿册)	图书(亿册)	艺术表演团体机构数(个)	艺术表演场馆数(个)
1991	3265	2535	1075	3579	175.1	20.8	62	2772	2068
1992	3272	2558	1106	3585	192	23.8	70.2	2753	2037
1993	3256	2572	1130	3585	199	24.3	64.1	2707	2024
1994	3261	2589	1161	3585	186.7	22.5	59.3	2698	1998
1995	3259	2615	1194	3589	181	23.8	62.6	2682	1958
1996	3284	2620	1219	3600	181	24.4	70.8	2664	1934
1997	3286	2628	1282	3670	193	25	71	2663	1947
1998	3287	2662	1339	3706	195	25	73	2652	1929

---

① 张娟:《政策变革中的转型期国产动画电影发展概况》,《当代电影》2016年第12期。

续表

年份	文化馆（个）	公共图书馆（个）	博物馆（个）	档案馆（个）	报纸（亿份）	期刊（亿册）	图书（亿册）	艺术表演团体机构数（个）	艺术表演场馆数（个）
1999	3294	2669	1363	3733	201	29	73	2632	1911
2000	3297	2675	1392	3816	203	28.5	63.5	2619	1900

（二）直接作用于儿童发展的文化资源

从表10.3可知，1997—1999年，儿童图书馆为80个左右；藏书量逐年增加，由1997年的7767千册，增加到1999年的9264千册，3年增加1497千册。

表10.3　　　　　儿童图书馆情况（1997—1999年）

年份	机构数	从业人员数	总藏数量（千册）	图书（千册）	报刊（千册）	视听文献、缩微制品（千册）	总流通人次（千人次）	计算机（台）
1997	76	1356	7767	7108	289	42	6584	
1998	84	1504	8665	7984	342	63	7346	
1999	81	1527	9264	8467	385	82	7585	

第三部分
确立并执行"儿童优先"原则时期
（2001—2010年）

2000年9月，在联合国召开的世界千年首脑会议上，中国政府签署了《千年发展宣言》（以下简称《宣言》）。《宣言》提出的千年发展目标为消灭极端贫穷和饥饿，实现普及初等教育，促进两性平等并赋予妇女权力，降低儿童死亡率，改善产妇保健，抗击艾滋病毒/艾滋病、疟疾及其他疾病，确保环境的可持续能力，制定促进发展的全球伙伴关系[1]。全世界共189个国家签署了《宣言》。《宣言》强调了人类发展多方面的协同效应，并对各国打破贫困"怪圈"过程中所需要的一系列健康和教育政策给予高度的优先考虑。2002年5月，联合国组织召开了"联合国儿童问题特别会议"，颁布了《一个适合儿童的世界》的会议文件。在这种国际背景下，中国政府积极参与联合国"千年发展目标"，推动儿童发展的国际倡导，在国家的改革和发展中明确提出并坚持"儿童优先"原则，严格履行对千年首脑会议和联合国儿童问题特别会议的目标。中国儿童发展事业进入一个被优先的新时期。

---

[1] 中国发展研究基金会：《2017中国儿童发展报告：反贫困与儿童早期发展》，中国发展出版社2017年版，第28页。

第十一章

2001—2010年时期儿童发展的社会、经济与文化背景

第一节 社会背景：推动科学发展、促进社会和谐的十年

扩大开放、全面改革的这十年（1991—2000）是收获颇丰的十年，在世纪之交的节点上，我国胜利实现了现代化建设经济和社会全面发展、人民生活总体上达到小康水平的前两步战略目标。这期间"八五"计划和"九五"计划的圆满完成，不仅增强了我国的综合国力，更重要的是改善了人民的生活，以此为基石，中国底气十足地迈入了崭新的21世纪。

21世纪的中国继续坚持全面建成小康社会，加快推进社会主义现代化建设的奋斗目标，秉持在发展中解决前进中出现的问题的思路，始终强调发展是硬道理，但同时也十分重视发展过程中出现一系列矛盾。2001年由全国人民代表大会批准的"十五"规划凸显出对促进社会又快又好地发展的高度重视，一方面肯定发展对社会进步的关键作用；另一方面关注民生、重视社会正义公平，要求坚持把提高人民生活水平作为根本出发点，努力增加城乡居民特别是农民和城镇低收入者的收入，切实加强社会主义精神文明和民主法制建设。

2003年召开的党的十六大确立了全面建设小康社会的各方面目标，在社会主义民主政治方面，指出要坚持和完善社会主义民主制度，保证人民享受广泛的权利和自由，加强社会主义法制建设，改革和完善党的领导方式和执政方式，要求维护社会稳定，保持长期和谐稳定的社会环境，这一重要文本进一步推动了社会朝着民主、公平以及稳定的方向发展。

进入21世纪后，国际局势风云巨变，对中国社会的发展而言更是机

遇与挑战并存，只有正确地处理改革、发展与稳定的关系，才能保证社会长期和谐稳定的发展。为了更好地处理三者的关系，党于2003年和2004年先后提出了树立科学发展观和构建社会主义和谐社会的重大战略思想，"社会建设"这一主题越来越受到重视。2005年10月，十六届五中全会通过的《关于制定国民经济和社会发展第十一个五年规划的建议》，将构建社会主义和谐社会纳入"十一五"规划中，强调未来五年必须加强和谐社会建设，要按照以人为本的要求，从解决关系人民群众切身利益的现实问题入手。2006年10月，十六届六中全会第一次专门就社会建设的主题进行讨论，并做出《关于构建社会主义和谐社会若干重大问题的决定》，从理论和实践上对构建社会主义和谐社会进行规划的工作部署。在构建和谐社会的重大战略思想指引下，社会保障体系建设进一步加强，公共卫生体系和基本医疗服务不断健全，社会管理逐步完善，社会大局稳定。2007年，中共十七大高举中国特色社会主义伟大旗帜，强调以邓小平理论和"三个代表"重要思想为指导，还深刻阐述了科学发展观的科学内涵和精神实质，指明了继续解放思想、坚持改革开放、推动科学发展、促进社会和谐的中国社会发展道路。回首进入21世纪后的十年的总体发展趋势，可以用"科学发展"四字来概括，这既是对发展的肯定，也是对社会主义和谐社会的不懈追求。

第二节 经济背景：调整经济结构、加强宏观调控的十年

在迈入21世纪之时，我国胜利实现了现代化建设的前两步战略目标，为21世纪完成全面建设小康社会的任务做好了充分的准备。为了继续保持国民经济所取得的成果并妥善解决经济发展中存在的突出问题，中共中央制定了全国各族人民共同奋斗的行动纲领——"十五"规划纲要。该纲要明确了"十五"期间国民经济的主要目标是保持国民经济以较快速度发展，推动经济结构战略性调整，努力实现经济增长的速度与质量效益相统一，深化国有企业改革，实现建立现代企业制度的实质性进展，进一步完善社会主义市场经济体制，在更大范围内和更深程度上参与国际经济合作与竞争。2002年为了全面部署工作以实现社会主义现代化建设的第三步战略目标，党在21世纪召开第一次代表大会，即党的十六大，大会

不仅深入阐述了"三个代表"重要思想以及全面建设小康社会的奋斗目标，而且指出 21 世纪头二十年经济建设与改革的主要任务是，完善社会主义市场经济体制，推动经济结构战略性调整，坚持全面调整产业结构、城乡结构和地区结构。大会报告还强调，在调整产业结构方面，一方面大力实施科教兴国战略，依靠科技进步和劳动者素质改善国民经济增长的面貌，走新型工业化道路，以信息化带动工业化，另一方面坚持可持续发展战略，改革一些资源能耗高、环境污染大的传统产业，推动产业结构优化升级；在城乡结构调整方面，既努力繁荣农村经济，增加农民收入，又着力加快城镇化进程，坚持大中小城市和小城镇协调发展；在地区结构调整方面，实施西部大开发战略，在科学技术、资金等方面对西部地区予以扶持，促进区域经济协调发展。"十五"期间，虽然国民经济面临加入世界贸易组织带来的新转变以及重大自然灾害的冲击，但在全国各族人民的共同努力下，"十五"计划确定的主要发展目标仍提前实现。

以党中央提出的树立科学发展观和构建社会主义和谐社会重要战略思想为基础，"十一五"规划纲要不仅要求国民经济保持持续快速的发展水平，而且要求国民经济具有协调健康地发展质量，始终坚持科教兴国和人才强国战略，提高自主创新能力，加快转变经济增长方式，促进城乡区域协调发展，不断深化改革开放。2007 年党的十七大会议上，肯定了改革开放三十年来中国经济社会所取得的成就，并深刻阐述了科学发展观，为实现中国经济又好又快发展奠定思想基础。

进入 21 世纪后的头十年，我国主要致力于解决完善经济快速发展过程中出现的突出问题，积极推进经济结构战略性调整，加快转变经济发展方式，在必要的时候加强宏观调控，进一步完善社会主义市场经济体制，实现中国国民经济又好又快地发展。

第三节 文化背景：推进改革、鼓励创新的十年

进入 21 世纪后，文化、政治、经济三者不再是相互独立的领域，三者逐渐呈现相互交融的趋势，文化在综合国力中的地位和作用越来越突出，因此，文化建设在国家发展进程中也受到其应有的重视。2001 年制定的"十五"计划中强调落实科教兴国战略，大力发展人才资源，通过加快科技体制改革、学校办学体制和教育管理体制改革的步伐，达到收获

科学技术领域的丰硕成果、提高国民文化素质、培养高精尖人才的目的。面对日趋激烈的国际科技竞争，2002年中共中央、国务院在制定下发的《2002—2005年全国人才队伍建设规划纲要》中，更是首次提出了"实施人才强国战略"。同年，党的十六大以全面建设小康社会、在新时期开创中国社会主义事业新局面为发展目标，要求要加快文化建设、深化文化体制改革，要牢牢把握先进文化的前进方向，坚持弘扬和培育民族精神，切实加强思想道德建设，大力发展教育和科学事业，积极发展文化事业和文化产业，努力形成比较完善的现代国民教育体系、科技和文化创新体系。为了贯彻落实科学发展观，深入实施科教兴国战略和人才强国战略，以国务院为领导于2006年制定了《国家中长期科学和技术发展规划纲要》，旨在鼓励相关人才在科学技术领域努力奋斗并取得更辉煌的成果。

进入21世纪后，在一系列国家性政策文件的指引下，全面落实科教兴国和人才强国战略，加强文化建设，深化文化体制改革，推动我国文化的大发展、大繁荣。在教育领域，中央财政加大用于教育方面的支出，基本实现全国城乡普遍实行免费义务教育，大力发展职业教育，培养了一批高素质技能型人才，提高高等教育质量，着力建设一批重点学科和高水平大学，在普及和提高全民教育方面已经取得了可喜的进步，为国家现代化奠定了基础；在科学领域，始终落实科教兴国战略，鼓励科学领域的技术创新，在航空航天、移动通信、集成电路、芯片设计等重大科技项目都取得了重要进展；在文化领域，深化文化体制改革，积极开展文化体制改革试点工作，正确处理对待中国传统文化和国外文化的态度，推动了文化产业的发展，促进了文化产品的多样化，丰富了人民群众精神生活的内容。

第十二章

2001—2010年时期儿童的生存与健康

进入21世纪，中国的计划生育一孩政策已经实施了21年，儿童人口出生率继续呈下降趋势，儿童的生存与健康医疗状况得到极大改善，第一个儿童发展规划的目标多数提前完成，中国政府制定了第二个儿童发展规划，提出了保障儿童生存与健康，促进儿童发展的新时期目标。

第一节 儿童人口的数量与结构

本节基于2000年的人口普查数据，对进入改革开放第三个十年时间节点的中国儿童人口数量与结构状况进行描述。

一 分年龄、性别儿童人口情况

根据2000年第五次全国人口普查数据[1]计算的儿童人口数量与年龄、性别结构，如表12.1所示。截至2000年11月1日零时，按照国家统计局统计公布，中国大陆31个省、自治区、直辖市和现役军人的人口共1265825048人。比1990年增加了132115310人，增长了11.65%。中国人口从一个增加型人口向一个缩减型人口转变。其中，0—17岁儿童人口数量为345335394人，约占总人口的27.29%。学龄前（0—5岁）为85911933人，义务教育阶段（6—14岁）为198615661人，高中教育阶段（15—17岁）为60807800人。

全国男性人口数为640275969人，占总人口数的50.58%，女性人口

---

[1] 该数据包含现役军人人口，不包含金门和马祖岛屿、台湾省、香港和澳门特别行政区人口。

数为602336257人，占总人口数的49.42%，人口性别比为106.30（女性=100），其中，0—17周岁儿童中，男童人口数为182638979人，占儿童总人数52.89%；女童人口数162696415人，占儿童总人数47.11%，男童比女童多19942564人，儿童人口性别比为112.26。

表12.1 分年龄、性别儿童人口情况（2000年人口普查结果）

年龄	儿童人口数			占总人口百分比（%）		
	小计	男	女	小计	男	女
0	13793799	7460206	6333593	1.09	0.59	0.50
1	11495247	6332425	5162822	0.91	0.50	0.41
2	14010711	7701684	6309027	1.11	0.61	0.50
3	14454335	7897234	6557101	1.14	0.62	0.52
4	15224282	8257145	6967137	1.20	0.65	0.55
5	16933559	9157597	7775962	1.34	0.72	0.61
6	16470140	8866012	7604128	1.30	0.70	0.60
7	17914756	9590414	8324342	1.42	0.76	0.66
8	18752106	10014222	8737884	1.48	0.79	0.69
9	20082026	10674963	9407063	1.59	0.84	0.74
10	26210044	13811030	12399014	2.07	1.09	0.98
11	25137678	13110848	12026830	1.99	1.04	0.95
12	24576191	12779621	11796570	1.94	1.01	0.93
13	26282644	13619530	12663114	2.08	1.08	1.00
14	23190076	12023710	11166366	1.83	0.95	0.88
15	20429326	10598460	9830866	1.61	0.84	0.78
16	20313426	10468201	9845225	1.60	0.83	0.78
17	20065048	10275677	9789371	1.59	0.81	0.77
总计	345335394	182638979	162696415	27.29	14.43	12.85

儿童占总人口数由1990年的33.76%下降到2000年的27.28%，占比下降6.48%。不同年龄阶段儿童占全国总人口数，如表12.2所示：0—5岁占总人口数6.79%，6—14岁占总人口数15.7%，15—17岁占总人口数4.80%。与1990年相比，儿童数下降显著的是0—5岁儿童年龄段，占比由15.57%下降到6.79%，15—17岁儿童年龄段也由6.14%下降到4.80%。

表 12.2　　　　2000 年人口普查儿童人口数及所占百分比情况

年份	年龄	儿童人口数	占总人口百分比（%）
2000 年	0—2 岁	39299757	3.11
	3—5 岁	46612176	3.68
	6—11 岁	124566750	9.85
	12—14 岁	74048911	5.85
	15—17 岁	60807800	4.80
	合计	345335394	27.29

二　分地域儿童人口数量情况

人口地域结构反映了人类持续综合利用大自然各类资源的结果。在人口地域结构中城乡结构是非常重要的一种结构划分。在我国学界，对于城乡概念尚无统一界定，不同研究者对于城乡的划分标准是不同。就历次人口普查而言，我国的城乡划分标准也多次调整。1980 年和 1990 年人口普查将地域结构划分为市、镇和县。而 2000 年和 2010 年人口普查则将地域结构划分为市、镇和乡。2008 年，中国国家统计局颁布《统计上划分城乡的规定》，对中国城乡进行最新的划分。此文件规定：将我国的地域划分为城镇和乡村。城镇包括城区和镇区。城区是指在市辖区和不设区的市，区、市政府驻地的实际建设连接到的居民委员会和其他区域。镇区是指在城区以外的县人民政府驻地和其他镇，政府驻地的实际建设连接到的居民委员会和其他区域。乡村是指本规定划定的城镇以外的区域，包括集镇和农村。集镇是指乡、民族乡人民政府所在地和经县人民政府确认由集市发展而成的作为农村一定区域经济、文化和生活服务中心的非建制镇。显然，乡的概念要小于县的概念。由城镇县区域划分变成城镇乡村区域划分时，原来县区中的县人民政府驻地划入镇的范围，剩下的独立成为乡村区域。

2000 年第五次全国人口普查按市、镇、乡村划分地域，根据 2000 年人口普查数据[1]计算的儿童人口地域结构，如表 12.3 所示：城市儿童人口

---

[1]　该数据包含现役军人人口，不包含金门和马祖岛屿、台湾省、香港和澳门特别行政区人口。

总数为 62789044 人，占儿童总人口数的 18.18%，镇儿童人口总数为 44627109 人，占儿童总人口数的 12.91%，乡村儿童人口总数为 237919241 人，占儿童总人口数的 68.90%。结果显示，各地域人口发展的状况很不一样，乡村儿童人口占绝大部分比例。

表 12.3　　分市、镇、乡村儿童人口情况（2000 年人口普查结果）

年龄	市 儿童人口数	占儿童人口总数百分比（%）	镇 儿童人口数	占儿童人口总数百分比（%）	乡村 儿童人口数	占儿童人口总数百分比（%）
0—2 岁	7648638	2.21	5206184	1.51	26444935	7.66
3—5 岁	8375106	2.43	6019962	1.74	32217108	9.33
6—11 岁	20228642	5.86	15520945	4.49	88817163	25.72
12—14 岁	12276375	3.55	9234112	2.67	52538424	15.21
15—17 岁	14260283	4.13	8645906	2.50	37901611	10.98
总计	62789044	18.18	44627109	12.91	237919241	68.9

表 12.4 显示：2000 年市儿童人口占儿童总人口的 18.18%，镇儿童人口占儿童总人口的 12.92%，乡村儿童人口占儿童总人口的 68.90%。乡村儿童占全国人口的绝大多数。

表 12.4　　2000 年人口普查儿童人口数地域分布情况

地域	2000 年 儿童人口数	占儿童总人口数的百分比（%）
市	62789044	18.18
镇	44627109	12.92
乡村	237919241	68.90

第二节　儿童的生存与健康发展

一　国家政策动向：儿童健康事业深入发展的时期

这一时期，在解决儿童生存健康问题上，除了关注母婴保健、疫苗接种、农村孕产妇安全分娩等问题外，中国政府面临预防艾滋病母婴传播的艰巨任务。

2001年6月20日，国务院颁布并实施《中华人民共和国母婴保健法实施办法》（以下简称《实施办法》）。《实施办法》由总则、婚前保健、孕产期保健、婴儿保健、技术鉴定、监督管理、罚则与附则共八章构成。它为各级母婴保健机构提供具体翔实的操作程序与办法。《实施办法》促进中国母婴保健体制的规范化发展。

2005年3月16日，国务院通过了《疫苗流通和预防接种管理条例》，并于3月24日公布。《管理条例》对疫苗流通、疫苗接种、保障措施、监督管理、法律责任等事项做了具体详细的规定，使疫苗流通与接种工作有法可依。我国传统的儿童接种疫苗为儿童"四苗"，即卡介苗、白百破三联制剂、三价口服脊髓灰质炎、麻疹疫苗，"四苗"免疫接种率中国一直保持在97%以上。从2002年起，中国政府将新生儿乙肝疫苗接种纳入免疫计划，乙肝疫苗接种率到2000年年底为91.83%，还有很大的上升空间。

2008年12月1日，卫生部颁布《新生儿疾病筛查管理办法》（以下简称《管理办法》）。《管理办法》成为我国继父母婚检、母亲产检之后又一道保障新生婴儿健康的"安全阀"。《管理办法》的实施，预计每年可减少6000名左右残疾儿童的出生[1]。

2009年9月21日，卫生部颁布《农村孕产妇住院分娩补助项目管理方案》（以下简称《管理方案》）。《管理方案》旨在保障农村边远地区母婴安全、降低农村边远地区孕产妇死亡率和婴儿死亡率，确保全国的孕产妇死亡率和婴儿死亡率降到最低水平。与《管理方案》相配合，卫生部从2009年开始实施"增补叶酸预防神经管缺陷"项目，此项目每年为全国1200万名准备怀孕的农村女免费增补叶酸[2]。

20世纪末中国的艾滋病病毒感染人数开始增加，到了21世纪，艾滋病病毒感染人数呈快速增长趋势。预防艾滋病母婴传播工作成为21世纪第一个十年新的艰巨的任务。2004年，卫生部先后制定并颁布了《预防艾滋病母婴传播工作实施方案（试行）》《关于加强预防艾滋病母婴传播

---

[1] 《2010中国儿童福利政策报告》，《中华人民共和国民政部》2010年第6期。

[2] 同上。

工作的指导意见》《关于加强预防艾滋病母婴传播试点工作的通知》。这些政策措施旨在对全国预防艾滋病母婴传播工作提出具体实施要求，规范各项预防措施，建立适合我国国情的、预防艾滋病母婴传播的服务模式，切实有效降低我国艾滋病母婴传播的发生率，提高母亲及婴儿的生活质量。同时，卫生部在全国271个县开展预防艾滋病母婴传播工作，将预防艾滋病母婴传播工作和妇幼保健日常工作结合起来，依托妇幼保健三级网络，在开展孕产期保健服务的同时，为孕产妇提供母婴阻断服务。2008年中央补助地方预防艾滋病母婴传播专项资金支持，开展工作的将扩展到全国的333个县，预防艾滋病母婴传播管理信息网络直报系统也将在全国范围投入应用[1]。

意外伤害是儿童死亡和致残的重要因素。这一时期，政府颁布了系列预防儿童意外伤害的政策，把儿童意外伤害的预防工作列入议事日程。

2002年3月26日，教育部颁布《学生伤害事故处理办法》，旨在预防与妥善处理在校学生伤害事故，保护学生、学校的合法权益。

2007年2月7日，国务院颁布《中小学公共安全教育指导纲要》，对中小学学校安全教育课程的设置内容与实施策略做出具体规定，旨在进一步加强中小学公共安全教育，培养中小学生的公共安全意识，提高中小学生面临突发安全事件自救自护的应变能力。

2008年4月3日，教育部、财政部、保监会联合颁布了《关于推行校方责任险完善校园伤害风险管理机制的通知》，决定在全国各中小学校中推行由政府购买意外伤害校方责任险的制度与办法，逐步完善校园意外伤害事故风险管理机制。

在预防儿童意外伤害工作方面，团中央与中国儿童少年基金会也展开了系列行动。团中央策划出版了《中国青少年自我保护手册》《青少年自我保护掌中宝》等一批自护书籍，监制拍摄了多部以自护教育为题材的影视作品。从2004年开始，团中央规划建设了"12355"青少年维权服务信息平台，全国地市级以上城市基本都建立12355青少年服务热线。中国儿童少年基金会实施了以帮助儿童"远离失学、远离疾病、远离犯罪、远离伤害"为宗旨的"中国儿童少年安全健康成长计划"，到2004年，此

---

[1] 孙云晓：《中国未成年人权益状况报告》，《中国青年研究》2008年第11期。

计划有近20万儿童和教师受益①。

这一时期，中国政府继续出台了一些与儿童卫生、营养、体质相关的政策文件。

2007年8月3日，卫生部颁布《婴幼儿喂养策略》，旨在进一步普及婴幼儿的喂养知识，提升我国婴幼儿的哺育水平，同时，对降低我国5岁以下儿童中、重度营养不良率，提升婴儿母乳喂养率等都具有现实意义。

2008年12月15日，卫生部和国家标准化管理委员会联合颁布《辅食营养补充通用标准》。《标准》提出标准化婴幼儿哺育的要求，提升我国婴幼儿的哺育质量。同年，配合《标准》的实施，卫生部疾病预防控制局和联合国儿童基金会在四川、甘肃、陕西三省8县开展"汶川地震灾区婴幼儿营养改善项目"，旨在对当地卫生工作人员和婴幼儿家长进行婴幼儿喂养的宣传教育，并免费为23000余名6—24月龄的婴幼儿发放辅食补充营养包②。

2007年5月7日，国务院颁布《关于加强青少年体育增强青少年体质的意见》。《意见》明确指出：青少年的身心健康是关系国家和民族未来的大事，为儿童少年的身心健康、体育锻炼与德智体美劳全面发展奠定基础。

2009年12月17日，卫生部颁布《全国儿童保健工作规范（试行）》。《规范（试行）》依据《中华人民共和国母婴保健法》及其卫生部印发的实施办法制定，旨在使儿童保健工作开展更具规范性、操作更具科学性，提升现有的儿童保健工作水平，切实提高儿童健康水平。

2010年3月1日，卫生部审议通过，经教育部同意，颁布了《托儿所幼儿园卫生保健管理办法》。《管理办法》规范0—5岁儿童教育机构的卫生保健工作，从而提升0—5岁儿童教育机构的卫生保健工作水平，预防和减少疾病发生，保障0—5岁儿童身心健康。

这一时期，以中国计划生育协会为代表的社会组织，继续展开儿童保健服务的社会行动，但是，政府制定与出台的政策文件中，仍然没有涉及儿童保健服务的内容。

---

① 孙云晓：《中国未成年人权益状况报告》，《中国青年研究》2008年第11期。

② 季成叶、朱广荣：《中国青少年生殖健康政策与法规分析》，联合国人口基金与中国计划生育协会2004年。

从 2003 年起，中国计划生育协会成为中国政府与联合国人口基金会第五周期合作生殖健康/计划生育项目的实施机构之一。《中国计划生育协会 1996—2010 发展战略》中关于青少年生殖健康工作的目标：了解青少年的需要，提供生殖健康、妇幼保健、青春期保健和计划生育的知识信息，减少未婚先孕和人工流产。2004 年中国计划生育协会首次开展中国青少年生殖健康政策法规分析专题研究，旨在对目前我国有关青少年生殖健康的政策法规进行评估，以现有的性健康教育实践为基础，就制定更有效促进青少年生殖健康的政策、策略、措施和服务提供改进意见和政策建议[1]。

表 12.5 为 2001—2010 年，全国人大、国务院及国务院各部委制定与颁布实施的与儿童健康相关的政策。

表 12.5　　　　　　　　儿童健康政策（2001—2010 年）

颁布时间	颁布部门	名称
2001.06.20	国务院	《中华人民共和国母婴保健法实施办法》
2002.03.26	教育部	《学生伤害事故处理办法》
2004	卫生部	《预防艾滋病母婴传播工作实施方案（试行）》 《关于加强预防艾滋病母婴传播工作的指导意见》 《关于加强预防艾滋病母婴传播试点工作的通知》
2005.03.24	国务院	《疫苗流通和预防接种管理条例》
2007.02.07	国务院	《中小学公共安全教育指导纲要》
2007.05.07	国务院	《关于加强青少年体育增强青少年体质的意见》
2007.08.03	卫生部	《婴幼儿喂养策略》
2008.04.03	教育部 财政部	《关于推行校方责任险完善校园伤害风险管理机制的通知》
2008.12.01	卫生部	《新生儿疾病筛查管理办法》
2008.12.15	卫生部	《辅食营养补充通用标准》
2009.09.21	卫生部	《农村孕产妇住院分娩补助项目管理方案》
2009.12.17	卫生部	《全国儿童保健工作规范（试行）》
2010.03.01	卫生部	《托儿所幼儿园卫生保健管理办法》

---

[1] 季成叶、朱广荣：《中国青少年生殖健康政策与法规分析》，联合国人口基金与中国计划生育协会 2004 年。

二 国家数据统计：儿童生存与健康发展状况

（一）5岁以下儿童和孕产妇死亡率状况

2001—2010年时期，中国政府在儿童医疗保健事业上政策与举措投入很大，儿童医疗保健事业呈现快速发展的趋势。提早实现了2011年儿童纲要中提出的降低5岁以下儿童和孕产妇死亡率的目标。

从表12.6可知，从全国范围看，新生儿死亡率由2001年的21.4‰降低到2010年的8.3‰，下降幅度非常显著。婴儿死亡率由2001年的30‰降低到2010年的13.1‰，下降幅度显著。5岁以下儿童死亡率由2001年的35.9‰降低到2010年的16.4‰，孕产妇死亡率由2001年的50.2/10万降低到2010年的30/10万，下降率都非常明显。从城市与农村的死亡率比较来看，四种死亡率农村都几倍于城市的现象得到消除，农村儿童和孕产妇死亡率下降显著，孕产妇死亡率城市与农村的区域差距基本消失，但是，在新生儿、婴儿、5岁以下儿童死亡率，农村与城市仍然存在较大的差距。

表12.6　5岁以下儿童和孕产妇死亡率[①]（2001—2010年）

年份	新生儿死亡率（‰）			婴儿死亡率（‰）			5岁以下儿童死亡率（‰）			孕产妇死亡率（1/10万）		
	合计	城市	农村	合计	城市	农村	合计	城市	农村	合计	城市	农村
2001	21.4	10.6	23.9	30.0	13.6	33.8	35.9	16.3	40.4	50.2	33.1	61.9
2002	20.7	9.7	23.2	29.2	12.2	33.1	34.9	14.6	39.6	43.2	22.3	58.2
2003	18.0	8.9	20.1	25.5	11.3	28.7	29.9	14.8	33.4	51.3	27.6	65.4
2004	15.4	8.4	17.3	21.5	10.1	24.5	25.0	12.0	28.5	48.3	26.1	63.0
2005	13.2	7.5	14.7	19.0	9.1	21.6	22.5	10.7	25.7	47.7	25.0	53.8
2006	12.0	6.8	13.4	17.2	8.0	19.7	20.6	9.6	23.6	41.1	24.8	45.5
2007	10.7	5.5	12.8	15.3	7.7	18.6	18.1	9.0	21.8	36.6	25.2	41.3
2008	10.2	5.0	12.3	14.9	6.5	18.4	18.5	7.9	22.7	34.2	29.2	36.1
2009	9.0	4.5	10.8	13.8	6.2	17.0	17.2	7.6	21.1	31.9	26.6	34.0
2010	8.3	4.1	10.0	13.1	5.8	16.1	16.4	7.3	20.1	30.0	29.7	30.1

---

① 数据来源：卫生部网站：《中国卫生统计年鉴2010》。

(二) 儿童医疗保健状况

从表12.7可知，出生体重<2500克的婴儿比重2001—2010年基本保持一致，没有大的变化。围产儿死亡率由2001年的13.28‰下降到2010年的7.02‰，减少近一半。新生儿破伤风发病率由2001年的1.41/万下降到2010年的0.17/万，下降幅度显著，新生儿破伤风死亡率由2001年的0.84/万下降到2010年的0.08/万，基本解决了新生儿破伤风死亡问题。5岁以下儿童中，重度营养不良比重由2001年的3.01%下降到2010年的1.55%，总体减少近一半。新生儿访视率由2001年的86.7%上升到2010年的89.6%，上升2.9%。3岁以下儿童保健系统管理率，由2001年的74.7%上升到2010年的81.5%，还有较大的上升空间。7岁以下儿童保健管理率，由2001年的74.5%上升到2010年的83.4%，还有较大的上升空间。

表12.7　7岁以下儿童医疗保健情况[①]（2001—2010年）

年份	出生体重<2500克婴儿比重（%）	围产儿死亡率（‰）	新生儿破伤风发病率（1/万）	新生儿破伤风死亡率（1/万）	5岁以下儿童中、重度营养不良比重（%）	新生儿访视率（%）	3岁以下儿童保健管理率（%）	7岁以下儿童保健管理率（%）
2001	2.35	13.28	1.41	0.84	3.01	86.7	74.7	74.5
2002	2.39	12.47	1.33	0.73	2.83	86.1	73.9	74.0
2003	2.26	12.24	1.40	0.83	2.70	84.7	72.8	72.7
2004	2.20	11.08	0.98	0.51	2.56	85.0	73.7	74.4
2005	2.21	10.27	0.77	0.39	2.34	85.0	73.9	74.8
2006	2.22	9.68	0.64	0.32	2.10	84.7	73.9	75.0
2007	2.26	8.71	0.47	0.20	2.02	85.6	74.4	75.9
2008	2.35	8.74	0.34	0.15	1.92	85.4	75.0	77.4
2009	2.40	7.70	0.27	0.11	1.71	87.1	77.2	80.0
2010	2.34	7.02	0.17	0.08	1.55	89.6	81.5	83.4

免疫"四苗"覆盖率是中国传统的儿童健康保健项目，一直以来具有较高的覆盖率。从表12.8可知，在1990—1995年五年期间，"四苗"覆盖率呈明显下降趋势，在1995—2000年五年里，"四苗"覆盖率重新回到上升趋势，到2010年，"四苗"覆盖率平均达到99.5%，基本实现

---

① 数据来源：卫生部网站：《中国卫生统计年鉴2010》。

全覆盖。

表 12.8　　　　　　　免疫"四苗"覆盖率①　　　　　（单位：%）

年份	2005	2010
卡介苗	99	99.6
脊灰疫苗	99	99.6
百白破三联制剂	99	99.5
麻疹疫苗	98.6	99.4

（三）孕产妇保健状况

从表 12.9 可知，孕产妇总住院分娩率由 2001 年的 76.0% 上升到 2010 年的 97.8%，其中，市区由 87.0% 上升到 99.2%，县区由 69.0% 上升到 96.7%。数据显示，到 2010 年，新法接生率市区达到全部，县区也达到 99.4%，显示，新法接生在我国已经全面普及。

表 12.9　　　　　孕产妇总体保健情况②（2001—2010 年）

年份	活产数	高危产妇比重（%）	建卡率（%）	系统管理率（%）	产前检查率（%）	产后访视率（%）	住院分娩率（%）合计	市	县	新法接生率（%）合计	市	县
2001	10690630	11.1	89.4	78.6	90.3	87.2	76.0	87.0	69.0	97.3	99.0	96.1
2002	10591949	11.9	89.2	78.2	90.1	86.7	78.7	89.4	71.6	96.7	98.6	95.4
2003	10188005	11.8	87.6	75.5	88.9	85.4	79.4	89.9	72.6	95.9	98.5	94.1
2004	10892614	12.4	88.3	76.4	89.7	85.9	82.8	91.4	77.1	97.3	98.9	96.2
2005	11415809	12.8	88.5	76.7	89.8	86.0	85.9	93.2	81.0	97.5	98.7	96.7
2006	11770056	13.0	88.2	76.5	89.7	85.7	88.4	94.1	84.6	97.8	98.7	97.2
2007	12506498	13.7	89.3	77.3	90.9	86.7	91.7	95.5	88.8	98.4	99.1	97.9
2008	13307045	15.7	89.3	78.3	91.0	87.0	94.5	97.5	92.3	99.1	99.6	98.7
2009	13825431	16.4	90.9	80.9	92.2	88.7	96.3	98.5	94.7	99.3	99.8	99.0
2010	14218657	17.1	92.9	84.1	94.2	90.8	97.8	99.2	96.7	99.6	99.9	99.4

（四）儿童营养状况

据《中国儿童发展纲要（2001—2010 年）统计监测报告》的数据显

---

① 数据来源：国家统计局：《九十年代中国儿童发展规划纲要》终期监测评估报告汇编，2001 年。《中国儿童发展纲要（2001—2010 年）》统计监测报告汇编，2012 年 1 月。

② 同上。

示，2005年中国纯母乳喂养率达到92.8%，2010年为92.3%。但是，据全国卫生服务调查数据显示，1998年中国纯母乳喂养率为12.2%，2008年为27.6%[1]。在中国官方数据中，纯母乳喂养率的统计是数据出入很大的一个项目。

据中国官方统计[2]，2000年中国合格碘盐食用率为88.9%，2005年上升到95.4%，2010年上升到96.6%，全国达到基本普及水平。

(五) 农村儿童医疗卫生保健三级服务机构情况

表12.10，为农村医疗卫生保健服务系统中第一级服务机构县级医院及医疗服务情况。

表12.10　农村县级医院及医疗服务情况（2001—2010年）

年份	2001	2002	2003	2004	2005	2006	2007	2008	2009	2010
县数（个）	1660	无	1470	1633	1633	1636	1636	2003	2003	—
县综合医院（个）	2018	2037	2057	2070	2009	5879	5673	8874	9238	—
县妇幼保健机构（所）	1393	1605	1687	1683	1526	1612	1625	1985	1987	—
疾病预防控制中心（所）	1663	1700	1762	1805	1586	1763	1726	2259	2243	—
卫生监督所（所）	—	—	—	—	—	1333	1141	1735	1821	—

表12.11，为农村医疗卫生保健服务系统中第二级服务机构乡镇卫生院及医疗服务情况。

表12.11　农村乡镇卫生院及医疗服务情况（2001—2010年）

年份	2001	2003	2004	2005	2006	2007	2008	2009	2010
乡镇数（万个）	4.0	3.8	3.7	3.6	3.47	3.44	3.43	3.42	3.4
乡镇卫生院（个）	48090	44279	41626	40907	39975	39876	39080	38475	37836
床位数（万张）	74.0	67.2	66.9	67.8	69.6	74.7	84.7	93.3	99.4

---

[1] 中国妇幼保健协会官网，http://www.cmcha.org/index.html。
[2] 数据来源：国家统计局：《九十年代中国儿童发展规划纲要》终期监测评估报告汇编，2001年。《中国儿童发展纲要（2001—2010年）》统计监测报告汇编，2012年1月。

续表

年份	2001	2003	2004	2005	2006	2007	2008	2009	2010
卫生人员数（万人）	116.9	105.7	102.6	101.2	100.0	103.3	107.5	113.1	115.1
其中：卫生技术人员（万人）	102.8	90.6	88.1	87.1	86.0	86.4	90.4	95.0	97.3
诊疗人次（亿次）	8.2	6.9	6.8	6.8	7.0	7.6	8.3	8.8	8.7
住院人数（万人）	1700	1608	1599	1622	1836	2662	3313	3808	3630
病床使用率（%）	31.3	36.3	37.1	37.7	39.4	48.4	55.8	60.7	59.0
每千农业人口乡镇卫生院床位（张）	0.81	0.76	0.76	0.78	0.80	0.85	0.96	1.05	1.12
每千农业人口乡镇卫生院人员（人）	1.28	1.19	1.17	1.16	1.15	1.18	1.22	1.28	1.3

表12.12，为农村医疗卫生保健服务系统中第三级服务机构村卫生室及医疗服务人员情况。

表12.12　　　　村卫生室及人员数（2001—2010年）

年份	2001	2003	2004	2005	2006	2007	2008	2009	2010
行政村数（万个）	71.0	67.9	65.3	61.5	62.4	61.3	60.1	59.9	59.4
村卫生室数（万个）	69.9	51.5	55.2	58.3	60.9	61.5	61.3	63.3	64.8
乡村医生和卫生员数（万人）	129.1	86.8	88.3	91.7	95.7	93.2	93.8	105.1	109.2
每千农业人口乡村医生和卫生员（人）	1.41	0.98	1.00	1.05	1.10	1.06	1.06	1.19	1.23

第十三章

2001—2010年时期儿童教育

2001—2010年期间的中国教育，已经经历了恢复重建与量的扩张的阶段，开始进入由量的扩张到质的追求的转变时期。这十年中国教育事业继续处于跑步式发展状态，可以说，这是中国从13亿人口大国转化成为人力资源大国并朝着人力资源强国迈进[①]的十年。

第一节 0—5岁儿童的教育

一 国家政策动向：学前教育管理体制改革的调整时期

（一）学前教育管理体制整改时期

2001年国务院明确提出农村基础教育管理权限由"以乡为主"改革为"以县为主"，增加县级政府对义务教育的责任，加大中央和地方政府公共财政对基础教育的支持力度。基础教育管理权限的明确与理顺，为学前教育解决20世纪90年代末与21世纪初所面临的困难，也指明了方向。从2001年开始，教育部基教司幼教处组织了几次全国性的幼儿教育问卷调研，就学前教育社会化改革实效进行专项摸底、分析和梳理，调研结果认为学前教育社会化改革的努力收效不显著。于是，在2003年1月27日，由教育部、中央编办、国家计委、民政部、财政部、全国妇联等十部委联合签发了《关于幼儿教育改革与发展的指导意见》（以下简称《指导意见》）。《指导意见》对学前教育社会化改革演变成为市场化、私有化转制与变卖幼儿园风潮进行遏制，明确今后五年中国学前教育改革与发展

---

① 张秀兰：《中国教育发展与政策30年》，社会科学文献出版社2008年版，第5页。

的方向与目标。《指导意见》的指导性主要体现在以下四方面。第一，落实各级政府的责任，完善"地方负责、分级管理"的管理体制，实现"以县为主"的管理权限。第二，提出在坚持学前教育公益性的基础上实行"按成本合理收费"的改革。第三，提出体制改革中幼儿园资产的基本管理办法，要求遵守"保护国有资产不流失"的原则。第四，明确在各级政府建立学前教育评价制度，发挥督政和督学相结合的评价监督管理机制。该文件对从1997年开始的学前教育市场化风潮以及由此风潮带来的学前教育事业滑坡趋势有所遏制。从2004年开始，学前教育进入系列整改阶段。

2004年10—11月，由教育部国家教育督导办公室牵头，组织了六个督导组，分别对我国六个省市的学前教育进行专项督导检查。2007年9月20日，教育部基于自2001开始的各种调研与检查，颁布《关于加强民办学前教育机构管理工作的通知》（以下简称《通知》）。《通知》针对我国民办学前教育市场的收费、安全隐患、质量等问题，提出系列整改建议。

2007年5月18日，国务院颁布教育部制定的《国家教育事业发展"十一五"规划纲要》，就2006—2010年学前教育事业的发展，提出"建立较为完善的城乡一体化教育体系"的目标。

针对幼儿园、中小学接送学生中连续出现的安全事故问题，教育部颁布了系列文件。2006年5月9日，教育部颁布《关于进一步加强中小学幼儿园安全保卫和管理工作的紧急通知》，2007年8月27日教育部、公安部、国家安全监管总局联合颁布《关于加强农村中小学生幼儿上下学乘车安全工作的通知》，2007年11月20日教育部颁布《关于做好2007年秋冬季中小学幼儿园安全工作的预警通知》，持续强调幼儿园管理的规范性，要求充分保障幼儿的安全。

2010年9月6日，卫生部、教育部联合颁布新的《托儿所幼儿园卫生保健管理办法》，1994年12月1日颁布的《托儿所幼儿园卫生保健管理办法》同时废止。新的《托儿所幼儿园卫生保健管理办法》提出新时期所需的更为规范、更高标准的卫生保健要求。

表13.1为2003—2010年，中国政府颁布与实施的有关学前教育政策。

表 13.1　　　　　　　　学前教育政策（2003—2010 年）

颁布时间	颁布部门	名称
2003.01.16	教育部 妇联等	《关于幼儿教育改革与发展的指导意见》
2006.05.09	教育部	《关于进一步加强中小学幼儿园安全保卫和管理工作的紧急通知》
2007.08.27	教育部	《关于加强农村中小学生幼儿上下学乘车安全工作的通知》
2007.09.20	教育部	《关于加强民办学前教育机构管理工作的通知》
2007.11.20	教育部	《关于做好 2007 年秋冬季中小学幼儿园安全工作的预警通知》
2010.09.06	卫生部 教育部	《托儿所幼儿园卫生保健管理办法》
2010.11.21	国务院	《关于当前发展学前教育的若干意见》

（二）学前民办教育蓬勃发展、政府财政投入没有明显增量阶段

从 1997 年开始，中国政府针对混乱的民办教育市场颁布了一系列法规政策，进入用法律法规规范民办教育的阶段。1997 年颁布第一部专门规范民办教育的行政法规《社会力量办学条例》，2002 年颁布《中华人民共和国民办教育促进法（草案）》。针对学前民办教育，1997 年国家教委发布《全国幼儿教育事业"九五"发展目标实施意见》，2003 年教育部等 10 部委颁布《关于幼儿教育改革和发展的指导意见》。这些政策法规共同促使中国民办学前教育进入依法治教、规范办学的阶段。

2001—2010 年，中国民办幼儿园的星火已经燎原，民办幼儿园如雨后春笋铺天盖地，但是，民办幼儿园的这种"成长势头"并非来自学前教育制度的内部要求，而是被社会经济、福利大环境裹挟着产生与发展的。它是社会需要的产物。这一时期公办幼儿园与民办幼儿园形成此消彼长的局面，公办幼儿园数量和在园幼儿数呈现逐年下降趋势，而民办幼儿园数量和在园幼儿数呈现逐年上升趋势。这一时期，政府财政投入的重点还在义务教育，对学前教育没有明显增量。

（三）政府借课程法规普及并深化学前教育课程改革阶段

2001 年 9 月 17 日，教育部颁布《幼儿园教育指导纲要（试行）》（以下简称《纲要（试行）》）。《纲要（试行）》遵循《规程》精神，将我国长期以来幼儿园课程改革行之有效的经验以课程法规的形式固定下来。《纲要（试行）》就幼儿园课程改革的理念要旨与行动目标作了明确的阐述，具体要点如下。第一，"以游戏为基本活动"的教育原则被进一

步巩固与强调,游戏活动作为幼儿的主体性活动被倡导与推广,区域活动成为幼儿主体性教育的重要实施途径。第二,指明课程理念的转化,课程由封闭转向开放、由预设转向生成、由关注结果转向关注过程、由关注普适知识转向关注幼儿个体经验。第三,强调教师与幼儿都是课程的建构者、评价主体。这一时期在《纲要(试行)》的指导下,我国学前教育领域的学者与幼儿园参与课程改革的热情空前高涨①,相继启动了新一轮的课程改革实验,取得了丰硕的成果。全国范围内推广或出版了"幼儿园式领域课程""生态式融合课程""生活化游戏化幼儿园课程""活动整合课程""多元整合幼儿园活动课程""田野课程""发展课程"等课程改革成果,课程改革深入学前教育领域的各个角落与层面②。

(四)全面实施教师资格制度,幼儿园教师队伍质量仍在低位阶段

2003年1月27日,教育部等10部委联合颁布《关于幼儿教育改革与发展的指导意见》。《指导意见》对"地方负责、分级管理和有关部门分工负责的幼儿教育管理体制"做了比较清晰的规定,对教育系统幼儿园、民办幼儿园、企事业单位转制幼儿园、乡镇幼儿园的管理做了部署。在"加强师资队伍建设,努力提高幼儿教师素质"部分,《指导意见》给出了四条指导意见。在幼儿园教师任用方面,《指导意见》规定:依据《教师资格条例》,实行幼儿园园长、教师资格准入制度、严格实行持证上岗。这是幼儿园全面实施《教师资格条例》的标志。

但是,在民办幼儿园急剧增量、幼儿园教师急剧短缺的现实条件下,幼儿园在实施《教师资格条例》时打了折扣。《教师资格条例》对教师资格规定了"学历合格"与"专业合格"两项条件。幼儿园在实际实施时弱化"专业合格"、强化"学历合格",形成只要具备高中学历就是合格幼儿教师的现状。

二 国家数据统计:学前教育发展状况

2001—2010年时期的学前教育数据收集从幼儿园园所发展规模、在

---

① 庞丽娟:《中国教育改革30年》(学前教育卷),北京师范大学出版社2009年版,第133页。

② 同上。

园幼儿人数、幼儿教师队伍发展、国家财政教育经费投入四个方面展开。

（一）幼儿园园所发展规模

从表13.2可知，2001—2010年时期，幼儿园园所总数由约11万所上升到约15万所，呈现稳定上升的态势。其中，民办幼儿园数量由2001年的约4.5万所持续上升到2010年的约10.2万所，民办幼儿园数量的上升态势非常明显。

表13.2　　　　　幼儿园园所数（2001—2010年）

年份	幼儿园园所总数（所）	其中：民办幼儿园数（所）
2001	111706	44526
2002	111752	48365
2003	116390	55536
2004	117899	62167
2005	124402	68835
2006	130495	75426
2007	129086	77616
2008	133722	83119
2009	138209	89304
2010	150420	102289

图13.1显示：2001—2010年时期，幼儿园园所总数呈平稳的上升趋势，民办幼儿园数量呈直线的上升趋势，公办幼儿园数量呈持续下降趋势。换言之，这一时期，公办幼儿园数不升反降，幼儿园园所总数的上升趋势是由民办幼儿园的急剧上升导致的。

图13.2，民办与公办的园所变化比较显示：公办幼儿园呈逐年递减态势，民办幼儿园呈逐年递增态势。

（二）在园幼儿人数

从表13.3可知，幼儿在园总人数从2001年的2021.84万人提升到2010年的2976.67万人，总人数提升约900万人。10年间，城市在园幼儿人数提升约300万人，城镇在园幼儿人数提升约490万人，农村在园幼儿人数约提升169万人，不同区域的在园幼儿人数都呈上升态势。

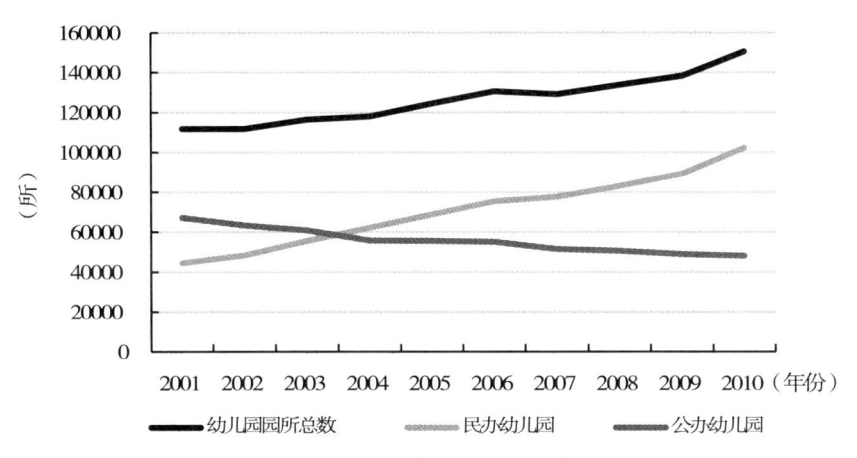

图 13.1　总数、公办与民办园所数量变化趋势（2001—2010 年）

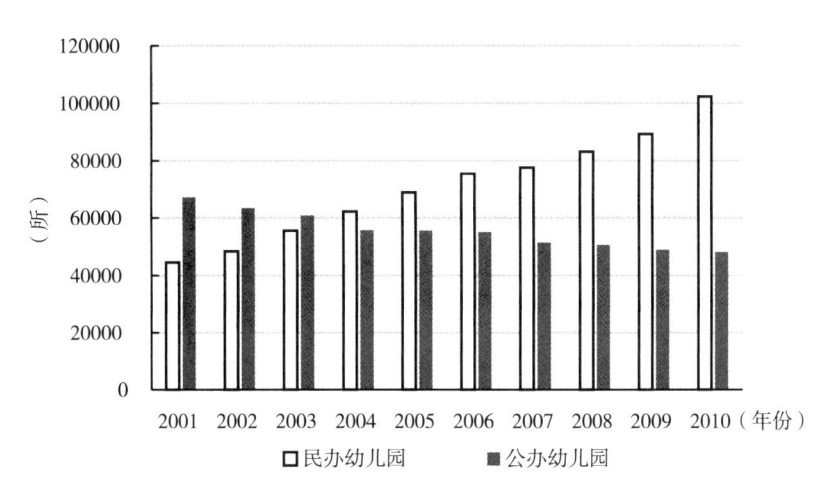

图 13.2　公办与民办园所数量变化比较（2001—2010 年）

表 13.3　　　　　　　　　在园幼儿人数（2001—2010 年）

年份	在园幼儿总人数（万人）	城市在园幼儿人数（万人）	城镇在园幼儿人数（万人）	农村在园幼儿人数（万人）	其中：小学附设学前班幼儿人数（万人）
2001	2021.84	446.26	512.33	1045.45	992.12
2002	2036.02	488.67	542.45	1004.9	980.64
2003	2003.91	525.61	537.9	940.4	900.24
2004	2089.4	553.43	539.35	996.62	888.27

续表

年份	在园幼儿总人数（万人）	城市在园幼儿人数（万人）	城镇在园幼儿人数（万人）	农村在园幼儿人数（万人）	其中：小学附设学前班幼儿人数（万人）
2005	2179.03	569.18	592.92	1016.92	855.42
2006	2263.85	538.04	677.97	1047.84	854.28
2007	2348.83	591.47	724.25	1033.12	828.3
2008	2474.96	623.54	784.06	1067.36	796.71
2009	2657.81	669.32	862.49	1126	767.93
2010	2976.67	752.58	1010.06	1214.03	436.7

从图 13.3 可以看出，2001—2010 年时期，在园幼儿总数呈现先平后扬的上升趋势。

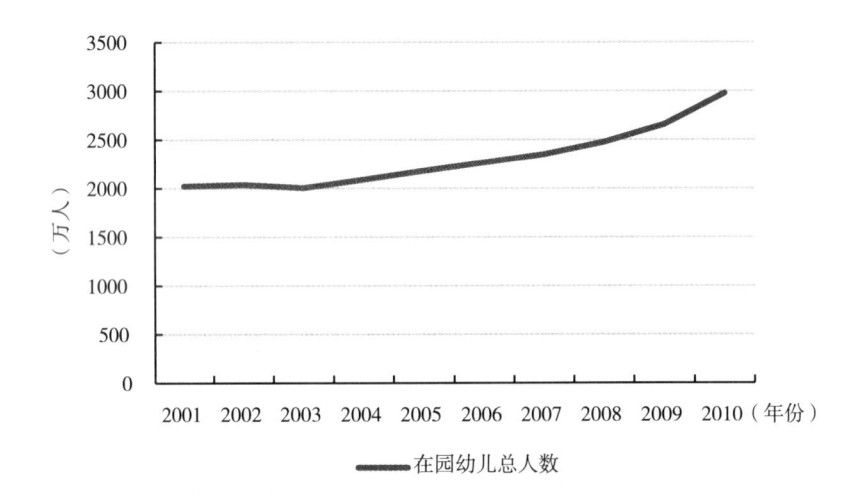

图 13.3 在园幼儿总人数变化趋势（2001—2010 年）

从图 13.4 可以看出，2001—2010 年时期，城镇（包括城市）在园幼儿人数呈逐年递增态势，而农村在园幼儿人数呈现相对稳定不变的状态。

（三）幼儿园教师队伍发展情况

1. 幼儿园教师人数规模

从表 13.4 可知，全国幼儿园专任教师总人数由 2001 年的 54.63 万人提升到 2010 年的 114.41 万人，数量增加 59.78 万人，增量显著。其中，

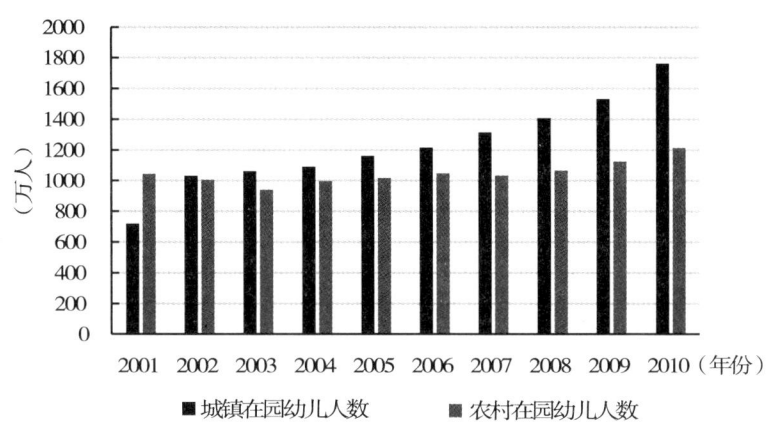

图 13.4　城镇与农村在园幼儿人数比较（2001—2010 年）

城市幼儿园专任教师增加 22.48 万人，县镇幼儿园专任教师增加 22.27 万人，农村幼儿园专任教师人数增加 15.03 万人。各类地域幼儿园专任教师人数同步增长。

表 13.4　　幼儿园专任教师人数（2001—2010 年）

年份	学前教育专任教师人数（万人）				园长（万人）
	合计	城市	县镇	农村	
2001	54.63	23.8	18.28	12.55	8.39
2002	57.12	25.35	19.71	12.06	8.8
2003	61.29	27.86	20.66	12.77	9.62
2004	65.62	30.16	20.59	14.87	10.35
2005	72.17	32.21	23.01	16.95	11.45
2006	77.65	32.29	26.37	18.99	12.17
2007	82.67	35.71	27.96	19	12.52
2008	89.85	38.14	30.85	20.86	13.35
2009	98.58	41.11	34.23	23.24	14.19
2010	114.41	46.28	40.55	27.58	16.11

从图 13.5 可知，2001—2010 年，幼儿园专任教师总人数呈现平稳上升的趋势。

从图 13.6 可以看出，2001—2010 年时期，城镇（包括城市与县镇）与农村幼儿园专任教师人数呈现显著差异，城镇专任教师人数几倍于农

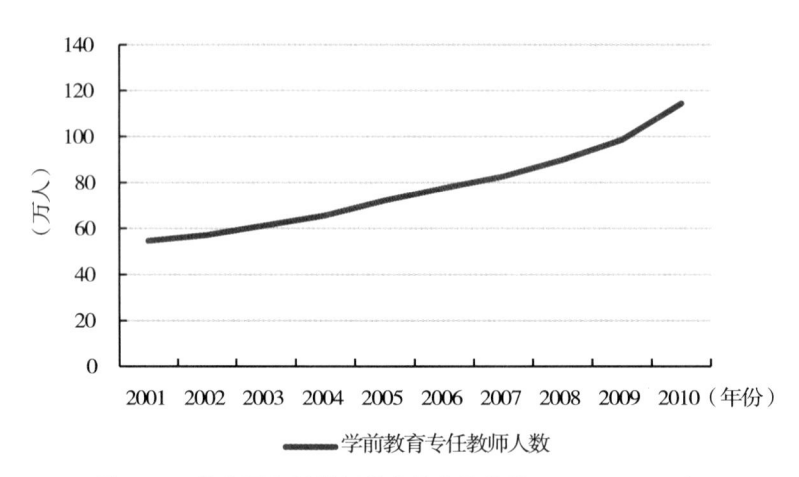

图 13.5 幼儿园专任教师总人数变化趋势（2001—2010 年）

村。十年间，城镇专任教师人数呈逐年递增趋势，农村专任教师人数也逐年增加，递增趋势不明显。上十年农村专任教师人数呈逐年递减趋势，这十年遏制了递减，并呈现递增趋势。

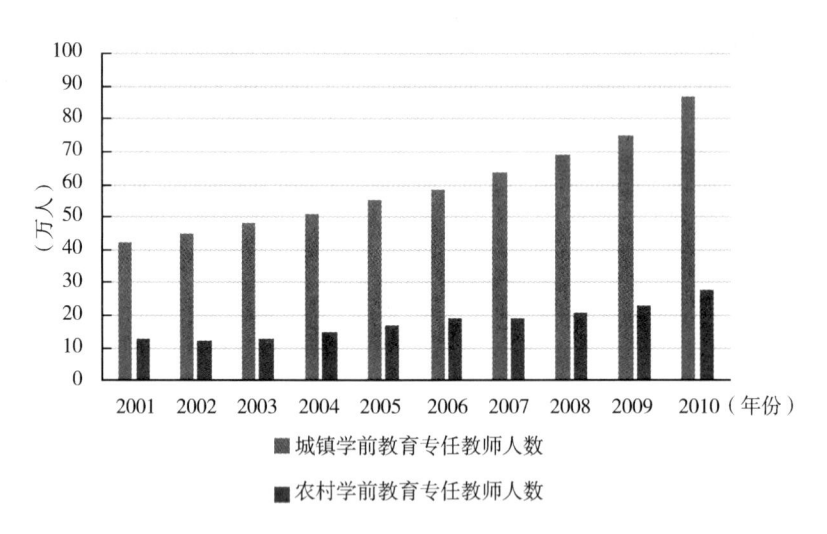

图 13.6 城镇与农村幼儿园专任教师人数比较（2001—2010 年）

2. 幼儿园教师学历与专业状况

从表 13.5 可以看出，2001—2010 年时期，幼儿园园长与教师总数由 63 万人提升到 130 万人，数量增加一倍。教师数的增量主要来自专科毕业生，专科毕业生由 2001 年的 18.6 万增加到 2010 年的 63.2 万人，增加约 45 万人。

表 13.5　　幼儿园园长与教师学历、专业情况（2001—2010 年）

年份		2001	2002	2003	2004	2005	2006	2007	2008	2009	2010
总计	合计	630067	659268	709075	759569	836120	898239	951930	1032017	1127798	1305311
	园长	83864	88041	96219	103486	114511	121748	125165	133465	141909	161086
	教师	546203	571227	612856	656083	721609	776491	826765	898552	985889	1144225
研究生毕业	合计	368	552	857	996	1175	1333	1458	1631	2053	2472
	园长	232	339	461	607	713	843	877	979	1076	1321
	教师	136	213	396	389	462	490	581	652	977	1151
本科毕业	合计	5708	19305	25446	36150	50044	64839	83508	105029	132539	167371
	园长	4734	6038	7633	10194	13116	16102	18883	22305	25815	31450
	教师	974	13267	17813	25956	36928	48737	64625	82724	106724	135921
专科毕业	合计	186505	224776	264567	308435	359773	403397	437867	487206	538528	632554
	园长	29954	34430	39906	44588	51185	55848	58588	63793	68600	79674
	教师	156551	190346	224661	263847	308588	347549	379279	423413	469928	552880
高中阶段毕业	合计	380445	373893	379839	377079	389308	393411	394692	403510	418418	459356
	园长	43777	42710	43978	44123	45703	45483	43505	43018	42919	44809
	教师	336668	331183	335861	332956	343605	347928	351187	360492	375499	414547
高中阶段毕业以下	合计	48275	40742	38366	36909	35820	35259	34405	34641	36260	43558
	园长	5167	4524	4241	3974	3794	3472	3312	3370	3499	3832
	教师	43108	36218	34125	32935	32026	31787	31093	31271	32761	39726

（四）国家财政教育经费投入无数据统计时期

由表 13.6 可见，国家财政投入学前教育的经费由 2001 年的 36 亿元增加到 2010 年的 244 亿元，增加 208 亿元。尤其是从 2007 年开始，学前教育的经费投入逐年提升非常明显，2008 年与 2009 年，每年增加 30 亿元，2010 年一年，经费投入增加 78 亿元。这一时期最后三年国家财政教育经费投入的加速态势，已经预告着学前教育被国家重视的时代的到来。

表 13.6　　国家财政教育经费投入状况（2001—2010 年）

年份	2001	2002	2003	2004	2005
教育经费（万元）	363854.5	416389.4	462390	545001.4	657237.9
年份	2006	2007	2008	2009	2010
教育经费（万元）	795081.3	1028269.3	1329444	1662739.2	2443526.4

从图 13.7 可知，2001—2010 年的 10 年间，国家财政教育经费对学前教育的投入总体呈持续上升趋势，2006 年以后，上升趋势明显增大。

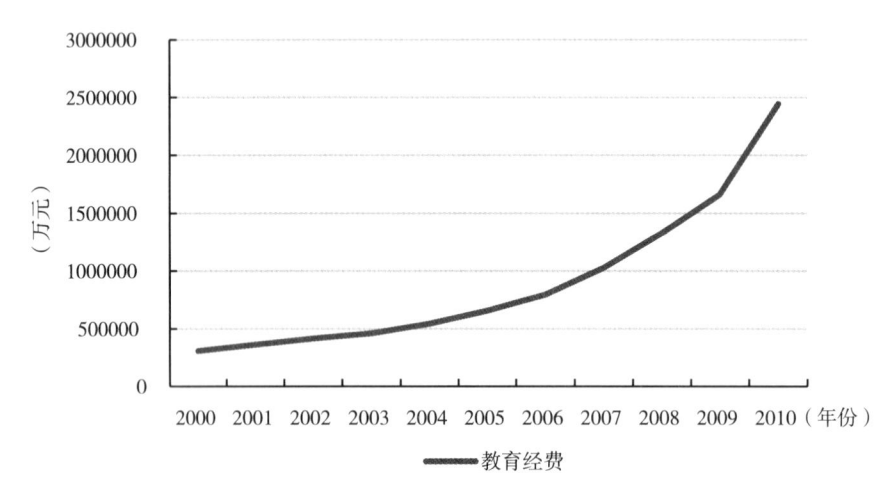

图 13.7　国家财政教育经费投入额变化趋势（2001—2010 年）

第二节　6—14 岁儿童的教育

自 1986 年《中华人民共和国义务教育法》颁布后，中国政府彻底使用"义务教育"概念，开始重视义务教育的立法和政策制定，颁布了一系列义务教育改革法令，政策密集出台。这些法律政策对中国义务教育发展方向和目标做出了明确规定，为实现全面普及义务教育奠定了基础。在《中华人民共和国义务教育法》实施了 20 年后的 2006 年，中国修订了这一教育法律。新《义务教育法》规定中国农村义务教育全部免费。在新《义务教育法》颁布两年后的 2008 年，中国政府规定中国城市义务教育全部免费。至此，中国义务教育跨入"全免费"阶段。对于实施了 22 年的义务教育政策来说，"全免费"是一块铭刻着"实至名归"字样的里程碑。

一　国家政策动向：义务教育改革深化与科学化时期

在中国义务教育政策文件中将毛入学率达到 85% 视为"基本普及"，达到 95% 视为"全面普及"，达到 99% 及以上称为"完全普及"（"全民教育")①。2001—2010 年，中国义务教育的发展目标是实现全面普及。

(一) 全面普及九年义务教育时期

2001—2010 年是进入 21 世纪的十年，是中国义务教育最终走向免费教育的时期。进入 21 世纪后，中国社会大环境发生了一次转型，表现为对中国西部贫困地区、农村、弱势群体的关注。在这十年里，中国想要实现由基本普及到全面普及九年义务教育的目标，其实质就是突破中国西部、农村、弱势群体的受教育权的问题。

2001 年 5 月 29 日，国务院颁布《关于基础教育改革与发展的决定》（以下简称《决定》）。《决定》指出：在国家扶贫开发工作重点县等农村贫困地区，义务教育阶段实行中央规定杂费、书本费标准的"一费制"收费制度。同年 11 月 16 日，国家计委、财政部与教育部联合发出《关于坚决落实贫困地区农村义务教育阶段试行"一费制"收费制度的通知》。《通知》要求各地坚决落实"一费制"，旨在遏制教育乱收费现象，减轻贫困家庭的经济负担。

2002 年 4 月 14 日，国务院发布《关于完善农村义务教育管理体制的通知》。《通知》规定：农村义务教育实行"在国务院领导下，由地方政府负责、分级管理、以县为主"的体制。同年 5 月 15 日，财政部、教育部颁布《第二期"国家贫困地区义务教育工程"中央专款使用管理办法》，继续对中西部地区和新疆生产建设兵团的"普九"予以支持。

2003 年 12 月 30 日，温家宝总理主持召开国家科教领导小组会议，审议通过了教育部、国家发改委、财政部、国务院西部开发办联合制定的《国家本部地区"两基"攻坚计划（2004—2007 年）》（以下简称《计划》）。《计划》是我国普及义务教育进程中的一件大事，是党中央、国务院扶持西部地区基本普及九年义务教育、基本扫除青壮年文盲，提高国民素质，缩小东西部差距，促进当地经济发展和社会进步的一项重大举措。为实施《计划》，中央投入 100 亿元专项资金，采取集中投入、分步实施的原则，从 2004 年开始，到 2007 年，用四年时间帮助西部地区尚未实现"两基"的 372 个县（市、区）以及新疆生产建设兵团的 38 个团场达到国家"两基"验收标准。

---

① 闻待：《论高中教育的多样化发展》，博士学位论文，华东师范大学，2010 年。

2003年9月17日，国务院批转教育部等部委《关于进一步做好进城务工就业子女义务教育工作的意见》，对保障进城务工就业子女义务教育的工作制度与机制做出规定。

2004年2月26日，教育部制定并颁布《2003—2007年教育振兴行动计划》。《行动计划》提出：到2007年年底，力争使西部地区普及义务教育，使全国农村家庭经济困难学生在义务教育段都能享受"两免一补"[①]，努力做到不让学生因家庭经济困难而失学。

2004年3月3日，教育部、国家发改委、财政部联合颁布《关于在全国义务教育阶段学校推行"一费制"收费办法的意见》。《意见》规定：从2004年秋季新学年开学始，所属政府的普通小学、中学（含义务教育阶段的特殊教育学校及特教班）推行"一费制"收费办法。

2005年2月28日，财政部、教育部联合颁布《关于加快国家扶贫开发工作重点县"两免一补"实施步伐有关工作的意见》。《意见》是对2004年2月颁布的《2003—2007年教育振兴行动计划》中提出的"2007年底西部地区普及义务教育"目标的进一步落实。

2005年5月25日，教育部颁布《关于进一步推进义务教育均衡发展的若干意见》。《意见》要求各级政府要把推进义务教育均衡发展摆上重要位置，采取积极措施，逐步缩小学校办学条件的差距，切实推进义务教育均衡发展。

2005年12月24日，国务院颁布《关于深化农村义务教育经费保障机制改革的通知》（以下简称《通知》）。《通知》规定深化农村义务教育经费保障机制改革的主要内容与实施步骤，尤其是实施步骤，按年细化目标。2006年西部地区农村义务教育免费；2007年中部地区和东部地区农村义务教育免费；2008年所有农村义务教育学生均公用经费达标；2009年中央出台农村义务教育公用经费基准定额；2010年农村义务教育公用经费基准定额全部落实到位。

为了落实国务院发布的《关于深化农村义务教育经费保障机制改革的通知》，教育部在2016年上半年密集颁布政策，确保啃下农村义务教育全面普及这块硬骨头。2006年1月19日，财政部、教育部联合颁布《关于对全国农村义务教育阶段学生免收学杂费的实施管理办法》，旨在落实

[①] "两免一补"是指免学费、免书本费、补助寄宿生生活费。

《关于深化农村义务教育经费保障机制改革的通知》中2006—2007年农村义务教育免除学杂费的工作。2006年6月7日,教育部颁布《关于切实解决农村边远山区交通不便地区中小学生上学远问题有关事项的通知》,2006年6月9日教育部颁布《关于实事求是地做好农村中小学布局调整工作的通知》。两个《通知》密集颁布,旨在"防止在中小学布局调整过程中出现新的学生失学、辍学和上学难问题",《通知》要求各地教育行政部门在保证学生就近入学的前提下进行农村中小学布局调整,在交通不便的地区仍须保留必要的小学和教学点,切实解决农村边远山区、交通不便地区中小学生上学远问题。

2006年6月29日,《中华人民共和国义务教育法》由中华人民共和国第十届全国人民代表大会常务委员会第二十二次会议修订通过。新《义务教育法》与旧相比,从形式到内容都做了重大调整,突出了教育的权利性、平等性、公益性、免费性、强制性和基础性等特征,尤其提出了义务教育的免费原则,使中国开始跨入免费义务教育行列。但是,免费义务教育被全面执行与实现,还经过两年的努力。2006年西部农村地区实现义务教育阶段"两免一补",2007年中部和东部农村地区实现"两免一补"。2008年8月12日,国务院下发《国务院关于做好免除城市义务教育阶段学生学杂费工作的通知》。《通知》规定从2008年秋季新学期起,全面免除城市义务教育阶段学生学杂费。至此,真正的免费义务教育在中国实现。

2007年5月18日,国务院批转教育部《国家教育事业发展"十一五"规划纲要》。《纲要》提出:全面普及和巩固九年制义务教育。到2010年,小学净入学率保持在99%以上,初中毛入学率达到98%以上,初中三年保留率达到95%。完成这一目标的攻坚战就是拿下西部贫困地区,实现义务教育的均衡发展。

2008年10月,中共中央十七届三中全会通过了《中共中央关于推进农村改革发展若干重大问题的决定》,提出了"城乡一体化"的发展目标。就义务教育而言,必须解决对中国西部、农村、弱势群体的义务教育普及问题。

2010年1月4日,教育部颁布《关于贯彻落实科学发展观,进一步推进义务教育均衡发展的意见》。《意见》明确提出均衡发展的目标:2012年实现义务教育区域内初步均衡,2020年实现区域内基本均衡。

2010年7月29日《国家中长期教育改革和发展规划纲要(2010—

2020年)》中则把"均衡发展义务教育"作为2010—2020年下一个十年的战略性任务，要求到2020年基本实现区域内义务教育均衡发展。

表13.7为2001—2010年，中国政府制定与实施的义务教育政策。

表13.7　　　　　　　　义务教育政策（2001—2010年）

颁布时间	颁布部门	名称
2001.05.29	国务院	《关于基础教育改革与发展的决定》
2001.11.16	计委、财政部、教育部	《关于坚决落实贫困地区农村义务教育阶段试行"一费制"收费制定的通知》
2002.04.14	国务院	《关于完善农村义务教育管理体制的通知》
2002.05.15	财政部、教育部	《第二期"国家贫困地区义务教育工程"中央专款使用管理办法》
2003.09.17	教育部等	《关于进一步做好城务工就业农民子女义务教育工作的意见》
2003.12.30	教育部等部委	《国家西部地区"两基"攻坚计划（2004—2007）》
2004.02.26	教育部	《2003—2007年教育振兴行动计划》
2004.03.03	教育部、发改委、财政部	《关于在全国义务教育阶段学校推行"一费制"收费办法的意见》
2005.02.28	财政部、教育部	《关于加快国家扶贫开发工作重点县"两免一补"实施步伐有关工作的意见》
2005.05.25	教育部	《关于进一步推进义务教育均衡发展的若干意见》
2005.12.24	国务院	《关于深化农村义务教育经费保障机制改革的通知》
2006.01.19	财政部、教育部	《关于对全国农村义务教育阶段学生免收学杂费的实施管理办法》
2006.06.07	教育部	《关于切实解决农村边远山区交通不便地区中小学上学远问题有关事项的通知》
2006.06.09	教育部	《关于实事求是地做好农村中小学布局调整工作的通知》
2006.06.29	全国人大	《〈中华人民共和国义务教育法〉修订版》
2007.05.18	教育部	《国家教育事业发展"十一五"规划纲要》
2008.08.12	国务院	《关于做好免除城市义务教育阶段学生学杂费工作的通知》
2010.01.04	教育部	《关于贯彻落实科学发展观，进一步推进义务教育均衡发展的意见》
2010.07.29	教育部	《国家中长期教育改革和发展规划纲要（2010—2020年）》

（二）调整"地方负责、分级管理"义务教育新管理体制时期

1.2001—2005年：由"以乡为主"调整到"以县为主"阶段

1999年6月13日，国务院颁布《关于深化教育改革全面推进素质教育的决定》（以下简称《决定》）。《决定》指出：继续完善基础教育主

要由"地方负责、分级管理"的体制。根据各地实际，加大县级人民政府的教育、教师管理和校长任免等方面统筹权。从《决定》开始，国家政策开始对实施"地方负责、分级管理"体制过程中实际形成的"以乡为主"体制进行调整，开始关注管理权力重心太下移的问题，并把管理权力重心上移至县政府一级。

2001年5月29日，国务院颁布《关于基础教育改革与发展的决定》（以下简称《决定》）。《决定》在坚持原有的"地方负责、分级管理"原则的同时，明确了分级管理中县级地方政府的作用，提出县级政府对于基础教育负有主要责任。

2002年4月14日，国务院在颁布的《关于完善农村义务教育管理体制的通知》中明确指出：中国义务教育要在国务院的领导下，由地方政府负责。

2003年9月17日，国务院颁布《关于进一步加强农村教育工作的决定》。《决定》全文共分八个部分34条，就新时期农村教育工作发展做出了全面部署，重点突出了改革目的、改革内容、改革方向、经费保障、队伍建设等，再次强调落实"以县为主"的农村义务教育管理体制。

2. 2006—2010年：由"以县为主"调整到"省级统筹"阶段

2005年12月24日，国务院颁布"关于深化农村义务教育经费保障机制改革的通知"（以下简称"通知"），决定按照"明确各级现任、中央地方共担、加大财政投入、抽调保障水平、分步组织实施"的原则，建立中央和地方分项目、按比例分担的农村义务教育经费保障机制。"通知"明确了各级政府的责任，加大了中央以及省级政府投资农村义务教育的责任。"通知"对义务教育的"省级统筹"管理体制发出了明确的信号。

2006年6月29日，全国人大通过新修订的《中华人民共和国义务教育法》。新《义务教育法》以法律形式确立：以省统筹、以县为主的义务教育体制。

2008年8月12日，国务院颁布《关于做好免除城市义务教育阶段学生学杂费工作的通知》。《通知》提出城市义务教育全免费，明确了中央与地方财政分担义务教育经费的比例：西部，中央和地方为8∶2，中部，中央和地方为6∶4。《通知》是中国建立义务教育经费保障机制的标志。

至此，1985年启动的"地方负责、分级管理"义务教育管理体制，才真正步入由中央政府主导、各级政府合理分担的主体责任相对明确的阶段。全免费时期的到来，也标志着我国将义务教育的目标指向"城乡统一的义务教育普惠制"。

（三）经费投入由"双轨制"转向全面纳入国家财政

1. 2001—2005年：经费投入"双轨制"调整阶段

1999年6月13日，国务院颁布《关于深化教育改革全面推进素质教育的决定》（以下简称《决定》）。《决定》明确提出：县级政府对义务教育负主要责任。《决定》是中国政府着手调整与解决义务教育经费投入"双轨制"的标志。

2001年5月29日，在国务院颁布的《关于基础教育改革与发展的决定》中提出：将农村中小学教师工资的管理上收到县；对农村义务教育阶段贫困家庭学生实施"两免一补"。

2002年4月14日，在国务院颁布的《关于完善农村义务教育管理体制的通知》中明确指出：中国义务教育要在国务院的领导下，由地方政府负责。

从1999年开始，中国政府调整义务教育经费投入"双轨制"的力度可谓很大。即便如此，从国务院发展研究中心2002年调查结果上看，这种乡镇和农民负担过重的状况直到2002年年底还未解除。调查结果显示，截至2002年年底，中国义务教育经费78%由乡镇负担，9%左右由县财政负担，11%由省财政负担，低于2%由中央财政负担[①]。

2003年9月17日，国务院颁布《关于进一步加强农村教育工作的决定》，旨在强调对"以县为主"的农村义务教育管理与经费体制的落实。

2005年5月25日，在教育部颁布的《关于进一步推进义务教育均衡发展的若干意见》中提出：各级教育行政部门要建立和完善保障义务教育均衡发展的公共财政体制；切实落实教育经费"三个增长"[②]和新增教育经费主要用于农村的要求。

2005年2月28日，在财政部、教育部联合颁布的《关于加快国家

---

① 王炳照、施克灿：《中国教育改革30年》（基础教育卷），北京师范大学出版社2009年版，第34页。

② "三个增长"是指用于实施义务教育财政拨款的增长比例，保证按照在校学生人数平均的义务教育经费逐步增长，保证教职工工资和学生人均公用经费逐步增长。

扶贫开发工作重点县"两免一补"实施步伐有关工作的意见》提出：制定科学合理的享受"两免一补"政策的对象和标准；各地要确保地方政府负责的免杂费和补助寄宿生生活费资金的落实；加强对资金使用的监督。

2005年12月24日，在国务院颁布的《关于深化农村义务教育经费保障机制改革的通知》中规定了深化农村义务教育经费保障机制改革的主要内容与实施步骤。按年细化目标：2006年西部地区农村义务教育免费；2007年中部地区和东部地区农村义务教育免费；2008年所有农村义务教育学生均公用经费达标；2009年中央出台农村义务教育公用经费基准定额；2010年农村义务教育公用经费基准定额全部落实到位。2006年9月19日，教育部、财政部联合颁布《关于加强农村义务教育经费保障机制改革督导工作的意见》旨在落实《通知》。

从2003—2005年出台的国家政策来看，义务教育经费还没全面纳入国家财政，但对经费投入做出了质性规定，也出台相关政策狠抓经费落实。2003—2005年，实现了义务教育责任的两个重大扭转：把农村义务教育的责任由农民承担扭转到主要由政府承担；把政府对农村义务教育的责任由乡镇为主扭转到以县为主。

2. 2006—2010年：由"双轨制"转向全面纳入国家财政阶段

2006年6月29日，全国人大通过并颁布新修订的《中华人民共和国义务教育法》，其中第四十四条对义务教育的经费投入体制做出规定：义务教育经费投入实行国务院和地方各级人民政府根据职责共同负担，省、自治区、直辖市人民政府负责统筹落实的体制。农村义务教育所需经费，由各级人民政府根据国务院的规定分项目、按比例分担。新修订的《义务教育法》以法律形式明确了义务教育的免费原则与经费保障机制。2008年8月12日，国务院颁布《关于做好免除城市义务教育阶段学生学杂费工作的通知》中提出城市义务教育全免费。自此，中国义务教育经费才全面纳入国家财政；义务教育的性质终于走向公益性、统一性和义务性；义务教育的主体责任终于走向了国家义务和政府责任[1]。

2010年7月29日，国家颁布的《国家中长期教育改革和发展规划纲要（2010—2020年）》中明确提出：加大教育投入——以政府投入为主，

---

[1] 樊璐瑶：《改革开放以来中国义务教育经费政策研究》，《赤子》2014年第9期。

按增值税、营业税、消费税的3%足额征收教育费附加，专项用于教育事业；完善投入机制——制定并逐步提高学生人均经费基本标准和学生人均财政拨款基本标准；加强经费管理——建立科学化、精细化预算管理机制。自此，义务教育经费投入的"双轨制"终结，义务教育全面纳入国家财政并且建立了国家财政投入的标准与管理制度。

（四）构建国家课程、地方课程与校本课程一体化阶段

2001年5月29日，国务院颁布《关于基础教育改革与发展的决定》（以下简称《决定》）。《决定》指出：高度重视和加快发展教育，提高全国人民科学文化水平，提高民族素质，多出人才，出好人才。《决定》明确提出了"加快符合素质教育要求的基础教育课程体系"的任务。根据国务院的《决定》精神，2001年6月7日，教育部颁布"中小学教材编写审定管理暂行办法"，对义务教育阶段教材编写的资格和条件、立项和核准、初审与试验、审定等方面做出规定。"中小学教材编写审定管理暂行办法"规定：教材编写实行项目管理。编写教材须事先依本办法规定向相应的教育行政部门申请立项，经核准后方可进行。

2001年6月8日，教育部印发《基础教育课程改革纲要（试行）》（以下简称《改革纲要（试行）》）。《改革纲要（试行）》提出了义务教育新课程总目标及其改革旧课程的各项具体目标：改变课程过于注重知识传授的倾向，改变课程结构过于强调学科本位、科目过多和缺乏整合的现状，改变课程内容"难、繁、偏、旧"和过于注重书本知识的现状，改变课程实施过于强调接受学习、死记硬背、机械训练的现状，改变课程评价过分强调甄别与选拔功能的现象，改变课程管理过于集中的状况。这六项具体目标构成了新一轮基础教育课程改革的总体框架，对课程管理特别提出学校课程管理制度的重建，包括建立以校为本的课程研究制度、建立民主科学的教学管理机制、建立旨在促进教师专业成长的教学考评制度。

与《改革纲要（试行）》同步，2001年11月19日，教育部印发供全国38个国家级实验区使用的《义务教育课程设置实验方案》，共颁布义务教育阶段17个学科、18种课程标准的实验稿，审定20个学科（小学7科、中学13科）的中小学课程实验教材[①]。到2003年审查通过了147套、近

[①] 胡洁：《改革开放以来我国义务教育课程政策发展的研究》，博士学位论文，西南大学，2011年。

千册义务教育各学科新课程实验教材,平均每学科有 6—7 套实验教材①。

2004 年 2 月 10 日,教育部颁布《2003—2007 年教育振兴行动计划》提出:建立国家和省两级新课程的跟踪、监测、评估、反馈机制,加强对基础教育质量的监测。2007 年 11 月 30 日,教育部基础教育质量监测中心在北京师范大学成立,旨在对基础教育阶段学生学习和身心健康状况以及影响学生发展的相关因素进行全面、系统、深入的监测,准确地向国家报告基础教育质量的状况,为教育决策提供信息、依据和建议②。

表 13.8 　　　　　义务教育课程政策(2001—2010 年)

颁布时间	颁布部门	名称
2001.06.08	教育部	《基础教育课程改革纲要(试行)》
2001.11.19	教育部	《义务教育课程设置实验方案》
2004.02.10	教育部	《2003—2007 年教育振兴行动计划》

(五)教师资格制度的全面实施时期

2000 年 9 月 23 日,教育部颁布《〈教师资格条例〉实施办法》的正式实行与《教师资格认定的过渡办法》的废止,是我国中小学教师资格制度正式全面实施的标志。2001 年 1 月,教育部组织召开了全国中小学教师资格制度实施工作会议,动员和部署中小学教师资格制度的全面实施工作,为提高我国教师职业的专业化水平,促进我国教师队伍建设打响了第一炮。从 2001 年 4 月 1 日起,我国教师资格的认定工作进入全面实际运行阶段,各省陆续开展面向全社会的教师资格认定工作。2001 年 5 月 14 日,教育部颁布《关于首次认定教师资格工作若干问题的意见》,就如何全面实施教师资格制度工作给予指导性原则。2001 年 8 月 8 日,教育部颁布《教师资格证书管理规定》,对教师资格证书的用途、管理机构、认定机构、主要内容、证书规格、收回证书的条件及编号方法等做了详细规定。从 2001 年开始,我国中小学教师资格制度在各地顺利实施,教师资格认定工作进入正常化。2002 年年底,29 个省(区、市)已基本结束

---

① 胡洁:《改革开放以来我国义务教育课程政策发展的研究》,博士学位论文,西南大学,2011 年。

② 同上。

学校在编正式任教人员教师资格认定工作①。

二 国家数据统计：义务教育发展状况

2001—2010年时期的义务教育数据收集从中小学生入学率、中小学学校数量规模、中小学学生在校人数规模、中小学教师队伍建设情况、国家财政教育经费投入五个方面展开。

（一）中小学生入学率情况

1. 小学学龄儿童入学率

从表13.9可知，小学学龄儿童入学率由2001年99.1%提升到2010年的99.7%，达到全面普及水平。

表13.9　　　　　　　学龄儿童入学率（2001—2010年）

年份	2001	2002	2003	2004	2005	2006	2007	2008	2009	2010
入学率（%）	99.1	98.6	98.7	98.9	99.2	99.3	99.5	99.5	99.4	99.7

从图13.8可知，2001—2010年，中国小学学龄儿童入学率总体呈现为小型波动中上升的趋势。

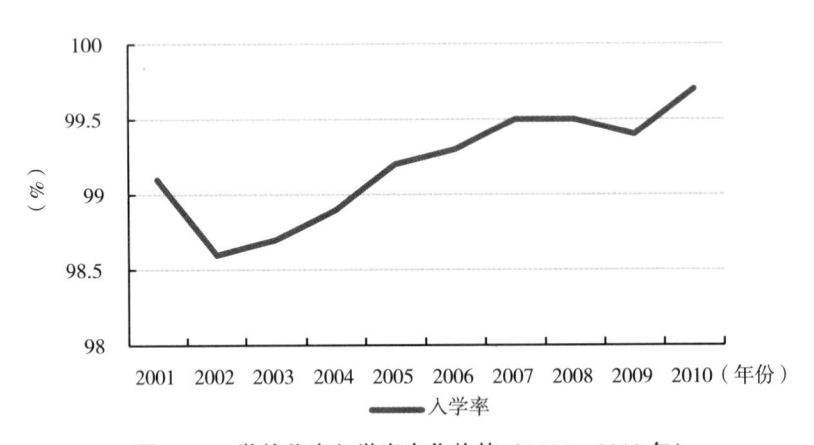

图13.8　学龄儿童入学率变化趋势（2001—2010年）

2. 学龄儿童初中入学率

从表13.10可知，2001—2010年学龄儿童初中入学率在95.5%—

---

① 我国教师资格制定实施的政策分析。

100%波动，达到全面普及水平。

表 13.10　　　　　　普通小学升学率（2001—2010 年）

年份	2001	2002	2003	2004	2005	2006	2007	2008	2009	2010
升学率（%）	95.5	97.0	97.9	98.1	98.4	100	99.9	99.7	99.1	98.7

图 13.9 为 2001—2010 年学龄儿童初中入学率在 95.5%—100% 波动的折线图。总体而言，2001—2006 年为上升期，2006—2010 年出现逐渐微弱的下降趋势。

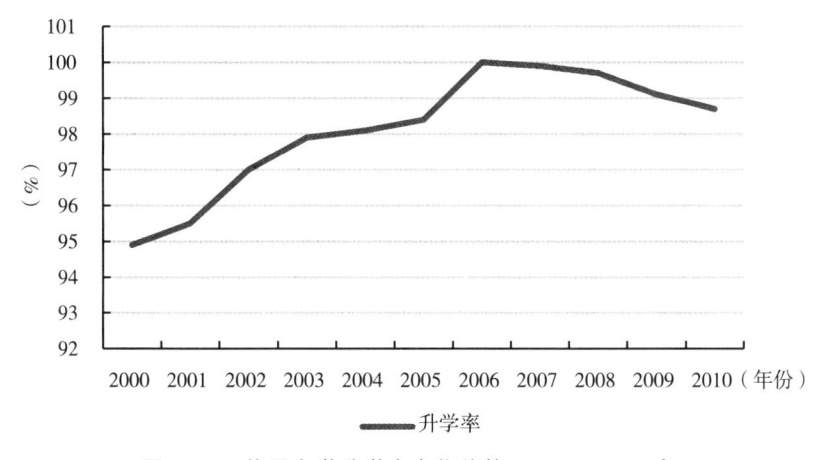

图 13.9　普通小学升学率变化趋势（2001—2010 年）

（二）中小学学校数量规模

1. 小学学校数量规模

从表 13.11 可知，中国小学学校数量由 2001 年的 49.13 万所下降到 2010 年的 25.74 万所。城市、县镇、农村都呈现下降态势，其中农村小学学校数量十年间下降 20 万所。

表 13.11　　　　　　普通小学学校数（2001—2010 年）

年份	普通小学学校总数（万所）	城市普通小学学校数（万所）	县镇普通小学学校数（万所）	农村普通小学学校数（万所）
2001	49.13	2.63	4.88	41.62
2002	45.69	2.6	4.69	38.40

续表

年份	普通小学学校总数（万所）	城市普通小学学校数（万所）	县镇普通小学学校数（万所）	农村普通小学学校数（万所）
2003	42.58	2.55	4.00	36.04
2004	39.42	2.34	3.34	33.73
2005	36.62	2.04	2.91	31.68
2006	34.16	1.7	2.96	29.51
2007	32.01	1.75	3.09	27.16
2008	30.09	1.73	3.05	25.30
2009	28.02	1.64	2.97	23.42
2010	25.74	1.64	3.01	21.09

从图13.10可知，2001—2010年，中国小学学校数量呈逐渐下降趋势。

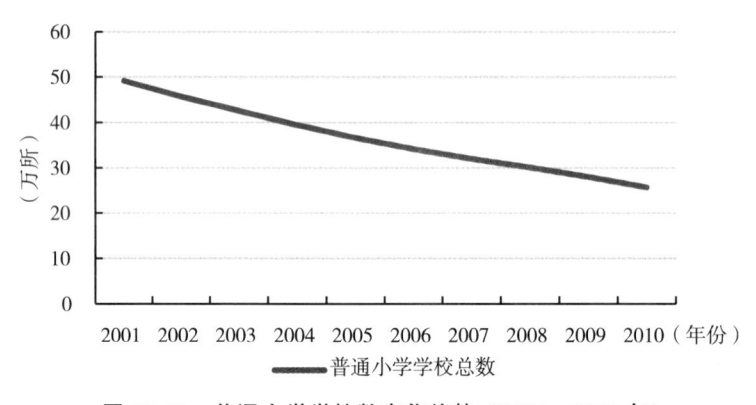

图13.10 普通小学学校数变化趋势（2001—2010年）

从图13.11可知，2001—2010年，城镇小学学校数量呈微下降趋势，农村小学学校数量呈明显的下降趋势。

2. 初中学校数量规模

从表13.12可知，中国初中学校数量由2001年的65525所下降到2010年的54823所，下降10702所。与上一时期相比，下降幅度再次平缓很多。十年间，城镇初中学校数量呈略微上升态势，农村呈下降态势。

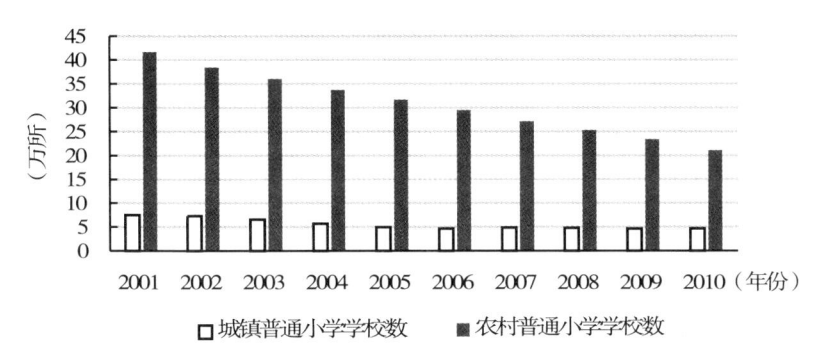

图 13.11 城镇与农村普通小学学校数变化比较（2001—2010 年）

表 3.12　　　　　普通初中学校数（2001—2010 年）

年份	普通初中学校总数（所）	城市普通初中学校数（所）	县镇普通初中学校数（所）	农村普通初中学校数（所）
2001	65525	8812	17987	38726
2002	64661	8802	18436	37423
2003	63711	8989	17471	37251
2004	63060	8747	16218	38095
2005	61885	8157	17323	36405
2006	60550	7190	18077	35283
2007	59109	7594	18650	32865
2008	57701	7581	18662	31458
2009	56167	7336	18653	30178
2010	54823	7279	18874	28670

从图 13.12 可知，2001—2010 年，中国初中学校数量呈逐年下降趋势。

从图 13.13 可知，2001—2010 年，城镇初中学校数量局部有小波动、总体维持不变，农村初中学校数量总体呈下降趋势，从 2004 年起下降趋势明显。到 2010 年城镇与农村的初中学校数量差距已趋无。

（三）中小学学生在校人数规模

1. 小学生在校人数规模

从表 13.13 可知，2001 年中国小学生在校总人数为 12543.47 万人，到 2010 年下降到 9940.7 万人，下降 2602.77 万人。2001 年小学生在校

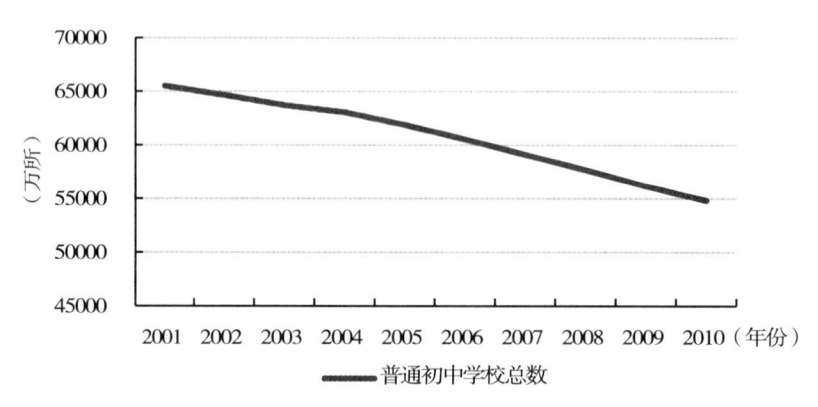

图 13.12　普通初中学校数变化趋势（2001—2010 年）

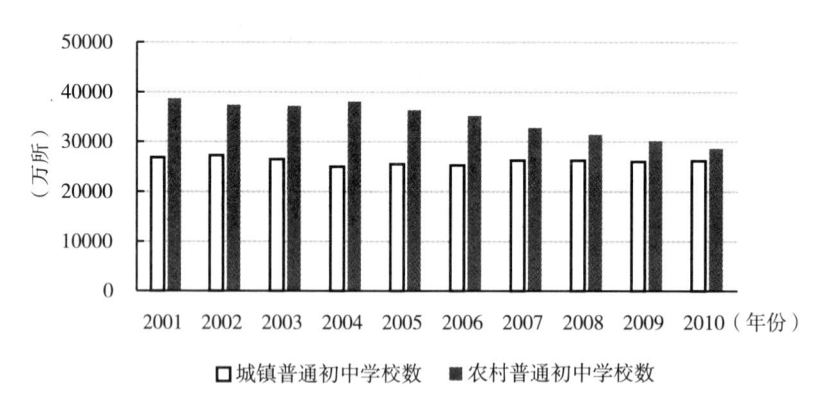

图 13.13　城镇与农村普通初中学校数变化比较（2001—2010 年）

总人数中，农村小学生在校人数约占总人数的 68.6%，城镇在校人数约占总数的 32.4%。到 2010 年，农村小学生在校人数约占总人数的 53.8%，城镇在校人数约占总数的 46.2%。10 年间，农村小学生在校人数减少 14.8%，城镇增加 14.8%，农村与城镇在校人数基本达到平衡。

表 13.13　普通小学在校学生总人数（2001—2010 年）

年份	普通小学在校学生总人数（万人）	城市普通小学在校学生数（万人）	县镇普通小学在校学生数（万人）	农村普通小学在校学生数（万人）
2001	12543.47	1680.88	2257.79	8604.80
2002	12156.71	1821.25	2293.77	8141.68
2003	11689.74	1807.69	2192.90	7689.15

续表

年份	普通小学在校学生总人数（万人）	城市普通小学在校学生数（万人）	县镇普通小学在校学生数（万人）	农村普通小学在校学生数（万人）
2004	11246.23	1831.40	2036.23	7378.60
2005	10864.07	1730.38	2185.86	6947.83
2006	10711.53	1603.57	2431.82	6676.14
2007	10564	1761.08	2552.19	6250.73
2008	10331.51	1804.38	2602.25	5924.88
2009	10071.47	1778.77	2637.15	5655.54
2010	9940.7	1820.47	2770.02	5350.22

从图 13.14 可知，2001—2010 年，中国小学在校学生数量呈逐渐下降趋势。

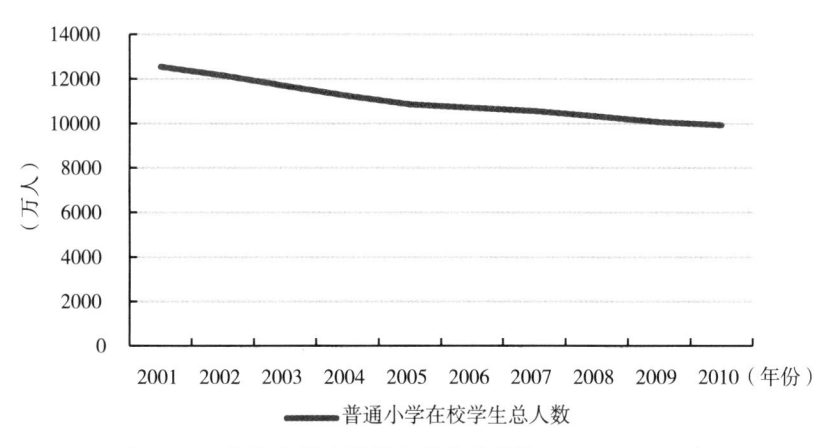

图 13.14 普通小学在校学生数变化趋势（2001—2010 年）

从图 13.15 可知，2001—2010 年，城镇小学在校学生数量呈逐年略微上升趋势，农村小学在校学生数量呈明显的下降态势。十年间，城镇与农村小学在校学生数量比，由 2001 年的 1∶2 发展到 2010 年接近 1∶1 态势。

2. 中学生在校人数规模

从表 13.14 可知，2001 年中国初中生在校总人数为 6431.05 万人，到 2010 年下降到 5275.91 万人，下降 1155.14 万人。2001 年，农村初中生在校人数约占总人数的 48.5%，城镇在校人数约占总数的 51.5%，改

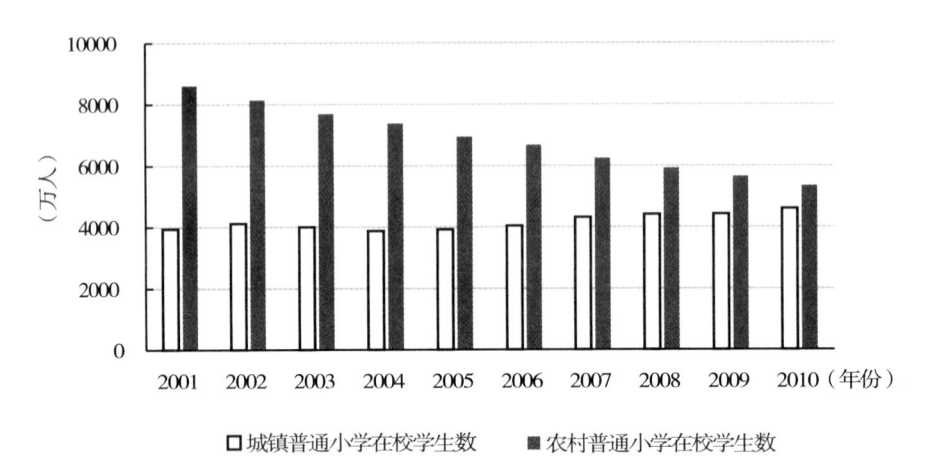

图 13.15　城镇与农村普通小学在校学生数变化比较（2001—2010 年）

革开放以来首次出现城镇初中在校人数超越农村人数的现象。到 2010 年农村初中生约占总人数 33.8%，城镇占 66.2%。农村初中在校生人数与上十年一样明显减少。

表 13.14　　　　　　普通初中在校生人数（2001—2010 年）

年份	普通初中在校学生总人数（万人）	城市普通初中在校学生数（万人）	县镇普通初中在校学生数（万人）	农村普通初中在校学生数（万人）
2001	6431.05	1064.13	2245.62	3121.30
2002	6604.06	1118.03	2377.20	3108.83
2003	6618.42	1143.94	2314.08	3160.40
2004	6475.00	1119.69	2187.05	3168.27
2005	6171.81	1035.82	2351.33	2784.66
2006	5937.38	950.10	2423.62	2563.66
2007	5720.90	1047.59	2430.00	2243.32
2008	5574.15	1067.06	2442.85	2064.24
2009	5433.64	1059.05	2440.08	1934.51
2010	5275.91	1059.02	2432.42	1784.47

图 13.16 显示：2001—2010 年，中国初中在校学生数量呈微下降趋势。

从图 13.17 可知，2001—2010 年，城镇初中在校学生数量总体呈稳

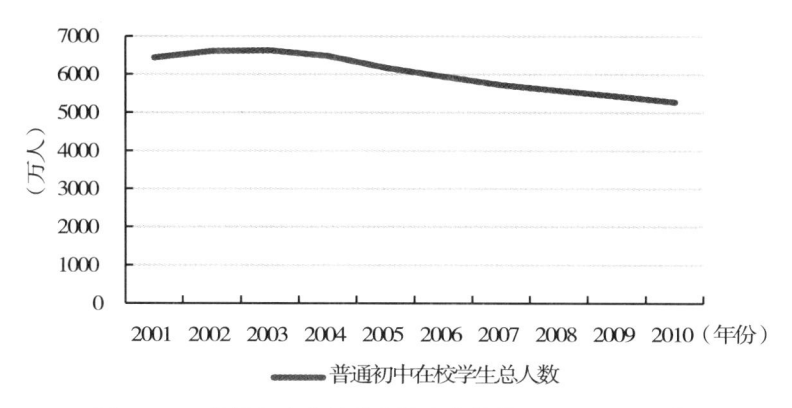

图 13.16 普通初中在校学生数变化趋势（2001—2010 年）

定不变的太势，农村初中在校学生数量在 2001—2004 保持不变，从 2005 年开始呈持续力度较大的下降态势。2001 年城镇与农村初中在校学生数量比约为 1∶1，到 2010 年，学生数量比为 2∶1。

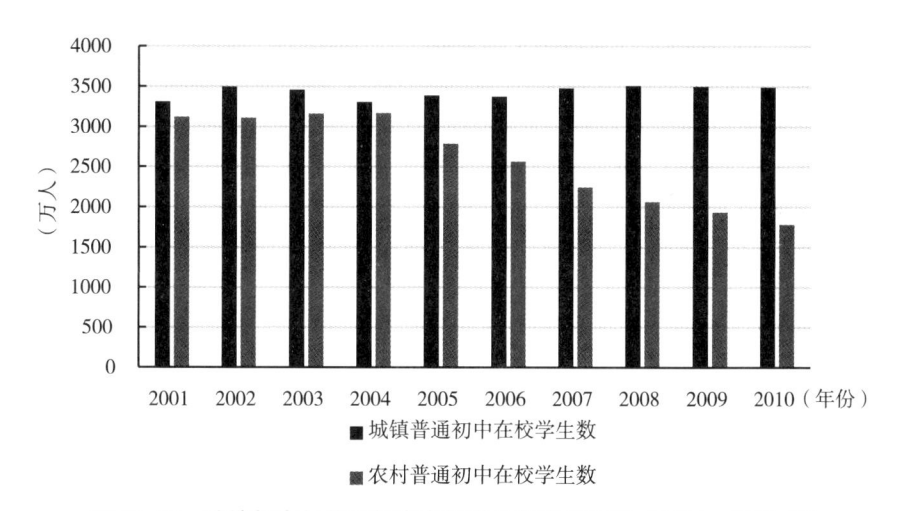

图 13.17 城镇与农村普通初中在校学生数变化比较（2001—2010 年）

（四）中小学教师队伍建设情况

1. 小学教师队伍建设情况

（1）小学专任教师数量状况

从表 13.15 可知，2001 年中国小学专任教师总数为 579.77 万人，到 2000 年总数为 561.71 万人，数量略微下降。2001 年，农村教师约占总数的 65%，城镇约占总数的 35%。到 2000 年，农村教师约占总数的 57%，城镇教师约占 43%。

表 13.15　　　　普通小学专任教师人数（2001—2010 年）

年份	普通小学专任教师总人数（万人）	城市普通小学专任教师数（万人）	县镇普通小学专任教师数（万人）	农村普通小学专任教师数（万人）
2001	579.77	87.50	112.93	379.35
2002	577.89	90.52	115.55	371.81
2003	570.28	93.64	112.07	364.57
2004	562.89	93.75	105.35	363.79
2005	559.25	89.84	112.55	356.86
2006	558.76	82.82	123.88	352.06
2007	561.26	90.36	130.86	340.04
2008	562.19	92.96	135.51	333.73
2009	563.34	92.93	140.73	329.68
2010	561.71	94.73	147.92	319.05

从图 13.18 可知，2001—2010 年，中国小学专任教师数量总体呈下降趋势。

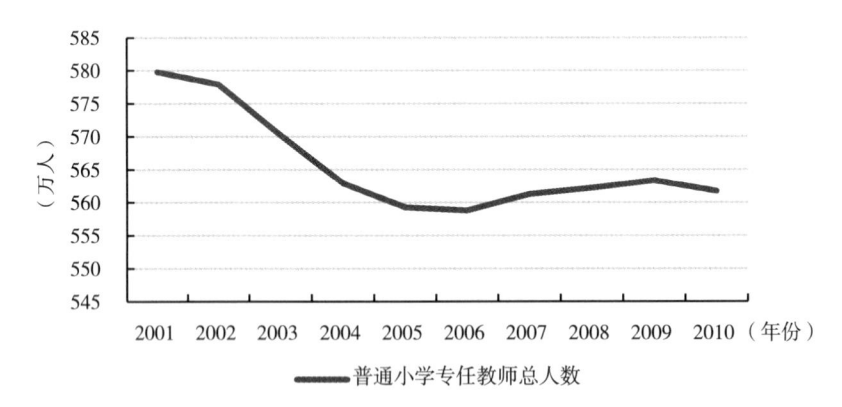

图 13.18　普通小学专任教师总人数变化趋势（2001—2010 年）

从图 13.19 可知，2001—2010 年，城镇小学专任教师数量呈微上升趋势，农村小学专任教师呈微下降趋势。2001 年城镇小学专任教师数量约是农村数一半多一点，到 2010 年，城镇小学专任教师数量已经接近农村小学专任教师的数量。

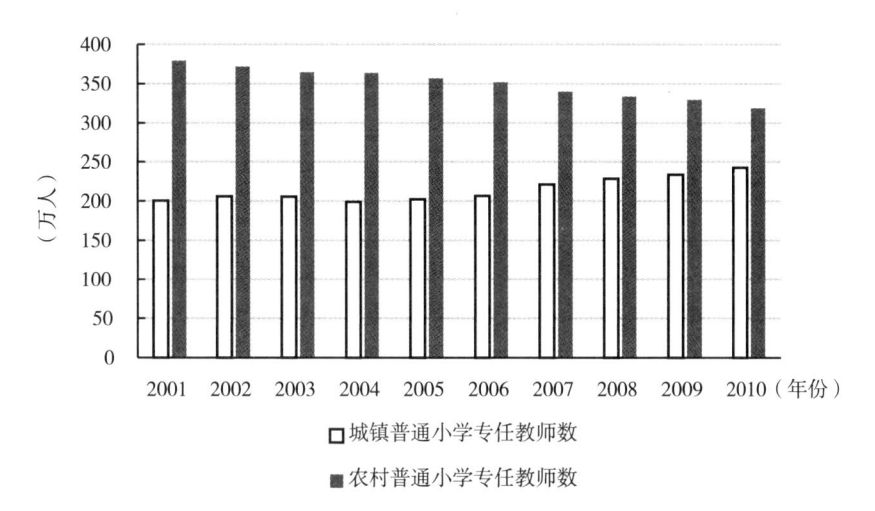

图 13.19　城镇与农村普通小学专任教师数变化比较（2001—2010 年）

（2）小学专任教师学历情况

从表 13.16 可知，从 2001 年开始，国家统计数据中把高中毕业生与中专毕业生已经合并统计，统称高中阶段毕业。2001 年，高中阶段毕业的教师约占总数的 70%，高中阶段以下毕业约占 3.1%，专科文凭以上教师数约占总数的 27%。到 2010 年，高中阶段毕业的教师约占总数的 21%，高中阶段以下毕业约占 0.48%，专科文凭以上教师数约占总数的 79%。这十年，小学教师学历提升非常明显。

表 13.16　　　　　小学专任教师学历情况（2001—2010 年）

年份	合计	研究生毕业	本科毕业	专科毕业	高中阶段毕业	高中阶段毕业以下
2001	5797746	542	92712	1495490	4024018	184984
2002	5778853	762	124678	1786756	3716062	150595
2003	5702750	1018	175263	2134696	3269207	122566
2004	5628860	1395	257650	2485580	2789184	95051
2005	5592453	1649	374464	2775393	2363529	77418
2006	5587557	2158	510232	2955535	2056326	63306
2007	5612563	2339	685301	3066164	1808401	50358
2008	5621938	3386	877063	3104234	1596066	41189
2009	5633447	4684	1110503	3100558	1384082	33620
2010	5617091	6407	1325247	3065721	1192735	26981

2. 初中教师队伍建设情况

(1) 初中专任教师数量状况

从表13.17可知,2001年中国初中专任教师总数为334.84万人,到2010年总数上升到352.34万人,上升17.5万人。2001年,总数为334.84万人的初中专任教师中,农村教师约占总数的46%,城镇教师约占总数的54%。到2000年,农村教师数量总体下降,农村教师占总数比也下降到36%。

表13.17　　　　　普通初中专任教师数(2001—2010年)

年份	普通初中专任教师总人数(万人)	城市普通初中专任教师数(万人)	县镇普通初中专任教师数(万人)	农村普通初中专任教师数(万人)
2001	334.84	63.83	115.77	155.23
2002	343.03	66.65	122.22	154.16
2003	346.67	68.96	119.90	157.81
2004	347.68	68.88	115.50	163.30
2005	347.18	65.81	128.00	153.37
2006	346.35	60.80	135.63	149.92
2007	346.43	66.47	140.43	139.54
2008	346.90	68.24	144.26	134.40
2009	351.34	69.38	149.81	132.16
2010	352.34	70.60	154.59	127.15

从图13.20可知,2001—2010年,中国初中专任教师数量变化总体呈上升态势,其中2001—2003年与2009—2010年出现两个明显的上升波段。

从图13.21可知,2001—2010年,城镇初中专任教师数量总体呈上升趋势,自2006年起,上升趋势明显;农村初中专任教师数量总体呈下降趋势,自2004年起,下降趋势明显。2001年城镇与农村小学专任教师数量比接近1∶1,到2010年,城镇与农村小学专任教师数量比为2∶1。

(2) 中学专任教师学历情况

从表13.18可知,在这一时期初中专任教师学历统计中,把中专毕业列入高中阶段毕业一类中,高中毕业列入高中阶段毕业及以下一类中。2001年,作为上十年主力军的专科毕业生仍保持主力地位,约占总数的

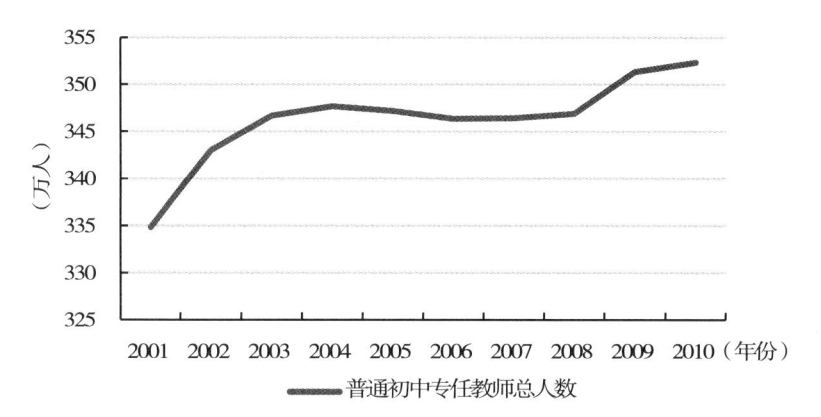

图 13.20　普通初中专任教师总人数变化趋势（2001—2010 年）

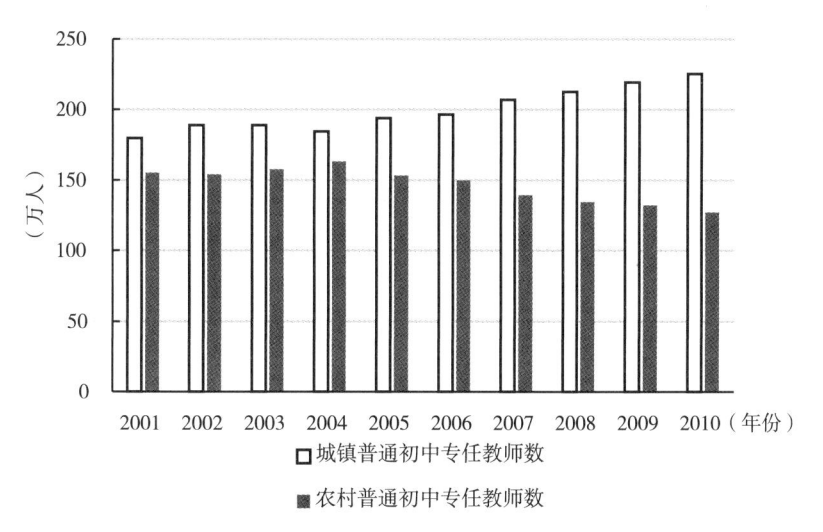

图 13.21　城镇与农村普通初中专任教师数变化比较（2001—2010 年）

72%，本科毕业及以上学历者占 17%。到 2010 年，专科毕业生的主力地位已消失，只占总数的 35%，本科毕业生及以上学历者占据主力地位，占总数的 64%，专科毕业及以上学历占总数的 99%。

表 13.18　　　　初中专任教师学历情况（2001—2010 年）

年份	合计（人）	研究生毕业	本科毕业	专科毕业	高中阶段毕业	高中阶段毕业及以下
2001	3348396	2410	565012	2406306	363541	11127

续表

年份	合计（人）	研究生毕业	本科毕业	专科毕业	高中阶段毕业	高中阶段毕业及以下
2002	3430307	3608	673487	2422499	322673	8040
2003	3466735	4991	821025	2364815	269273	6631
2004	3476784	5426	1007333	2247998	211291	4736
2005	3471839	7222	1218577	2080897	161493	3650
2006	3463478	8647	1415008	1913017	123892	2914
2007	3464296	10759	1626533	1729489	95171	2344
2008	3468957	13557	1832605	1546219	74771	1805
2009	3513438	17507	2070995	1364716	58910	1310
2010	3523382	22681	2234092	1219068	46577	964

（五）国家财政教育经费投入情况

1. 小学教育国家财政经费投入情况

从表13.19可知，2001年国家财政投入小学教育的经费约为1023.3亿元，到2010年提升到4642.6亿元，10年提升了3619.3亿元。

表13.19　　普通小学国家财政教育经费（2001—2010年）

年份	2001	2002	2003	2004	2005
教育经费（万元）	10233536.8	11636869.2	12680740.4	14731537.2	16690390

年份	2006	2007	2008	2009	2010
教育经费（万元）	19900666.9	26738863.3	32978951.7	39725714.8	46425984.2

图13.22显示2001—2010年，国家财政对小学教育经费投入的逐年提升趋势，尤其是从2007年开始，提升力度明显加强。

2. 初中教育国家财政经费投入情况

从表13.20可知，2001年国家财政对初中教育的经费投入约为556.1亿元，到2010年提升到3152.2亿元，10年提升了2596.3亿元，提升力度极其显著。

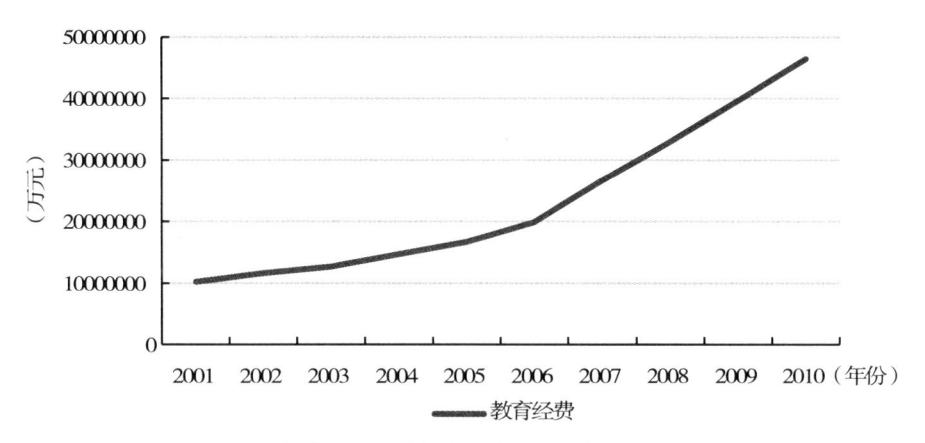

图 13.22　国家财政对小学教育经费投入趋势（2001—2010 年）

表 13.20　　　我国普通初中国家财政教育经费（2001—2010 年）

年份	2001	2002	2003	2004	2005
教育经费（万元）	5568118	6433501	7163544.9	9373381.1	10859042.4
年份	2006	2007	2008	2009	2010
教育经费（万元）	12906986.2	17390626.6	22507835.7	27218442.5	31523693.6

图 13.23 显示出 2001—2010 年，国家财政对初中教育经费投入的逐年提升趋势，尤其是从 2007 年开始，提升力度极其显著。

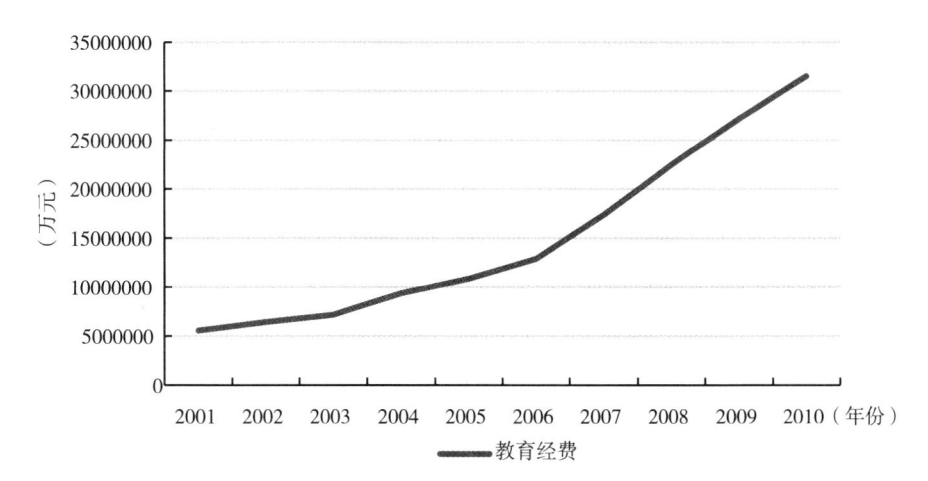

图 13.23　国家财政对初中教育经费投入趋势（2001—2010 年）

第三节 15—17岁儿童的教育

一 国家政策动向：高中普通与高中职业教育并举时期

从2000年以后，九年义务教育普及任务的基本完成和高等教育的快速扩招，促使普通高中获得了一系列快速发展的政策支持，进入了高速扩张时期。同时，高中职业教育也基本保持了前一阶段的扩张态势。这一时期中央政府颁布的政策，也以兼顾普通高中与高中职业教育为导向。

（一）高中教育的总体演进：普通高中与高中职业教育同时扩张阶段

2001年5月29日，国务院颁布《关于基础教育改革与发展的决定》（以下简称《决定》）。《决定》要求：大力发展高中阶段教育，促进高中阶段教育协调发展。保持普通高中与中等职业学校的合理比例，促进协调发展。鼓励发展普通教育与职业教育沟通的高级中学。

这一时期中央政府出台的有关中等职业教育的政策，主要包括以下内容。

2002年7月28—30日，国务院召开全国职业教育工作会议，随后的8月28日，颁布《关于大力推进职业教育改革与发展的决定》。《决定》明确规定了职业教育的具体发展目标：以中等职业教育为重点，保持中等职业教育与普通高中教育的比例大体相当，扩大高等职业教育的规模。

2004年9月14，教育部出台《关于进一步加强职业教育工作的若干意见》，《意见》指出：要大力加强农村职业教育，为解决"三农"[①]问题提供服务。同时，加快职业教育实训基地建设，切实提高学生职业技能。

2005年10月28日，国务院颁布《关于大力发展职业教育的决定》。《决定》要求："十一五"期间，要为社会输送2500多万名中等职业学校毕业生；要进一步提高城市教育费附加安排用于职业教育的比例；中央和地方财政要安排经费，资助接受中等职业教育的农村贫困家庭和城镇低收入家庭子女。

2006年7月，发改委、教育部、人力资源社会保障部联合颁布《关

[①] "三农"是指农业、农村、农民。

于编制中等职业教育基础能力建设规划的通知》（以下简称《通知》）。《通知》是对 2006—2010 年"十一五"期间中等职业教育基础能力建设的规划。《通知》指出：中等职业教育基础能力建设规划由中央和地方政府共同投入和组织实施，中央专项投入建设 1000 所左右县级职教中心（或县级职业学校）和 1000 所左右师范性中等职业学校。2010 年 9 月 13 日，教育部颁布了《关于编制中等职业教育基础能力建设规划（二期）的通知》，对 2010—2015 年"十二五"期间中等职业教育基础能力建设在第一期的基础上做出新的规划。

2008 年 12 月 13 日，教育部颁布《关于进一步深化中等职业教育教学改革的若干意见》（以下简称《意见》）。针对《意见》精神，2009 年 2 月 20 日，教育部职业教育与成人教育司立即颁布《2009 年工作要点》，旨在各地能尽快落实《意见》，对落实《意见》做了进一步部署。这两个文件的基本精神是一致的，《要点》是对《意见》的具体解释与部署。《意见》从中等职业教育教学思想观念更新，人才培养模式改革，教学内容和方法的革新，教学管理和制度的创新，专业设置和结构的优化，教学条件保障等方面提出了新一轮中等职业教育改革的任务。

这一时期中央政府出台的有关高中普通教育的政策，主要包括以下内容。

2001 年 5 月 29 日，国务院颁布的《关于基础教育改革与发展的决定》中针对扩大普通高中规模的具体举措提出：鼓励有条件的地区实行完全中学的高、初中分离；鼓励社会力量广泛参与、采取多种形式发展高中阶段教育；普通高中教育在继续发展公办学校的同时，积极鼓励社会力量办学。

2003 年 3 月 31 日，教育部颁布《普通高中课程方案（实验）》（以下简称《方案》）。《方案》对普通高中教育的性质描述：普通高中教育是在九年义务教育基础上进一步提高国民素质、面向大众的基础教育；普通高中教育为学生的终身发展奠定基础。这是国家教育政策中，将高中教育在"双重任务"[①] 之外，首次提出终身发展的任务。《方案》是中国普通高中教育课程改革正式启动的标志。

2003 年 9 月 17 日，国务院出台《关于进一步加强农村教育工作的决

---

① "双重任务"是指升学任务与就业任务。

定》。《决定》明确指出：加大对农村高中发展的支持力度，多种形式积极发展普通高中教育，扩大规模，提高质量。经济发达地区的农村要努力普及高中阶段教育，其他地区的农村加快发展高中阶段教育。

2004年2月10日，国务院颁布《2003—2007年教育振兴行动计划》。《计划》提出：推进高考制度改革；多种形式积极发展普通高中教育。

2004年2月18日，教育部颁布《全国教育事业"十五"计划和2015年发展规划》。《规划》提出：以多种形式大力发展高中阶段教育；积极鼓励支持各种民办教育尤其是民办高中阶段教育。

2006年6月6日，教育部颁布《关于进一步规范普通高中建设，兴办节约型学校的通知》（以下简称《通知》）。《通知》提出：进一步严格普通高中建设立项和审批权限，严格审批程序；减少不必要的硬件建设要求，引导学校更加重视质量提高和内涵发展。《通知》是继1995年两个专门针对普通高中教育的政策文件后，第三个专门针对普通高中教育的政策文件。

2006年6月28日，发改委、教育部、人力资源和社会保障部三部门联合颁布《关于编制中等职业教育基础能力建设规划的通知》。《通知》提出：各省（自治区、直辖市）地方政府按照通知要求，研究制定本地区中等职业教育基础能力建设规划，三部委依据各地规划，经综合平衡形成全国中等职业教育基础能力建设规划，并按程序审批下达年度投资计划。

表13.21为2001—2010年，中国政府制定与出台的与高中教育相关的政策。

表13.21　　　　与高中教育相关的政策（2001—2010年）

颁布时间	颁布部门	名称
2001.05.29	国务院	《关于基础教育改革与发展的决定》
2002.08.28	国务院	《关于大力推进职业教育改革与发展的决定》
2003.03.31	教育部	《普通高中课程方案（实验）》
2003.09.17	国务院	《关于进一步加强农村教育工作的决定》
2004.02.10	国务院	《2003—2007年教育振兴行动计划》
2004.02.18	教育部	《全国教育事业"十五"计划和2015年发展规划》
2004.09.14	教育部	《关于进一步加强职业教育工作的若干意见》
2005.10.28	国务院	《关于大力发展职业教育的决定》
2006.06.06	教育部	《关于进一步规范普通高中建设，兴办节约型学校的通知》

续表

颁布时间	颁布部门	名称
2006.06.28	发改委、教育部、人力资源社会保障部	《关于编制中等职业教育基础能力建设规划的通知》
2008.12.13	教育部	《关于进一步深化中等职业教育教学改革的若干意见》
2009.02.20	教育部	《教育部职业教育与成人教育司2009年工作要点》

(二) 高中普通教育：大力推进"多样化"办学和关注内涵发展阶段

2001年5月29日，国务院颁布的《关于基础教育改革与发展的决定》中提出：鼓励社会力量采取多种形式发展高中阶段教育；普通高中教育在继续发展公办学校的同时，积极鼓励社会力量办学。

2004年2月10日，国务院颁布的《2003—2007年教育振兴行动计划》中提出：推进高考制度改革；多种形式积极发展普通高中教育。

2004年2月18日，教育部颁布的《全国教育事业"十五"计划和2015年发展规划》中提出：以多种形式大力发展高中阶段教育；积极鼓励支持各种民办教育尤其是民办高中阶段教育。

2006年6月6日，教育部颁布《关于进一步规范普通高中建设，兴办节约型学校的通知》（以下简称《通知》）。《通知》提出：进一步严格普通高中建设立项和审批权限，严格审批程序；减少不必要的硬件建设要求，引导学校更加重视质量提高和内涵发展。《通知》是继1995年两个专门针对普通高中教育的政策文件后，第三个专门针对普通高中教育的政策文件。

2010年7月29日，教育部颁布的《国家中长期教育改革和发展规划纲要（2010—2020年）》中提出：推动普通高中多样化发展。促进办学体制多样化，扩大优质资源；推进培养模式多样化，满足不同潜质学生的发展需要；鼓励普通高中办出特色。

表13.22为2001—2010年，中国政府出台的与普通高中教育相关的政策。

表13.22　与普通高中教育相关的政策（2001—2010年）

颁布时间	颁布部门	名称
2001.05.29	国务院	《关于基础教育改革与发展的决定》

续表

颁布时间	颁布部门	名称
2004.02.10	国务院	《2003—2007年教育振兴行动计划》
2004.02.18	教育部	《全国教育事业"十五"计划和2015年发展规划》
2006.06.06	教育部	《关于进一步规范普通高中建设，兴办节约型学校的通知》
2010.07.29	教育部	《国家中长期教育改革和发展规划纲要（2010—2020年）》

（三）中等职业教育发展重新回升阶段

针对"高教热、职教冷"局面与中职滑坡颓势，2002年7月，国务院主持召开全国职业教育工作会议①。这次会议直接产生8月28日国务院颁布的《关于大力推进职业教育改革与发展的决定》（以下简称《决定》）。《决定》对职业教育的发展目标做出明确规定：以中等职业教育为重点，保持中等职业教育与普通高中教育的比例大体相当，扩大高等职业教育的规模。《决定》重提1∶1职普比。《决定》规定：多渠道筹集资金，增加职业教育经费投入以及加强领导，推动职业教育持续健康的发展。《决定》促使各级政府再次重视为职业教育改革与发展创造有利条件的问题，重视把"职业教育作为实施'科教兴国'的大事来抓"的中央倡导。

2005年10月28日，国务院颁布《关于大力发展职业教育的决定》。《决定》要求："十一五"期间，要为社会输送2500多万名中等职业学校毕业生；要进一步提高城市教育费附加安排用于职业教育的比例；中央和地方财政要安排经费，资助接受中等职业教育的农村贫困家庭和城镇低收入家庭子女。

2008年12月13日，教育部颁布《关于进一步深化中等职业教育教学改革的若干意见》。《意见》从中等职业教育教学思想观念更新，人才培养模式改革，教学内容和方法的革新，教学管理和制度的创新，专业设置和结构的优化，教学条件保障等方面提出了新一轮中等职业教育改革的任务。

2010年3月10日，教育部颁布《关于应对企业技工荒进一步做好中等职业学校学生实习工作的通知》。《通知》对中等职业学校学生实习工

---

① 顾明远、刘复兴：《改革开放30年中国教育纪实》，人民出版社2008年版，第650页。

作做出五条具体规定，旨在加强并规范中等职业学校学生顶岗实习管理工作，积极应对当时我国部分地区出现的技术工人短缺问题。

2010年7月29日，教育部颁布《国家中长期教育改革和发展规划纲要（2010—2020年）》。《纲要》提出"保持普通高中和中等职业学校招生规范大体相当"的高中教育发展目标。《纲要》在职业教育一章中专门提出：逐步实行中等职业教育免费制度，完善家庭经济困难学生资助政策。

2010年11月28日，教育部颁布《中等职业教育改革创新行动计划（2010—2020年）》。《计划》提出了中等职业教育的重点任务和具体要求：保证中等职业教育年招生规模与普通高中大体相当，实现"三年累计培养2000万中级以上技能型人才"的目标。

表13.23为2001—2010年，中国政府制定与出台的与职业高中教育相关的政策。

表 13.23　　　　与职业高中教育相关的政策（2001—2010年）

颁布时间	颁布部门	名称
2002.08.28	国务院	《关于大力推进职业教育改革与发展的决定》
2005.10.28	国务院	《关于大力发展职业教育的决定》
2008.12.13	教育部	《关于进一步深化中等职业教育教学改革的若干意见》
2010.03.10	教育部	《关于应对企业技工荒进一步做好中等职业学校学生实习工作的通知》
2010.07.29	教育部	《国家中长期教育改革和发展规划纲要（2010—2020年）》
2010.11.28	教育部	《中等职业教育改革创新行动计划（2010—2020年）》

二　国家数据统计：高中阶段教育发展状况

2001—2010年时期的义务教育数据收集从中小学学生入学率、中小学学校数量规模、中小学学生在校人数规模、中小学教师队伍建设情况、国家财政教育经费投入五个方面展开。

（一）高中阶段毛入学率、初中毕业生升高中率、高中毕业生升大学率

1. 高中阶段毛入学率

从表13.24可知，2001年我国高中阶段毛入学率为42.8%，到2000

年提升到 82.5%。

表 13.24　　　　我国高中阶段毛入学率（2001—2010 年）

年份	2001	2002	2003	2004	2005	2006	2007	2008	2009	2010
毛入学率（%）	42.8	42.8	43.8	48.1	52.7	59.8	66.0	74.0	79.2	82.5

从图 13.24 可见，在 2001—2003 年，我国高中阶段毛入学率没有变化，从 2004 年开始启动了逐年提升的趋势。

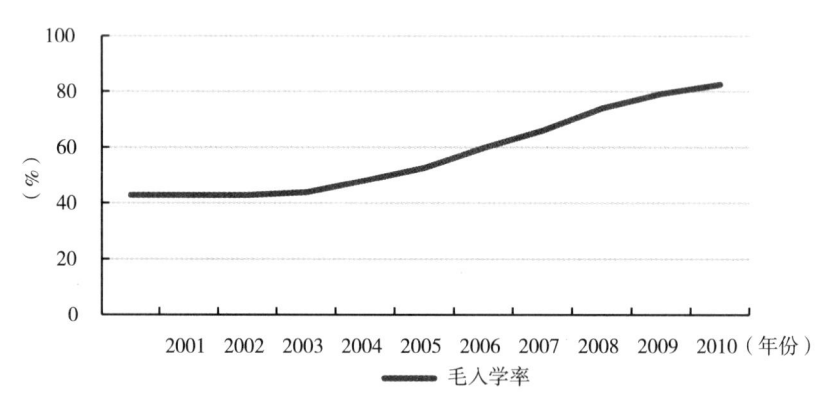

图 13.24　高中阶段毛入学率变化趋势（2001—2010 年）

2. 初中毕业生升高中率

从表 13.25 可知，2001—2010 年，我国初中毕业生升高中率处于稳定且快速提升态势，由 2001 年的 52.9% 上升到 2010 年的 87.5%。

表 13.25　　　　普通初中升学率（2001—2010 年）

年份	2001	2002	2003	2004	2005	2006	2007	2008	2009	2010
升学率（%）	52.9	58.3	59.6	63.8	69.7	75.7	80.5	82.1	85.6	87.5

图 13.25 呈现了 2001—2010 年，我国初中毕业生升高中率逐年稳定且快速提升的趋势。

3. 普通高中毕业生升大学率

从表 13.26 可知，2001—2010 年，我国普通高中毕业生升大学率由 2001 年的 78.8% 上升到 2010 年的 83.3%，上升 4.5%。

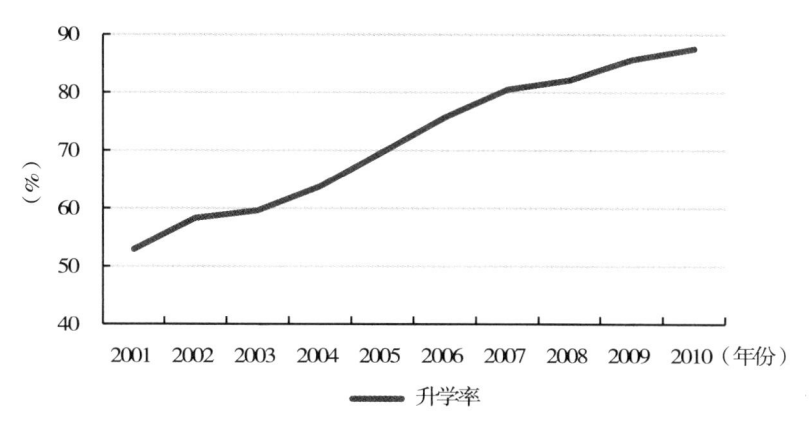

图 13.25 初中毕业生升高中率变化趋势（2001—2010 年）

表 13.26　　　　　　普通高中升学率（2001—2010 年）

年份	2001	2002	2003	2004	2005	2006	2007	2008	2009	2010
升学率（%）	78.8	83.5	83.4	82.5	76.3	75.1	70.3	72.7	77.6	83.3

从图 13.26 可知，2001—2007 年，我国普通高中毕业生升大学率呈现逐渐下降趋势。从 2008 年开始，升学率快速上升。

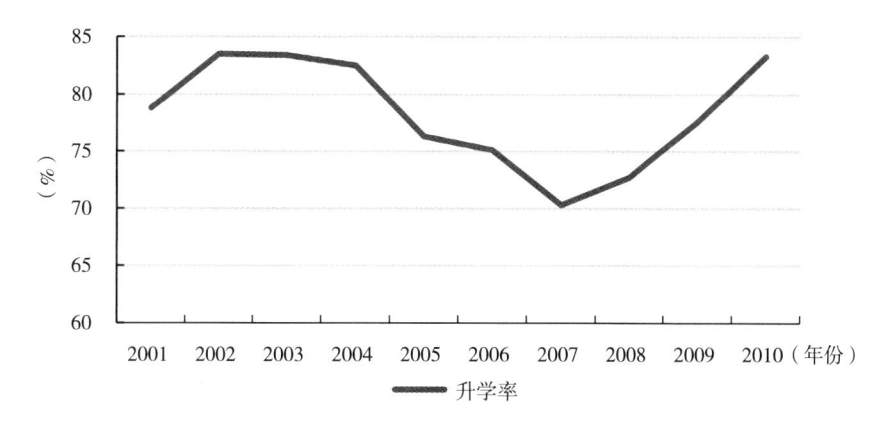

图 13.26 普通高中毕业生升大学率变化趋势（2001—2010 年）

（二）高中教育阶段学校数量规模

从表 13.27 可知，2001—2010 年，我国高中教育阶段学校数量有升有降、总体呈现下降态势，由 2001 年的 24904 所下降到 2010 年的 23202 所，下降 1702 所。这一时期，民办高中数量总体呈现上升态势，中等专业学校总体呈上升态势，职业高中学校 10 年下降 1531 所，下降明显。

表 13.27　　　　　　　高中阶段学校数（2001—2010 年）

年份	高中阶段学校总数（所）	普通高中学校数（所）	民办普通高中学校数（所）	中等专业学校数（所）	职业高中学校数（所）
2001	24904	14907	1849	3260	6737
2002	24777	15406	2273	2953	6418
2003	24668	15779	2679	3065	5824
2004	24826	15998	2953	3047	5781
2005	25121	16092	3175	3207	5822
2006	25616	16153	3246	3698	5765
2007	25398	15681	3101	3801	5916
2008	24967	15206	2913	3846	5915
2009	24048	14607	2670	3789	5652
2010	23202	14058	2499	3938	5206

注：普通高中学校数包括民办普通高中。

从图 13.27 可见，2001—2010 年，我国普通高中学校数量总体呈下降的趋势。其中，公办普通高中学校数量显著多于民办学校数量，公办与民办数量比 2001 年为 7∶1，2010 年为 4.6∶1。

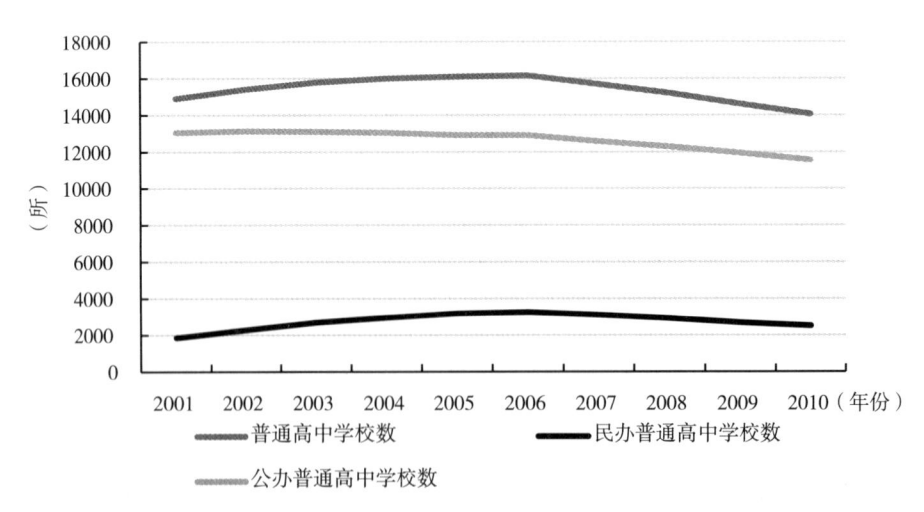

图 13.27　普通高中总数、民办及公办普通高中数量变化比较（2001—2010 年）

图 13.28 更直观地呈现了 2001—2010 年公办与民办普通高中学校数

量的变化趋势与数量比。

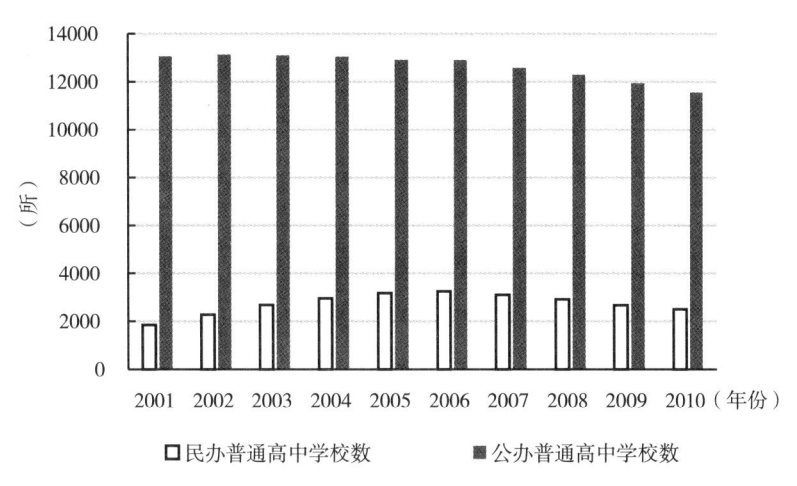

图 13.28　民办与公办普通高中数量变化比较（2001—2010 年）

从图 13.29 可见，2001—2010 年，中等专业学校数量总体呈上升趋势，而职业高中学校数量总体呈下降趋势。2001 年，中等专业学校与职业高中学校的数量比为 1∶2，到 2010 年数量比为 1∶1.3。

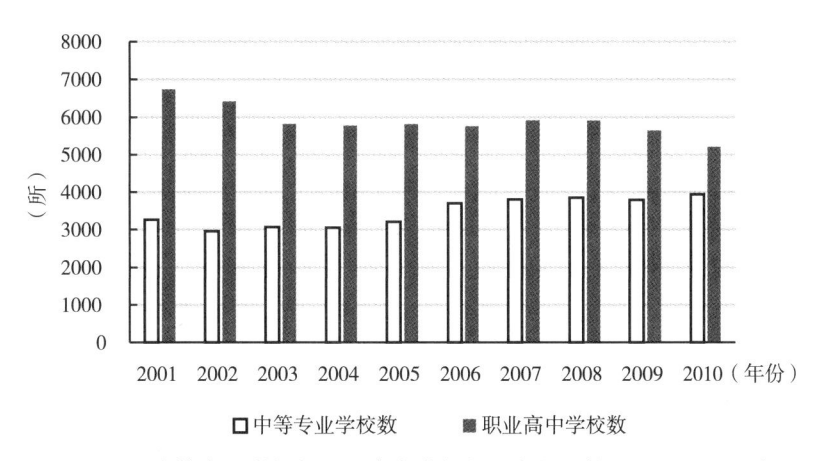

图 13.29　中等专业学校与职业高中学校数量变化比较（2001—2010 年）

（三）高中教育阶段学生人数规模

从表 13.28 可知，2001—2010 年，我国高中教育阶段在校学生人数呈上升态势，由 2001 年的 2246.05 万人上升到 2010 年的 4031.38 万人，上升 1785.33 万人。10 年期间，民办普通高中在校生人数上升 155.56 万人，中等专业学校在校生上升419.73万人，职业高中学校在校生上升343.23万人。

表13.28　　　　高中阶段在校学生人数（2001—2010年）

年份	高中阶段在校学生总人数（万人）	普通高中在校学生数（万人）	民办普通高中在校学生数（万人）	中等专业学校在校学生数（万人）	职业高中在校学生数（万人）
2001	2246.05	1404.97	74.51	457.98	383.1
2002	2568.29	1683.81	103.44	456.35	428.13
2003	2922.96	1964.83	141.37	502.37	455.76
2004	3291.77	2220.37	184.73	554.47	516.92
2005	3621.29	2409.09	226.78	629.77	582.43
2006	3895.98	2514.50	247.72	725.84	655.64
2007	4029.28	2522.40	245.96	781.63	725.25
2008	4043.88	2476.28	240.30	817.28	750.32
2009	4053.13	2434.28	230.13	840.43	778.42
2010	4031.38	2427.34	230.07	877.71	726.33

从图13.30可见，2001—2010年，民办普通高中在校生数量呈微微上升趋势，但基数很小。公办普通高中在校生数量呈先上升后下降态势，由2001—2006年的比较快速的上升转向2007—2010年的逐年微微下降。公办在校生与民办在校生数量间还存在非常明显的差距。

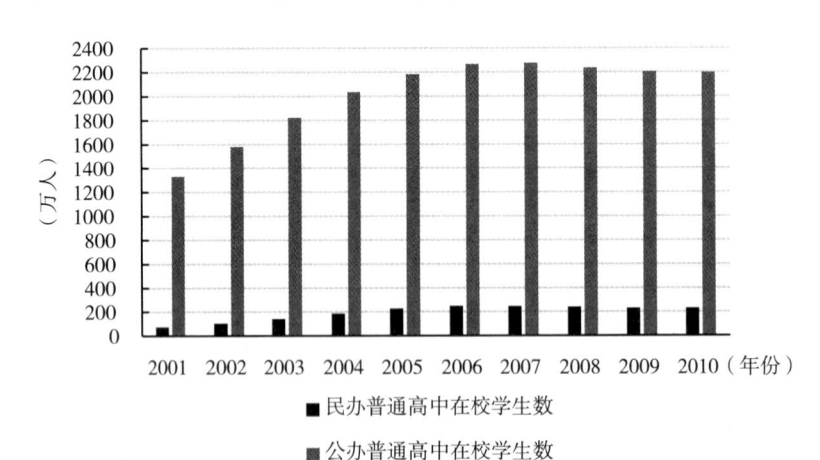

图13.30　民办与公办普通高中在校学生数比较（2001—2010年）

从图13.31可见，2001—2010年，中等专业学校与职业高中在校生数量发展规模趋向均衡态势，上升态势与绝对数值都趋向一致。在最后一年，出现趋势上的分离，中等专业学校在校生数上升，而职业高中在校生数出现明显的下降态势。

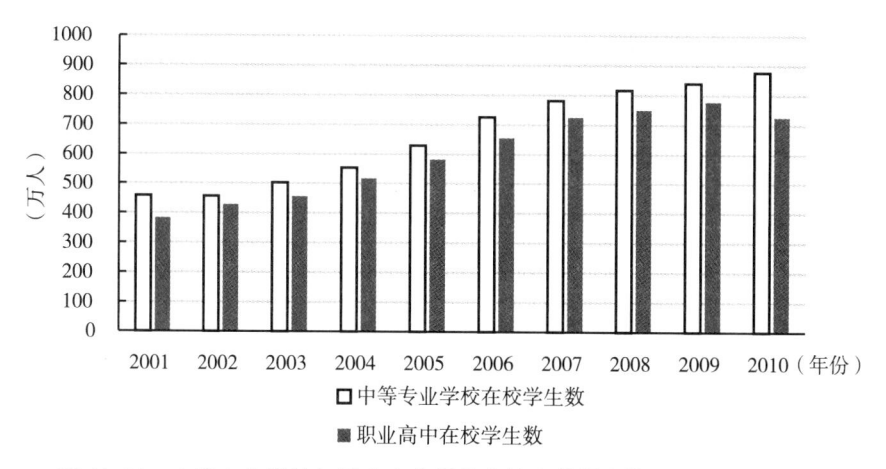

图13.31 中等专业学校与职业高中学校在校生数量比较（2001—2010年）

（四）高中阶段教师队伍的数量与学历情况

1. 高中阶段专任教师总数量

从表13.29可知，2001—2010年，我国高中教育阶段专任教师人数总体呈上升态势，由2001年的133.86万人上升到2010年的212.02万人，上升78.16万人。10年间，普通高中专任教师人数上升了67.82万人，中等专业学校教师人数上升6.5万人，职业高中学校教师人数上升3.84万人。

表13.29　　　　高中阶段专任教师人数（2001—2010年）

年份	高中阶段专任教师总人数（万人）	普通高中专任教师数（万人）	中等专业学校专任教师数（万人）	职业高中专任教师数（万人）
2001	133.86	84.00	23	26.86
2002	142.65	94.60	20.78	27.27
2003	152.71	107.06	19.86	25.79
2004	165.92	119.07	19.79	27.06
2005	178.50	129.95	20.3	28.25
2006	191.22	138.72	22.92	29.59
2007	200.18	144.31	24.9	30.97

续表

年份	高中阶段专任教师总人数（万人）	普通高中专任教师数（万人）	中等专业学校专任教师数（万人）	职业高中专任教师数（万人）
2008	205.66	147.55	26.14	31.97
2009	208.71	149.33	27.23	32.16
2010	212.02	151.82	29.50	30.70

从图13.32可见，2001—2010年，我国普通高中专任教师数量呈现

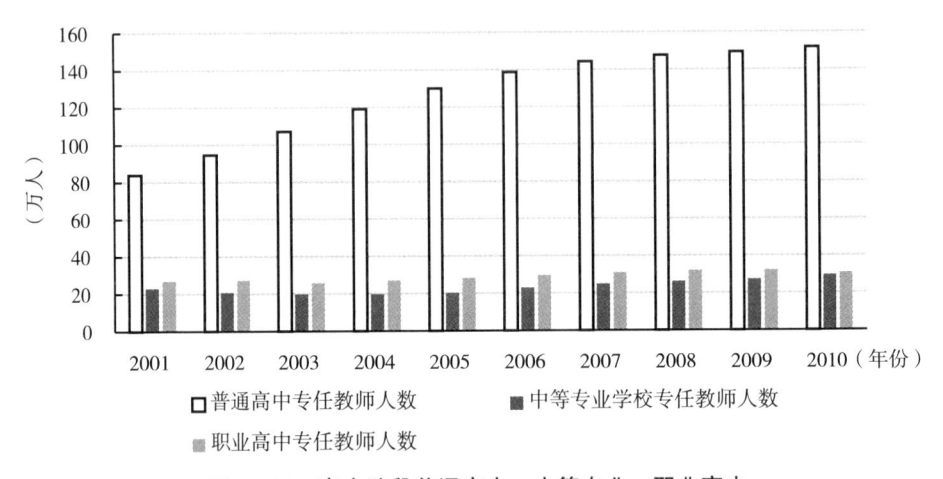

图13.32 高中阶段普通高中、中等专业、职业高中
专任教师数量比（2001—2010年）

持续上升的趋势，其中2001—2007年，上升趋势明显，2007年后上升趋势减缓。中等专业与职业学校均呈现先降后升趋势，但趋势不明显。就普通高中与职业高中的均衡度来看，这一时期普通高中与职业高中教师数量已打破上十年的均衡，呈现为普通高中专任教师人数明显多于职业高中教师人数的趋势。

2. 高中教育阶段教师学历情况

（1）普通高中教师学历情况

从表13.30可知，2001—2010年，我国普通高中教师本科毕业及以上的人数增加明显，由59.4万人上升到143.9万人，增加84.5万人，到2010年，中国普通高中教师学历实现全面本科化；专科毕业生下降明显，由23.8万人下降到7.7万人；中专、高中毕业生基本消失。

表 13.30　　　　普通高中教师学历（2001—2010 年）

年份	合计（人）	研究生毕业	本科毕业	专科毕业	高中阶段毕业	高中阶段毕业及以下
2001	840027	5311	588655	238369	7406	286
2002	945995	7524	681850	249924	6493	204
2003	1070575	9244	801276	254026	5837	192
2004	1190681	12329	935371	238183	4664	134
2005	1299460	15345	1069145	210907	3940	123
2006	1387182	19079	1180242	184267	3472	122
2007	1443104	25547	1263090	151583	2810	74
2008	1475533	32520	1318341	122055	2499	118
2009	1493313	42015	1355809	93476	1897	116
2010	1518194	55151	1384203	77116	1646	78

从图 13.33 可见，2001—2010 年，我国普通高中专任教师中本科学

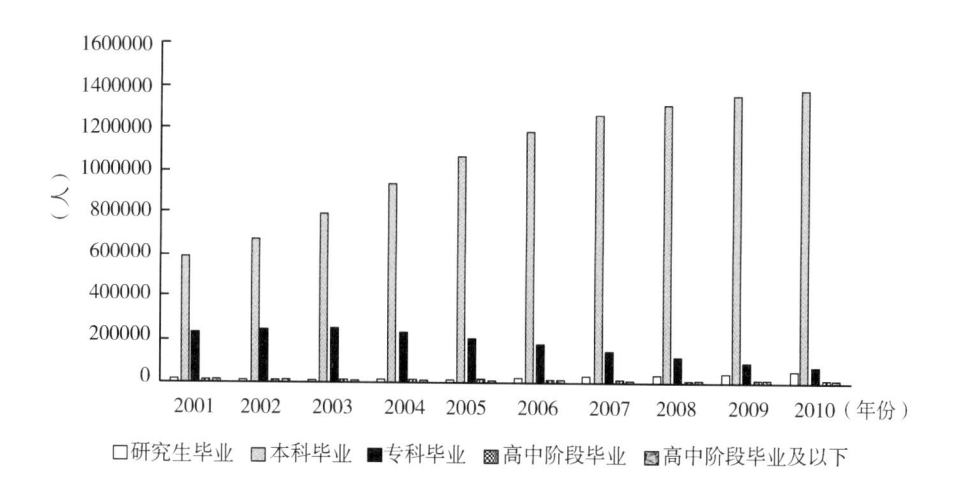

图 13.33　高中阶段专任教师各类学历数比较（2001—2010 年）

历者呈逐年明显上升趋势，专科生明显下降，研究生基数小但呈逐年上升趋势。总体而言，这一时期，本科学历几乎是一枝独秀。

（2）中等专业学校专任教师学历情况

从表 13.31 可知，2003—2010 年，我国中等专业学校教师主要由本科毕业生构成，本科学历 8 年增加 8.6 万人。到 2010 年，总数为 29.5 万人的教师队伍中，本科毕业生占 23.4 万人，硕士生占 1.7 万人，专科生

占 4.1 万人。

表 13.31　　中等专业学校教师学历（2003—2010 年）

年份	合计（人）	博士	硕士	本科	专科	高中阶段及以下
2003	198550	56	3272	148082	40932	6208
2004	197084	68	3830	149066	38564	5556
2005	202994	73	4838	154780	38074	5229
2006	229182	103	6441	173314	43767	5557
2007	248974	139	8464	190636	44304	5431
2008	261402	157	10991	202028	44390	3836
2009	272270	184	13977	213258	41617	3234
2010	295029	307	17273	233777	40737	2935

从图 13.34 可见，2003—2010 年，中等专业学校教师中，本科学历

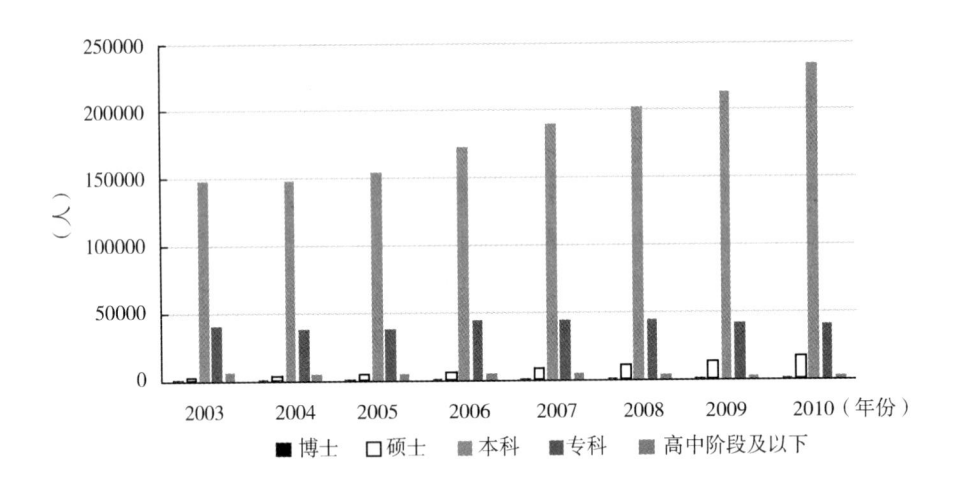

图 13.34　中等专业学校各类学历教师数比较（2003—2010 年）

占绝大多数且呈现持续上升态势，专科学历一直维持在 4 万人数左右，硕士学历人数呈逐年增加态势。

（3）职业高中专任教师学历情况

从表 13.32 可知，2003—2010 年，我国职业高中学校教师中，本科学历人数呈快速增长态势，8 年增加 9.5 万人；专科学历的主力地位逐渐消失，8 年减少了 4.5 万人；中专及高中学历基本消失。到 2010 年，职业高中学校教师主要由本科与专科两种学历构成，本科与专科数量比

为 5∶1。

表 13.32　　　　　职业高中教师学历（2003—2010 年）

年份	合计（人）	博士	硕士	本科	专科	高中阶段及以下
2003	257945	44	1053	152092	96644	8112
2004	270612	54	1549	170979	90979	7051
2005	282499	52	2045	189273	84707	6422
2006	295863	64	2590	210056	77500	5653
2007	308660	87	3517	228005	71799	5252
2008	319683	136	4264	244392	68037	2854
2009	321511	190	5631	252624	60518	2548
2010	306973	182	6520	247224	51117	1930

从图 13.35 可见，2003—2010 年，职业高中学校教师中，本科学历总体呈上升趋势，到 2010 年成一枝独秀；专科学历呈现逐年快速下降趋势，数量由约占总数的 1/4 下降到约占总数的 1/6。

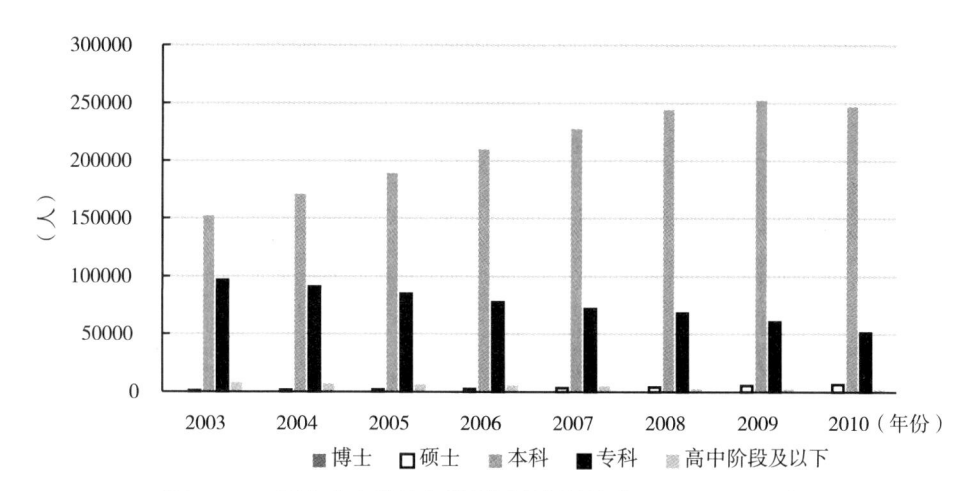

图 13.35　职业高中学校各类学历教师数比较（2003—2010 年）

（五）国家财政教育经费投入情况

1. 普通高中国家财政经费投入情况

从表 13.33 可知，2001 年普通高中国家财政经费投入额为 356 亿元，到 2010 年增加到 1321.8 亿元，约增加 966 亿元。

表 13.33　普通高中国家财政教育经费投入（2001—2010 年）

年份	2001	2002	2003	2004	2005
教育经费（万元）	3559686.8	4179811.8	4745476.7	7731186.7	5565181.1
年份	2006	2007	2008	2009	2010
教育经费（万元）	6685128.4	7948194.9	9612420	11093407	13218350.1

图 13.36 呈现了 2001—2010 年，普通高中阶段国家财政教育经费投入额变化趋势。

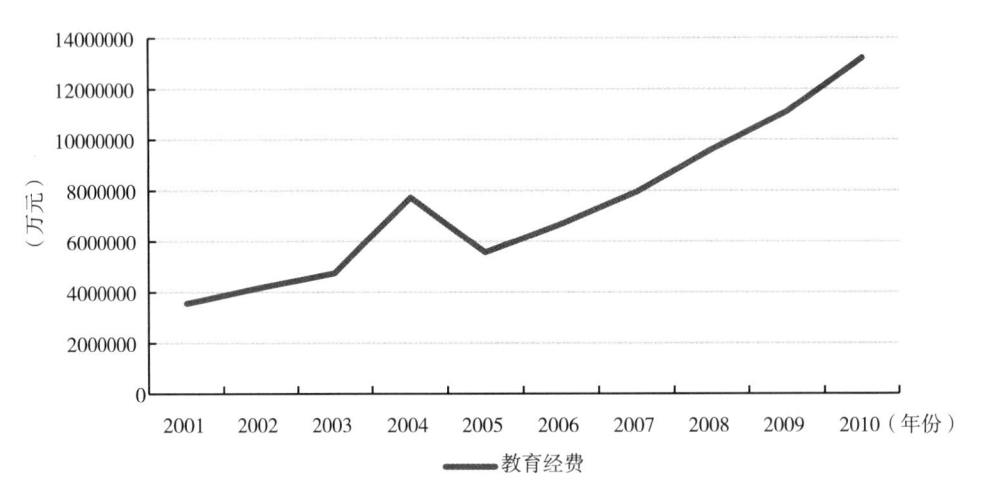

图 13.36　普通高中国家财政教育经费投入额变化趋势（2001—2010 年）

2. 高中职业教育国家财政经费投入情况

从表 13.34 可知，2001 年普通高中职业教育国家财政经费投入总额为 198.4 亿元，到 2010 年增加到 522 亿元，10 年增加 324 亿元。

表 13.34　高中职业教育国家财政教育经费投入（2001—2010 年）

年份		2001	2002	2003	2004	2005
教育经费（万元）	中等专业学校	1174290.3	1130429.4	1166304	1159048	1176823.8
	职业高中	812526.5	888018.6	996813.8	1140546.7	1357768.8
年份		2006	2007	2008	2009	2010
教育经费（万元）	中等专业学校	1355708.7	1951637.7	2658848.3	3307110	4151335.8
	职业高中	1681029.4	2280925.3	3089551.3	3465887.1	1070922.1

注：2010 年职业高中的数据很不正常，但是，这是中国教育统计年鉴提供的数据，我们已反复校对。

从图 13.37 可见，2001—2010 年，职业高中阶段国家财政教育经费投入总体上升趋势，2006 年起呈快速上升趋势。以 2004 年为时间节点，国家财政经费对中等职业学校与职业高中学校的投入额发生反转，由 2004 年以前中等专业学校多反转成职业高中学校多的趋势。但是，2010 年除外，2010 年的职业高中的国家财政经费出现很反常的一个数据。

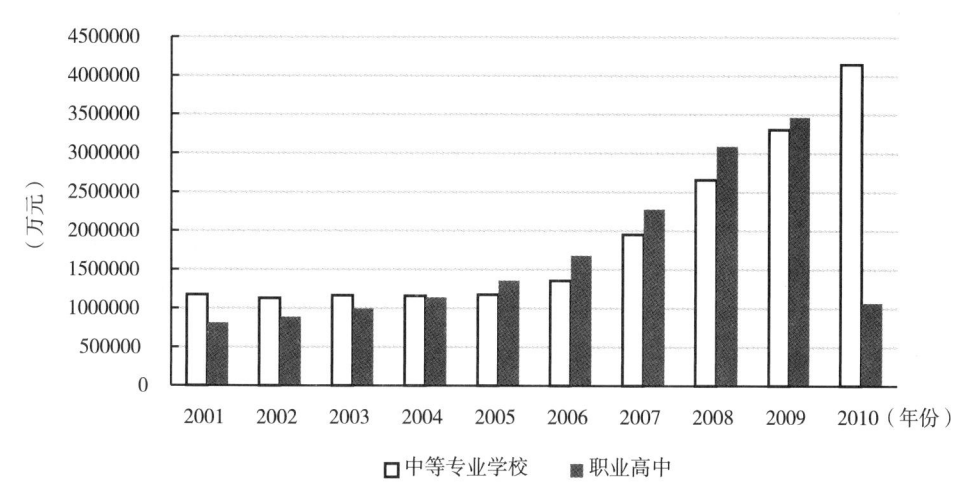

图 13.37　中等职业学校与职业高中国家财政经费投入额比较（2001—2010 年）

第四节　特殊与弱势儿童的教育

2001—2010 年，中国特殊儿童教育继续关注残疾儿童的受教育权问题，中国弱势儿童教育继续突破西部、农村、贫困地区儿童教育的质量与流动、留守、流浪等弱势儿童群体的受教育权问题。

一　国家政策动向：特殊与弱势儿童被全面关注的时期

2001—2010 年是中国实现全面普及九年义务教育目标的十年，由基本普及走向全面普及的根本问题就是解决特殊与弱势儿童的教育权问题。

（一）2001—2010 年：特殊儿童教育体系的完善阶段

2001 年 4 月 10 日，国务院批转并颁布由国务院残疾人工作协调委员会制定的《中国残疾人事业"十五"计划纲要（2001—2005 年）》及其配套实施方案。针对特殊儿童教育，《计划纲要》提出的任务：第一，使适龄残疾儿童少年义务教育入学率在已经通过普及九年义务教育验收地区达到或接近当地健全儿童水平,尚未通过普及九年义务教育验收地区,入学率要有大幅度提高;第二,积极发展特殊学前教育。

2001年4月14—15日,国务院批转的《中国残疾人事业"十五"计划纲要(2001—2005年)》及其配套实施方案颁布几天后,教育部、民政部、中国残联联合主持,召开了第三次全国特殊教育工作会议。第三次会议,对"九五"以来特殊教育改革和发展的成绩与经验做出总结,对"十五"期间的特殊教育工作做出部署。会议强调:"十五"期间,特殊教育工作重点仍是普及残疾儿童义务教育,但同时要进一步发展残疾儿童学前教育、残疾人高级中等教育和高等教育,促进各级各类特殊教育的健康协调发展,使特殊教育体系不断完善。

为推进"十五"期间我国特殊教育的改革和发展,2001年11月27日,国务院颁布《关于"十五"期间进一步推进特殊教育改革和发展的意见》,旨在推进与确保实现"十五"期间特殊教育的发展目标。

2006年4月1日,第二次全国残疾人抽样调查正式全面展开①。调查结果显示:残疾儿童义务教育接受率由1987年4月第一次抽样调查结果的不足6%上升到63.19%。但是,还没有达到基本普及的标准。

2006年6月9日,国务院批准并颁布由国务院残疾人工作协调委员会制定的《中国残疾人事业"十一五"计划纲要(2006—2010年)》及其配套实施方案。针对特殊儿童教育,《计划纲要》的任务指标:基本普及残疾儿童义务教育,大力发展残疾儿童学前教育。

实现"十一五"基本普及残疾儿童义务教育的任务,其关键是解决中西部贫困地区的残疾儿童教育问题。就此,2007年9月24日,教育部、国家发展改革委员会联合颁布《"十一五"期间中西部地区特殊教育学校建设规划(2008—2010年)》。《建设规划》的核心任务是中央与地方政府共同投资,在中西部地区建设特殊教育学校,实现中西部地区基本普及残疾儿童义务教育的目标。

2007年2月2日,教育部颁布《盲校义务教育课程设置实验方案》《聋校义务教育课程设置实验方案》和《培智学校义务教育课程设置实验方案》。这三份文件是对《全日制盲校课程计划(试行)》《全日制聋校课程计划(试行)》《全日制弱智学校(班)课程计划(征求意见稿)》

---

① 涂艳国:《中国儿童教育30年》,湖南师范大学出版社2008年版,第176页。

的修订与更名。新的课程设置实验方案与以前的课程计划相比，在目标上更加重视特殊儿童的身心发展特点，在课程设置上更注重康复与教育相结合、强调课程的实用性、开始加入综合课程。

2007年4月28日，中国残联、教育部联合颁布《残疾人中等职业学校设置标准（试行）》，对残疾人中等职业学校的招生对象、校园环境、专业设置、师资等相关人员的配备等方面作了规定。《残疾人中等职业学校设置标准（试行）》是中央政府制定与颁布的第一个专门针对残疾人职业教育的政策，对规范残疾人中等职业教育，提高残疾人中等职业教育质量具有重要意义。

2008年3月28日，国务院颁布《关于促进残疾人事业发展的意见》。《意见》是中共中央国务院第一次下发关于促进残疾人事业发展的纲领性文件，表明中国政府对2010年年底基本普及残疾儿童义务教育的决心与信心，也意味着2010年年底基本普及残疾儿童义务教育成为势在必行的事。另外，《意见》特别强调：逐步解决重度残疾、重度智力残疾、失明、失聪、脑瘫、孤独症等残疾儿童少年的教育问题。2008年5月3日，联合国历史上第一部全面保护残疾人权利的国际法律文件《残疾人权利公约》正式生效，随后的6月26日中国政府批准了《残疾人权利公约》。中国政府的这一举措，对中国社会进一步树立尊重残疾人权利和尊严的良好风气、保护社会困难群体、促进社会公平、维护残疾人权益、促进残疾人事业发展具有现实意义。

2009年5月7日，教育部、中国残联等7部门联合颁布《关于进一步加快特殊教育事业发展的意见》。《意见》提到：积极创造条件，以多种形式对重度肢体残疾、重度智力残疾、孤独症、脑瘫和多重残疾儿童少年等实施义务教育。这两份《意见》文件表明：义务教育覆盖对象已经由盲、聋哑、弱智儿童扩展到孤独症、脑瘫等障别残疾儿童。2010年2月25日，教育部出台《义务教育阶段盲校教学与医疗康复仪器配备标准》《义务教育阶段聋校教学与医疗康复仪器配备标准》《义务教育阶段培智学校教学与医疗康复仪器配备标准》。这三个特殊教育的行业标准对特殊学校教室设备、各科教学仪器设备以及医疗康复仪器设备的配备作了规定，对提高特殊教育教学质量、提升特殊儿童的康复水平有重要引导与促进作用。

表13.35为2001—2010年，中国政府制定与出台的关于特殊儿童教

育的政策。

表 13.35　关于特殊儿童教育的政策（2001—2010 年）

颁布时间	颁布部门	名称
2001.04.10	残疾人工作协调委员会	《中国残疾人事业"十五"计划纲要（2001—2005 年）》
2001.11.27	国务院	《关于"十五"期间进一步推进特殊教育改革和发展的意见》
2006.06.09	残疾人工作协调委员会	《中国残疾人事业"十一五"计划纲要（2006—2010 年）》
2007.09.24	教育部、发改委	《"十一五"期间中西部地区特殊教育学校建设规划（2008—2010 年）》
2008.03.28	国务院	《关于促进残疾人事业发展的意见》
2008.05.07	教育部、中国残联等 7 部门	《关于进一步加快特殊教育事业发展的意见》
2010.02.25	教育部	《义务教育阶段盲校教学与医疗康复仪器配备标准》
2010.02.25	教育部	《义务教育阶段聋校教学与医疗康复仪器配备标准》
2010.02.25	教育部	《义务教育阶段培智学校教学与医疗康复仪器配备标准》
2010.07.29	教育部	《国家中长期教育改革和发展规划纲要（2010—2020 年）》
2010.11.21	国务院	《当前发展学前教育的若干意见》

（二）2001—2010 年：弱势儿童教育关注留守儿童义务教育阶段

1. 流动儿童

2001 年，对于中国弱势儿童而言，是一个关键的节点。在 2001 年 5 月 22 日国务院颁布的《中国儿童发展纲要（2001—2010 年）》中，把解决流动儿童问题纳入十年发展规划，并强调要作为一项长期工作来抓。此后，旨在解决中国弱势儿童义务教育问题的政策密集出台，贫困儿童、流动儿童、留守儿童等弱势儿童问题开始引起整个中国社会的关注。

这时期中央政府出台的旨在解决流动儿童问题的政策，包括如下内容。

2001 年 5 月 29 日，国务院颁布《关于基础教育改革与发展的决定》。《决定》针对贫困儿童义务教育提出"两免一补"政策，针对流动儿童义务教育确立"两为主"[①] 原则。

[①] "两为主"是指以流入地政府管理为主，以全日制公办中小学为主。

2002年，国务院将"弱势群体"写入当年的政府工作报告，要求把解决弱势群体问题作为各级政府的中心工作。为了响应中央政府的指示，各级政府纷纷出台维护弱势群体权益的法规政策，新闻媒体开始大量披露弱势群体的生存状态，学术界也对弱势群体展开广泛的研究①。

2003年1月5日，国务院印发《关于做好农民进城务工就业管理和服务工作的通知》。《通知》明确规定"保障流动人口子女义务教育的权利"，再次强调了流动儿童接受义务教育的"两为主"原则。

2003年教师节，时任国务院总理温家宝专程赴北京石景山区玉泉路小学看望在那里上学的流动人口子女，在黑板上写下"同在蓝天下，共同成长进步"的题词。这一事件通过媒体报道，对中国社会各界广泛关注流动儿童教育起到了很好的推动作用。

2003年教师节后的9月13日，国务院颁布《关于进一步做好进城务工就业农民子女义务教育工作的意见》。《意见》重申流动儿童义务教育"两为主"的政策原则，另外，提出新的"两个一视同仁②"与"两个纳入③"的政策原则，使各地政府在解决流动儿童义务教育问题时有了明确的国家政策依据。

2003年12月25日，财政部颁布《关于将农民工管理等有关经费纳入财政预算支出范围有关问题的通知》。《通知》规定：各地政府将涉及农民工子女的治安管理、计划生育、劳动就业、子女教育等有关经费，纳入正常的财政支出范围。在全国推行中小学收费"一费制"时，进城务工就业农民子女义务教育收费与当地学生要一视同仁。

2006年3月27日，国务院颁布《关于解决农民工问题的若干意见》。《意见》提出：按照属地化管理的原则，逐步健全覆盖农民工的城市公共服务体系。保障农民工子女平等接受义务教育。

为贯彻落实国务院颁布的《关于解决农民工问题的若干意见》，卫生部与教育部相继出台贯彻落实的政策文件。2006年4月30日，卫生部发布《关于贯彻落实〈国务院关于解决农民工问题的若干意见〉的通知》。

---

① 涂艳国：《中国儿童教育30年》，湖南师范大学出版社2008年版，第107页。

② "两个一视同仁"是指进城务工就业农民子女接受义务教育收费标准"与当地学生一视同仁"，评优奖励、入队入团、课外活动等"与城市学生一视同仁"。

③ "两个纳入"是指将进城务工农民子女义务教育"纳入城市社会事业发展计划"，将其就学学校建设"纳入城市基础设施建设规划"。

《通知》要求：落实流动儿童享有与常住儿童同等的预防接种服务政策，免费为流动儿童接种国家规划疫苗。2006年5月17日，教育部颁布《关于教育系统贯彻落实〈国务院关于解决农民工问题的若干意见〉的通知》。《通知》要求：保障农民工子女平等接受义务教育。输入地教育行政部门要将农民工子女义务教育纳入当地教育规划之中，保证以公办学校为主接受农民工子女就学，按就近免试入学的原则安排农民工子女读公办学校。不得加收借读费及其他任务费用。要将家庭经济困难的农民工子女纳入"两免一补"的范围。

2006年6月29日，全国人大通过并颁布了新修订的《中华人民共和国义务教育法》。新修订的《义务教育法》规定：父母或者其他法定监护人在非户籍所在地工作或者居住的适龄儿童、少年，在其父母或者其他监护人工作或者居住地接受义务教育的，当地人民政府应当为其提供平等接受教育的条件。至此，保障农民工子女接受义务教育成为有法律依据的政府行为。

2009年12月，中央财政下拨2009年进城务工农民工子女接受义务教育奖励资金20亿元，专项用于接受农民工子女的城市义务教育阶段学校补充公用经费和改善办学条件。

2. 留守儿童

留守儿童是指父母双方或一方流动到其他地区，孩子留在户籍所在地并因此不能和父母双方共同生活在一起的儿童[①]。自20世纪80年代中期我国流动人口开始大规模出现以来，留守儿童就产生了。但作为一个面临突出问题而引起社会关注的群体，留守儿童在2002年以后特别是进入2004年以后才引起了广泛的注意[②]，尤其是引起了国家政府的注意。2004年开始，中国政府开始介入农民工子女中留守儿童的问题。2004年以来，中国政府出台了一些与解决留守儿童问题相关政策与举措，但是，这一时期还没有直接针对留守儿童教育的政策文件出台。

2004年5月31日，教育部专门组织召开了"中国农村留守儿童问题研究"座谈会。会议邀请了各部门、大学与研究机构专家，专题讨论与汇报对这一问题的研究状况，教育部有关人员则广泛听取专家意见，旨在共

---

① 段成荣、周福林：《我国留守儿童状况研究》，《人口研究》2005年第1期。

② 同上。

同努力做好农村留守儿童的教育问题。

2004年8月31日，教育部颁布《关于学习贯彻〈中共中央国务院关于进一步加强和改进未成年人思想道德建设的若干意见〉的实施意见》。《意见》要求：针对当前社会反映强烈的单亲家庭子女、贫困家庭子女、农村留守子女的教育问题，网吧对青少年学生的不良影响问题，校园侵害案件和未成年人犯罪呈上升趋势的问题等，进行专题研究，采取有效措施加以解决。

2005年5月，全国妇联等13个部委共同推出的"共享蓝天"全国关爱农村留守流动儿童大行动电视电话会议在北京召开，通过媒体大量介入的方式，呼吁中国社会关注农村留守流动儿童教育，并正式启动全国范围内"关爱农村留守流动儿童大行动"的活动。

2006年3月27日，国务院颁布《关于解决农民工问题的若干意见》。《意见》要求：各地政府着重解决农民工流动与留守子女平等接受义务教育的保障机制，从接受学校、经费拨付、收费要求等方面提出具体实施办法。

2006年4月，由国务院农民工工作联席会议办公室、全国妇联等12个部门共同组成的农村留守儿童专题工作组在北京成立，此专题工作组的使命就是建立农村留守儿童工作长效机制，为农村留守儿童健康成长与发展营造良好环境。

2006年7月17日，全国妇联颁布《关于大力开展关爱农村留守儿童行动的意见》，旨在落实国务院颁布的《关于解决农民工问题的若干意见》，推进"关爱农村留守流动儿童大行动"的切实展开。

2007年7月20日，中共中央组织部、妇联、教育部、公安部、民政部、卫生部、共青团中央七部门联合颁布《关于贯彻落实中央指示精神，积极开展关爱农村留守流动儿童工作的通知》。《通知》强调：农村留守流动儿童是一项重要的社会系统工程，需要发挥各方优势，做到资源共享、优势互补、协调配合、共同推进。这一社会系统工程的推动，将解决我国全面普及义务教育使命的最大难题。

2007年9月19日，中国儿童少年基金会设立并正式启示了"春暖留守儿童关爱基金"，将关爱目光投向留守儿童。另外，中国儿童少年基金会的"春蕾计划"在原来资助贫困儿童、贫困女童的基础上，也扩展到对"留守、流动儿童"的资助。

2007年8月30日，国务院颁布"关于建立健全普通本科高校高等职业学校和中等职业学校家庭经济困难学生资助政策体系的意见"，就资助政策体系的目标与原则、内容、工作要求等方面做出规定。

二　国家数据统计：特殊教育发展状况

(一) 特殊教育学校数量与地域发展状况

1. 特殊教育学校数量发展规模

从表13.36可见，2001年中国特殊教育学校数为1531所，到2010年增加到1706所，增加了175所。

表13.36　　　　特殊教育学校数（2001—2010年）

年份	特殊教育学校总数（所）	盲人学校（所）	聋人学校（所）	弱智学校（所）	其他学校（所）
2001	1531	43	679	375	
2002	1540	27	654	371	
2003	1551	37	669	375	
2004	1560	33	668	369	
2005	1593	35	644	391	523
2006	1605	35	629	382	559
2007	1618	33	579	380	626
2008	1640	36	564	388	652
2009	1672	35	541	401	695
2010	1706	33	478	396	799

2. 特殊教育学校地域分布状况

从表13.37可见，2001—2010年，中国特殊教育学校主要分布在城市与县镇地域，农村占比还很小。

表13.37　　　特殊教育学校地域分布结构（2001—2010年）

年份	特殊教育学校总数（所）	城市（所）	县镇（所）	农村（所）
2001	1531	676	774	81
2002	1540	684	784	72
2003	1551	705	774	72
2004	1560	710	771	79

续表

年份	特殊教育学校总数（所）	城市（所）	县镇（所）	农村（所）
2005	1593	730	788	75
2006	1605	672	857	76
2007	1618	735	810	73
2008	1640	742	815	83
2009	1672	746	839	87
2010	1706	750	867	89

从图13.38可见，2001—2010年，城镇特殊儿童教育学校的数量呈微上升趋势，农村特殊儿童教育学校数量10年间没有大的变化。城镇与农村学校数量比保持在20∶1左右，城乡地域差距明显。

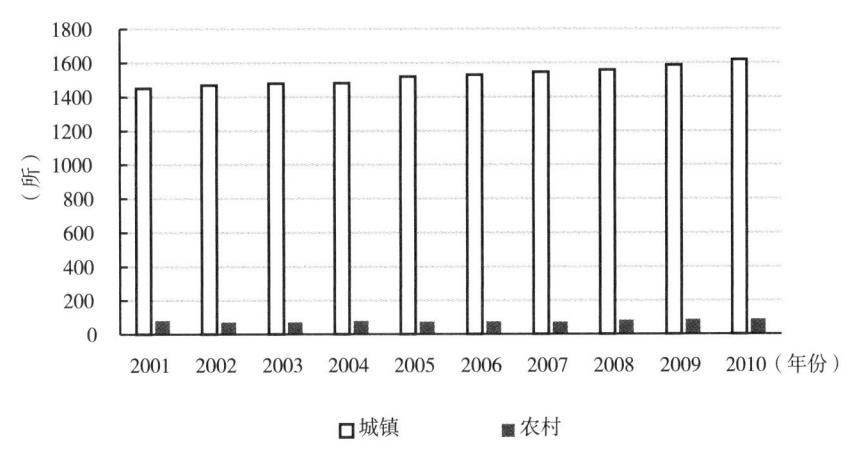

图13.38 城镇与农村特殊教育学校数比较（2001—2010年）

（二）特殊教育学校在校学生数量发展规模

2001—2010年，中国政府对特殊教育学校在校生数量统计时做了一次调整，改变了三种传统特殊儿童类型的名称，由传统的盲生、聋哑生、弱智生称呼改成视力残疾生、听力残疾生、智力残疾生，并且增加"其他残疾生"新类型。这种转变从2007年开始，所以，这一时期的统计数据分为2001—2006年与2007—2010年两个阶段。

从表13.38可见，2001—2006年，特殊教育在校生总数呈微减少态势，6年减少2.35万人。

表 13.38　　　　特殊教育在校学生数（2001—2006 年）

年份	总计（万人）	盲生（人）	聋哑生（人）	弱智生（人）
2001	38.64	34131	102753	249476
2002	37.45	37426	108566	228465
2003	36.47	38299	109771	216670
2004	37.18	41713	112833	217267
2005	36.44	42350	115182	206877
2006	36.29	41520	115785	205641

从图 13.39 可见，2001—2006 年，弱智生人数呈比较明显的下降趋势，盲生与聋哑生人数呈微上升趋势，弱智生人数的绝对优势逐年减少。

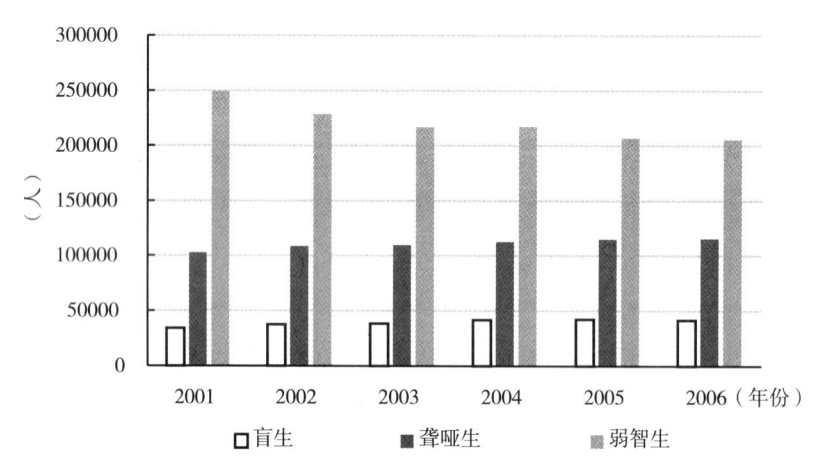

图 13.39　盲、聋哑、弱智生在校人数比较（2001—2006 年）

从表 13.39 可见，2007—2010 年，特殊教育在校生总数呈微微上升态势，4 年上升 0.63 万人。其中，智力残疾学生约占总数的 1/2，听力残疾学生约占总数的 1/4，视力残疾学生与其他残疾学生合起来约占总数的 1/4。

表 13.39　　　　特殊教育在校学生数（2007—2010 年）

年份	总计（万人）	视力残疾学生（人）	听力残疾学生（人）	智力残疾学生（人）	其他残疾学生（人）
2007	41.93	44789	118546	208353	47628
2008	41.74	47113	117116	205803	47408

续表

年份	总计（万人）	视力残疾学生（人）	听力残疾学生（人）	智力残疾学生（人）	其他残疾学生（人）
2009	42.81	48368	115056	207973	56728
2010	42.56	49124	112553	209014	54922

从图13.40可见，2007—2010年，各类残疾学生在校数量呈比较稳定趋势，4年间没有大的波动。各类残疾学生占总数的比例相对稳定，智力、听力、视力残疾生占总数的比例分别约为50%、25%、12%。

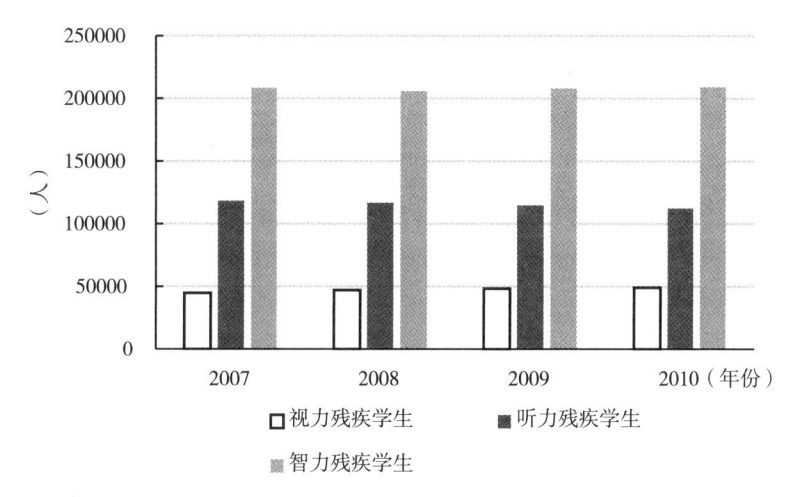

图13.40 视力、听力、智力残疾生在校人数比较（2007—2010年）

（三）特殊教育教师队伍数量与学历状况

1. 特殊教育教职工总数与专任教师数量情况

从表13.41可见，2001年中国特殊教育学校教职工总数为3.89万人，其中专任教师数量到2.85万人。到2010年教职工总数增加到4.92万人，其中专任教师数量为3.97万人，10年教职工总数增加了1.03万人，专任教师增加了1.12万人。

表13.40　　教职工与专任教师数（2001—2010年）

年份	教职工数（万人）	专任教师数			
		聋（人）	盲（人）	弱智（人）	合计（万人）
2001	3.89				2.85
2002	4.04				2.98

续表

年份	教职工数（万人）	专任教师数			
		聋（人）	盲（人）	弱智（人）	合计（万人）
2003	4.09				3.03
2004	4.14				3.11
2005	4.23				3.19
2006	4.36				3.34
2007	4.49				3.50
2008	4.60				3.63
2009	4.75				3.79
2010	4.92				3.97

2. 专任教师学历情况

从表13.41可见，2001—2010年，特殊教育专任教师本科毕业，由2001年的2232人，提升到2010年的17479人，增加了15247人；专科毕业生，由2001年的12280人，增加到2010年的17612人，增加了5332人；高中毕业生由2001年的13405人，减少到2010年的4029人，减少了9376人。到了2010年，特殊教育专任教师主要由本科与专科生构成，本科与专科生数量平分秋色。

表13.41　　特殊教育专任教师学历情况（2001—2010年）

年份	总计（人）	研究生毕业（人）	本科毕业（人）	专科毕业（人）	高中阶段毕业（人）	高中阶段毕业以下（人）
2001	28494	30	2232	12280	13405	547
2002	29805	22	2825	13893	12606	459
2003	30349	48	3757	15023	11140	381
2004	31058	77	5061	16240	9364	316
2005	31937	60	6621	17041	7985	230
2006	33396	101	8425	17679	6970	221
2007	34990	123	10630	18010	6044	183
2008	36306	219	12872	17772	5283	160
2009	37945	270	15160	17697	4661	157
2010	39650	405	17479	17612	4029	125

图13.41呈现了各类学历教师数量值及其变化趋势。

（四）国家财政教育经费投入情况

从表13.42可知，2001年中国国家财政对特殊教育的经费投入为11.61亿元，到2010年提升到68.38亿元，10年提升了56.77亿元。

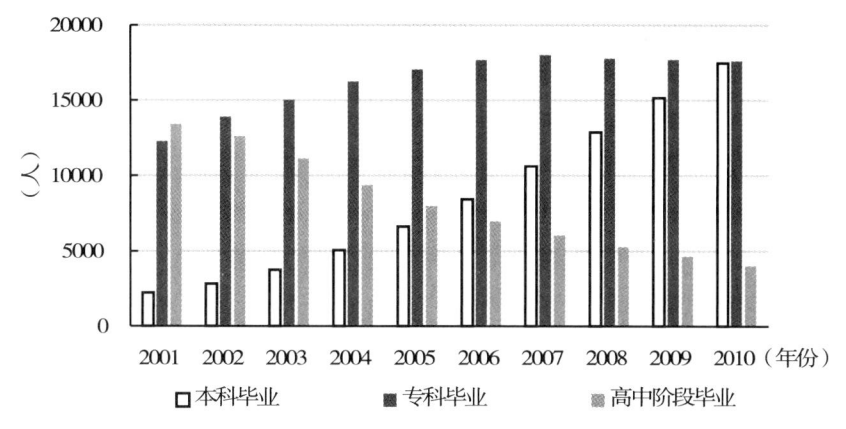

图 13.41　特殊教育专任教师各类学历人数比较（2001—2010 年）

表 13.42　特殊教育国家财政教育经费投入（2001—2010 年）

年份	2001	2002	2003	2004	2005
教育经费（万元）	116097.8	133194.5	147470.8	170527.6	211484.7
年份	2006	2007	2008	2009	2010
教育经费（万元）	245948.7	288135.3	382492	454816.1	683804.5

图 13.42 呈现 2001—2010 年，国家财政教育经费对特殊儿童教育的投入数量变化趋势，从 2007 年起，财政投入呈明显增长态势。

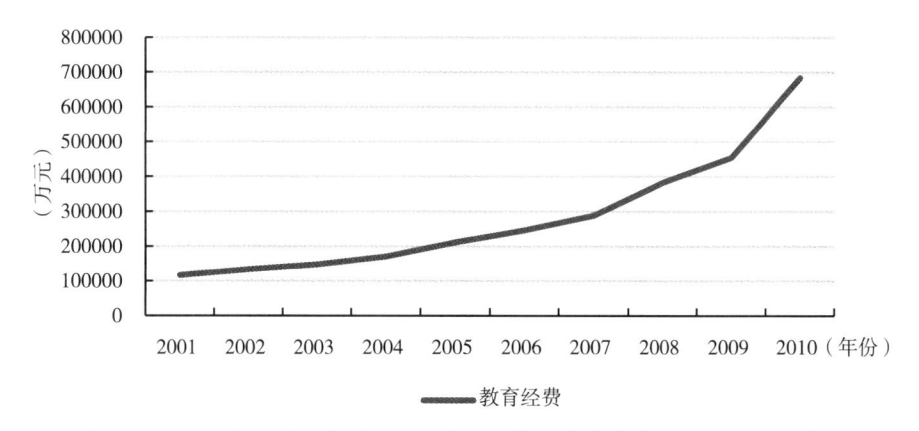

图 13.42　国家财政经费对特殊教育投入数量变化趋势（2001—2010 年）

第十四章

2001—2010年时期儿童的福利与法律保护

2000年9月,在联合国召开的世界千年首脑会议上,中国政府签署了《千年发展宣言》。2002年5月,联合国组织召开了"联合国儿童问题特别会议",颁布了《一个适合儿童的世界》的会议文件。中国政府履行对千年首脑会议和联合国儿童问题特别会议的目标的第一件事:制定并实施《中国儿童发展纲要(2001—2010)》(以下简称《纲要》)。《纲要》在2001年5月22日颁布并实施。《纲要》在全面分析评价前一个十年中国儿童发展现状的基础上,以促进儿童发展为主题,以提高儿童素质为重点,以培养和造就21世纪中国现代化建设人才为目标,从儿童与健康、儿童与教育、儿童与环境、儿童与法律保护4个领域,提出到2010年中国儿童生存、保护、发展、参与的目标以及实现目标的策略措施。

第一节 儿童的福利

2001年颁布的中国第二个儿童发展纲要《中国儿童发展纲要(2001—2010年)》,明确提出了"依法保障儿童生存权、发展权、受保护权和参与权","优化儿童成长环境,使困境儿童受到特殊保护"等目标,中国"补缺型"儿童福利制度得到快速发展。2001—2010年,在儿童福利的语境中,"处境不利儿童"的表达方式逐渐被"困境儿童"替代。中国民政部对困境儿童概念内涵与外延,儿童陷入困境的原因等都有具体诠释。民政部认为,困境儿童是指由于儿童自身、家庭和外界等原因陷入困境,需要予以帮助和保障的儿童。总体来看,儿童陷入困境的原因可以归纳为三个方面:第一个是家庭经济贫困,第二个是自身残疾,第三个是监护缺失或失当。具体来讲,包括因家庭贫困导致生活、就医、就学等困难的儿童；因自身残疾导致康复、照料、护理和社会发展等困难的儿童；还有因家庭监护缺失或监护不当遭受虐待、遗弃、意外伤害、不法侵害等导致人身安全受到威胁或侵害的儿童①。

一 国家政策动向："补缺型"儿童福利制度快速发展时期

（一）为各类困境儿童制定的福利政策与措施

1. 孤残儿童生活保障的政策与举措

孤残儿童是我国狭义的儿童福利关注与重视的主要群体。但是长期以来，我国儿童福利仅停留于对孤残儿童基本生活的保障，且具有城乡差异性。国家全额拨款的儿童福利机构一般只负责收养城市地区的孤儿与弃婴，而在乡村，孤儿主要靠五保制度、家庭以及亲友网络的保护。这一时期，政府完成承担全体孤儿主要经济责任的任务。

（1）孤残儿童生活保障政策

2009年2月19日，民政部颁布《关于制定社会散居孤儿最低养育标准的通知》。《通知》从保障社会散居孤儿基本生活和成长发育的需要出发，确定全国统一的社会散居孤儿最低养育标准为每人每月600元。2009年6月，民政部紧接着又颁布了《关于制定福利机构儿童最低养育标准的指导意见》。《意见》针对福利机构儿童残疾比例高、残疾种类多、营养康复和医疗需求大的特点，建议福利机构儿童最低养育标准为每人每月1000元。通过这两项政策，中国建立了孤儿最低养育津贴制度。这是国家第一次直接通过现金补贴的形式为福利机构内外的孤儿提供制度性保障，标志着中国在儿童福利政策方面的重大突破。

2010年11月16日，国务院颁布《关于加强孤儿保障工作的意见》。《意见》对孤儿安置、孤儿生活保障、孤儿福利机构工作机制及保障水平等方面做了具体操作层面的规定。从抚养、医疗、教育、就业等各个方面给予孤儿制度保障，政府承担起群体孤儿的主要经济责任，受益对象覆盖了整个孤儿群体。2010年11月26日，为了落实国务院《关于加强孤儿保障工作的意见》的规定，民政部、财政部颁布《关于发放孤儿基本生活费的通知》，明确规定自2010年1月起为全国孤儿发放基本生活费。自

---

① 民政部：《加强困境儿童分类保障建立健全保障体系》，《人民日报》2016年6月19日版，第3页。

此，对孤儿的生活保障，由发放孤儿最低养育标准提高到了发放基本生活费。对孤儿发放基本生活费制度的建立，标志着中国儿童福利津贴制度的正式建立。"孤儿基本生活保障津贴"成为第一项中国儿童福利津贴。

（2）孤残儿童养护政策与举措

这一时期，我国孤残儿童的家庭寄养工作得到了比较深入地开展，不论是家庭寄养理念还是操作程序的规范及监督管理水平，都有了提升。

2001年2月6日，民政部颁布《儿童社会福利机构基本规范》。《规范》是针对社会福利机构为孤残儿童提供优质服务而制定与实施的强制性行业标准，用于规范社会福利机构的服务。

2002年3月29日，中国收养中心颁布《中国收养中心委托外国收养组织为特殊需要寻找收养家庭的办法》。《办法》是对2000年颁布的《中国收养中心委托收养组织为病残儿童和大龄儿童寻找收养家庭的实施办法》的扩展与修改，使条款更规范化、科学化。

2003年10月27日，民政部颁布《家庭寄养管理暂行办法》。《办法》将民政部门监护的孤残儿童的家庭养育照料模式加以规范化，为他们回归家庭、回归社会创造条件。

对孤残儿童的养护，除了政策文件规定的家庭收养寄养、机构照料等方式外，从2002年开始，中国探索实施社区照料与家庭养育型方式。社区照料方式，由儿童福利机构在社区里购置房屋，将3—5个儿童安置其中，由招聘来的符合条件的"爸爸妈妈"对他们进行养育。儿童在社区里生活、学习，养育效果由福利机构和社区工作人员共同进行检测和评估。家庭养育型方式，在福利机构内设置若干个以家庭为单位的单元，从建筑结构到内部环境都按照家庭模式建造和配置，每个家庭按年龄和性别的交叉分别安排4—5个原集中抚养的儿童，家庭里的"妈妈"或"爸爸和妈妈"由福利院在本单位或社区里选聘人员。家庭内部成员以父母和兄弟相称，儿童的生活费用完全由福利院支付，日常收支独立核算[①]。这两种养护方式对儿童回归家庭需求、身心健康具有现实意义。

（3）孤残儿童福利设施建设——蓝天计划

民政部从2006年起实施"儿童福利机构建设——蓝天计划"，资助地

[①] 陆士桢、魏兆鹏、胡伟：《中国儿童政策概论》，社会科学文献出版社2005年版，第296—297页。

级以上大中城市新建、改建和扩建一批儿童福利机构。

2007年，中国将"蓝天计划"纳入国家"十一五"规划。2007年6月14日，民政部与国家发改委联合颁布《"十一五"儿童福利机构建设规划》。《规划》提出：中央将通过安排专项资金15亿元，重点支持孤残儿童数量大的县级市（县、区）儿童福利机构建设。《规划》目标：到2010年，基本实现全国地级以上城市都拥有儿童福利机构，新增孤儿安置床位约5.7万张。

2. 困境儿童救助的政策与举措

（1）流浪儿童救助

2003年6月20日，国务院颁布《城市生活无着的流浪乞讨人员救助管理办法》。《救助管理办法》取代了在中国延续了20年的《收容条例》，第一次用"救助管理"用词替代"收容"。2003年7月21日，民政部颁布《城市生活无着的流浪乞讨人员救助管理办法实施细则》，各地依据《实施细则》在实施《救助管理办法》的同时，把原来的"收容遣送站"悉数更名为"救助管理站"。

2006年1月18日，民政部等19个部门联合出台了《关于加强流浪未成年人工作的意见》，提出了实施流浪儿童救助的具体办法。

（2）贫困儿童生存救助

2006年3月1日，国务院颁布实施新的《农村五保供养工作条例》。新《条例》规定：对未满16周岁的农村五保对象的生活、教育、居住、医疗等方面实施补贴，保证不低于当地村民平均生活水平。1999年国务院颁布实施的《城市居民最低生活保障条例》，提供了对城市孤儿、贫困儿童的最低生活保障。《条例》则是提供农村孤儿、贫困儿童的最低生活保障。

（3）受艾滋病影响的儿童救助

2002年8月，中国青少年发展基金会、中国青年报社、桂林乳胶厂（高邦公司）共同发起并在青基会设立"中国青少年预防艾滋病公益基金"，实施"红丝带行动"预防艾滋病综合公益项目，专项资助艾滋病感染者子女和艾滋孤儿上学，改善他们的学习生活状况。

2005年10月，联合国儿童基金会、联合国艾滋病规划署和其他合作伙伴展开了"携手儿童青少年，携手抗击艾滋病"运动，这一运动目标与联合国儿童基金会的整体战略目标重点和千年发展目标（MDGs）一致，特别是实现第6个千年发展目标：即到2015年，制止并开始扭转艾滋病毒/艾滋病蔓延。2008年4月，"携手儿童青少年，携手抗击艾滋病"运动发表了年刊《儿童与艾滋病问题：调查报告》，对艾滋病如何影响儿童青少年进行了评估。

3. 病残儿童医疗与康复保障的政策与行动

这一时期，我国残疾儿童的康复工作仍处于分散救助、阶段性救助层面，绝大多数残疾儿童只能依靠家庭或临时性社会救助接受康复服务①。

2004年5月9日，民政部颁布《"残疾孤儿手术康复明天计划"实施方案》。《方案》实施目标：2004—2006年，确保为2.8万名，力争为3万名残疾孤儿，有效实施手术矫治和康复。

2008年4月2日，民政部颁布《"重生行动——全国贫困家庭唇腭裂儿童手术康复计划"实施方案》，启动了民政部和李嘉诚基金会合作开展"重生行动——全国贫困家庭唇腭裂儿童手术康复计划"项目（简称"重生行动"），截至2010年4月项目一期结束。"重生行动"一期项目共筛查出18463例贫困家庭唇腭裂患者，治愈13609例。

2009年，中国残联出台《贫困智力残疾儿童抢救性康复救助项目实施办法》。《实施办法》目标：2009—2011年，每年资助5000名贫困智力残疾儿童进行系统的康复训练、培训家长及亲友，救助对象为年龄不超过6岁的城乡低保家庭儿童，救助标准为人均1万元。

表14.1为2001—2010年，中国政府为各类困境儿童制定的政策。

表14.1　　为各类困境儿童制定的政策（2001—2010年）

颁布时间	颁布部门	名称
2001.02.06	民政部	《儿童社会福利机构基本规范》
2002.03.29	儿童收养中心	《中国收养中心委托外国收养组织为特殊需要儿童寻找收养家庭的办法》
2003.06.20	国务院	《城市生活无着的流浪乞讨人员救助管理办法》
2003.07.21	民政部	《城市生活无着的流浪乞讨人员救助管理办法实施细则》
2003.10.27	民政部	《家庭寄养管理暂行办法》
2004.05.09	民政部	《"残疾孤儿手术康复明天计划"实施方案》
2006.01.18	民政部等19部门	《关于加强流浪未成年人工作的意见》

---

① 中华人民共和国民政部：《2010中国儿童福利政策报告》2016年第6期。

续表

颁布时间	颁布部门	名称
2006.03.01	国务院	《农村五保供养工作条例》
2007.06.14	民政部 发改委	《"十一五"儿童福利机构建设规划》
2009	中国残联	《贫困智力残疾儿童抢救性康复救助项目实施办法》
2009.02.19	民政部	《关于制定社会散居孤儿最低养育标准的通知》
2009.06	民政部	《关于制定福利机构儿童最低养育标准的指导意见》
2010.11.16	国务院	《关于加强孤儿保障工作的意见》
2010.11.26	民政部 财政部	《关于发放孤儿基本生活费的通知》

（二）儿童福利服务体系的建构

这一时期，"国务院妇女儿童工作委员会"的成员单位由29个增加至33个。各省、地、县各级妇女儿童工作委员会及其办公室进一步建立健全了工作机制，增加了人员编制和专门经费[①]。

2008年，中国进行政府机构改革，民政部社会福利司首次设置"儿童福利处"，这一举措对我国儿童福利事业具有重大战略性意义。

二 国家数据统计：困境儿童状况

（一）困境儿童救助情况

从表14.2可见，2001—2009年，社会弃婴在2.4万—2.8万人数之间浮动，2009—2010年则减少了0.91万人。这一时期，社会福利机构每年抚养的弃婴数在1.2万—1.9万人数之间浮动。

表14.2　　　　　　困境儿童救助情况（2001—2010年）

年份	社会弃婴数	社会福利机构抚养的孤儿数	社会福利机构抚养的弃婴数	儿童福利院全年在院人次	救助管理站救助儿童人次	流浪儿童救助保护中心救助儿童人次
2001	26027	1908	15563	20656		
2002	25398	2404	17419	22427		
2003	30495	3427	17335	25344	2762	

---

① 《中国儿童发展状况国家报告（2003—2004年）》，国务院妇女儿童工作委员会2005年第3期。

续表

年份	社会弃婴数	社会福利机构抚养的孤儿数	社会福利机构抚养的弃婴数	儿童福利院全年在院人次	救助管理站救助儿童人次	流浪儿童救助保护中心救助儿童人次
2004	28729	3189	19287	27752	104455	
2005	24965	3564	18927	28931	116129	
2006	26657	2867	15892	31854	123223	6114
2007	27066	1146	14632	29202	148869	11120
2008	26663	1846	11601	34185	137035	18759
2009	26271	1605	13690	36021	145167	22116
2010	16905	1878	13342	40556	121477	24852

（二）艾滋病病毒年度感染例数

上一个十年，感染艾滋病病毒的每年新增例数还能控制在1000例以内，进入21世纪以后，感染艾滋病病毒的例数呈急剧猛烈的增长趋势。

从图14.1可知，2000—2005年，以平均每年新增约7500例的速度递增，增速达到惊人的地步。2005—2010年，递增速度有所减缓，以平均每年新增2500例的速度上升。这一数据提醒我们，相应地受艾滋病影响的儿童人数也在急剧增加，预防与救助艾滋病影响儿童已经是中国政府需要解决的最棘手的问题之一。

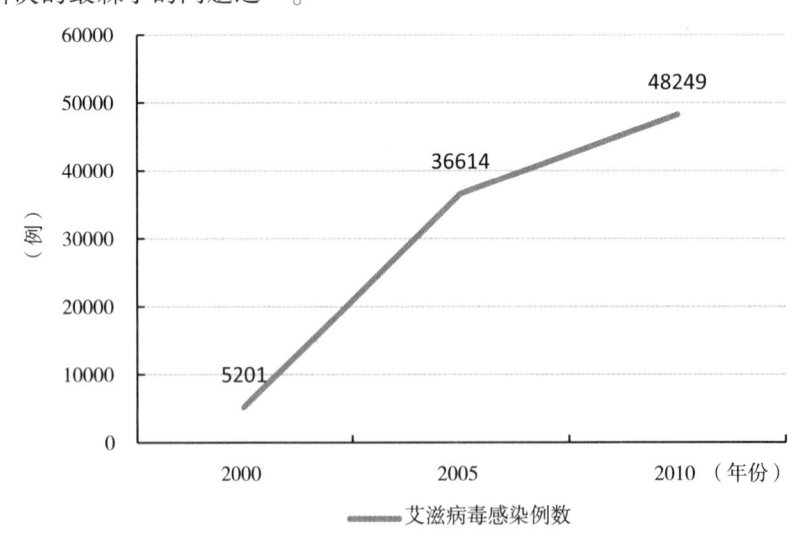

图 14.1 艾滋病病毒年度感染例数变化趋势（2000—2010年）

第二节　儿童的法律保护

一　国家政策动向：儿童法律保护体系制度化发展时期

（一）儿童保护法律修订与法规的密集出台

这一时期儿童法律保护的制度化发展主要体现在两个方面：第一，对法律文件的修订，使儿童法律保护条款在理念、内容等方面更趋合理；第二，制定与法律相对应的法规与部门章程政策，做到儿童法律保护的实施能够获得制度与机制的保障。

表 14.3 为 2001—2010 年，全国人大及其常委会颁布实施及修订的涉及儿童保护部分的法律。

表 14.3　　　　　涉及儿童保护的法律（2001—2010 年）

保护权利	保护领域	颁布部门	颁布与修订时间	名称	主要内容
专门性保护		全国人大常委会	2006.12（修订）	《中华人民共和国未成年人保护法》	未成年人享有生存权、发展权、受保护权、参与权等权利，国家根据未成年人身心发展特点给予特殊、优先保护，保障未成年人的合法权益不受侵犯
生存权	出生与健康	全国人大常委会	2001.12 2004.8（修订）	《中华人民共和国人口与计划生育法》	实施婚前、孕产期保健制度防止或者减少出生缺陷，提高出生婴儿健康水平
发展权	教育	全国人大	2002.12	《中华人民共和国民办教育促进法》	保障所有适龄儿童有接受教育的权利
发展权	教育	全国人大	2006.6（修订）	《中华人民共和国义务教育法》	保障适龄儿童、少年接受义务教育的权利

2006 年 12 月修订并颁布的《中华人民共和国未成年人保护法》，可以说是我国儿童法律保护进入制度化发展阶段的标志。与第一版相比，修订后的《保护法》具有四个方面的重大进步。第一，从控制走向了尊重，法典精神得到提升。第二，严密了由家庭保护、学校保护、社会保护、司法保护四种类型构成的未成年人保护网络。第三，基本确立了"政府主

导，司法保障，家庭、学校、社会三位一体"的未成年人保护机制。第四，加强了与国际儿童保护规则的衔接[①]。当然，新法并没有也不可能解决操作性问题，在儿童法律保护体系中缺少一个特殊、独立的法律部门——儿童法。

表14.4为2001—2010年，国务院制定、颁布实施的涉及儿童保护部分的行政法规。

表14.4 涉及儿童保护的法规（2001—2010年）

保护权利	保护领域	颁布部门	颁布时间	名称	主要内容
生存权	专门性保护	国务院	2001.5	《中国儿童发展规划纲要（2001—2010年）》	提高儿童营养水平，增强儿童体质，强调保证儿童食品、用具和游乐设施安全无害等
	出生与健康	国务院	2001.6	《中华人民共和国母婴保健法实施办法》	母婴保健以保健为中心，以保障生殖健康为目的，实行保健和临床相结合，面向群体、面向基层和预防为主的方针
		国务院	2005.3	《疫苗流通和预防接种管理条例》	受种者为未成年人的，其监护人应当配合有关疾病预防控制机构和医疗机构等，保证受种者及时受种
	安全	国务院	2002.10	《禁止使用童工规定》	保护未成年人的身心健康，促进义务教育制度的实施，维护未成年人的合法权益
受保护权	特殊儿童支持	国务院	2003.7	《城市生活无着的流浪乞讨人员救助管理办法》	实施城市生活无着的流浪、乞讨未成年人救助，保障其基本生活权益
		国务院	2006.1	《艾滋病防治条例》	生活困难的艾滋病病人遗留的孤儿和感染艾滋病病毒的未成年人接受义务教育的，应当免收杂费、书本费；接受学前教育和高中阶段教育的，应当减免学费等相关费用

2001年5月，《中国儿童发展纲要（2001—2010年）》颁布，除了继续重视立法和执法外，开始对儿童人身权、财产权、姓名和身份权保护

---

① 姚建龙：《〈未成年人保护法〉修订及其重大进展》，《当代青年研究》2007年第5期。

做出细分，并且开始关注儿童专门法律援助机构的建设。就司法保护方面，2001年纲要提到对罪错青少年的司法保护原则，给予未成年人有别于成年人的待遇以有少年法庭的建立。但是，没有提出具体的司法保护措施。另外，2001年6月颁布的《中华人民共和国母婴保健法实施办法》，是对1994年10月颁布的《中华人民共和国母婴保健法》实施的体制与机制系统的建设，在保障中国儿童出生与生存质量上具有非凡的意义。

2002年10月1日颁布的《禁止使用童工规定》中明确规定：禁止任何单位和个体工商户招用不满16周岁的未成年人。《禁止使用童工规定》制定的中国童工年龄标准比国际劳工组织准予就业最低年龄15岁高1岁，这有助于更好地保护中国儿童合法利益和身心健康成长。

除了以上法律法规外，2001年4月4日，最高人民法院制定并公布《关于办理未成年人刑事案件的若干规定》，2002年3月25日，最高人民检察院制定并公布《人民检察院办理未成年人刑事案件的规定》，2010年8月14日，最高人民法院、最高人民检察院等6部门联合出台《关于进一步建立和完善未成年人刑事案件配套工作体系的若干意见》，这些都是直接针对儿童犯罪的法律保护政策文件，对未成年人犯罪保护具有非常重要的意义。

（二）儿童保护司法制度的质量提升

至2010年我国少年司法制度有了质的提升。原初的未成年人刑事案件合议庭已经发展成为独立建制的少年刑事审判庭，原初的单纯的刑事案件审判庭已经发展成为未成年人案件综合审判庭。各级人民法院已经普遍建立了专门的少年审判机构或者指定专人审理未成年人刑事案件，地方三级人民法院已经初步建立了比较完善的少年审判机构体系[1]。少年司法建立了与少年犯合议庭相配套的公、检、法、司政法"一条龙"和工、青、妇、教社会"一条龙"，俗称"两条龙"体系。在"第一条龙"中少年案件由专门机构和专业人员办理，突出了少年司法机构的专门化和司法人员的专业化问题[2]。

---

[1] 《中国儿童发展纲要（2001—2010年）终期统计监测报告汇编》，《国家统计局》2012年第1期。

[2] 王雪梅：《儿童福利论》，社会科学文献出版社2014年版，第240页。

二 国家数据统计：儿童司法及援助状况

从表 14.5 可见，2001—2010 年，中国未成年人罪犯数量每年波动力度较大，在 5 万—8.9 万人波动。数量最少年份为 2001 年，未成年人罪犯数量约 5 万人，数量最多年份为 2008 年，未成年人罪犯数量约 8.9 万人。未成年人罪犯占全体罪犯比率每年在 6.68%—9.79% 波动。比率最小年份为 2001 年，占 6.68%，比率最大年份为 2005 年，占 9.79%。

表 14.5　　　　　　儿童司法及援助（2001—2010 年）

年份	法院审理刑事犯罪总数（人）	未成年人罪犯（人）	未成年人罪犯占全体罪犯比率（%）	法律援助机构援助未成年人人次	拐卖妇女儿童数（人）
2001	746328	49883	6.68	37206	7008
2002	701858	50030	7.13	37664	5684
2003	747096	58870	7.88	45981	3721
2004	767951	70144	9.13	54421	3343
2005	844717	82721	9.79	66667	2884
2006	890755	83697	9.40	83131	2569
2007	933156	87525	9.38	87830	2378
2008	1008677	88891	8.81	98053	2566
2009	997872	77604	7.78	94853	6513
2010	1007419	68193	6.77	87530	10082

第十五章

2001—2010年时期儿童发展的自然与社会文化环境

2001—2010年,中国环境治理进入"有法可依、联防联控"的治理时期,中国环境污染形势仍然严峻,呈现治理力度大但污染力度更大的局面。儿童发展的社会文化环境,呈现持续优化的态势。

第一节 儿童发展的自然环境:"有法可依、联防联控"治理时期

一 政策动向:"有法可依、联防联控"治理时期

进入21世纪,中国工业化和城市化进程加速,中国的能源消费和机动车保有量呈直线式增长。二氧化硫、氮氧化物等大量污染物排放至空气中,加之煤烟尘、酸雨、悬浮颗粒物、光化学烟雾和扬尘污染等,区域性复合型特征初步显现,使环境污染问题变得更加复杂和严峻[1]。

21世纪的第一个十年,中央政府在环境保护与治理方面,做出了许多重大决策。2002年8月,中国政府参加了以"拯救地球、重在行动"为宗旨的可持续发展世界首脑会议。2002年11月,党的十六大报告明确指出:必须把可持续发展放在十分突出的地位,坚持计划生育、保护环境和保护资源的基本国策。为了切实改变我国"先污染后治理、边治理边破坏"的状况,2005年12月3日,国务院颁布《关于落实科学发展观加强环境保护的决定》。《决定》首次提出:各地区要根据资源禀赋、环境容量、生态状况、人口数量以及国家发展规划和产业政策,明确不同区域的

---

[1] 冯贵霞:《中国大气污染防治政策变迁的逻辑》,博士学位论文,山东大学,2016年。

功能定位和发展方向，将区域经济规划和环境保护目标有机结合起来，分别实行"优化开发""限制开发"和"禁止开发"主体功能区划分标准。2006年3月14日，全国人大通过并颁布《国民经济和社会发展第十一个五年规划纲要》。《纲要》明确强调：实施"节约资源、保护环境"的基本国策[1]。2006年4月17日，国务院组织召开第六次全国环境保护会议。会议强调三个转变：从重经济增长轻环境保护转变为保护环境与经济增长并重，从环境保护滞后于经济发展转变为环境保护和经济发展同步，从主要用行政办法保护环境转变为综合运用法律、经济、技术和必要的行政办法解决环境问题。2007年党的"十七大"报告，将"经济增长的资源环境代价过大"列为我国经济社会建设中的"主要困难和问题"，要求深入贯彻落实科学发展观，强调"建设资源节约型、环境友好型社会"[2]。2008年7月，国家环境保护总局升格为环境保护部，成为国务院组成部门。2008年7月24日，国务院召开了中华人民共和国成立以来的首次全国农村环境保护会议。会议部署了今后农村环境保护工作，确立了农村环境保护的一些政策与举措[3]。

就环境治理而言，这一时期中国政府的政策与举措具有以下四个特征：其一，继续健全完善法律法规体系，使环境治理"有法可依"；其二，打破污染防治的属地管理模式，开始探索联防联控机制；其三，环境治理目标与地方政府政绩考核挂钩；其四，加强环境防治战略规划研究和防治技术专项研究。

第一，继续健全完善法律法规体系，使环境治理"有法可依"。继续采用市场经济举措，依托税费征收、环境标准与评价等手段，控制污染浓度与总量。表15.1为2001—2010年，中央政府在环境治理方面制定与颁布的主要政策。

表15.1　中央政府颁布的环境治理的主要政策（2001—2010年）

颁布时间	颁布部门	名称
2002.06.29	全国人大常委会	《中华人民共和国清洁生产促进法》

---

[1] 俞海滨：《改革开放以来我国环境治理历程与展望》，《毛泽东邓小平理论研究》2010年第12期。

[2] 同上。

[3] 同上。

续表

颁布时间	颁布部门	名称
2003.01.03	国务院	《排污费征收使用管理条例》
2003.01.15	全国人大常委会	《中华人民共和国环境影响评价法》
2003.02.28	发计委、财政部、环保总局、经贸委	《排污费征收标准管理办法》
2004.08.16	发改委、环保总局	《清洁生产审核暂行办法》
2006.02.14	环保总局	《环境影响评价公众参与暂行办法》
2007.04.17	财政部、环保总局	《中央财政主要污染物减排专项资金管理暂行办法》
2007.05.11	环保总局、财政部	《中央财政主要污染物减排专项资金项目管理暂行办法》
2009.08.12	国务院	《规划环境影响评价条例》

第二，打破污染防治的属地管理模式，探索联防联控机制。北京、上海和珠江三角洲地区是中国探索联合防污机制的主要区域。2008年北京奥运会期间，国家启动空气质量区域联防联控机制，国家环保部与京津冀、山西、山东等6省（区、市）联合制定了《第29届奥运会北京空气质量保障措施》，统一污染控制对象，在奥运会前实施环境综合治理，运动会期间采取临时污染减排措施，并配套极端天气应急方案。2010的上海世博会，为确保世博会期间环境空气质量达标，上海市政府会同江苏、浙江两省环保部门联合制定长江三角区域大气污染联合防治工作方案[1]。在20世纪与21世纪交接点，粤港政府联合开展《珠江三角洲地区空气素质研究》，表明珠江三角洲内的空气污染是一个区域性问题。2008年广东省政府建立了珠江三角洲区域大气污染防治联席会议制度并明确议事范围。为推进珠三角环境保护一体化进程，2009年广东省政府制定实施《广东省珠江三角洲大气污染防治办法》和《珠江王角洲地区改革发展规划纲要（2008—2020年）》，早于国家层面明确提出建立区域性大气污染联防联控工作机制。珠江三角洲区域大气污染联防联控模式的建立和实施，为保障2010年广州亚运会空气质量做出了突出贡献。2010年5月国

---

[1] 冯贵霞：《中国大气污染防治政策变迁的逻辑》，博士学位论文，山东大学，2016年。

家环保部联合发改委、科技部等八部委共同制定《关于推进大气污染联防联控工作改善区域空气质量的指导意见》，提出在2015年建立大气污染联合防控机制。

第三，环境治理目标与地方政府政绩考核挂钩。2006年，国务院颁布《"十一五"期间全国主要污染物排放总量控制计划》，要求各省（区、市）将环境污染排放总量控制指标纳入本地区经济社会发展"十一五"规划和年度计划。受国务院委托，2006年年底国家环保总局与国家电网、华能、大唐等六大电力集团和30个省、自治区、直辖市政府签订二氧化硫排放总量控制目标责任书，国家环保总局每半年公布各省和重点企业完成情况，并将考核结果向国务院报告、对社会公布，不能按期完成的，加大惩处力度[①]。

第四，加强环境防治战略规划研究和防治技术专项研究。将酸雨、二氧化硫、机动车污染控制等环境治理研究纳入国家科技攻关项目。2004年成立了机动车污染防治专家委员会，为机动车污染专项整治和政策制定奠定了科学基础。2006年国家科技部在"十一五"863计划中设立环境治理的重大项目与一般项目。2007—2009年，国家环保部联合科研机构开展"中国环境宏观战略研究"。

这一时期，中国政府继续制定并颁布了一批环境保护的法律，包括清洁生产促进法、放射性污染防治法、可再生能源法、畜牧法、循环经济促进法、海岛保护法等；修订了一批法律，包括水法、草原法、固体废物污染环境防范法、野生动物保护法、渔业法、节约能源法、可再生能源法。至此，在环境保护与治理方面，中国建立了比较完善的法律法规体系，环境治理基本上"有法可依"。

1978—2010年的32年间，中国政府制定与修订的环境保护与治理法律已达40多部，有关环境保护与治理的重大政策已达130多项，国务院就环境治理的专门《决定》发布5个[②]。毋庸置疑，改革开放以来，中国政府在环境保护与治理上的政策投入是惊人的。

[①] 冯贵霞：《中国大气污染防治政策变迁的逻辑》，博士学位论文，山东大学，2016年。

[②] 李春娟：《改革开放以来中国环境政策及其实践走向》，硕士学位论文，内蒙古大学，2010年。

二 国家数据统计：儿童发展自然环境治理状况

（一）污染治理

从表15.2可知，中国污染治理总投资额由2001年的1106.6亿元提升到2010年的7612.2亿元。其中，城市环境基础设施建设投资由2001年的595.7亿元提升到2010年的5182.2亿元，工业污染源治理投资由2001年的174.5亿元提升到2010年的397.0亿元，"三同时"环保投资由2001年的336.4亿元提升到2010年的2033.0亿元。污染治理投资额占当年GDP比例由2001年的1.15%提升到2010年的1.67%，逐年平稳缓步增加。

表15.2　　　　　环境污染治理投资（2001—2010年）

年份	2001	2002	2003	2004	2005	2006	2007	2008	2009	2010
污染治理项目投资总额（亿元）	1106.6	1363.4	1627.3	1908.6	2388.0	2567.8	3387.6	4937.0	5258.4	7612.2
污染治理投资占当年GDP（%）	1.15	1.33	1.39	1.4	1.31	1.23	1.36	1.57	1.54	1.90
城市环境基础设施建设投资（亿元）	595.7	785.3	1072	1140	1289.7	1314.9	1467.8	2247.7	3245.1	5182.2
工业污染源治理投资（亿元）	174.5	188.4	221.8	308.1	458.2	485.7	552.4	542.6	442.6	397.0
"三同时"环保投资（亿元）	336.4	389.7	333.5	460.5	640.1	767.2	1367.4	2146.7	1570.4	2033.0

（二）城市环境治理

中国城市化发展中，污水处理是城市环境治理中最重要的项目之一。从表15.3可知，城市总的污水处理率由2002年的39.97%提升到2010年的82.3%，提升了42.33%；城市生活污水处理率由2001年的18.5%，提升到2010年的72.9%，提升了54.4%。

表15.3　　　　　　城市环境（2001—2010年）

年份	2001	2002	2003	2004	2005	2006	2007	2008	2009	2010
城市污水处理率（%）		39.97	42.12	45.6	51.99	57.1		70.2	75.3	82.3

续表

年份	2001	2002	2003	2004	2005	2006	2007	2008	2009	2010
城市生活污水处理率（%）	18.5	22.3	25.8	32.3	37.4	43.8	49.1	57.4	63.3	72.9

（三）农村环境治理中改水改厕情况

中国近七成的儿童生活在农村，改善农村环境是中国环境保护的重要任务。而改善农村儿童生活环境的最基本事项是用水与用厕。从表15.4可知，农村自来水普及率由2001年的55.1%提升到2010年的71.2%，卫生厕所普及率由2001年的46.1%提升到2010年的67.4%，农村改水受益人口占总人口率由2001年的91%上升到2010年的94.9%。

表15.4　　农村改水、改厕情况（2001—2010年）

年份	2001	2002	2003	2004	2005	2006	2007	2008	2009	2010
已改水受益人口占农村人口（%）	91.0	91.7	92.7	93.8	94.1	91.1	92.1	93.6	94.34	94.9
自来水普及率（%）	55.1	56.6	58.2	60.0	61.3	61.1	62.7	65.5	68.4	71.2
卫生厕所普及率（%）	46.1	48.7	50.9	53.1	55.3	54.9	57.0	59.7	63.2	67.4

第二节　儿童发展的社会文化环境

社会环境对儿童社会性发展、身心健康有着重大影响。社会环境的核心是保护儿童的娱乐权益，即借助多种多样的传媒、提供专门的活动场所，让儿童参与各类文化活动，促进儿童身心愉悦、健康成长。

一　国家政策动向：优化儿童社会文化环境的行动密集时期

（一）优化儿童社会文化环境的资金行动

2000年6月2日，国务院颁布《关于加强青少年学生活动场所建设和管理工作的通知》，要求：力争"十五"末期，全国90%以上的县（市）至少有一所青少年宫或活动中心等青少年学生校外活动场所。为了切实落实国务院的《通知》要求，中央政府启动"中央专项彩票公益金

第十五章 2001—2010年时期儿童发展的自然与社会文化环境

支持青少年学生校外活动场所建设"项目，第一期（2001—2006年）项目筹集彩票公益金40亿元用于2001—2006年支持青少年校外活动场所的建设。从2001年开始，国家有关部门安排这部分公益金，陆陆续续投入各地特别是中西部地区兴建青少年校外活动场所中。2001年10月，全国青少年校外教育工作联席会议与财政部联合颁布《关于公布2000年国家首批扶持青少年学生校外活动场所建设项目名单及下拨资金的通知》。2001年12月，全国青少年校外教育工作联席会议与财政部联合颁布《关于公布2000年国家第二批扶持青少年学生校外活动场所建设项目名单及下拨资金的通知》。两批建设项目共扶持了中西部地区160个青少年校外活动场所。2002年5月28日，全国青少年校外教育工作联席会议与教育部联合颁布《2000—2005年全国青少年学生校外活动场所建设与发展规划》。《规划》目标：国家重点扶持中、西部地区青少年学生校外活动场所建设；2000—2005年，国家拟扶持建设1000多个青少年校外活动场所；地方自建约700个青少年学生校外活动场所；逐步建立健全青少年学生校外活动场所建设及管理制度。众多规模较大、设施条件优越的综合性青少年活动场馆在这一时期投入与完成建设。

2008年，财政部与教育部联合颁布《中央专项彩票公益金支持青少年学生校外活动场所建设管理办法》，《通知》对2008—2010年第二期青少年建设项目做出全面布局，是第二期项目的配套政策文件。第二期（2008—2010年）项目筹集彩票公益金30亿元，用于支持2008—2010年青少年校外活动场所的援建工作。两期项目共建设青少年校外活动场所2526个，累计接受校外场所服务的儿童超过1亿人次，对儿童社会文化环境的改善起到积极的作用。但是，这两期的青少年活动场所项目建设只停留在县以上级别，乡镇一级还存在空白。

2004年2月，国务院颁布《关于进一步加强和改进未成年人思想道德建设的若干意见》，《意见》提出：经过3—5年的努力，要做到每个县都有一所综合性、多功能的未成年人活动场所。此后，我国综合性青少年校外活动场馆建设进入快速增长时期。2006年1月21日，国务院颁布《关于进一步加强和改进未成年人校外活动场所建设和管理工作的意见》，在工作的总要求、工作的公益性质、发挥教育服务功能、衔接校外活动与学校教育、加强场所的规划和建设、活动场所财政保障和税收优惠、场所工作人员队伍建设七方面做出指示。《意见》要求："十一五"期间实现每个城区、县（市）都一所综合性、多功能未成年人校外活动场所。促使"十一五"期间，国家加大对校外教育机构的投入和经费支持，使得校外教育机构数量和规模都有很大程度的发展。为了切实落实国务院颁布的《关于进一步加强和改进未成年人校外活动场所建设和管理工作的意见》，从2006年起，教育部、中国科协科普部联合启动了"县级青少年学生校外活动场所开展科普教育共建共享试点工作"，并颁布《推进县级青少年学生校外活动场所开展科普教育共建共享试点工作指南（试行）》。《指南（试行）》指明具体的试点方式：在试点县（市、区）政府的统筹协调下，依托中央彩票公益金资助建设（包括地方自建）的青少年学生校外活动场所，整合当地教育行政部门、科协组织和其他相关部门的力量，吸纳社会力量参与，开展科普资源共建共享工作。

（二）关注与提升儿童作为社会主体在社会文化活动中的参与权

2003年，中国儿童中心和联合国儿童基金会驻华办事处，合作开展促进儿童参与的"三行快乐营"项目。项目坚持"平等、参与、快乐"的基本理念。2005年，在联合国儿童基金会区域办工作会议上，"三行快乐营"项目作为中国儿童参与的成功案例进行了重点介绍，引起了广泛关注。2003年12月28日，中国中央电视台少儿频道（CCTV少儿）开播。这是中国第一个全国性的，以儿童为主体受众群的专业电视频道。

文化部、国家文物局规定：从2004年5月1日起，全国文化、文物系统各级博物馆、纪念馆、美术馆要对未成年人集体参观实行免票；对学生工人参观实行半票；家长携带未成年子女参观的，对未成年子女免票。

2004年"六一"前夕，央视青少年中心策划推出了"儿童·消费"为主题的CCTV首届儿童论坛，以儿童作为论坛的主角。2006年，国务院妇女儿童工作委员会办公室和联合国儿童基金会共同发起题为"'我的生活我来说'儿童参与《中国儿童发展纲要（2001—2010年）》中期评估"活动。来自全国的20多名儿童参与了此次评估活动。2007年，由中央电视台等媒体组织发起的由儿童组成的小记者团参与到了党的十七大采访报道工作中来，这是中国新闻史上的一次创新。《儿童主体、儿童视角、儿童关注——小记者成功参与报道十七大的思考》一文发表在《电视研究》的2007年第12期。

表15.5为2001—2010年，中央政府在优化儿童社会文化环境方面制定与出台的主要政策。

表 15.5　与优化儿童社会文化环境相关的主要政策（2001—2010 年）

颁布时间	颁布部门	名称
2001.10	全国青少年校外教育工作联席会议、财政部	《关于公布 2000 年国家首批扶持青少年学生校外活动场所建设项目名单及下拨资金的通知》
2002.05.28	全国青少年校外教育工作联席会议教育部	《2000—2005 年全国青少年学生校外活动场所建设与发展规划》
2004.02	国务院	《关于进一步加强和改进未成年人思想道德建设的若干意见》
2006.01.21	国务院	《关于进一步加强和改进未成年人校外活动场所建设和管理工作的意见》
2008	财政部、教育部	《中央专项彩票公益金支持青少年学生校外活动场所建设管理办法》

二　儿童文化的建设

（一）儿童创造的文化

1. 网络化、虚拟化、静态化为特征的儿童游戏时期

进入 21 世纪后，中国社会经济发展进入了飞速发展的新阶段，对外开放的程度也进一步加深，城市化建设成果喜人，信息传播方式多样化且科技化，科技水平及制造水准不断提高，可以说这十年的中国呈现区别于跨世纪前的新面貌。基于这一社会大背景来看儿童游戏，在游戏时间上，儿童游戏时间依旧相对较少，即便是学校课业任务已呈现减少的趋势，但课后兴趣班越来越兴起，奥数、少儿英语、舞蹈、乐器、画画等各类兴趣课逐渐填满了儿童的课余时间，最终留给儿童真正游戏的时间少之又少。在游戏空间上，儿童游戏基本在室内进行，而且由于游戏的进行大多以手机、平板电脑或电脑为工具，因此，儿童游戏逐渐趋于静态。儿童游戏的材料更加商品化、现代化，有手机、电脑及平板电脑等高科技产品，也有外国引进的新兴玩具，如乐高等，儿童很少会尝试自制游戏玩具。由于电子游戏的生动游戏场景深深地吸引儿童，这类游戏在青少年群体中越来越流行，电子游戏中那些通过网络联系互动的虚拟玩伴成了儿童游戏中的主要同伴来源。

综上所述，这一时期儿童游戏大致具有以下几个特征。第一，儿童游戏时间量依旧匮乏。游戏时间被其他课业挤压，各类课后兴趣班、培训班成为占据儿童课余生活的一大部分。第二，游戏空间以室内为主。儿童游

戏的类型特征决定了儿童游戏中的动作幅度越来越小、运动量越来越少，因此儿童游戏开始走向静态且位置固定的游戏状态。第三，游戏材料的电子化和开放性。儿童游戏以手机、电脑等电子产品为主，同时还接纳并引进了一些国外的新型玩具，丰富了儿童游戏的内容，拓宽了儿童游戏的体验领域。第四，游戏同伴以网络虚拟玩伴为主。信息媒介手段的快速发展促使网络成为儿童寻找玩伴、交友的新兴途径，加之网络游戏的盛行，导致儿童开始寻觅网络虚拟玩伴作为自己的游戏同伴。

这一时期，形成儿童游戏的这些特征，有以下原因。

第一，现代媒体的侵蚀。21世纪初，中国经济及科技水平的飞速发展促进中国迈入了信息化时代，现代传播手段如电视、网络等广泛流行，现代媒体在很大程度上影响着儿童游戏的性质、游戏时间和游戏空间等特性。玛丽·威妮认为：无论看的内容是什么，电视剥夺了儿童游戏时间，以及其他健康互动的形式。越来越多的父母甚至把电视简单地看作一个"保姆"[①]。愈加丰富多样的电视节目，充满感官刺激的视觉体验，吸引儿童愿意把越来越多的时间花在看电视上，却剥夺了他们的游戏时间以及通过游戏体验社会生活的机会。不仅电视在慢慢侵蚀着儿童游戏本应有的时间，网络也是如此，网络营造出的虚拟空间是如此新颖，儿童可以在虚拟空间里完成现实生活中无法实现的事，他们可以种菜、养宠物、交友、结婚生子等，花样百出的虚拟活动对儿童产生了巨大的吸引力。也正是如此，儿童游戏开始慢慢地转型，传统民间游戏在现代媒体的大潮中销声匿迹，游戏时间被电视和网络分解，游戏玩伴成了不需要面对面交流的虚拟玩伴。

第二，课外任务的繁重。在过去的十年里，学校过度的应试教育倾向及其所产生的负面影响引起社会的广泛关注，国家主席江泽民于2000年发表的《关于教育问题的谈话》中就提到了学生负担过重的问题，要求教育部门在提高教学质量的基础上，进一步减轻中小学生的学业负担。2004年教育部正式提出儿童减负，"减负"的"五坚持、五不准"，有力地推进学生减负的进程。在国家的多次号召下，中小学学生减负的行动初获成效，学生课业负担减少、课余时间相对增多，然而在家庭传统的教育价值观的长期影响下，家长并没有放松对孩子学业的重视，反而更充分地

---

① [英]帕金翰：《童年之死》，张建中译，华夏出版社2005年版，第21—22页。

利用孩子原本充裕的课余时间，各种兴趣班、能力提高班填满了儿童的课余时间，有调查显示，以广州地区为例，"每周参加兴趣班的时间1—5小时在幼儿园、小学和中学学生所占的比例分别为71%、68%和63%，平均每周兴趣班课后练习时间1—3小时"①，课外补习、培训任务繁重是儿童缺乏游戏时间的重要原因。

第三，国外文化的涌入。随着对外开放的不断深入，国外文化纷纷涌入国门，与之而来的是各种新颖的游戏材料、制作精美的动画大片，它们的出现在一定程度上改变了中国儿童游戏的特征，芭比娃娃、乐高等国外玩具产品成了儿童梦寐以求的礼物，而那些手工自制、材料粗陋的玩具由于发展停滞而不受待见，以至那些中国传统的游戏形式和游戏材料逐渐消逝。

2. 儿童情感受到强烈挑战时期

2001—2010年，科技技术快速发展，具有创新意识的技术性人才被认为是社会进步的动力，无论是家庭教育还是学校培养目标都更强调儿童具有个性和冲破常规的创造，注重个体个性以及创造力成为儿童情感及态度的主流，当然，特殊、弱势儿童类型更多涌现，解决留守儿童、流浪儿童、艾滋病影响儿童等弱势儿童的人际情感失调问题，正面临前所未有的挑战。

（二）为儿童创造的文化

1. "听"的儿童文化——通俗化、成人化为特征的时期

90年代儿童歌曲出现的创作低谷引发了社会各界人士的讨论和思考，如何为儿童创作出反映时代特征且符合儿童审美趣味的歌曲成为不懈探索的问题②。进入21世纪后，儿童歌曲在市场经济和外来文化的双重冲击下开始走向衰弱的问题得到了党和国家的充分重视，2004年《关于进一步加强和改进未成年人思想道德素质的若干意见》中强调加强少儿文艺创作、表演队伍建设，鼓励作家和艺术家多创作思想内容健康、富有艺术感染力的少儿作品。以该文件为精神指导、以央视牵头开展了"全国少儿歌曲创作演唱大型系列活动"，在一定程度上重新活跃了儿童歌曲的创作环境，一批符合新时代特点的儿童歌曲相继涌现。尽管如此，从儿童嘴里时

---

① 黄蓉芳：《广州逾九成幼儿上兴趣班》，《广州日报》2012年8月27日。
② 白芳：《儿童歌曲创作历程研究》，博士学位论文，河北师范大学，2014年。

常哼唱的歌声中，我们却不难发现"儿童无歌"的现象似乎越来越明显，有研究者就少年儿童对喜欢的音乐类型进行调查，统计显示儿童最喜欢通俗歌曲，而少儿歌曲和课堂教学歌曲排序靠后①，不得不承认，儿童喜欢的音乐呈现通俗化、成人化的趋势，而那些真正以儿童为创作对象的歌曲却不被他们喜欢。

成因分析如下。

第一，"童年的消逝"。进21新世纪后，信息科技水平的迅猛提升进一步推动了电视和网络在国内的快速普及，正如波兹曼"媒体即隐喻"理论所说，"某个文化中交流的媒介对于这个文化精神重心和物质重心的形成有着决定性的影响"②，电视和网络这种新兴信息传播媒介的强势出现似乎在以一种隐蔽却强大的力量重新定义社会文化。电视和网络以图像、声音等直观的形式出现使得成人或儿童都能够更方便地接触各类信息，相比于印刷时代，电视和网络时代中的信息具有"没有分别的可接近性"，这就导致成人与儿童之间的文化距离被逐步淡化、成人与儿童的界限变得模糊，那些本应属于成人的文化内容由于电视和网络的便捷性和可接近性开始对儿童敞开怀抱，儿童文化开始悄然消逝。各种形式的文化内容一旦通过电视或网络等媒介进行传播时，就无法控制它们的受众是成人还是儿童，从这个角度来看，各种类型成人歌曲的传播借助电视和网络媒介快速地将儿童群体拉拢过来，而缺乏精神食粮的儿童又正好被节奏更鲜明、情绪更激烈的成人音乐吸引，也就不难理解为什么儿童喜欢的歌曲越来越成人化。

第二，儿童歌曲创作依旧不尽如人意。如果说电视和网络媒介的出现是导致儿童歌曲市场冷淡的外部因素的话，那么儿童歌曲创作本身存在的问题就是内因。在经历了20世纪90年代儿童歌曲创作的低谷时期后，21世纪初，政府和社会对儿童歌曲所给予的重视和扶持都是不可否认的，这种支持在很大程度上让儿童歌曲缺失的问题进入了社会关注的视野，在相关项目的积极推动下确实诞生一批新的儿童歌曲。然而，新儿童歌曲的出现并没有有效地扭转"儿童无歌"的局势，那些正在被儿童传唱的歌曲

---

① 陈国权：《令人思考的选择——少年儿童音乐生活的现状、原因及少儿歌曲创作》，《人民音乐》1993年第6期。

② [美] 波兹曼：《娱乐至死》，广西师范大学出版社2008年版，第1页。

要么是年代久远的老儿歌，要么是流行歌曲，这种现象说明了当前儿童歌曲的创作仍未跟上时代步伐使其充分契合儿童趣味，此外，儿童歌曲的传播途径和推广力度的不够大[1]。儿童歌曲崛起的重任并不仅仅依赖于儿童歌曲创作人的努力，还离不开政府和社会对儿童歌曲重要价值的充分重视，携手为儿童歌曲的传播和推广提供更有益的生态环境。

2. "看"的儿童文化：中国儿童动画产业化时期

进入21世纪后，中国儿童动画继续在机遇和挑战中发展着。这一时期的儿童动画主要呈现以下三方面的特征。其一，知识灌输型动画流行，国产动画的娱乐性降低。这一时期的儿童动画的创作秉承"寓教于乐"的传统精神，旨在将科学知识与生动的动画情节和人物形象建立起紧密联系，让儿童在看动画片的同时学到知识，创作出《万万千千为什么》《学问猫教汉字》《蓝猫淘气三千问》《千千问》《巴迪学英语》等知识性的系列动画片，但是这类动画片过分注重科学知识的传播，而忽视娱乐性这一动画片的关键特征。其二，儿童动画开始走向商业化、成人化的趋势。为了让儿童动画在激烈的市场竞争中赢得一席之地，以市场需求为风向标使得儿童动画的商业化气息更浓郁，动画产业还开始尝试拓宽受众面积，试图将成人也纳入动画的消费群体中，当然一味追求动画的成人化却可能丢掉一些儿童观众，难免有一些本末倒置。其三，儿童动画开始得到国家的大力扶持。自从2004年国家出台《关于发展我国影视动画产业的若干意见》将动画事业转型升级为动画产业[2]之后，国家为动画产业提供了一系列的外部支持，旨在推动中国动画产业的发展。

成因分析如下。

第一，知识型社会的影响。信息科技技术的快速发展对儿童具备现代化素质提出了更高的要求，社会对儿童的知识水平有更高的期望，但从前那种死记硬背、纯知识性灌输的学习方法早已不符合现代人的教育观念，社会普遍认为让儿童在"玩中学、乐中学"才是提高学习效率的有效途径，动画片这种形象生动、儿童喜闻乐见的文化产品便成为让儿童学习知

---

[1] 李琼英：《从儿童教育视角看现阶段儿童歌曲创作及传播存在的问题》，硕士学位论文，云南艺术学院，2012年。

[2] 卢斌、郑玉明：《中国动漫产业发展报告（2013）》，社会科学文献出版社2013年版，第1页。

识的新方法，儿童动画片渐渐地开始肩负其传播知识的重任，儿童通过动画片中的故事情节接触到各种语言、科学等领域的知识，不可否认，这种知识型的动画片确实起到了扩展儿童知识面的一定效果，但若深究，我们不难发现动画片实际上慢慢地沦为了科学知识的附庸，其本身的娱乐性被知识性取代，失去了动画片所应有的存在价值。

第二，对动漫产业的重新认识。放眼21世纪的全球经济，动画产业已经成为日、美等发达国家的重要支柱型产业，由动画而产生图书、报刊、电影、电视、音像制品、舞台剧以及与动漫形象有关的服装、玩具、电子游戏等[1]大量衍生产品，以动画为核心所形成了一条完整的产业链正在以不容小觑的力量带动经济社会的发展，这般发展势头引发了国人对中国动画产业的再认识和再思考，当下中国动画产业的发展与巨大的市场需求不相适应，外国动画占据了中国很大部分的市场，动画产业没有充分发挥其在国民经济及文化发展中的重要作用，这也引起了国家层面的重视，很快便出台各种扶持政策，从人才培养、培育市场和优化产业等方面促进中国动画产业的成长。

三 国家数据统计：儿童发展的文化大环境与小环境优化状况

（一）儿童发展的社会文化大环境

从表15.6可知，2001—2010年，文化馆数量一直保持在3200个左右；公共图书馆一直保持在2700—2850个；博物馆由2001年的1461个提升到2010年的2435个，增加了974个；档案馆由2001年的3885个提升到2010年的4077个，增加了192个。

表15.6 文化场馆、图书出版、艺术表演情况（2001—2010年）

年份	文化馆（个）	公共图书馆（个）	博物馆（个）	档案馆（个）	报纸（亿份）	期刊（亿册）	图书（亿册）	艺术表演团体机构数（个）	艺术表演场馆数（个）
2001	3241	2696	1461	3885	216	29	63	2605	1854
2002	3243	2697	1511	3902	230	30	68	2587	1829
2003	3228	2709	1515	3978	243.6	29.9	67.5	2601	1900

---

[1] 胡忠青：《全球视角下的中国动漫产业崛起策略》，《电影评介》2007年第8期。

续表

年份	文化馆（个）	公共图书馆（个）	博物馆（个）	档案馆（个）	报纸（亿份）	期刊（亿册）	图书（亿册）	艺术表演团体机构数（个）	艺术表演场馆数（个）
2004	3221	2720	1548	3982	257.7	26.9	64.4	2759	1928
2005	3226	2762	1581	4012	404	27.5	64	2805	1866
2006	3214	2778	1617	3994	416	30	62	2866	1839
2007	3217	2799	1722	3952	439	29	66	4512	2070
2008	3218	2820	1893	3987	445	30	69	5114	1944
2009	3223	2850	2252	4035	437	31	70	6139	2137
2010	3264	2884	2435	4077	452.14	32.15	71.71	6864	2112

（二）直接作用于儿童发展的文化资源

1. 儿童图书馆情况

从表15.7可知，2001—2010年，儿童图书馆在90个左右；藏书量逐年增加，由2001年的10464千册，增加到2010年的21592千册，10年增加了11128千册。

表15.7　　　　儿童图书馆情况（2001—2010年）

年份	机构数	从业人员数	总藏数量（千册）	图书（千册）	报刊（千册）	视听文献、缩微制品（千册）	总流通人次（千人次）	计算机（台）
2001	89	1631	10464	9356	557	146	8973	
2002	88	1589	11615	9800	651	186	9643	
2003	85	1574	10646	9372	762	277	8153	
2004	105	2139	15581	13516	1237	454	13322	3453
2005	86	1660	14230	12492	889	490	11708	2613
2006	86	1605	14580	12826	863	507	12226	3125
2007	84	1652	15450	13496	866	721	13628	3488
2008	88	1730	17293	14975	988	874	13994	4095
2009	91	1774	19500	17195	854.59	856.62	17112	4407
2010	97	2121	21592.43	18727.04	1013.05	1017.54	18391.43	5124

2. 儿童图书情况

从表15.8可知，2001—2010年，少儿读物图书种类由2001年的

7254种，增加到2010年的19794种，10年增加了12540种，增量极其显著。少儿读物图书总印数由2001年的22875万册，增加到2010年的35781万册，10年增加了12906万册。10年期间，少儿读物期刊种类与期刊总印数都呈逐渐减少趋势。

表15.8　　　　　　　儿童图书情况（2001—2010年）

年份	少儿读物图书种类（种）	少儿读物图书总印数（万册）	中学课本种类（种）	中学课本总印数（万册）	小学课本种类（种）	小学课本总印数（万册）	少儿读物期刊种类（种）	少儿读物期刊总印数（万册）	少儿读物画刊种类（种）	少儿读物画刊总印数（万册）
2001	7254	22875	3514	141884	4410	169603	141	36048	64	1236
2002	7393	23042	3530	152921	4730	178319	149	36013	62	1057
2003	7588	19895	3546	138921	4931	161778	149	34451	61	1097
2004	7989	17992	5017	140922	6012	155550	152	42730	62	1131
2005	9583	22926	5949	156573	6668	152227	98	22290	51	2692
2006	9376	19975	5596	154824	6316	158476	98	22108	51	2920
2007	10460	24445	5028	151841	5399	140111	98	22502	51	2860
2008	11310	25420	4632	157532	4800	142650	98	23083	51	2432
2009	15591	28445	5623	149710	5184	131196	98	24127	51	2414
2010	19794	35781	4656	173995	4045	104146	98	23682.76	51	2661.97

第四部分
提出"儿童最大利益"原则时期
（2011—2017年）

2011年7月，中国政府颁布了第三个儿童发展国家计划《中国儿童发展纲要（2011—2020年）》。新《纲要》首次在"儿童优先"的原则之上，提出儿童发展规划的"儿童最大利益"原则[1]。

2015年5月，中国政府在联合国发展峰会上签署了《变革我们的世界：2030年可持续发展议程》（以下简称《可持续发展议程》）。《可持续发展议程》提出到2030年消除贫困，首次将儿童发展纳入相关发展目标之中。儿童发展目标不再局限于千年目标中的降低儿童死亡率，而是扩展到儿童发展和健康成长机会公平和权利[2]。《可持续发展议程》开启了全球可持续发展事业的新纪元，为各国发展和国际发展合作指明方向，在未来15年内引导儿童发展决策。2016年9月，中国出台《中国落实2030年可持续发展议程国别方案》，将消除绝对贫困视为持续发展的首要目标，并开始更加关注儿童发展[3]。

---

[1] 李洪波：《实现中的权利：困境儿童社会保障政策研究》，《求是学刊》2017年第3期。
[2] 中国发展研究基金会：《2017中国儿童发展报告：反贫困与儿童早期发展》，中国发展出版社2017年版，第28页。
[3] 同上书，第42页。

第十六章

2011—2017年儿童发展的社会、经济与文化背景

第一节 社会背景：为全面建成小康社会而奋斗时期

迈入20世纪10年代的中国已经进入了全面建成小康社会的关键时间节点，全社会都在为这一建党100年奋斗目标而努力着。2010年10月中国共产党第十七届中央委员会第五次全体会议通过了《中共中央关于国民经济和社会发展第十二个五年规划的建议》，"十二五"规划将2020年全面建设小康社会的奋斗目标紧密衔接，以科学发展为主题，针对经济社会发展中存在的突出问题，明确提出进一步推动社会发展的系列目标。2012年召开的党的十八大确立了"科学发展观"的指导思想地位，科学发展观同马克思列宁主义、毛泽东思想、邓小平理论和三个代表重要思想一并成为党必须长期坚持的指导思想，会议还提出了八个"必须坚持"和"五位一体"总体布局，旨在保证社会发展的全面性、协调性和可持续性。

2012年11月15日中共十八届一中全会上习近平当选为中共中央总书记，此后不久，总书记在参观复兴之路展览时第一次提出"中国梦"这一重要指导思想，总书记指出"实现中华民族伟大复兴，就是中华民族近代以来最伟大梦想"，如此明确清晰的阐述让"中国梦"成为人民的梦，激励着每个中国人都成为中国梦的参与者和创造者。除了明确中国未来的发展道路，中共中央还十分重视社会主义现代化建设条件下加强党的建设，强调必须坚持从严治党，2014年习近平总书记在中共中央政治局关于加强改进作风制度建设的集体学习中提出，抓作风是推进党的建设新的伟大工程的重要切入点和着力点，必须从严治党，落实管党治党责任，把

作风建设要求融入党的思想建设、组织建设、反腐倡廉建设、制度建设之中，给贪污腐败分子敲响了警钟。

2015年10月中国共产党第十八届中央委员会第五次全体会议通过《中共中央关于国民经济和社会发展第十三个五年规划的建议》，由于"十三五"时期是全面建成小康社会决胜阶段，因此，"十三五"规划都紧紧围绕实现这一奋斗目标来制定，规划中明确了全面建成小康社会决胜阶段的形势和指导思想，确定了"十三五"时期经济社会发展的主要目标和基本理念，强调了坚持创新发展、协调发展、绿色发展、开放发展和共享发展的发展模式，还提出要加强和改善党的领导，为实现"十三五"规划提供坚强保证。

2017年10月党的十九大顺利召开，会议中将习近平新时代中国特色社会主义思想写入《党章》，并对这一思想的时代背景、历史地位、科学内涵和指导意义做出了深刻全面的阐述。"不忘初心，牢记使命"是党的十九大的重要主题之一，会议指出中国特色社会主义进入新时代，我国社会主要矛盾已经转化，提出在2020年决胜全面建成小康社会后，党和国家事业发展的新目标，是分两步走全面建成社会主义现代化强国。可以说，党的十九大不仅指明当下的主要发展任务，还展望了未来中国30年里的发展目标。

我们之所以通过历史发展的脉络来看当代中国的社会背景，是由于社会背景的形成是时间积淀而成的，想要透彻地了解当代中国的社会背景，离不开沿着社会发展的时间脉络追根溯源。从整顿提高到深化改革，再到和谐发展，我们见证了中国社会的飞速发展，也预见了中国社会未来的发展趋势。

从社会大背景来看，对儿童发展产生重要影响的社会因素不外乎"稳定"和"发展"二词。纵观中外儿童发展史，战乱或社会动荡时期的儿童发展情况往往不尽如人意。改革开放以来的四十年，在中国共产党的正确领导下，虽前进道路上充满挑战，甚至有时危机重重，但中国社会经受住一次次考验，始终朝着社会主义现代化建设的方向前进，社会发展的大方向从未改变，稳定的社会局面也从未被打破。四十年来，中国社会呈现在开放中发展、在改革中发展、在稳定中发展的趋势，一系列大刀阔斧的改革激活了社会发展的生机。随着社会主义民主政治的不断发展，人民代表大会制度、多党合作和政治协商制度、党的民族政策以及党的宗教信仰自由政策也日趋完善，保证全国人民享有广泛的权利和自由，既体现执政党的先进性，也保证了社会的稳定和公平正义，壮大了爱国统一战线，增强了民族凝聚力。党的正确领导、社会民主法制健全、社会开放程度提高、重视和谐的价值观等种种因素糅合在一起，为当代儿童发展提供了稳定、开放且发展的社会大背景。

第二节 经济背景：转变发展方式、提升发展质量的时期

2008年国际金融危机巨大冲击重创了世界经济，致使世界各国经济都陷入不同程度的低迷困境，这对中国经济来说是挑战，也是机遇，近年来，我国通过经济产业升级、转变经济发展方式逐渐化解金融危机带来的负面影响。2010年我国胜利完成"十一五"规划，并着手进行"十二五"规划，在"十二五"规划中制定了未来五年中国经济发展的主要目标，即保持经济平稳较快发展良好态势，国内生产总值平均增长7%，并强调要以加快转变经济发展方式为主线，在我国经济社会领域进行一场深刻变革，要求始终坚持经济结构战略性调整、坚持科技进步和创新、坚持保障和改善民生、坚持建设资源节约型、环境友好型社会、坚持改革开放。2012年党的十八大报告中肯定了过去十年我国经济持续发展的成就，同时也明确了到2020年实现国内生产总值和城乡居民人均收入比2010年翻一番的目标。2013年《政府工作报告》中指出，我国有效应对国际金融危机的严重冲击，保持经济平稳较快发展，国民生产总值跃升到世界第二位，这说明了我国正在完善社会主义市场经济体制和加快转变经济发展方式，并取得了显著成效。

2015年的"十三五"规划正处于实现全面建成小康社会目标的决胜阶段，"十三五"的规划和实施也为实现中华民族伟大复兴的中国梦奠定更加坚实的基础。"十三五"规划中明确了今后五年经济社会发展的目标是：经济要保持中高速增长；创新驱动发展成效显著；发展协调性明显增强；人民生活水平和质量普遍提高。规划中既确定经济社会的若干发展目标，也树立了坚持创新发展、协调发展、绿色发展、开放发展、共享发展的新发展理念，为经济社会的健康发展指路。

事实证明，正是由于我党一次次地根据实际情况做出正确的转变，始

终坚定不移贯彻新发展理念，坚决端正发展观念、转变发展方式，才使得中国经济在变革中发展地又好又快。2017年10月，习近平总书记在党的十九大报告中指出，我国经济保持中高速增长，国内生产总值从五十四万亿元增长到八十万亿元，稳居世界第二，经济结构不断优化，数字经济等新兴产业蓬勃发展，区域发展协调性增强，总的来说，我国经济建设取得重大成就。

纵观中国经济，从1978年开始实施改革开放政策至"十二五"规划的完成，国民经济的发展进程可以用"飞跃"来形容。正如胡锦涛同志曾在党的十七大报告中指出，"改革开放取得一切成绩和进步的根本原因是开辟了中国特色社会主义道路"，中国在经济建设上取得的成就是基于对现实条件的客观分析所指出的正确方向，对内改革推动了经济体制的全面改革，通过体制管理上的改变激活了国民经济，对外开放为中国经济带来了先进的技术和管理经验，促进了更好的经济建设。经济高速发展给儿童发展带来的积极影响不可否认，良好的经济状况是儿童发展的物质基础，不仅如此，经济持续且高速发展还带来一笔更重要的财富，随着经济结构战略性的调整，科技水平、自主创新能力等劳动者素质对推进经济长期健康稳定发展的价值备受重视，这为国民教育以及儿童发展营造出良好的氛围。

第三节　文化背景：蓬勃发展、彰显文化自信的时期

经济的飞速发展让中国跃居成为世界上的经济大国，但同时也引发了社会关于文化发展的深刻思考。中国拥有历史悠久、博大精深的文化底蕴，这是中国文化蓬勃发展的丰厚宝藏。2012年党的十八大报告中强调"文化是民族的血脉，是人民的精神家园"，并提出建设社会主义文化强国的目标，通过加强社会主义核心价值体系建设、全面提高公民道德素质、丰富人民精神文化生活，增加文化的整体实力和竞争力，真正推动社会主义文化大发展大繁荣，提高国家文化软实力。2013年习近平总书记在中共中央政治局第十二次集体学习发表的重要讲话中提到，要提高国家文化软实力，就要努力展示中华文化独特魅力，把中华民族创造出的灿烂文化，以人们喜闻乐见、具有广泛参与性的方式推广开来。此后，各种具有中国特色的文化内容和元素以不同的呈现形式展现出来，如《中国汉字

大会》《中国诗词大会》《中国成语大会》《见字如面》《国家宝藏》等大型文化类电视节目相继推出，这些节目重点展示中国深厚的文化底蕴，努力挖掘中华优秀传统文化，深受广大群众的喜爱，再如《舌尖上的中国》《汉字五千年》《本草中国》《我在故宫修文物》等大型文化纪录片，不仅记录了一些不为大众所知的优秀文化内容，同时也大大地彰显文化自信，还有《辉煌中国》等纪录片的播出也提升了人民群众的民族自豪感。

在一大批人民群众喜闻乐见的文化产品的熏陶下，中国特色社会主义和中国梦深入人心，社会主义核心价值观和中华优秀传统文化得到广泛弘扬。2017年党的十九大报告中指出：思想文化建设取得重大进展，文化创作持续繁荣，文化事业和文化产业蓬勃发展，互联网建设管理运用不断完善，主旋律更加响亮，文化自信得到彰显，国家文化软实力和中华文化影响力大幅提升。

回首改革开放以来的中国文化发展道路，可以用"欣欣向荣"四字来描述。自1978年开始拨乱反正并实行改革开放政策，中国文化事业就逐渐摆脱了发展停滞的困境，迈上了一条康庄大道。党和国家对文化事业的重要价值所产生的认识直接促进了文化事业的长足发展，教育事业的快速发展不仅提高了国民素质，还为国家建设培养一批有技术、有文化的人才，科技的进步转化成生产力加快了我国经济建设的进程，文化产业的生活化、大众化丰富了人民群众的精神文化生活。对于儿童发展而言，历经四十年发展起来的中国文化背景为儿童发展准备了良好的发展大环境，社会对教育、科技和文化的重视正是儿童发展所需的重要意识。

当代国家的激烈竞争中，一个国家的综合国力不可能单靠社会发展状态或经济水平或文化发展水准的其中之一而决定的，而是三者融合起来共同构成综合国力，同理，社会背景、经济背景和文化背景共同形成影响儿童发展的大环境。当代中国稳定、开放且发展的社会背景为儿童发展提供了安定的社会基础，当代中国高速、可持续发展的经济背景为儿童发展提供了扎实的物质基础，当代中国自由开放、重视科教的文化背景为儿童发展提供了良好的思想基础，对儿童发展而言，三者缺一不可，它们作为影响儿童发展的宏观系统共同决定了儿童发展的未来走向和发展势头。

第十七章

2011—2017年时期儿童的生存与健康

时间驶入了21世纪10年代的轨道。就儿童的社会地位而言，中国儿童已经经历了20世纪90年代社会主体地位被确立的时期、21世纪最初10年"儿童优先"原则的明确提出与执行时期。到了2011年，中国已经在"儿童优先"原则基础上，提出了"儿童最大利益"原则，可以预见，这一时期儿童生存与健康状况改善与提升的力度将是巨大的。

第一节 儿童人口的数量与结构

本节基于2010年的人口普查数据，对进入改革开放第四个十年时间节点的中国儿童人口数量与结构状况进行描述。

一 分年龄、性别儿童人口情况

根据2010年第六次全国人口普查数据[①]计算出的儿童人口数量与年龄、性别结构，如表17.1所示。2010年中国大陆31个省、自治区、直辖市和现役军人共1339724852人，比2000年增加了73899804人，增长了5.52%。其中，0—17岁儿童人口数量为278912995人，约占总人口的20.82%。这个数字已经低于这个年龄段应占的人口份额。儿童总量的锐减，显示严苛的计划生育政策所产生的巨大影响。从学龄段来看，学龄前儿童（0—5岁）为90264747人，义务教育阶段儿童（6—14岁）为131057874人，高中教育阶段儿童（15—17岁）为57590374人。

---

① 该数据包含现役军人人口，不包含金门和马祖岛屿、台湾省、香港和澳门特别行政区人口。

全国男性人口数为 682329104 人，占总人口数的 50.93%，女性人口数为 650481765 人，占总人口数的 49.07%，人口性别比为 104.90（女性=100），其中，0—17 周岁儿童中，男童人口数为 149875415 人，占儿童总人数 53.74%；女童人口数为 129037580 人，占儿童总人数 46.27%，男童比女童多 20837835 人，儿童人口性别比为 116.15。

表 17.1　　分年龄、性别儿童人口情况（2010 年人口普查结果）

年龄	儿童人口数			占总人口百分比（%）		
	小计	男	女	小计	男	女
0	13786434	7461199	6325235	1.03	0.56	0.47
1	15657955	8574973	7082982	1.17	0.64	0.53
2	15617375	8507697	7109678	1.17	0.64	0.53
3	15250805	8272491	6978314	1.14	0.62	0.52
4	15220041	8246206	6973835	1.14	0.62	0.52
5	14732137	7988151	6743986	1.10	0.60	0.50
6	14804470	8034452	6770018	1.11	0.60	0.51
7	13429161	7292300	6136861	1.00	0.54	0.46
8	13666956	7423559	6243397	1.02	0.55	0.47
9	14248825	7726203	6522622	1.06	0.58	0.49
10	14454357	7830808	6623549	1.08	0.58	0.49
11	13935714	7522558	6413156	1.04	0.56	0.48
12	15399559	8288987	7110572	1.15	0.62	0.53
13	15225032	8161000	7064032	1.14	0.61	0.53
14	15893800	8463924	7429876	1.19	0.63	0.55
15	18024484	9524898	8499586	1.35	0.71	0.63
16	18790521	9795181	8995340	1.40	0.73	0.67
17	20775369	10760828	10014541	1.55	0.80	0.75
总计	278912995	149875415	129037580	20.82	11.19	9.63

儿童占总人口数由 2000 年的 27.28% 下降到 2010 年的 20.82%，占比下降 6.46%。不同年龄阶段儿童占全国总人口数，如表 17.2 所示：0—5 岁占总人口数 6.75%，6—14 岁占总人口数 9.79%，15—17 岁占总人口数 4.30%。与 2000 年相比，儿童数下降显著的是 6—14 岁儿童年龄段，占比由 15.7% 下降到 9.79%。

表 17.2　2010 年人口普查儿童人口数及所占百分比情况

年份	年龄	儿童人口数	占总人口百分比（%）
2010 年	0—2 岁	45061764	3.37
	3—5 岁	45202983	3.38
	6—11 岁	84539483	6.31
	12—14 岁	46518391	3.48
	15—17 岁	57590374	4.30
	合计	278912995	20.82

二　分地域儿童人口数量情况

2010 年第六次全国人口普查按市、镇、乡村划分区域，根据 2010 年人口普查数据①计算的儿童人口区域结构，如表 17.3 所示。城市儿童人口总数为 65467663 人，占儿童总人口数的 23.47%，镇儿童人口总数为 59009941 人，占儿童总人口数的 21.17%，乡村儿童人口总数为 154435391 人，占儿童总人口数的 55.37%。与 2000 年相比，乡村儿童人口占比有所下降，但仍占大部分比例。

表 17.3　分市、镇、乡村儿童人口情况（2010 年人口普查结果）

年龄	市 儿童人口数	市 占儿童人口总数百分比（%）	镇 儿童人口数	镇 占儿童人口总数百分比（%）	乡村 儿童人口数	乡村 占儿童人口总数百分比（%）
0—2 岁	9656225	3.46	8579070	3.08	26826469	9.62
3—5 岁	9955957	3.57	8976795	3.22	26270231	9.42
6—11 岁	19301884	6.92	17646649	6.33	47590950	17.06
12—14 岁	10470935	3.75	9722140	3.49	26325316	9.44
15—17 岁	16082662	5.77	14085287	5.05	27422425	9.83
总计	65467663	23.47	59009941	21.17	154435391	55.37

表 17.4 显示：2010 年市儿童人口占儿童总人口 23.47%，镇儿童人口占儿童总人口 21.16%，乡村儿童人口占儿童总人口 55.37%。乡村儿

---

① 该数据包含现役军人人口，不包含金门和马祖岛屿、台湾省、香港和澳门特别行政区人口。

童占全国儿童人口的多数。

表 17.4　　　　2010 年人口普查儿童人口数地域分布情况

地域	2010 年	
	儿童人口数	占儿童总人口数的百分比（%）
市	65467663	23.47
镇	59009941	21.16
乡村	154435391	55.37

第二节　儿童的生存与健康发展

前两个十年儿童健康状况的改善为中国经济社会发展做出了重要贡献。《健康中国 2020 战略研究》表明：1990—2005 年，中国人均预期寿命从 68.6 岁提高到 73 岁，其中 48% 归因于 5 岁以下儿童死亡率下降。在人口约 20 个年龄组中，对 0—4 岁年龄组的健康投资回报最大。5 岁以下儿童死亡率每减少 1 个千分点，直接和间接受益人口达十万。妇幼卫生服务状况的改善，减少和避免了大量出生缺陷、儿童残疾和伤害导致的不良后果，直接降低了社会发展成本，减少了补偿性生育，增加了人力资源的健康存量，间接为社会经济发展创造财富[①]。

前两个十年，中国在儿童健康状况、儿童卫生保健服务等方面取得了巨大进步。2011 年是"十二五"规划开局之年，是实施深化医药卫生体制改革近期重点任务的攻坚之年。儿童卫生保健是深化医改的重点领域之一，是促进基本公共卫生服务逐步均等化，实现人人享有基本医疗卫生服务目标的关键环节。

一　国家政策动向：儿童健康服务体系内涵发展时期

儿童健康事业发展中每一个国家势必面对的三类问题：儿童生存中的出生和安全问题、儿童健康照顾中的医疗保健与营养卫生问题、儿童健康照顾中的保健服务问题，每类问题的解决都需要依托一个儿童健康服务体系或网络来实现。改革开放以来的前 30 年，中国政府致力于儿童健康服

---

① 《中国妇幼卫生事业发展报告（2011）》，中华人民共和国卫生部 2011 年版，第 2 页。

务体系的建立，并在解决前两类问题中发挥了巨大的作用。21世纪10年代，中国政府在健全儿童健康服务体系，促进儿童健康服务质量，使儿童健康服务工作朝着规范化、科学化的方向迈进上投入了更多的精力。

至2011年，中国妇幼健康服务体系已经建立并基本健全。它以妇幼保健机构为核心，以基层医疗卫生机构为基础，以大中型医疗机构和相关科研教学机构为技术支持，为妇女儿童提供综合、连续、人性化的医疗保健服务。各级妇幼保健机构是辖区妇幼保健服务的组织者、管理者与提供者。图17.1，为中国妇幼健康服务体系的网络结构。

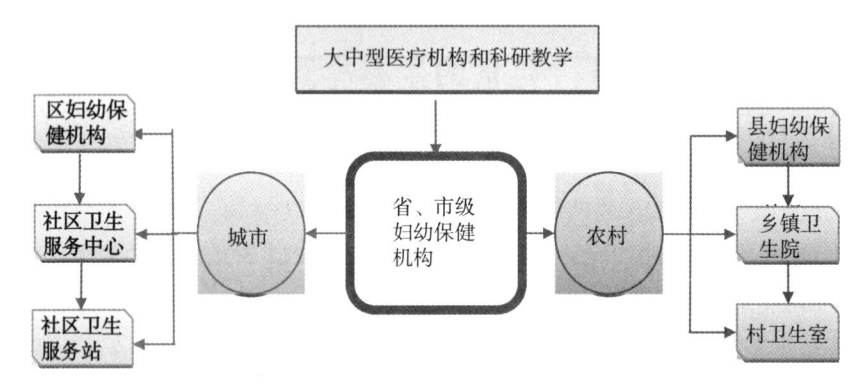

图 17.1　中国妇幼健康服务体系框架①

2011—2017年，中国政府的主要精力放在中国妇幼健康服务体系的内涵建设上。

2011年7月30日，国务院颁布《中国儿童发展纲要（2011—2020年）》，提出2011—2020年，中国儿童健康与发展的目标。

2012年2月17日，卫生部颁布《贯彻2011—2020年中国妇女儿童发展纲要实施方案》。《方案》下达了总目标与具体目标，具体目标有保障妇女儿童生命安全、提高出生人口素质、预防控制妇女儿童疾病、改善妇女儿童营养状况、健全妇幼卫生服务网络等方面构成，每一目标又包含5个左右具体指标。

2012年5月9日，卫生部颁布《托儿所、幼儿园卫生保健工作规范》（以下简称《工作规范》）。《工作规范》指出，为了贯彻落实2010年9月6日颁布的《托儿所幼儿园卫生保健管理办法》，加强托儿所、幼儿园

---

① 中国妇幼保健协会官网，http://www.cmcha.org/index.html。

卫生保健工作，切实提高托幼机构卫生保健工作质量，卫生部组织专家对 1985 年印发的《托儿所、幼儿园卫生保健制度》进行了修订，基此形成了《托儿所幼儿园卫生保健工作规范》。

2013 年，国家卫生和计划生育委员会颁布《关于优化整合妇幼保健和计划生育技术服务资源的指导意见》，旨在加强医疗卫生工作，深化医疗卫生体制改革，优化配置医疗卫生和计划生育服务资源，加强妇幼保健和计划生育技术服务工作，提出指导意见。

2015 年 12 月 4 日，国家卫生和计划生育委员会颁布《关于妇幼健康服务机构标准化建设与规范化管理的指导意见》，旨在加强妇幼健康服务机构建设，探索规范化管理模式，推动妇幼健康服务机构健康发展。2015 年 12 月 15 日，国家卫生和计划生育委员会制定并颁布了《各级妇幼健康服务机构业务部门设置指南》，旨在贯彻落实对《关于妇幼健康服务机构标准化建设与规范化管理的指导意见》的执行，并使执行具有可操作性。

表 17.5 为 2011—2017 年，中国政府制定的与儿童健康发展相关的政策。

表 17.5　　与儿童健康发展相关的政策（2011—2017 年）

颁布时间	颁布部门	名称
2011.07.30	国务院	《中国儿童发展纲要（2011—2020 年）》
2012.02.17	卫生部	《贯彻 2011—2020 年中国妇女儿童发展纲要实施方案》
2012.05.09	卫生部	《托儿所、幼儿园卫生保健工作规范》
2013	国家卫生和计划生育委员会	《关于优化整合妇幼保健和计划生育技术服务资源的指导意见》
2015.12.04	国家卫生和计划生育委员会	《关于妇幼健康服务机构标准化建设与规范化管理的指导意见》
2015.12.15	国家卫生和计划生育委员会	《各级妇幼健康服务机构业务部门设置指南》

二　国家数据统计：儿童健康发展状况

（一）5 岁以下儿童和孕产妇死亡率

从表 17.6 可知，从全国范围看，新生儿死亡率由 2011 年的 7.8‰ 降低到 2015 年的 5.4‰，5 年下降 2.4‰。婴儿死亡率由 2011 年的 12.1‰ 降低到 2015 年的 8.1‰，5 年下降 4.‰。5 岁以下儿童死亡率由 2011 年的 15.6‰ 降低到 2015 年的 10.7‰，5 年下降 4.9‰。孕产妇死亡率由 2011 年的 26.1/10 万降低到 2015 年的 20.1/10 万，5 年下降 6/10 万。从城市与农村的死亡率比较来看，四种死亡率农村都几倍于城市的现象得到消除，农村儿童和孕产妇死亡率下降显著，孕产妇死亡率城市与农村的区域差距基本消失，但是，在新生儿、婴儿、5 岁以下儿童死亡率，农村与城市仍然存在一定差距。

表 17.6 　　5 岁以下儿童和孕产妇死亡率① （2011—2015 年）

年份	新生儿死亡率（‰）			婴儿死亡率（‰）			5 岁以下儿童死亡率（‰）			孕产妇死亡率（1/10 万）		
	合计	城市	农村	合计	城市	农村	合计	城市	农村	合计	城市	农村
2011	7.8	4	9.4	12.1	5.8	14.7	15.6	7.1	19.1	26.1	25.2	26.5
2012	6.9	3.9	8.1	10.3	5.2	12.4	13.2	5.9	16.2	24.5	22.2	25.6
2013	6.3	3.7	7.3	9.5	5.2	11.3	12.0	6.0	14.5	23.2	22.4	23.6
2014	5.9	3.5	6.9	8.9	4.8	10.7	11.7	5.9	14.2	21.7	20.5	22.2
2015	5.4	3.3	6.4	8.1	4.7	9.6	10.7	5.8	12.9	20.1	19.8	20.2

（二） 儿童医疗保健状况

从表 17.7 可知，出生体重<2500 克的婴儿比重从 2011 年 2.33%上升到 2014 年 2.61%，有微量上升的趋势。5 岁以下儿童中，重度营养不良比重由 2011 年的 1.51%下降到 2014 年的 1.48%，下降幅度不明显。新生儿访视率由 2011 年的 90.6%上升到 2014 年的 93.6%，上升 3.0%。3 岁以下儿童系统管理率，由 2011 年的 84.6%上升到 2014 年的 89.8%，4 年上升 5.2%。7 岁以下儿童保健管理率，由 2011 年的 85.8%上升到 2014 年的 91.3%，4 年上升 5.5%。

表 17.7 　　7 岁以下儿童医疗保健情况② （2011—2014 年）

年份	出生体重<2500 克婴儿比重（%）	围产儿死亡率（‰）	新生儿破伤风		5 岁以下儿童中、重度营养不良比重（%）	新生儿访视率（%）	3 岁以下儿童保健管理率（%）	7 岁以下儿童保健管理率（%）
			发病率（1/万）	死亡率（1/万）				
2011	2.33	6.32	0.14	0.05	1.51	90.6	84.6	85.8

---

① 数据来源：卫生部网站. 中国卫生统计年鉴 2010—2012. 中国统计年鉴 （2013—2015）。
② 数据来源：卫生部网站. 中国卫生统计年鉴 2010—2012。

续表

年份	出生体重<2500克婴儿比重（%）	围产儿死亡率（‰）	新生儿破伤风 发病率（1/万）	新生儿破伤风 死亡率（1/万）	5岁以下儿童中、重度营养不良比重（%）	新生儿访视率（%）	3岁以下儿童保健管理率（%）	7岁以下儿童保健管理率（%）
2012	2.38	5.89	0.11	0.04	1.44	91.8	87.0	88.9
2013	2.44				1.37	93.2	89.0	90.7
2014	2.61				1.48	93.6	89.8	91.3

从表17.8可知，2014年的"四苗"覆盖率与2010年基本持平。至2010年，中国"四苗"覆盖率平均达到99.5%，基本实现全覆盖，2010—2014年，一直维持这种水平。

表17.8　　　　　　　　免疫"四苗"覆盖率①　　　　　　　（单位：%）

	2010	2014
卡介苗	99.6	99.71
脊灰疫苗	99.6	99.58
百白破三联制剂	99.5	99.54
麻疹疫苗	99.4	99.4

（三）孕产妇保健状况

从表17.9可知，孕产妇总住院分娩率由2011年的98.7%上升到2014年的99.6%。数据显示，到2014年，新法接生率市区达到全部，县区也达到99.8%，新法接生在我国已经完全普及。

表17.9　　　　　孕产妇总体保健情况（2011—2014年）

年份	活产数	高危产妇比重（%）	建卡率（%）	系统管理率（%）	产前检查率（%）	产后访视率（%）	住院分娩率（%）合计	住院分娩率（%）市	住院分娩率（%）县	新法接生率（%）合计	新法接生率（%）市	新法接生率（%）县
2011	14507141	17.7	93.8	85.2	93.7	91.0	98.7	99.6	98.1	99.7	99.9	99.6
2012	15442995	18.5	94.8	87.6	95.0	92.6	99.2	99.7	98.8	99.8	99.9	99.7
2013			95.7	89.5	95.6	93.5	99.5	99.9	99.2	99.9	100.0	99.7
2014			95.8	90.0	96.2	93.9	99.6	99.9	99.4	99.9	100.0	99.8

① 数据来源：国家统计局：《九十年代中国儿童发展规划纲要》终期监测评估报告汇编，2001年；《中国儿童发展纲要（2001—2010年）》统计监测报告汇编，2012年1月。

（四）儿童营养状况

据中国国家卫生和计划生育委员会公布的数据显示，2013年中国6月以下儿童纯母乳喂养率为75.3%，2014年为73.9%[①]。

（五）农村儿童医疗卫生保健三级服务机构情况

表17.10，为农村医疗卫生保健服务系统中第一级服务机构县级医院及医疗服务情况。

表17.10　农村县级医院及医疗情况（2011—2012年）

年份	2011	2012
县数（个）	1627	1624
县综合医院（个）		
县妇幼保健机构（所）		
疾病预防控制中心（所）		
卫生监督所（所）		

表17.11，为农村医疗卫生保健服务系统中第二级服务机构乡镇卫生院及医疗服务情况。

表17.11　农村乡镇卫生院及医疗服务情况（2011—2012年）

年份	2011	2012
乡镇数（万个）	3.33	3.32
乡镇卫生院（个）	37295	37097
床位数（万张）	102.6	109.9
卫生人员数（万人）	116.5	120.4
其中：卫生技术人员（万人）	98.1	101.7
诊疗人次（亿次）	8.7	9.7
住院人数（万人）	3449	3908
病床使用率（%）	58.1	62.1
每千农业人口乡镇卫生院床位（张）	1.16	1.24
每千农业人口乡镇卫生院人员（人）	1.30	1.37
乡镇数（万个）	3.33	3.32

---

① Departmetnt of Social, Science and Technology, and Cultural Statistics National Bureau of Statistics of China. 2015 Statistics on Women and Children. China Statistics Press, p. 20.

表 17.12，为农村医疗卫生保健服务系统中第三级服务机构村卫生室及医疗服务人员情况。

表 17.12　　　　村卫生室及人员数（2011—2012 年）

年份	2011	2012
行政村数（万个）	59.0	58.8
村卫生室数（万个）	66.3	65.3
乡村医生和卫生员数（万人）	112.6	109.4
每千农业人口乡村医生和卫生员（人）	1.27	1.25

第十八章

2010—2017年时期儿童教育

第一节 0—5岁儿童的教育

2010—2017年时期,是国家顶层直接部署、推动学前教育加速发展的时期。这一时期,国家层面制定并实施了三期学前教育三年行动计划,学前教育迎来了前所未有的春天。

一 国家政策动向：国家顶层部署、大力推进学前教育发展时期

（一）针对问题出台政策

2010年7月29日,备受关注的《国家中长期教育改革和发展规划纲要（2010—2020年）》（以下简称《规划纲要》）正式全文颁布,它是指导全国教育未来十年改革和发展的纲领性文件。《规划纲要》明确提出大力发展学前教育的任务,并给出具体目标"到2020年,普及学前一年教育,毛入园率达到95%。基本普及学前两年教育,有条件的地区普及学前三年教育"。国家顶层直接部署,加速推动学前教育的改革与发展,这在中国学前教育史上是第一次。为了贯彻落实《规划纲要》中提出的大力发展学前教育的任务,中央政府密集式颁布政策文件,中国学前教育迎来了前所未有的加速时期。

2010年11月21日,国务院颁布《关于当前发展学前教育的若干意见》（以下简称《国十条》）。《国十条》就如何着力解决"入园难"、满足适龄儿童入园需求、促进学前教育事业科学发展等问题,提出了十条意见：把发展学前教育摆在更加重要的位置；多种形式扩大学前教育资源；多种途径加强幼儿教师队伍建设；多种渠道加大学前教育投入；加强幼儿

园准入管理；强化幼儿园安全监管；规范幼儿园收费管理；坚持科学保教，促进幼儿身心健康发展；完善工作机制，加强组织领导；统筹规划，实施学前教育三年行动计划。

对学前教育发展具有直接导向的《国十条》颁布以后，教育部等部门，启动了贯彻落实《国十条》的一系列政策制定与实施工作，密集发布了系列文件。这些政策文件对中国学前教育发展方向和目标做出了明确规定，为实现普及学前教育奠定了基础。这一时期颁布的政策文件基本上是对《国十条》提出的十条目标的条条落实。

为了贯彻落实《国十条》中"统筹规划，实施学前教育三年行动计划"的目标，中央政府颁布了以下政策。2011年2月16日，教育部印发《关于报送学前教育三年行动计划的通过》，对报送内容和方式等提出了明确要求。2011年3月23日，教育部颁布《关于成立教育部学前教育三年行动计划推进工作领导小组的通知》，公布了学前教育三年行动计划推进工作领导小组的主要职责和人员组成。2011年5月6日，《教育部发布关于学前教育三年行动计划报送情况的通报》，对32个省份报送行动计划情况进行通报，列出了已报送的12个省份名单与还未报送的20个省份名单。2012年2月12日，教育部印发《学前教育督导评估暂行办法》，旨在进一步推动各地学前教育三年行动计划的实施。文件要求各地根据《办法》要求，结合本地实际情况，制定本省（区、市）学前教育督导评估实施方案，做好督导评估工作。2012年12月19日，教育部颁布《关于举办学前教育三年行动计划网络巡展的通知》，要求通过网络巡展方式，总结交流各地实施学前教育三年行动计划和学前教育重大项目的成效，加快学前教育改革发展的重要举措和经验。2014年11月5日，教育部、发改委、财政部颁布《关于实施第二期学前教育三年行动计划的意见》，这是继2011—2013年实施的第一期学前教育三年行动计划后，国家层面部署的2014—2016年实施第二期学前教育三年行动计划。2015年8月26日，教育部颁布《关于申报国家学前教育改革发展实验区的通知》。《通知》指出，为了全面落实《国十条》和《教育部等部门关于实施第二期学前教育三年行动计划的意见》，深入推进学前教育改革发展，决定在全国范围内选择部分地区开展学前教育改革发展实验，为全国其他地区提供经验，发挥示范带头作用。2016年2月5日，教育部颁布《关于公布国家学前教育改革发展实验区名单的通知》，公布全国36个地区为国家学前教育改革发展实验区。2017年4月17日,教育部等四部门颁布《关于实施第三期学前教育行动计划的意见》,这是继2011—2013年第一期、2014—2016年第二期后,国家层面部署的2017—2019年实施第三期学前教育三年行动计划。

表18.1为2011—2017年,主要在于落实《国十条》中"统筹规划,实施学前教育三年行动计划"所制定与实施的中央政府层面的政策。

表18.1　　与"实施学前教育三年行动计划"相关的政策

颁布时间	颁布部门	名称
2011.02.16	教育部	《关于报送学前教育三年行动计划的通知》
2011.03.23	教育部	《关于成立教育部学前教育三年行动计划推进工作领导小组的通知》
2011.05.06	教育部	《关于学前教育三年行动计划报送情况的通报》
2012.02.12	教育部	《学前教育督导评估暂行办法》
2012.12.19	教育部	《关于举办学前教育三年行动计划网络巡展的通知》
2014.11.5	教育部、发改委、财政部	《关于实施第二期学前教育三年行动计划的意见》
2015.08.26	教育部	《关于申报国家学前教育改革发展实验区的通知》
2016.02.05	教育部	《关于公布国家学前教育改革发展实验区名单的通知》
2017.04.17	教育部等四部门	《关于实施第三期学前教育行动计划的意见》

为了贯彻落实《国十条》中"坚持科学保教,促进幼儿身心健康发展"的目标,中央政府颁布了以下政策。2011年6月17日,教育部印发《关于推荐教育部学前教育专家指导委员会的通知》,旨在建立科学的幼儿园保教质量评估和监管体系,加强对幼儿园保育教育工作的指导,全面提高学前教育质量。2012年10月9日,教育部颁布《关于印发〈3—6岁儿童学习与发展指南〉的通知》,旨在帮助广大幼儿园教师和家长了解3—6岁幼儿学习与发展的基本规律和特点,全面提高科学保教水平。中国《3—6岁儿童学习与发展指南》的制定,是基于业已形成的以联合国《儿童权利公约》为代表的世界共识,通过提供具体明确的合理目标和切实可行的实践策略与方法,引导幼儿有效地学习与发展。《指南》的颁布与实施有利于提升幼教机构与家庭的保教质量,加强学前教育的质量导向,维护和保障幼儿的学习权、发展权。2016年1月5日,教育部颁布

中华人民共和国教育部令，颁布《幼儿园工作规程》自2016年3月1日起施行，同时废止1996年3月9日由原国家教育委员会发布的《幼儿园工作规程》。《幼儿园工作规程》是学前教育的行政法规，旨在加强幼儿园的科学管理，规范办园行为，提高保育和教育质量，促进幼儿身心健康。2016年新版《幼儿园工作规程》与1996年的旧版相比，增加了三个内容：其一，反家暴、禁止虐童；其二，禁收赞助费及兴趣班费；其三，禁止任何形式的入园考试或测查。

表18.2为2011—2017年，主要在于落实《国十条》中"坚持科学保教，促进幼儿身心健康发展"所制定与实施的中央政府层面的政策。

表18.2　　　　　　　与"坚持科学保教"相关的政策

颁布时间	颁布部门	名称
2011.06.17	教育部	《关于推荐教育部学前教育专家指导委员会的通知》
2012.10.09	教育部	《3—6岁儿童学习与发展指南》
2016.01.05	教育部	《幼儿园工作规程》

为了贯彻落实《国十条》中"多种渠道加大学前教育投入"目标，中央政府发布了以下政策。2011年9月5日，财政部和教育部连续颁布三个文件：《关于加大财政投入支持学前教育发展的通知》（又称《405号文件》）与《关于建立学前教育资助制度的意见》《关于印发〈中央财政扶持民办幼儿园发展奖补资金管理暂行办法〉的通知》。《405号文件》规定了"地方为主，中央奖补"的财政分担模式，中央财政将根据地方工作开展情况，主要采取奖补方式支持地方学前教育发展，重点支持"校舍改建类""综合奖补类""幼师培训类"和"幼儿资助类"共4大类7个重点项目[①]。《关于建立学前教育资助制度的意见》旨在完善国家资助政策体系，积极发展学前教育，切实解决家庭经济困难儿童入园问题。《中央财政扶持民办幼儿园发展奖补资金管理暂行办法》旨在引导各地积极扶持民办幼儿园健康发展，强调了"地方为主、激励引导、中央奖补"的专项资金管理原则。2015年7月1日，教育部、财政部颁布《关于印发〈中央财政支持学前教育发展资金管理办法〉的通知》。《通知》指出：

---

① 张新芳、王海英：《对2010年以来我国学前教育财政投入政策的分析》，《幼儿教育（教育科学）》2013年第3期。

为了规范和加强中央财政支持学前教育发展资金管理，提高资金使用效益，扩大学前教育资源，提高幼儿资助水平，根据国家有关规定，财政部、教育部制定了《中央财政支持学前教育发展资金管理办法》，要求各级教育部门遵照执行。

表18.3为2011—2017年，主要在于落实《国十条》中"多种渠道加大学前教育投入"所制定与实施的中央政府层面的政策。

表18.3　与"多种渠道加大学前教育投入"相关的政策

颁布时间	颁布部门	名称
2011.9.5	财政部、教育部	《关于加大财政投入支持学前教育发展的通知》
2011.9.5	财政部、教育部	《关于建立学前教育资助制度的意见》
2011.9.5	财政部、教育部	《中央财政扶持民办幼儿园发展奖补资金管理暂行办法》
2015.7.1	教育部、财政部	《中央财政支持学前教育发展资金管理办法》

为了贯彻落实《国十条》中"多种途径加强幼儿教师队伍建设"的目标，中央政府发布了以下政策。2011年9月5日，教育部、财政部颁布《关于实施幼儿教师国家级培训计划的通知》，旨在加强农村幼儿教师队伍建设，提高农村幼儿教师素质。《通知》明确指出，教育部、财政部决定从2011年起，实施"幼儿教师国家级培训计划"，所需经费由中央财政安排专项资金予以支持。2011年12月26日，教育部、财政部颁布《关于公布2011年幼儿教师国家级培训计划项目方案评审结果的通知》，公布2011年幼儿教师国家级培训计划项目规划及实施方案通过的21个省市名单。2012年2月10日，教育部颁布《关于印发〈幼儿园教师专业标准（试行）〉的通知》，《幼儿园教师专业标准（试行）》的印发，旨在落实教育规划纲要，构建教师专业标准体系，建设高素质专业化教师队伍。2012年9月20日，教育部、中央编办、财政部颁布《关于加强幼儿园教师队伍建设的意见》，提出大力加强幼儿园教师队伍建设的八条意见。为了具体落实《关于加强幼儿园教师队伍建设的意见》，2013年1月8日，教育部颁布《幼儿园教职工配备标准》，进一步规范各类幼儿园用人行为。2013年4月9日，教育部、财政部颁布《关于做好2013年"国培计划"实施工作的通知》，旨在进一步深化教师培训模式改革，全面提升培训质量，切实提高教师教育教学能力，明确提出了2013年"国培计划"实施工作的四条要求。2014年3月19日，教育部颁布《关于成立教

育部高等学校幼儿园教师培养等教学指导委员会的通知》。针对学前教育，教育部决定成立教育部高等学校幼儿园教师培养教学指导委员会，旨在充分发挥专家学者对教师教育改革的研究、咨询、指导作用，推动教师教育内涵式发展，大力提升教师培养质量。2014年4月2日，教育部、财政部颁布《关于做好2014中小学幼儿园教师国家级培训计划实施工作的通知》，就做好2014年中小学幼儿园教师国家级培训计划示范性项目、中西部项目和幼师国培项目实施工作提出要求。2015年1月10日，教育部颁布《关于印发〈幼儿园园长专业标准〉的通知》。《幼儿园园长专业标准》与2012年2月印发的《幼儿园教师专业标准（试行）》一样，都是落实教育规划纲要，构建教师专业标准体系，建设高素质专业化教师队伍的重要举措。2015年4月9日，教育部、财政部颁布《关于做好2015年中小学幼儿园教师国家级培训计划实施工作的通知》，就做好2015年中小学幼儿园教师国家级培训计划示范性项目、中西部项目和幼师国培项目实施工作提出要求。2015年9月1日，教育部、财政部颁布《关于改革实施中小学幼儿园教师国家级培训计划的通知》。它是对国务院制定的《乡村教师支持计划（2015—2020年）》的具体落实，旨在做好乡村教师的培训工作。

表18.4为2011—2017年，主要在于落实《国十条》中"多种途径加强幼儿教师队伍建设"所制定与实施的中央政府层面的政策。

表18.4　与"多种途径加强幼儿教师队伍建设"相关的政策

颁布时间	颁布部门	名称
2011.09.05	教育部、财政部	《关于实施幼儿教师国家级培训计划的通知》
2011.12.26	教育部、财政部	《关于公布2011年幼儿教师国家级培训计划项目方案评审结果的通知》
2012.02.10	教育部	《幼儿园教师专业标准（试行）》
2012.09.20	教育部、中央编办、财政部	《关于加强幼儿园教师队伍建设的意见》
2013.01.08	教育部	《幼儿园教职工配备标准》
2013.04.09	教育部、财政部	《关于做好2013年"国培计划"实施工作的通知》
2014.03.19	教育部	《关于成立教育部高等学校幼儿园教师培养等教学指导委员会的通知》
2014.04.02	教育部、财政部	《关于做好2014年中小学幼儿园教师国家级培训计划实施工作的通知》

续表

颁布时间	颁布部门	名称
2015.01.10	教育部	《幼儿园园长专业标准》
2015.04.09	教育部、财政部	《关于做好2015年中小学幼儿园教师国家级培训计划实施工作的通知》
2015.09.01	教育部、财政部	《关于改革实施中小学幼儿园教师国家级培训计划的通知》

为了贯彻落实《国十条》中"把发展学前教育摆在更加重要的位置"的目标，中央政府发布了以下政策。2011年12月28日，教育部颁布《关于规范幼儿园保育教育工作，防止和纠正"小学化"现象的通知》，旨在防止与纠正学前教育加速发展过程中出现的"小学化"倾向，规范办园行为，保障学前教育质量。2012年4月17日，教育部印发《关于开展0—3岁婴幼儿早期教育试点工作有关事项的通知》。文件指出，为了探索发展0—3岁婴幼儿早期教育的模式和经验，教育部决定选择部分地（市）先行开展0—3岁婴幼儿早期教育试点，有意向的地（市）可以申报。这是中央政府第一次为0—3岁婴幼儿教育专门颁布的文件。2012年4月10日，教育部颁布《关于开展全国学前教育宣传月活动的通知》。《通知》指出，为深入贯彻落实《规划纲要》和《国十条》营造有利于幼儿健康成长的良好社会环境，推进学前教育科学发展，教育部决定从2012年起在全国范围内组织开展全国学前教育宣传月活动，活动时间定为每年的5月20日至6月20日。2012年的主题为"快乐生活，健康成长"。此后，每年3—4月，教育部颁布一个《关于开展全国学前教育宣传月活动的通知》，活动时间不变、活动主题则每年变化。2013年活动主题为"学习《指南》——了解儿童"、2014年活动主题为"《指南》——让科学育儿知识进入千家万户"、2015年活动主题为"给孩子适宜的爱"、2016年活动主题为"幼小协同科学衔接"、2017年活动主题为"游戏——点亮快乐童年"。

表18.5为2011—2017年，主要在于落实《国十条》中"把发展学前教育摆在更加重要的位置"所制定与实施的中央政府层面的政策。

表18.5　与"把发展学前教育摆在更加重要的位置"相关的政策

颁布时间	颁布部门	名称
2011.12.28	教育部	《关于规范幼儿园保育教育工作，防止和纠正"小学化"现象的通知》

续表

颁布时间	颁布部门	名称
2012.04.10	教育部	《关于开展全国学前教育宣传月活动的通知》
2012.04.17	教育部	《关于开展0—3岁婴幼儿早期教育试点工作有关事项的通知》
2013.04.03	教育部	《关于开展全国学前教育宣传月活动的通知》
2014.04.16	教育部	《关于开展全国学前教育宣传月活动的通知》
2015.04.10	教育部	《关于开展全国学前教育宣传月活动的通知》
2016.03.30	教育部	《关于开展全国学前教育宣传月活动的通知》
2017.04.10	教育部	《关于开展全国学前教育宣传月活动的通知》

为了贯彻落实《国十条》中"规范幼儿园收费管理"的目标，中央政策发布了以下政策。2011年12月31日，发改委、教育部、财政部制定并印发了《幼儿园收费管理暂行办法》，旨在促进学前教育事业科学发展，规范幼儿园收费行为，保障受教育者和幼儿园的合法权益。2017年9月13日，教育部颁布《关于各地建立完善学前教育、普通高中和特殊教育经费投入机制情况的通报》。《通报》对已经制定生均拨款制度的省市的经验做法进行了梳理，旨在推进一些地方尽快研究制定生均拨款制度。就学前教育而言，《通报》总结了两条经验：其一，制定生均公用经费拨款标准或生均综合补助标准，确保公办园正常运转；其二，制定企事业单位、集体办园和普惠性民办园补助政策，支持提供普惠性服务。

表18.6为2011—2017年，主要在于落实《国十条》中"规范幼儿园收费管理"所制定与实施的中央政府层面的政策。

表18.6　　　　与"规范幼儿园收费管理"相关的政策

颁布时间	颁布部门	名称
2011.12.31	发改委、教育部、财政部	《幼儿园收费管理暂行办法》
2017.09.13	教育部	《关于各地建立完善学前教育、普通高中和特殊教育经费投入机制情况的通报》

为了贯彻落实《国十条》中"强化幼儿园安全监管"的目标，中央政府颁布了以下政策。2012年5月9日，卫生部颁布《托儿所、幼儿园卫生保健工作规范》（以下简称《工作规范》）。《工作规范》指出，为了贯彻落实2010年9月6日颁布的《托儿所幼儿园卫生保健管理办法》，

加强托儿所、幼儿园卫生保健工作，切实提高托幼机构卫生保健工作质量，卫生部组织专家对1985年印发的《托儿所、幼儿园卫生保健制度》进行了修订，基此形成了《托儿所幼儿园卫生保健工作规范》。2013年5月14日，教育部颁布《关于召开全国中小学幼儿园安全工作电视电话会议的通知》，通知5月15日召开电话会议，通报近期全国部分地方发生的中小学幼儿园安全事故，部署中小学幼儿园安全工作，切实维护教育系统安全稳定。2014年2月22日，教育部颁布《关于印发〈中小学幼儿园应急疏散演练指南〉的通知》。《通知》指出，为进一步落实国家对应急疏散演练的要求，加强对中小学幼儿园应急疏散演练工作的指导，提升学校应急疏散演练的组织和管理水平，教育部研究制定了《中小学幼儿园应急疏散演练指南》，供各地各校在日常安全管理和集中组织应急疏散演练时参考。2015年8月18日，教育部、公安部颁布《关于加强中小学幼儿园消防安全管理工作的意见》。为了进一步加强中小学幼儿园消防安全管理工作，全面落实各项消防安全措施，切实保障广大师生生命安全，文件提出了八条意见。

表18.7为2011—2017年，主要在于落实《国十条》中"强化幼儿园安全监管"所制定与实施的中央政府层面的政策。

表18.7　　　　与"强化幼儿园安全监管"相关的政策

颁布时间	颁布部门	名称
2012.05.09	卫生部	《托儿所、幼儿园卫生保健工作规范》
2013.05.14	教育部	《关于召开全国中小学幼儿园安全工作电视电话会议的通知》
2014.02.22	教育部	《中小学幼儿园应急疏散演练指南》
2015.08.18	教育部、公安部	《关于加强中小学幼儿园消防安全管理工作的意见》

为了贯彻落实《国十条》中"完善工作机制，加强组织领导"的目标，2012年8月13日，教育部颁布《关于做好全国学前教育管理信息系统建设运行和维护工作的通知》，旨在推动学前教育管理的科学化、规范化。2017年4月26日，教育部颁布《关于印发〈幼儿园办园行为督导评估办法〉的通知》。《通知》指出，为了完善幼儿园督导评估制度，推动各地加强和改进对幼儿园的监管，促进幼儿园规范办园行为，保障幼儿身心健康、快乐成长，根据《教育督导条例》《幼儿园工作规程》等，经国务院教育督导委员会同意，教育部制定了《幼儿园办园行为督导评估办

法》。《通知》要求各地结合实际情况贯彻执行《幼儿园办园行为督导评估办法》。

表18.8为2010—2017年，主要在于落实《国十条》中"完善工作机制，加强组织领导"所制定与实施的中央政府层面的政策。

表18.8　与"完善工作机制，加强组织领导"相关的政策

颁布时间	颁布部门	名称
2012.8.13	教育部	《关于做好全国学前教育管理信息系统建设运行和维护工作的通知》
2017.4.26	教育部	《幼儿园办园行为督导评估办法》

为了贯彻落实《国十条》中"多种形式扩大学前教育资源"的目标，2013年6月7日，教育部、财政部颁布《关于做好2013年中西部农村偏远地区学前教育巡回支教试点工作的通知》。《通知》指出，教育部和财政部基于2012年在辽宁、河南、湖南、贵州、陕西5省启动实施中西部农村偏远地区学前教育巡回支教试点工作所取得的积极成效，2013年试点工作实施范围将扩展，新增河北、内蒙古、福建、江西、广西、云南、甘肃、青海8个省份。2014年4月3日，教育部、财政部颁布《关于做好2014年中西部农村偏远地区学前教育巡回支教试点工作的通知》，2014年试点工作实施范围在2012—2013年已有的省份基础上，又增加黑龙江与宁夏两个省份。2015年7月1日，教育部、财政部颁布《关于印发〈中央财政支持学前教育发展资金管理办法〉的通知》。《通知》指出，为了规范和加强中央财政支持学前教育发展资金管理，提高资金使用效益，扩大学前教育资源，提高幼儿资助水平，根据国家有关规定，财政部、教育部制定了《中央财政支持学前教育发展资金管理办法》，要求各级教育部门遵照执行。

表18.9为2011—2017年，主要在于落实《国十条》中"多种形式扩大学前教育资源"所制定与实施的中央政府层面的政策。

表18.9　与"多种形式扩大学前教育资源"相关的政策

颁布时间	颁布部门	名称
2013.6.7	教育部、财政部	《关于做好2013年中西部农村偏远地区学前教育巡回支教试点工作的通知》

续表

颁布时间	颁布部门	名称
2014.4.3	教育部、财政部	《关于做好2014年中西部农村偏远地区学前教育巡回支教试点工作的通知》
2015.7.1	教育部、财政部	《中央财政支持学前教育发展资金管理办法》

2011—2017年，中央政府制定与实施的政策基本是对应《国十条》展开的，可以说是对《国十条》中十条意见的逐条落实。但是，有一条意见例外——"加强幼儿园准入管理"。在落实这条意见上，七年来中央政府层面的政策处于失语状态，没有政策出台。

（二）采取"地方为主，中央奖补"的政府财政分担模式阶段

为了实现《国家中长期教育改革和发展规划纲要（2010—2020年）》提出的"到2020年，普及学前一年教育，毛入园率达到95%"的目标，中央出台了系列与学前教育财政投入相关的政策。2010年11月21日，国务院颁布了《关于当前发展学前教育的若干意见》，其中针对学前教育财政投入提出"中央财政设立专项经费，支持中西部农村地区、少数民族地区和边疆地区发展学前教育和学前双语教育"。2011年6月29日，国务院颁布了《国务院关于进一步加大财政教育投入的意见》，其中指出"教育投入是公共财政保障的重点"。"合理安排使用财政性教育经费。大力支持基本普及学前教育均衡发展。"2011年9月5日，财政部和教育部颁布《关于加大财政投入支持学前教育发展的通知》，它是专门针对学前教育财政投入的政策，规定了"地方为主，中央奖补"的学前教育的财政分担模式。2015年7月1日，教育部、财政部颁布《中央财政支持学前教育发展资金管理办法》，重申中央财政用于奖补学前教育"扩大资源"与"幼儿资助"两类项目的原则。

（三）政府借学习与发展标准推动学前教育课程改革走向科学化阶段

2012年10月9日，教育部颁布《3—6岁儿童学习与发展指南》（以下简称《指南》）。《指南》旨在帮助广大幼儿园教师和家长了解3—6岁幼儿学习与发展的基本规律和特点，全面提高保教质量，科学合理地贯彻《纲要（试行）》精神。2016年1月5日，教育部颁布了在修订1996年版本基础上产生的新版《幼儿园工作规程》，新《规程》对幼儿园教育事业的科学性与普适性方面提出了更高要求。

（四）学前教育加速发展，教师缺口变大质量难求时期

2011—2017年，一方面是学前教育进入前所未有的大好发展时机的时期；另一方面，也是幼儿教师待遇、社会地位低，无法吸引与留住合格教师问题显得格外严峻的时期。"幼儿园虐童事件"成为网络高频词，没隔多久就会有幼儿园虐童事件曝光。

2010—2012年，浙江温岭幼师被曝虐童近百次，包括两手揪住幼儿耳朵令其悬空，将孩子扔进垃圾桶等，视频中幼师的笑声犹如恶魔。2011年10月，陕西西安城东苏王早慧幼儿园4岁男孩没做好操，被幼儿园老师锯手腕。2012年10月，山西省太原市一个幼儿园5岁女童十分钟被打几十个耳光。2013年3月，河北燕郊幼儿园老师用针扎幼儿、用刀威吓幼儿、逼幼儿喝尿、逼幼儿吃老师鼻屎等众多令人发指的虐童行为。2014年3月，陕西省西安枫韵蓝湾幼儿园为了让孩子不生病天天去上学好多收钱，给孩子服用"吗啉胍"。2015年11月，河南焦作北大附属实验学校幼儿园幼师用针扎不听话小孩的胳膊、大腿和背部。2016年11月，宁夏银川一民办幼儿园出现教师疑似拿针头扎学生的情况。2017年4月，徐州一知名幼儿园老师虐打孩子，湖南岳阳一名家长近日到幼儿园探望儿子时，意外发现儿子因不想睡午觉，而被一名女教师以"泰山压顶"的方式坐在身上施暴。2017年11月，轰动全国的携程幼儿园虐童事件曝光。2017年12月，同样轰动全国的红黄蓝幼儿园虐童事件曝光。

这些事件背后的原因：在学前教育高速、急速发展的过程中，幼儿园教师缺口变得过于庞大，质量难求。

二 国家数据统计：学前教育发展状况

2011—2017年时期的学前教育数据收集从幼儿园园所发展规模、在园幼儿人数、幼儿教师队伍发展、国家财政教育经费投入四个方面展开。

（一）幼儿园园所发展规模

从表18.10可知，2011—2016年时期，幼儿园园所总数由约16.6万所上升到约24万所，6年时间增加幼儿园约8.5万所，总体呈现急剧上升的态势。其中，民办幼儿园数量由约11.5万所上升到约15.4万所，6年时间增加约4万所，总体呈现明显的上升态势。

第四部分 提出"儿童最大利益"原则时期（2011—2017年）

表 18.10　　　　幼儿园园所数（2011—2016年）

年份	幼儿园园所总数（所）	其中：民办幼儿园数（所）
2011	166750	115404
2012	181251	124638
2013	198553	133451
2014	209881	139282
2015	223683	146376
2016	239812	154203

图18.1显示：2011—2016年时期，幼儿园园所总数呈比较陡峭的上升趋势，民办与公办幼儿园园所数量，双双呈现平稳上升趋势。结果表明，这一时期公办与民办幼儿园的数量发展呈双翼齐飞状态，总数的急剧上升由公办与民办幼儿园共同发展导致。

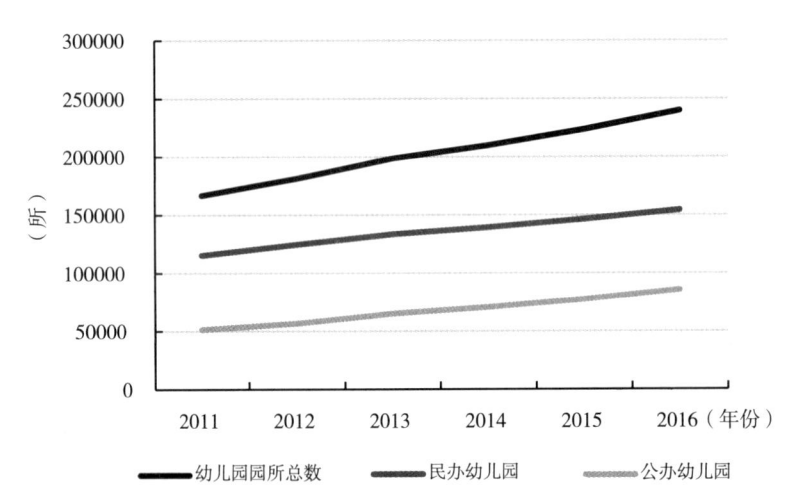

图 18.1　总数、公办与民办园所数量变化趋势（2011—2016年）

图18.2，民办与公办的园所变化比较显示：公办与民办幼儿园的基数相差一倍，即民办幼儿园数是公办幼儿园数的一倍。2011—2016年，公办与民办幼儿园数量发展是同步呈逐年递增态势。

（二）在园幼儿人数

从表18.11可知，5年时间，幼儿在园总人数从2011年的3424.45万人提升到2015年的4264.83万人，总人数提升约850万人。其中，城市在园幼儿人数提升约350万人，城镇在园幼儿人数提升约400万人，农村

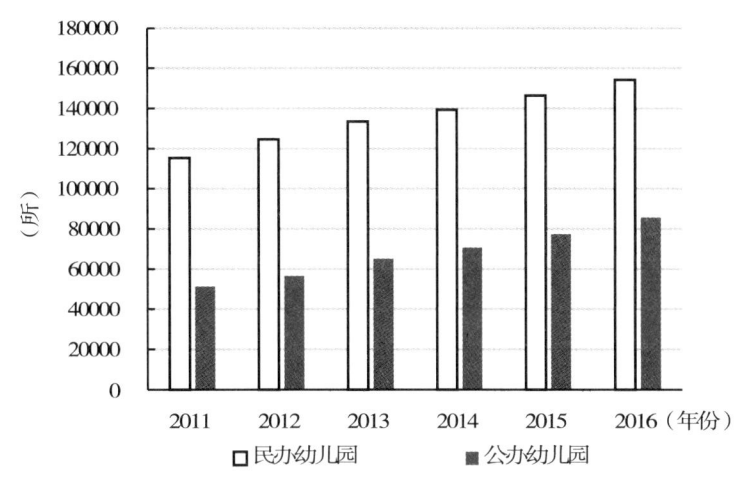

图 18.2　公办与民办园所数量变化比较（2011—2016 年）

在园幼儿人数约提升 100 万人，幼儿在园人数的提升主要集中在城市与城镇区域，农村在园幼儿人数提升不显著。

表 18.11　　　　　　在园幼儿人数（2011—2015 年）

年份	在园幼儿总人数（万人）	城市在园幼儿人数（万人）	城镇在园幼儿人数（万人）	农村在园幼儿人数（万人）	其中：小学附设学前班幼儿人数（万人）
2011	3424.45	1147.15	1283.5	993.79	
2012	3685.76	1250.81	1395.18	1039.78	
2013	3894.69	1317.56	1497.88	1079.24	
2014	4050.71	1405.95	1554.90	1089.86	
2015	4264.83	1489.79	1661.46	1113.58	

从图 18.3 可以看出，2011—2015 年时期，在园幼儿总数呈现稳定上升的趋势。

从图 18.4 可以看出，2011—2015 年时期，城镇在园幼儿人数与农村在园幼儿人数呈现极度不平衡状态，农村在园幼儿人数占极少数量，中国广大的农村地区幼儿入园率仍维持在很低水平。五年期间，城镇入园率呈逐年递增趋势，农村入园率基本维持不变。

（三）幼儿园教师队伍发展情况

1. 幼儿园教师人数规模

从表 18.12 可知，全国幼儿园专任教师总人数由 2011 年的 131.56 万

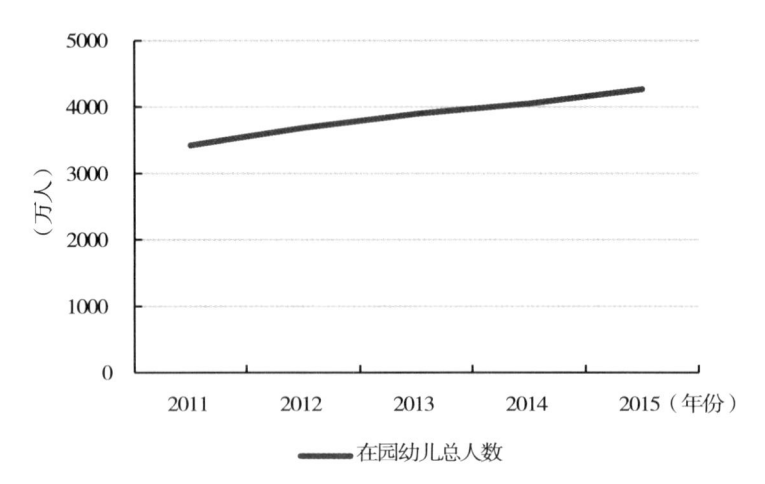

图 18.3　在园幼儿总人数变化趋势（2011—2015 年）

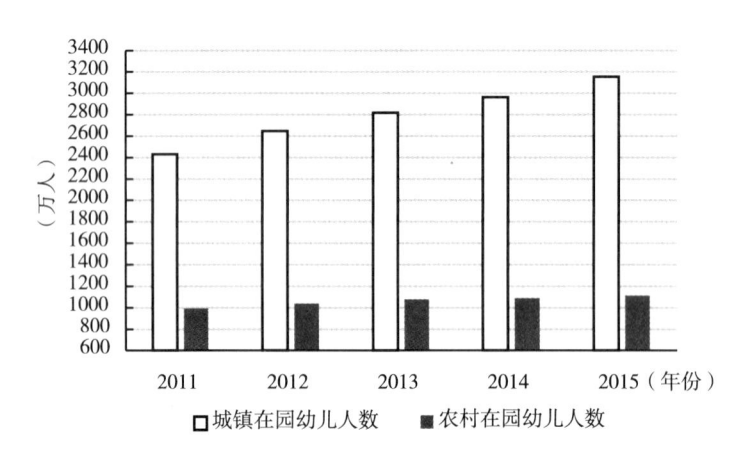

图 18.4　城镇与农村在园幼儿人数比较（2011—2015 年）

人提升到 2016 年的 223.21 万人，数量增加 91.65 万人，增量显著。其中，城市幼儿园专任教师增加 38.79 万人，县镇幼儿园专任教师增加 35.98 万人，农村幼儿园专任教师人数增加 16.88 万人。幼儿园专任教师人数增量主要来自城市与县镇幼儿园。

表 18.12　　　　幼儿园专任教师人数（2011—2016 年）

年份	学前教育专任教师人数（万人）				园长（万人）
	合计	城市	县镇	农村	
2011	131.56	66.07	45.32	20.17	18.04

续表

年份	学前教育专任教师人数（万人）				园长（万人）
	合计	城市	县镇	农村	
2012	147.93	73.73	51.24	22.96	19.82
2013	166.35	80.22	59.3	26.83	22.16
2014	184.42	88.44	65.9	30.08	23.62
2015	205.1	95.63	75.33	34.14	25.21
2016	223.21	104.86	81.30	37.05	26.67

从图18.5可知，2011—2016年，幼儿园专任教师总人数呈现稳定上升的趋势。

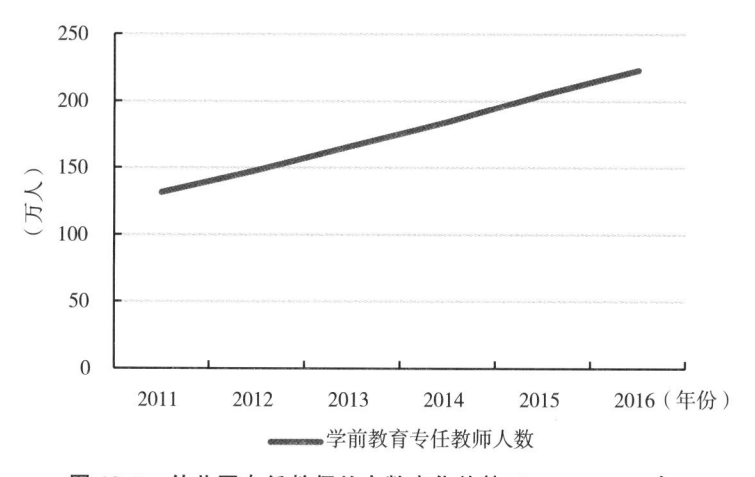

图18.5 幼儿园专任教师总人数变化趋势（2011—2016年）

从图18.6可以看出，2011—2016年时期，城镇（包括城市与县镇）与农村幼儿园专任教师人数呈现出极度不平衡态势，农村专任教师人数占比很小。2011—2016年，城镇幼儿园专任教师呈现逐年递增趋势，农村幼儿园专任教师逐年略有递增，但递增趋势不明显。

2. 幼儿园教师学历与专业状况

从表18.13可以看出，2011—2016年，幼儿园园长与教师总数由约150万人增加到250万人，6年增加100万人，增量惊人。其中，专科毕业生由74万人增加到141万人，翻了一番。总增量100万人中专科毕业生占70万人。这6年中，本科生也增量明显，由21万人增加到52万人，

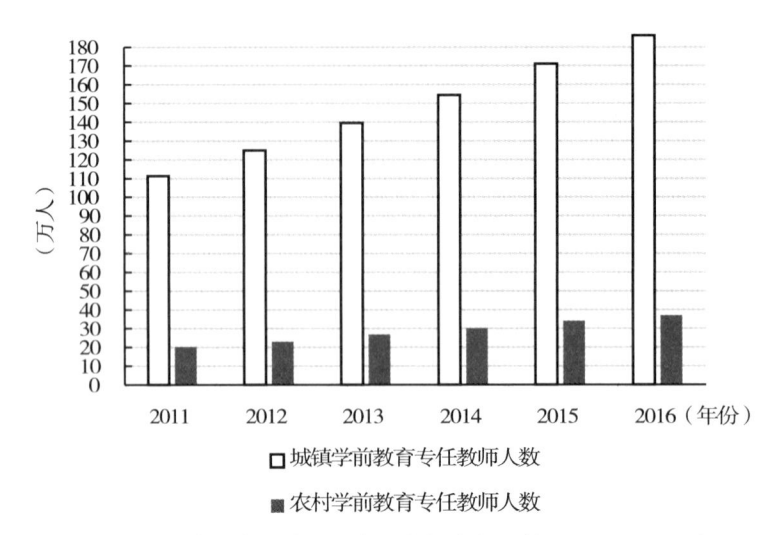

图 18.6　城镇与农村幼儿园专任教师人数比较（2011—2016 年）

增加 30 万人。专科与本科毕业生成为这一时期最重要的教师来源。

表 18.13　幼儿园园长与教师学历、专业情况（2011—2016 年）

年份		2011	2012	2013	2014	2015	2016
总计	合计	1495991	1677475	1885093	2080317	2303134	2498783
	园长	180357	198238	221606	236169	252113	266716
	教师	1315634	1479237	1663487	1844148	2051021	2232067
研究生毕业	合计	2962	3393	4291	5225	5875	6654
	园长	1592	1741	2047	2405	2597	2791
	教师	1370	1652	2244	2820	3278	3863
本科毕业	合计	207454	256028	313650	377392	448990	522639
	园长	37070	44787	53819	62786	72965	83313
	教师	170384	211241	259831	314606	376025	439326
专科毕业	合计	742087	854014	989945	1117219	1270226	1408570
	园长	91792	103449	118404	127293	135855	143245
	教师	650295	750565	871541	989926	1134371	1265325
高中阶段毕业	合计	496757	515125	526263	529036	529441	513707
	园长	46044	44331	43517	40048	37412	34372
	教师	450713	470794	482746	488988	492029	479335

续表

年份		2011	2012	2013	2014	2015	2016
高中阶段毕业以下	合计	46731	48915	50944	51445	48602	47213
	园长	3859	3930	3819	3637	3284	2995
	教师	42872	44985	47125	47808	45318	44218

（四）国家财政教育经费投入无数据统计时期

由表18.14可见，2011年国家财政投入学前教育的经费为415.7亿元，与2010年的244亿元相比，翻了近一番。到2013年，再在2011年的415.7亿元上翻一番，达到862亿元，2014年为934亿元。从2013—2014年的数据来看，财政经费投入的结束急剧增长趋势，不再是几百亿一年的增加，这一年增加72亿元。从2011年开始，中国学前教育进入历史上从未有过的快速发展时期，而国家财政经费投入则是学前教育快速发展的保障。

表18.14 国家财政教育经费投入状况（2011—2014年）

年份	2011	2012	2013	2014
教育经费（万元）	4156986.1	无	8623715.6	9340519.4

第二节 6—14岁儿童的教育

2011—2017年时期，是中国推进义务教育均衡发展、促进教育公平时期。在平衡义务教育的城乡、校际、群体等方面，中国政府投入了大量的政策与举措，取得了不错的成果。

一 国家政策动向：推进义务教育均衡发展、促进教育公平时期

（一）"推进义务教育均衡发展、促进教育公平"的全局性政策

2011年，所有省（区、市）通过了国家"普九"验收，中国城乡免费九年义务教育达到全面普及。鉴于此，义务教育的发展目标不再是提升入学率，而是提升教育质量。在由量的发展转向质的发展过程中，最突出的问题是教育质量存在的巨大的城乡差距、区域差距和校际差距以及由此

导致的教育不公平现象①。因此，2011年以后，中央义务教育政策的制定与实施以"推进义务教育均衡发展、促进教育公平"为目标，重点解决义务教育存在的城乡、区域和校际差距，重心在农村义务教育。在推进义务教育均衡发展、促进教育公平阶段，国家政策主要从以下四个方面展开：教育均衡督导评估等全局性政策，平衡城乡差距的政策，平衡校间差距的政策，平衡群体差距的政策。

1. 教育均衡督导评估等旨在教育均衡的全局性政策

这一时期，教育部制定并启动了县域义务教育均衡发展督导评估制度。2012年1月20日，教育部印发了《县域义务教育均衡发展督导评估暂行办法》，建立县域义务教育均衡发展督导评估制度，对实现县域义务教育发展基本均衡县进行督导检查和评估认定。2012年9月9日，国务院颁布《教育督导条例》，规定从2012年10月1日起实施。这是我国第一部专门、完整的关于教育督导的法规，旨在提高教育质量、促进教育公平、推动教育事业科学发展。2016年7月2日，国务院颁布《关于统筹推进县域内城乡义务教育一体化改革发展的若干意见》，提出了义务教育城乡一体化的五年目标：到2020年，城乡二元结构壁垒基本消除，九年义务教育巩固率达到95%，县域义务教育均衡发展和城乡基本公共教育服务均等化基本实现。2017年5月12日，教育部印发《县域义务教育优质均衡发展督导评估办法》（以下简称《办法》），其目的是在基本均衡发展的基础上，进一步巩固成果、提高质量，走向优质均衡。《办法》与2012年相比具有一些新特点，可以概括为"三新一重"②：新指标、新标准、新方法、重质量。新《办法》颁布，标志着我国义务教育均衡目标由基本均衡走向优质均衡。2017年12月12日，国务院颁布并实施《加快中西部教育发展工作督导评估监测办法》，对督导评估监测工作的原则、内容、程序做出规定。旨在推动改变教育区域发展不平衡状况，缩小东中西之间差距，促进教育公平。

其他促进教育均衡的全局性政策。2012年6月14日，教育部印发了《国家教育事业发展规划第十二个五年规划》，提出了要把促进公平作为

---

① 《中国"十二五"教育成就与"十三五"教育发展展望》，第106页。
② 李澈：《巩固义务教育均衡成果重在提高质量——教育部教育督导局负责人就〈县域义务教育优质均衡发展督导评估办法〉答记者问》，《中国教育报》2017年5月24日。

国家基本教育政策，着力促进教育机会公平。制定了"十二五"期间东部地区实现城乡教育一体化，其他地区逐步实现城乡教育一体化的发展目标。2012年9月5日，国务院颁布《关于深入推进义务教育均衡发展的意见》，从优质教育资源共享、办学资源配置、教师资源配置、特殊群体接受义务教育等七个方面对促进义务教育均衡发展进行了规定。2013年7月11日，教育部等五部门颁布《关于2013年规范教育收费治理教育乱收费工作的实施意见》，旨在规范办学行为，促进教育的公平公正，切实解决教育乱收费问题。2014年8月2日，教育部印发《义务教育学校管理标准（试行）》，要求学校通过免试就近入学、实行均衡编班，建立"控辍保学"工作机制，平等对待每位学生。2017年12月4日，在修订2014年8月2日试行版的基础上，教育部颁布正式版的《义务教育学校管理标准》，打开"标准引领、管理规范、内涵发展、富有特色"的义务教育良好局面，深入义务教育的均衡与公平发展。

表18.15为2011—2017年，中国中央政府制定与实施的推进义务教育进一步均衡发展的全局性政策。

表18.15　进一步推进义务教育均衡发展的全局性政策（2011—2017年）

颁布时间	颁布部门	名称
2012.01.20	教育部	《县域义务教育均衡发展督导评估暂行办法》
2012.06.17	教育部	《国家教育事业发展规划第十二个五年规划》
2012.09.05	国务院	《关于深入推进义务教育均衡发展的意见》
2012.09.09	国务院	《教育督导条例》
2013.07.11	教育部等五部门	《关于2013年规范教育收费治理教育乱收费工作的实施意见》
2014.08.02	教育部	《义务教育学校管理标准（试行）》
2016.07.02	国务院	《关于统筹推进县域内城乡义务教育一体化发展发展的若干意见》
2017.05.12	教育部	《县域义务教育优质均衡发展督导评估办法》
2017.12.04	教育部	《义务教育学校管理标准》
2017.12.12	国务院	《加快中西部地区教育发展工作督导评估监测办法》

2. 旨在平衡城乡差距的政策

这个时期，为了缩小义务教育的城乡差距，国家政策向农村倾斜，加大农村教育投入，全面改善农村义务教育条件。2011年8月16日，教育部、卫生部颁布《农村寄宿制学校生活卫生设施建设与管理规范》，对饮水、厕所、床位、食堂等卫生与管理做出具体、翔实的规定。2011年11月23日，国务院颁布《关于实施农村义务教育学生营养改善计划的意见》，将农村义务教育学校的学生食堂列为重点建设内容，提高家庭经济困难寄宿生生活费的补助标准，强调补助资金严格用于为学生提供食品，不得他用。2012年5月23日，教育部等十五部门《关于印发〈农村义务教育学生营养改善计划实施细则〉等五个配套文件的通知》。这五个配套文件分别为《农村义务教育学生营养改善计划实施细则》《农村义务教育学生营养改善计划食品安全保障管理暂行办法》《农村义务教育学校食堂管理暂行办法》《农村义务教育学生营养改善计划实名制学生信息管理暂行办法》《农村义务教育学生营养改善计划信息公开公示暂行办法》。颁布这些系列文件，旨在进一步规范对农村义务教育学生营养改善计划实施工作的管理，切实有效地改善农村学生营养健康状况。2012年9月6日，国务院颁布《规范农村义务教育学校布局调整的意见》，旨在坚决制止盲目撤并农村义务教育学校的状况，暂停农村义务教育学校撤并。采取多种措施办好村小和教学点，解决学校撤并带来的突出问题。2012年9月20日，教育部等五部门联合发出《关于大力推进农村义务教育教师队伍建设的意见》，提出建立农村义务教育教师补充新机制，实行城乡统一的中小学编制标准、多渠道扩充农村优质师资来源、建立健全城乡教师校长轮岗交流制度、切实保障农村教师待遇等政策措施。2013年1月26日，教育部颁布《关于2013年深化教育领域综合改革的意见》，改革教师管理制度。设立专项资金，大幅度提高中西部贫困地区、民族地区村小和教学点教师待遇，吸引优秀人才在村小和教学点长期从教。2013年12月31日，教育部、发改委、财政部联合颁布《关于全面改善贫困地区义务教育薄弱学校基本办学条件的意见》，提出以中西部农村贫困地区为主，兼顾东部部分困难地区，计划用3—5年的时间为中西部农村贫困地区教育"补短板"。2015年4月1日，国务院颁布《乡村教师支持计划（2015—2020年）》（以下简称《计划》）。这是中华人民共和国历史上第一个关于乡村教师队伍建设的专门文件，意味着乡村教师队伍的建设已经上升为国家战略。为了落实《计划》，教育部围绕乡村教师"下得去""留得住""教得好"采取了一系列措施，同时，把加强乡村教师队伍建设列入督导工作的重要任务。2015年11月25日，国务院颁布《关于进一步完善城乡义务教育经费保障机制的通知》，要求各有关部门按照"完善机制、城乡一体；加大投入、突出重点；创新管理、推进改革；分步实施、有序推进"的原则，建立城乡统一、重在农村的义务教育经费保障机制。

表18.16为2011—2017年，中国中央政府制定与实施的旨在平衡城乡差距的政策。

表18.16　　　　旨在平衡城乡差距的政策（2011—2017年）

颁布时间	颁布部门	名称
2011.08.216	教育部、卫生部	《农村寄宿制学校生活卫生设施建设与管理规范》
2011.11.23	国务院	《关于实施农村义务教育学生营养改善计划的意见》
2012.05.23	教育部等十五部门	《农村义务教育学生营养改善计划实施细则》
2012.05.23	教育部等十五部门	《农村义务教育学生营养改善计划食品安全保障管理暂行办法》
2012.05.23	教育部等十五部门	《农村义务教育学校食堂管理暂行办法》
2012.05.23	教育部等十五部门	《农村义务教育学生营养改善计划实名制学生信息管理暂行办法》
2012.05.23	教育部等十五部门	《农村义务教育学生营养改善计划信息公开公示暂行办法》
2012.09.06	国务院	《规范农村义务教育学校布局调整的意见》
2012.09.20	教育部等五部门	《关于大力推进农村义务教育队伍建设的意见》
2013.01.26	教育部	《关于2013年深化教育领域综合改革的意见》
2013.12.31	教育部、发改委、财政部	《关于全面改善贫困地区义务教育薄弱学校基本办学条件的意见》
2015.04.01	国务院	《乡村教师支持计划（2015—2020年）》
2015.11.25	国务院	《关于进一步完善城乡义务教育经费保障机制的通知》

3. 旨在平衡校间差距的政策

这时期有关平衡校间差距政策的主要任务是落实义务教育免试就近入学规定，强化学区制和九年一贯对口招生。2014年1月14日，教育部颁布《关于进一步做好小学升初中免试就近入学工作的实施意见》，提出了优质初中纳入多校划片范围，试行学区化办学以及学区内校长教师资源均衡配置，全面实行阳光招生。2014年9月2日，教育部等三部委联合颁布《关于推进县（区）域内义务教育学校校长教师交流轮岗的意见》（以下简称《意见》），对县域义务教育学校的校长和教师轮岗的工作目标、人员范围、方式方法、激励保障机制、管理体制、责任主体等做出具体规定。《意见》是新型城镇化背景下建立城乡教师队伍一体化发展机制的重要内容，是解决城市择校难题、促进义务教育均衡发展的关键举措，也是深化教师人事制度综合改革的必然要求，对于教师资源均衡配置将产生重要的推动作用。

这一时期颁布的旨在平衡校间差距的政策，本意是解决择校导致的教育不公平，所以，推行免试就近入学政策。但是，不得不说，免试就近入学政策的执行，虽然抑制了择校竞争现象，但又带来了学区房价格飙升这一新的社会问题。

表 18.17 为 2011—2017 年，中国中央政府制定与实施的旨在平衡校间差距的政策。

表 18.17　　　　旨在平衡校间差距的政策（2011—2017 年）

颁布时间	颁布部门	名称
2014.1.14	教育部	《关于进一步做好小学升初中免试就近入学工作的实施意见》
2014.9.2	教育部、财政部、人力资源和社会保障部	《关于推进县（区）域内义务教育学校校长教师交流轮岗的意见》

4. 旨在平衡群体差距的政策

这时期出台的政策，加大了对特殊与弱势群体的扶持力度。2011 年 8 月 25 日，教育部颁布《关于做好 2011 年秋季开学进城务工人员随迁子女义务教育就学工作的通知》（以下简称《通知》），《通知》提出五个要求：确保符合条件的随迁子女有学上、确保随迁子女义务教育经费到位、确保随迁子女不因家庭经济困难失学、对以接受随迁子女为主的学校进行帮扶、对随迁子女就学工作进行专项督查。2012 年 8 月 30 日，教育部等四部门颁布《关于做好进城务工人员随迁子女接受义务教育后在当地参加升学考试工作意见》，针对随迁子女升学考试工作，在重要性、主要原则、具体政策制定、内容、组织协调五方面做出部署。2013 年 1 月 4 日，教育部等五部门印发《关于加强义务教育阶段农村留守儿童关爱和教育工作的意见》（以下简称《意见》）。《意见》包括高度重视针对留守儿童工作、明确留守儿童工作的基本原则、切实改善留守儿童教育条件、不断提高留守儿童教育水平、逐步构建社会关爱服务机制五个部分，旨在进一步保障留守儿童平等接受义务教育的权益。2014 年 12 月 25 日，国务院颁布《国家贫困地区儿童发展规划（2014—2020 年）》，旨在进一步促进贫困地区儿童发展，保障教育的均衡。

表 18.18 为 2011—2017 年，中国中央政府制定与实施的旨在平衡群体差距的政策。

表 18.18　　　　旨在平衡群体差距的政策（2011—2017 年）

颁布时间	颁布部门	名称
2011.08.25	教育部	《关于做好 2011 年秋季开学进城务工人员随迁子女义务教育就学工作的通知》
2012.08.30	教育部等四部门	《关于做好进城务工人员随迁子女接受义务教育后在当地参加考试工作意见》
2013.01.04	教育部等五部门	《关于加强义务教育阶段农村留守儿童关爱和教育工作的意见》
2014.12.25	国务院	《国家贫困地区儿童发展规划（2015—2020 年）》

（二）全面落实"省级统筹"义务教育管理体制阶段

2011 年 1 月 12 日，国务院颁布《关于开展国家教育体制改革试点的通知》，对省级政府承担的教育统筹职责提出了相关要求，包括统筹推进各级各类教育协调发展，统筹编制符合国家要求和本地实际的办学条件、教师编制、招生规模等基本标准，统筹建立健全的以政府投入为主、多渠道筹集教育经费、保障教育投入稳定增长的体制机制。

2012 年 11 月 26 日，财政部、教育部颁布《关于切实加强义务教育经费管理的紧急通知》。《通知》明确指出，省级财政和教育部门应当按照"经费省级统筹"的原则，明确辖区内各级财政应承担的义务教育经费，落实省级财政投入。

2013 年 11 月 15 日，国务院颁布《中共中央关于全面深化改革若干重大问题的决定》（以下简称《决定》）。就深化教育改革问题，《决定》明确提出要"扩大省级政府教育统筹权"，这是教育体制改革进入"深水区"后的一个战略设计，也是推进教育改革发展的新路径，标志着 2006 年以来的义务教育"省级统筹"管理体制进入一个新阶段。正如时任教育部副部长王湛所说"提出加强省级政府教育统筹最初起源于义务教育均衡发展，但目前已远远超越这一范围"[①]。

表 18.19 为 2011—2017 年，中央政府制定与实施的义务教育管理体

---

① 黄俭：《中国义务教育省级统筹问题研究》，博士学位论文，武汉大学，2015 年。

制改革政策。

表 18.19　　管理体制的改革与发展政策（2011—2017 年）

颁布时间	颁布部门	名称
2001.05.29	国务院	《关于基础教育改革与发展的决定》
2002.04.14	国务院	《关于完善农村义务教育管理体制的通知》
2003.09.17	国务院	《关于进一步加强农村教育工作的决定》
2005.12.24	国务院	《关于深化农村义务教育经费保障机制改革的通知》
2006.06.29	全国人大	《中华人民共和国义务教育法》
2008.08.12	国务院	《关于做好免除城市义务教育阶段学生学杂费工作的通知》
2011.01.12	国务院	《关于开展国家教育体制改革试点的通知》
2012.11.26	财政部 教育部	《关于切实加强义务教育经费管理的紧急通知》
2013.11.15	国务院	《中共中央关于全面深化改革若干重大问题的决定》

（三）经费投入全面纳入国家财政机制的科学化管理阶段

2010 年 7 月 29 日，国务院颁布的《国家中长期教育改革和发展规划纲要（2010—2020 年）》中就明确提出：加强经费管理——建立科学化、精细化预算管理机制。2012 年 11 月 26 日，财政部、教育部颁布《关于切实加强义务教育经费管理的紧急通知》。《通知》要求：省级财政和教育部门应当按照"经费省级统筹"的原则，明确辖区内各级财政应承担的义务教育经费，落实省级财政投入。

很显然，2010—2017 年，经费投入在全面纳入国家财政以后还有很长一段时间理顺体制、建立科学化经费投入机制的过程。

（四）国家层面部署，大力推进义务教育教师队伍建设阶段

到了 2010 年，义务教育发展方式已经进入由过去以规模扩张为特征的外延式发展转向以提高质量、优化结构为核心的内涵式发展阶段。而义务教育内涵式发展的关键是教师队伍的质量与内涵。这一时期，中央政府在推进教师队伍建设方面的政策密集出台，对教师队伍建设呈现前所未有的重视。出台的政策可以归纳为宏观政策、加强师德建设政策、提高教师专业水平政策、保障教师权益与待遇政策、健全教师队伍管理制度政策五类。

1. 教师队伍建设的宏观政策

2012 年 8 月 20 日，国务院颁布《关于加强教师队伍建设的意见》，

除总目标与重点任务外，对教师队伍建设从"加强师德建设""提高专业化水平""健全管理制度""保障教师权益与待遇""政策措施落到实处"五方面提出要求。接下去的义务教育教师队伍建设基本上是对国务院"关于加强教师队伍建设的意见"的贯彻与落实。

2012年9月20日，教育部等五部门颁布《关于大力推进农村义务教育教师队伍建设的意见》，提出推进农村义务教育教师队伍建设的九条意见。

2015年6月1日，国务院颁布《乡村教师支持计划（2015—2020年）》，从"重要意义""总体要求""主要举措""组织实施"四个方面进行部署，旨在加强乡村教师队伍建设，明显缩小城乡师资水平差距。

表18.20为2011—2017年，中国政府制定并颁布与教师队伍建设相关的宏观政策。

表18.20　　与教师队伍建设相关的宏观政策（2011—2017年）

颁布时间	颁布部门	名称
2012.08.20	国务院	《关于加强教师队伍建设的意见》
2012.09.20	教育部等五部门	《关于大力推进农村义务教育教师队伍建设的意见》
2015.06.01	国务院	《乡村教师支持计划（2015—2020年）》

2. 加强师德建设的政策

2013年9月2日，教育部颁布《关于建立健全中小学师德长效机制的意见》，针对当时引起社会广泛关注的极少数教师严重违反师德现象的问题，提出健全教育、宣传、考核、监督与奖惩相结合的中小学师德建设长效机制的七条意见。

2014年1月11日，教育部颁布《中小学教师违反职业道德行为处理办法》。《处理办法》以《中华人民共和国教育法》《中华人民共和国未成年人保护法》《中华人民共和国教师法》《教师资格条例》等法律法规为依据制定，旨在规范教师职业行为，保障教师、学生的合法权益。

2014年7月8日，教育部颁布《严禁教师违规收受学生及家长礼品礼金等行为的规定》，针对教师利用职务便利违规收受学生及家长礼品礼金等不正之风，做出六项严禁规定。

表18.21为2011—2017年，中国政府制定并颁布与教师队伍建设中师德建设有关的政策。

表 18.21　　　　　　　师德建设政策（2011—2017 年）

颁布时间	颁布部门	名称
2013.09.02	教育部	《关于建立健全中小学师德长效机制的意见》
2014.01.11	教育部	《中小学教师违反职业道德行为处理办法》
2014.07.08	教育部	《严禁教师违规收受学生及家长礼品礼金等行为的规定》

3. 提高教师专业水平的政策

表 18.22 为 2011—2017 年，中国政府制定并颁布与教师队伍建设中与提高专业水平相关的政策。

表 18.22　　　　　　　提高专业水平政策（2011—2017 年）

颁布时间	颁布部门	名称
2011.01.04	教育部	《关于大力加强中小学教师培训工作的意见》
2011.10.08	教育部	《教师教育课程标准（试行）》
2011.10.08	教育部	《关于大力推进教师教育课程改革的意见》
2012.09.06	教育部、发改委、财政部	《关于深化教师教育改革的意见》
2013.05.06	教育部	《关于深化中小学教师培训模式改革全面提升培训质量的指导意见》
2013.08.29	教育部	《关于进一步加强中小学校长培训工作的意见》
2014.08.18	教育部	《关于实施卓越教育培养计划的意见》

4. 保障教师权益与待遇的政策

表 18.23 为 2011—2017 年，中国政府制定并颁布与教师队伍建设中与保障权益与待遇相关的政策。

表 18.23　　　　　　　保障权益与待遇政策（2011—2017 年）

颁布时间	颁布部门	名称
2010.09	教育部、发改委	《关于实施农村边远艰苦地区学校教师周转宿舍建设试点项目的指导意见》
2011.11.25	教育部、发改委	《关于编制边远艰苦地区农村学校教师周转宿舍建设规划的通知》
2012.09	教育部、发改委	《关于印发边远艰苦地区农村学校教师周转宿舍建设规划的通知》
2013.09.13	教育部、财政部	《关于落实 2013 年中央 1 号文件要求 对在连片特困地区工作的乡村教师给予生活补助的通知》

5. 健全教师队伍管理制度的政策

表 18.24 为 2011—2017 年，中国政府制定并颁布与教师队伍建设中与健全管理制度相关的政策。

表 18.24　　　　健全管理制度政策（2011—2017 年）

颁布时间	颁布部门	名称
2011.08	教育部	《关于开展中小学和幼儿园教师资格考试改革试点的指导意见》
2011.09.05	教育部、财政部	《支持中西部农村偏远地区开展学前教育巡回支教试点工作方案》
2011.12.12	教育部	《小学教师专业标准（试行）》
2011.12.12	教育部	《中学教师专业标准（试行）》
2012.08.13	教育部	《关于 2012 年扩大中小学教师资格考试改革和定期注册制度试点工作的通知》
2013.02.04	教育部	《义务教育学校校长专业标准》
2013.08.15	教育部	《中小学教师资格考试暂行办法》
2013.08.15	教育部	《中小学教师资格定期注册暂行办法》
2013.08.15	教育部	《关于扩大中小学教师资格考试与定期注册制度改革试点的通知》
2014.08.13	教育部、财政部、人力资源和社会保障部	《关于推动县（区）域内义务教育学校校长教师交流轮岗的意见》
2014.11.13	中央编办、教育部、财政部	《关于统一城乡中小学教职工编制标准意见的通知》
2014.11.19	教育部	《关于组织申报首批义务教育教师队伍"县管校聘"管理改革示范区的通知》
2015.07.20	教育部	《关于进一步扩大中小学教师资格考试与定期注册制度改革试点的通知》
2015.08.28	人力资源和社会保障部、教育部	《关于深化中小学教师职称制度改革的指导意见》

二　国家数据统计：义务教育发展状况

2011—2017 年时期的义务教育数据收集从中小学学生入学率、中小学学校数量规模、中小学学生在校人数规模、中小学教师队伍建设情况、国家财政教育经费投入五个方面展开。

（一）中小学学生入学率情况

1. 小学学龄儿童入学率

从表 18.25 可知，2011—2016 年，中国小学学龄儿童入学率在

99.7%—99.9%波动，达到完全普及水平。

表18.25　　　　　　学龄儿童入学率（2011—2016年）

年份	2011	2012	2013	2014	2015	2016
入学率（%）	99.8	99.9	99.7	99.8	99.9	99.9

2. 学龄儿童初中入学率

从表18.26可知，2011—2016年小学毕业生升学率在98%—98.7%波动。

表18.26　　　　　　普通小学升学率（2011—2016年）

年份	2011	2012	2013	2014	2015	2016
升学率（%）	98.3	98.3	98.3	98.0	98.2	98.7

（二）中小学学校数量规模

1. 小学学校数量规模

从表18.27可知，中国小学学校数量由2011年的24.12万所下降到2016年的17.76万所，下降6.36万所。与前三个时期每十年下降约20万所的趋势相比，这一时期小学学校数量下降幅度减少。城镇小学学校数量基本维持不变，农村小学学校数量六年间下降约6万所。

表18.27　　　　　　普通小学学校数（2011—2016年）

年份	普通小学学校总数（万所）	城市普通小学学校数（万所）	县镇普通小学学校数（万所）	农村普通小学学校数（万所）
2011	24.12	2.62	4.60	16.90
2012	22.86	2.61	4.74	15.5
2013	21.35	2.6	4.72	14.03
2014	20.14	2.63	4.64	12.87
2015	19.05	2.61	4.61	11.84
2016	17.76	2.66	4.46	10.64

从图18.7可知，2011—2016年，中国小学学校数量呈逐渐下降趋势。

从图18.8可知，2011—2016年，城镇小学学校数量基本维持不变，

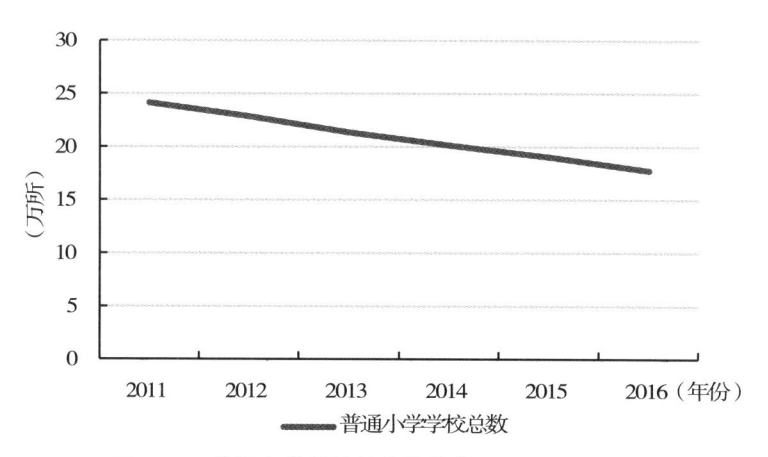

图 18.7　普通小学学校数变化趋势（2011—2016 年）

农村小学学校数量呈明显的下降趋势。到 2016 年，城镇与农村小学学校数量差距已经缩小。

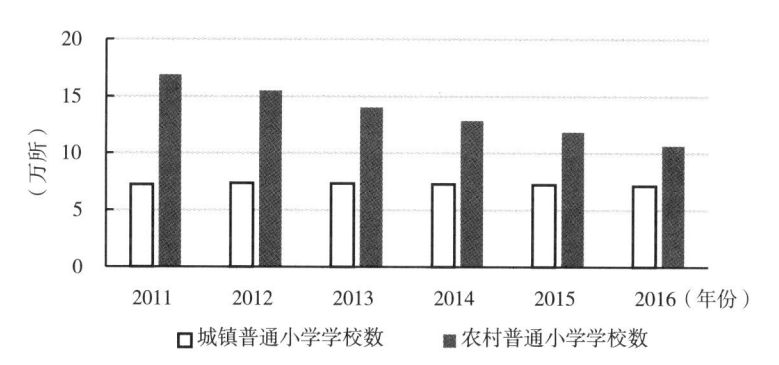

图 18.8　城镇与农村普通小学学校数比较（2011—2016 年）

2. 初中学校数量规模

从表 18.28 可知，中国初中学校数量由 2011 年的 54117 所下降到 2016 年的 52118 所，下降 1999 所，下降幅度平缓。十年间，城镇初中学校数量呈略微上升态势，农村呈下降态势。

表 18.28　　　　　　普通初中学校数（2011—2016 年）

年份	普通初中学校总数（所）	城市普通初中学校数（所）	县镇普通初中学校数（所）	农村普通初中学校数（所）
2011	54117	10758	22362	20997

续表

年份	普通初中学校总数（所）	城市普通初中学校数（所）	县镇普通初中学校数（所）	农村普通初中学校数（所）
2012	53216	10932	22876	19408
2013	52804	11124	23195	18485
2014	52623	11487	23429	17707
2015	52405	11499	23915	16991
2016	52118	11924	24023	16171

从图18.9可知，2011—2016年，中国初中学校数量呈逐年下降趋势。

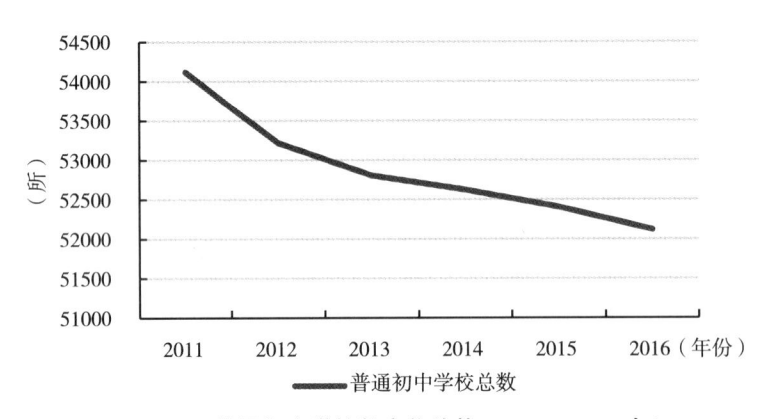

图18.9 普通初中学校数变化趋势（2011—2016年）

从图18.10可知，2011—2016年，城镇初中学校数量呈逐年略微上升趋势，农村初中学校数量呈比较明显的逐年下降趋势。到这一时期，城镇与农村初中学校数量呈现城镇多农村少的局面，到2016年城镇数量超农村数量一倍多。

（三）中小学学生在校人数规模

1. 小学生在校人数规模

从表18.29可知，2011年中国小学生在校总人数为9926.37万人，到2016年下降到9913.01万人，下降13.36万人。2011年小学生在校总人数中，农村小学生在校人数约占总人数的41%，城镇在校人数约占总数的59%，城镇小学生在校人数有史以来第一次反超农村。到2016年，农村小学生在校人数约占总人数的29%，城镇在校人数约占总数的71%。6

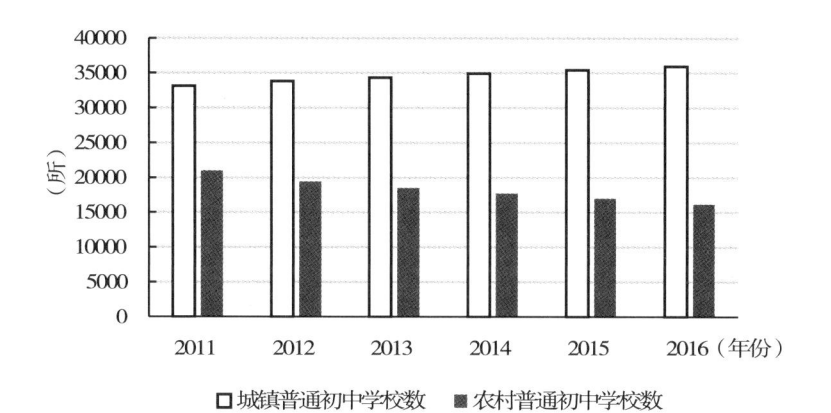

图 18.10 城镇与农村普通初中学校数变化比较（2011—2016 年）

年间，农村小学生在校人数减少 30%，城镇增加 30%，城镇与农村在校人数比为 2.5:1。

表 18.29 普通小学在校学生总人数（2011—2016 年）

年份	普通小学在校学生总人数（万人）	城市普通小学在校学生数（万人）	县镇普通小学在校学生数（万人）	农村普通小学在校学生数（万人）
2011	9926.37	2606.96	3254.21	4065.20
2012	9695.9	2688.43	3354.98	3652.49
2013	9360.55	2772.97	3370.54	3217.04
2014	9451.07	2943.25	3457.96	3049.86
2015	9692.18	3070.88	3655.4	2965.9
2016	9913.01	3267.18	3754.10	2891.73

从图 18.11 可知，2011—2016 年，中国小学在校学生数量呈先降后升的 U 型趋势。

从图 18.12 可知，2011—2016 年，城镇小学在校学生数量呈逐年略微上升趋势，农村小学在校学生数量呈明显的下降态势。6 年间，城镇与农村小学在校学生数量比，由 2011 年的 1.4:1 发展到 2016 年接近 2.5:1。

2. 中学生在校人数规模

从表 18.30 可知，2011 年中国初中生在校总人数为 5066.8 万人，到 2016 年下降到 4329.37 万人，下降 737.43 万人。2011 年，农村初中生在

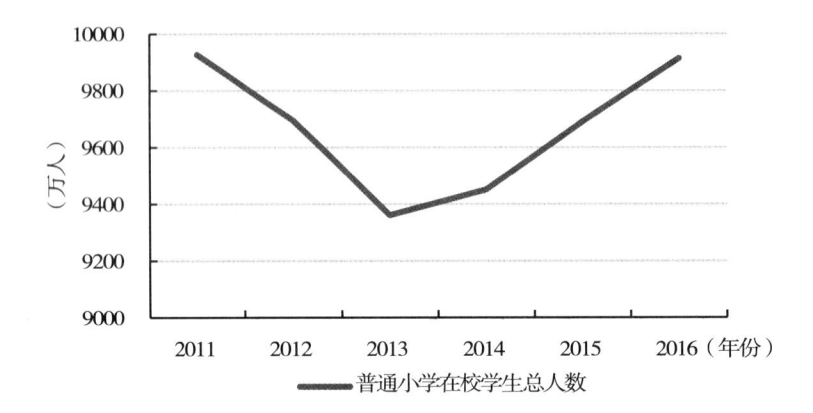

第四部分 提出"儿童最大利益"原则时期（2011—2017年）

图 18.11 普通小学在校学生数变化趋势（2011—2016年）

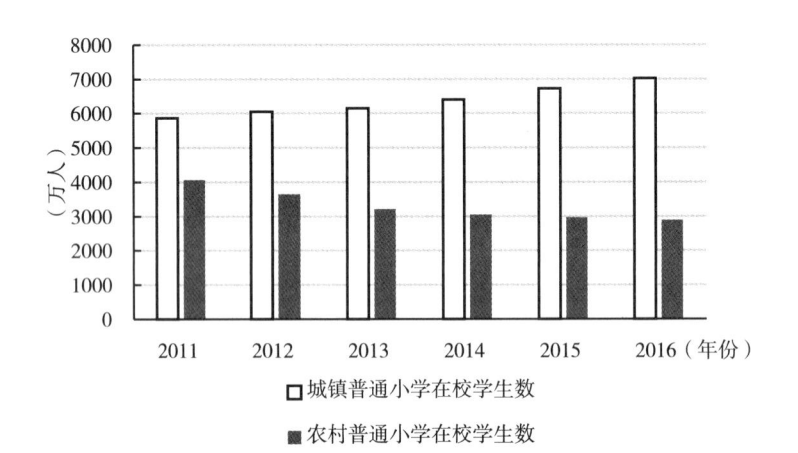

图 18.12 城镇与农村普通小学在校学生数变化比较（2011—2016年）

校人数约占总人数的23%，城镇在校人数约占总数的77%，与上一时期相比，这一时期的第一年就显示农村初中生在校人数已大幅度减少。到2016年农村初中生约占总人数的15%，城镇占75%。

表 18.30　　　　普通初中在校生人数（2011—2016年）

年份	普通初中在校学生总人数（万人）	城市普通初中在校学生数（万人）	县镇普通初中在校学生数（万人）	农村普通初中在校学生数（万人）
2011	5066.80	1436.40	2467.43	1162.98
2012	4763.06	1441.03	2347.94	974.1
2013	4440.12	1430.02	2195.57	814.53

续表

年份	普通初中在校学生总人数（万人）	城市普通初中在校学生数（万人）	县镇普通初中在校学生数（万人）	农村普通初中在校学生数（万人）
2014	4383.63	1468.7	2167.48	748.46
2015	4311.95	1441.01	2168.44	702.50
2016	4329.37	1489.42	2172.91	667.04

图 18.13 显示：2011—2013 年，中国初中在校学生数量呈急剧下降趋势，从 2014 年起下降趋势走向平缓。

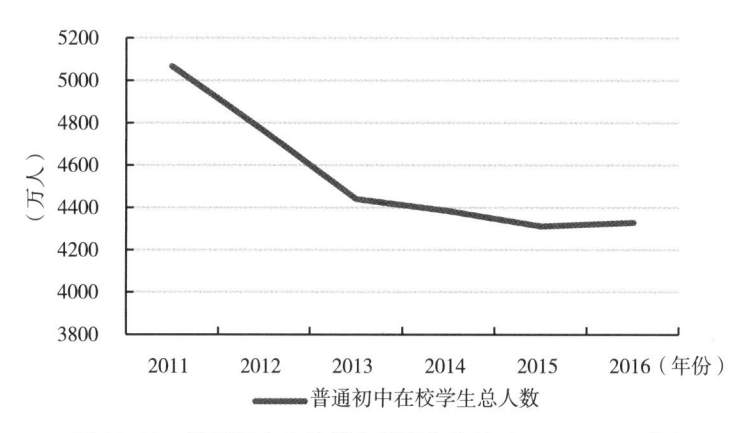

图 18.13 普通初中在校学生数变化趋势（2011—2016 年）

从图 18.14 可知，2011—2016 年，城镇初中在校学生数量总体呈稳定不变的态势，农村初中在校学生数量呈微微下降态势。2011 年城镇与农村初中在校学生数量比约为 3.5∶1，到 2016 年，学生数量比为 5.5∶1。

（四）中小学教师队伍建设情况

1. 小学教师队伍建设情况

（1）小学专任教师数量状况

从表 18.31 可知，2011 年中国小学专任教师总数为 516.39 万人，到 2016 年总数为 517.65 万人，6 年间数量保持稳定。2011 年，农村教师约占总数的 45%，城镇约占总数的 55%。到 2016 年，农村教师约占总数的 35%，城镇教师约占 65%。

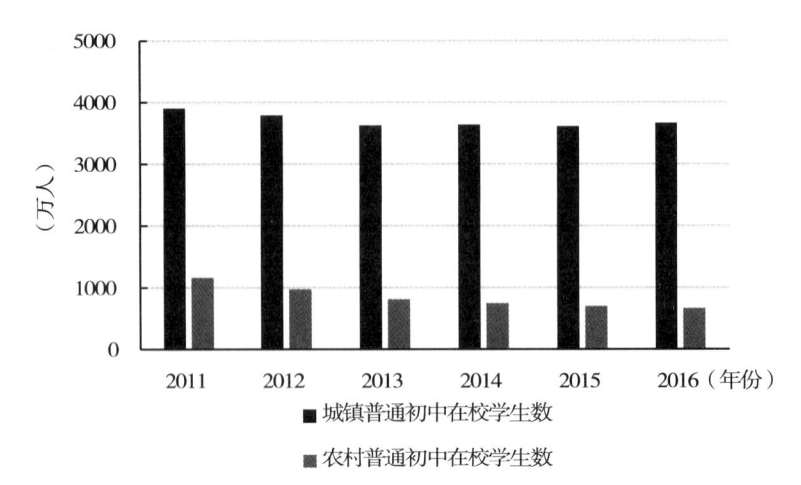

图 18.14 城镇与农村普通初中在校学生数变化比较（2011—2016 年）

表 18.31　　普通小学专任教师人数（2011—2016 年）

年份	普通小学专任教师总人数（万人）	城市普通小学专任教师数（万人）	县镇普通小学专任教师数（万人）	农村普通小学专任教师数（万人）
2011	516.39	121.67	164.40	230.31
2012	512.16	125.5	170.38	216.29
2013	509.66	129.33	174.21	206.12
2014	510.53	136.4	176.7	197.44
2015	511.28	140.72	181.40	189.16
2016	517.65	149.70	185.02	182.93

从图 18.15 可知，2011—2016 年，中国小学专任教师数量总体呈平稳态势，期间略有下降。

从图 18.16 可知，2011—2016 年，城镇小学专任教师数量呈微微上升趋势，农村小学专任教师呈下降趋势。2011 年城镇小学专任教师数量约多于农村小学专任教师数量，到 2016 年，城镇小学专任教师数量已经是农村小学专任教师数量的一倍。

（2）小学专任教师学历情况

从表 18.32 可知，2011 年，高中阶段毕业的教师约占总数的 17.7%，高中阶段以下毕业约占总数的 0.28%，专科文凭以上教师数约占总数的 80%。到 2016 年，高中阶段毕业的教师约占总数的 6.3%，高中阶段以下

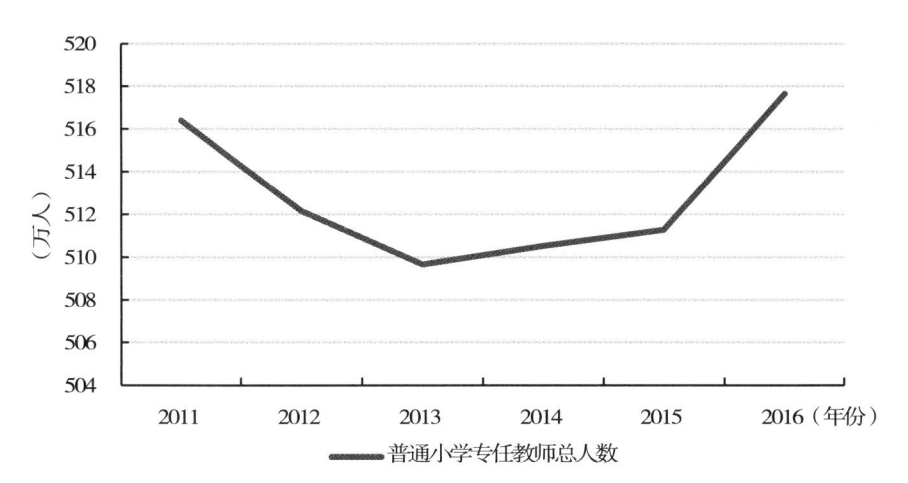

第十八章 2010—2017年时期儿童教育

图 18.15 普通小学专任教师总人数变化趋势（2011—2016 年）

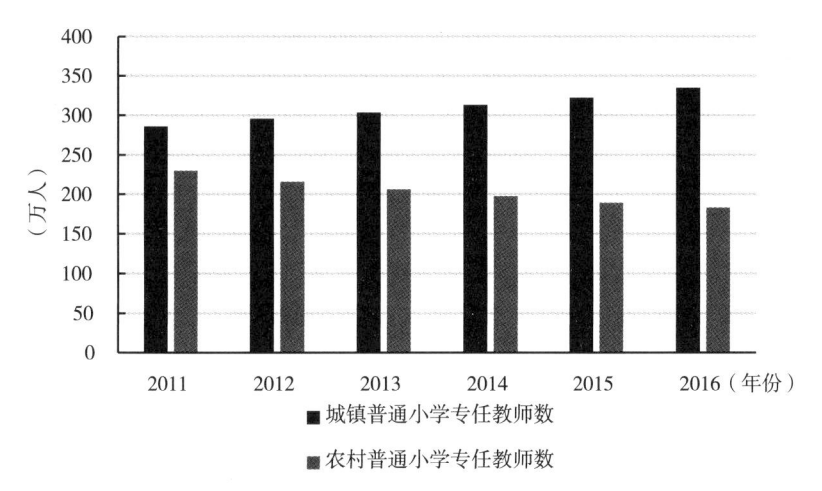

图 18.16 城镇与农村普通小学专任教师数变化比较（2011—2016 年）

毕业教师约占总数的 0.06%，专科文凭以上教师数约占总数的 93.7%。到 2016 年，本科毕业及以上教师数已经超过专科毕业数。

表 18.32　　小学专任教师学历情况（2011—2016 年）

年份	合计	研究生毕业	本科毕业	专科毕业	高中阶段毕业	高中阶段毕业以下
2011	5604861	10729	1584930	3003101	990413	15688
2012	5585476	14459	1805118	2922865	832459	10575
2013	5584644	20228	2059660	2797184	697973	9599

续表

年份	合计	研究生毕业	本科毕业	专科毕业	高中阶段毕业	高中阶段毕业以下
2014	5633906	27125	2321118	2713074	565804	6785
2015	5685118	35417	2575703	2612994	456061	4943
2016	5789145	44914	2874007	2502616	364105	3503

2. 初中教师队伍建设情况

（1）初中专任教师数量状况

从表18.33可知，2011年中国初中专任教师总数为352.45万人，到2015年总数下降到347.56万人，下降4.89万人。2011年，总数为352.45万人的初中专任教师中，农村教师约占总数的24%，城镇教师约占总数的76%。到2010年，农村教师数量总体呈下降趋势，占总数比也下降到18%。

表18.33　　普通初中专任教师数（2011—2015年）

年份	普通初中专任教师总人数（万人）	城市普通初中专任教师数（万人）	县镇普通初中专任教师数（万人）	农村普通初中专任教师数（万人）
2011	352.45	99.23	167.55	85.67
2012	350.44	102.15	170.12	78.16
2013	348.1	104.63	170.35	73.11
2014	348.84	109.67	170.68	68.49
2015	347.56	111.18	171.86	64.52

从图18.17可知，2011—2015年，中国初中专任教师数量变化总体呈下降态势，其中2011—2013年下降趋势明显，2014年教师数量出现微提升，但2015年再入下降通道。

从图18.18可知，2011—2015年，城镇初中专任教师数量呈微上升趋势，农村初中专任教师数量呈下降趋势。2001年城镇与农村小学专任教师数量比约3：1，到2015年，城镇与农村小学专任教师数量比约4：1。

（2）中学专任教师学历情况

从表18.34可知，2011年，本科毕业及以上学历者占总数的68.2%，专科毕业生占总数的31%，两类毕业生合起来占总数的99.2%。到2016年，本科毕业生及以上学历者占总数的82.5%，专科毕业生占总数的

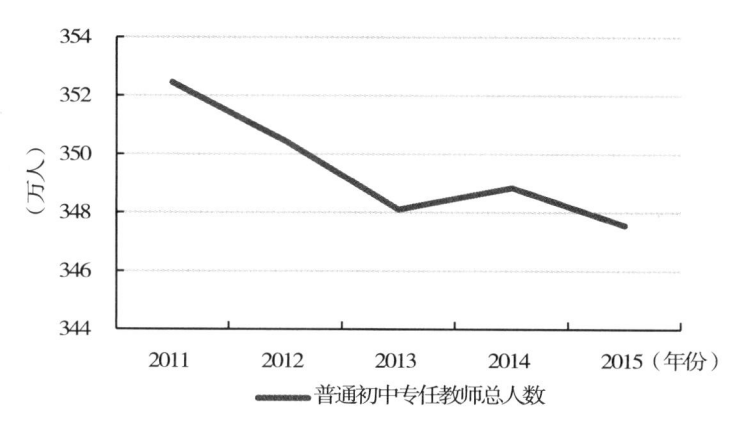

图 18.17 普通初中专任教师总人数变化趋势（2011—2015 年）

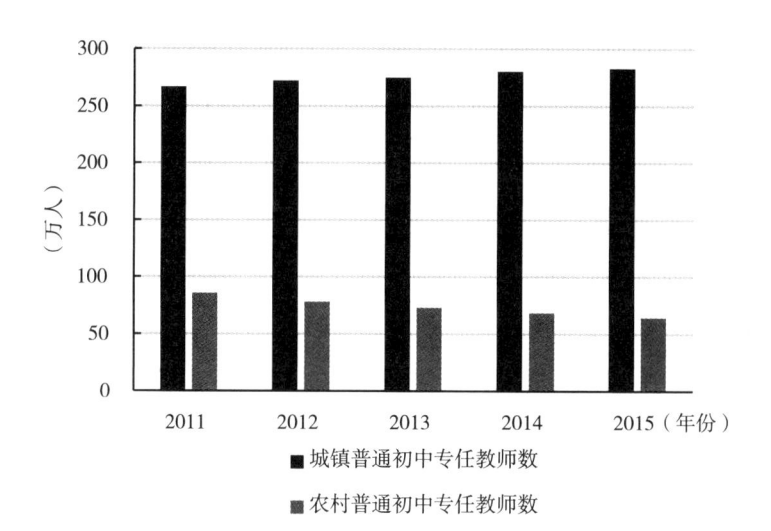

图 18.18 城镇与农村普通初中专任教师数变化比较（2011—2015 年）

17.3%，初中专任教师基本实现本科学历化。

表 18.34　　　　初中专任教师学历情况（2011—2016 年）

年份	合计（人）	研究生毕业	本科毕业	专科毕业	高中阶段毕业	高中阶段毕业及以下
2011	3524517	30237	2374096	1081867	37429	888
2012	3504363	36424	2473810	963243	30136	750
2013	3480979	45138	2561050	849842	24180	769
2014	3488430	54775	2662297	754918	15882	558

续表

年份	合计（人）	研究生毕业	本科毕业	专科毕业	高中阶段毕业	高中阶段毕业及以下
2015	3475636	65193	2723316	675293	11459	375
2016	3487789	76857	2799585	602922	8182	243

（五）国家财政教育经费投入情况

1. 小学教育国家财政经费投入情况

从表18.35可知，2011年国家财政对小学教育的经费投入约为5759.7亿元，到2014年提升到8314.5亿元，4年提升了2554.8亿元。

表18.35　普通小学国家财政教育经费（2011—2014年）

年份	2011	2012	2013	2014
教育经费（万元）	57596541.9	无	76418474.0	83144692.0

2. 初中教育国家财政经费投入情况

从表18.36可知，2011年国家财政初中教育的经费投入约为3902.4亿元，到2014年提升到5136.5亿元，4年提升了1234.1亿元。

表18.36　普通初中国家财政教育经费（2011—2014年）

年份	2011	2012	2013	2014
教育经费（万元）	39024010.6	无	48823227.1	51365274.4

第三节　15—17岁儿童的教育

2011—2017年是加快普及高中阶段教育、大力发展高中职业教育时期。

一　国家政策动向：加快普及高中阶段教育、大力发展高中职业教育时期

（一）高中阶段教育总体演进

2010年7月29日，在中共中央十七大提出"优先发展教育，建设人力资源强国"的战略部署下，教育部颁布《国家中长期教育改革和发

规划纲要（2010—2020年）》（以下简称《纲要》）。一向涵盖在基础教育之中的高中教育，首次在《纲要》中以专章的形式获得了独立阐述。《纲要》提出加快普及高中阶段教育的发展任务，具体目标：到2015年，高中阶段教育在校生达到4500万人，毛入学率达到85%；到2020年，在校生达到4700万人，毛入学率达到90%；保持普通高中和中等职业学校招生规模大体相当。这是继2003年党的十六大会议上首次提出"基本普及高中阶段教育"，2007年党的十七大会议上提出"加快普及高中阶段教育，大力发展职业教育"以后，第一次明确规定高中阶段教育基本普及与全面普及的时间点与目标值。普及高中阶段教育的关键是大力发展中职教育，所以，《纲要》在职业教育一章专门提出：逐步实行中等职业教育免费制度，完善家庭经济困难学生资助政策。

2010年9月13日，发改委、教育部、人力资源和社会保障部三部门联合颁布《关于编制中等职业教育基础能力建设规划（二期）的通知》。《通知》要求：规划任务由中央和地方共同承担，以地方为主，中央予以专项支持和引导。各地要从全局出发，综合考虑地区经济社会发展、产生结构升级、技能人才结构和劳动者就业需求等因素，将规划编制与职业教育事业规划、地方资金筹措等工作相衔接。

为了落实《国家中长期教育改革和发展规划纲要（2010—2020年）》精神，切实推动中等职业教育的发展，2010年11月28日，教育部颁布《中等职业教育改革创新行动计划（2010—2020年）》。《计划》提出了中等职业教育的重点任务和具体要求：保证中等职业教育年招生规模与普通高中大体相当，三年累计培养2000万中级以上技能型人才。

为了切实落实《国家中长期教育改革和发展规划纲要（2010—2020年）》与《中等职业教育改革创新行动计划（2010—2020年）》的文件精神。2012年10月22日，财政部、教育部等4部委联合下发了《关于扩大中等职业教育免学费政策范围进一步完善国家助学金制度的意见》（以下简称《意见》）。《意见》在"扩大中等职业教育免学费政策范围""进一步完善中等职业教育国家助学金制度""配套改革措施""有关工作要求"四个方面做出新的安排。《意见》规定：中等职业教育免学费政策范围和国家助学金资助对象，主要受惠群体是农村学生、城市涉农专业学生和家庭经济困难学生。

2014年5月2日，国务院颁布《关于加快发展现代职业教育的决定》。《决定》提出：到2020年，形成适应发展需求、产教浓度融合、中职业高职业衔接、职业教育与普通教育相互沟通，体现终身教育理念，具有中国特色、世界水平的现代职业教育体系。

2014年6月16日，教育部等六部门联合颁布《现代职业教育体系建设规划（2014—2020年）》。《规划》提出：要加强中等职业教育的基础地位，将普及高中阶段教育的重点放在中等职业教育上。坚持以就业为导向办好中等职业教育，探索举办职业教育和普通教育融通的综合高中。

2015年10月26—29日，中国共产党第十八届中央委员会第五次全体会议（简称十八届五中全会）在北京召开。十八届五中全会提出：提高教育质量，普及高中阶段教育，率先从建档立卡的家庭经济困难学生实施普通高中免除学杂费，实现家庭经济困难学生资助全覆盖。这是党的全会第一次提出普及高中阶段教育，充分体现了党中央对高中教育工作的关心和重视[1]。至此，加快普及高中阶段教育的集结号吹响。

2017年1月10日，国务院颁布《国家教育事业发展"十三五"规划》。《规划》把普及高中阶段教育列为未来五年教育发展的关键策略之一。

2017年3月24日，教育部等4部门联合颁布《高中阶段教育普及攻坚计划（2017—2020年）》（以下简称《攻坚计划》）。《攻坚计划》明确提出1个总目标和5个具体目标。总目标：到2020年，全国普及高中阶段教育，适应初中毕业生接受良好高中阶段教育的需求。5个具体目标：第一，全国、各省（区、市）毛入学率均达到90%以上，中西部贫困地区毛入学率显著提升；第二，普通高中与中等职业教育结构更加合理，招生规模大体相当；第三，学校办学条件明显改善，满足教育教学基本需要；第四，经费投入机制更加健全，生均拨款制度全面建立；第五，教育质量明显提升，办学特色更加鲜明，吸引力进一步增强。通过实现以上目标，努力形成结构合理、保障有力、多样特色的高中阶段教育。《攻坚计划》的核心思路是"政府主导、补齐短板、普职并重、关注内涵"[2]。

表18.37为2011—2017年，中国政府制定与出台的与高中教育相关的政策。

---

[1] 刘利民：《普及高中阶段教育是一项重大民生工程》，《云南教育》2015年第12期。
[2] 《攻坚克难 推进普及 为青少年提供良好高中教育——教育部基础教育司负责人就〈高中阶段教育普及攻坚计划（2017—2020年）〉答记者问》，《基础教育参考》2017年第9期。

表 18.37　　　　与高中教育相关的政策（2011—2017 年）

颁布时间	颁布部门	名称
2010.07.29	教育部	《国家中长期教育改革和发展规划纲要（2010—2020 年）》
2010.09.13	发改委、教育部、人力资源和社会保障总	《关于编制中等职业教育基础能力建设规划（二期）的通知》
2010.11.28	教育部	《中等职业教育改革创新行动计划（2010—2020 年）》
2012.10.22	财政部、教育部等 4 部门	《关于扩大中等职业教育免学费政策范围进一步完善国家助学金制度的意见》
2014.05.02	国务院	《关于加快发展现代职业教育的决定》
2014.06.16	教育部等 6 部门	《现代职业教育体系建设规划（2014—2020 年）》
2017.01.10	国务院	《国家教育事业"十三五"规划》
2017.03.24	教育部等 4 部门	《高中阶段教育普及攻坚计划（2017—2020 年）》

（二）高中普通教育：多样化发展时期

2012 年 7 月，教育部颁布《关于推进普通高中多样化发展的若干意见》。《意见》明确指出：把普通高中多样化发展摆在更加重要的位置。另外，在改革评价体系，改革高考招生制度，深化办学体制改革，落实和扩大学校办学自主权，加强教师队伍建设，加大教育经费投入等方面做出要求。中央政府认为，积极推进综合多元评价制度改革是高中多样化发展的有力保障，而综合素质评价制度改革是综合多元评价制度改革的抓手。鉴于此，在 2014 年连续推出旨在推进综合多元评价制度改革的三个政策。2014 年 9 月 3 日，国务院颁布《关于深化考试招生制度改革的实施意见》。针对综合多元评价制度，《意见》提出：在改革考试科目设置方面，增强高考与高中学习的关联度。计入总成绩的高中学业水平考试科目，由考生根据报考高校要求和自身特长，在备选科目中自主选择。在改革招生录取机制方面，探索基于统一高考和高中学业水平考试成绩、参考综合素质评价的多元录取机制。2014 年 12 月 10 日，教育部同天颁布两个文件。其一，《关于普通高中学业水平考试的实施意见》。《意见》提出：坚持全面考核，促进学生完成国家规定的各门课程的学习。坚持自主选择，为每个学生提供更多的选择机会，促进学生发展学科兴趣与个性特长。其二，《关于加强和改进普通高中学生综合素质评价的意见》。《意见》提出：全面实施综合素质评价，促进评价方式改革，转变以考试成绩为唯一标准评价学生的做法，为高校招生录取提供重要参考。

表 18.38 为 2011—2017 年，中国政府出台的与普通高中教育相关的政策。

表 18.38　　与普通高中教育相关的政策（2011—2017 年）

颁布时间	颁布部门	名称
2012.7	教育部	《关于推进普通高中多样化发展的若干意见》
2014.9.3	国务院	《关于深化考试招生制度改革的实施意见》
2014.12.10	教育部	《关于普通高中学业水平考试的实施意见》
2014.12.10	教育部	《关于加强和改进普通高中学生综合素质评价的意见》

（三）高中职业教育：普及高中阶段教育关键在中职教育

2012 年 10 月 22 日，财政部、教育部等 4 部委联合下发了《关于扩大中等职业教育免学费政策范围进一步完善国家助学金制度的意见》。《意见》在"扩大中等职业教育免学费政策范围""进一步完善中等职业教育国家助学金制度""配套改革措施""有关工作要求"四个方面做出新的安排。《意见》规定：中等职业教育免学费政策范围和国家助学金资助对象，主要受惠群体是农村学生、城市涉农专业学生和家庭经济困难学生。

2014 年 5 月 2 日，国务院颁布《关于加快发展现代职业教育的决定》。《决定》提出：到 2020 年，形成适应发展需求、产教深度融合、中职业高职业衔接、职业教育与普通教育相互沟通，体现终身教育理念，具有中国特色、世界水平的现代职业教育体系。

2014 年 6 月 16 日，教育部等六部门联合颁布《现代职业教育体系建设规划（2014—2020 年）》，提出要加强中等职业教育的基础地位，将普及高中阶段教育的重点放在中等职业教育上。坚持以就业为导向办好中等职业教育，探索举办职业教育和普通教育融通的综合高中。

表 18.39 为 2011—2017 年，中国政府制定与出台的与职业高中教育相关的政策。

表 18.39　与职业高中教育相关的政策（2011—2017 年）

颁布时间	颁布部门	名称
2012.10.22	财政部、教育部等 4 部门	《关于扩大中等职业教育免学费政策范围进一步完善国家助学金制度的意见》
2014.05.02	国务院	《关于加快发展现代职业教育的决定》
2014.06.16	教育部等 6 部门	《现代职业教育体系建设规划（2014—2020 年）》

二　国家数据统计：高中阶段教育发展状况

（一）高中阶段毛入学率、初中毕业生升高中率、高中毕业生升大学率

1. 高中阶段毛入学率

从表 18.40 可知，2011 年我国高中阶段毛入学率为 84%，到 2015 年提升到 87%，5 年间每年都有所提升。

表 18.40　我国高中阶段毛入学率（2011—2015 年）

年份	2011	2012	2013	2014	2015
毛入学率（%）	84.0	85.0	86.0	86.5	87.0

图 18.19 显示了 2011—2015 年，我国高中阶段毛入学率逐年微提升的趋势。

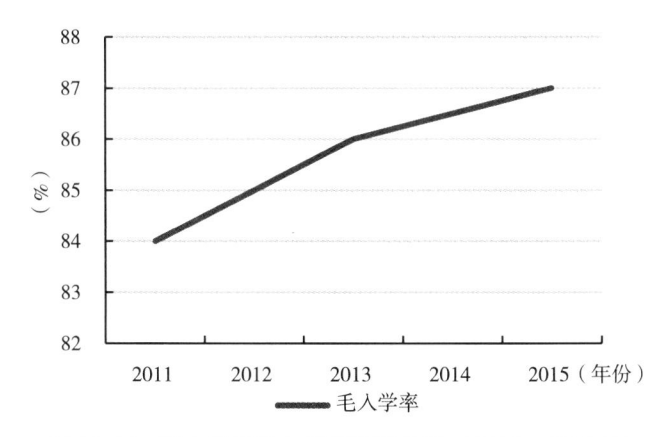

图 18.19　高中阶段毛入学率变化趋势（2011—2015 年）

2. 初中毕业生升高中率

从表 18.41 可知，2011—2016 年，我国初中毕业生升高中率由 2011 年的 88.9%上升到 2016 年的 93.7%。

表 18.41　　　　普通初中升学率（2011—2016 年）

年份	2011	2012	2013	2014	2015	2016
升学率（%）	88.9	88.4	91.2	95.1	94.1	93.7

从图 18.20 可见，2011—2014 年，我国初中毕业生升高中率总体呈现快速提升的趋势，到 2014 年达到 95.1 的顶点。2014—2016 年，呈现逐年下降趋势。

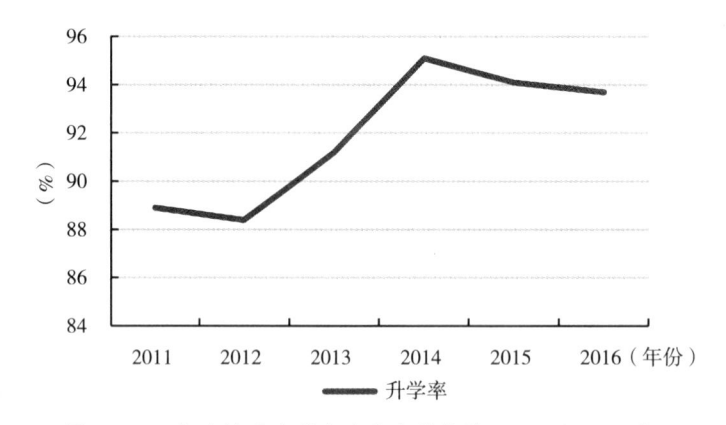

图 18.20　初中毕业生升高中率变化趋势（2011—2016 年）

3. 普通高中毕业生升大学率

从表 18.42 可知，2011—2016 年，我国普通高中毕业生升大学率总体呈现稳定逐年上升的态势，由 2011 年的 86.5%上升到 2016 年的 94.5%。

表 18.42　　　　普通高中升学率（2011—2016 年）

年份	2011	2012	2013	2014	2015	2016
升学率（%）	86.5	87.0	87.6	90.2	92.5	94.5

图 18.21 显示 2011—2016 年，我国普通高中毕业生升大学率总体呈现稳定逐年上升的趋势，其中 2011—2013 年上升趋势较缓，从 2013 年开

始，上升趋势有所加快。

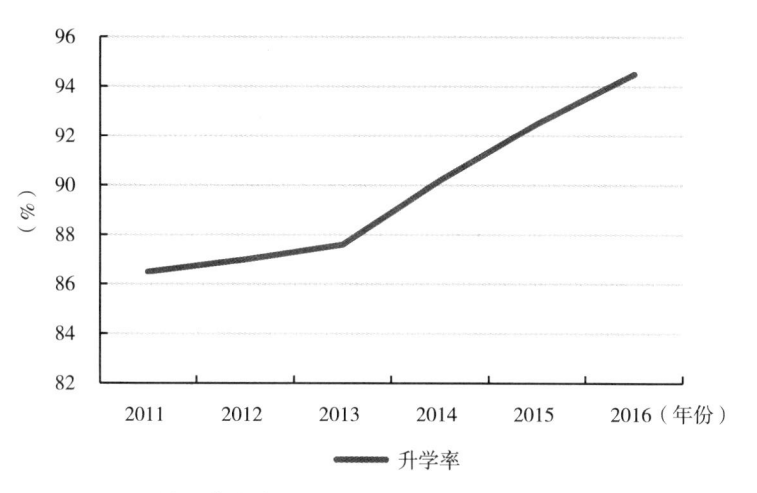

图 18.21 普通高中毕业生升大学率变化趋势（2011—2016 年）

（二）高中教育阶段学校数量规模

从表 18.43 可知，2011—2016 年，我国高中教育阶段学校数量总体呈现下降态势，由 2011 年的 22243 所下降到 2016 年的 20507 所，下降 1736 所。这一时期，民办高中数量总体呈现上升态势，中等专业学校总体呈下降态势，职业高中学校 6 年下降 1076 所，下降明显。

表 18.43　　　　　　　　高中阶段学校数（2011—2016 年）

年份	高中阶段学校总数（所）	普通高中学校数（所）	民办普通高中学校数（所）	中等专业学校数（所）	职业高中学校数（所）
2011	22243	13688	2394	3753	4802
2012	21707	13509	2371	3681	4517
2013	21496	13352	2375	3577	4267
2014	20856	13253	2442	3536	4067
2015	20603	13240	2585	3456	3907
2016	20507	13383	2787	3398	3726

注：普通高中学校数包括民办普通高中.

从图 18.22 可见，2011—2016 年，我国普通高中学校数量总体呈下降趋势。其中，民办普通高中学校数量呈微上升趋势，公办普通高中学校数量下降趋势。

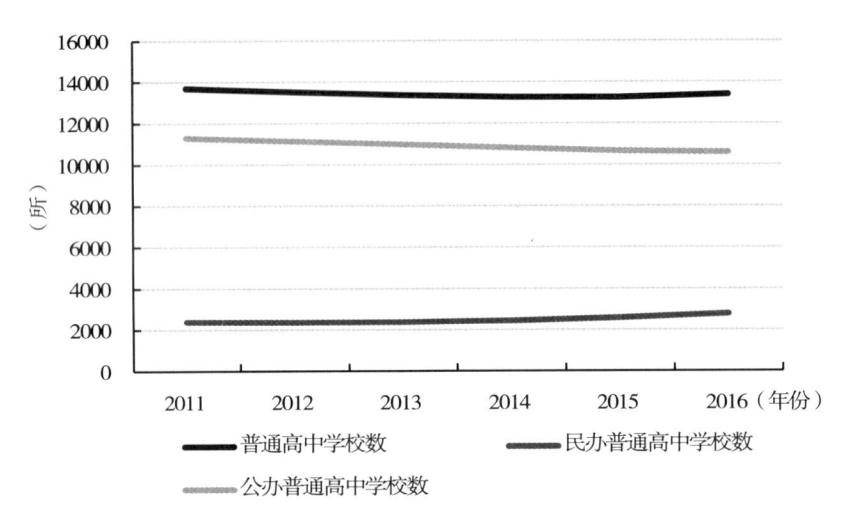

图 18.22　普通高中总数、民办及公办普通高中数量变化比较（2011—2016 年）

从图 18.23 可见，2011—2016 年，民办普通高中学校数量呈逐年上升趋势，公办普通高中学校数量呈逐年下降趋势。2011 年公办高中与民办高中学校数量比为 4.72∶1，到 2016 年数量比为 3.8∶1。

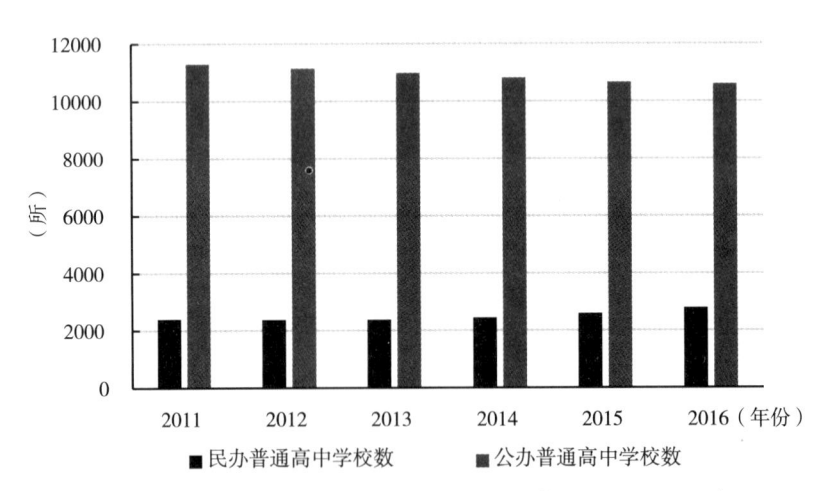

图 18.23　民办与公办普通高中数量变化比较（2011—2016 年）

从图 18.24 可见，2011—2016 年，中等专业学校数量总体呈微下降趋势，职业高中学校数量则呈现比较明显的下降趋势。2011 年，中等专业学校与职业高中学校的数量比为 1∶1.28，到 2016 年数量比为 1∶1.09，基本走向一致。

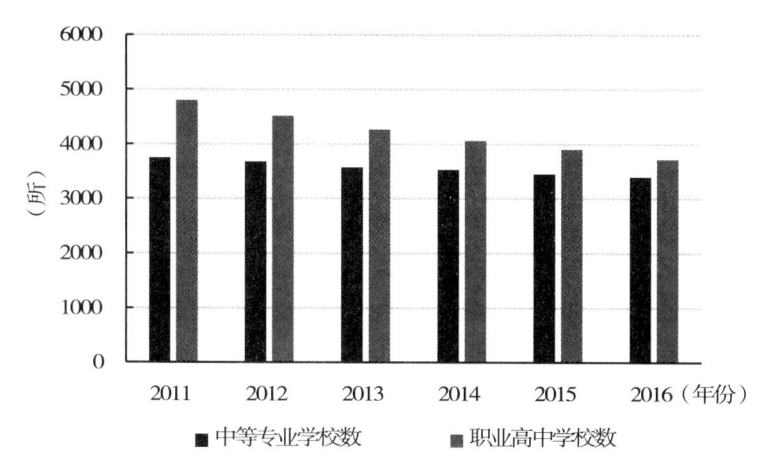

图 18.24　中等专业学校与职业高中学校数量变化比较（2011—2016 年）

（三）高中教育阶段学生人数规模

从表 18.44 可知，2011—2016 年，我国高中教育阶段在校学生人数总体呈下降态势，由 2011 年的 3991.00 万人下降到 2016 年的 3501.34 万人，下降 489.66 万人。6 年期间，普通高中在校生人数上升 88.17 万人，中等专业学校在校生下降 137.09 万人，职业高中学校在校生下降 264.4 万人。

表 18.44　　　　　在校学生人数（2011—2016 年）

年份	高中阶段在校学生总人数（万人）	普通高中在校学生数（万人）	民办普通高中在校学生数（万人）	中等专业学校在校学生数（万人）	职业高中在校学生数（万人）
2011	3991.00	2454.82	234.98	855.21	680.97
2012	3902.78	2467.17	234.96	812.56	623.05
2013	3742.28	2435.88	231.64	772.18	534.22
2014	3622.43	2400.47	238.65	749.14	472.82
2015	3546.97	2374.40	256.96	732.71	439.86
2016	3501.34	2366.65	279.08	718.12	416.57

从图 18.25 可见，2011—2016 年，民办普通高中在校生数量呈微上升趋势，但基数仍然很小。公办普通高中在校生数量呈微下降态势。公办在校生与民办在校生数量间还存在非常明显的差距。

从图 18.26 可见，2011—2016 年，中等专业学校与职业高中在校生

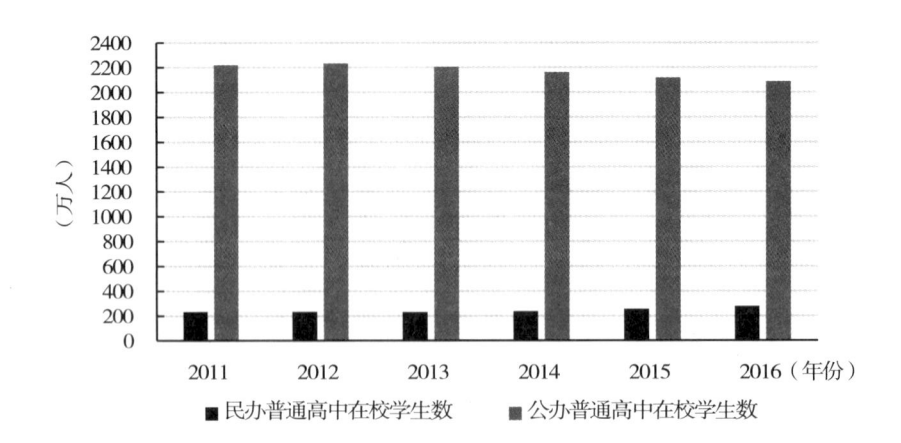

图 18.25 民办与公办普通高中在校学生数比较（2011—2016 年）

数量都呈下降趋势，职业高中在校生数量的下降趋势比中等专业学校明显。上十年两者达成的基本均衡态势被打破，6 年间两者差距拉大，到 2016 年中等专业学校与职业高中在校生数量比达到约 1.72∶1。

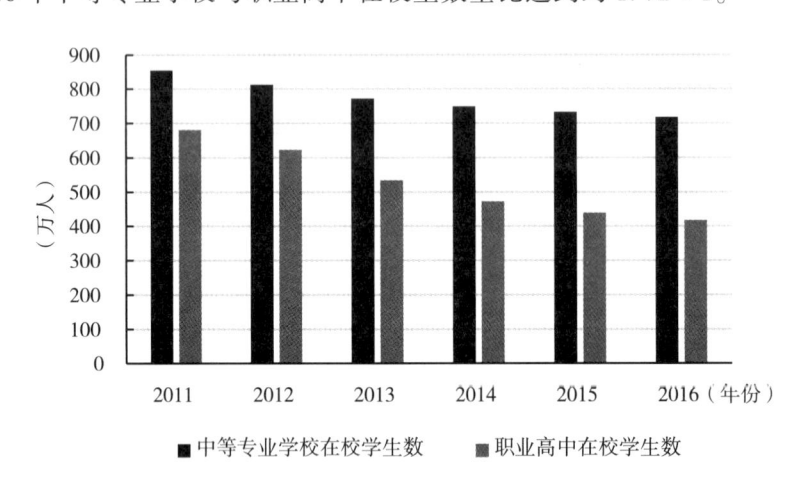

图 18.26 中等专业学校与职业高中学校在校生数量比较（2011—2016 年）

（四）高中阶段教师队伍的数量与学历情况

1. 高中阶段专任教师总数量

从表 18.45 可知，2011—2016 年，我国高中教育阶段专任教师人数总体呈上升态势，由 2011 年的 217.62 万人上升到 2016 年的 232.13 万人，上升 14.51 万人。6 年间，普通高中专任教师人数上升了 17.67 万人，中等专业学校教师人数持平，职业高中学校教师人数下降 3.04 万人。

表 18.45　　　　　高中阶段专任教师数（2011—2016 年）

年份	高中阶段专任教师总人数（万人）	普通高中专任教师数（万人）	中等专业学校专任教师数（万人）	职业高中专任教师数（万人）
2011	217.62	155.68	30.39	31.55
2012	221.23	159.50	30.56	31.17
2013	223.4	162.90	30.36	30.14
2014	226.29	166.27	30.69	29.33
2015	228.97	169.54	30.43	29.00
2016	232.13	173.35	30.27	28.51

从图 18.27 可见，2011—2016 年，我国普通高中专任教师数量呈现逐年微上升的趋势。中等专业与职业学校均呈现微下降趋势，但趋势不明显。就普通高中与职业高中的均衡度来看，这一时期普通高中与职业高中教师数量走向，普通高中绝对多于职业高中的态势。

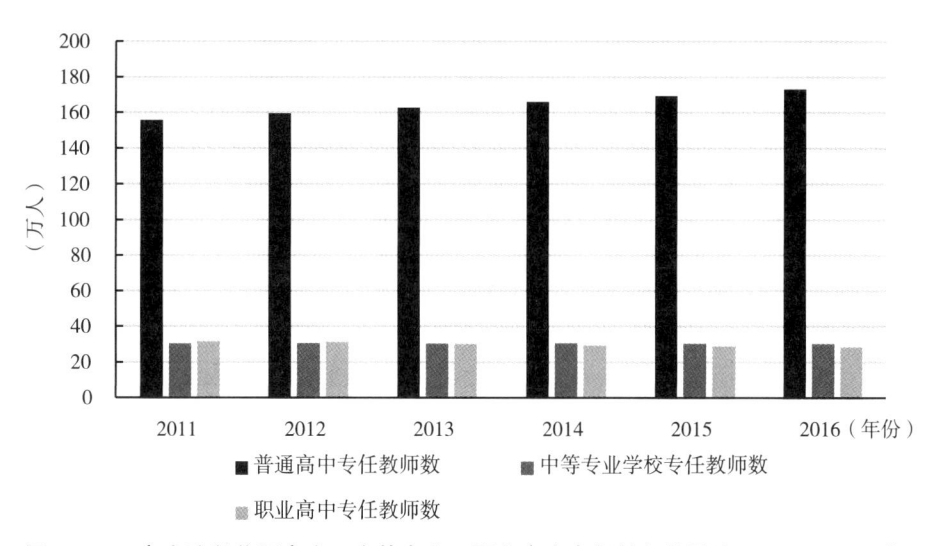

图 18.27　高中阶段普通高中、中等专业、职业高中专任教师数量比（2011—2016 年）

2. 高中教育阶段教师学历情况

（1）普通高中教师学历情况

从表 18.46 可知，2011—2016 年，我国普通高中教师中研究生毕业人数上升力度开始增大，由 6.7 万人上升到 13.7 万人，增加一倍；本科毕业生仍然是绝对主力，到 2016 年在 173 万人的总数中占 156 万人；到

2016年，专科毕业生还有3.5万人。

表18.46　　　　普通高中教师学历（2011—2016年）

年份	合计（人）	研究生毕业	本科毕业	专科毕业	高中阶段毕业	高中阶段毕业及以下
2011	1556829	66976	1423405	64849	1493	106
2012	1595035	79860	1458377	55542	1202	54
2013	1629008	93703	1483256	50736	1269	44
2014	1662700	105740	1511153	44840	913	54
2015	1695354	121289	1535109	38103	829	24
2016	1733459	137689	1559619	35338	754	59

图18.28呈现了2011—2016年，我国普通高中专任教师中本科毕业生几乎一枝独秀，研究毕业生开始逐年增加的趋势。

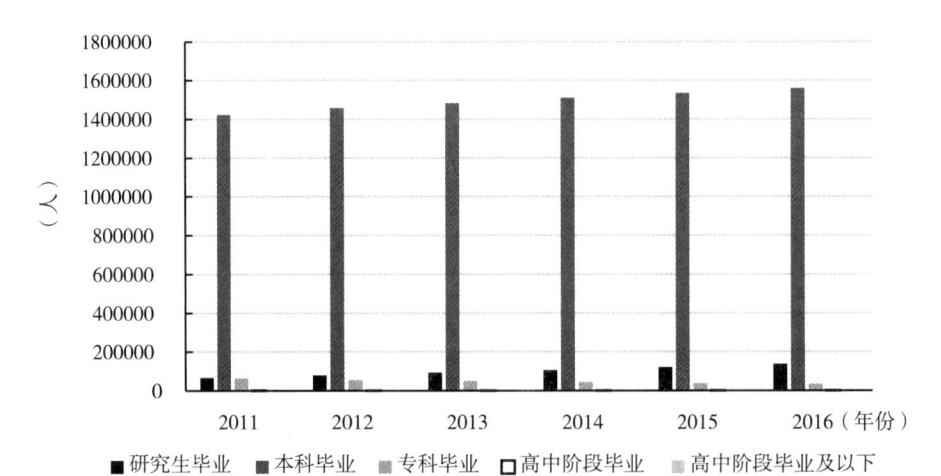

图18.28　高中阶段专任教师各类学历数比较（2011—2016年）

（2）中等专业学校专任教师学历情况

从表18.47可知，2011—2015年，我国中等专业学校教师主要由本科毕业生构成，在总数30万人中占25万人。剩下的5万人由硕士与专科毕业生构成，5年来硕士学历人数逐年增加，专科学历人数逐年减少。

表18.47　　　　中等专业学校教师学历（2011—2015年）

年份	合计（人）	博士	硕士	本科	专科	高中阶段及以下
2011	303864	392	19975	244799	35952	2746

续表

年份	合计（人）	博士	硕士	本科	专科	高中阶段及以下
2012	305564	426	23179	247160	32515	2284
2013	303585	458	24945	247088	29055	2039
2014	306906	446	27122	251412	26197	1729
2015	304295	443	28948	248986	24511	1407

从图18.29可见，2011—2016年，中等专业学校教师中，本科学历

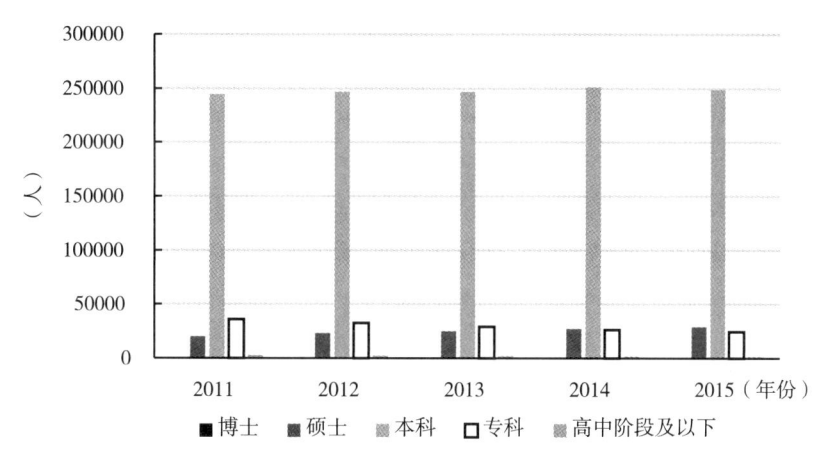

图18.29 中等专业学校各类学历教师数比较（2011—2015年）

占绝对优势，硕士与专科学历基数都比较小但呈对峙趋势，硕士学历人数逐年增加，专科学历人数逐年减少。

（3）职业高中专任教师学历情况

从表18.48可知，2011—2015年，我国职业高中学校教师中，本科学历人数占绝对优势，占总数30万人中的25万人。剩下5万人由硕士与专科学历者构成，与硕士学历者比，专科数量仍占据优势。

表18.48　　　　职业高中教师学历（2011—2015年）

年份	合计（人）	博士	硕士	本科	专科	高中阶段及以下
2011	315472	363	7780	259601	45875	1853
2012	311743	298	8556	261396	40177	1316
2013	301440	346	9411	254268	36203	1212
2014	293323	117	10301	250763	31167	975
2015	290034	90	11050	250039	27990	865

从图 18.30 可见，2011—2015 年，职业高中学校教师中，本科学历呈一枝独秀态势；专科学历呈现逐年下降趋势；硕士学历基数很小但呈逐年微上升趋势。

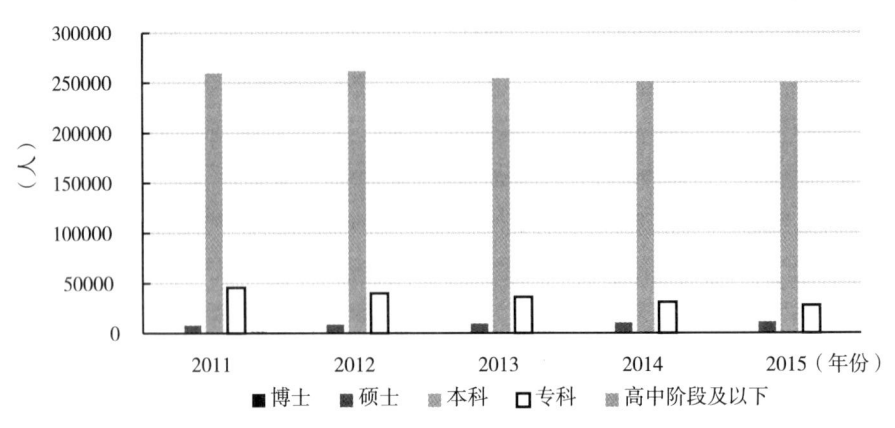

图 18.30 职业高中学校各类学历教师数比较（2011—2015 年）

（五）国家财政教育经费投入情况

1. 普通高中国家财政经费投入情况

从表 18.49 可知，2011 年普通高中国家财政经费投入额为 1800 亿元，到 2014 年增加到 2619.1 亿元，4 年约增加 819 亿元，相当于上一时期 10 年的增加量。

表 18.49　　普通高中国家财政教育经费投入（2011—2014 年）

年份	2011	2012	2013	2014
教育经费（万元）	17999617.0	无	24996230.8	26191917.1

2. 高中职业教育国家财政经费投入情况

从表 18.50 可知，2011 年高中职业教育国家财政经费投入总额为 690.8 亿元，到 2014 年增加到 1395.7 亿元，4 年增加 704.9 亿元。

表 18.50　　高中职业教育国家财政教育经费投入（2011—2014 年）

年份		2011	2012	2013	2014
教育经费（万元）	中等专业学校	5671922.2	无	8111465.3	7515843.3
	职业高中	1236387.7	无	6662212.4	6441315.8

注：2011 年职业高中数据显得很不正常，但是这是中国教育统计年鉴中的原数据。

从图 18.31 可见，2011—2014 年，职业高中阶段国家财政教育经费投入总体上升趋势，从 2006 年起呈快速上升趋势。

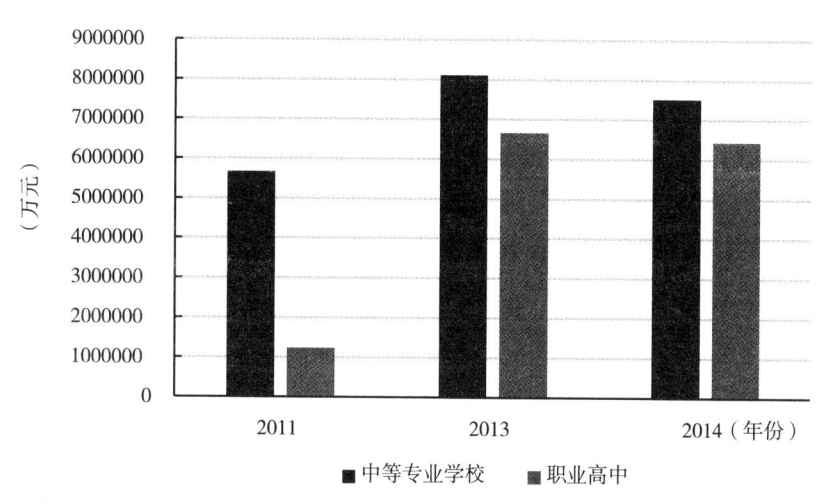

图 18.31　中等职业学校与职业高中国家财政经费投入额比较（2011—2014 年）

第四节　特殊与弱势儿童的教育

一　国家政策动向：质量并重的特殊教育，确保弱势儿童免费、公平接受义务教育的时期

（一）特殊教育体系由规模扩张进入内涵提升时期

1. 完善特殊教育体系

完善特殊教育体系是指从制度结构、教育体系、服务能力方面进行全方位的调整与优化，以满足残疾儿童的教育需要。这一时期，中国政府出台了多项与特殊教育直接相关或直接针对特殊教育的政策，特殊儿童需求的视角与特殊教育内涵提升要求在这些政策里有明显的体现。

2010 年 7 月 29 日，教育部颁布的《国家中长期教育改革和发展规划纲要（2010—2020 年）》中单独设立了"特殊教育"部分，提出"完善特殊教育体系""健全特殊教育保障机制"等顶层制度设计理念与思路。2014 年 1 月 8 日，教育部、国家发改委、民政部、财政部、人力资源和社会保障部、卫生计生委六部门联合制定并颁布《特殊教育提升计划（2014—2016）》，将发展特殊教育定位为"推进教育公平、实现教育现代化"的重要位置。《提升计划》从提升义务教育规模、发展非义务教育阶段的特殊教育、加大经费保障、加固教育基础调入建设、加强师资队伍建设、深化课程教学改革六个方面推进特殊教育的内涵建设与质量提升。《提升计划》要求：到2016年年底，全国基本普及残疾儿童义务教育，视力、听力、智力残疾儿童义务教育入学率将达到90%以上，义务教育阶段特殊教育学校的生均公用经费标准预算从2014年的2100元/年提高到6000元/年，达到普通学校的8倍。《提升计划》明确提出：全面推进全纳教育，使每一个残疾孩子都能接受的教育（从随班就读到全纳教育）。2017年7月17日，教育部、国家发改委、民政部、财政部、人力资源和社会保障部、卫生计生委六部门联合制定并颁布《第二期特殊教育提升计划（2017—2020年）》。《第二期提升计划》对特殊教育学校生均拨款标准提出了新的要求：在落实义务教育阶段特殊教育学校生均公用经费6000元补助标准基础上，有条件地区可以根据学校招收重度、多重残疾学生的比例，适当增加年度预算。

2016年8月17日，国务院颁布《"十三五"加快残疾人小康进程规划纲要》。针对残疾儿童教育发展，提出"十三五"期间残疾儿童接受义务教育比例达到95%的目标。《规划纲要》提供了实现这一目标的具体举措：为家庭经济困难的残疾儿童少年提供12年免费教育；落实残疾儿童普惠性学前教育资助政策；采取"一人一案"的方式解决好未入学适龄残疾儿童少年义务教育问题。《规划纲要》从政策层面确认"依法保障残疾儿童受教育权"的国家与社会责任，将特殊教育列为残疾儿童公共服务的重要内容，将提升特殊教育质量作为促进残疾人全面小康进程的主要任务。

2. 提升特殊教育教师素质

2012年9月20日，教育部、中央编办、国家发改委、财政部与人力资源和社会保障部联合颁布《关于加强特殊教育教师队伍建设的意见》。《管理意见》提出：探索建立特殊教育教师专业证书制度和促进学科交叉，培养具有复合型特教师资、康复人才。《意见》要求：对特殊教育教师实行5年一周期不少于360学时的全员培训，依托"国培计划"加大对特殊教育教师的培训力度。在2014年颁布的《特殊教育提升计划（2014—2016）》与2017年颁布的《第二期特殊教育提升计划（2017—2020年）》中，"加强专业化特殊教育教师队伍建设"始终是推进特殊教育的内涵建设与质量提升六个措施中的一个。

3. 为特殊教育提供资金保障、健全特殊教育保障机制教

2015年11月14日,财政部、教育部联合颁布《特殊育补助资金管理办法》。《办法》指出:补助资金是由中央财政设立、通过一般公共预算安排、用于支持特殊教育发展的资金。补助资金由财政部和教育部共同管理。《管理办法》为解决长期困扰特殊教育的资金短缺问题提供了制度保障。另外,在2014年颁布的《特殊教育提升计划（2014—2016）》与2017年颁布的《第二期特殊教育提升计划（2017—2020年）》中,对特殊教育学校生均拨款标准都提出了明确要求。

2017年9月13日,教育部颁布《关于特殊教育经费投入机制情况的通报》。《通报》内容表明:截至2016年年底,全国各地已普遍将义务教育阶段特殊教育学校生均公用经费标准提高至6000元以上,基本保障了特殊教育学校的日常运转。

从国际范围的实践看,OECD成员国经验普遍认为:"如果残障学生不能获得额外资源,残障教育就不可能取得成就。"这表明对残疾儿童教育提供差别对待的政策安排,尤其是资金资助是国际认同的一种普遍做法[1]。

2017年3月5日,在第十二届全国人民代表大会第五次会议李克强总理所作的《政府工作报告》上,"办好特殊教育"是2017年政府工作的重点之一,并将其作为推进以保障和改善民生为重点的社会建设的重要内容和重要路径。

表18.51为2011—2017年,中国政府出台的针对特殊教育的政策。

表 18.51　　　　　　特殊教育政策（2011—2017年）

颁布时间	颁布部门	名称
2012.09.20	教育部、中央编办、国家发改委、财政部与人力资源和社会保障部	《关于加强特殊教育教师队伍建设的意见》
2014.01.08	教育部、国家发改委、民政部、财政部、人力资源和社会保障部、卫生计生委	《特殊教育提升计划（2014—2016）》
2015.11.14	财政部、教育部	《特殊教育补助资金管理办法》

---

[1] 王培峰:《残疾人教育政策之伦理正义及其局限——基于罗尔斯判别原则的分析》,《教育学术月刊》2016年第7期。

续表

颁布时间	颁布部门	名称
2016.08.17	国务院	《"十三五"加快残疾人小康进程规划纲要》
2017.07.17	教育部、国家发改委、民政部、财政部、人力资源和社会保障部、卫生计生委	《第二期特殊教育提升计划（2017—2020年）》
2017.09.13	教育部	《关于特殊教育经费投入机制情况的通报》

（二）弱势教育全面关注弱势儿童教育发展的时期

这一时期，是对贫困、流动、留守等弱势儿童进行全面关注时期，确保弱势儿童免费、公平接受义务教育。

1. 贫困儿童

2014年12月25日，国务院颁布《国家贫困地区儿童发展规划（2014—2020年）》，提出以健康和教育为重点，对集中连片特困地区的农村困难家庭儿童给予从出生开始到义务教育结束的关怀和保障。

2. 流动儿童

解决随迁子女受教育政策。2011年8月25日，教育部颁布《关于做好2011年秋季开学进城务工人员随迁子女义务教育就学工作的通知》，旨在确保进城务工人员随迁子女在输入地就近免费接受义务教育。2012年8月30日，国务院转发教育部、发展改革委、公安部、人力资源和社会保障部联合制定的《关于做好进城务工人员随迁子女接受义务教育后在当地参加升学考试工作意见》，旨在切实做好进城务工人员及其他非本地户籍就业人员随迁子女接受义务教育后在当地参加中考和高考工作。

解决流动儿童义务教育由"两为主"转向"两纳入"。2014年3月16日，国务院印发新华社颁布的《国家新型城镇化规划（2014—2020年）》，《规划》提出：将农民工随迁子女义务教育纳入各级政府教育发展规划和财政保障范畴，合理规划学校布局，科学核定教师编制，足额拨付教育经费，保障农民工随迁子女以公办学校为主接受义务教育。这是国家政策解决流动儿童义务教育由"两为主"转向"两纳入"的标志。"两纳入"是指将常住人口纳入区域教育发展规划、将随迁子女教育纳入财政保障范围。

2014年7月30日，国务院颁布《关于进一步推进户籍制度改革的意见》（以下简称《意见》）。《意见》提出：将随迁子女义务教育纳入各级政府教育发展规划和财政保障范畴，逐步完善并落实随迁子女在流入地接受中等职业教育免学费和普惠型学前教育的政策，以及接受义务教育后参加升学考试的实施办法。《意见》将农业转移人口及其他常住人口随迁子女的教育问题提到了一个新的高度，不仅使流动儿童的平等受教育权得以保障，而且获得了知识和人格尊重①。

3. 留守儿童

留守儿童问题是中国社会大转型时期的独特社会问题，从儿童社会保护政策视角来看，留守儿童面临物质性、心理性和社会交往及社会适应三大"非健康"的困境。需要政府、社会组织、学校、社区、家庭等层面协同创新，才能构建新常态下的留守儿童立体化的社会支持体系，从而可持续地提升留守儿童的生命质量②。

2013年1月4日，教育部等5部门颁布《关于加强义务教育阶段农村留守儿童关爱和教育工作的意见》。《意见》由高度重视留守儿童工作、明确留守儿童工作原则、切实改善留守儿童教育条件、不断提高留守儿童教育水平、逐步构建社会关爱服务机制五部分构成。《意见》体现了中国政府保障特殊群体平等接受义务教育的立场，强调把"政府主导、家校联动和社会参与"作为关爱留守儿童三大原则。

2015年6月9日，贵州省毕节市七星关区4名留守儿童服农药中毒死亡；2015年10月18日，湖南邵阳市邵东县发生小学女教师被入室抢劫杀害案，当地3名中小学生有作案嫌疑，3人均是留守儿童，年龄分别只有13岁、12岁和11岁。在此背景下，为了加强对农村留守儿童的保护，推进我国完善儿童保护体系，避免此类悲剧的再次发生，2016年2月14日，国务院颁布了《关于加强农村留守儿童关爱保护工作的意见》，这是中国中央政府第一次颁布全面关爱农村留守儿童问题的政策，也是最有力度的一份政策。《意见》从完善农村留守儿童关爱服务体系、建立健全农村留守儿童救助保护机制、从源头逐步减少儿童留守现象以及强化保障措施等方面构建了比较全面的保护体系，对解决当前留守儿童问题具有重大

---

① 王振耀、高华俊：《中国儿童福利政策报告2015：系统建设普惠型儿童福利体系》，社会科学文献出版社2016年版，第34页。

② 马良、郭玉飞：《儿童保护政策与留守儿童社会支持系统——对贵州毕节留守儿童自杀事件的反思》，《青少年研究与实践》2015年第4期。

意义。《意见》的有效实施将对推进中国儿童保护事业尤其是农村留守儿童的保护发挥重要作用①。

表18.52为2011—2017年，中国政府出台的针对弱势儿童教育的政策。

表18.52　　　　针对弱势儿童教育政策（2011—2017年）

颁布时间	颁布部门	名称
2011.08.25	教育部	《关于做好2011年秋季开学进城务工人员随迁子女义务教育就学工作的通知》
2012.08.30	教育部、发改委、公安部、人力资源和社会保障部	《关于做好进城务工人员随迁子女接受义务教育后在当地参加升学考试工作意见》
2013.01.04	教育部等5部门	《关于加强义务教育阶段农村留守儿童关爱和教育工作的意见》
2014.03.16	国务院	《国家新型城镇化规划（2014—2020年）》
2014.07.30	国务院	《关于进一步推进户籍制度改革的意见》
2014.12.25	国务院	《国家贫困地区儿童发展规划（2014—2020年）》
2016.02.14	国务院	《关于加强农村留守儿童关爱保护工作的意见》

二　国家数据统计：特殊儿童教育发展状况

（一）特殊教育学校数量发展规模

从表18.53可见，2011年中国特殊教育学校数为1767所，到2016年增加到2080所，增加了313所。

表18.53　　　　特殊教育学校数（2011—2016年）

年份	特殊教育学校总数（所）	盲人学校（所）	聋人学校（所）	弱智学校（所）	其他学校（所）
2011	1767	32	452	391	892
2012	1853	32	456	408	957
2013	1933	32	446	428	1027
2014	2000	31	442	445	1082
2015	2053	30	437	458	1128
2016	2080	29	425	464	1162

---

① 佟丽华：《解读国务院留守儿童保护政策》，《中国青年社会科学》2016年第4期。

第十八章 2010—2017 年时期儿童教育

(二) 特殊教育学校地域分布状况

从表 18.54 可见，2011—2016 年，县镇的中国特殊教育学校增量最大，6 年增加 175 所，其次为城市 6 年增加了 91 所，农村打破了上一时期基本保持不动的局面，每年有所增加，6 年增加了 47 所。

表 18.54　　特殊教育学校地域分布结构（2011—2016 年）

年份	特殊教育学校总数（所）	城市（所）	县镇（所）	农村（所）
2011	1767	907	771	89
2012	1853	925	826	102
2013	1933	942	872	119
2014	2000	964	920	116
2015	2053	975	958	120
2016	2080	998	946	136

从图 18.32 可见，2011—2016 年，城镇特殊儿童教育学校的数量呈上升趋势，农村特殊儿童教育学校数量呈微上升趋势。城镇与农村学校数量比保持由 2011 年 19∶1 缩小到 2016 年的 14∶1，城乡地域差距仍然明显但差距呈缩小态势。

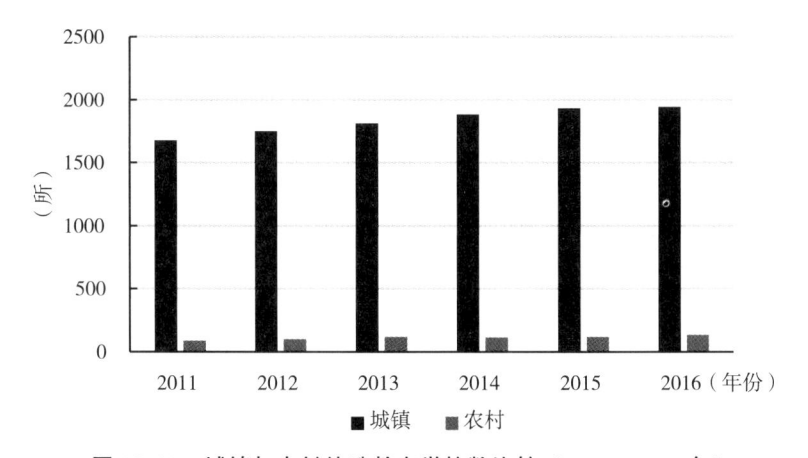

图 18.32　城镇与农村特殊教育学校数比较（2011—2016 年）

(三) 特殊教育学校在校学生数量发展规模

从表 18.55 可见，2011—2016 年，特殊教育在校生总数呈逐年增加态势，由 2011 年的 39.87 万人增加到 2016 年的 49.17 万人，6 年增加了

9.3万人。其中,其他残疾学生数6年增量明显,由2011年的49605人增加到2016年的105122人,6年增加了55517人。

表18.55　　　　　特殊教育在校学生数(2011—2016年)

年份	总计 (万人)	视力残疾学生 (人)	听力残疾学生 (人)	智力残疾学生 (人)	其他残疾学生 (人)
2011	39.87	52271	107678	189182	49605
2012	37.88	40875	101083	186682	50111
2013	36.81	40094	89173	185047	53789
2014	39.49	34082	88459	205661	66668
2015	44.22	36651	89444	232084	84044
2016	49.17	36082	89990	260546	105122

从图18.33可见,2011—2016年,智力残疾学生在校数量呈先微降后快速增长趋势,6年增加了71364人。听力与视力残疾学生在校数量都呈下降趋势。到2016年,各类残疾学生占总数的比例分别约为智力53%、听力18%、视力7%。

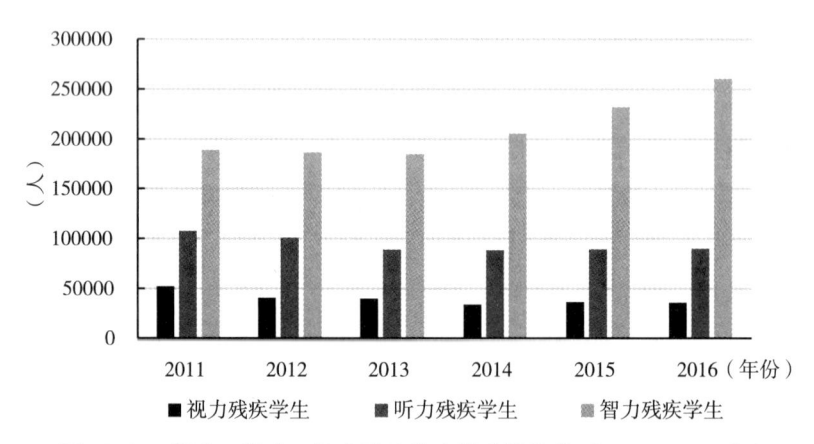

图18.33　视力、听力、智力残疾生在校人数比较(2011—2016年)

(四)特殊教育教师队伍数量与学历状况

1. 特殊教育教职工总数与专任教师数量情况

从表18.56可见,2011年中国特殊教育学校教职工总数为5.12万人,其中专任教师数量到4.13万人。到2016年教职工总数增加到6.25万人,其中专任教师数量为5.32万人,10年教职工总数增加了1.13万人，专任教师增加了1.19万人。

表18.56　　　教职工与专任教师数（2011—2016年）

年份	教职工数（万人）	专任教师数			
		聋（人）	盲（人）	弱智（人）	合计（万人）
2011	5.12				4.13
2012	5.36				4.37
2013	5.51				4.57
2014	5.74				4.81
2015	5.95				5.03
2016	6.25				5.32

2. 专任教师学历情况

从表18.57可见，2011—2016年，特殊教育专任教师本科毕业，由2011年的20012人，提升到2016年的33386人，增加了13374人；专科毕业生，由2011年的17335人，减少到2016年的17307人，基本保持不变；高中毕业生由2011年的3340人，减少到2016年的1389人，减少了1951人。到了2016年，特殊教育专任教师主要由本科毕业及以上者构成，占总数的65%，其次为专科毕业生，占总数的33%。

表18.57　　特殊教育专任教师学历情况（2011—2016年）

年份	总计（人）	研究生毕业（人）	本科毕业（人）	专科毕业（人）	高中阶段毕业（人）	高中阶段毕业以下（人）
2011	41311	482	20012	17335	3340	142
2012	43697	614	22480	17665	2849	89
2013	45653	703	25068	17569	2257	56
2014	48125	846	27833	17473	1912	61
2015	50334	957	30244	17414	1670	49
2016	53213	1085	33386	17307	1389	46

图18.34呈现了各类学历教师数量值及其变化趋势。

（五）国家财政教育经费投入情况

从表18.58可知，2011年中国国家财政对特殊教育的经费投入为76.69亿元，到2014年提升到98.91亿元，4年提升了22.22亿元。

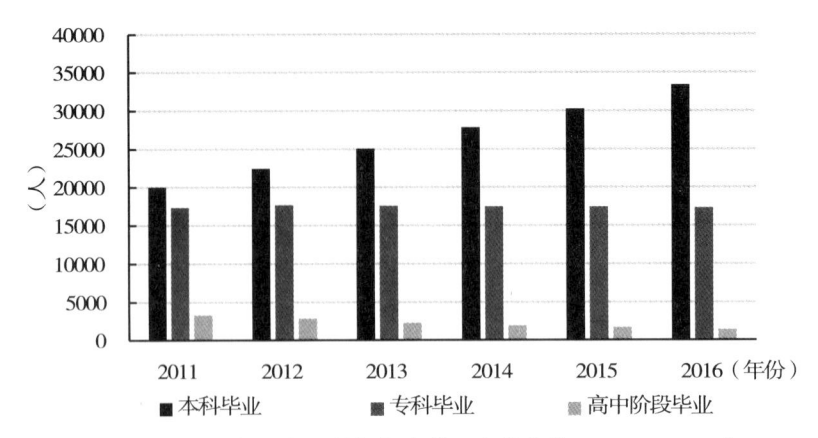

图 18.34　特殊教育专任教师各类学历人数比较（2011—2016 年）

表 18.58　　特殊教育国家财政教育经费（2011—2014 年）

年份	2011	2012	2013	2014
教育经费（万元）	766926.5	无	931906.1	989061.1

第十九章

2010—2017 年时期儿童的福利与法律保护

第一节 儿童的福利

中国政府 2011 年 7 月颁布的第三个中国儿童发展纲要《中国儿童发展纲要（2011—2020 年）》，亮点之一是福利作为儿童保护方面的一个独立领域被提出，并明确提出扩大儿童福利范围，推动儿童福利由"补缺型"向适度"普惠型"转变的目标。针对困境儿童的保护，新纲要在保护对象的扩展、保护措施的细化上都有重大突破。就保护对象而言，包括贫困和患大病儿童、流动与留守儿童、孤儿与残疾儿童、受艾滋病影响与服刑人员未成年子女。就措施细化而言，建立受艾滋病影响与服刑人员未成年子女的替代养护制度、落实孤儿社会保障政策等[1]。

2011—2017 年期间，中国儿童福利事业发展表现出两大特征：其一，儿童福利制度已从"补缺型"向"适度普惠型"迈进，表现为儿童分类保障与津贴制度基本建立与执行政府责任的资金保障制度基本建立；其二，政府主导下的儿童福利供给多元化，政府购买儿童福利服务的机制初步形成，儿童福利服务的社会组织大量涌现。

一 国家政策动向：由补缺型向适度普惠型转变时期

（一）儿童分类保障与津贴制度基本建立时期

1. 儿童分类保障制度的基本建立

这一时期，中国福利政策制定具有明确的问题导向、分类施特征。

---

[1] 魏莉莉、董小苹：《中国儿童政策发展趋势研究——基于 1991—2020 年三个〈中国儿童发展纲要〉的内容分析》，《中国青年研究》2012 年第 3 期。

2011年8月15日,国务院颁布的《关于加强和改进流浪未成年人救助保护工作的意见》,直接针对流浪儿童;2014年12月25日,国务院颁布《国家贫困地区儿童发展规划(2014—2020年)》,直接针对贫困地区儿童;2014年12月29日由最高人民法院、最高人民检察院、公安部、民政部四部门联合颁布的《关于依法处理监护人侵害未成年人权益行为若干问题的意见》,则直接针对监护缺失或失当儿童。2016年2月14日国务院颁布的《关于加强农村留守儿童关爱保护工作的意见》,直接针对留守儿童。

2016年6月16日,国务院颁布《关于加强困境儿童保障工作的意见》(以下简称《意见》)。《意见》继续强调问题导向、分类施策、精准帮扶的基本思路。就困境儿童生存发展面临的突出困难和问题,从保障基本生活、保障基本医疗、强化教育保障、落实监护责任、加强残疾儿童福利五方面提出具体措施。《意见》是我国统一的困境儿童分类保障制度建立的标志。当然,从困境儿童分类保障制度的建立到建立健全困境儿童保障工作体系还有很长的路要走。中华人民共和国成立以来,中国儿童福利政策一直存在嵌入式与碎片化两个问题,嵌入式是指我国儿童福利政策以碎片化、交叉、重复的方式,分散在成人各项社会保障制度中,属于一种嵌入式福利,对儿童群体需求与不同类型儿童需求的指向性不足。碎片化是指我国各地政府文件中对困境儿童的分类不统一,存在严重的地区碎片化问题[1]。对嵌入式与碎片化两个问题的解决肯定不是一蹴而就的,但是,儿童分类保障制度的建立是解决这两个问题的路径。

2. 儿童福利津贴制度的基本建立

国际上通用的对儿童生活进行保障的方式由现金补贴和服务保障两部分构成[2]。中国儿童福利事业的重大突破就是建立了津贴制度,采用国际通用的现金补贴方式保障困境儿童的生活。这一时期,儿童福利津贴制度由孤儿扩展到艾滋病病毒感染儿童,再由艾滋病病毒感染儿童逐渐向其他

---

[1] 穆洁、王奇:《浅谈我国儿童福利政策问题》,《山西青年报》2017年11月11日,第11期。

[2] 王振耀、高华俊:《中国儿童福利政策报告2015:系统建设普惠型儿童福利体系》,社会科学文献出版社2016年版,第7页。

类型的困境儿童扩展。

自2010年中国第一项儿童福利津贴制度《孤儿基本生活保障津贴》正式建立以后，津贴制度已逐步成为我国儿童福利体系中重要的组成部分。2012年10月23日，民政部、财政部颁布《关于发放艾滋病病毒感染儿童基本生活费的通知》。明确规定自2012年1月起为全国携带艾滋病病毒及患有艾滋病的儿童（统称艾滋病病毒感染儿童）发放基本生活费。从2012年开始，中国各个省份逐渐建立艾滋病病毒感染儿童津贴制度，有的省市还对"父母一方感染艾滋病或因艾滋病死亡的儿童"进行生活补助。截至2015年5月底，除了孤儿和艾滋病病毒感染儿童外，全国已有24个省（区、市）设立了其他五大类困境儿童生活津贴[1]。这五类困境儿童为流浪儿童、事实无人抚养儿童、重病重残儿童、城乡困境儿童、城乡困境家庭儿童。

（二）执行政府责任的资金保障制度基本建立

这一时期，我国在儿童健康、医疗和教育等方面建立了最基本的资金保障制度[2]。

1. 儿童营养补助计划

从2011年起，中国卫生计划生育委员会和全国妇女联合会联合实施《贫困地区儿童营养改善项目》，采用以大豆为基质，添加了维生素A、D、B1、B2、B12、叶酸、铁、锌、钙9种微量营养素的婴儿辅食营养补充品（营养包），每天一包为项目地区6—24月龄婴儿补充营养素，改善贫困地区儿童营养和健康状况。此项目到2014年已经覆盖21省341个县[3]，在2015年接受了项目效果监测评估。

2011年11月23日，国务院印发《关于实施农村义务教育学生营养改善计划的意见》，决定以贫困地区和家庭经济困难学生为重点，启动实施农村义务教育学生营养改善计划，简称《贫困地区学生营养改善计

---

[1] 王振耀、高华俊：《中国儿童福利政策报告2015：系统建设普惠型儿童福利体系》，社会科学文献出版社2016年版，第7页。

[2] 高丽茹、万国威：《中国儿童福利制度：时代演时、现实框架和改革路径》，《河北学刊》2016年第3期。

[3] 孙静等：《贫困地区儿童营养改善项目效果监测评估》，《2015年第十二届全国营养科学大会论文汇编》。

划》。截至 2016 年 12 月，全国共有 29 个省 1512 个县实施营养改善计划①。

2. 儿童医疗健康保障制度与残疾儿童康复计划

2009—2011 年，中央财政安排专项补助资金，资助实施"中国残联贫困残疾儿童抢救性康复项目"，为保证项目顺利实施，中国残疾人联合会于 2009 年 12 月制定并颁布《贫困残疾儿童抢救性康复项目实施方案及配套实施办法》。2011—2015 年，中央财政安排专项补助资金，支持各地实施"残疾儿童康复救助项目"。为保证该项目顺利实施，2011 年 12 月 2 日，中国残疾人联合会制定并颁布了《残疾儿童康复救助"七彩梦行动计划"实施方案》。这两个项目优先资助城乡低保家庭的贫困残疾儿童。

我国城镇居民医疗保险制度、新型农村合作医疗制度以及城乡医疗救助制度的全面建立为儿童的医疗健康提供了基础的资金保障。在这里，我们着重讨论国家资助的残疾儿童康复计划。

2011 年 3 月 4 日，民政部颁布《"重生行动——全国贫困家庭唇腭裂儿童手术康复计划"项目二期工作的通知》，启动民政部和李嘉诚基金会合作开展的"重生行动"项目的第二期工作。当然，无论是早期的"明天计划"和近期的"重生行动"对残疾儿童的惠及面还是不够，中国残疾儿童的康复需要更多这样的项目。

残障儿童医疗保障、康复救助依托于现已稳固运行的城乡医疗救助、新型农村合作医疗以及城市居民基本医疗保险，以"贫困残疾儿童抢救性康复项目""残疾儿童康复救助项目""残疾孤儿手术康复明天计划"等项目为载体，形成了以残疾预防为先，残疾儿童早期康复、医疗救助、抢救性治疗为主要手段，以救助和保险为主的医疗康复保障模式，为残障儿童构筑了一道生命安全网。但是，一些问题的存在也阻碍了对残障儿童医疗康复保障的力度，如因部门职责分工不同而形成对保障对象的区分性对待，例如，民政部在全国实施"残疾孤儿手术康复明天计划"，主要是针对福利机构孤残儿童，而残联实施的"贫困残疾儿童抢救性康复项目""残疾儿童康复救助项目"主要面向低保家庭残疾儿童；另外，因资金、技术限制等原因而形成了对保障对象的选择性救助，项目的实施仅仅局限

---

① 《农村义务教育学生营养改善计划国家及地方试点县名单》教育部网站，http://www.moe.edu.cn/jyb_xwfb/xw_zt/moe_357/s6211/s6329/s6371/201704/t20170412_302413.html。

于对符合一定条件的残疾儿童提供医疗康复救助，未能惠及普通家庭残障儿童[①]。

（三）开展适度普惠型儿童福利制度试点工作

2013年6月16日，民政部颁布《关于开展适度普惠型儿童福利制度建设试点工作的通知》，标志着全国范围内开展适度普惠型儿童福利制度试点工作的启动。《通知》将儿童群体分为孤儿、困境儿童、困境家庭儿童、普通儿童四个层次[②]。把试点工作重点分为：明确重点保障对象、建立基本生活制度、制定和落实保障政策、探索建立社会化儿童福利服务体系四个方面。适度普惠型儿童福利制度试点工作的核心是推动试点地区建立困境儿童分类保障制度。2014年4月18日，民政部颁布《关于进一步开展适度普惠型儿童福利制度建设试点工作的通知》，公布了第二批46个市（县、区）的试点名单。2015年3月5日，在第十二届全国人民代表大会第三次会议上李克强总理所做的政府工作报告中，保障困境儿童生活问题列入"持续推进民生改善和社会建设"重点工作模块中的重中之重，提出"健全困境儿童等特困群体福利保障制度和服务体系，把民生底线兜住兜牢"的工作要求。

（四）儿童福利服务专业化体系格局初步形成

1. 政府领导下的福利服务体系

（1）儿童福利机构专业化建设

儿童福利机构是孤儿和弃婴保障工作的专业机构，是儿童福利发展的载体和依托，在儿童福利事业总体布局中发挥着重要的骨干作用。民政部从2006年起实施"儿童福利机构建设——蓝天计划"，启动儿童福利机构建设改造项目。2007年中国政府将"蓝天计划"纳入国家"十一五"规划，出台《"十一五"儿童福利机构建设规划》，实现了全国地级以上城市都拥有儿童福利机构的规划目标。2013年11月25日，国家发改委、民政部联合颁布《儿童福利设施建设规划二期》。《规划二期》的总体目标：推进儿童福利机构建设，配备必要的专业救助和康复设施。另外，《规划二期》针对基层孤儿保障能力不足，农村孤儿安置服务供需矛盾突出的现实，安排改进

[①] 赵川芳：《近30年来残障儿童立法政策综述》，《当代青年研究》2015年第7期。

[②] 范斌：《中国儿童福利制度重构与福利治理之可能》，《预防青少年犯罪研究》2014年第5期。

举措。《规划二期》实质上是儿童福利机构建设的新一轮"蓝天计划",是政府对孤儿、弃婴等困境儿童履行法定监护责任的重要方式。

(2) 儿童福利服务人员专业化建设

2014年1月10日,共青团中央、中央综治委预防青少年违法犯罪专项组、中央综治办、民政部、财政部、人力资源和社会保障部6部委联合颁布《关于加强青少年事务社会工作专业人才队伍建设的意见》。《意见》是我国第一份专门针对社会工作专业人才队伍建设的政策文件,对青少年事务社会工作专业人才队伍的运行管理机制和配套政策制度做出了安排。2014年8月,团中央与民政部在北京召开全国青少年事务社会工作专业人才队伍建设推进会,对在全国范围内加强青少年事务社会工作专业人才队伍建设进行部署[①]。2014年12月24日,民政部颁布《儿童社会工作服务指南》。《指南》是中国儿童社会工作的第一个行业标准,中国政策首次对儿童社会工作服务予以规范。2011—2017年,中国社会工作的人才队伍建设得到强化,截至2014年年底,中国开设社会工作专业硕士点的高等院校已达104所,社会工作专业人才突破35万人。

根据2016年6月16日国务院颁布的《关于加强困境儿童保障工作的意见》的部署,村(居)民委员会将设立儿童福利督导员或儿童权利监察员开展困境儿童保障工作,全国建成一支由68万名兼职或专职儿童福利督导员组成的基层儿童福利与保护服务专业工作队伍[②]。基层儿童工作人员队伍数量足够、质量增强是儿童服务队伍专业化的重要内容。

2. 政府购买儿童福利服务的机制初步形成

从2012年开始,中国政府每年投入2亿元,用于购买社会组织的服务[③]。2013年9月26日,针对两年来政府购买社会服务工作取得的成绩与存在的不足,国务院颁布《关于政府向社会力量购买服务的指导意见》。《意见》内容可以概括为四点:强调重要性、把握方向性、规范发展、扎实推进。《意见》一方面是对两年来政府购买社会服务工作的肯定与推动,另一方面是对今后购买服务进行规范。在政府购买社会组织服务

---

① 王振耀、高华俊:《中国儿童福利政策报告2015:系统建设普惠型儿童福利体系》,社会科学文献出版社2016年版,第41页。

② 张明敏:《第二届儿童政策进步指数发布》,《公益时报》2017年6月6日,第10页。

③ 王振耀、高华俊:《中国儿童福利政策报告2015:系统建设普惠型儿童福利体系》,社会科学文献出版社2016年版,第41页。

项目中，儿童服务项目一直是重点。每年的 2 亿元资金，儿童服务项目平均约达到 1/4，具体为 2012 年占总额的 28.63%，2013 年占 19.71%，2014 年占 23.9%，2015 年占 27.96%[①]。在政府购买的儿童服务项目中，专业社工类项目受到政府青睐，占比接近一半。专业社工类儿童服务项目一方面为儿童提供了专业化服务，另一方面对体制内儿童社会工作者也是很好的专业化服务示范。应该说，2012 年以来，被政府购买服务的那些社会组织，在为儿童提供专业服务方面做出了积极贡献。

表 19.1 为 2011—2017 年，中国政府颁布的与儿童福利相关的政策。

表 19.1　中国政府颁布的与儿童福利相关的政策（2011—2017 年）

颁布时间	颁布部门	名称
2011.03.04	民政部	《"重生行动——全国贫困家庭唇腭裂儿童手术康复计划"项目二期工作的通知》
2011.08.15	国务院	《关于加强和改进流浪未成年人救助保护工作的意见》
2011.11.23	国务院	《关于实施农村义务教育学生营养改善计划的意见》
2011.12.02	中国残联	《残疾儿童康复救助"七彩梦行动计划"实施方案》
2012.10.22	民政部、财政部	《关于发放艾滋病病毒感染儿童基本生活费的通知》
2013.06.16	民政部	《关于开展适度普惠型儿童福利制度建设试点工作的通知》
2013.09.26	国务院	《关于政府向社会力量购买服务的指导意见》
2013.11.25	发改委、民政部	《儿童福利设施建设规划二期》
2014.01.10	共青团中央、民政部、财政部等 6 部门	《关于加强青少年事务社会工作专业人才队伍建设的意见》
2014.04.18	民政部	《关于进一步开展适度普惠型儿童福利制度建设试点工作的通知》
2014.12.24	民政部	《儿童社会工作服务指南》
2014.12.25	国务院	《国家贫困地区儿童发展规划（2014—2020 年）》
2014.12.29	最高人民法院、最高人民检察院、公安部、民政部	《关于依法处理监护人侵害未成年人权益行为若干问题的意见》
2016.02.14	国务院	《关于加强农村留守儿童关爱保护工作的意见》

---

① 王振耀、高华俊：《中国儿童福利政策报告 2015：系统建设普惠型儿童福利体系》，社会科学文献出版社 2016 年版，第 41 页。

续表

颁布时间	颁布部门	名称
2016.06.16	国务院	《关于加强困境儿童保障工作的意见》

二　国家数据统计：困境儿童救助状况

从 2015 年开始，中国政府关于困境儿童救助的数据统计口径有了改变，把社会福利机构抚养的弃婴数与孤儿数两项合并为社会福利机构抚养的孤儿数一项。

从表 19.2 可见，从 2013 年起，中国的社会弃婴人数基本消失，所以，从 2013 年起，社会福利机构抚养儿童主要由弃婴转向孤儿。

表 19.2　　　　困境儿童救助情况（2011—2015 年）

年份	社会弃婴数	社会福利机构抚养的孤儿数	社会福利机构抚养的弃婴数	儿童福利院全年在院人次	救助管理站救助儿童人次	流浪儿童救助保护中心救助儿童人次
2011	14249	1679	11993	45000		1000
2012	10398	1760	12202	52000		2000
2013	2466	9657	7814	54000		2000
2014	1375	10336	6802	57000		2000
2015		10704		55000		1000

第二节　儿童的法律保护

中国儿童保护的法律框架主要集中在司法保护、义务教育与职业教育、婚姻家庭与财产继承、预防未成年人犯罪等领域，还没有涉及儿童生存发展与生活福利层面。一个国家对儿童的保护体现在儿童法律保护体系的建立与完善上，儿童法律保护体系是指与儿童保护相关的法律法规以及涉及预防与保护儿童犯罪的司法制度。

一　国家政策动向：儿童法律保护体系进一步完善并进入国家责任的操作时期

这一时期没有直接针对儿童的法律出台，但是比较密集地出台了专项性的行政法规。表19.3为2021—2017年，中国政府制定、颁布与实施的涉及儿童保护部分的法律与行政法规。

表19.3　　涉及儿童保护的法律法规（2011—2017年）

保护权利	保护领域	颁布部门	颁布时间	名称	主要内容
	专门性保护	国务院	2011.5	《中国儿童发展规划纲要（2011—2020年）》	建立和完善适度普惠型的儿童福利体系，完善保护儿童的法规体系和保护机制，依法保护儿童权益
生存权	安全	国务院	2012.6	《校车安全管理条例》	加强校车安全管理，保障乘坐校车学生的人身安全
受保护权	困境儿童支持	国务院	2011.8.15	《关于加强和改进流浪未成年人救助保护工作的意见》	实行更加积极主动的救助保护，加大打击拐卖未成年人犯罪力度，帮助流浪未成年人及时回归家庭，做好流浪未成年人的教育矫治，强化流浪未成年人源头预防和治理
		国务院	2014.12.25	《国家贫困地区儿童发展规划（2014—2020年）》	落实好为孤儿、艾滋病毒感染儿童发放基本生活费的政策，探索建立其他事实无人抚养儿童和困难家庭儿童基本生活保障制度，并通过建立儿童社会保护工作机制和服务网络，最大限度改善儿童生存状况
		国务院	2016.1	《艾滋病防治条例》	生活困难的艾滋病病人遗留的孤儿和感染艾滋病病毒的未成年人接受义务教育的，应当免收杂费、书本费；接受学前教育和高中阶段教育的，应当减免学费等相关费用
		国务院	2016.2.14	《关于加强农村留守儿童关爱保护工作的意见》	加强农村留守儿童关爱保护工作，维护未成年人合法权益，是各级政府的重要职责，也是家庭和全社会的共同责任
		国务院	2016.6.16	《关于加强困境儿童保障工作的意见》	立足我国困境儿童保障工作的顶层设计，阐明了困境儿童保障工作的指导思想、基本原则和总体目标。加强困境儿童的分类保障政策。针对困境儿童生存发展面临的突出困难和问题，从保障基本生活、保障基本医疗、强化教育保障、落实监护责任、加强残疾儿童福利服务等五方面提出具体措施

续表

保护权利	保护领域	颁布部门	颁布时间	名称	主要内容
受保护权	司法	全国人大常委	2011.2.25	《中华人民共和国刑法修正案八》	取消嫖宿幼女罪，改以强奸罪从重处罚，对收买拐卖儿童的一律定罪处罚
		全国人大常委	2015.8.	《中华人民共和国刑法修正案八》	虐待儿童入罪、校车事故追责
		全国人大常委	2015.12.27	《中华人民共和国反家庭暴力法》	针对未成年人的家庭暴力预防、处置、人身安全保护等方面做出规定

表19.3中直接针对儿童的行政法规有《中国儿童发展纲要（2011—2020年）》《关于加强和改进流浪未成年人救助保护工作的意见》《国家贫困地区儿童发展规划（2014—2020年）》《关于加强农村留守儿童关爱保护工作的意见》《关于加强困境儿童保障工作的意见》。对儿童法律保护体系而言，这些儿童法律保护的政策文件都具有完善体系的功能。2011年7月颁布的《中国儿童发展纲要（2011—2020年）》与前两个纲要相比，在制度类型与内容细节上都有了很大的提升。在儿童保护的法律制度类型上，明确了儿童出生登记制度、儿童监护监督制度、儿童法律援助和司法救助机制。在内容细节上，以儿童司法保护为例，2001年纲要提到对罪错青少年的司法保护原则，给予未成年人有别于成年人的待遇以及建立少年法庭，但是，没有提出具体的司法保护措施。2011年的纲要对罪错青少年司法保护有了相对细致的内容，包括推动建立和完善适合未成年人的专门司法机构、完善涉嫌违法犯罪的儿童处理制度、完善具有严重不良行为儿童的矫治制度等，在体现以儿童为本的理念、遵循儿童优先原则上进了一大步。《关于加强和改进流浪未成年人救助保护工作的意见》《国家贫困地区儿童发展规划（2014—2020年）》《关于加强农村留守儿童关爱保护工作的意见》《关于加强困境儿童保障工作的意见》，这四个法律保护文件，是突破不同类型困境儿童发展问题的专门性举措，展现出建立普惠、均衡的儿童保护制度是未来发展的目标。

这一时期，中国儿童法律保护事业发展的另一个突出特征是国家责任进入操作阶段。《国家贫困地区儿童发展规划（2014—2020年）》《关于加强农村留守儿童关爱保护工作的意见》《关于加强困境儿童保障工作的意见》等这些行政法规中对困境儿童的支持与保护，都是通过国家财政与各级政府的切实行动去完成的。另外，《关于加强和改进流浪未成年人救助保护工作的意见》与 2014 年 12 月 29 日由最高人民法院、最高人民检察院、公安部、民政部四部门联合颁布的《关于依法处理监护人侵害未成年人权益行为若干问题的意见》，则标志着落实儿童监护的国家责任也进入操作阶段。

二 国家数据统计：儿童司法及援助状况

从表 19.4 可见，2011—2015 年，中国未成年人罪犯数量呈逐年递减趋势，2011 年为 67280 人，2015 年为 43839 人。未成年人罪犯占全体罪犯比率每年也呈递减趋势，由 2011 年的 6.4% 减少到 2015 年的 3.6%。

表 19.4　　　　　　儿童司法及援助（2011—2015 年）

年份	法院审理刑事犯罪总数（人）	未成年人罪犯（人）	未成年人罪犯占全体罪犯比重（%）	法律援助机构援助未成年人人次	拐卖妇女儿童数（人）
2011	1051638	67280	6.40	89132	13964
2012	1174133	63782	5.4	98343	18532
2013	1158609	55817	4.8		20725
2014	1184562	50415	4.3		16483
2015	1232695	43839	3.6		9150

第二十章

2010—2017年时期儿童发展的自然与社会环境

2011—2017年，中国环境治理进入"联防联控、依法治污"的治理时期。中国环境治理力度加大到前所未有的强度，也正是这一时期，中国环境治理的效果得到一定的显现，中国的空气、水污染状况得到一定程度的控制。儿童发展的社会文化环境，呈现持续优化的态势。

第一节 儿童发展的自然环境

一 国家政策动向："联防联控、依法治污"环境治理时期

2011年以来，中国环境污染发展为多层面多主体的综合型污染。尤其是大气污染由局地单一的城市空气污染向区域复合型大气污染转变；多种污染物交叉并存，雾霾、灰霾为主导的城市大气污染问题全面爆发，并有不断加重和蔓延的趋势，被列入国家和地方突发环境事件应急管理范畴[1]。

这一时期，一方面环境治理的政策文件继续密集出台，政府力度向顶层设计集中，引导跨部门、跨区域合作共治和全社会共同参与。另一方面，政策思路逐步从政府威权管制走向多元主体合作治理，即由"有法可依"思路走向了"依法治污"。所以，2011—2017年，中央政府在环境治理方面政策制定与颁布的最主要特征就是"联防联控"与"依法治污"。其他特征还有：对地方政府政绩的考核制度，由考核总量减排转为考核质量改善；建立公众参与环境保护监督机制等。

第一，联防联控。2013年《重点区域大气污染防治"十二五"规划》

---

[1] 冯贵霞：《中国大气污染防治政策变迁的逻辑》，博士学位论文，山东大学，2016年。

开始施行，该规划由国家环保部、发改委、财政部共同编制，联控范围涉及19个省的117个地级及以上城市。2013年9月，被称为中国有史以来最为严格的大气治理行动计划《大气污染防治行动计划》由国务院发布实施，计划建立京津冀、长三角区域联合防控协调机制，并由国务院有关部门、省级人民政府组成协调委员会。2013年，国家环保部、发改委、工信部等部门联合颁布《京津冀及周边地区落实大气污染防治行动计划实施细则》。2014年1月，由长三角三省一市和国家八部委组成的长三角区域大气污染防治协作机制正式启动。

第二，依法治污。2015年新修订的《环境保护法》与《大气污染防治法》都体现了依法治污的原则。《环境保护法》给出依法治污的操作细节：按日累计罚款无上限、污染违法者可拘留、环境污染可入罪、污染物排放设备可查封扣押、超标排污可停产停业、环境监管部门违法要担责等。《大气污染防治法》加大处罚力度，提高依法治污的针对性和操作性。在129条法律条款中，约30条涉及法律责任问题，并明确相应地处理方式和处罚措施。

第三，对地方政府政绩的考核制度，由考核总量减排转为考核质量改善。2011年国务院颁布《"十二五"节能减排综合性工作方案》，将污染物减排指标完成情况纳入领导干部政绩考核范围。2012年2月，国家环保部颁布新的《环境空气质量标准》及其配套标准《环境空气质量指数（AQI）技术规定（试行）》；与国际标准接轨，增加PM2.5、臭氧8小时浓度限值等指标。2012年出台的《重点区域大气污染防治"十二五"规划》，明确提出空气中$PM10$、SO_2、NO_2、PM2.5年均浓度下降的目标值，标志着政策目标逐步由污染物总量控制转为环境质量改善。2014年国务院颁布《大气污染防治行动计划实施情况考核办法（试行）》，考核指标包括空气质量改善目标完成情况、大气污染防治重点任务完成情况。2015年7月，中央深改组第十四次会议审议通过《环境保护督察方案（试行）》《关于开展领导干部自然资源资产离任审计的试点方案》《党政领导干部生态环境损害责任追究办法（试行）》等文件，其核心是把生态政绩考核纳入干部考核管理体系中。2016年，《国民经济和社会发展"十二五"规划》明确提出以提高环境质量为核心。环保专项规划则要求实施环境质量目标分区管理[1]。

---

[1] 冯贵霞：《中国大气污染防治政策变迁的逻辑》，博士学位论文，山东大学，2016年。

第四，建立公众参与环境保护监督机制。2014年国家环保部颁布《企事业单位环境信息公开办法》，明确规定：环境污染防治相关信息公开，设立公众举报等监督渠道。2015年新修订的《环境保护法》中，增加了"依法公开环境信息、完善公众参与程序"的条款。2015年9月正式实施《环境保护公众参与办法》，明确规定了公众参与环保的权利、义务、责任、参与方式和环保部门在公众参与方面的主要责任及相关工作。

表20.1为2011—2017年中国政府颁布的环境治理的主要政策。

表20.1 中国政府颁布的环境治理的主要政策（2011—2017年）

颁布时间	颁布部门	名称
2011.09.07	国务院	《"十二五"节能减排综合性工作方案》
2012.02.29	环境保护部、国家质量监督检验检疫总局	《〈环境空气质量标准〉修订》
2012.03.05	环境保护部	《环境空气质量指数（AQI）技术规定（试行）》
2012.07.02	国务院	《"十二五"节能环保产业发展规划》
2012.10.29	环境保护部、发改委、财政部	《重点区域大气污染防治"十二五"规划》
2013.01.07	国务院	《关于印发实行最严格水资源管理制度考核办法的通知》
2013.08.12	国务院	《关于加快发展节能环保产业的意见》
2013.09.12	国务院	《大气污染防治行动计划》
2014.04.25	全国人大常委会	《〈中华人民共和国环境保护法〉修订》
2014.05.28	国务院	《大气污染防治行动计划实施情况考核办法（试行）》
2014.07.22	国务院	《关于加快新能源汽车推广应用的指导意见》
2014.9.02	国务院	《关于进一步推进排污权有偿使用和交易试点工作的指导意见》
2014.12.19	环境保护部	《环境保护主管部门实施按日连续处罚办法》
2014.12.19	环境保护部	《环境保护主管部门实施查封、扣押办法》
2014.12.19	环境保护部	《环境保护主管部门实施限制生产、停产整治办法》
2014.12.19	环境保护部	《企业事业单位环境信息公开办法》
2015.01.14	国务院	《关于推行环境污染第三方治理的意见》
2015.04.16	国务院	《水污染防治行动计划》
2015.07.13	环境保护部	《环境保护公众参与办法》
2015.09.06	全国人大常委会	《〈中华人民共和国大气污染防治法〉修订》
2015.12.01	国务院	《关于加强环境监管执法的通知》

续表

颁布时间	颁布部门	名称
2015.12.10	环境保护部	《建设项目环境影响后评价管理办法（试行）》
2017.01.05	国务院	《"十三五"节能减排综合工作方案》

二 国家数据统计：儿童发展自然环境治理状况

（一）污染治理

从表20.2可知，中国污染治理总投资额由2011年的7114亿元提升到2015年的8806.3亿元。其中，城市环境基础设施建设投资由2011年的4557.2亿元提升到2015年的4946.8亿元，工业污染源治理投资由2011年的444.4亿元提升到2015年的773.7亿元，"三同时"环保投资由2011年的2212.4亿元提升到2015年的3085.8亿元。污染治理投资额占当年GDP比例在1.28%—1.53%波动。

表20.2　　　　　　　环境污染治理投资（2011—2015年）

年份	2011	2012	2013	2014	2015
污染治理项目投资总额（亿元）	7114.0	8253.5	9037.2	9575.5	8806.3
污染治理投资占当年GDP（%）	1.45	1.53	1.52	1.49	1.28
城市环境基础设施建设投资（亿元）	4557.2	5062.7	5223.0	5463.9	4946.8
工业污染源治理投资（亿元）	444.4	500.5	849.7	997.7	773.7
"三同时"环保投资（亿元）	2212.4	2690.4	2964.5	3313.9	3085.8

（二）城市环境治理

从表20.3可知，城市总的污水处理率由2013年的78.47%提升到2015年的85.22%。

表20.3　　　　　　　城市环境（2011—2015年）

年份	2011	2012	2013	2014	2015
城市污水处理率（%）			78.47	82.12	85.22
城市生活污水处理率（%）					

第二节　儿童发展的社会环境

社会环境对儿童社会性发展、身心健康有着重大影响。社会环境的核心是保护儿童的娱乐权益，即借助多种多样的传媒、提供专门的活动场所，让儿童参与各类文化活动，促进儿童身心愉悦、健康成长。

一 国家政策动向：承继上个十年的做法，用行动优化儿童社会文化环境时期

（一）优化儿童社会文化环境的资金行动

上一个十年期间，为了实现国务院2000年6月在《关于加强青少年学生活动场所建设和管理工作的通知》中提出的"力争'十五'末期，全国90%以上的县（市）至少有一所青少年宫或活动中心等青少年学生校外活动场所"目标，中央政府启动了"中央专项彩票公益金支持青少年学生校外活动场所建设"项目，并在2001—2010年完成了第一期、第二期的筹集公益金与建设工作。前二期青少年活动场所项目建设停留在县以上级别，乡镇一级还存在空白。2011年该项目进入第三期（2011—2015年），第三期（2011—2015年）项目筹集彩票公益金30亿元，将重点援建有空白的乡镇地区，并要建100个乡镇示范基地。为了第三期建设工作的顺利有效展开，2011年6月14日，财政部颁布《中央专项彩票公益金支持未成年人校外活动保障和能力提升项目资金管理办法》，它是第三期建设工作的配套文件，针对2011—2015年由财政部安排的中央专项彩票公益金所制定。这次的《办法》与2008年相比，在项目资金使用范围上，更明确与可操作性，把项目资金使用范围规定为：活动补助、能力提升（包括改造提升和修缮维护建设时间较早的校外活动场所，并添置、更新设备）、人员培训三方面。2008年的项目资金使用范围就是：场所新建项目。

（二）提升儿童社会文化环境与儿童参与权益的其他类政策与社会行动

2011年2月25日，国务院颁布《全民健身计划（2011—2015年）》，目标：到2015年，形成覆盖城乡比较健全的全民健身公共服务体系。

2011年7月30日，国务院颁布《中国儿童发展纲要（2011—2010年）》。就儿童的社会文化环境，提出：90%以上的城乡社区建设1所儿童之家，以为儿童提供安全空间、满足儿童身心发展需求及身心健康，保护儿童免受暴力、剥削和虐待。《中国儿童发展纲要（2011—2010年）》

颁布以后至 2012 年，国务院妇女儿童工作委员会办公室和联合国儿童基金会共同发起"儿童参与《中国儿童发展纲要（2011—2010 年）》宣传"活动。

2016 年 4 月，刘延东副总理在驻日使馆"日本中小学修学旅行及其对我的启示和相关建议"上做出批示，指出"'将修学旅行纲信中小学教育是方向'对于孩子了解国情、热爱祖国、开阔眼界、增长知识实现全面发展十分有益"。2016 年 11 月 30 日，教育部等 11 部门联合颁布《关于推进中小学生研学旅行的意见》，要求各地因地制宜开展研学旅行活动。2016 年 11 月，在第六次全国妇女儿童工作会议上，李克强总理提出继续贯彻男女平等基本国策和"儿童优先"原则。

表 20.4 为 2011—2017 年，中国政府颁布的与优化儿童社会文化环境相关的政策。

表 20.4　　中国政府颁布的与优化儿童社会文化环境相关的政策（2011—2017 年）

颁布时间	颁布部门	名称
2011.02.25	国务院	《全民健身计划（2011—2015 年）》
2011.06.04	财政部	《中央专项彩票公益金支持未成年人校外活动保障和能力提升项目资金管理办法》
2011.07.30	国务院	《中国儿童发展纲要（2011—2010 年）》
2016.11.30	教育部等 11 部门	《关于推进中小学生研学旅行的意见》

二　儿童文化的建设

（一）儿童创造的文化

1. 2011 年至今：多样化、益智性为特征的儿童游戏时期

21 世纪第一个十年的经济飞速发展、文化氛围宽松自由，这都为此后中国文化大发展大繁荣创造了良好的发展环境，中国社会不仅吸纳了外国先进的文化形式和文化内容，还迸发出积蓄已久的文化创造力，新颖且为人民群众所喜爱的文化内容层出不穷，更重要的是，在不断优化的文化氛围中，人民群众的文化素质得到显著提升。再转眼看这一时期的儿童游戏，在游戏时间上，儿童获得的实际游戏时间比从前相对宽裕，通过对身边年轻家长进行的简单采访了解到，越来越多的家长们都表示希望给自己

孩子一个快乐幸福的童年，而不是一味地强迫孩子学习功课，家长们也表示愿意花更多的时间陪伴孩子甚至参与孩子的游戏；在游戏内容方面，户外游戏的机会增加，儿童有更多的机会或跑或跳来释放天性，另外，益智性游戏也备受推崇，如乐高、逻辑狗等具有"玩中学"意味的游戏活动也广泛流行起来；在游戏场所方面，儿童游乐场已经成为儿童游戏的重要场所，夏天的水上乐园、商场里的大型海洋球乐园、迪士尼乐园等，近年来，这种以大型新颖的游戏器材为依托的儿童游戏深受儿童的喜爱；再从游戏材料方面来看，儿童游戏中融入了更多的科技化、现代化的元素，4D游戏体验、互动投影、3D打印技术等与儿童游戏相结合，大大提升了儿童游戏的体验效果和愉悦感。

总的来说，这一时期的儿童游戏具有以下几个特点：第一，儿童游戏时间逐渐宽裕。在先进教育理念的影响下，不论是学校还是家庭，都逐渐开始重视游戏对儿童的重要价值，成人慢慢地开始主动给予儿童更多的游戏时间；第二，儿童游戏开始更注重"玩中学"，成人更愿意让孩子有目的地玩那些能够提高孩子某方面能力的游戏；第三，儿童游乐场成为重要的儿童游戏场所；第四，科技元素融入儿童游戏中。

这一时期，形成儿童游戏这些特征的主要原因如下。

第一，社会对先进教育理念的认识普遍提高。成人教育理念的形成深受时代和社会变化发展的影响，具有鲜明的时代性特征。儿童游戏时间的逐渐增加首先得益于学校的先行和倡导，近年来，游戏对儿童成长的教育价值得到充分的重视，《幼儿园工作规程》中更是提到幼儿每天户外活动时间不少于两小时。给予幼儿更充足的游戏时间这一理念也从学校传递到家庭，这一代儿童的父母大多接受过良好的教育，他们具有不错的理解并接受先进教育理念的能力，科学的教育理念很快就融入到年轻家长们的家庭教育观念中。

有学者指出，在当前的家庭教育观念中已经出现了可喜的变化，传统教育观念中"家长制"正在逐渐消失，科学的儿童观、发展观和儿童教育观正在全面形成[①]，虽然家庭教育观念还存在一定的偏差，但是相信随

---

① 刘秀丽、刘航：《幼儿家长家庭教育观念：现状及问题》，《东北师大学报》（哲学社会科学版）2009年第5期。

着时代的进步，科学的家庭教育观念必将逐渐形成。

第二，儿童产业的崛起。有媒体曾提出过"消费国度，孩子至上"的观点，认为孩子将成为拉动消费的主角。再看看我们的身边，母婴用品、教育培训、儿童玩具、儿童游乐场等与儿童相关的产业普遍发展势头强劲。如何有质量地培养孩子成为当前家长思考的主要问题，从孩子的衣食住行到孩子的教育甚至娱乐，家长们普遍表示在条件允许的情况下肯定愿意给孩子更好的。有需求就有市场，有市场就有更多的资本投入，巨大的商机刺激着更多投资者的进入，也催生出更多种的儿童玩具和更丰富的儿童活动场所。儿童职业体验馆、儿童室内攀岩馆、儿童水上乐园、儿童游乐场等大型儿童活动场所，以更专业、更安全、更有趣的姿态进入儿童视野，也因此被家长们所肯定。

第三，成人游戏和儿童游戏之间的界限逐渐模糊。21世纪的儿童是处于信息社会的儿童，他们对手机、电脑、平板电脑一点也不陌生，对他们来说，这些触手可得的电子产品里面是不存在秘密，就是这种开放性在一定程度上导致了成人游戏和儿童游戏之间的界限逐渐模糊，成人在玩的游戏，儿童也在玩。为了游戏的真实性和娱乐性，各种科技元素添加到游戏中，一方面，大大提高了游戏带给游戏的感官刺激和愉悦体验，但另一方面，游戏中也出现了较多的血腥暴力等不适宜儿童的场景。

2. 2011年至今：儿童情感何处安放

在物质生活日益富足的今天，儿童是否吃饱穿暖早已不再是需要担心的问题，而儿童的精神领域如情感、交际能力等问题越来越受到重视。现如今，由于隔代养育或陪伴时间匮乏等原因而导致存在孤僻、骄纵任性等问题的孩子不占少数，有趣的是，家长一边焦虑地思考着儿童的情感需求是否得到满足，一边继续忙碌着自己的工作。与其说这是一种矛盾，倒不如说是一种无奈，身处现代社会的成人每天都在被快节奏的工作生活牵着鼻子走，成人白天忙于工作，甚至晚上也经常免不了加班，很难挤出陪伴孩子的时间。尤其是2015年我国实施全面"二孩"政策之后，不少家庭都迎来了二孩，如果家长没有对儿童在情感上进行适当的引导，大宝感觉本来就少之又少的亲子时间被弟弟妹妹抢走，一旦情感需求没有得到满足，就很容易出现一些情感问题或行为问题。

(二) 为儿童创造的文化

为儿童创造的文化，是指除儿童以外的主体，为了达到愉悦儿童、发展儿童等目的而创造出各种形式的儿童文化产品。通常情况下，成人是这类文化的创造主体。伴随着社会科技手段的提升、对儿童发展及教育的重视以及社会文化生活日趋丰富的发展趋势，各种为儿童创造的文化产品也更加丰富。成人为儿童创造的文化内容主要包括儿童音乐、儿童动画、儿童文学等，这些文化内容既是凸显了儿童文化的特性，也是映射了总体社会文化生活的形态。

1. "听"的儿童文化——儿童歌曲本土创作丰饶时期

"听"的儿童文化是指儿童音乐。在"文化大革命"的重创下，文艺作品包括儿童文艺作品在内都经历了一场大萧条。"文化大革命"期间的儿童音乐作品具有明显的政治倾向[1]，不再是以愉悦儿童为目的，不论音乐内容还是音乐旋律和节奏都在一定程度上受到束缚。改革开放之后，宽松自由的氛围犹如阵阵清风吹散了笼罩在文艺创作之上的迷雾，大量新创作的儿童音乐作品纷纷涌现，如《种太阳》《七色光之歌》《小白船》《小螺号》《歌声与微笑》《采蘑菇的小姑娘》《童年的小摇车》等。这些歌曲的内容充满童趣、贴近儿童生活，歌曲风格轻松愉悦、具有童真。当然，80年代的儿童音乐也继承了一些改革开放之前流传下来的优秀儿童歌曲，如《让我们荡起双桨》《我爱北京天安门》《小燕子》《劳动最光荣》《少年少年祖国的春天》等，这些儿童歌曲的内容题材积极向上，而且通常会将个体与国家、家庭、社会、民族紧密地联系起来[2]。

1978—1990年，儿童歌曲本土创作出现了一个高潮，其成因有三。其一，宽松自由的社会环境。自从1978年中国开始实现对内改革、对外开放的政策之后，中国的社会面貌得到了很好的改变，从封闭到开放，从停滞不前到大步向前，不仅社会经济实现飞速发展，而且社会文化环境也在悄然发生改变，自由宽松的社会氛围为各种文艺作品的诞生提供了更优越的文化土壤，儿童音乐的创造者不再被束缚于内容和形式的固定框架中，而是将创作的服务对象重新转向儿童，努力为儿童创造尽可能丰富的艺术文化产品，创作者使用多元的表现形式和选择丰富的内容题材，一时间，中国涌现一大批优秀的儿童音乐作品。其二，主旋律的引领。改革开放初期，经济建设急需稳定的社会政治环境作为支撑，因此，以一支主旋

---

[1] 金晓霞：《中国儿童歌曲百年发展历程回顾》，《音乐时空》2014年第6期。
[2] 白芳：《儿童歌曲创作历程研究》，博士学位论文，河北师范大学，2013年。

律引领社会各界集中力量进行社会主义现代化建设至关重要。80年代的中国始终坚持走社会主义道路、坚持中国共产党的领导，这一主旋律不仅在社会政治上凸显，也同样反映在文化作品中，儿童一直被视为"祖国的未来"，认为应从小进行一些爱国主义等主旋律的熏陶及教育，儿童歌曲这种生动的文化形态也自然而然地加入了一些主旋律的意味。那些在六七十年代创作的具有一定政治色彩的儿歌歌曲，依旧在儿童群体中被广泛传唱，同时，一些充满正能量、积极向上且符合社会主旋律的儿童音乐也被相继创作出来。其三，对音乐价值的重视。20世纪80年代改革开放进程的不断深入，不仅使得国外先进的教育理念慢慢进入人们的视野，而且促进了我国已有的优秀教育思想得到传播和推广。受到加德纳多元智能理论以及相关国外科研成果的影响，社会对教育的认识不再局限于文化知识的学习，开始越来越重视儿童多元能力的发展，对儿童音乐的看法也不再认为只是唱一唱、跳一跳那么简单，而开始将音乐与儿童潜能发展及情绪疏导等方面建立起了联系，引用陈鹤琴先生关于儿童音乐教育思想的话来说，"使儿童的性情通过音乐的洗练，而达到至精至纯的陶冶，以至于引导儿童以快乐的精神来创造自己的生活"[①]，儿童音乐对儿童精神愉悦、陶冶情操、激发创造力等的重要价值逐渐受到重视。教育观念的转变和对音乐重要价值的重视都在一定程度上推动了儿童音乐在80年代的发展，也是这一时代儿童歌曲出现创作高产的重要原因之一。

2. "看"的儿童文化：中国动画竞争中求发展的时期

互联网信息技术的飞速发展和我国开放程度的不断提高为大批国外游戏动画涌入国内创造了更多的机会，如《冰雪奇缘》《疯狂动物城》等迪士尼动画电影，再如《海底小纵队》《小猪佩奇》《小狗汪汪队》《朵拉历险记》等动画系列片，都以引人入胜的故事情节和视觉真实的动画效果牢牢抓住了许多中国小观众的眼球，同时，也向中国国产动画发起了挑战。面对巨大的挑战，中国动画产业博采众长、推陈出新、越战越勇，借助科技快速发展之力，先后推出了《喜洋洋与灰太狼》《熊出没》等系列动画片和《大鱼海棠》《大圣归来》等动画电影，深受中国儿童的喜爱。值得注意的是，这一时期创作的动画作品似乎找到了中国动画未来发展的立足点，敢于突破、更具中国特色，动画作品从人物角色的塑造到故事情

[①] 陈秀云、陈一飞：《陈鹤琴全集》（第三卷），江苏教育出版社2008年版，第401页。

节的进展再到视觉效果的呈现，无不将中国元素融入其中。在激烈的竞争中，中国动画逐渐探索出一条创新之路，相较20世纪末21世纪初的中国动画，当前的中国动画更具竞争力和影响力，不仅动画制作技术正在向世界最先进的技术水准靠拢，而且动画作品的内容和创意具有独特性和民族性。

成因分析如下。

第一，动画设计技术水平的提高。2009年上映的电影《阿凡达》3D立体电影技术带进了人们的视野，这种身临其境的视觉感官体验让人震撼不已，同时，也带动了国内对立体技术的广泛关注和研究[1]。由于历史原因导致我国与动画设计技术相关的电子计算机等领域的起步比较晚，时至今日，中国的科学技术水平已大幅提高，动画设计技术水平也随之快速提高。2006年国家出台了《关于推动我国动漫产业发展的若干意见》，倡导要发展与人民群众尤其是未成年人不断增长的精神文化需要和不断发展的市场需求相适应的动漫产业。在动画创意产业蓬勃兴起的同时，动画教育也在以惊人的速度发展着，开设动画专业的高效不断改善并提高实际教育体系及教育内容教学水平的提高，努力为动画产业培养并输送一批极具创意有实操执行能力的"真人才"[2]。

第二，"文化自信"的驱动。自党的十八大以来，习近平总书记在多个场合提到过中国传统文化，强调我们拥有博大精深的优秀传统文化，理应彰显文化自信。动画作品作为文化的一种表现形式，若要让中国动画真正立足于世界动画之林中，必须找到我国特有的文化精髓，依托本土文化，才能推动中国动画的突破与创新[3]。绵延五千年的中国文化源远流长，各个朝代的瓷器、书法、绘画等艺术作品都具有很高的艺术造诣，为动画作品的视觉设计提供了许多可参考的艺术元素和灵感，不计其数的民间文学更是国产动漫的源头活水，为国产动漫提供了奇幻的、引人入胜的

---

[1] 方卫平：《2012年中国儿童文化研究年度报告》，浙江少年儿童出版社2012年版，第255页。

[2] 钟崇瑶：《关于中国动画专业学习模式的探究》，《文艺生活·文艺理论》2015年第11期。

[3] 马豪放：《依托本土文化推动中国动画的突破与创新》，《电影文学》2011年第18期。

故事情节，是国产动漫取之不尽、用之不竭的文化资源宝库①。

三 国家数据统计：儿童发展的文化大环境与小环境优化状况

（一）儿童发展的社会文化大环境

从表 20.5 可知，2011—2015 年，文化馆数量一直保持在 3200 个左右；公共图书馆数量呈每年微长趋势，由 2011 年的 2952 个增加到 2015 年的 3139 个，增加了 187 个；博物馆由 2011 年的 2650 个提升到 2015 年的 3852 个，增加了 1202 个；档案馆由 2011 年的 4107 个提升到 2015 年的 4193 个，增加了 86 个。

表 20.5　文化场馆、图书出版、艺术表演情况（2011—2015 年）

年份	文化馆（个）	公共图书馆（个）	博物馆（个）	档案馆（个）	报纸（亿份）	期刊（亿册）	图书（亿册）	艺术表演团体机构数（个）	艺术表演场馆数（个）
2011	3285	2952	2650	4107	467.43	32.85	77.05	7055	1429
2012	3301	3076	3069	4122	482.26	33.48	79.25	7321	1279
2013	3315	3112	3473	4246	482.41	32.72	83.10	8180	1344
2014	3313	3117	3658	4196	463.90	30.95	81.85	8769	1338
2015	3315	3139	3852	4193	430.09	28.78	86.62	10787	1358

（二）直接作用于儿童发展的文化资源

1. 儿童图书馆情况

从表 20.6 可知，2011—2015 年，儿童图书馆由 2011 年的 94 个增加到 2015 年的 113 个，增加 19 个；藏书量逐年增加，由 2011 年的 23210 千册，增加到 2015 年的 36982 千册，5 年增加 13772 千册。

表 20.6　　　　儿童图书馆情况（2011—2015 年）

年份	机构数	从业人员数	总藏数量（千册）	图书（千册）	报刊（千册）	视听文献、缩微制品（千册）	总流通人次（千人次）	计算机（台）
2011	94	1764	23210.7	19472.6	819.8	1112.7	18809.3	4987

---

① 方卫平：《2012 年中国儿童文化研究年度报告》，浙江少年儿童出版社 2012 年版，第 254 页。

续表

年份	机构数	从业人员数	总藏数量（千册）	图书（千册）	报刊（千册）	视听文献、缩微制品（千册）	总流通人次（千人次）	计算机（台）
2012	99	2124	32173.8	25306.9	1294.4	920	19376.4	5684
2013	105	2170	31650.1	27372.7	1459.1	1221.3	21314.7	6648
2014	108	2201	33922.9	30008.8	1498.7	1316.2	21369.1	7326
2015	113	2262	36982.3	32594.7	1639.1	1391.8	23731.2	7645

2. 儿童图书情况

从表20.7可知，2011—2015年，少儿读物图书种类由2011年的22059种，增加到2015年的36633种，5年增加了14574种，增量极其显著。少儿读物图书总印数由2011年的37800万册，增加到2015年的55564万册，5年增加了17764万册。少儿读物期刊种类与期刊总印数都呈逐年增加趋势。

表20.7　　　　　儿童图书情况（2011—2015年）

年份	少儿读物图书种类（种）	少儿读物图书总印数（万册）	中学课本种类（种）	中学课本总印数（万册）	小学课本种类（种）	小学课本总印数（万册）	少儿读物期刊种类（种）	少儿读物期刊总印数（万册）	少儿读物画刊种类（种）	少儿读物画刊总印数（万册）
2011	22059	37800	6307	168160	5267	121815	118	36454		
2012	30966	47823	7137	169956	5821	125010	142	39432		
2013	32400	45686	8160	166996	6461	129378	144	40907		
2014	32712	49693	8829	167384	6783	134540	209	51983		
2015	36633	55564	6877	153674	6251	132566	209	54164		

第五部分
总结与展望
（1978—2017年）

改革开放 40 年，儿童生存与健康领域经过由弱关注到妇幼医疗保健体系的建立与规范，再到妇幼健康服务体系的建立的发展历程。儿童教育领域，1978—2010 年，国家政策主要扶持义务教育，义务教育获得空前发展。从 2011 年开始，国家政策开始全面扶持儿童教育，学前教育、高中阶段教育、特殊与弱势教育也进入高速发展时期。儿童福利领域走过了由附属妇女工作到成立儿童福利事业独立机构，从"补缺型"儿童福利制度的建立与发展到适度普惠型儿童福利制度建立的发展历程。儿童法律保护领域经历了儿童为非独立的法律保护主体到儿童法律保护制度建立与完善的发展历程。儿童发展的自然环境，40 年来一直面临挑战，直到 2011—2017 年中国环境治理才初见成效，环境质量获得一定提高。儿童发展的文化环境，图书、音像出版经历了持续丰富的发展历程，儿童校外活动场所经历了遭遇运营低潮后重回兴隆的历程，儿童社会文化参与经历了出现、被关注、被重视的历程。

第二十一章

40年儿童健康事业发展的讨论与结论

一般而言,作为一个国家整体的儿童生存与健康水平,可以用该国家对三类儿童健康问题的介入与解决的状况来衡量。第一类是儿童生存中的出生和安全问题,包括生育、分娩以及免疫接种等问题。解决此类问题的相关政策与措施有:降低新生儿死亡率、降低孕产妇死亡率、消除新生儿破伤风、确保安全分娩与母子平安、疫苗安全、食品、交通安全等。第二类是儿童健康照顾(Health Care)中的医疗保健与营养卫生问题,包括儿童体质与食品营养,医疗保健与家庭卫生,学校卫生与体育锻炼,儿童体格生长发育等问题。解决此类问题的相关政策与措施有:保证母乳喂养、保证儿童营养、促进儿童卫生保健、促进儿童体格生长等。第三类是健康照顾中的保健服务问题,包括生殖健康与优生优育(性教育)、计划生育与家庭福利、青春期保健与健康促进、心理卫生和精神健康等问题。解决此类问题的相关政策与措施有:降低儿童心理行为问题发生率、儿童精神疾病发生率、开展儿童性教育等。

在经济、社会、文化等综合发展水平的基础上,世界各国按照三类儿童健康问题的先后顺序,逐步地介入与解决。一般而言,首先介入生存问题,把降低新生儿死亡率、降低孕产妇死亡率、消除新生儿破伤风、确保安全分娩与母子平安等作为一个国家的首要问题来解决。其次介入健康照顾中的医疗保健与营养卫生问题,把儿童体质与营养、儿童卫生与体格发育、儿童医疗保健等作为直接关系国家命运和民族未来的问题来解决,这些问题的解决程度也是衡量一个国家现代化程度的重要指标。最后介入健康照顾中的保健服务问题,这类问题是一个国家或社会文明程度的标志,是儿童健康事业内涵与质量的象征。西方发达国家在第二次世界大战以后就开始介入家庭福利、性教育、心理健康等保健服务类问题，而中国社会则是在21世纪交界点才开始涉及第三类问题①。在国务院2011年2月颁布的《中国儿童发展纲要（2011—2020年）》中，明确提出降低儿童心理行为问题发生率和儿童精神疾病患病率这两个目标，这表明对儿童心理健康问题的干预已经成为中国儿童发展目标考核的重要组成部分②。

第一节 40年儿童人口数量与结构变化趋势分析结果

每十年一个时期的儿童人口数量与结构变化，我们依据国家十年一次的人口普查数据展开分析。对40年4次人口普查数据的统筹处理与分析，就能清晰地勾勒出当代中国儿童人口数量与结构的变化轨迹。

一 儿童人口数量呈现缩减型态势

表21.1显示：0—17岁儿童的人口数量从1982年的410106529人下降到2010年278912995人，相应的占总人口百分比从40.68%下降到20.82%，每十年大约下降7%。40年来，中国儿童人口呈现缩减型状态。

表21.1　历次人口普查儿童人口数及所占百分比情况

年份	年龄	儿童人口数	占总人口百分比（%）	年份	年龄	儿童人口数	占总人口百分比（%）
1982年	0—2岁	56458966	5.59	1990年	0—2岁	70733323	6.24
	3—5岁	57666695	5.73		3—5岁	65687386	5.79
	6—11岁	143860390	14.27		6—11岁	117899606	10.40
	12—14岁	79265138	7.86		12—14岁	58692539	5.17
	15—17岁	72855340	7.23		15—17岁	69667957	6.14
	合计	410106529	40.68		合计	382769811	33.74

---

① 刘继同、郭岩：《整合儿童健康与儿童福利：重构中国现代儿童福利政策框架》，《学习与实践》2007年第2期。
② 魏莉莉、董小苹：《中国儿童政策发展趋势研究——基于1990—2020年三个〈中国儿童发展纲要〉的内容分析》，《中国青年研究》2012年第3期。

续表

年份	年龄	儿童人口数	占总人口百分比（%）	年份	年龄	儿童人口数	占总人口百分比（%）
2000年	0—2岁	39299757	3.11	2010年	0—2岁	45061764	3.37
	3—5岁	46612176	3.68		3—5岁	45202983	3.38
	6—11岁	124566750	9.85		6—11岁	84539483	6.31
	12—14岁	74048911	5.85		12—14岁	46518391	3.48
	15—17岁	60807800	4.80		15—17岁	57590374	4.30
	合计	345335394	27.29		合计	278912995	20.84

二 男女儿童性别比呈现不平衡趋势

表21.2显示：全国人口性别比的变化趋势不明显，但是，0—17岁儿童人口性别比从1982年的106.24上升到2010年的116.15，具有男女儿童性别比不平衡趋势。

表21.2　　　　历次人口普查性别比情况（女性=100）

年份	1982年	1990年	2000年	2010年
全国人口性别比	105.45	106.04	106.30	104.90
0—17岁儿童性别比	106.24	107.91	112.26	116.15

三 县地域儿童人口有向市、镇地域迁移的明显趋势

4次人口普查具有两种不同的地域划分，1982年与1990年以城、镇、县划分地域，2000年与2010年以城、镇、乡、划分地域。所以，1982年与1990年的人口普查结果可以放在一起统计，2000年与2010年的可以放在一起统计。

从表21.3可知，县儿童人口数比例明显高于市、镇人口比例；同时县人口比例1982—1990年有明显的降低。在1982—1990年，县地域儿童人口有向市、镇区域迁移的明显趋势。

表21.3　　　　1982年和1990年人口普查儿童人口数地域分布情况

地域	1982年		1990年	
	儿童人口数	占儿童总人口数的百分比（%）	儿童人口数	占儿童总人口数的百分比（%）
市	46513307	11.34	98285580	25.68

续表

地域	1982 年		1990 年	
	儿童人口数	占儿童总人口数的百分比（%）	儿童人口数	占儿童总人口数的百分比（%）
镇	21398909	5.22	92568118	24.18
县	342194313	83.44	191816113	50.11

四 乡村地域儿童人口有向市、镇地域迁移的明显趋势

从表21.4可知，乡村儿童人口数比例显著高于市、镇人口比例，乡村儿童人口略高于市镇人口之和；镇人口比例2000—2010年有明显的提升，说明乡村地域儿童人口朝镇地域迁移。在2000—2010年，乡村地域人口有向市、镇地域迁移的明显趋势。

表21.4　2000年和2010年人口普查儿童人口数地域分布情况

地域	2000 年		2010 年	
	儿童人口数	占儿童总人口数的百分比（%）	儿童人口数	占儿童总人口数的百分比（%）
市	62789044	18.18	65467663	23.47
镇	44627109	12.92	59009941	21.16
乡村	237919241	68.90	154435391	55.37

对4次人口普查数据中儿童人口地域结构的计算结果可以看出，这4次人口普查的地域划分标准是不一样的。1982年与1990年的人口普查，按市镇县划分地域；2000年与2010年的人口普查，按市镇乡村划分地域，这两次有了城市与乡村两份的人口结构数据。截至2010年，我国乡村儿童人口占总儿童人口的55.37%，与2000年的68.9%相比，十年期间，乡村儿童人口向城镇迁移的趋势明显。

第二节　40年儿童生存与健康发展的讨论与结论

一　基于国家政策的讨论与结论

（一）妇幼健康服务体系的建立与基本完善

40年来，中国政府对儿童健康事业的政策与行动投入，经历了

1978—1990年的弱关注时期；1991—2000年重点关注母婴保健制度建立时期；2001—2010年重点关注母婴保健制度规范化、预防艾滋病母婴传播时期；2011—2017年关注的重点是完善妇幼健康服务体系，依托完善的妇幼健康服务体系实现儿童健康事业的持续有序发展。妇幼健康服务体系的完善是中国儿童健康事业发展的未来目标。

（二）国家政策深层介入了儿童健康发展三类问题中的二类问题

在"儿童生存中的出生和安全问题、儿童健康照顾中的医疗保健与营养卫生问题、儿童健康照顾中的保健服务问题"儿童健康发展的三类问题中，40年来国家政策文件全面介入了前面二类问题，还没有直接针对第三类问题出台政策。但是，从2003年开始，中国社会组织，尤其是中国计划生育协会已经介入这类问题，并有不少的行动投入。

二 国家统计数据分析结果

（一）40年来儿童生存问题解决状况良好，但依然面临城乡差距的问题

到2017年，儿童5岁以下死亡率、孕产妇保健覆盖率、儿童免疫接种率等最基本的儿童生存问题，解决状况良好，总体上已经超前完成国家规划的儿童发展目标，实现"千年发展目标"与"可持续发展目标"等国际承诺。

1. 5岁以下儿童和孕产妇死亡率呈急剧下降趋势

到2015年，中国新生儿死亡率为5.4‰，婴儿死亡率为8.1‰，5岁以下儿童死亡率10.7‰，孕产妇死亡率为20/10万。

表21.5　5岁以下儿童和孕产妇死亡率（1991—2015年）

年份	新生儿死亡率（‰）			婴儿死亡率（‰）			5岁以下儿童死亡率（‰）			孕产妇死亡率（1/10万）		
	合计	城市	农村	合计	城市	农村	合计	城市	农村	合计	城市	农村
1991	33.1	12.5	37.9	50.2	17.3	58.0	61.0	20.9	71.1	80.0	46.3	100.0
1992	32.5	13.9	36.8	46.7	18.4	53.2	57.4	20.7	65.6	76.5	42.7	97.9
1993	31.2	12.9	35.4	43.6	15.9	50.0	53.1	18.3	61.6	67.3	38.5	85.1
1994	28.5	12.2	32.3	39.9	15.5	45.6	49.6	18.0	56.9	64.8	44.1	77.5
1995	27.3	10.6	31.1	36.4	14.2	41.6	44.5	16.4	51.1	61.9	39.2	76.0
1996	24.0	12.2	26.7	36.0	14.8	40.9	45.0	16.9	51.4	63.9	29.2	86.4

续表

年份	新生儿死亡率（‰）			婴儿死亡率（‰）			5岁以下儿童死亡率（‰）			孕产妇死亡率（1/10万）		
	合计	城市	农村	合计	城市	农村	合计	城市	农村	合计	城市	农村
1997	24.2	10.3	27.5	33.1	13.1	37.7	42.3	15.5	48.5	63.6	38.3	80.4
1998	22.3	10.0	25.1	33.2	13.5	37.7	42.0	16.2	47.9	56.2	28.6	74.1
1999	22.2	9.5	25.1	33.3	11.9	38.2	41.4	14.3	47.7	58.7	26.2	79.7
2000	22.8	9.5	25.8	32.2	11.8	37.0	39.7	13.8	45.7	53.0	29.3	69.6
2001	21.4	10.6	23.9	30.0	13.6	33.8	35.9	16.3	40.4	50.2	33.1	61.9
2002	20.7	9.7	23.2	29.2	12.2	33.1	34.9	14.6	39.6	43.2	22.3	58.2
2003	18.0	8.9	20.1	25.5	11.3	28.7	29.9	14.8	33.4	51.3	27.6	65.4
2004	15.4	8.4	17.3	21.5	10.1	24.5	25.0	12.0	28.5	48.3	26.1	63.0
2005	13.2	7.5	14.7	19.0	9.1	21.6	22.5	10.7	25.7	47.7	25.0	53.8
2006	12.0	6.8	13.4	17.2	8.0	19.7	20.6	9.6	23.6	41.1	24.8	45.5
2007	10.7	5.5	12.8	15.3	7.7	18.6	18.1	9.0	21.8	36.6	25.2	41.3
2008	10.2	5.0	12.3	14.9	6.5	18.4	18.5	7.9	22.7	34.2	29.2	36.1
2009	9.0	4.5	10.8	13.8	6.2	17.0	17.2	7.6	21.1	31.9	26.6	34.0
2010	8.3	4.1	10.0	13.1	5.8	16.1	16.4	7.3	20.1	30.0	29.7	30.1
2011	7.8	4	9.4	12.1	5.8	14.7	15.6	7.1	19.1	26.1	25.2	26.5
2012	6.9	3.9	8.1	10.3	5.2	12.4	13.2	5.9	16.2	24.5	22.2	25.6
2013	6.3	3.7	7.3	9.5	5.2	11.3	12.0	6.0	14.5	23.2	22.4	23.6
2014	5.9	3.5	6.9	8.9	4.8	10.7	11.7	5.9	14.2	21.7	20.5	22.2
2015	5.4	3.3	6.4	8.1	4.7	9.6	10.7	5.8	12.9	20.1	19.8	20.2

2. 儿童"四苗"覆盖率由高位上升到完全覆盖

图21.1呈现了"四苗"由1990年的高位降至1995年的低位，再重新上升至2014年的最高位，且"四苗"覆盖率数据几乎重叠的状况。

(二) 40年来儿童健康照顾中的医疗保健与营养卫生问题解决良好

1. 7岁以下儿童医疗保健管理率由覆盖一半到基本普及

40年来中国"母婴保健"工作实现制度化、儿童营养不良率总体状况良好。但是，儿童食品安全、儿童体格生长发育等问题还需增大力度得以更好地解决。

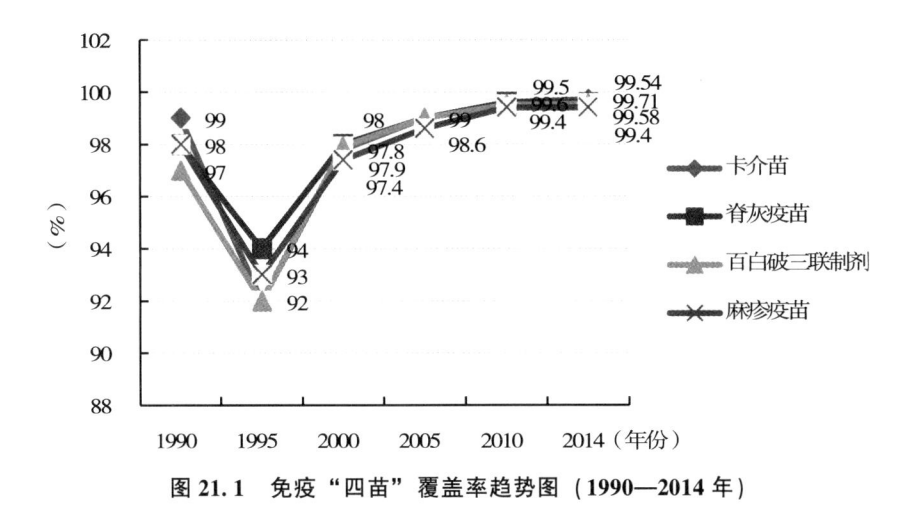

第二十一章 40年儿童健康事业发展的讨论与结论

图 21.1 免疫"四苗"覆盖率趋势图（1990—2014 年）

表 21.6 7 岁以下儿童医疗保健情况（1997—2014 年）

年份	出生体重<2500克婴儿比重（%）	围产儿死亡率（‰）	新生儿破伤风发病率（1/万）	新生儿破伤风死亡率（1/万）	5 岁以下儿童中、重度营养不良比重（%）	新生儿访视率（%）	3 岁以下儿童保健管理率（%）	7 岁以下儿童保健管理率（%）
1997	2.31	15.14	4.16	2.97	3.51	82.4	65.7	65.8
1998	2.58	14.94	2.74	1.86	3.41	83.7	69.1	68.9
1999	2.39	14.22	2.24	1.48	3.29	85.4	72.3	71.8
2000	2.40	13.99	1.88	1.16	3.09	85.8	73.8	73.4
2001	2.35	13.28	1.41	0.84	3.01	86.7	74.7	74.5
2002	2.39	12.47	1.33	0.73	2.83	86.1	73.9	74.0
2003	2.26	12.24	1.40	0.83	2.70	84.7	72.8	72.7
2004	2.20	11.08	0.98	0.51	2.56	85.0	73.7	74.4
2005	2.21	10.27	0.77	0.39	2.34	85.0	73.9	74.8
2006	2.22	9.68	0.64	0.32	2.10	84.7	73.9	75.0
2007	2.26	8.71	0.47	0.20	2.02	85.6	74.4	75.9
2008	2.35	8.74	0.34	0.15	1.92	85.4	75.0	77.4
2009	2.40	7.70	0.27	0.11	1.71	87.1	77.2	80.0
2010	2.34	7.02	0.17	0.08	1.55	89.6	81.5	83.4

续表

年份	出生体重<2500克婴儿比重（%）	围产儿死亡率（‰）	新生儿破伤风发病率（1/万）	新生儿破伤风死亡率（1/万）	5岁以下儿童中、重度营养不良比重（%）	新生儿访视率（%）	3岁以下儿童保健管理率（%）	7岁以下儿童保健管理率（%）
2011	2.33	6.32	0.14	0.05	1.51	90.6	84.6	85.8
2012	2.38	5.89	0.11	0.04	1.44	91.8	87.0	88.9
2013	2.44				1.37	93.2	89.0	90.7
2014	2.61				1.48	93.6	89.8	91.3

2. 农村孕产妇住院分娩率由低位上升到全面覆盖

提升农村孕产妇住院分娩率是降低农村孕产妇死亡率的关键。图21.2呈现了1990—2012年，农村孕产妇住院分娩率由低向高逐渐上升的趋势。

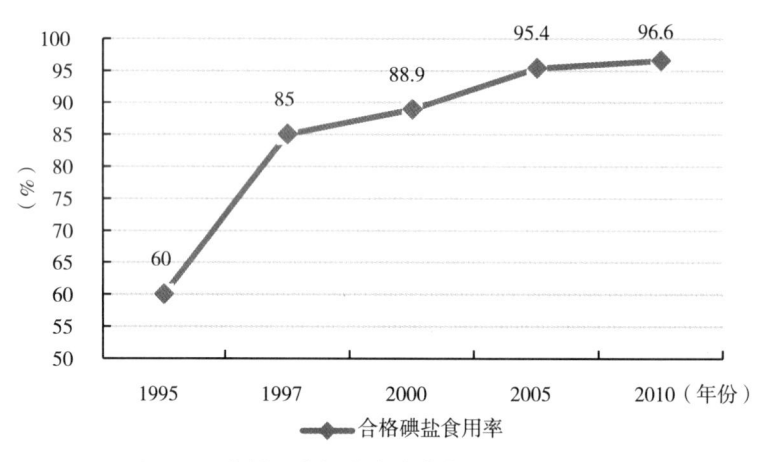

图 21.2 农村孕产妇住院分娩率（1995—2010 年）

3. 全面普及合格碘食用率

图21.3显示，2010年中国合格碘食用率为96.6%，达到全面普及。

三 建议与展望

（一）由三级妇幼保健体系走向妇幼健康服务体系，并使妇幼健康服务体系走向完善

"母婴保健"工作的制度化可以有效保障母婴安全、降低孕产妇死

第二十一章 40年儿童健康事业发展的讨论与结论

图 21.3 合格碘盐食用率（1990—2014 年）

亡率和婴儿死亡率，解决儿童健康事业的基本性问题。1994 年颁布《中华人民共和国母婴保健法》，1995 年卫生部颁布系列母婴保健管理办法都大大促进母婴保健工作的制度改革与发展。其中与《母婴保健机构管理办法》相配套，建立了三级妇幼保健网络（妇幼保健院、妇幼保健所、妇幼保健站）与 5 岁以下儿童死亡、孕产妇死亡、出生缺陷监测系统。三级妇幼保健体系的建立是"母婴保健"工作实现制度化的标志。

由三级妇幼保健体系走向妇幼健康服务体系，预示着中国儿童健康事业发展将走向缩减城乡差距、由数量目标转向质量指标等提升内涵的轨道上，同时逐渐介入儿童健康发展中的第三类问题。

(二) 预防艾滋病母婴传播工作日益严峻

从图 21.4 可见，在 1991—2000 年，中国每年感染艾滋病病毒人数在几百、几千例范围内。但是，2000 年以后，中国艾滋病病毒感染人数成快速增长趋势，每年以近万例的速度增长。从 2001 年开始，中国政府将预防艾滋病母婴传播工作和妇幼保健日常工作结合起来，依托妇幼保健三级网络，在开展孕产期保健服务的同时，为孕产妇提供母婴阻断服务。中国政府虽然做了大量的预防工作，但受艾滋病病毒感染人数成倍增长这一大环境影响，这一工作成效不显著。预防艾滋病母婴传播工作将是中国儿童健康事业面临的极其严峻的问题。

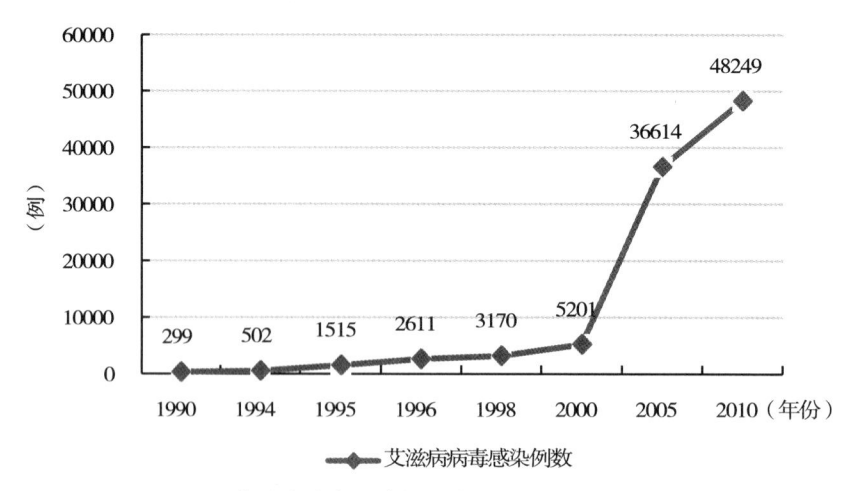

图 21.4　艾滋病病毒感染例数变化趋势（1990—2010 年）

第二十二章

40年儿童教育事业发展的讨论与结论

第一节 0—5岁儿童教育发展的讨论与结论

一 基于学前教育政策的讨论与结论

（一）针对学前教育机构内部的管理体制，政策引导作用明显成绩显著

从1979年11月教育部颁布《城市幼儿园工作条例（试行草案）》开始，中央政府制定与颁布了一系列规范学前教育机构内部管理行为的政策，促进了学前教育机构内部的管理水平，促进了学前教育的保教科学化水平，提升了学前教育机构的教育质量。

尤其是2011—2017年最后7年密集出台政策，为我国扩大学前教育的供给规模，改善学前教育供给结构，优化学前教育师资队伍，推进学前教育普惠化发展方面显示了显著的政策效果[1]。

（二）针对学前教育的办园体制，国家层面的政策引导力缺位

中国社会经历20年的经济改革与发展后，因国有企业剥离社会职能，使大批传统的优质幼儿园被停转，原有的单位办园体制被破除。1997年7月，国家教委颁布了"全国幼儿教育事业'九五'发展目标实施意见"，提出推动幼儿教育社会化的意见。在实际实施过程中，当幼儿教育社会化演变为"市场化"和"私营化"时，中央政策出现失语。2003年1月教育部等

---

[1] 吕武：《我国当前学前教育政策工具选择偏向及其影响——基于〈国家中长期教育改革和发展规划纲要（2010—2020）〉以来的主要政策文本的分析》，《教育科学》2016年第2期。

十部门联合颁布"关于幼儿教育改革与发展的指导意见",虽然对学前教育市场化有所遏制,但是,在彻底改革原有体制还是努力恢复原有的公办体制,政策是不明晰的。即便到《国家中长期教育改革和发展规划纲要(2010—2020年)》与《国十条》出台,国家部署推进学前教育的加速发展以后,针对"加强幼儿园准入管理"的这条意见,还是没有政策颁布。但是,三个三年行动计划,把学前教育办园性质由市场化重新拉回到普惠化,2011—2017年7年时间,公办幼儿园由下降到5万所再重新回到近10万所。

总体而言,只要是具有前瞻性的制度就推动事业的发展,只要是被动地被社会拖着走的时期,事业就倒退。学前教育的办园体制就是被动地被社会拖着走的典型。1997—2003年的学前教育事业出现比较急剧的滑坡现象,是与当时政府缺少对学前教育制度的顶层设计,任由社会推着走的局面是相关的。当然,当时政府的主要精力放在强制性的义务教育上,还没有足够的经济实力与时间精力应对学前教育,这也是在情理之中的。所以,当代学前教育的体制改革,在理念上、制度设计上是缺乏自发性、内源性与前瞻性,导致被中国经济、社会的转型局势推着被动地走。在幼儿入园需求居高不下、民办幼儿园急剧增加的形势下,国家政策对民办幼儿园问题预见性介入,对办园体制的指导性引领将极大地推动学前教育事业的发展。

(三) 教师队伍质量,尤其是民办园教师质量低下问题严峻

以1996年我国师范教育免费与优先招生政策取消为标志,我国幼儿园教师只有公办教师的单一结构瓦解,也以此为界,我国学前教师队伍由高质量滑向低质量。学前教师队伍低质量的原因很多,比较关键的因素如下。其一,生源低质量。师范教育免费与优先招生政策取消,幼儿师范专业的招生生源由最高端落到最低端,幼儿师范专业招生进入"低门槛"或"无门槛"阶段。其二,民办幼儿园数量激增。在民办幼儿园急剧增量、幼儿园教师急剧短缺的现实条件下,教师资格审核低门槛,大批无专业资格、低学历人员进入幼儿教师队伍。其三,收入低。

2011年以来,国家连续实施了三期"学前教育三年行动计划",教育系统各级政府开展了不计其数的幼儿教师培训项目,成果是肯定的,但是,成果与付出的资金代价相比,代价大于成果。主要原因是教师队伍不稳定,每期培训新人。

(四) 最后7年出台的政策数量等于前面32年的总量

自2010年11月《国十条》颁布之后的7年间,中央政府发布的专门

针对学前教育的政策文件接近50项,与改革开放40年前33年政策文件发布总量持平。从政策数量上就能看出,2010年11月以后的7年,是学前教育真正意义上被中央政府重视的时期。

(五)学前教育政策具有层级偏低、解决短期问题、过度选用命令性政策工具等特点①

政府出台学前教育政策旨在影响学前教育行业,要求行业中人选择或做出与政策目标相一致的行为。为了实现这一假设,政策制定者需要联合运用五种工具以达到出台与实施政策的目的,这五种工具为:权威工具、激励工具、能力工具、系统变革工具以及劝告告知工具②。从中央政府颁布的学前教育政策来看,命令性政策工具具有绝对的选用频次,其次比较多地使用能力建设工具,再次比较频繁地选择了激励性工具,没有采用系统变革工具和劝告告知工具③。命令性工具和激励性工具的大量使用意味着地方缺乏动力;能力建设工具选择较多意味着当前学前发展缺乏内在能力;系统变革和劝告工具很少采用意味着当前我国学前教育的体制机制基本上没有改变,因为仅当层次较高,具有全局影响性的政策才会考虑到选择这两项政策工具④。也就是说,自2011年以来,虽然颁布了大量学前教育领域的政策,但是,总体而言,政策层级较低、短期行为居多,保障学前教育可持续长效发展的政策太少。

(六)面对蓬勃发展的民办学前教育,专门的民办学前教育政策缺失

改革开放40年来,中央政府发布的专门针对民办学前教育政策,只有二项政策。其一,2007年9月20日,教育部基于自2001年开始的各种调研与检查,颁布《关于加强民办学前教育机构管理工作的通知》,针对我国民办学前教育市场的收费、安全隐患、质量等问题,提出系列整改建议。其二,2011年9月5日,财政部、教育部颁布的《中央财政扶持民办幼儿园发展奖补资金管理暂行办法》,强调了"地方为主、激励引导、中央奖补"的专项资金管理原则,旨在引导各地积极扶持民办幼儿园健康发展。其他的关于民办学前教育的政策都是以条款的方式嵌于其他的中央政府政策中,如

---

① 吕武:《我国当前学前教育政策工具选择偏向及其影响——基于〈国家中长期教育改革和发展规划纲要(2010—2020)〉以来的主要政策文本的分析》,《教育科学》2016年第2期。
② 同上。
③ 同上。
④ 同上。

《中华人民共和国民办教育促进法》与《中华人民共和国民办教育促进法实施条例》《国家中长期教育改革和发展规划纲要（2010—2020年）》《幼儿园管理条例》《关于幼儿教育改革与发展指导意见的通知》《国务院关于当前发展学前教育的若干意见》等政策文件中。

民办学前教育是学前教育的重要组成部分。政府的制度供给和宏观管理是民办学前教育发展的重要保障，政府在民办学前教育发展中应履行的职责及履职状况是影响民办学前教育发展方向和质量的重要因素[1]。

民办幼儿园性质、法人属性、分类管理、普惠性民办幼儿园标准等都需要政府的政策定位与引导，而民办学前教育的此类政策是缺失的[2]。

二 国家统计数据分析结果

（一）幼儿园园所数量发展经历反复曲折过程，2010年以后才进入稳定发展期

从图22.1可见，1978—2017年，幼儿园园所数量的发展呈现曲

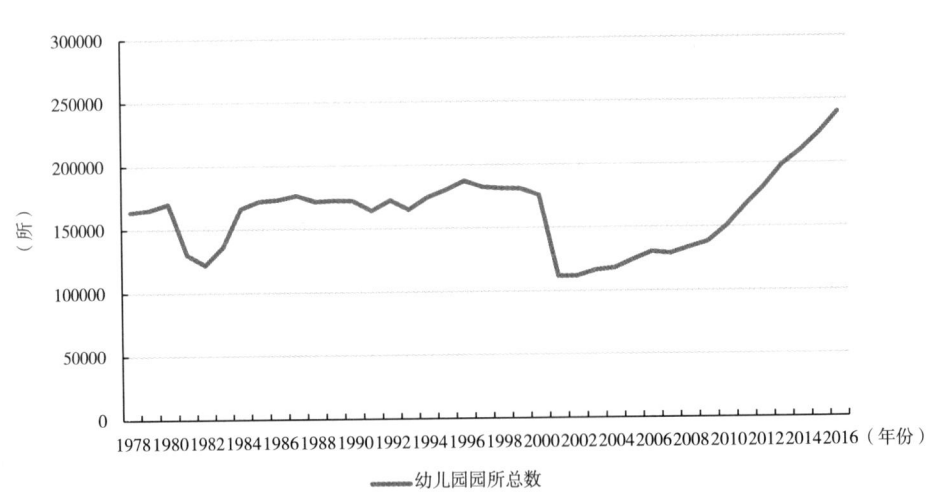

图22.1 幼儿园园所总数发展趋势（1978—2017年）

---

[1] 戴明丽、李辉：《影响民办学前教育发展的政策因素探讨》，《河南教育学院学报》（哲学社会科学版）2016年第7期。

[2] 戴明丽：《论政府关于民办学前教育发展政策的着力点及履责存在的问题》，《通化师范学院学报》（人文社会科学版）2016年第3期。

折发展的过程，幼儿园园所数量的曲折发展与学前教育总体的曲折发展过程是一致的。图22.1显示，40年间，幼儿园园所数量的发展出现两次断崖式下降。第一次下降的低点在1982年，园所总数由1978年的16万多所下降到12万多所，减少4万多所；第二次下降的低点在2001年，园所总数由1978年的16万多所下降到11万多所，减少5万多所。从2002年开始，幼儿园数量又开始慢慢提升，但一直到2010年，园所数量只有15万多所，还没有达到1978年的16万多所。从2011年开始，园所数量才开始突破1978年的16万所，出现稳定上升趋势。

（二）幼儿园园所数量发展公办由强变弱、民办由弱变强

从1994年开始，民办幼儿园发展数据进入中国官方统计范围。图22.2为1994—2017年，幼儿园总数、公办与民办数发展趋势的三者比较。从图22.2可知：总体而言，中国幼儿园园所总数发展趋势受公办幼儿园发展趋势影响，当公办幼儿园园所数量下降时，总数也相应下降，反之亦然。但是，民办幼儿园数量的影响力在不断上升，以2001年为时间节点，从2001年开始公办幼儿园数呈下降趋势，但幼儿园总数仍呈平缓的上升趋势，这种上升趋势是民办幼儿园数增加趋势导致的。从2011年开始，公办、民办齐头并进呈上升趋势，所以总数的发展趋势呈现陡形。

很显然，从2001年开始，民办幼儿园已经成为中国学前教育发展不容忽视的力量，而且这种力量继续呈现迅猛发展的趋势。

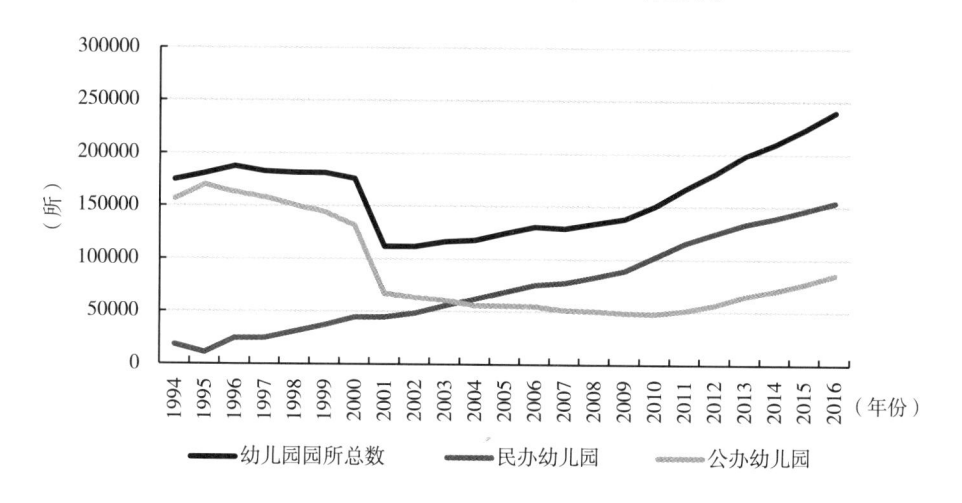

图22.2 幼儿园总数、公办与民办数发展趋势比较（1994—2016年）

（三）在园幼儿人数发展经历曲折的上升过程。1978—1993 年为发展期，1994—2009 年为低谷期，2010 年以后为急剧发展期

从图 22.3 可见，1978—2017 年，中国的在园幼儿总人数呈现曲折上升的趋势。1978—1995 年，在园幼儿总人数呈现稳定上升趋势，并在 1995 年达到顶点；从 1995 年开始，在园幼儿总人数出现逐年下降趋势，到 2003 年下降至最低点；2003 年以后，在园幼儿总人数再重拾上升趋势，在 2011—2015 年，上升趋势呈陡峭形态。

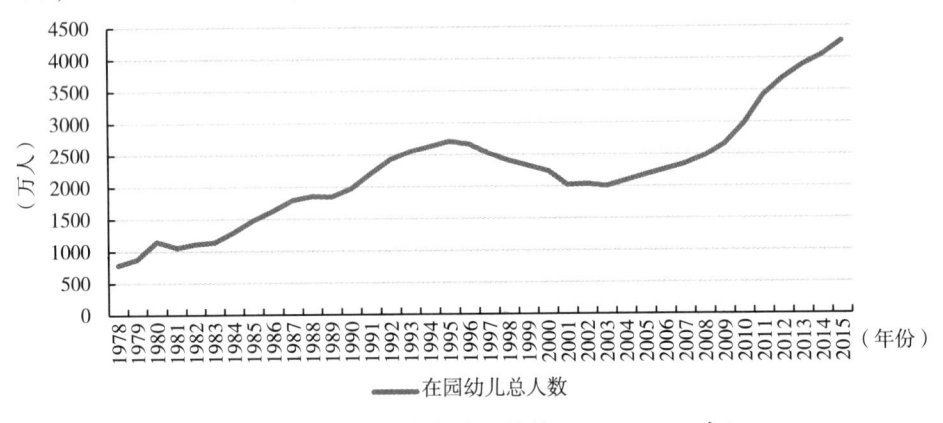

图 22.3　在园幼儿人数发展趋势（1978—2015 年）

（四）从 2011 年起，幼儿在园人数发展的城乡差距（城镇挤乡村弱）急剧增大

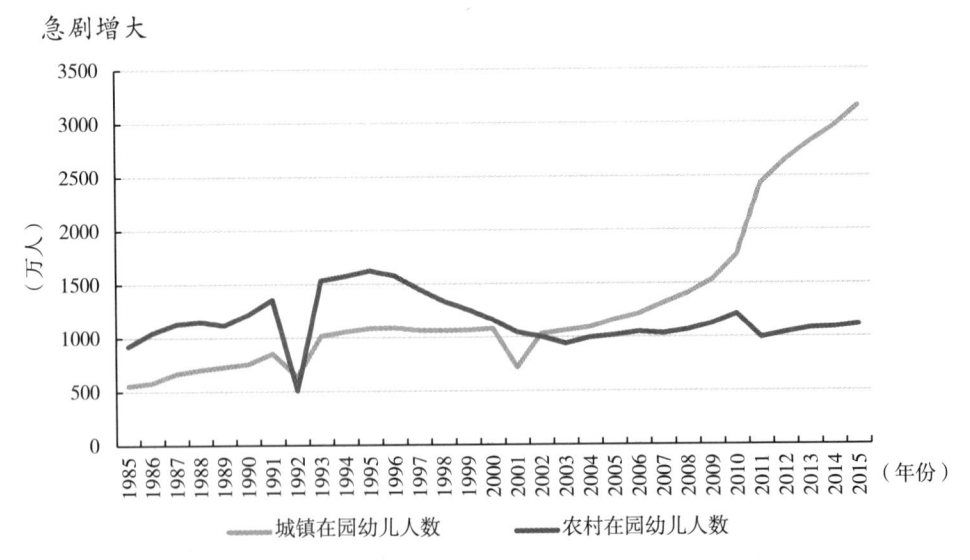

图 22.4　在园幼儿人数城镇与乡村比较（1985—2015 年）

从图 22.4 可见，在园幼儿总人数城镇与乡村地域之间存在极其显著的不均衡是 2011 年以后才产生的。

（五）从 2000 年起，幼儿园教师人数规模急剧扩大

从图 22.5 可见，1978—2017 年，中国幼儿园专任教师数总体呈上升趋势，其中 1991—1992 年、2000—2001 年有两次断崖下降。2010 年之前，幼儿园教师总数基数很小，在 100 万之内升降，2010 年以后开始突破 100 万，到 2016 年达到 223 万。2010—2016 年增加的教师人数为 125 万，超过 1978—2009 年 31 年发展的总数。

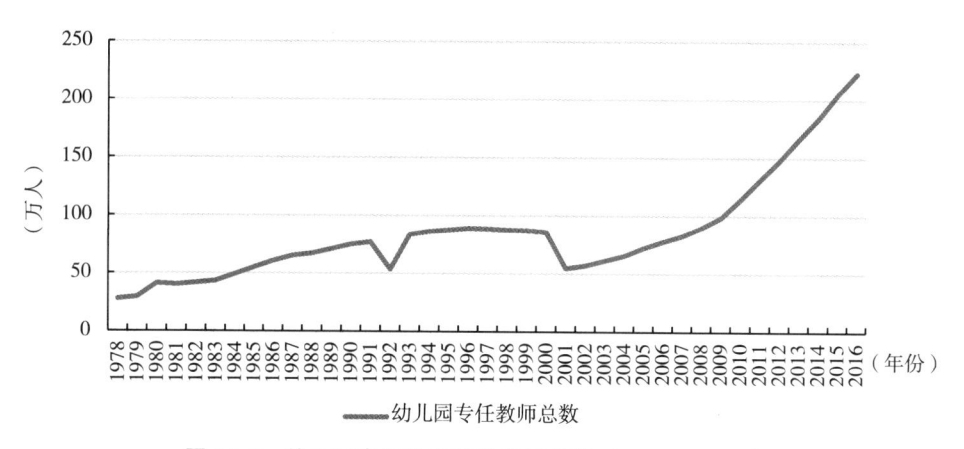

图 22.5　幼儿园专任教师总数发展趋势（1978—2016 年）

（六）从 2011 年起，幼儿园专任教师人数发展的城乡差距（城镇挤乡村弱）急剧增大

从图 22.6 可见，城镇与农村幼儿园专任教师人数发展的不均衡有两个时间节点。第一个时间节点是 2001 年，2001—2010 年，城镇与农村幼儿园专任教师人数发展逐渐产生了不均衡现象。第二个时间节点是 2011 年，2011 年以后，城镇与农村幼儿园专任教师人数发展呈现极度不均衡态势。

（七）从 2006 年起，幼儿园教师的主力由高中毕业生转向专科毕业生

从图 22.7 可见，2001 年高中毕业生为幼儿园教师的主力，到 2006 年专科毕业生数量开始超越高中毕业生，自 2006 年起专科毕业生增量非常明显，成为幼儿园教师的绝对主力。另外，本科生的增量也在提升，2016 年本科生与高中毕业生数量已经持平。

（八）2007 年前后，国家财政教育经费投入冰火两重天

从图 22.8 可见，国家财政教育经费对学前教育的投入在 2006 年之前

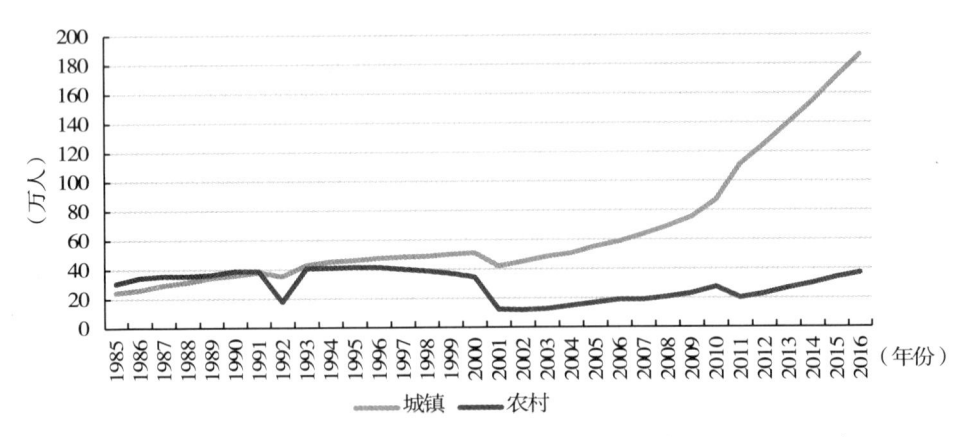

图 22.6 城镇与乡村幼儿园专任教师人数发展趋势比较（1985—2016 年）

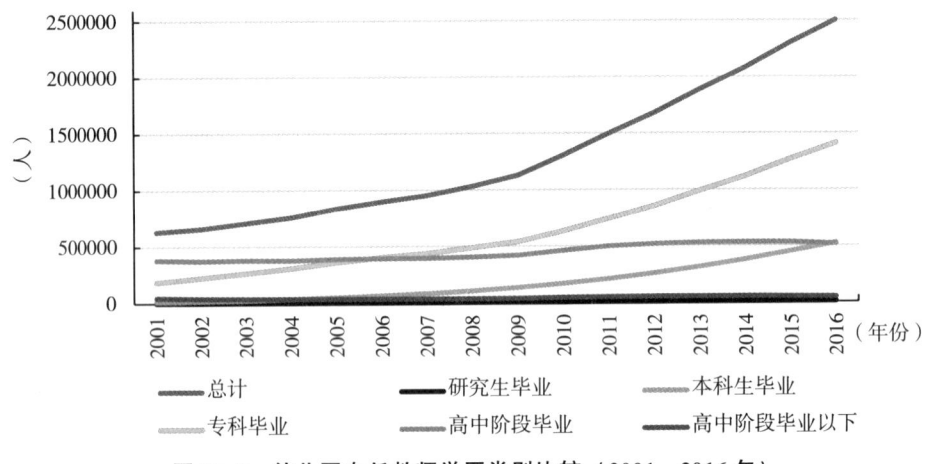

图 22.7 幼儿园专任教师学历类别比较（2001—2016 年）

没有，2007 年以后投入力度开始增大，2010—2013 年进入急剧增加时期，2014 年增速明显减缓。

三 建议与展望

（一）学前教育体制改革的被动局面需要改变

和其他教育阶段相比，学前教育的体制改革始于外部力量，即国有企业剥离社会职能，使大批传统的优质幼儿园被停转，于是学前教育体制被迫改革。但是，是彻底改革还是努力维持公办体制，政府的制度决策者的观念是冲突的、思路是不清的。结果是随着企业剥离社会福利功能的改革

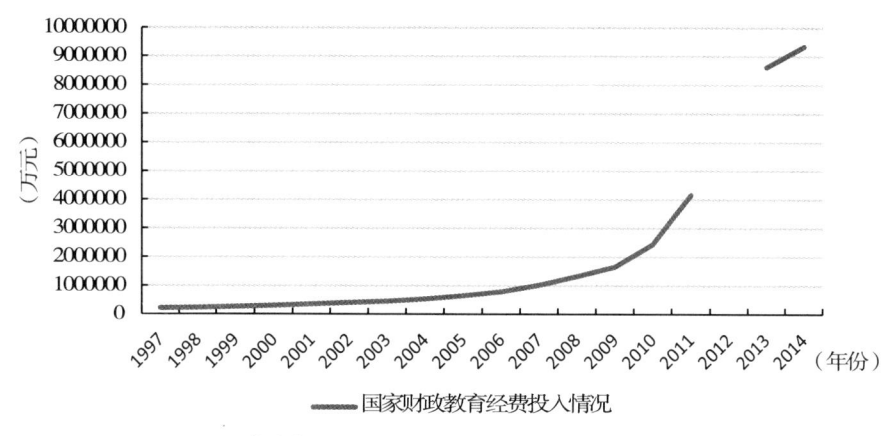

图 22.8　学前教育国家财政经费投入趋势（1997—2014 年）

深入，企业迅速转入市场竞争的行列，企业行为得到修正与恢复，但是，填补企业原有的社会福利职能功能的市场与政府力量没有随之加入，致使原国有企业履行的社会福利功能出现真空。所以，当代学前教育的体制改革，在理念上、制度设计上是缺乏自发性、内源性与前瞻性，导致被中国经济、社会的转型局势推着被动地走。

（二）教师身份、地位、编制等问题解决是教师队伍质量提升的前提

到 2006 年，有教师资格证的中国幼儿园教师中，有近 40% 的教师还处于高中及以下学历，这批教师中的大多数没有接受过学前教育专业的训练。2006 年以后，有教师资格证的中国幼儿园教师中，专科学历才超过高中学历，成为幼儿园教师的主力。

到 2017 年末，中国实际拥有幼儿教师 220 万，在园幼儿 4600 万。按国际经验，以"两教一保"配备教师与保育员的话，到 2017 年，中国幼儿园实际缺教师 71 万、保育员 76 万。71 万的教师缺口基本上被没有教师资格证的人员填补，这就是非常可怕的一件事。这就是为什么，一方面，跨入 21 世纪 10 年代，中国学前教育迎来前所未有的发展时机，中央顶层部署加速推进学前教育发展。另一方面，也正是从加速推进学前教育发展的 21 世纪 10 年代开始，几乎隔几天就会爆出一件"幼儿园虐童事件"。幼儿教师队伍良莠不齐，总体质量太低成为学前教育发展的拦路虎。

所以，增加幼儿教师的编制，解决幼儿教师身份归属，提升教师工资，解决教师社会地位等根本性问题，从而解决幼儿教师队伍低质量问题。

（三）幼儿教育走向与家庭、社区结合的"大教育"

2003年1月27日，教育部颁布的《关于幼儿教育改革与发展指导意见的通知》中表示：根据城乡的不同特点，逐步建立以社区为基础，以示范性幼儿园为中心，灵活多样的幼儿教育形式相结合的幼儿教育服务网络，为0—6岁儿童和家长提供早期保育和教育服务。从近年来我国实施幼儿教育多样化办学的政策效果来看，从国际幼儿教育发展的趋势来看，幼儿教育社会化将是未来幼儿教育的发展趋势；幼儿教育走向社区，幼儿教育与家庭、社区结合，走向"大教育"发展方向将是未来幼儿教育的潮流[1]。

第二节　6—14岁儿童教育发展的讨论与结论

一　基于国家政策的讨论与结论

（一）普及义务教育起步晚、进程快、效率高

1986年《中华人民共和国义务教育法》颁布，是中国实施普及九年制义务教育的标志。中国启动普及义务教育的时间，与世界发达国家相比晚了很多。世界上普及义务教育最早的国家是瑞士，时间为1842年，美国是1852年，英国1870年，德国、日本与澳大利亚都是1872年，法国1882年。与这些国家相比，中国开始普及义务教育的时间平均晚了127年[2]。但是，中国从1986年开始普及义务教育到2011年实现全面普及义务教育，只用了26年时间。在西方发达国家中，英国与美国算是比较快的，然而，英国用了48年、美国用了68年[3]。

（二）义务教育管理体制改革经历"以乡为主""以县为主""省级统筹"三个发展阶段

以1985年国务院颁布《关于教育体制改革的决定》为标志，中国义务教育进入"地方为主、分级管理"的新体制，但是，在实施新体制过程中，各级政府把义务教育管理权力与责任的重心下放过低，实际形成

---

[1] 吕萍：《建国以来我国关于幼儿教育事业发展的政策述评》，《中国青年政治学院学报》2008年第2期。

[2] 柳海民、王澍：《中国义务教育实施30年：成就、价值与展望》，《北京大学教育评论》2016年第10期。

[3] 同上。

"以乡为主"的管理体制，导致农民负担过重、义务教育城乡不均衡局面。以1999年国务院颁布的《关于深化教育改革全面推进素质教育的决定》为标志，中央政府开始关注义务教育管理权力重心下放过低的问题，发出要把管理重心上移至县政府一级的信号。2001年国务院颁布《关于基础教育改革与发展的决定》，明确要求县级政府对基础教育负起主要责任。在义务教育全面普及的进程中，发现最大的障碍是教育不均衡，而教育不均衡问题不是"以县为主"的管理体制能解决的。鉴于此，以2006年新修订的《中华人民共和国义务教育法》颁布为标志，中国以法律形式确立"以省统筹、以县为主"的义务教育管理体制，中国义务教育管理体制进入"省级统筹"阶段。但是，直到2017年，义务教育"省级统筹、以县为主"的管理体制还没完全理顺："省级统筹"各类事项还不够明确，省级政府的义务教育统筹能力还有待提升，省级统筹中财权与事权还不相匹配，等等，"省级统筹"的改革之路还有待开拓与深入。

（三）义务教育经费投入体制实现由"双轨制"到全面纳入国家财政制的转变

1978年改革开放之时，中国中小学教育经费投入体制采用"城市中小学教育由政府财政负责，广大农村中小学教育则由财力最薄弱的乡镇和农民自己负担"的城市和农村分离的"双轨制"。1985年国务院颁布的《关于教育体制改革的决定》，是对"农村教育百姓办、城市教育国家办"的教育经费投入"双轨制"的正式授权。中国义务教育经费投入"双轨制"一直沿用至1998年，因为义务教育经费投入体制受管理体制制约，当管理体制是"以乡为主"时，经费投入就是"双轨制"。与管理体制的调整一致，也是以1999年国务院颁布的《关于深化教育改革全面推进素质教育的决定》为标志，中央政府开始调整与解决义务教育经费投入"双轨制"，朝着并轨的方向推进。以2006年新修订的《中华人民共和国义务教育法》颁布为标志，中国义务教育经费投入体制由"双轨制"进入全面纳入国家财政体制。新的《义务教育法》以法律形式确定：农村义务教育所需经费，由各级人民政府根据国务院的规定分项目、按比例分担。

改革开放40年来，中国义务教育经费投入政策的演进具有以下特征。其一，经费分配由非均衡发展导向转向均衡发展导向。改革开放之初80年代，政策用词为"鼓励一部分地区优先发展起来""农村教育集体办、城市教育国家办",显然具有非均衡导向。进入90年代末,政策用词转化为"深入推进义务教育均衡发展,着力提升农村学校和薄弱学校办学水平,全面提高义务教育质量"。其二,经费投入责任主体由"百姓"转化为"国家"。以2006年的新"义务教育法"为界,义务教育的投入主体由"百姓"全部转向"国家"。并且以法律方式确立:国家对义务教育的经费投入,在数量上要有合理增长、在分配上要格局均衡等条款。其三,经费投入体制由分权制朝着集权制转换。义务教育经费投入由"以乡为主"转到"以县为主",再转到"实行国务院和地方各级人民政府根据职责共同负担,省、自治区、直辖市人民政府负责统筹落实"的"省级统筹"体制。其四,经费使用管理越来越规范化。义务教育的经费使用从"一费制""两免一补"到规范征收地方教育附加费、加强资金审计监管,规范了义务教育经费的使用和管理①。

（四）教师队伍建设历经实施国家任用与考核制度、实施教师资格制度、全面提升教师队伍质量的三个阶段

改革开放40年,中国基础教育师资是从"民办、代课、以工代教等不具备国家公职人员身份的教师占教师总数的57%"这个起点开始的。改革开放的最初20年,中央政府通过实施教师任用与考核制度,促进教师队伍正规化。1995年国务院颁布的《教师资格条例》是我国义务教育教师资格制度正式确立的标志。教师资格制度经历了三个时段：1995年为确立时段、1995—2000年过渡与试点时段、2001年4月1日开始进入全面实施时段。教师资格制度的实施,是我国义务教育教师走向行业专业化的制度保证,是促进教师队伍建设的主要路径。进入2010年以后,中国义务教育实现全面普及,义务教育发展方式已经进入由过去以规模扩张为特征的外延式发展转向以提高质量、优化结构为核心的内涵式发展阶段,中国中央政府对义务教育教师队伍建设呈现前所未有的重视,几年时间出台的政策超越前面30多年的总数。政策与举措在师德、教师专业性、教师权益与待遇、教师管理制度等教师队伍建设的各个方面推进,从国家层面部署对义务教育教师队伍建设的全面深入推进。

---

① 樊璐瑶:《改革开放以来中国义务教育经费政策研究》,《赤子》2014年第9期。

二 国家统计数据分析结果

(一) 小学入学率由93%上升到99.9%，实现完全普及

从图22.9可见，1980—2016年，小学学龄儿童入学率呈逐渐上升趋，由1980年的93%入学率上升到2016年的99.9%。

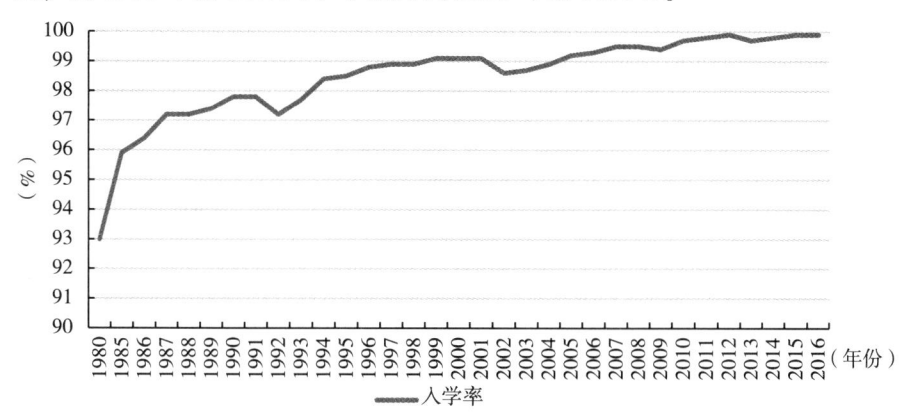

图22.9 学龄儿童小学入学率变化趋势（1980—2016年）

(二) 初中入学率由75.9%曲折上升到98.7%，实现全面普及

从图22.10可见，1980—2016年，初中学龄儿童入学率呈先降后升波浪形变化趋势。1980—1985年，初中学龄儿童入学率呈下降趋势，由1980年的75.9%下降到1985年的68.4%。从1985年起开始进入上升通道，到2006年达到顶点，入学率达到100%。2007—2016年，初中学龄儿童入学率在98%—99.9%波动，2016年的入学率为98.7%。

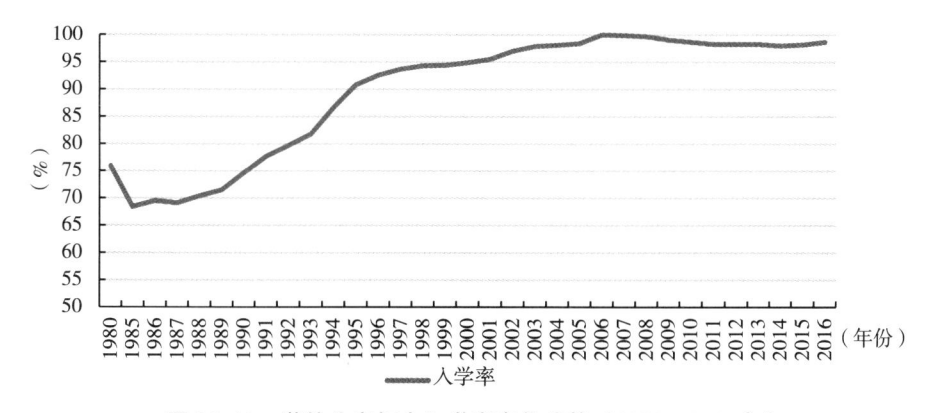

图22.10 学龄儿童初中入学率变化趋势（1980—2016年）

(三) 小学学校数量持续急剧下降

图 22.11 显示了小学学校总数由 1978 年的 94.93 万所急剧下降到 2016 年的 17.76 万所的趋势。

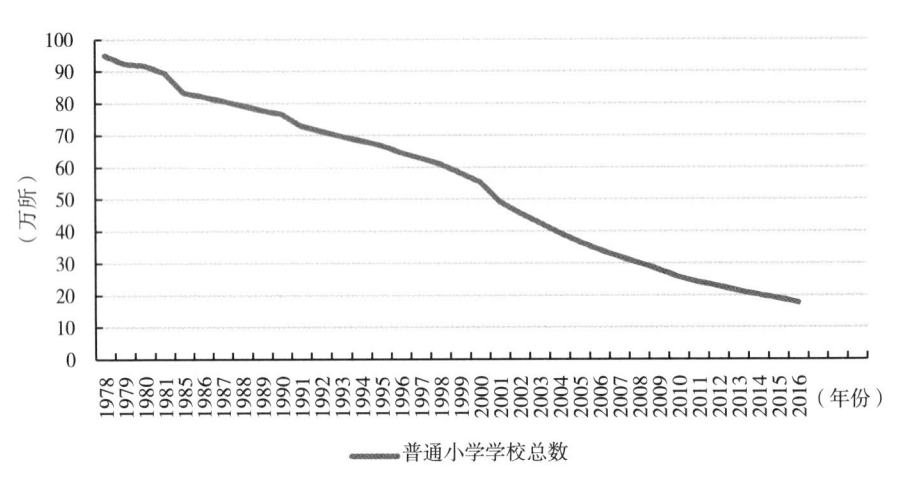

图 22.11　小学学校总数变化趋势（1978—2016 年）

(四) 小学学校数量由极度农村化发展为城镇与农村基本均衡

从图 22.12 可见，小学学校总数由高到低急剧下降的趋势就是农村小学学校数量变化的趋势，40 年来，农村小学学校数量由高位急剧下降到低位。40 年来，城镇小学学校数量基本维持一致。40 年来，城镇与农村小学学校数量由 1978 年的极度不均衡到 2016 年的基本均衡。

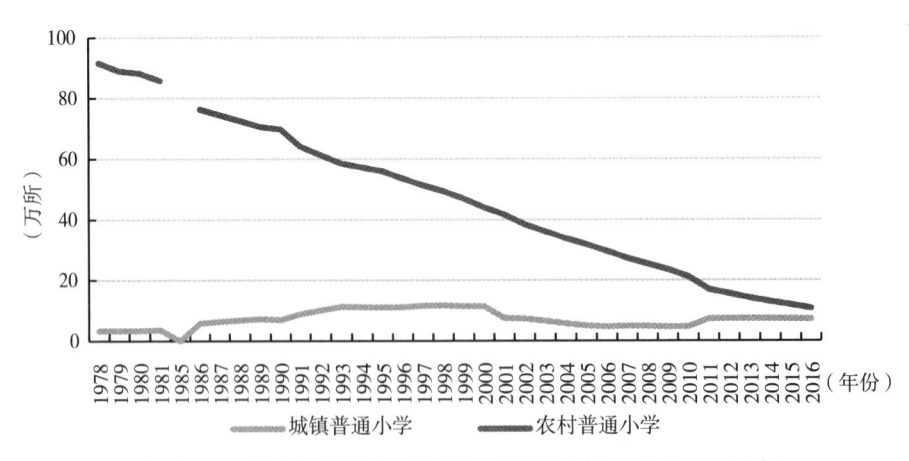

图 22.12　城镇与农村小学学校数量变化比较（1978—2016 年）

（五）初中学校数量40年减少一半

图22.13显示了初中学校总数逐渐下降的趋势。

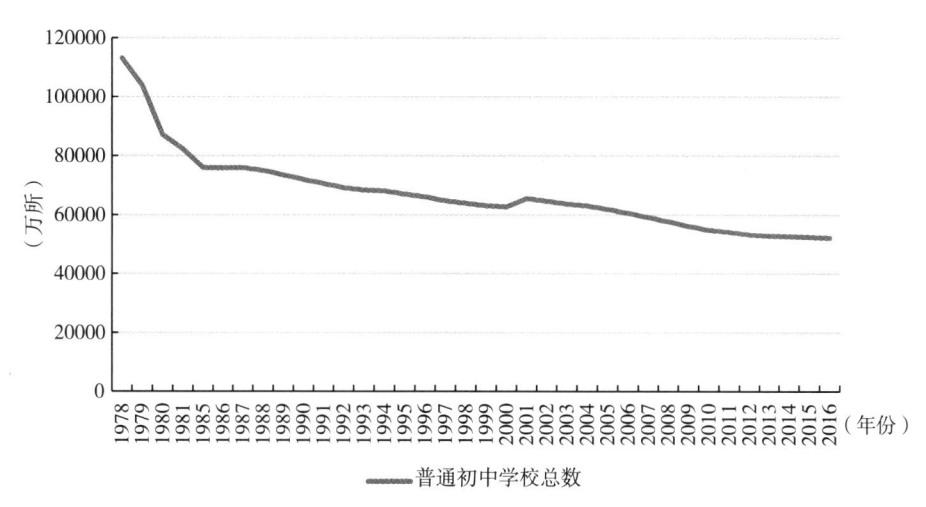

图22.13　初中学校总数变化趋势（1978—2016年）

（六）初中学校数量由极度农村化发展为城镇与农村2∶1的数量比

图22.14显示了城镇与农村初中学校数量由极度不均衡发展成基本均衡、数量比由1978年的1∶17发展成为2016年的2∶1的趋势。

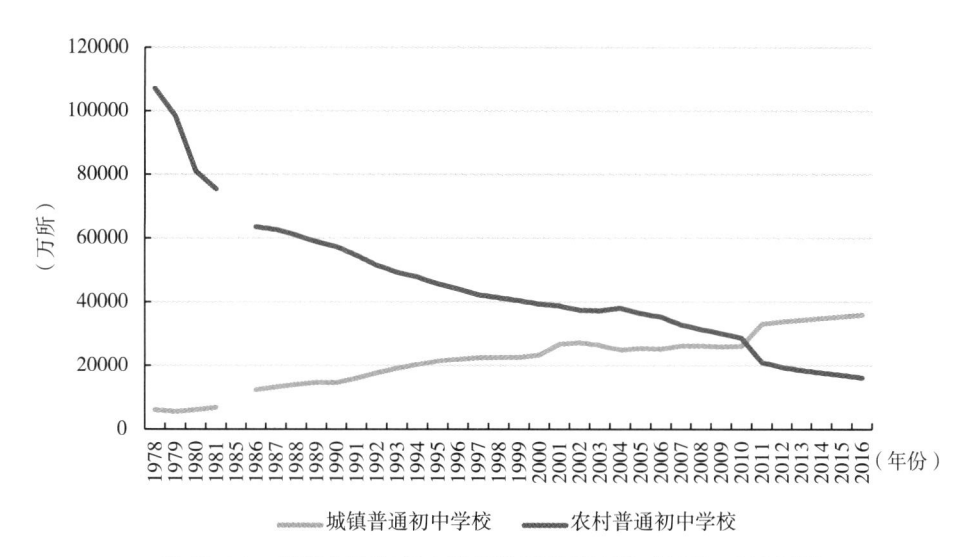

图22.14　城镇与农村初中学校数量变化比较（1978—2016年）

（七）小学在校生数量减少 1/3

图 22.15 显示了小学在校学生数波动中下降的趋势，40 年减少 1/3。

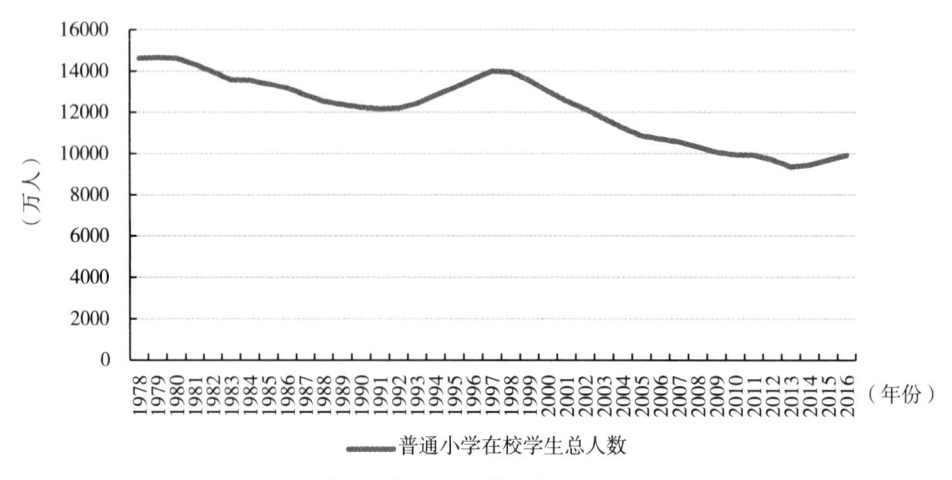

图 22.15　小学在校学生总人数变化趋势（1978—2016 年）

（八）小学在校生人数由极度农村化发展为城镇与农村数量比 2∶1

图 22.16 显示了城镇与农村小学在校学生人数由极度不均衡发展成基本均衡、数量比由 1978 年的 1∶7.4 发展成为 2016 年的 2∶1 的趋势。

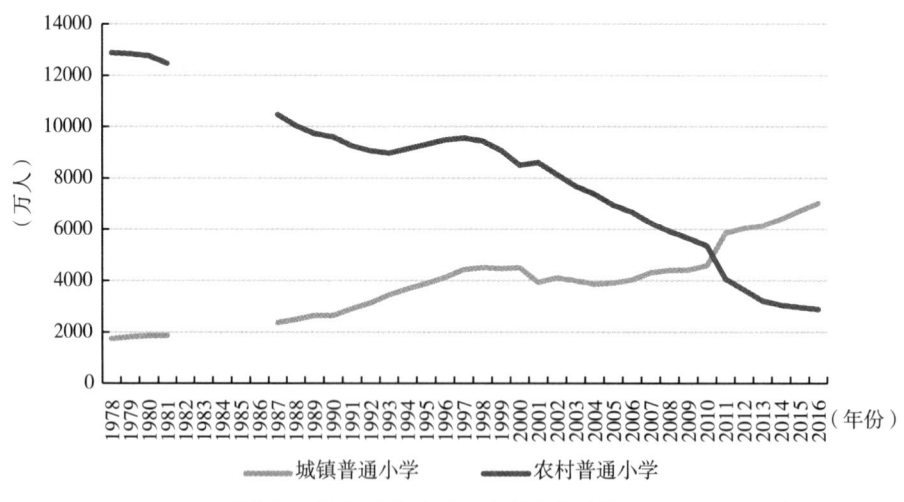

图 22.16　城镇与农村小学在校学生人数变化比较（1978—2016 年）

（九）初中在校生数量，过程有降有升但头尾基本保持一致

图 22.17 显示了初中在校学生数中间波动起伏大，但头尾基本保持一

致的趋势。

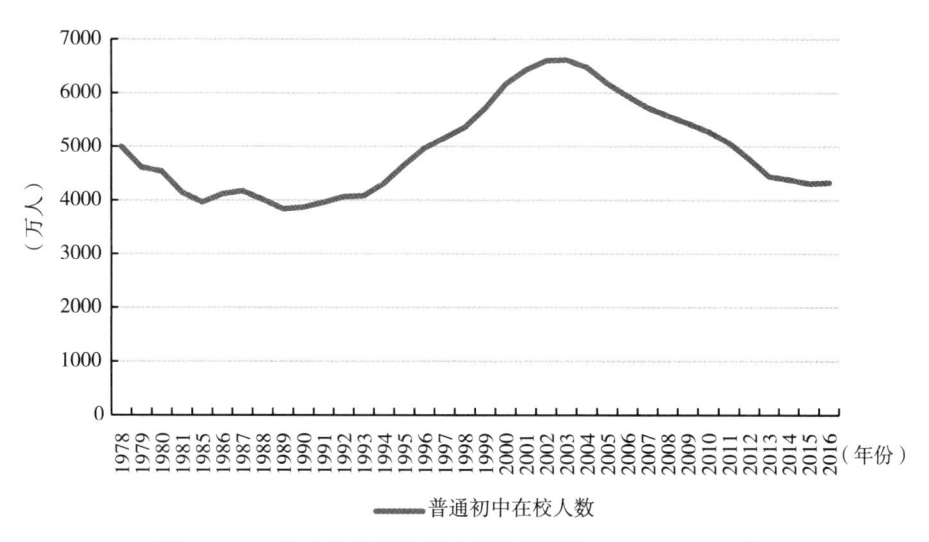

图 22.17　初中在校学生总人数变化趋势（1978—2016 年）

（十）初中在校生人数发展由极度农村化走向极度城镇化

从图 22.18 可见，初中在校学生人数城镇与农村区域差距呈现两头不均衡中间均衡的趋势。1978 年的城镇与农村在校学生人数比为 1∶3，2016 年的城镇与农村在校学生人数不均衡比值为 4∶1，城镇与农村的比值出现倒挂现象。

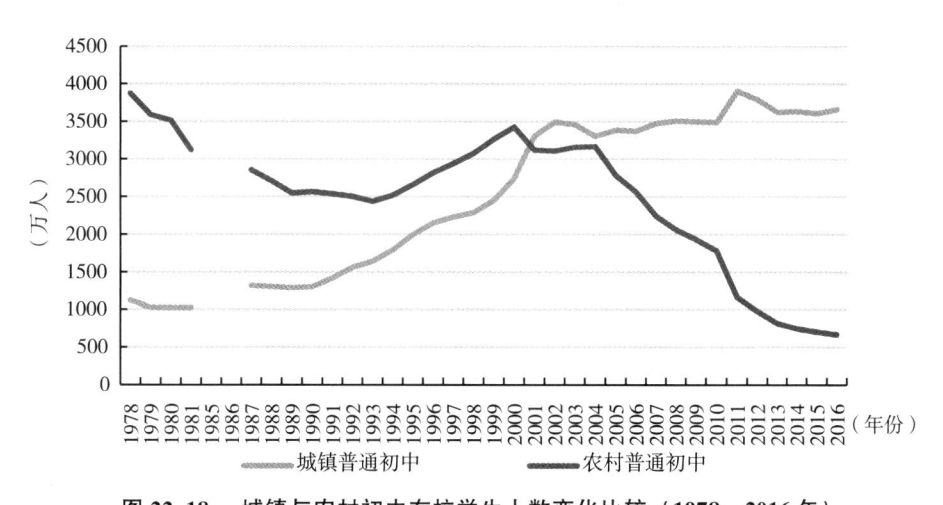

图 22.18　城镇与农村初中在校学生人数变化比较（1978—2016 年）

（十一）小学专任教师人数发展，过程有降有升但头尾保持一致

图 22.19 显示了小学专任教师总人数中间有波动起伏，但头尾保持一致的趋势。

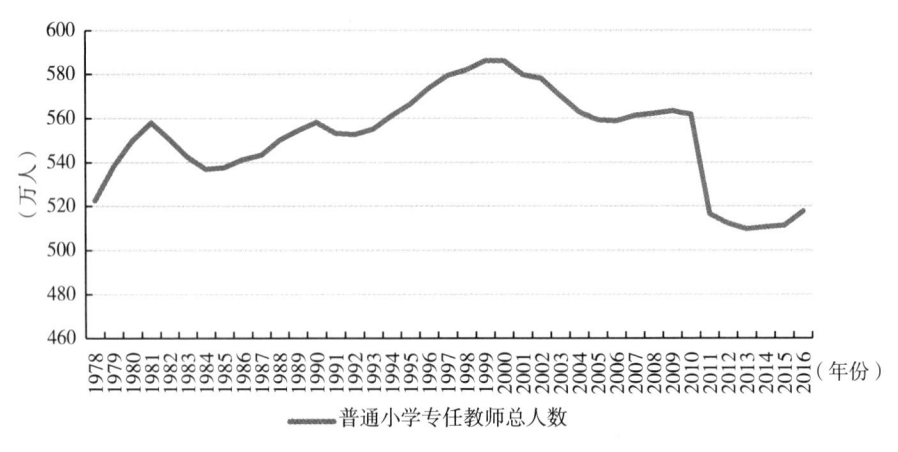

图 22.19　小学专任教师总人数变化趋势（1978—2016 年）

（十二）城镇与农村小学专任教师人数由极度农村化走向城镇化

从图 22.20 可见，1978 年的城镇与农村小学专任教师人数成极度不均衡态势，城镇与农村数量比为 1∶6.6。1978 年以后城镇小学专任教师数量逐年增加，农村教师数量则迅速下降，在 2010—2011 年，城镇与农村教师数量出现交会，城镇继续上升农村继续下降。2011 年以后，城镇

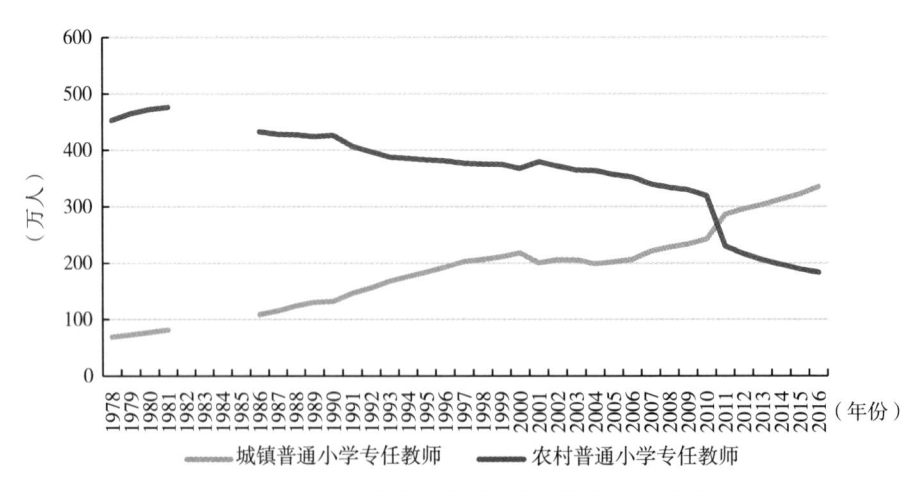

图 22.20　城镇与农村小学专任教师人数变化比较（1978—2016 年）

教师数量开始多过农村教师，到 2016 年城镇与农村教师数量比为 1.83∶1，城镇与农村教师数量比值趋向合理。

（十三）初中专任教师数量得到提升，提升幅度不大

图 22.21 显示了初中专任教师总人数总体呈现上升，中间有波动的趋势。

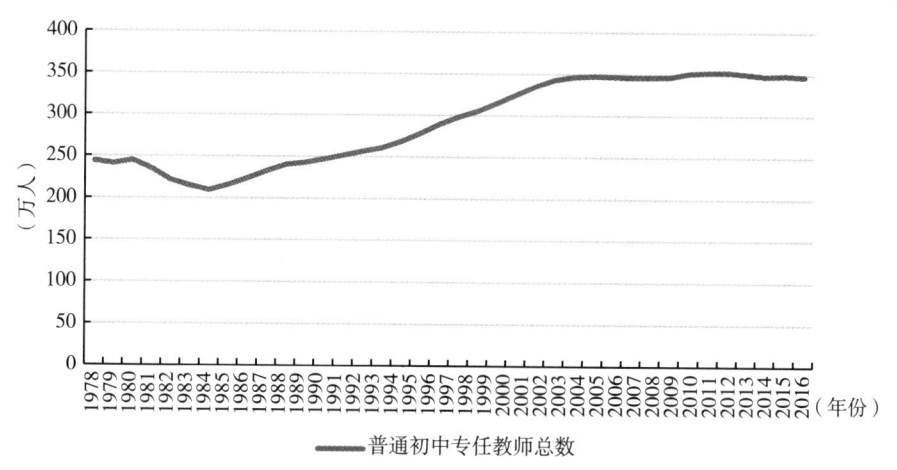

图 22.21　初中专任教师总人数变化趋势（1978—2016 年）

（十四）城镇与农村初中专任教师人数比由农村化走向明显的城镇化，从 2011 年起，城镇与农村差距（城镇挤农村弱）急剧拉大

从图 22.22 可见，1978 年的城镇与农村初中专任教师人数成农村化态势，城镇与农村数量比为 1∶3.7。40 年来城镇初中专任教师人数成持续快速上升态势，农村初中专任教师人数则进入下降通道，在 2000—

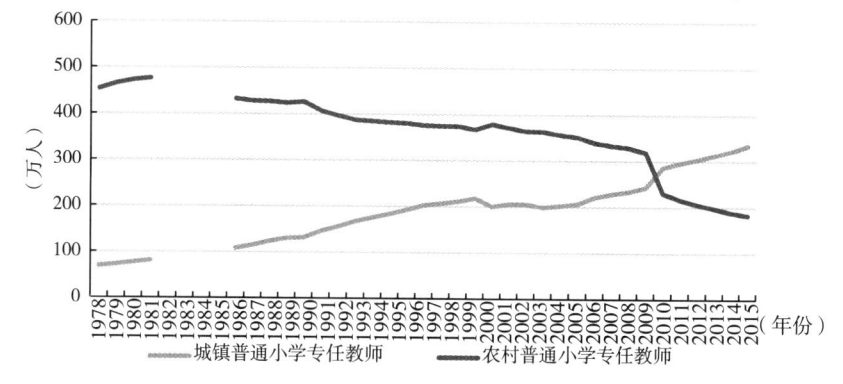

图 22.22　城镇与农村初中专任教师人数变化比较（1978—2015 年）

2001年，两者发生交会。交汇后，城镇教师数继续上升，农村教师数继续下降，从2011年起上升与下降趋势走向呈陡峭态势，到2015年城镇与农村初中专任教师人数比达到4.4∶1。

（十五）2007年前后，国家财政教育经费投入冰火两重天

从图22.23可见，国家财政教育经费对小学教育的投入在2006年之前每年增量有限，以2007年为时间节点，投入力度开始增大，并呈现持续快速增加的趋势。

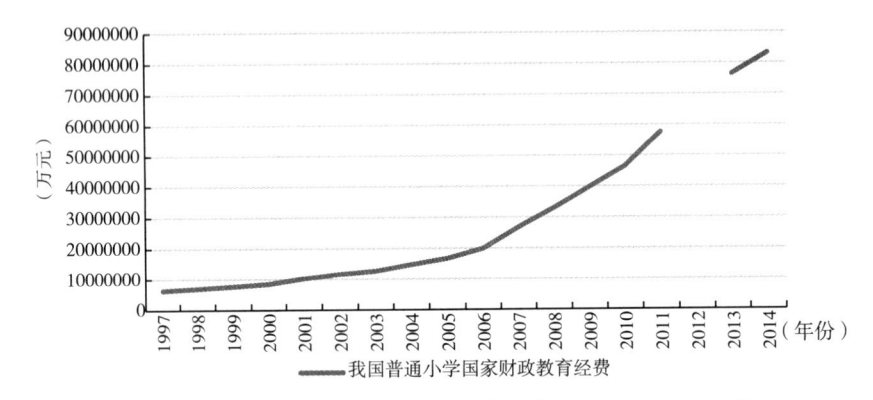

图22.23　小学教育国家财政经费投入趋势（1997—2014年）

从图22.24可见，国家财政教育经费对初中教育的投入在2006年之前每年增量有限，以2007年为时间节点，投入力度开始增大，并呈现持续快速增加的趋势。

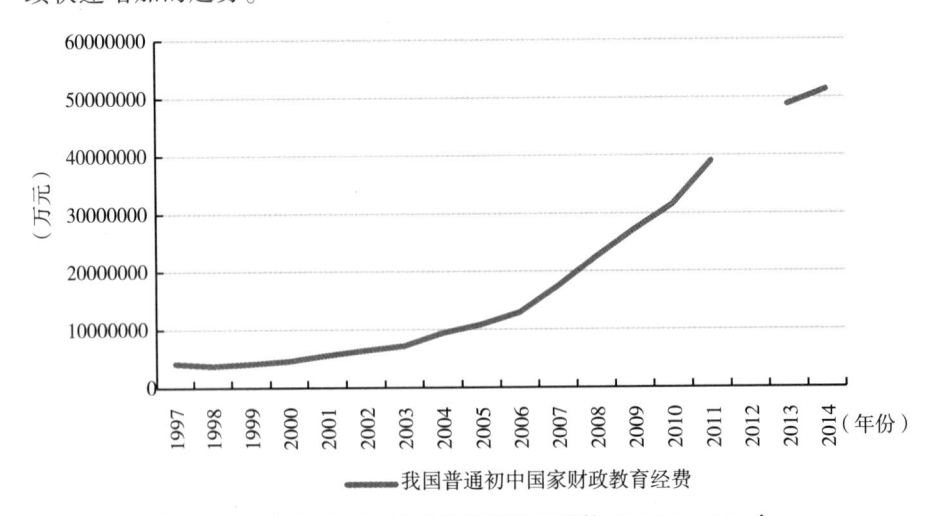

图22.24　初中教育国家财政经费投入趋势（1997—2014年）

三 建议与展望

（一）"十二五""十三五"时期，义务教育的核心任务是解决均衡发展问题，理顺"省级统筹"管理体制、解决教师待遇、完善督导评估体系是解决义务教育均衡发展问题不可或缺的事务

1. 理顺"省级统筹"管理体制是解决义务教育均衡发展问题的关键

针对"省级统筹"管理体制，2006年新修订的《义务教育法》及以后发布的相关法规与部门章程，只是解决了谁是义务教育责权的主体问题，没有解决主体的实际责权以及这些责权如何实现的问题。鉴于此，义务教育"省级统筹"管理体制至2017年仍然存在不少的问题[1]。

其一，义务教育省级政府统筹责权不够明晰，具体表现为：各级政府部门之间的责权界限不清晰、政府不同部门之间缺乏协调、义务教育省级政府统筹问责措施缺失。其二，义务教育省级统筹的机制不够完善，具体表现为：义务教育统筹机制的整体性缺失、注重短期机制忽视长效机制建设。其三，义务教育经费投入的省级统筹差异性大，具体表现为：部分省份教育经费投入整体水平偏低、县级政府筹资能力不足、部分地区仍存在挤占挪用教育经费现象。其四，义务教育教师队伍建设的省级统筹能力不足，具体表现为：教师队伍建设注重教师数量忽视教师质量、教师工资待遇低教育投入重物轻人。其五，义务教育资源配置的省级统筹需要加强，具体表现为：资源配置目标缺乏整体规划、资源配置重"前期投入"轻"后期发展"、项目建设重"硬"轻"软"、评价标准重"投入"轻"效益"。

"省级统筹"管理体制实施中产生的不力现象，主要受以下因素的影响[2]。

其一，行政集权对义务教育省级统筹产生制约。其二，省级政府对义务教育的统筹能力偏低。其三，义务教育省级统筹方法论滞后。其四，政府教育管理职能还未实现转变。义务教育省级统筹强调了省级政府的责任，这种责任容易陷入计划经济时代无所不包的"全能"政府的思维中，实施上统筹并不是强力参与而是高屋建瓴。政府需要真正转变教育管理职能，否则政府管理的局限性必然在市场经济中得到无限放大。

---

[1] 黄俭：《中国义务教育省级统筹问题研究》，博士学位论文，西南师范大学，2015年。
[2] 同上。

完善我国义务教育省级统筹管理体制的对策建议①如下。

其一，科学界定义务教育省级统筹主体的权责。其二，理顺义务教育各相关部门的关系。其三，扩大省级教育行政部门统筹的权力。其四，建立健全义务教育省级统筹的机制，包括：资源配置的法律保障机制、省级统筹主体的责任机制、省级统筹的问责机制、省级统筹的协商会商机制、省级统筹的专家咨询机制、资源配置的监督机制、省级统筹绩效的评价及反馈机制。其五，提升义务教育省级统筹主体的统筹素质。其六，学习借鉴部分国家和地区有效做法和经验。

2. 解决教师问题是解决义务教育均衡发展问题的前提

义务教育教师队伍建设面临以下政策问题②。

其一，教师待遇偏低、结构性缺编是首要的政策问题。教师具备较高的受教育程度与综合素质，但待遇偏低，二者形成了较大反差。城乡教师编制标准与核定滞后，无法适应快速城镇化进程中农村生涯持续流向城镇造成的农村小规模学校与城镇大规模学校的发展需求。

其二，教师权益保障不够有力是亟待变革的政策问题。教师的社会保障、权益保障不够有力。教师医疗、住房、养老保险地方政府配套资金落实不够，教师体检、周转房等有关待遇保障不够充分。农村教师的工作条件比较差。

其三，管理体制机制不够科学是亟待理顺的政策问题。目前"省级统筹、以县为主"的管理体制还没完全理顺，"省级统筹"事项不够明确，统筹能力不够，财权与事权不相匹配，导致教师队伍建设诸多政策难以充分有效地执行。

3. 督导评估体系是解决义务教育均衡发展问题的抓手

2012年9月《国务院关于深入推进义务教育发展的意见》进一步明确义务教育均衡发展的目标与要求。2012年12月，党的十八大报告将"均衡发展九年义务教育"作为全面建成小康社会进程中的战略性任务。2012年教育部《县域义务教育均衡发展督导评估暂行办法》建立了县域义务教育均衡发展督导评估制度。2013年国家开始对区域、城乡、校际义务教育均衡发展水平进行监测评估。自此，督导评估成为推进义务教育均衡发展的重要抓手③。

---

① 黄俭：《中国义务教育省级统筹问题研究》，博士学位论文，西南师范大学，2015年。

② 薛二勇、李延洲、朱月华：《新形势下我国义务教育教师队伍建设的政策分析》，《北京师范大学学报》（社会科学版）2016年第3期。

③ 朱德全、李鹏、宁乃庆：《中国义务教育均衡发展报告：基于〈教育规划纲要〉第三方评估的证据》，《华东师范大学学报》（教育科学版）2017年第1期。

(二) 义务教育成绩显著，但离国际水平还有较大差距

改革开放40年，中国义务教育取得了辉煌的成绩，但是与发达国家相比，差距和问题也是客观存在的。未来中国义务教育要实现更高水平有质量的发展目标，还需要在一些关键方面付出艰苦的努力①。

最主要的努力方向是"实现义务教育公平性，从起点平等走向过程均衡"。中国义务教育发展到今天，已经实现了两个重大的演变：从受教育者的义务演变为受教育者的权利，从政府的权利演变为政府的责任。这一演变标志着中国社会对义务教育的性质、受教育权的本质的认识逐步深化，普及义务教育的价值是保障每一位公民的受教育权利的理念已经深入人心。鉴于此，中国义务教育的实施应该从功利主义和精英主义转向全纳主义，达到义务教育过程均衡的公平水平。

第三节　15—17岁儿童教育发展的讨论与结论

一　基于国家政策的讨论与结论

(一) 高中阶段教育总体呈现数量均衡与质量不均状态

在国家政策引导下，中国高中阶段的毛入学率迅速上升，在校生规模不断扩大；高中职业教育在整个高中阶段教育中所占比重不断提高，高中职业教育的发展规模不断扩大。但是，教育资源在两类教育之间的分配并不均衡，高中职业教育无论在师资还是经费投入上都无法获得与普通高中同样的保障，其教学质量明显落后于普通高中。

(二) 普通高中一直处于非重点位置

从1986开始实施普及九年制义务教育政策以来，义务教育先后经历了从基本普及到全面普及再到巩固提高的发展过程，一直处于基础教育乃至整个教育工作重中之重的位置。普通高中则成为教育政策中基础教育部分的附属内容，往往是一带而过。20世纪90年代中后期，国家提出"普及高中阶段教育"的目标，这时，发展基础相对薄弱的中等职业教育又一跃成为政策关注的重点内容，被看作高中阶段教育发展的战略重点，普通

---

① 柳海民、王澍：《中国义务教育实施30年：成就、价值与展望》，《北京大学教育评论》2016年第10期。

高中仍未能够得到足够重视。与此同时，国家又提出"提高高等教育质量"的政策目标，普通高中在整个教育体系中一直处于相对"边缘"地位。1985年启动教育体制改革以来的教育政策的战略主线：普及（巩固、提高）九年义务教育，大力发展职业教育，提高高等教育质量[①]。

（三）职业高中是改革开放后职业教育兴起的具体标志

职业高中是改革开放后职业教育兴起的具体标志。它利用原中学的基础，投入小、见效快。它促成了中等教育结构改革，有效实现了初中毕业生分流，缓解了高校升学压力，培养了一批有一技之长的劳动者。

（四）2003年以后，高等师范院校毕业生质量迅速下滑，影响高中阶段教师队伍的质量

中华人民共和国成立后，国家长期对师范教育实行免费政策。1993年国家出台《中国教育改革和发展纲要》，规定非义务教育阶段收取一定比例的培养成本费用。1993年以后，除农林、师范、体育等专业外的其他专业开始收费[②]。1997年以后，我国实行高等教育培养机制改革，确定了非义务教育阶段按照成本分担原则缴费入学，高等师范院校从2003年开始对师范生实行全额收费。免费政策结束后，师范院校的生源质量迅速下滑。师范院校生源质量下滑，直接导致高中阶段教育教师队伍质量的下降。

二　国家统计数据分析结果

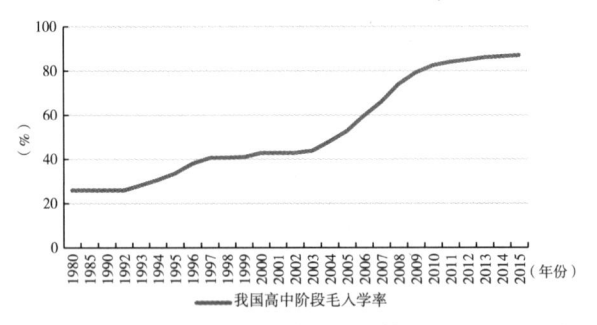

（一）高中阶段毛入学率由26%上升到87%，实现基本普及

图22.25　高中阶段毛入学率变化趋势（1980—2015年）

[①] 杨润勇、杨依菲：《我国普通高中发展二十年政策回顾与分析》，《教育理论与实践》2010年第7期。

[②] 顾明远、刘复兴：《改革开放30年中国教育纪实》，人民出版社2008年版，第577页。

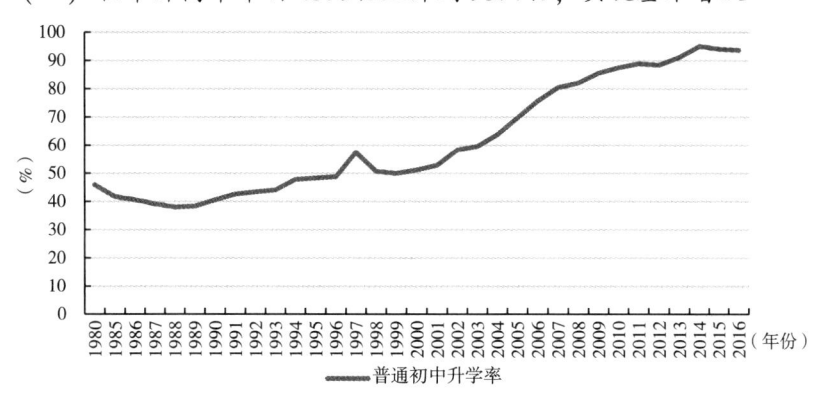

（二）初中升高中率由45.9%上升到93.7%，实现基本普及

图22.26　初中升高中率变化趋势（1980—2016年）

（三）普通高中升大学率由27.3%上升到94.5%，实现基本普及

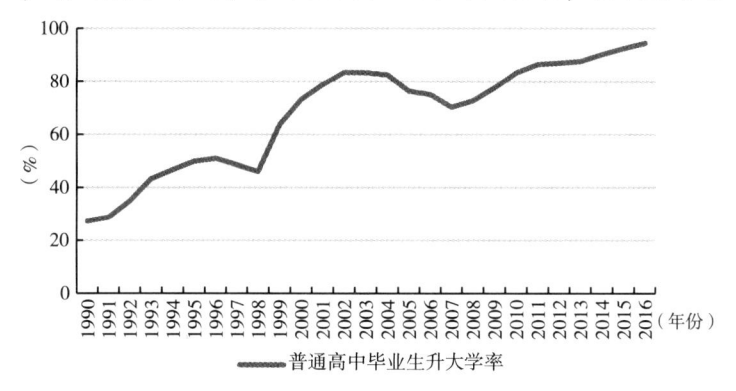

图22.27　普通高中升大学率变化趋势（1990—2016年）

（四）高中教育阶段学校数量减少了2/3

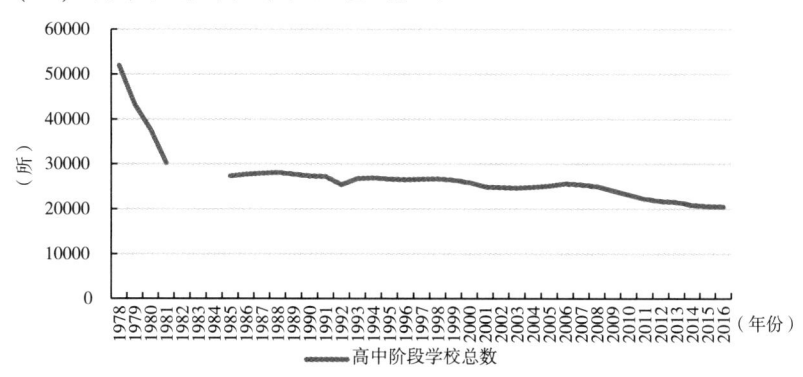

图22.28　高中阶段学校数量变化趋势（1978—2016年）

（五）公办数量缩减、民办数量逐升，但公办数量仍处绝对优势地位

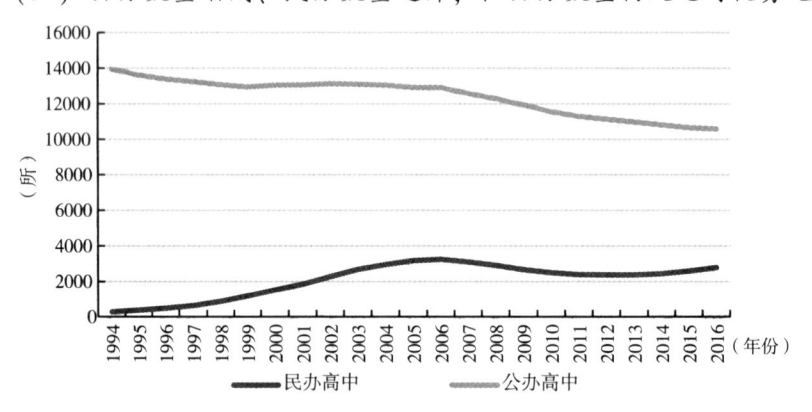

图 22.29　普通高中民办与公办数量变化比较（1994—2016 年）

（六）普通高中与高中职业学校数量由极其不均衡走向相对均衡

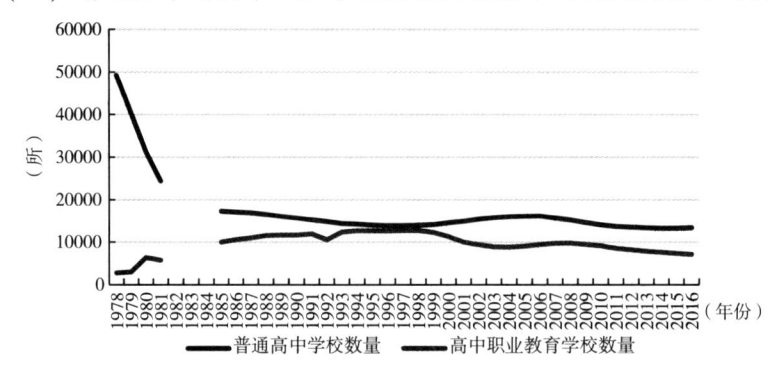

图 22.30　普通高中与高中职业学校数量变化比较（1978—2016 年）

（七）高中阶段在校学生人数增加 1.1 倍

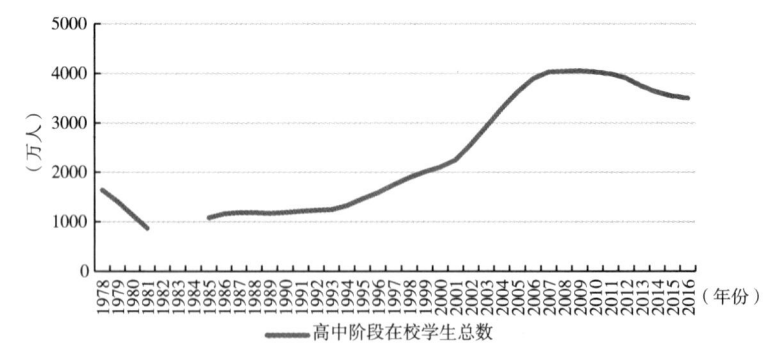

图 22.31　高中教育阶段在校学生数量变化趋势（1978—2016 年）

（八）公办增量明显、民办增量微弱，公办学校学生数量占绝对优势

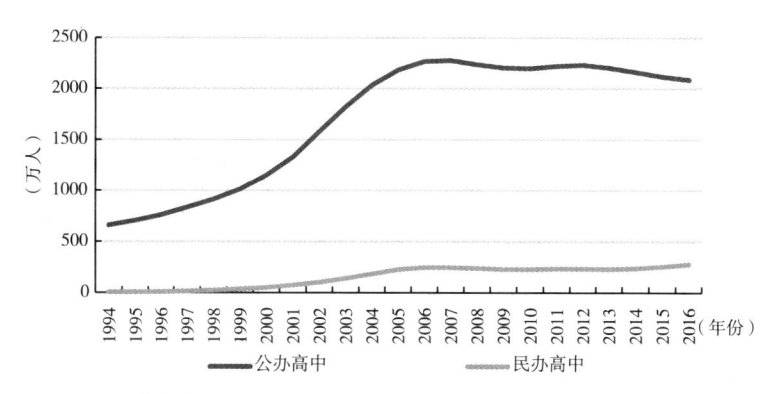

图 22.32　高中教育阶段公办与民办学生数量变化比较（1994—2016 年）

（九）普通高中与高中职业教育在校生数量，90 年代进入平衡期，21 世纪后重新打破平衡

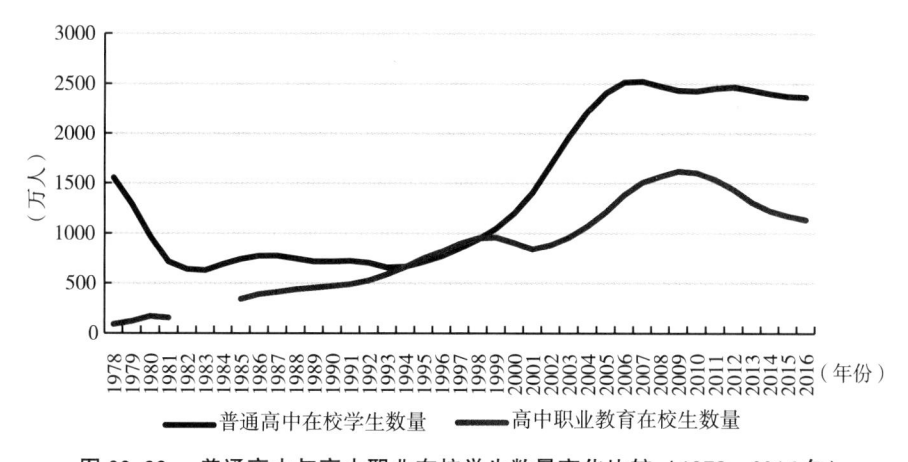

图 22.33　普通高中与高中职业在校学生数量变化比较（1978—2016 年）

（十）普通高中与高中职业教育专任教师数量，90年代进入基本平衡期，21世纪后重新打破均衡，普通高中教育专任教师约是高中职业教育专任教师的3倍

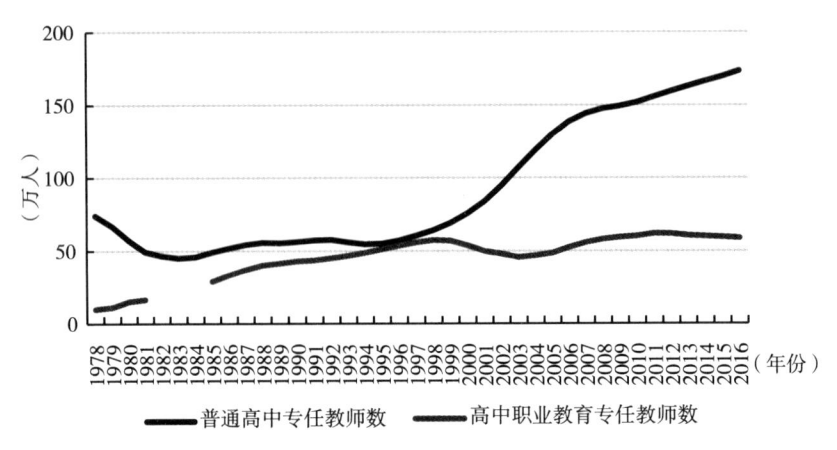

图 22.34　普通高中与高中职业专任教师数量变化比较（1978—2016年）

（十一）普通高中国家财政教育经费投入经历缓慢增长、快速增长、急剧增长三阶段

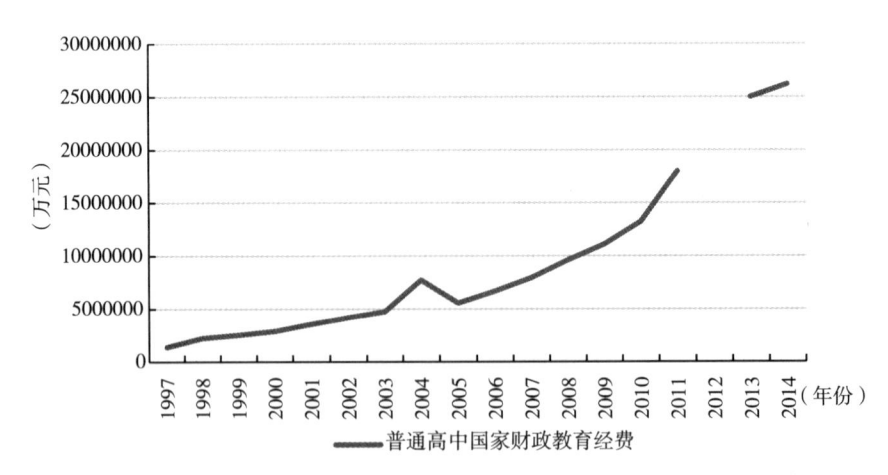

图 22.35　普通高中国家财政教育经费投入变化趋势（1997—2014年）

（十二）普通高中与职业高中国家财政经费投入由最初的相同发展到 2：1

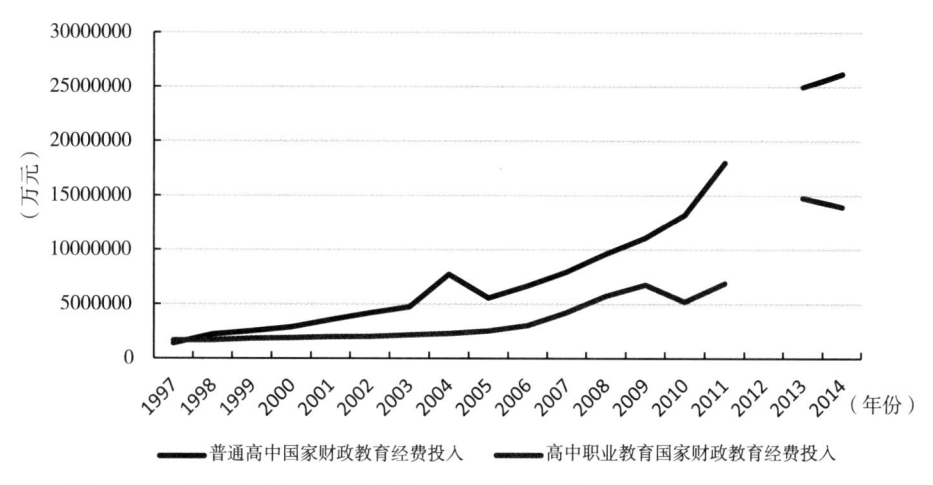

图 22.36　普通高中与职业高中教育国家财政经费投入比较（1997—2014 年）

三　建议与展望

（一）普通高中教育多样化发展任重道远

《国家中长期教育改革与发展规划纲要（2010—2020 年）》中提出的普通高中教育的发展任务与目标为"推动普通高中多样化发展，促进办学体制多样化，扩大优质资源。推进培养模式多样化，满足不同潜质学生的发展需要。探索发现和培养创新人才的途径[①]"。2011—2020 年普通高中的发展目标，已经 7 年过去了，普通高中教育多样化发展还处于摸索阶段，对多样化发展的内涵、价值、机制、路径等要义，还有待国家政策的直接引导。

（二）普通高中与职业高中教育的平衡重新打破

在 20 世纪 90 年代，普通高中与职业高中出现基本平衡的状态，无论是学校数、在校学校数基本持平。自 2010 年起，这种平衡重新被打破，普通高中教育无论在学校数、在校学生数等方面，还是教师质量、国家财政经费投入等方面显著优越于职业高中教育。

---

① 《国家中长期教育改革和发展规划纲要（2010—2020）》，人民教育出版社 2010 年版，第 25 页。

第四节 特殊与弱势儿童教育发展的讨论与结论

一 基于国家政策的讨论与结论

（一）特殊儿童类型得到扩展、名称作了调整

改革开放之前，中国只有残疾儿童教育概念，且残疾儿童教育类型局限于盲聋哑儿童教育。从1979年开始，中国新增了弱智儿童教育，1980年以"特殊儿童教育"概念替代一直以来的"残疾儿童教育"。从2006年起，对特殊儿童类型的名称做了调整，把传统的盲童、聋哑与弱智儿童更名为视力残疾儿童、听力残疾儿童、智力残疾儿童。把特殊儿童新扩展的类型，如自闭症儿童等被列入"其他"这一类别中。

（二）弱势儿童类型得到迅速扩展，并具有中国特色

贫困是每个国家的每个发展阶段都会面临的问题，中国也是如此，贫困儿童问题从来就是中国政府直面并需要关注问题。从1978年开始的改革开放与社会转型，一方面给中国社会的发展带来勃勃生机；另一方面也产生了众多社会新问题，弱势儿童不断涌现就是众多新问题的一种表现。当代中国涌现的弱势儿童群体有贫困儿童、流动儿童、留守儿童、贫困女童、流浪儿童、艾滋病影响儿童等。其中，流动儿童、留守儿童是中国特有的弱势儿童类型。

二 国家统计数据分析结果

（一）特殊教育学校数量持续增加，40年增长7倍

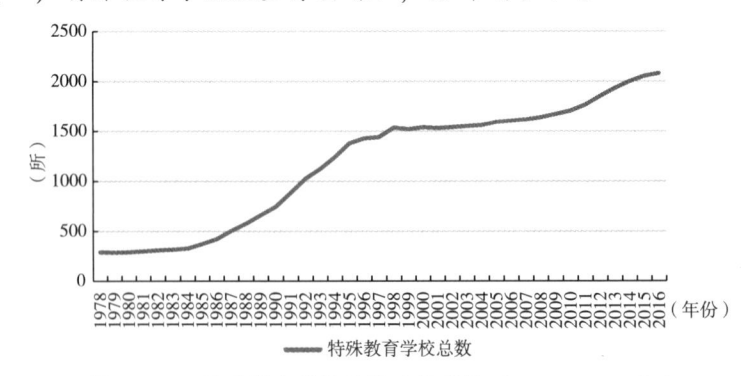

图22.37 特殊教育学校总数变化趋势（1978—2016年）

第二十二章　40年儿童教育事业发展的讨论与结论

（二）特殊教育学校数量城乡地域差距极大，从2010年起，城乡差距朝着更大的趋势发展

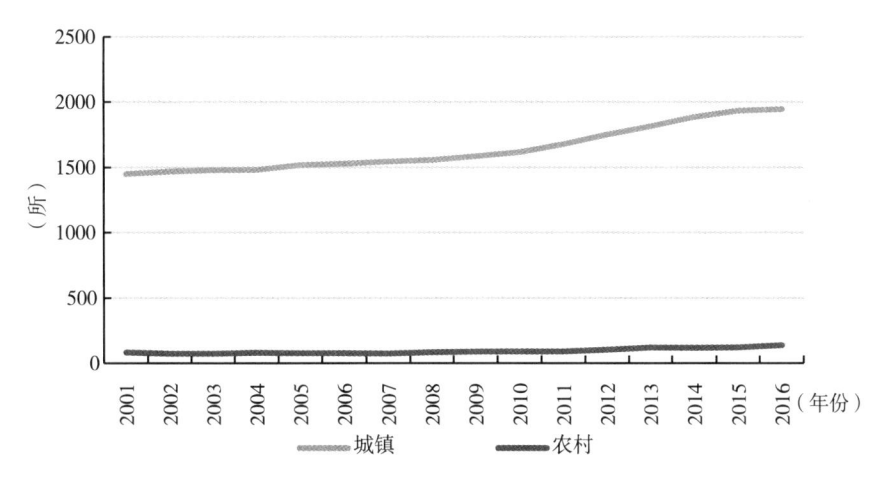

图 22.38　城镇与农村特殊教育学校数量比较（2001—2016年）

（三）从1993年起，特殊教育学校在校学生数量急剧增加，40年增长16倍

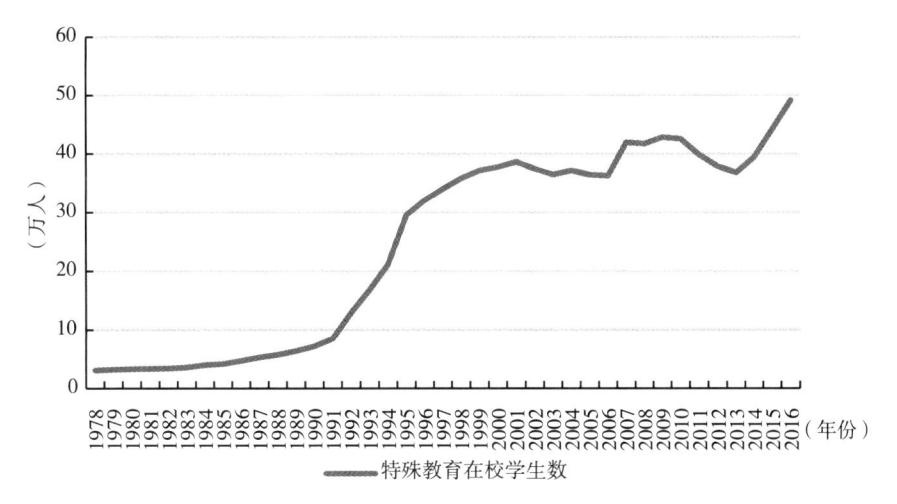

图 22.39　特殊教育学校在校学生数量变化趋势（1978—2016年）

(四) 40年来，智力残疾学生增加70倍，听力残疾学生增加2.5倍，视力残疾学生增加17倍

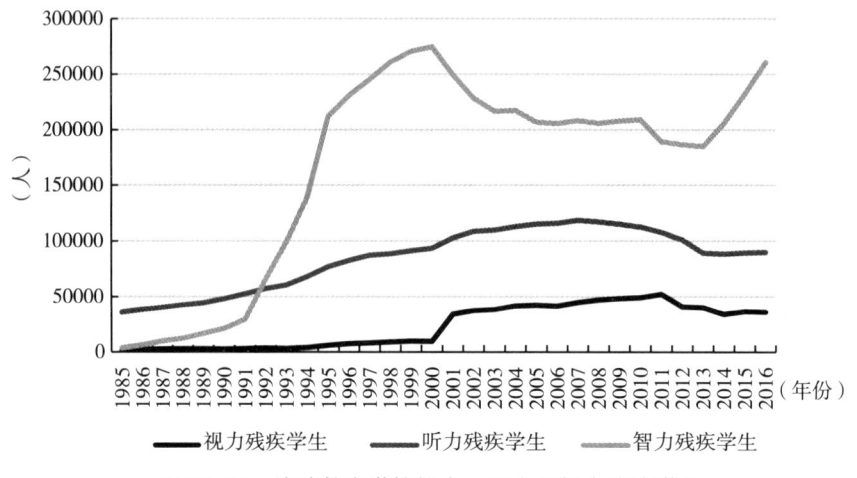

图 22.40　特殊教育学校视力、听力和智力残疾学生在校人数变化比（1985—2016年）

(五) 特殊教育专任教师数量增加了约13倍

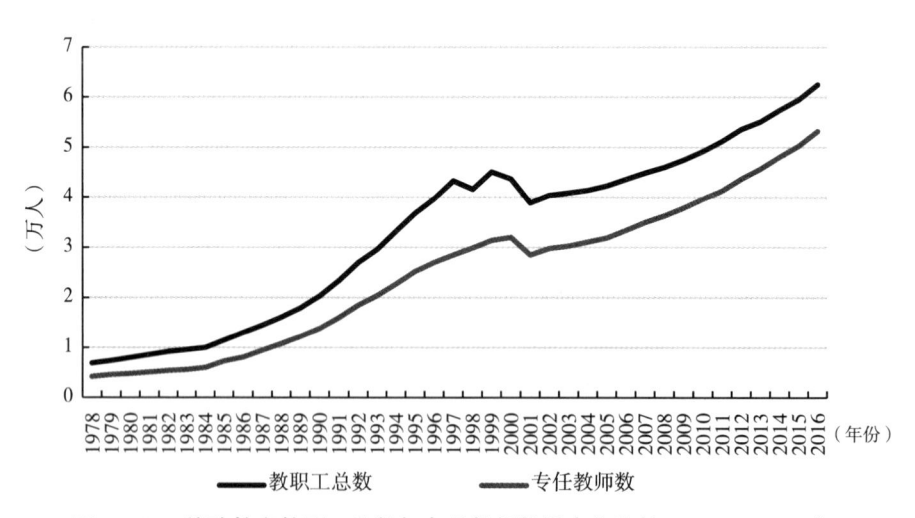

图 22.41　特殊教育教职工总数与专任教师数量变化趋势（1978—2016年）

第二十二章　40年儿童教育事业发展的讨论与结论

（六）2001—2016年，本科学历教师持续稳定增长，专科学历保持平稳，高中学历教师基本消失

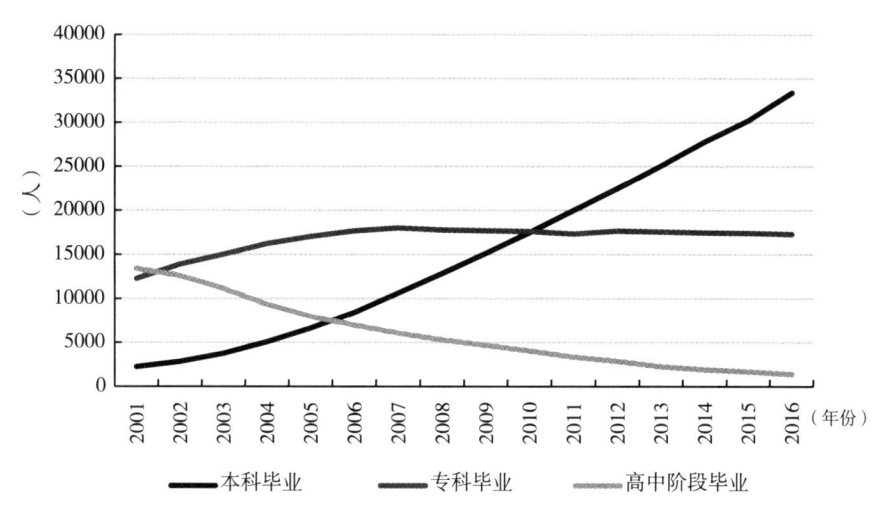

图 22.42　特殊教育学校专任教师学历变化比较（2001—2016 年）

（七）从 2010 年起，国家财政对特殊教育的经费投入急剧增加

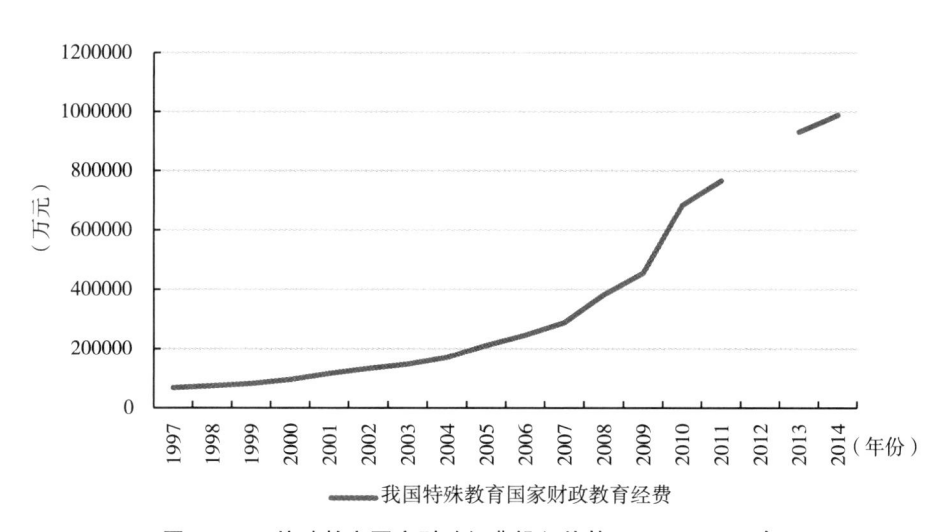

图 22.43　特殊教育国家财政经费投入趋势（1997—2014 年）

三 建议与展望

(一) 留守儿童教育是目前亟须解决的重要问题

2011年颁布的《中国儿童发展纲要（2011—2020年）》，重笔浓墨强调留守儿童工作的重要性并提出工作规划，主要内容有：健全农村留守儿童服务机制，加强对留守儿童心理、情感和行为的指导，提高留守儿童家长的监护意识和责任。进入2011年后，农村劳动力继续转移，农村留守儿童继续存在也将长期存在。留守儿童中，农村地区的儿童占绝大多数，全国留守儿童中超过80%居住在农村[①]。所以，解决留守儿童问题，不只是解决义务教育问题，更重要的是解决留守儿童心理健康发展问题。

(二) 农村特殊教育处女地亟须开垦

40年改革开放，特殊教育得到翻天覆地的变化，但是，特殊教育发展是属于城镇的不属于农村的。至2016年年底，95%的特殊儿童学校都落在城镇，农村的特殊教育是一块还没有开垦过的处女地。所以，未来的国家政府应该重点介入农村特殊教育，推动农村特殊教育的发展。

(三) 通过津贴制度与专业人服务，提升特殊教育质量[②]

第一，推动设立残疾儿童家庭津贴，对残疾儿童的生活、康复、教育等方面予以支持。在0—6岁抢救性康复政策的基础上，探索建立6岁及以上学龄儿童的康复和教育支持政策，加快推进残疾儿童义务教育的全面普及。

第二，以提升特殊教育质量为目标，探索农村义务教育与特殊教育相结合的配套工作机制，可以由省、区、市试点实施方式，对农村地区特殊教育予以政策、资金和项目支持，鼓励社会力量参与农村特殊教育事业。

(四) 加大制度保障力度，推进弱势儿童教育质量的提升[③]

第一，儿童营养津贴项目的实施，对农村儿童就学率有积极影响，受益的儿童的健康状况得到很大的改善，义务教育水平得以提高。鉴于此，应该继续完善儿童营养计划，由中央和省级财政共同投入，实现儿童营养

---

① 段成荣等：《我国农村留守儿童生存和发展基本状况——基于第六次人口普查数据的分析》，《人口学刊》2013年第3期。

② 王振耀、高华俊：《中国儿童福利政策报告2015：系统建设普惠型儿童福利体系》，社会科学文献出版社2016年版，第103页。

③ 同上书，第102页。

津贴对全国的覆盖。

第二,借鉴社会慈善组织开展乡村早期教育时推进项目的经验,从根本上防止贫困代际传递,普及公共服务,克服城乡差距、地区差距,实现社会公平。

第二十三章

40年儿童福利与法律保护事业发展的讨论与结论

第一节 儿童福利发展的讨论与结论

一 基于国家政策的讨论与结论

(一) 儿童分类保障制度基本建立

2016年6月,国务院颁布的《关于加强困境儿童保障工作的意见》是我国统一的困境儿童分类保障制度建立的标志。当然,从困境儿童分类保障制度的建立到建立健全困境儿童保障工作体系还有很长的路要走。

(二) 儿童津贴制度基本建立

中国政府2010年颁布的《孤儿基本生活保障津贴》是中国儿童福利津贴制度建立的标志,它以现金补贴方式保障中国孤儿的基本生活。2012年中国政府颁布《关于发放艾滋病病毒感染儿童基本生活费的通知》,标志着中国政府从2012年1月开始为中国艾滋病病毒感染儿童发放基本生活费,保障艾滋病病毒感染儿童的基本生活。截至2015年5月底,除了孤儿和艾滋病病毒感染儿童外,全国已有24个省(区、市)设立了其他五大类困境儿童生活津贴[1]。这五类困境儿童为流浪儿童、事实无人抚养儿童、重病重残儿童、城乡困境儿童、城乡困境家庭儿童。

(三) 执行政府责任的资金保障制度基本建立

我国在儿童健康、医疗和教育等方面建立了最基本的资金保障制度[2]。

---

[1] 王振耀、高华俊:《中国儿童福利政策报告2015:系统建设普惠型儿童福利体系》,社会科学文献出版社2016年版,第2页。

[2] 高丽茹、万国威:《中国儿童福利制度:时代演时、现实框架和改革路径》,《河北学刊》2016年第3期。

对贫困地区的儿童营养问题，通过一系列国家层面的"儿童营养补助计划"来解决；对残疾儿童康复问题，通过一系列国家层面的"残疾儿童康复计划"来解决。但是，无论是"儿童营养补助计划"还是"残疾儿童康复计划"总体受惠面还比较窄，无法惠及全体困境儿童。

（四）儿童福利服务专业化体系格局初步形成

40年来，中国儿童福利服务专业化体系格局初步形成，表现为，其一，国家政府领导下的福利服务体系已经初具专业化，具体包括儿童福利机构专业化建设初显效果，儿童福利服务人员的专业化建设正紧锣密鼓地开展。其二，政府购买儿童福利服务的机制初步形成。

（五）福利制度整体框架基本形成，但还面临多重挑战

中国儿童福利制度整体框架基本形成，但还存在总体福利水平和专业化程度较低，地域发展水平不均衡，津贴标准增长缓慢且覆盖范围有限，儿童保护力量薄弱等问题[1]。具体如下。

1. 儿童生活津贴标准增长缓慢，保障措施力度有限。孤儿基本生活费标准自然增长机制仍未全面落实，困境儿童津贴受益范围有限，保障水平较低[2]。

2. 重残重病儿童面临生活与医疗等多重困境。儿童看病难、看病贵问题仍未有效解决。虽然国家有儿童大病救助的政策，但由于各地医疗政策不一致，医疗保险尚未全面实时结算且统筹层次低等政策局限，儿童大病救助仍然面临实际报销比例有限、自负费用高、医疗资源分配不均、异地结算程序复杂、报销比例低、政府与慈善医疗救助衔接不紧密等问题[3]。

3. 儿童受侵害案件多发，暴露儿童保护力量薄弱。因家庭监护缺失，儿童受侵害案件增多；家庭监护职责在部分人群中没有得到有效履行。

4. 机构设施和专业人员配备方面面临严峻挑战。到2015年，全国有345个未成年人保护中心仅有社会工作者105人，儿童床位1.2万张，难

---

[1] 王振耀、高华俊：《中国儿童福利政策报告2015：系统建设普惠型儿童福利体系》，社会科学文献出版社2016年版，第95页。

[2] 同上书，第95—96页。

[3] 同上书，第96页。

以满足千万名困境儿童的迫切需求①。

二 国家统计数据分析结果

（一）1998年，社会福利机构容纳一半的社会弃婴与孤儿人数，到2015年，社会福利机构可以全部容纳社会弃婴与孤儿人数

表23.1　　　　　　　困境儿童救助情况（1998—2015年）

年份	社会弃婴数	社会福利机构抚养的孤儿数	社会福利机构抚养的弃婴数	儿童福利院全年在院人次	救助管理站救助儿童人次	流浪儿童救助保护中心救助儿童人次
1998	17047	722	8316			
1999	24431	1670	11050	14109		
2000	37076	1847	15550	18039		
2001	26027	1908	15563	20656		
2002	25398	2404	17419	22427		
2003	30495	3427	17335	25344	2762	
2004	28729	3189	19287	27752	104455	
2005	24965	3564	18927	28931	116129	
2006	26657	2867	15892	31854	123223	6114
2007	27066	1146	14632	29202	148869	11120
2008	26663	1846	11601	34185	137035	18759
2009	26271	1605	13690	36021	145167	22116
2010	16905	1878	13342	40556	121477	24852
2011	14249	1679	11993	45000		1000
2012	10398	1760	12202	52000		2000
2013	2466	9657	7814	54000		2000
2014	1375	10336	6802	57000		2000
2015		10704		55000		1000

（二）受艾滋病病毒感染影响儿童是中国目前与未来面临的最棘手的一类困境儿童

从图23.1可知，1990—2010年，我国艾滋病病毒年度感染例数呈现前十年缓缓提升到后十年急剧增加的趋势。1990—2000年的第一个十年，

---

① 王振耀、高华俊：《中国儿童福利政策报告2015：系统建设普惠型儿童福利体系》，社会科学文献出版社2016年版，第97—99页。

每年感染艾滋病病毒的例数增加,每年新增例数控制在 1000 例以内。在 2000—2005 年,以平均每年新增约 7500 例的速度递增,递增速度惊人。在 2005—2010 年,递增速度有所减缓,以平均每年新增 2500 例的速度递增。

这一数据提醒我们,受艾滋病影响的儿童也相应增加,预防与救助艾滋病影响儿童将是中国面临的严峻问题。根据 2005 年联合国儿童基金会和中国政府合作艾滋病预防关怀项目支持的北京信息所的联合研究显示,到 2010 年年底,大约有 49.6 万—89.4 万在中国的儿童成为受艾滋病影响的儿童,其中 2.0 万—2.7 万儿童因艾滋病失去父母双方[①]。

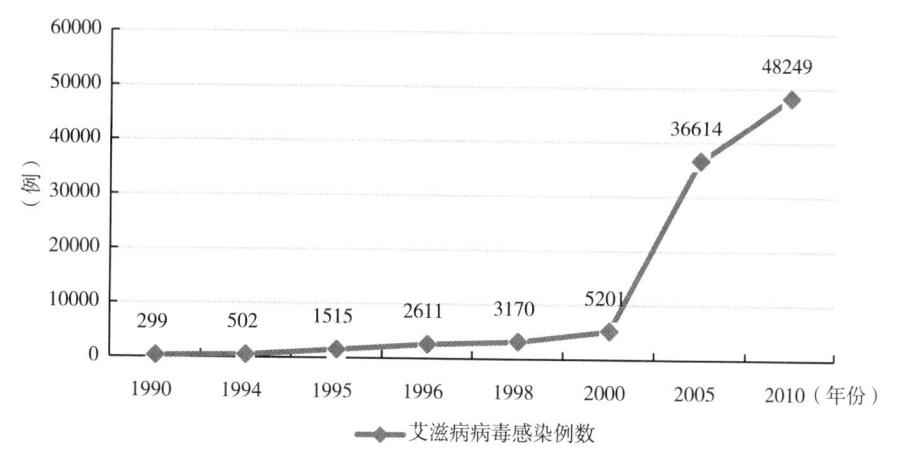

图 23.1 艾滋病病毒年度感染例数变化趋势(1990—2010 年)

三 建议与展望

(一)提高标准全面建立困境儿童生活津贴制度[②]

第一,提高孤儿基本生活费中央财政补助标准,全面建立自然增长机制。第二,困境儿童生活津贴与营养补贴政策,应在全国范围内推广。

---

① 《2010 中国儿童福利政策报告》,《中华人民共和国民政部》2016 年第 6 期。
② 王振耀、高华俊:《中国儿童福利政策报告 2015:系统建设普惠型儿童福利体系》,社会科学文献出版社 2016 年版,第 100—101 页。

（二）确立政府支持社会慈善力量参与儿童大病救助的工作机制[①]

第一，建立应救尽救机制，托住儿童大病救助底线。第二，建立面向大病儿童群体的一站式医疗保障政策。第三，建立慈善力量参与儿童大病救助衔接机制。第四，弃婴的生命权应当受保护，解决弃婴问题应从源头着手。为了保障弃婴生命权，社会需要守护婴儿安全岛，它是弃婴安全的最后一道保护伞。

（三）加强专业化人才队伍建设，为儿童保护提供实施条件[②]

第一，健全儿童保护机制，完善配套机构与加强人才队伍建设。第二，充分发挥公益组织专业化优势，鼓励公益组织参与儿童福利服务。第三，尽快完善未成年人保护机制与制度体系，具体包括完善未成年人监护制度、福利制度、法律援助制度，研究制定与未成年人保护法及相关法律配套的行政法规、司法解释。

（四）全面建立多级合作的基层儿童福利人员队伍[③]

基层儿童福利服务人员队伍的建立，有利于解决家庭在儿童养育中所遭遇的困难，有利于在第一时间发现困境儿童并提供帮助。所以，建设专业化基层儿童福利服务人员队伍意义重大。

第二节　儿童法律保护事业发展的讨论与结论

一　基于国家政策的讨论与结论

（一）1991—2000年是中国建立儿童保护法律法规体系的十年

1991—2000年十年共颁布十二部涉及儿童保护的法律文件，与儿童保护直接相关的法律四部，其中两部对中国儿童法律保护具有奠基性意义。第一部是1991年9月颁布的《中华人民共和国未成年人保护法》，首次以国家基本法律的形式，提出未成年人的社会保护基本类型和社会保护制度框架；第二部是1996年6月颁布的《中华人民共和国预防未成年犯

[①] 王振耀、高华俊：《中国儿童福利政策报告2015：系统建设普惠型儿童福利体系》，社会科学文献出版社2016年版，第101—102页。

[②] 同上书，第103—104页。

[③] 同上书，第104—105页。

第二十三章　40年儿童福利与法律保护事业发展的讨论与结论

罪法》，标志着中国儿童社会保护特别是司法保护制度框架的形成。

（二）2001—2010年是中国建设儿童保护法律实施制度与机制的十年

针对1994年10月颁布的《中华人民共和国母婴保健法》实施体制与机制系统的建设，2001年6月国务院颁布《中华人民共和国母婴保健法实施办法》，为提升中国儿童出生与生存质量提供法律与实施制度的系列保障。

针对1996年6月颁布的《中华人民共和国预防未成年犯罪法》实施体制与机制系统的建设，2001年4月4日，最高人民法院制定并公布《关于办理未成年人刑事案件的若干规定》，2002年3月25日，最高人民检察院制定并公布《人民检察院办理未成年人刑事案件的规定》，2010年8月14日，最高人民法院、最高人民检察院等6部门联合出台《关于进一步建立和完善未成年人刑事案件配套工作体系的若干意见》，这些部门章程政策对未成年人犯罪保护的实施操作具有非常重要的意义。

（三）2011—2017年，中国儿童保护进入国家责任操作层面

国家直接承担儿童保护的责任，是指关于儿童保护的问题，政府通过国家财政与专门性举措来完成。对各类困境儿童的生存与发展保护，一方面国家政府直接通过津贴制度完成，目前已经开始的有孤儿津贴、艾滋病病毒感染儿童津贴、流浪儿童津贴、事实无人抚养儿童津贴、重病重残儿童津贴、城乡困境儿童津贴、城乡困境家庭儿童津贴。另一方面各级政府采取专门性举措来完成，如《关于加强和改进流浪未成年人救助保护工作的意见》《国家贫困地区儿童发展规划（2014—2020年）》《关于加强农村留守儿童关爱保护工作的意见》《关于加强困境儿童保障工作的意见》，这四个法律保护文件，是突破不同类型困境儿童发展问题的专门性举措。

二　国家统计数据分析结果

（一）儿童司法及援助情况

表23.2　　　　　　　儿童司法及援助（1991—2015年）

年份	法院审理刑事犯罪总数（人）	未成年人罪犯（人）	未成年人罪犯占全体罪犯比重（%）	法律援助机构援助未成年人人次	拐卖妇女儿童数（人）
1991	507238	33392	6.58		26507
1992	492817	33399	6.78		17168

续表

年份	法院审理刑事犯罪总数（人）	未成年人罪犯（人）	未成年人罪犯占全体罪犯比重（%）	法律援助机构援助未成年人人次	拐卖妇女儿童数（人）
1993	449920	32408	7.20		15629
1994	545282	38388	7.04		11367
1995	543276	35832	6.60		10670
1996	665556	40220	6.04		8290
1997	526312	30446	5.78		6425
1998	528301	33612	6.36		6513
1999	602380	40014	6.64	15642	7257
2000	639814	41709	6.52	27439	23163
2001	746328	49883	6.68	37206	7008
2002	701858	50030	7.13	37664	5684
2003	747096	58870	7.88	45981	3721
2004	767951	70144	9.13	54421	3343
2005	844717	82721	9.79	66667	2884
2006	890755	83697	9.40	83131	2569
2007	933156	87525	9.38	87830	2378
2008	1008677	88891	8.81	98053	2566
2009	997872	77604	7.78	94853	6513
2010	1007419	68193	6.77	87530	10082
2011	1051638	67280	6.40	89132	13964
2012	1174133	63782	5.4	98343	18532
2013	1158609	55817	4.8		20725
2014	1184562	50415	4.3		16483
2015	1232695	43839	3.6		9150

三 建议与展望

（一）儿童的法律保护需要进一步进入儿童生存发展与生活福利层面

儿童的法律保护是指国家制定的法律与法规用于保障儿童生存与发展权利的政府行动。2010年之前，中国儿童保护的法律框架主要集中在司法保护、义务教育与职业教育、婚姻家庭与财产继承、预防未成年人犯罪等领域，还没有涉及儿童生存发展与生活福利层面。2010年以后，中国开始建立困境儿童生活保障津贴制度，这是儿童保护进入儿童生存发展与生活福利层面的重要体现，展现建立普惠、均衡的儿童保护制度的国际理念与我国发展目标。

（二）儿童法律保护体系的严密性，法律文件之间的相关度有待提升

改革开放40年，中国形成了以《宪法》为引领，以《未成年人保护法》和《预防青少年犯罪法》为主干，包括《民法通则》《婚姻法》《收养法》等在内的一系列有关儿童保护的法律，形成了相对完善的法律保障体系，但是通过对各个法律的考察可以发现，各项法律制度之间未能有效衔接，没有形成严密的体系，缺乏实质性的保障[①]。

[①] 于明潇：《中国儿童权益保护现状及政策建议》，选自《中国教育发展报告》，社会科学文献出版社2014年版，第104页。

第二十四章

40年儿童发展自然与社会环境优化的讨论与结论

第一节 环境污染治理的讨论与结论

一 基于国家政策的讨论与结论

(一) 1978—1990年,中国环境保护处于法制化建设时期,中国环境治理具有"控制污染、综合利用"的特征

以1979年《中华人民共和国环境保护法(试行)》颁布为标志,中国环境保护迈向法制化的轨道。12年间,中国制定并颁布了环境保护法、海洋环境保护法、水污染防治法、森林法、草原法、矿产资源法、大气污染防治法、水法、野生动物保护法、水土保持法等环境保护法律,环境保护的法规与部门规章不胜枚举,中国环境保护法制逐渐建立起来。

改革开放以后,中国走向"高消耗、高污染"的经济发展道路,生态环境急剧恶化。改革开放以来的最初12年,中国环境保护政策与举措总体呈现三个特征。其一,把资源的综合利用和企业生产技术升级相统一,防止和治理工业带来的污染。其二,出台的政策以污染控制为主,预防和治理方面的政策仍较少。其三,环境保护投资严重不足,污染治理水平总体较低[1]。

(二) 1991—2000年,中国环境保护进入污染防治时期,中国环境治理具有"控制全程、协调发展"的特征

这十年中国政府制定并颁布了一系列污染防治的法律,包括固体废物

---

[1] 冯贵霞:《中国大气污染防治政策变迁的逻辑》,博士学位论文,山东大学,2016年。

污染环境防治法、环境噪声污染防治法、节约能源法、防洪法、防沙治沙法等。同时，一批法律法规被密集修订，环境污染防治处于中央政策议程的重心地位。

这一时期中国环境保护政策与污染治理举措具有全过程控制、集中治理、浓度与总量相结合，治理重心指向区域性污染控制等特征[1]。

（三）2001—2010年，中国环境保护进入"有法可依"时期，中国环境治理具有"有法可依、联防联控"的特征

这十年中国政府继续制定与密集出台环境保护与治理的法律法规，环境保护与治理的法律法规达到"有法可依"的完备程度。

这一时期中国环境保护政策与污染治理举措具有以下特征：其一，继续完备法律法规体系，使环境治理"有法可依"；其二，打破污染防治的区域属地管理模式，开始探索联防联控机制；其三，加强环境防治战略规划研究和防治技术专项研究。

（四）2011—2017年，中国环境保护进入"依法治污"时期，中国环境治理具有"联防联控、依法治污"的特征

这十年中国政府继续投入制定与出台法律法规、修订法律法规的工作，进一步完善与健全中国环境保护与治理的法律法规体系。

这一时期中国环境保护政策与污染治理举措具有"依法治污"与推进全国性、大区域性合作治理，即"联防联控"的特征。"依法治污"，对不符合环境保护指标的工厂与公司采取关、停等严厉措施，中国环境治理的效果在这一时期终于得到显现。

（五）40年来，中国环境治理的历史发展趋势[2]

其一，中国环境治理的结构有由政府单一管理走向"政府—市场—社会"多元合作治理的趋势。其二，中国环境治理的政策有由行政控制走向法制再走向法治的趋势。其三，中国环境治理的监管，有由中央政府与地方政府之间的"权威—服从/对抗"关系走向中央政府与地方政府共同监管的趋势。

---

[1] 冯贵霞：《中国大气污染防治政策变迁的逻辑》，博士学位论文，山东大学，2016年。
[2] 同上。

二　国家统计数据分析结果

（一）2001年以来，中国污染治理投资总额控制在占当年GDP1%—2%的范围内

表24.1　　　　　　　环境污染治理投资（2001—2015年）

年份	污染治理项目投资总额（亿元）	污染治理投资占当年GDP（%）	城市环境基础设施建设投资（亿元）	工业污染源治理投资（亿元）	"三同时"环保投资（亿元）
2001	1106.6	1.15	595.7	174.5	336.4
2002	1363.4	1.33	785.3	188.4	389.7
2003	1627.3	1.39	1072.0	221.8	333.5
2004	1908.6	1.4	1140.0	308.1	460.5
2005	2388.0	1.31	1289.7	458.2	640.1
2006	2567.8	1.23	1314.9	485.7	767.2
2007	3387.6	1.36	1467.8	552.4	1367.4
2008	4937.0	1.57	2247.7	542.6	2146.7
2009	5258.4	1.54	3245.1	442.6	1570.7
2010	7612.2	1.90	5182.2	397.0	2033.0
2011	7114.0	1.45	4557.2	444.4	2212.4
2012	8253.5	1.53	5062.7	500.5	2690.4
2013	9037.2	1.52	5223.0	849.7	2964.5
2014	9575.5	1.49	5463.9	997.7	3313.9
2015	8806.3	1.28	4946.8	773.7	3085.8

（二）城市污水处理率由2001年的不到40%提高到2015年的85%

表24.2　　　　　　　城市环境（2001—2015年）

年份	城市污水处理率（%）	城市生活污水处理率（%）
2001		18.50
2002	39.97	22.30
2003	42.12	25.80
2004	45.60	32.30
2005	51.99	37.40
2006	57.10	43.80

续表

年份	城市污水处理率（%）	城市生活污水处理率（%）
2007		49.10
2008	70.20	57.40
2009	75.30	63.30
2010	82.30	72.90
2011		
2012		
2013	78.47	
2014	82.12	
2015	85.22	

（三）到2015年，农村自来水与卫生厕所普及率都接近80%

表24.3　　　　农村改水、改厕情况（2001—2015年）

年份	已改水受益人口占农村人口（%）	自来水普及率（%）	卫生厕所普及率（%）
2001	91.0	55.1	46.1
2002	91.7	56.6	48.7
2003	92.7	58.2	50.9
2004	93.8	60.0	53.1
2005	94.1	61.3	55.3
2006	91.1	61.1	54.9
2007	92.1	62.7	57.0
2008	93.6	65.5	59.7
2009	94.34	68.4	63.2
2010	94.9	71.2	67.4
2011	94.2	72.1	69.2
2012	95.3	74.6	71.7
2013	95.6	76.4	74.1
2014	95.8	79.0	76.1
2015	95.0		78.4

三 建议[1]

(一) 定位经济发展与环境保护的均衡点

中央政府与各级地方政府需要合作定位经济发展与环境保护的均衡点，即确立经济发展与环境保护协调的理念与价值追求，基于这种一致理念构建一种责任共识，并在行动上形成共同的责任规范。

(二) 克服环境保护职权碎片化

中国环境保护政策执行的困境在于，政府环境保护部门职权不统一，纵向权力结构断层、横向权力结构缺乏协调。这是由于在行政体制上环境保护职权不统一、不独立，这种职权碎片化是长期以来中国环境治理中的突出问题。

(三) 建立政企互动良性关系

在现行环境治理相关法规中，对地方政府、企业行为都是分开制约，鲜有具体针对二者在互动时的行为规范，因而需要完善相关法规并加以落实，建立政企互动的良性关系。

(四) 社会行动化解政策僵局

环境污染防治问题的本质是公共政策问题，这一问题的解决需要协调、平衡经济发展和生态保护中所有利益相关方的利益。所以，不仅要扩大公众参与环境保护监督的权力，还要逐渐实施社会制衡型的环境治理政策，使公众参与不仅仅停留在参与上，而是真正转化为社会行动。

第二节 优化儿童社会文化环境的讨论与结论

一 基于国家政策的讨论与结论

(一) 1978—1990年是中国政府优化儿童社会文化环境工作的启动时期

1981年7月颁布的《关于全国少年儿童图书馆工作座谈会的情况报告》是改革开放新时期，中国政府优化儿童社会文化环境工作启动的标志。

---

[1] 冯贵霞：《中国大气污染防治政策变迁的逻辑》，博士学位论文，山东大学，2016年。

(二) 1991—2000年是中国政府发布优化儿童社会文化环境政策最密集时期

这一时期颁布了《中小学图书馆（室）规程》《关于出版少年儿童读物的若干规定》《关于出版少年儿童期刊的若干规定》《关于安排好中小学生节假日休息和活动的通知》《关于加强青少年学生活动场所建设和管理工作的通知》等政策，涉及儿童娱乐、文化生活的场所建设与出版物建设等关键问题。

(三) 2001—2017年中国政府对儿童社会文化环境的优化采取专门性资金举措

为了实现"全国90%以上的县（市）至少有一所青少年宫或活动中心等青少年学生校外活动场所"的目标，从2001年起，中央政府启动三期"中央专项彩票公益金支持青少年学生校外活动场所建设"项目。第一期筹集彩票公益金40亿元用于2001—2006年支持青少年校外活动场所的建设，第二期筹集彩票公益金30亿元用于2008—2010年支持青少年校外活动场所的建设，第三期筹集彩票公益金30亿元用于2011—2015年支持青少年校外活动场所的建设。第一二期完成县以上级别的建设，第三期重点完成乡镇一级的建设。只有这种专门性资金举措，才能从根本上促进儿童校外活动场所建设工作，提升儿童校外社会文化生活质量，促进儿童身心愉悦、健康成长。

二 基于国家数据统计的讨论与结论

(一) 40年来，中国的图书、期刊、报纸出版已经达到足够丰富的程度

表24.4　文化场馆、图书出版、艺术表演情况（1978—2015年）

年份	文化馆（个）	公共图书馆（个）	博物馆（个）	档案馆（个）	报纸（亿份）	期刊（亿册）	图书（亿册）	艺术表演团体机构数（个）	艺术表演场馆数（个）
1978	2840	1218	349		109.4	7.6	42.6	3150	1095
1979	2892	1651			130.8	11.8	40.7		
1980	3130	1732	365		140.4	11.2	45.9	3533	1444
1981	2893	1787	383		140.7	14.6	55.8		
1982	2925	1889	409		140	15.1	58.8		

续表

年份	文化馆（个）	公共图书馆（个）	博物馆（个）	档案馆（个）	报纸（亿份）	期刊（亿册）	图书（亿册）	艺术表演团体机构数（个）	艺术表演场馆数（个）
1983	2946	2038	467	2830	155.1	17.7	58		
1984	3016	2217	618	2924	180.6	21.8	62.7		
1985	3295	2344	711	3006	186.9	25	66.5	3317	1377
1986	3330	2406	777	3138	196	23.8	52.8	3195	2058
1987	3321	2440	827	3238	206	26.4	62.5	3094	2148
1988	3333	2485	903	3356	206.4	26.6	62.8	2985	2081
1989	3321	2512	967	3421	155	19	58.2	2850	2050
1990	3321	2527	1013	3630	158.7	19.1	55.8	2805	1955
1991	3265	2535	1075	3579	175.1	20.8	62	2772	2068
1992	3272	2558	1106	3585	192	23.8	70.2	2753	2037
1993	3256	2572	1130	3585	199	24.3	64.1	2707	2024
1994	3261	2589	1161	3585	186.7	22.5	59.3	2698	1998
1995	3259	2615	1194	3589	181	23.8	62.6	2682	1958
1996	3284	2620	1219	3600	181	24.4	70.8	2664	1934
1997	3286	2628	1282	3670	193	25	71	2663	1947
1998	3287	2662	1339	3706	195	25	73	2652	1929
1999	3294	2669	1363	3733	201	29	73	2632	1911
2000	3297	2675	1392	3816	203	28.5	63.5	2619	1900
2001	3241	2696	1461	3885	216	29	63	2605	1854
2002	3243	2697	1511	3902	230	30	68	2587	1829
2003	3228	2709	1515	3978	243.6	29.9	67.5	2601	1900
2004	3221	2720	1548	3982	257.7	26.9	64.4	2759	1928
2005	3226	2762	1581	4012	404	27.5	64	2805	1866
2006	3214	2778	1617	3994	416	30	62	2866	1839
2007	3217	2799	1722	3952	439	29	66	4512	2070
2008	3218	2820	1893	3987	445	30	69	5114	1944
2009	3223	2850	2252	4035	437	31	70	6139	2137
2010	3264	2884	2435	4077	452.14	32.15	71.71	6864	2112
2011	3285	2952	2650	4107	467.43	32.85	77.05	7055	1429
2012	3301	3076	3069	4122	482.26	33.48	79.25	7321	1279

续表

年份	文化馆（个）	公共图书馆（个）	博物馆（个）	档案馆（个）	报纸（亿份）	期刊（亿册）	图书（亿册）	艺术表演团体机构数（个）	艺术表演场馆数（个）
2013	3315	3112	3473	4246	482.41	32.72	83.10	8180	1344
2014	3313	3117	3658	4196	463.90	30.95	81.85	8769	1338
2015	3315	3139	3852	4193	430.09	28.78	86.62	10787	1358

（二）1997年以来，儿童图书馆及馆内各类资源的数量得到明显的增加

表24.5　　　　　　儿童图书馆情况（1997—2015年）

年份	机构数	从业人员数	总藏数量（千册）	图书（千册）	报刊（千册）	视听文献、缩微制品（千册）	总流通人次（千人次）	计算机（台）
1997	76	1356	7767	7108	289	42	6584	
1998	84	1504	8665	7984	342	63	7346	
1999	81	1527	9264	8467	385	82	7585	
2000	84	1646	10051	9099	561	112	9928	
2001	89	1631	10464	9356	557	146	8973	
2002	88	1589	11615	9800	651	186	9643	
2003	85	1574	10646	9372	762	277	8153	
2004	105	2139	15581	13516	1237	454	13322	3453
2005	86	1660	14230	12492	889	490	11708	2613
2006	86	1605	14580	12826	863	507	12226	3125
2007	84	1652	15450	13496	866	721	13628	3488
2008	88	1730	17293	14975	988	874	13994	4095
2009	91	1774	19500	17195	854.59	856.62	17112	4407
2010	97	2121	21592.43	18727.04	1013.05	1017.54	18391.43	5124
2011	94	1764	23210.7	19472.6	819.8	1112.7	18809.3	4987
2012	99	2124	32173.8	25306.9	1294.4	920	19276.4	5684
2013	105	2170	31650.1	27372.7	1459.1	1290.5	21314.7	6648
2014	108	2201	33922.9	30008.8	1498.7	1316.2	21369.1	7326
2015	113	2262	36982.3	32594.7	1639.1	1391.8	23731.2	7645

（三）到 2015 年，儿童图书的出版已达到足够丰富的程度

表 24.6　　　　　儿童图书情况（2001—2015 年）

年份	少儿读物图书种类（种）	少儿读物图书总印数（万册）	中学课本种类（种）	中学课本总印数（万册）	小学课本种类（种）	小学课本总印数（万册）	少儿读物期刊种类（种）	少儿读物期刊总印数（万册）	少儿读物画刊种类（种）	少儿读物画刊总印数（万册）
2001	7254	22875	3514	141884	4410	169603	141	36048	64	1236
2002	7393	23042	3530	152921	4730	178319	149	36013	62	1057
2003	7588	19895	3546	138921	4931	161778	149	34451	61	1097
2004	7989	17992	5017	140922	6012	155550	152	42730	62	1131
2005	9583	22926	5949	156573	6668	152227	98	22290	51	2692
2006	9376	19975	5596	154824	6316	158476	98	22108	51	2920
2007	10460	24445	5028	151841	5399	140111	98	22502	51	2860
2008	11310	25420	4632	157532	4800	142650	98	23083	51	2432
2009	15591	28445	5623	149710	5184	131196	98	24127	51	2414
2010	19794	35781	4656	173995	4045	104146	98	23682.76	51	2661.97
2011	22059	37800	6307	168160	5267	121815	118	36454		
2012	30966	47823	7137	169956	5821	125010	142	39432		
2013	32400	45686	8160	166996	6461	129378	144	40907		
2014	32712	49693	8829	167384	6783	134540	209	51983		
2015	36633	55564	6877	153674	6251	132566	209	54164		

三　建议与展望

（一）增加儿童文化环境优化的专门性资金项目

到 2017 年止，中国政府用于优化儿童社会文化环境的专门性资金项目只有"中央专项彩票公益金支持青少年学生校外活动场所建设"这一项。对优化儿童社会文化环境事业而言，这种专门性资金举措的范围可以扩大，如建设儿童图书馆、儿童科技馆等。社会文化环境的核心是保护儿童的娱乐权益，所以，中国政府与社会需要借助多种多样的传媒、提供专门的活动场所，让儿童参与各类文化活动，促进儿童身心愉悦、健康成长。

(二) 把儿童参与作为促进和保障儿童全面发展的大事[①]

40年来，中国在儿童权利保护、儿童发展的促进上已经突飞猛进，但是，在儿童权利的参与权还不够重视。儿童参与绝不仅是指儿童有机会表达意见、被成人世界听到，更为基础和重要的是 Ta 要有广泛的机会亲身参与家庭生活、朋辈生活、社区生活、学校生活及其学校以外的各种社会生活，从中获得经验、能力、判断力和自信心，这样 Ta 们才可以更好地表达意见，更好地主动发展。中国目前的现实是，在学校教育之外，儿童参与日常社会生活的空间越来越小，作为儿童参与重要社会生活的各种经历严重不足，这是影响儿童全面发展的一个大问题。应该呼吁中国社会各方把儿童参与作为促进和保障儿童全面发展的一件大事，共同推动儿童参与事业的发展。

[①] 苑立新等：《中国儿童参与状况报告（2017）》，社会科学文献出版社2017年版，第1—2页。

参考文献

著作类

陈永明:《儿童学概论》,北京大学出版社 2013 年版。

复旦发展研究院:《成功调控稳健开局 1996 中国发展报告》,上海人民出版社 1997 年版。

复旦发展研究院:《构建新体制 1994 中国发展报告》,上海人民出版社 1995 年版。

方卫平:《中国儿童文化研究年度报告 2007—2013》,浙江少年儿童出版社 2008—2014 年版。

国务院妇女儿童工作委员会办公室:《〈九十年代中国儿童发展规划纲要〉终期监测评估报告汇编》,国家统计局人口社会科技统计局 2001 年版。

李树茁等:《中国儿童出生登记:探索与实践》,社会科学文献出版社 2015 年版。

陆士桢等:《中国儿童政策概论》,社会科学文献出版社 2015 年版。

刘继同:《国家责任与儿童福利:中国儿童健康与儿童福利政策研究》,中国社会出版社 2010 年版。

莫文秀:《改革开放 30 年中国妇女教育发展报告》,社会科学文献出版社 2008 年版。

庞丽娟:《中国教育改革 30 年·学前教育卷》,北京师范大学出版社 2008 年版。

时正新、朱勇:《中国社会福利与社会进步报告(1998)》,社会科学文献出版社 1998 年版。

时正新:《中国社会福利与社会进步报告(1999—2001)》,社会科学文献出版社 2000—2002 年版。

尚晓援:《中国弱势儿童群体保护制度》,社会科学文献出版社 2008 年版。

顾明远:《改革开放 30 年中国教育纪实》,人民出版社 2008 年版。

涂艳国:《中国儿童教育 30 年》,湖南师范大学出版社 2008 年版。

王善迈:《2000 年中国教育发展报告:教育体制的变革与创新》,北京师范大学出版社 2000 年版。

王炳照:《中国教育改革 30 年·基础教育卷》,北京师范大学出版社 2008 年版。

杨奎松:《马克思主义中国化的历史进程》,河南人民出版社 1994 年版。

余雪莲等:《儿童学概论》,北京师范大学出版社 2013 年版。

杨雄:《儿童福利政策》,上海人民出版社 2012 年版。

杨东平:《2005 中国教育发展报告》,社会科学出版社 2006 年版。

杨东平:《2009 中国教育发展报告》,社会科学出版社 2009 年版。

袁振国:《中国教育政策评论 2000—2010》,教育科学出版社 2000—2010 年版。

中国发展研究基金会:《中国发展报告 2008/2009 构建全民共享的发展型社会福利体系》,中国发展出版社 2009 年版。

中国儿童中心:《中国儿童的生存与发展:数据和分析》,中国妇女出版社 2006 年版。

硕博论文类

陈波:《义务教育阶段教师职务制度建设中的问题与对策研究》,博士学位论文,西南大学,2009 年。

程细平:《我国流动人口子女义务教育的政策分析》,博士学位论文,湖南师范大学,2008 年。

崔璨:《义务教育公平视角下我国教育政策演进研究》,博士学位论文,河南大学,2016 年。

戴建兵:《我国适度普惠型儿童社会福利制度建设研究》,博士学位论文,华东师范大学,2015 年。

段丽娟:《我国学前教育规模发展政策与普及政策演化逻辑研究》,

博士学位论文，陕西师范大学，2015年。

董田甜：《中国教育政策实施评估与对策研究》，博士学位论文，南京师范大学，2005年。

付开菊：《我国特殊儿童教育的社会政策研究》，博士学位论文，东北财经大学，2016年。

冯贵霞：《中国大气污染防治政策变迁的逻辑》，博士学位论文，山东大学，2016年。

高慎蓉：《农村留守儿童受教育权法律保护研究》，博士学位论文，辽宁大学，2015年。

何煦：《农村留守儿童教育问题研究》，博士学位论文，江西财经大学，2014年。

胡洁：《改革开放以来我国义务教育课程政策发展的研究》，博士学位论文，西南大学，2011年。

韩洁文：《少数民族留守儿童教育问题研究——以贵州省荔波县红泥村为个案》，博士学位论文，中央民族大学，2013年。

胡博雅：《处境儿童救助政策存在的问题及其解决路径》，博士学位论文，江西财经大学，2016年。

黄蓓：《移动妇幼保健医疗服务系统的设计与实现》，博士学位论文，重庆大学，2016年。

郝晓川：《免费学前教育政策过程分析》，博士学位论文，南京师范大学，2014年。

胡洁：《改革开放以来我国义务教育课程政策发展的研究》，博士学位论文，西南大学，2011年。

黄俭：《中国义务教育省级统筹问题研究》，博士学位论文，武汉大学，2015年。

黄淑芳：《广州市特殊儿童教育政策执行中的问题及对策研究》，博士学位论文，华南理工大学，2016年。

霍翠芳：《农村义务教育学校布局调整政策变迁与教育机会再分配》，博士学位论文，辽宁师范大学，2013年。

金罗成：《从高频词看中国义务教育课程政策的变迁（1978—2010）》，博士学位论文，宁波大学，2013年。

贾旺：《全面建成小康社会视域下我国孤残儿童福利保障研究》，博士学位论文，大连海事大学，2017年。

蒋莹：《论未成年人案件中的程序分流》，博士学位论文，南京师范大学，2017年。

贾丙新：《国家、家庭与儿童发展》，博士学位论文，江南大学，2017年。

刘瑜：《我国教师资格证书制度研究》，博士学位论文，首都师范大学，2006年。

刘丽英：《中英中小学教师资格制度比较研究》，博士学位论文，广西师范大学，2016年。

李静：《现阶段我国普通高中教育功能研究》，博士学位论文，辽宁师范大学，2016年。

李延平：《职业教育公平问题研究》，博士学位论文，陕西师范大学，2008年。

李冠宇：《改革开放以来我国儿童福利政策研究》，博士学位论文，河南师范大学，2015年。

李春娟：《改革开放以来中国环境政策及其实践走向》，博士学位论文，内蒙古大学，2010年。

蓝振松：《构建流动儿童的社会支持网络》，博士学位论文，华中农业大学，2012年。

李莹：《我国农村留守儿童权利保护初探》，博士学位论文，吉林大学，2010年。

黎露涵：《我国人口与计划生育政策与法律的变迁研究》，博士学位论文，长春理工大学，2011年。

李玲：《农村留守儿童受教育权的现状分析》，博士学位论文，西南政法大学，2009年。

廖文珊：《我国儿童福利法律制度的完善》，博士学位论文，广东财经大学，2017年。

李敏惠：《福利体制理论视角下的儿童福利政策》，博士学位论文，南京大学，2012年。

陆克俭：《发现与解放——中国近代儿童观研究》，博士学位论文，华东师范大学，2007年。

刘茂祥：《普通高中与中职校沟通的动力机制研究》，博士学位论文，上海师范大学，2017年。

黎兰香（LELANHUONG）：《越南华文报纸发展历史研究》，博士学位论文，华东师范大学，2017年。

李拉：《对新中国特殊师范教育制度建设的考察》，博士学位论文，南京师范大学，2015年。

李佳颖：《改革开放以来我国特殊教育政策的变迁与发展研究》，博士学位论文，沈阳师范大学，2012年。

李慧：《农民工随迁子女城市普通高中就学政策研究》，博士学位论文，东北师范大学，2014年。

刘旭：《政策网络理论视角下义务教育均衡发展政策有效执行研究》，博士学位论文，上海师范大学，2016年。

李爽：《中国生育政策的演变及其发展趋势研究》，博士学位论文，吉林大学，2009年。

李蕾：《基于知网的学前教育政策研究的内容分析》，博士学位论文，浙江师范大学，2016年。

李帅超：《城乡义务教育一体化研究——以平顶山市新城区为例》，博士学位论文，郑州大学，2016年。

李明欣：《我国城乡义务教育公平研究》，博士学位论文，中共中央党校，2016年。

米溢：《中日中小学教师资格制度比较研究》，博士学位论文，天津师范大学，2012年。

莫迪：《儿童视角研究：儿童研究的新转向》，博士学位论文，华东师范大学，2015年。

潘慧南茜：《农民工随迁子女义务教育政策与经费保障研究》，博士学位论文，湖南师范大学，2016年。

秦巧玲：《农村留守儿童权利的法律保护》，博士学位论文，湖南大学，2008年。

孙玉洁：《中国高中教育国际化研究（1983—2013年）》，博士学位论文，华东师范大学，2014年。

王春鸣：《新媒介环境下的文化症候》，博士学位论文，华东师范大学，2013年。

孙修真：《儿童健康权保障研究》，博士学位论文，西南政法大学，

2012 年。

孙晶晶：《弱势儿童权利保护研究》，博士学位论文，武汉大学，2011 年。

施嵩：《论儿童人权的法律保障》，博士学位论文，山东大学，2006 年。

田贤国：《农村留守儿童受教育权保障机制研究》，博士学位论文，华中师范大学，2007 年。

闻待：《论高中教育的多样化发展》，博士学位论文，华东师范大学，2010 年。

王姣娜：《普通教育还是职业教育？》，博士学位论文，中国社会科学院研究生院，2015 年。

王秀：《新中国生育政策演变研究》，博士学位论文，齐鲁工业大学，2013 年。

王慧先：《中国儿童福利行政研究——国际比较的视角》，博士学位论文，中国政法大学，2010 年。

王淼：《中国未成年人医疗保障问题研究》，博士学位论文，辽宁大学，2013 年。

吴鹏飞，《嗷嗷待哺：儿童权利的一般理论与中国实践》，博士学位论文，苏州大学，2013 年。

王丽铮：《中英儿童福利政策比较研究》，博士学位论文，郑州大学，2017 年。

王正惠：《区域城乡义务教育一体化政策运行研究》，博士学位论文，南京师范大学，2014 年。

王寿：《我国义务教育均衡发展及其政策研究》，博士学位论文，南京师范大学，2011 年。

徐敏：《我国中小学教师资格定期认证研究》，博士学位论文，重庆师范大学，2011 年。

许素梅：《县域城乡义务教育一体化的政府责任研究》，博士学位论文，河南大学，2013 年。

席小华：《从隔离到契合：社会工作在少年司法场域的嵌入性发展》，博士学位论文，华东理工大学，2016 年。

张亮：《中国儿童照顾政策研究》，博士学位论文，复旦大学，

2014年。

张立云：《论流动儿童的受教育权》，博士学位论文，山东大学，2008年。

闫淑娇：《基于教师专业标准的中小学教师资格制度研究》，博士学位论文，山东师范大学，2015年。

杨文华：《农村留守儿童问题研究》，博士学位论文，华中师范大学，2007年。

于菲：《我国儿童福利制度现状及建设路径研究》，博士学位论文，河北师范大学，2015年。

杨芳：《城乡义务教育一体化研究》，博士学位论文，南昌大学，2015年。

岳睿：《论弱势儿童的特殊保护》，博士学位论文，中国社会科学院研究生院，2012年。

赵凤娟：《中美中小学教师资格制度比较研究》，博士学位论文，陕西师范大学，2010年。

周恋琦：《普通高中多样化发展的政策工具研究》，博士学位论文，华东师范大学，2015年。

朱秋莲：《建国以来党的人口生育政策变迁研究》，博士学位论文，湖南师范大学，2013年。

张磊：《农村中小学留守儿童教育问题研究》，博士学位论文，江苏大学，2008年。

郑善礼：《儿童参与权法律保护制度研究》，博士学位论文，中国海洋大学，2015年。

张喻：《中国儿童福利服务模式研究》，博士学位论文，华北电力大学，2014年。

周恋琦：《普通高中多样化发展的政策工具研究》，博士学位论文，华东师范大学，2015年。

周霞：《湖南省特殊儿童义务教育的均衡发展研究》，博士学位论文，长沙理工大学，2012年。

曾繁昌：《儿童福利之法政策分析》，博士学位论文，江西财经大学，2017年。

期刊类

"当代中国少年儿童发展状况课题组：《中国少年儿童发展状况调查报告》，《中国青年研究》2006年第2期。

《2007年度中国儿童研究：回顾与展望（上）》，《浙江师范大学学报》（社会科学版）2008年第33期。

《2007年度中国儿童研究：回顾与展望（下）》，《浙江师范大学学报》（社会科学版）2008年第33期。

《2007年全国教育事业发展统计公报》，《中华人民共和国教育部公报》2008年第6期。

《2013年度中国儿童研究：回顾与展望（上）》，《浙江师范大学学报》（社会科学版）2014年第39期。

《2015年中国环境状况公报（摘录）》，《环境保护》2016年第44期。

《2016年〈中国环境状况公报〉（摘录）》，《环境保护》2017年第45期。

《攻坚克难 推进普及 为青少年提供良好高中教育——教育部基础教育司负责人就〈高中阶段教育普及攻坚计划（2017—2020年）〉》答记者问》，《基础教育参考》2017年第9期。

马林琳、姚继军：《高中财政充足标准建构探析》，《江苏教育》2017年第50期。

《国务院关于统筹推进县域内城乡义务教育一体化改革发展的若干意见》，《中国农村教育》2016年第7—8期。

《全国农村留守儿童状况研究报告（节选）》，《中国妇运》2008年第6期。

《中国儿童发展状况国家报告（2003—2004年）（摘登）》，《人权》2005年第4期。

方卫平：《为儿童文化研究留下一份学术档案——关于〈中国儿童文化研究年度报告〉》，《曲靖师范学院学报》2010年第29期。

《中国教育发展报告（2004）》，《全球教育展望》2005年第34期。

L. P. Lipsitt、H. W. Reese、夏钟丽：《儿童研究的方法》，《心理学动态》1985年第3期。

鲍传友：《中国城乡义务教育差距的政策审视》，《北京师范大学学报》（社会科学版）2005年第3期。

北川秀树、寇鑫：《中国的环境法、环境政策执行及环境治理改善的课题——以地方政府为中心》，《当代日本中国研究》2017年第1期。

本刊编辑部：《2015中国教育研究前沿与热点问题年度报告》，《教育研究》2016年第37期。

本刊编辑部：《重温〈中国儿童发展纲要（2011—2020年）〉（教育、福利领域）》，《教师》2013年第16期。

曹雁飞、柳海民：《我国学前教育政策的空间演进与限度》，《现代教育管理》2016年第8期。

曹雁飞、柳海民：《我国学前教育政策的空间样态》，《教育理论与实践》2016年第36期。

常苗苗：《义务教育的发展历程及现状》，《现代交际》2013年第3期。

陈乐乐：《梅洛·庞蒂的儿童研究及其教育启示》，《教育发展研究》2016年第24期。

陈琳、王欣：《我国学前音乐教育的发展历史及其时代挑战》，《学前教育研究》2012年第10期。

陈敏章：《扎扎实实地贯彻〈九十年代中国儿童发展规划纲要〉》，《中国妇幼保健》1992年第3期。

陈恕平：《论教师资格制度与师范教育制度的协同发展》，《湛江师范学院学报》1997年第3期。

陈亚聪、刘晶波：《学前教育需要在反思历史中重建》，《幼儿100（教师版）》2015年第6期。

陈岩、曹熠铮：《我国少年司法制度的改革与完善》，《人民法治》2016年第2期。

成海军：《中国儿童福利制度转型与体系嬗变》，《社会福利（理论版）》2012年第9期。

成尚荣：《教师的第一专业是儿童研究》，《基础教育论坛》2013年第36期。

程志超、张涛：《农村留守儿童权益保护政策研究》，《东岳论丛》2016年第37期。

迟福林：《"十二五"时期教育公共服务体系建设：突出矛盾与主要任务》，《经济社会体制比较》2011年第2期。

丛晓波，高玉涛：《走向哲学视野的儿童研究：儿童世界的本质与教育的使命》，《东北师大学报》2005年第4期。

崔奇：《"十三五"我国职教发展形势与改革理念——兼论河南新一轮中职教育的整合改革与发展》，《新疆职业教育研究》2016年第7期。

戴明丽、李辉：《影响民办学前教育发展的政策因素探讨》，《河南教育学院学报》（哲学社会科学版）2016年第35期。

戴明丽：《论政府关于民办学前教育发展政策的着力点及履责存在的问题》，《通化师范学院学报》2016年第37期。

当代中国少年儿童发展状况"课题组：《中国少年儿童发展状况调查报告》，《中国青年研究》2006年第2期。

邓锁：《社会投资与儿童福利政策的转型：资产建设的视角》，《浙江工商大学学报》2015年第6期。

狄小华：《我国少年司法的困境与出路》，《法治研究》2015年第3期。

刁玉华：《改革开放以来我国义务教育投资体制发展历程的反思》，《河南大学学报》（社会科学版）2010年第50期。

丁蓓：《我国义务教育均衡发展督导评估政策的演变与走向》，《教学与管理》2013年第28期。

丁晶、李富云：《我国流动儿童政策的演进过程与特点研究》，《佳木斯职业学院学报》2017年第12期。

丁雪、王芳、刘晓曦：《基于集中指数的妇幼健康服务和妇幼健康公平性分析》，《中国社会医学杂志》2017年第34期。

董才生、马志强：《留守儿童关爱保护政策需要从"问题回应"型转向"家庭整合"型》，《社会科学研究》2017年第4期。

杜宝贵、杜雅琼：《中国儿童福利观的历史演进——基于改革开放以来的儿童福利政策框架》，《社会保障研究》2016年第5期。

段成荣、杨舸：《我国农村留守儿童状况研究》，《人口研究》2008年第3期。

段成荣、周福林：《我国留守儿童状况研究》，《人口研究》2005年第1期。

段晓芳：《普及视域下普通高中多样化发展的内涵、困境与路径》，《新课程研究（下旬刊）》2016年第8期。

樊璐瑶：《改革开放以来中国义务教育经费政策研究》，《赤子（中旬）》2014年第18期。

范斌：《中国儿童福利制度重构与福利治理之可能》，《预防青少年犯罪研究》2014年第5期。

范先佐、郭清扬：《当前我国义务教育均衡发展改革的重点和难点》，《教师教育学报》2016年第3期。

费伟平、许可敏：《反思教育回报率：普通教育还是职业教育》，《科教导刊（下旬）》2015年第12期。

冯刚：《美国特殊教育政策的演变及新动向》，《基础教育参考》2009年第8期。

冯加渔、向晶：《儿童研究的视域融合》，《全球教育展望》2014年第43期。

冯小溪、冯文熙：《完善我国儿童福利政策的建议》，《企业研究》2014年第6期。

冯元、彭华民：《需要为本的流浪儿童福利政策导向与框架——基于流浪儿童救助实践和政策变迁的分析》，《长白学刊》2015年第2期。

冯元、俞海宝：《我国特殊教育政策变迁的历史演进与路径依赖——基于历史制度主义分析范式》，《教育学报》2017年第13期。

冯元、张金福：《近三十年我国特殊教育政策发展进程的理论阐释——基于历史制度主义的分析》，《教育发展研究》2017年第37期。

傅建明、俞晓婷：《2008年度儿童家庭和社会教育研究述评》，《浙江师范大学学报》（社会科学版）2009年第34期。

高丽茹、彭华民：《中国困境儿童研究轨迹：概念、政策和主题》，《江海学刊》2015年第4期。

高丽茹、万国威：《中国儿童福利制度：时代演进、现实框架和改革路径》，《河北学刊》2016年第36期。

高玉荣：《缩小差距推进公平让困境儿童福利零距离——"中国儿童福利示范项目"实施情况介绍》，《中国民政》2015年第19期。

高振宇：《儿童研究与教师专业发展：过去、现在与未来》，《教育学报》2015年第11期。

顾定倩：《特殊教育教师资格制度的比较研究》，《比较教育研究》2005年第9期。

桂丽：《促进我国城乡义务教育均衡发展的财政政策研究》，《经济与社会发展》2009年第7期。

郭本禹：《美国儿童研究运动述评》，《教育研究与实验》1996年第1期。

郭法奇、张胜芹、张玲：《杜威与美国的儿童研究运动》，《教育学报》2008年第2期。

郭法奇：《霍尔与美国的儿童研究运动》，《华中师范大学学报》（人文社会科学版）2006年第1期。

郭力平：《为需求探寻 为质量献策——评〈学前教育需求与质量——保障适龄儿童接受基本而有质量的学前教育政策与机制研究〉》，《浙江师范大学学报》（社会科学版）2017年第42期。

郭庆旺、刘晓路、贾俊雪：《"十二五"时期国家财力与基本公共教育服务体系建设》，《中国人民大学教育学刊》2011年第1期。

郭云红：《我国学前教育机构发展的历史逻辑》，《教师教育论坛》2017年第30期。

郝晓川：《儿童康复政策的现状、发展与启示》，《现代特殊教育》2015年第23期。

何锋：《"政策成本"视域下学前教育政策制定的有效性探微》，《教育探索》2015年第5期。

何玲、李兵：《中国流动儿童政策分析》，《人口研究》2007年第2期。

何露洋、邓德武、曾庆源、姚强、陈山泉、罗飞、李云飞、洪阳、陈凯、姚岚、刘智勇：《我国妇幼保健与计划生育服务资源整合研究》，《医学与社会》2015年第28期。

何劭玥：《党的十八大以来中国环境政策新发展探析》，《思想战线》2017年第43期。

何应森、徐晓燕：《我国中等职业教育发展政策实施成效分析——以四川省为例》，《教育评论》2016年第9期。

贺立路、赵海千、杨樱、王欣：《沈阳市"十三五"（2016—2020）义务教育资源分析》，《基础教育论坛》2016年第32期。

侯建新:《世界历史研究三十年》,《历史研究》2008年第6期。

胡慧美、陈定湾、高启胜、刘盼盼:《我国县级妇幼保健机构的卫生资源配置效率评价》,《医院管理论坛》2017年第34期。

胡洁:《当代中国青年社会心态的变迁、现状与分析》,《中国青年研究》2017年第12期。

胡伶:《"十二五"时期义务教育平等政策回顾及其对"十三五"教育规划的建议》,《教育理论与实践》2016年第36期。

胡云腾:《论全面依法治国背景下少年法庭的改革与发展——基于域外少年司法制度比较研究》,《中国青年社会科学》2016年第35期。

黄斌、汪栋:《中国义务教育财政投入的回顾与展望》,《华中师范大学学报》(人文社会科学版)2016年第55期。

黄斌:《现实与政策意图之间的偏差——中国义务教育财政制度变革的历史与展望》,《教育与经济》2010年第4期。

黄晶晶、刘艳虹:《特殊儿童家庭社会支持情况调查报告》,《中国特殊教育》2006年第4期。

黄四林、侯佳伟、张梅、辛自强、张红川、孙铃、窦东徽:《中国农民工心理健康水平变迁的横断历史研究:1995—2011》,《心理学报》2015年第47期。

霍益萍:《普及有质量的高中教育》,《辽宁教育》2016年第10期。

贾波、王德清:《农民工子女义务教育政策变迁》,《福州党校学报》2008年第3期。

贾建国:《政策工具的视角:我国民办学前教育发展的政策分析》,《现代教育管理》2017年第8期。

江峰:《教育学视角的儿童研究》,《教育学报》2015年第11期。

江治强:《中国儿童福利体系及其构建》,《社会福利》(理论版)2014年第12期。

阚大学、吕连菊:《普通教育与职业教育对城镇化规模结构的影响——基于城市动态面板数据的分析》,《教育发展研究》2015年第35期。

康素鸿、傅文奇:《中美公共图书馆无人陪伴儿童管理政策的比较及建议》,《山东图书馆学刊》2017年第3期。

雷万鹏、杨帆:《对留守儿童问题的基本判断与政策选择》,《教育研究与实验》2009 年第 2 期。

李传江、张义宾、周兢：《国际视阈下的学前教育质量监控体系——基于"经合组织"和"世界银行"学前教育新政策的述评》，《外国教育研究》2017 年第 44 期。

李春良、张二凤、杨大伟：《照片引谈法在国外儿童研究中的运用述评》，《教育导刊（下半月）》2015 年第 7 期。

李洪波：《实现中的权利：困境儿童社会保障政策研究》，《求是学刊》2017 年第 44 期。

李洪天、孙爱军：《凸显人民立场 普及高中教育——基于 1990 至 2015 年数据的空间特征实证研究》，《江苏第二师范学院学报》2017 年第 33 期。

李辉、杨伟鹏、陈君丽、黄润珂：《中国学前教育事业的发展历程及未来挑战》，《幼儿教育》2016 年第 33 期。

李立丰：《日本少年司法制度"循环发展模式"的中国反思》，《青少年犯罪问题》2016 年第 5 期。

李良玉、李文：《扎实推进中国当代史研究》，《江苏大学学报》（社会科学版）2013 年第 15 期。

李良玉：《历史知识的立场与中国当代史研究》，《社会科学》2013 年第 6 期。

李玲、黄宸、薛二勇：《新阶段城乡义务教育一体化发展评估研究》，《教育研究》2017 年第 38 期。

李玲、杨顺光：《"全面二孩"政策与义务教育战略规划——基于未来 20 年义务教育学龄人口的预测》，《教育研究》2016 年第 37 期。

李鹏、朱德全：《义务教育学校标准化建设：进程、问题与反思——基于 2010 年—2014 年全国义务教育办学条件数据的测度分析》，《清华大学教育研究》2016 年第 37 期。

李树茁、刘晓兵：《中国儿童出生登记制度变迁研究》，《人口学刊》2008 年第 2 期。

李廷洲、焦楠、陆莎：《"十二五"期间我国教师政策计量分析与前瞻——基于政策工具视角的文本计量研究》，《中国教育学刊》2016 年第 9 期。

李小晶、胡正路：《新形势下深圳市区级妇幼保健院的发展策略分析》,《卫生软科学》2016 年第 30 期。

梁晨、董浩、李中清:《量化数据库与历史研究》,《历史研究》2015 年第 2 期。

林良明、刘玉琳、冯士雍、刘佳健、米杰、刘全保、曹兰华:《1991—1993 年中国婴儿、5 岁以下儿童死亡水平及趋势分析》,《人口研究》1996 年第 4 期。

林良明、刘玉琳、米杰、曹兰华、张新利:《中国 5 岁以下儿童意外死亡趋势分析》,《中国儿童保健杂志》2000 年第 1 期。

林良明、刘玉琳、米杰、刘佳健、刘全宝、曹兰华:《1991—1993 年中国 0—4 岁儿童意外死亡监测结果》,《中华儿科杂志》1995 年第 4 期。

刘宝军:《中国当代史研究中的史料问题》,《长春师范学院学报》2013 年第 3 期。

刘冬梅:《我国普通高中教育投资体制政策的价值分析》,《基础教育》2011 年第 8 期。

刘红、刘敏:《中日青少年儿童体质健康促进的法规和政策研究》,《上海教育科研》2015 年第 8 期。

刘鸿雁:《0—3 岁儿童托育服务与全面两孩政策专题论坛》,《人口与计划生育》2016 年第 11 期。

刘继同:《当代中国的儿童福利政策框架与儿童福利服务体系（上）》,《青少年犯罪问题》2008 年第 5 期。

刘继同:《当代中国的儿童福利政策框架与儿童福利服务体系（下）》,《青少年犯罪问题》2008 年第 6 期。

刘继同:《儿童福利的四种典范与中国儿童福利政策模式的选择》,《青年研究》2002 年第 6 期。

刘继同:《改革开放 30 年来中国儿童福利研究历史回顾与研究模式战略转型》,《青少年犯罪问题》2012 年第 1 期。

刘继同:《国家与儿童:社会转型期中国儿童福利的理论框架与政策框架》,《青少年犯罪问题》2005 年第 3 期。

刘继同:《中国儿童福利政策模式与城市流浪儿童议题》,《青年研究》2003 年第 10 期。

刘继同:《中国儿童福利制度构建研究》,《青少年犯罪问题》2013 年第 4 期。

刘继同：《中国孤儿、受艾滋病影响儿童和脆弱儿童生存与服务状况研究（下）》，《青少年犯罪问题》2010年第5期。

刘继同：《中国社会结构转型、家庭结构功能变迁与儿童福利政策议题》，《青少年犯罪问题》2007年第6期。

刘继同：《中国现代社会福利发展阶段与制度体系研究》，《社会工作》2017年第5期。

刘力、黄小莲：《2007年度儿童教育研究发展报告》，《浙江师范大学学报》（社会科学版）2008年第5期。

刘丽丹、刘俊强：《城乡义务教育一体化的制度瓶颈与破解路径研究》，《教育评论》2017年第7期。

刘丽群、王继玲：《我国高中普通教育与职业教育融通的基本模式与发展现状》，《教育学术月刊》2015年第9期。

刘清、王刚：《文化责任与学术空间：儿童研究的中国化问题》，《少年儿童研究》2010年第24期。

刘筱红、柳发根：《真问题与建设性矛盾：儿童留守的政策问题研究》，《中国行政管理》2016年第1期。

刘颖：《普惠性学前教育政策的执行偏差：表现、原因及对策分析》，《教育发展研究》2016年第36期。

刘占兰：《发展学前教育是各级政府义不容辞的责任——〈国家中长期教育改革与发展规划纲要〉对政府责任的确定》，《学前教育研究》2010年第11期。

刘占兰：《农村学前教育是未来十年发展的重点——〈规划纲要〉确定普及学前教育的重点与难点》，《学前教育研究》2010年第12期。

刘占兰：《学前教育的普及必须兼顾质量的提高——谈〈规划纲要〉中基本普及学前教育的内涵与措施》，《学前教育研究》2010年第10期。

柳海民、王澍：《中国义务教育实施30年：成就、价值与展望》，《北京大学教育评论》2016年第14期。

柳华文：《中国儿童权利保护新趋势——解读〈中国儿童发展纲要（2011—2020年）〉》，《人权》2011年第6期。

龙怡：《普及高中教育的经济学分析：经济增长、人力资本需求与教育政策制定》，《当代教育科学》2016年第10期。

卢立涛、安传达：《大众化、管理主义与市场化——我国近三十年高中教育政策变迁的特点分析》，《继续教育研究》2008年第12期。

卢立涛：《试论我国高中教育的政策变迁（1978—2007）》，《内蒙古师范大学学报》（教育科学版）2008年第4期。

陆楚华：《"两免一补"政策热点问题分析》，《经济研究参考》2017年第59期。

陆璟：《高中学费政策的比较研究》，《上海教育科研》2006年第9期。

陆士桢：《简论中国儿童福利》，《华中师范大学学报》（哲学社会科学版）1997年第6期。

陆士桢：《建构中国特色的儿童福利体系》，《社会保障评论》2017年第1期。

陆士桢：《中国儿童社会福利需求探析》，《中国青年政治学院学报》2001年第6期。

陆士桢：《中国儿童社会福利研究》，《社会保障研究（北京）》2006年第2期。

路智鹏：《构建中国适度普惠型儿童福利政策的综述研究》，《中国培训》2015年第8期。

栾莉：《论国际规则标准下的中国少年司法制度》，《中国检察官》2016年第19期。

罗静、王薇、高文斌：《中国留守儿童研究述评》，《心理科学进展》2009年第17期。

吕萍：《建国以来我国关于幼儿教育事业发展的政策述评》，《中国青年政治学院学报》2008年第2期。

吕少蓉：《1996年—2007年国家关于农村流动儿童义务教育政策的变迁》，《教育导刊》2008年第6期。

吕武：《我国当前学前教育政策工具选择偏向及其影响——基于〈国家长中期教育改革和发展规划纲要（2010—2020）〉以来的主要政策文本的分析》，《教育科学》2016年第32期。

麻宝斌、范琼、杜平：《中国现阶段教育政策公平感研究》，《天津行政学院学报》2016年第18期。

马春芳：《标签理论视角下的中国少年司法制度展望》，《黑龙江省政法管理干部学院学报》2017年第1期。

马建强：《计算历史学：大数据时代的历史研究》，《学术论坛》2015年第38期。

马良、郭玉飞：《儿童保护政策与留守儿童社会支持系统——对贵州毕节留守儿童自杀事件的反思》，《青少年研究与实践》2015年第30期。

马涛：《中央义务教育惠民政策实施的问题研究》，《教学与管理》2016年第3期。

米杰、张美仙：《中国儿童生存状况：婴幼儿死亡率变化趋势》，《中国循证儿科杂志》2009年第4期。

米靖、赵顺义：《当代少年儿童素质发展状况分析》，《青年研究》2002年第8期。

欧洋：《儿童权利维护的成绩、挑战和前景》，《人权》2010年第1期。

潘屹：《中国儿童福利制度建设的思考——从"婴儿安全岛"谈起》，《社会福利》（理论版）2015年第12期。

庞丽娟、王红蕾、吕武：《对"全面二孩"政策下我国学前教育发展战略的建议》，《北京师范大学学报》（社会科学版）2016年第6期。

彭华民、冯元：《中国残疾人特殊教育制度转型——福利政策体系化与福利提供优质化》，《南开学报》（哲学社会科学版）2015年第4期。

彭宇竹、徐明娜：《创造适宜环境 保障妇幼保健事业快速和谐发展》，《中国医院管理》2006年第3期。

彭泽平、姚琳、黄娥：《新中国义务教育普及与发展：历程与经验》，《西南大学学报》（社会科学版）2016年第42期。

秦金亮、李轩、方莹：《有效学前教育机构的特征——英国EPPE项目对我国学前教育质量政策制定的意义》，《外国教育研究》2017年第44期。

秦金亮：《元需求条件下办人民满意的学前教育政策旨趣多》，《教育发展研究》2017年第37期。

秦玉友、邬志辉：《中国农村教育发展状况与未来发展思路》，《东北师大学报》（哲学社会科学版）2017年第3期。

秦玉友、宗晓华：《2016—2030年中国城乡义务教育师资需求预测》，《东北师大学报》（哲学社会科学版）2017年第1期。

裘指挥、张丽、刘焱：《从救助走向福利：我国儿童权利保护法律与政策的价值变迁》，《学前教育研究》2015年第9期。

裘指挥、张丽：《论儿童研究中的道德问题》，《幼儿教育》（教育科学版）2007年第1期。

曲恒昌：《中国高中教育的百年行板——评〈最后的图腾——中国高中教育价值取向与学校特色发展研究〉》，《北京师范大学学报》（社会科学版）2006年第3期。

全国妇联课题组：《全国农村留守儿童城乡流动儿童状况研究报告》，《中国妇运》2013年第6期。

冉敏：《中国义务教育政策历史变迁及功能分析》，《社科纵横》2007年第12期。

尚晓援：《中国儿童福利事业发展史上的里程碑——读〈关于加强孤儿救助工作的意见〉》，《社会福利》2006年第5期。

邵泽斌：《我国义务教育管理体制的理论逻辑与政策思考》，《教育研究与实验》2013年第3期。

沈有禄：《我国高中阶段教育普及与投入保障探析》，《教育与经济》2017年第5期。

石中英：《关于当前我国普通高中教育任务的再认识》，《清华大学教育研究》2015年第36期。

宋岚芹：《〈九十年代中国儿童发展规划纲要〉实施情况》，《中华儿科杂志》2000年第5期。

宋晓云、张意忠：《农民工随迁子女义务教育的经费保障》，《南通大学学报》（社会科学版）2016年第32期。

宋远升：《〈青少年犯罪问题〉"少年司法"研究综述》，《青少年犯罪问题》2015年第2期。

苏智良：《中国当代史建设刍议》，《社会科学》2012年第5期。

孙彩平：《分层与分叉——当代中国儿童道德发展调查报告（2017）》，《教育科学研究》2018年第2期。

孙昊明、赵梦、朱兆芳：《全国61个县级妇幼保健机构运行现状分析研究》，《中国卫生产业》2017年第14期。

孙丽平、白晶、王坤、黄爱群、胡焕青、罗荣：《2010—2014年我国县级妇幼保健机构发展现状分析》，《中国妇幼保健》2017年第32期。

孙照辉：《近五年来中国教育政策研究热点综述》，《世纪桥》2011年第 17 期。

谭深：《中国农村留守儿童研究述评》，《中国社会科学》2011 年第 1 期。

唐啸、陈维维：《动机、激励与信息——中国环境政策执行的理论框架与类型学分析》，《国家行政学院学报》2017 年第 1 期。

唐啸、胡鞍钢、杭承政：《二元激励路径下中国环境政策执行——基于扎根理论的研究发现》，《清华大学学报》（哲学社会科学版）2016 年第 31 期。

田然、杨兴培：《我国少年司法改革的理念重塑与制度构建——以美国少年司法制度的借鉴为视角》，《青少年犯罪问题》2017 年第 1 期。

佟丽华：《解读国务院留守儿童保护政策》，《中国青年社会科学》2016 年第 35 期。

万宇、李正、张纲：《残疾儿童随班就读教育政策历史演变与困境研究》，《黑河学刊》2015 年第 3 期。

汪玲萍、刘庆新：《困境儿童概念、政策发展及社会支持网络建构》，《价值工程》2017 年第 36 期。

王呈芳：《中日儿童福利比较分析》，《劳动保障世界》2017 年第 8 期。

王桂琴、方奕、易明：《近五年我国青少年研究的前沿演进与热点领域——基于 CiteSpace 研究文献的可视化分析》，《中国青年研究》2017 年第 12 期。

王海光：《史观、方法与中国当代史研究》，《社会科学》2013 年第 6 期。

王海英、江夏、王友缘：《我国面向 2030 年的学前教育中长期发展目标及推进策略构想》，《幼儿教育》2016 年第 27 期。

王海英：《中国学前教育政策的转型及未来走向》，《幼儿教育》2015 年第 18 期。

王辉：《中国特殊儿童义务教育发展中的问题调查报告》，《中国特殊教育》2006 年第 10 期。

王慧、梁雯娟：《新中国普及义务教育政策的沿革与反思》，《河北师范大学学报》（教育科学版）2015 年第 17 期。

王慧娟：《发展型流动儿童教育政策：内涵及特点》，《特区经济》

2017 年第 9 期。

王军锋、邱野、关丽斯、吴雅晴、董战峰：《中国环境政策与社会经济影响评估——评估内容与评估框架的思考》，《未来与发展》2017 年第 41 期。

王玲艳：《中国学前教育政策研究的困境与出路》，《早期教育》（教育科研版）2017 年第 10 期。

王孟兰：《〈中国妇女发展纲要（2001—2010 年）〉〈中国儿童发展纲要（2001—2010 年）〉简要介绍》，《中国初级卫生保健》2001 年第 10 期。

王培峰、朱传耿：《中国特殊教育政策演进：阶段特征、政策伦理、任务与挑战》，《现代特殊教育》2017 年第 6 期。

王培峰：《残疾人教育政策之伦理正义及其局限——基于罗尔斯差别原则的分析》，《教育学术月刊》2016 年第 7 期。

王培峰：《教育政策价值选择与教育公平——以特殊教育政策为例的分析》，《四川师范大学学报》（社会科学版）2014 年第 41 期。

王培峰：《特殊儿童教育公平问题的审思——特殊教育政策伦理分析视角》，《中国特殊教育》2014 年第 3 期。

王培峰：《我国特殊教育政策：总体结构及其问题——基于特殊教育政策文本的分析》，《基础教育》2016 年期 13 期。

王培峰：《我国学前教育的五大结构性矛盾及其政策应对——兼论残疾儿童等弱势群体学前教育安排的政策思路》，《教育发展研究》2011 年第 31 期。

王顺安、韩冰：《中国少年司法制度的成就、问题和出路》，《预防青少年犯罪研究》2014 年第 6 期。

王婉纯：《论当代中国学前教育政策的价值取向》，《教育导刊（下半月）》2015 年第 7 期。

王蔚：《改革开放以来中国环境治理的理念、体制和政策》，《当代世界与社会主义》2011 年第 4 期。

王夏菁：《2014 年中国少年司法研究综述》，《青年学报》2015 年第 1 期。

王小聪、李丽萍：《当前农村流动儿童的教育政策研究及其建议》，《铜仁学院学报》2008 年第 2 期。

王小英、陈晨:《提升学前教育质量的政策杠杆与工具箱策略》,《浙江师范大学学报》(社会科学版)2017年第42期。

王星霞:《当前我国高中阶段教育发展政策的解读与思考》,《理论观察》2011年第3期。

王阳阳:《区域下高中教育资源均衡化政策研究》,《牡丹江教育学院学报》2015年第4期。

王永刚:《上海义务教育均衡发展改革政策研究与思考》,《现代中小学教育》2016年第32期。

王玉香、吴立忠:《我国留守儿童政策的演进过程与特点研究》,《青年探索》2016年第5期。

王振洲:《"十二五"期间我国特殊教育发展的成就、问题与对策》,《现代特殊教育》2017年第6期。

王正惠:《城乡义务教育一体化发展研究综述》,《上海教育科研》2015年第9期。

王正惠:《模糊—冲突矩阵:城乡义务教育一体化政策执行模型构建探析》,《教育发展研究》2016年第36期。

尉家旗:《我国儿童福利政策发展探究》,《法制与社会》2014年第20期。

魏军:《对我国学前教育管理体制政策的回顾及其特点分析》,《内蒙古师范大学学报》(教育科学版)2013年第26期。

魏莉莉、董小苹:《中国儿童政策发展趋势研究——基于1991—2020年三个〈中国儿童发展纲要〉的内容分析》,《中国青年研究》2012年第3期。

邬志辉、李静美:《农村留守儿童生存现状调查报告》,《中国农业大学学报》2015年第32期。

吴帆、王琳:《社会治理视阈下的留守儿童社会政策分析》,《社会治理》2016年第6期。

吴鹏飞、余鹏峰:《中国儿童福利权实现的路径》,《青年探索》2015年第4期。

吴鹏飞:《中国儿童福利立法模式研究》,《江西财经大学学报》2018年第1期。

吴燕:《刑事诉讼程序中未成年人司法保护转介机制的构建——以上

海未成年人司法保护实践为视角》,《青少年犯罪问题》2016 年第 3 期。

吴旸、曹辉:《"全面二孩"政策背景下的中国义务教育发展战略应对》,《教育探索》2017 年第 1 期。

吴英:《唯物史观与历史研究:近三十年探讨的回顾和展望》,《历史研究》2008 年第 6 期。

夏正江:《个体发展的节律与因序而教——来自 Kieran Egan 的看法及其启示》,《教育研究与实验》2007 年第 3 期。

肖非:《面向二十一世纪的中国特殊教育——问题与对策》,《人民教育》2001 年第 11 期。

肖正德:《我国农村留守儿童教育问题研究进展》,《社会科学战线》2006 年第 1 期。

辛自强、张梅、何琳:《大学生心理健康变迁的横断历史研究》,《心理学报》2012 年第 44 期。

熊梅:《推进中国儿童福利由补缺型向适度普惠型转变——基于五国经验借鉴》,《社会福利》(理论版) 2016 年第 6 期。

徐晶晶、朱虹:《智谋未来 各界专家共话"十三五"教育改革与发展》,《上海教育》2015 年第 1 期。

徐晶晶:《关注都市流动儿童早期教育问题〈中国都市外来务工人员子女学前教育发展研究报告〉发布》,《上海教育》2016 年第 25 期。

徐晓新、张秀兰:《将家庭视角纳入公共政策——基于流动儿童义务教育政策演进的分析》,《中国社会科学》2016 年第 6 期。

徐莹莹:《新中国成立以来我国学前教育性质的反思——基于新中国成立以来学前教育相关政策文本的分析》,《文教资料》2015 年第 16 期。

薛二勇、李廷洲、朱月华:《新形势下我国义务教育教师队伍建设的政策分析》,《北京师范大学学报》(社会科学版) 2016 年第 3 期。

严仲连、何静:《我国农村学前教育政策的实施现状与执行策略》,《东北师大学报》(哲学社会科学版) 2012 年第 5 期。

晏成步:《二十年来高中阶段教育普及发展的政策文本分析》,《现代教育管理》2017 年第 6 期。

杨舸:《留守儿童政策和社会支持评估——基于江苏省的调查分析》,《社会治理》2016 年第 6 期。

杨晶:《进展、成就与挑战:95 世妇会 20 年来的中国女童政策》,

《妇女研究论丛》2015年第6期。

杨奎松：《50年来的中共党史研究》，《近代史研究》1999年第5期。

杨奎松：《中国当代史研究的起步与意义》，《社会科学》2012年第5期。

杨乐乐、张宁：《留守儿童教育问题及对策分析——基于国家新政策的视角下》，《现代商贸工业》2016年第37期。

杨润勇、杨依菲：《我国普通高中发展二十年政策回顾与分析》，《教育理论与实践》2010年第30期。

杨生勇、冯晓平：《中国儿童福利研究综述》，《中国青年研究》2006年第1期。

杨爽：《同源共存：职业教育与普通教育关系新探》，《未来与发展》2015年第39期。

杨涛：《农村留守儿童福利支持中政府责任及其落实》，《重庆城市管理职业学院学报》2017年第17期。

姚建龙、孙鉴：《触法行为干预与二元结构少年司法制度之设计》，《浙江社会科学》2017年第4期。

叶庆娜：《农民工随迁子女高中教育：现状、政策及障碍》，《中国青年研究》2011年第9期。

叶增编：《我国残疾儿童学前教育权益保护政策探析》，《教育与教学研究》2014年第28期。

衣新发、赵倩、胡卫平、李骏：《中国教师心理健康状况的横断历史研究：1994—2011》，《北京师范大学学报》（社会科学版）2014年第3期。

依洁、邱晟、吴佩凤、吴蓉雯、尹轶青：《学科教学中的儿童研究》，《全球教育展望》2009年第38期。

尹力：《致力于更加公平的教育：义务教育政策三十年——基于改革开放30年义务教育政策与法制建设的思考》，《清华大学教育研究》2008年第29期。

于婷、韩忠厚：《未雨绸缪 有效应对生育政策变化》，《中国卫生人才》2016年第4期。

余秀兰：《社会弱势群体教育支持政策解读——以关于城市流动儿童教育政策为例》，《青年研究》2008年第3期。

俞国良、李天然、王勍：《高中生心理健康的横断历史研究》，《教育研究》2016 年第 37 期。

俞海滨：《改革开放以来我国环境治理历程与展望》，《毛泽东邓小平理论研究》2010 年第 12 期。

俞贺楠：《福利视域下的中国义务教育制度政策过程探析》，《湖南社会科学》2012 年第 3 期。

袁桂林：《西方儿童研究运动述评》，《教育评论》1991 年第 2 期。

张绘：《"十二五"时期我国学前教育经费投入评价分析及改革建议》，《经济研究参考》2016 年第 50 期。

张健：《普及攻坚计划的核心是落实"职普比大体相当"》，《江苏教育》2017 年第 68 期。

张丽：《缺失与重构——城镇学前留守儿童生存现状及政策建议》，《课程教育研究》2014 年第 7 期。

张丽娜：《妇幼医疗服务与"单独二胎"政策的相关性分析》，《中国卫生产业》2014 年第 11 期。

张楠：《中国义务教育法制发展历程刍议》，《辽宁教育行政学院学报》2009 年第 26 期。

张巧灵、冯建军：《公平视野下重点高中政策的合理性审视》，《教育导刊》2010 年第 10 期。

张少男：《未成年犯义务教育实施现状与不足》，《青年学报》2016 年第 2 期。

张世峰：《变革中的中国儿童福利政策》，《社会福利》2008 年第 11 期。

张天雪、黄丹：《2013 年度中国儿童政策研究述评》，《浙江师范大学学报》（社会科学版）2014 年第 39 期。

张天雪：《2008 年度中国儿童政策研究述评》，《浙江师范大学学报》（社会科学版）2009 年第 34 期。

张天雪：《2009 年度中国儿童政策研究述评》，《浙江师范大学学报》（社会科学版）2010 年期 35 期。

张天雪：《2010 年度中国儿童政策研究述评》，《浙江师范大学学报》（社会科学版）2011 年第 36 期。

张新芳、王海英：《对 2010 年以来我国学前教育财政投入政策的分析》,《幼儿教育》2013年第9期。

张旭东、孙宏艳、赵霞:《从"90后"到"00后":中国少年儿童发展状况调查报告》,《中国青年研究》2017年第2期。

张晏、李英蕾、夏纪军:《中国义务教育应该如何分权?——从分级管理到省级统筹的经济学分析》,《财经研究》2013年第39期。

张旸:《以公平促效率:普通高中教育政策的价值意蕴与诉求》,《现代教育管理》2011年第3期。

张媛、蔡建东:《中国学前教育研究二十年——基于〈学前教育研究〉的文献计量分析》,《学前教育研究》2014年第1期。

赵川芳:《近30年来残障儿童立法政策综述》,《当代青年研究》2015年第4期。

赵杰:《农村义务教育学校布局调整政策:变迁、反思与展望》,《教育发展研究》2013年第33期。

赵力涛、李玲、黄宸、宋乃庆、赵怡然:《省级教育经费统筹改革的分配效果》,《中国社会科学》2015年第11期。

赵小红:《近25年中国残疾儿童教育安置形式变迁——兼论随班就读政策的发展》,《中国特殊教育》2013年第3期。

郑素华:《儿童研究的伦理问题》,《少年儿童研究》2011年第14期。

郑新蓉、熊和妮、任梦莹:《我国儿童政策的价值基础辨析——兼论儿童教育》,《河北师范大学学报》(教育科学版)2015年第17期。

中国(海南)改革发展研究院课题组:《"十二五"教育公共服务体系建设:突出矛盾与主要任务》,《中国人民大学教育学刊》2011年第1期。

中国科学院农业政策研究中心副主任、研究员、博士生导师张林秀:《关注贫困农村儿童发展》,《世界农业》2014年第10期。

中国联合国教科文组织全国委员会:《中国教育发展报告(2004)》,《全球教育展望》2005年第1期。

中国青少年研究中心课题组:《中国未成年人权益状况报告》,《中国青年研究》2008年第11期。

中国职业技术教育学会课题组:《"十二五"以来我国职业教育重大政策举措评估报告》,《职业技术教育》2017年第38期。

钟晓慧、郭巍青:《人口政策议题转换:从养育看生育——"全面二孩"下中产家庭的隔代抚养与儿童照顾》,《探索与争鸣》2017年第7期。

周恩妮、赵俊玲:《美国公共图书馆阅读指导服务发展历史研究》,《图书馆杂志》2016年第35期。

周福林、段成荣:《留守儿童研究综述》,《人口学刊》2006年第3期。

周国华、翁启文:《流动儿童教育问题文献研究述评》,《人口与发展》2011年第17期。

周皓、荣珊:《我国流动儿童研究综述》,《人口与经济》2011年第3期。

周强:《日本青少年儿童体质健康促进政策及其借鉴研究》,《运动》2014年第2期。

周小虎、李蕾:《中国学前教育政策研究的文献计量分析——基于1978—2015年CNKI数据库》,《宁夏师范学院学报》2017年期38期。

周娅、张振改:《我国学前教育政策工具选择的演变分析》,《学前教育研究》2017年第1期。

周蕴、祁占勇:《我国特殊教育政策研究热点的知识图谱分析》,《现代特殊教育》2017年第8期。

周宗奎、孙晓军、刘亚、周东明:《农村留守儿童心理发展与教育问题》,《北京师范大学学报》(社会科学版)2005年第1期。

朱德全、李鹏、宋乃庆:《中国义务教育均衡发展报告——基于〈教育规划纲要〉第三方评估1的证据》,《华东师范大学学报》(教育科学版)2017年第35期。

朱佳木:《对中国当代史定义、分期、主线问题的再思考》,《当代中国史研究》2010年第17期。

朱秀、陆虹、侯睿、庞汝彦:《中国近现代助产专业政策发展历程回顾》,《中国护理管理》2015年第15期。

朱益明:《论普及高中阶段教育的意义与策略》,《上海教育科研》2017年第5期。

宗晓华、丁建福:《我国义务教育财政制度变革与城乡差距——基于1999—2009年省级面板数据的实证分析》,《教育发展研究》2013年第33期。

左芙蓉、刘继同:《国家与儿童:民国时期儿童福利政策与服务实践历史研究》,《青少年犯罪问题》2006 年第 3 期。

报纸类

《〈县域义务教育优质均衡发展督导评估办法〉专家解读》,《中国教育报》2017 年 5 月 24 日。

《儿童发展指标总体良好》,《中国信息报》2015 年 1 月 29 日。

方卫平:《〈中国儿童文化研究年度报告〉编撰自述:一个学科建设的"野心"》,《中华读书报》2013 年 7 月 10 日。

顾磊:《我国首个儿童政策进步指数发布》,《人民政协报》2016 年 6 月 7 日。

国家统计局:《〈中国儿童发展纲要(2011—2020 年)〉中期统计监测报告》,《中国信息报》2016 年 11 月 2 日。

国家统计局:《〈中国儿童发展纲要(2011—2020 年)〉中期统计监测报告》,《中国信息报》2016 年 11 月 2 日。

国家统计局:《2013 年〈中国儿童发展纲要(2011—2020 年)〉实施情况统计报告》,《中国信息报》2015 年 1 月 29 日。

国家统计局:《2016 年〈中国儿童发展纲要(2011—2020 年)〉统计监测报告》,《中国信息报》2017 年 10 月 27 日。

国务院教育督导委员会办公室:《2015 年全国义务教育均衡发展督导评估工作报告(摘编)》,《人民日报》2016 年 2 月 24 日。

国务院教育督导委员会办公室:《2015 年全国义务教育均衡发展督导评估工作报告(摘编)》,《人民日报》2017 年 2 月 27 日。

教育部:《国家中长期教育改革和发展规划纲要(2010—2020)》,《人民日报》2010 年 2 月 28 日。

皮磊:《建议简化和降低流动儿童入学条件》,《公益时报》2017 年 4 月 4 日。

王丽华:《用描述性语言做儿童研究》,《中国教师报》2017 年 5 月 24 日。

王雪梅:《认真对待儿童权利》,《中国社会科学报》2010 年。

魏莉莉:《社会政策应体现"儿童优先"理念》,《中国社会科学报》2016 年 6 月 8 日。

魏莉莉:《我国儿童政策发展现状及趋势》,《中国人口报》2012 年 5

月 28 日。

翟博：《中国义务教育发展的新跨越》，《中国教育报》2008 年 9 月 8 日。

张明敏：《第二届儿童政策进步指数发布》，《公益时报》2017 年 6 月 6 日。

后　　记

　　本书是2019年度浙江省哲学社会科学规划后期资助课题《中国儿童发展四十年（1978—2017）》（编号19HQZZ09）的最终成果。在成果付梓之际，感谢课题组每位成员为本书出版付出的辛勤劳动。他们是我的同事：浙江师范大学杭州幼儿师范学院的赵均榜博士、赵顶位博士；我的研究生：浙江省宁波市华茂国际学校的樊丰艺老师，浙江师范大学杭州幼儿师范学院在校研究生王宁同学、陈晨同学、尹琳柯同学。

　　课题组成员承担的工作任务：樊丰艺承担第一、六、十一、十六章全部以及第五、十、十五、二十章中"儿童文化建设"内容部分的写作，赵均榜承担40年整合部分数据分析工作，赵顶位承担第二、七、十二、十七章中第一节的数据分析工作，王宁承担前30年儿童人口与教育数据的收集与分析工作，陈晨承担后10年教育数据的收集与分析工作，尹琳柯承担后10年儿童健康、福利、法律与环境部分的数据收集与分析任务。课题主持人王秀萍确立全书内容框架，完成第二、三、四、五、七、八、九、十、十二、十三、十四、十五、十七、十八、十九、二十、二十一、二十二、二十三、二十四章的写作以及全书统稿任务。

　　感谢责任编辑宫京蕾老师为本书出版所做的各种繁杂细碎的工作。

王秀萍
浙江师范大学杭州幼儿师范学院
2018年12月15日